日本文化理解与日本学研究

北京日本学研究中心30周年纪念论文集

北京日本学研究中心◎ 编

學苑出版社

图书在版编目（CIP）数据

日本文化理解与日本学研究：北京日本学研究中心30周年纪念论文集／北京日本学研究中心编．—北京：学苑出版社，2015.10

ISBN 978－7－5077－4889－5

Ⅰ．①日…　Ⅱ．①北…　Ⅲ．①日本—研究—纪念文集　Ⅳ．①K313.07－53

中国版本图书馆CIP数据核字（2015）第240766号

出 版 人：孟　白
责任编辑：杨　雷　李点点
出版发行：学苑出版社
社　　址：北京市丰台区南方庄2号院1号楼
邮政编码：100079
网　　址：www.book001.com
电子邮箱：xueyuanpress@163.com
联系电话：010－67601101（营销部）、67603091（总编室）
经　　销：全国新华书店
印 刷 厂：北京京华虎彩印刷有限公司
开本尺寸：787×1092　1/16
印　　张：28.25
字　　数：500千字
版　　次：2015年10月北京第1版
印　　次：2015年10月北京第1次印刷
定　　价：80.00元

编委会

目　录

语言・日语教育

文　学

文化・社会・经济

北京日本学研究中心三十周年

徐一平

北京日本学研究中心自1985年9月9日成立以来，到2015年9月，整满30周年。按照中国的习惯说法“三十而立”，正好到了“而立”之年，是一个非常值得纪念的年份。为了纪念日研中心成立三十周年，2015年期间，我们策划了多种活动。进入2015年以后，我们与日本驻中国大使馆、日本国际交流基金北京日本文化中心等一起组织了多场特别纪念演讲会；6月，我们将与日本茶道里千家合作，以“日本传统文化与日本学研究”为题目，举行茶道里千家千玄室大宗匠特别纪念演讲会和茶道演示大会；10月，我们将举行以“亚洲日本研究的可能性”为题目的大型国际学术研讨会，回顾北京日本学研究中心的发展历程，同时展望北京日本学研究中心今后的美好愿景；11月，我们将与大平正芳纪念财团合作，举行特别纪念演讲会和《大平正芳外交与理念》一书的翻译出版发行会。同时，我们还向日研中心的毕业生发出号召，结集出版《北京日本学研究中心三十周年纪念论文集 日本文化理解与日本学研究》；举办“大平班—北京日本学研究中心历史图片展览”等等。本文拟对北京日本学研究中心三十年来的历程进行全面的回顾，以利我们今后的进一步发展。

1. 北京日本学研究中心三十年历程

北京日本学研究中心1985年成立至今，可以分为“草创期”“发展期”和“成熟期”三个阶段。

说起北京日本学研究中心的“草创期”，就不得不提及作为北京日本学研究中心的前身，即“全国日语教师培训班”所走过的五年历程。1979年12月，当时的日本首相大平正芳对中国进行了正式访问。在访问期间，为了加强中日两国之间文化教育的交流事业，中日两国政府签署了一份“文化交流协议”。作为该协议的一款，为了促进中日两国人民的相互理解，推动中国日语教育事业的发展，双方决定，于1980年9月在当时的北京语言学院（即现在的北京语言大学）成立“全国日语教师培训班”，由日本国际交流基金派遣专家并提供图书资料，对中国各大学的日语教师进行培训。整个计划拟实施五年，每年一期，一期120名，总共600名大学日语教师将在这一培训班中进行学习。在学期间，由日本外务省邀请，有一个月的访日研修计划，以亲身体验日本社会，参观访问日本的学校、企业等，并请更多的没有派遣到中国的著名专家、学者给学员们做专题报告，以进一步提高学员们的学习效果。

这600名大学日语教师几乎相当于当时中国大学日语教师的总数。由于中日双方的共同努力，“全国日语教师培训班”取得了预期以上的效果，每一个参加过培训班的学员也都经历了以往从未有过的学习，对他们今后的事业发展乃至人生道路，都起到了巨大的作用。[1]由于这一培训班取得的成功，后来在中国日语教育界，大家都亲切地称之为“大平班”(即这一培训班的起因,是因大平正芳首相访华而成立的,所以称其为“大平班”,在日本则称其为“大平学校”)。

正是因为这一合作事业取得了巨大的成功,中日双方都希望能够将这一合作事业进一步发展下去。双方经过研究后提议,是否可以在日语教师研修的基础上,建立以日语研究和日本学研究为专业的研究生课程。为了实现这一目的,日本国际交流基金派出了以日本东北大学教授、著名学者源了圆先生为代表的专家代表团,到中国进行了广泛的调查,并与中国的专家、学者进行了深入的讨论,决定在“全国日语教师培训班”的日语教师研修的基础上,建立以“日本语言文学”和“日本社会文化”为专业的日本学研究生课程,中日双方联合培养日本学研究的高层次人才。

经过充分的酝酿与筹备,北京外国语大学接受了这一光荣而艰巨的任务。曾任北京外国语大学日语系主任的李德教授被任命为北京日本学研究中心第一任中方主任,日方也派遣了日本的日语研究著名教授林四郎先生为日方主任教授。1985 年 9 月,在“全国日语教师培训班”结束后,便在北京外国语大学成立了“北京日本学研究中心”,并面向全国招生,其中有不少都是曾经在“全国日语教师培训班”接受过培训的年轻日语教师,他们再一次考入北京日本学研究中心,接受更加正规的、学术性更强的研究生教育。所以应该说,无论从其起因和延续,乃至学缘的构成,北京日本学研究中心都是“全国日语教师培训班”这一中日合作事业的继续和发展。

然而,尽管中日双方在“全国日语教师培训班”时期进行了成功的合作,但是共同联合培养硕士研究生层次以上的人才,其合作还只是刚刚开始。无论从课程设置,还是学生管理,甚至到日常的每一堂课,中日双方都还存在许多不相适应的问题。更何况中国的改革开放刚刚起步不久,我们自身也存在许多需要不断改革的问题。为了解决这些合作上的问题,中日之间需要不断的磨合、讨论,有时甚至会发生争执。据第一任中方主任李德教授和后来辅助李德教授担任代理主任的李书成教授,以及负责行政管理的陈海良先生回忆,当时中日双方为了解决一个具体的问题,有时需要开很长时间的会,甚至会耽误用餐和休息时间。而且,有些问题不是现场日研中心主任能够决定的,还需要直接请示学校领导。当时,出于北京日本学研究中心的特殊地位,北京外国语大学王福祥校长亲自主管日研中心事务,经常会因为需要校领导决定的事情,请王福祥校长亲自参加日研中心的相关会议,直至能把问题解决为止。[2]

在“草创期”的前十年,日方派遣了林四郎、尾上兼介、户川芳郎、佐藤保、池田温、竹田晃等六任主任教授,他们都在与中方的初期合作与制度建立方面做出了巨大的贡献。

也正是在这样一种情况下,中日双方共同努力,摸索建立各种合作与管理的体制。比如,在日方第三任主任教授户川芳郎先生的提议下,中日双方建立的主任与主任教授的“运营会议”制度和中日双方教授参加的“工作会议”制度,一直坚持到今天。尤其是“工作会议”,每次都有详细的文字记录,并且其文字记录要在下一次工作会议上得到全体与会人员的确认,最后由双方主任、主任教授签字,呈报上级,传达给每一位教职员工,成为北京日本学研究中心决定教学、科研、管理等各项事务的最高决策机制。[3]

1994年5月，笔者与北京外国语大学原日语系主任严安生教授一起调任北京日本学研究中心，接替李德教授和李书成教授。严安生教授成为北京日本学研究中心第二任中方主任，笔者担任副主任，原办公室主任王世斌先生接替陈海良先生任行政副主任。北京日本学研究中心开始进入“发展期”。

1995年，正值北京日本学研究中心成立十周年。我们借十周年成立之际，举行了大规模的日本学研究国际学术研讨会，借以总结北京日本学研究中心的十年历程。在此基础上，中日双方共同探讨了今后的发展方向，并提出了北京日本学研究中心将以日本学研究的“人才培养”“图书信息资料”和“学术研究”为今后发展的三大支柱，努力把日研中心打造成为具有中国日本学研究特色，并能辐射全国日本学研究的日本学研究基地。

首先，我们在十年联合培养的基础上，为了使教学课程更加适合于培养中国人自己的日本学研究人才，对原有的课程设置先后进行了三次重大的改革，使课程设置更加丰富、宽泛，有助于学生的发展。[4]

其次，我们开始着手将图书馆建设成为具有现代化管理能力的图书馆。当时，中国国内的各大学图书馆尚未导入先进的计算机管理手段，尤其是日文图书资料的管理，更是一直处于较落后的手工卡片式管理。而北京日本学研究中心的图书馆，在日本国际交流基金的大力支持下，先于各大学图书馆导入了先进的计算机管理系统，使得日研中心的图书馆服务能够较好地满足了读者们的需求。

在日本学研究的学术研究方面，推出了《北京日本学研究学术系列专著》、出版了《日本学研究》和《日本学研究论丛》等学术研究期刊，完成了对中国的日本学研究机构和个人的《中国的日本学研究》大型调查项目，获得了《中日对译语料库的研制与应用研究》这一国内日语研究界第一个国家社会科学基金项目。[5]

同时，为了建立自己的教学科研队伍，采取培养、引进等方式，积极引进人才。草创时期的日研中心研究生课程，除中方主任李德教授和代理主任李书成教授承担少量课程以外，基本上是由日方派遣的教授来承担的（当然，如后所述，日研中心利用日本国际交流基金的支持，也聘请了许多中方校外的知名学者来担任课程）。当时，我们自己的教学研究人员，还没有培养起来。为了解决这一问题，早在草创期就开始注意招收中方教学、研究人才，如从南开大学招收的周维宏博士。而在这一阶段，更加注重了人才队伍的建设。首先，利用日本文部省奖学金的形式，将日研中心自己培养并留校的优秀人才，送到日本攻读博士学位，待其学成回国后成为自己的人才，如现在日研中心的张龙妹教授、谯燕教授、宋金文教授、秦刚教授、丁宏卫副教授等。1993年，综合北京日本学研究中心和日语系的力量，北京外国语大学的日语语言文学学科获得了博士学位授予权，开始招收博士研究生以及接受博士后流动站的研究人员，利用这一人才培养方式培养和引进人才，如现在日研中心的郭连友教授。另外，也采取积极的引进方式，如从山东大学引进了曹大峰教授，从解放军外国语学院引进了施建军教授（施建军教授同时也是日研中心现地培养的第一个博士研究生）等等，通过多方努力，在这一阶段，基本形成了一支以中方人员为主的教学、科研队伍，为下一步的继续发展打下了坚实的基础。

这期间，日方派遣了竹内实、木山英雄、沟口雄三、野村浩一、并木赖寿等五任主任教授，他们精诚与中方合作，为北京日本学研究中心的进一步发展，做出了巨大的贡献。

2001年，中方第二任主任严安生教授因年龄关系，辞去主任一职后，笔者接替严先生教授任中方第三任主任，曹大峰教授任副主任(2012年，曹大峰教授因年龄退职后，郭连友教授接替副主任)，王世斌先生任副主任(2013年，王世斌先生因年龄退休后，宋金文教授接替副主任)。这十几年来，在中日双方的共同努力之下，北京日本学研究中心在原有的基础之上，进入了一个快速成长的"成熟期"。

首先，在中日双方的共同努力下，以当时的日本首相小渊惠三访问中国为契机，以日本ODA无偿援助形式，为北京日本学研究中心扩建了一座教学研究大楼。2002年秋天，为纪念中日邦交正常化三十周年，北京日本学研究中心举行大型国际学术研讨会，又逢日研中心大楼建设工程封顶，教育部章新胜副部长出席大会开幕式，并在致辞中盛赞北京日本学研究中心是中日教育文化交流的典范。2003年，在北京日本学研究中心大楼完工启用以后，为北京日本学研究中心在教学、研究方面提供了更加优越的条件，使北京日本学研究中心在教学、科研、图书信息等各方面得到了进一步的全面发展。

2007年，北京外国语大学日语语言文学学科获批为"全国重点学科培育学科"，2008年，北京外国语大学日语语言文学学科获批为"北京市重点学科"，2012年，北京日本学研究中心获批为"教育部国别和区域研究培育基地日本研究中心"，2013年，北京日本学研究中心的教学合作项目"培养日本学研究高级人才——研究生教育中日合作机制的改革"获得"第七届北京市高等教育教学成果奖二等奖"。这些成绩的取得，都是中日两国学者共同努力的结果。

这期间，日方派遣了窪添庆文、佐藤公彦、代田智明、竹内信夫、白井启介、白水纪子、松冈荣志、小幡敏行、竹内信夫(二次出任)、笠原清志等十任主任教授，他们为日研中心发展成长到今天，做出了不可磨灭的贡献。

30年来，中日两国之间的关系也经历了风风雨雨，但无论中日之间发生了什么，北京日本学研究中心这一中日教育文化合作项目，都没有发生过动摇。这与参与到这一项目中的中日两国合作的学者们的共同努力和坚守是分不开的。日方派遣的主任教授达到了21人次，他们都是在日本顶尖有名的著名学者。现在，他们当中有的人已经作古(如竹内实先生、沟口雄三先生、并木赖寿先生等)，但他们在北京日本学研究中心留下的足迹以及他们为此项事业的发展所做出的贡献，是永远不会被忘记的。

2. 北京日本学研究中心的三大支柱

北京日本学研究中心成立30年来，在中日两国政府机构的大力支持下，在北京外国语大学的具体领导下，取得了预期以上的巨大成果。回顾日研中心走过的30年历程，人才培养、图书信息、日本学研究，可以说是北京日本学研究中心的三大支柱。

2.1 培养日本学研究人才的北京日本学研究中心

北京日本学研究中心成立初始，确定的一个最基本的重要任务，就是为中国的日语教育事业和日本学研究事业培养“具有研究日本专业水平的日语教师和日本学研究人才”。尤其是在日研中心成立的初期阶段，上世纪80年代中期开始到90年代中期，日研中心培养的学生毕业后，大部分都就业于大学和研究机构。当然，到了90年代后期，由于中国各大学对教师队伍学历水平要求的提高，只具有硕士学位的毕业生，很难在大学尤其是主要城市的重点大学就业。面对这一情况，北京日本学研究中心在日本文部省(后来的文科省)的支持下，选派优秀的毕业生，赴日本攻读博士学位，同时在北京日本学研究中心也直接招收博士研究生进行培养，以进一步确立培养日本学研究高精尖人才的方针。同时，硕士毕业的研究生进一步拓宽了就业渠道，在新闻媒体、日资大型企业、对日交流政府部门等都有北京日本学研究中心毕业生活跃的身影。

在这一人才培养的事业中，充分体现出了中日双方共同培养的优势。在北京日本学研究中心成立初期，硕士研究生的大部分课程，都是由日方的派遣教授承担。最多的时候，日方每年要派遣20多位教授到日研中心来任教。而且，这些教授是由日方组织的协力委员会推荐，来自日本从南到北的各个大学，其中许多教授都是日本赫赫有名的大学者。除前面列举过的主任教授以外，像源了园、奥津敬一郎、小林芳规、中西进、北原保雄、芳贺徹、十时严周、前田爱、熊仓功夫、舆水优、平川祐弘、仁田义雄、平冈敏夫等等。这些知名学者，有些甚至你到日本去留学都不一定能够遇见，更何况是亲耳聆听他们的讲座。然而，考上北京日本学研究中心的同学们，却可以在北京听他们讲学，甚至可以直接和这些大牌学者讨论学术问题。同时，为了弥补成立初期中方教授的不足，除中方主任李德教授、代理主任李书成教授以及北京外国语大学校长王福祥教授亲自授课以外，还聘请了刘德有、孙平化、刘耀武、万峰、严绍璗、王晓秋、程啸等在中日文化交流中起着重要作用的老前辈，在日本语言、日本历史、日本文学、日本文化、中日交流史等各个领域研究造诣颇深的著名学者来中心授课。

正是有了这样一种中日联合培养的机制，北京日本学研究中心自成立以来就成为中国国内有志于研究日本学的年轻学子们所向往的最高学府。在每年硕士研究生的招生过程中，针对日研中心的招生名额(初期阶段为20名，后来增至35名)，报考人数一直维持在200名左右的高位，最多时甚至接近300名左右。1993年获得博士学位授予权以后，到目前为止，日研中心共有6名博士生导师，按照北京外国语大学的招生要求，每年可以招收6～12名博士研究生，而报考博士研究生的报名人数，也都在30名至40名左右。也正是因为有了如此雄厚的生源，我们每年招收到的学生非常优秀，学生们的学习热情和认真钻研的精神，得到了中日双方任课学者的高度赞扬。曾三次作为日方派遣教授来日研中心授课的日本东京大学名誉教授平川祐弘先生，在谈起日研中心的学生时说：“我非常愿意来日研中心授课，尤其是在课上与学生们就学术问题进行争论，给我留下了极其深刻的印象。”他还表示，如果可能我真愿意第四次、第五次来日研中心授课。

回顾这30年来，迄今为止，北京日本学研究中心与其前身“全国日语教师培训班”

(即“大平班”)为中国的日语教育事业和日本学研究事业,培养了近1500名硕士、博士、骨干教师等层次以上的优秀人才。他们中的许多人都在各自的研究领域做出了卓越的贡献。如中国宋庆龄基金会根据前中日友好协会孙平化会长的遗愿,于1997年设立了“孙平化日本学学术奖励基金”这一国内唯一专门奖励日本学研究中青年学者的研究奖项。截止到2014年,共进行了7届评审,评选出日本学研究的优秀研究著作、研究论文共79部,其中的26部作品是出自我们培养出来的研究者的成果,占到了所有获奖作品的33%。而且,在近几年的国家哲学社会科学基金项目、教育部人文社会科学基金项目的申请中,我们经常会看到这些学者获得项目。每当看到他们活跃在日本学研究的第一线,并取得优异的成果,作为北京日本学研究中心的主任和教授,我们都会感到无比的欣慰。[6]

2.2 作为图书信息中心的北京日本学研究中心

作为北京日本学研究中心的第二大支柱,就是我们经过这30年的努力,建立了一个国内首屈一指、以日本学研究为藏书方针的“日本学研究专业图书馆”。目前,馆藏图书的日文图书文献达到了17万余册,可以说是在目前国内日本研究机构中,藏书最丰、涵盖面最全的专业图书馆。

这一图书馆的建立,当然,主要是依靠日本国际交流基金给予的大力支持。但同时,也得到了中日双方民间友好人士的大力支持。截止到目前,在北京日本学研究中心图书馆中,已建立了高崎文库、孙平化文库、小孙文库、德川文库、大平文库、野村文库、松村文库、桐山靖雄文库、丹羽文库、昭惠文库等10个个人捐赠文库。其中,许多个人捐赠文库的过程都感人至深。如中日友好协会前会长孙平化先生,生前不仅在北京日本学研究中心任客座教授,同时,为了能使年轻的学子们获得更多的研究资料,将其在日本受勋时日本友人致贺之礼金,全部捐献出来以供日研中心购置图书。并且还向日本友人发出号召,向北京日本学研究中心捐赠图书,建立了“孙平化文库”。又如“松村文库”是来自于日本东京大学著名教授松村明先生的藏书。松村先生生前酷爱藏书,为藏书甚至自己盖了小楼,并且为了不使这些图书在其身后流失,特立遗嘱告其家人不得将这些图书卖给旧书商。在这种情况下,松村先生家人通过来日研中心任教的东京大学铃木泰教授,选择了捐赠给北京日本学研究中心,以利于中国的学子们进一步深入研究日本。根据北京日本学研究中心图书馆的规定,考虑到馆藏的容量,对个人捐赠的图书均需要提供书目清单,然而松村先生的几万册图书,并没有一个完整的书目。为了完成这项捐赠,铃木泰先生甚至调动了东京大学自己的研究生,利用暑假的时间为我们专门制作了书目,最终实现了捐赠。

为了使这些宝贵的图书资料得到最大化的利用,北京日本学研究中心早在十几年前,就实现了日文图书的计算机系统管理。[7]尤其是2003年,北京日本学研究中心新馆建成以后,更是加大了图书馆对外服务的业务。北京日本学研究中心虽然位于北京外国语大学校园内,但图书馆是面向社会开放的。任何人,只要是为研究日本需要查找文献资料,都可以凭借自己的相关证件到北京日本学研究中心图书馆查阅。同时,向北京市内的各高校、研究机构研究日本的教师、研究员以及博士课程的研究生,提供图书的借阅服务。据不完全统计，一年下来，北京日本学研究中心图书馆的外部利用者能够达到近 2 万人次。每到各大学接近提交硕士论文或博士论文的期限时，我们就会看到许多来自地方院校的学子们，不舍昼夜地在日研中心的图书馆里查阅资料，他们来自全国各地，从南到北。为了给不能及时来到日研中心图书馆查阅资料的读者提供服务，日研中心图书馆还为地方读者开辟了文献复印的服务项目。

2014 年，为了使日研中心图书馆的服务能够更加贴近读者的需求，在日本国际交流基金和北京外国语大学的大力支持下，北京日本学研究中心对现有的图书馆管理系统做了一次彻底的更新。新的管理系统与北京外国语大学图书馆的管理系统实现了对接，实现了信息共享，不仅保持了原来作为一座独立的日本学研究文献图书资料馆的风格，同时也起到了北京外国语大学图书馆分馆的作用。相信通过我们今后的努力，一定会使北京日本学研究中心图书馆的服务水平越来越高，其作为日本学研究图书信息中心的作用，也会越来越大。

2.3 作为日本学研究平台的北京日本学研究中心

北京日本学研究中心的第三大支柱就是开展日本学研究。早在开创初期，原代理主任李书成教授就带领当时的研究人员和客座研究员们，编纂出版了国内第一部《中国日本学文献总目录》，为中国的日本学文献的汇编打下了一个良好的基础。前主任严安生教授更是以自己的专著《日本留学精神史——近代中国知识分子的轨迹》一书先后获得第十九届大佛次郎奖和第四届亚洲、太平洋奖等两项大奖，为日研中心的年轻学者们树立了研究的榜样。

目前，北京日本学研究中心共有 14 名专职研究人员，分别从日本语言（徐一平、施建军、谯燕）、日本文学（张龙妹、秦刚）、日本文化（郭连友、张彦丽、潘蕾）、日本社会（周维宏、宋金文）、日本经济（丁宏卫、葛东升）、日本语教育（曹大峰、朱桂荣）等 6 个研究方向开展着广泛而深入的研究。

30 年来，我们和中华日本学会合作，完成了第一次中国日本学研究的大规模调查，1997 年和 1999 年分别出版了中日文本的《中国的日本学研究》（日文版『中国における日本学研究』）。出版了《北京日本学研究中心学术系列专著》、《日本社会学名著翻译丛书》、《日本经济学名著翻译丛书》、《日本古典文学研究词典》、《日本学基础精选丛书》（此丛书被教育部选定为研究生教学用书）、《普通高等教育“十一五”国家级规划教材 高等院校日语专业基础阶段系列教材》（此教材被评为北京市精品教材、国家精品教材）等一系列研究成果。

从 1991 年开始，编辑出版北京日本学研究中心学报《日本学研究》。《日本学研究》是刊登研究日本语言、文学、社会、文化等方面研究成果的综合性学术刊物。在创刊之际，中日 21 世纪委员会中方首席委员张香山先生为之题词“发扬各自的特长，共同为建立中国的日本学做出贡献”。北京大学教授、中华日本学会顾问周一良先生的题词是“庆祝日本学研究创刊，希望加深对友好邻邦的了解，传播研究成果，培养新秀人才，做出优异成绩”。《日本学研究》的创刊得到了中国教育部和日本国际交流基金的指导和大力支持。正如当时日本国际交流基金理事长鹿取泰衛先生在创刊词中写到的那样，“《日本学研究》作为北京日本学研究中心的学报，将对中国的日语研究、日本研究以及日中文化比较研究等事业的进一步发展做出积极的贡献。通过《日本学研究》这一块学术园地，对加强中日两国研究者之间的学术交流起到重要的作用”。《日本学研究》的创刊使北京日本学研究中心向着成为名副其实的日本学研究学术研究机构的目标迈出了坚实的第一步。此后，《日本学研究》每年出版一期，迄今出版到第 24 期，面向国内 200 所、日本 50 所大学和研究机构寄送并进行学术刊物交换。

除此之外，每一位研究人员都深入刻苦地研究日本，迄今完成和正在进行的国家、省部级研究项目有：

国家哲学社会科学基金项目

《中日对译语料库的研制与应用研究》(徐一平)

《东亚视阈中的日本古代女性散文体叙事文学研究》(张龙妹)

《中日两国现代语言生活中的同形词汇研究》(施建军)

《两岸三地现代汉语对日语借词的吸收及创造性使用研究》(谯燕)

教育部人文社会科学研究项目

《汉日语料库通用分析工具的开发研究》(施建军)

《宫崎骏电影的文化研究》(秦刚)

《东亚国家语言中汉字词汇使用现状研究》(重大课题攻关项目)(施建军)

获得国内外奖项有：

北京市高等教育教学成果奖

《培养日本学研究高级人才——研究生教育中日合作机制的改革》(二等奖)(徐一平、曹大峰、郭连友、张龙妹、宋金文等)

孙平化日本学学术奖励基金奖

《中日农村经济组织比较》(第一届专著奖)(周维宏)

『源氏物語の救済』(第三届专著一等奖)(张龙妹)

《日汉主题句结构对比研究——兼论主题句的计算机处理》(第三届专著二等奖)(施建军)

『「ぼんやり」と境界性』(第四届论文三等奖)(秦刚)

『新しい日本語教育の視点』(第五届专著三等奖)(朱桂荣)

《宫崎骏〈千与千寻〉的故事深层：国民神话的想象力背后的历史与记忆》(第六届论文一等奖)(秦刚)

日本文学专业奖

『源氏物語の救済』(关根奖)(张龙妹)

在日常的研究过程中，北京日本学研究中心经常举行各种专题讲演会、研究会、专业学术研讨会。平均每两年举行一次大型国际学术研讨会，曾邀请包括日本诺贝尔文学奖获得者大江健三郎在内的国内外著名学者到会进行演讲，成为北京乃至中国日本学研究的一个重要平台。

经过大家的共同努力，北京外国语大学的日语语言文学学科，2007 年被评为“国家重点学科培育学科”，2008 年被评为“北京市重点学科”；在 2008 年北京外国语大学各单位科研成果评比中，日研中心获得一等奖；2012 年，北京日本学研究中心被教育部选定为“教育部国别和区域研究培育基地日本研究中心”。

3. 北京日本学研究中心的对外交流和社会服务

北京日本学研究中心在这 30 年中也广泛开展了对外交流和社会服务工作。尤其是自 2000 年以后，随着日本国际交流基金资助的部分逐渐地不能完全满足日研中心的人才培养需求和开展更加广泛的研究、交流活动以后，我们便更加积极主动地开展了与日本及亚洲各国、各地区的各大高校、研究机构、社会团体和大型企业之间的交流与合作。

目前，我们与国内外各合作单位签订交流协定的有：日本国际交流基金、御茶水女子大学、信州大学、樱美林大学、大阪府立大学、法政大学、神户大学、清心女子大学、香川大学、东京外国语大学、三重大学、目白大学（以上为校方签署的校际交流协定）；国立国语研究所、国文学研究资料馆、早稻田大学大学院日本语教育研究科、东京大学大学院综合文化研究科、埼玉大学大学院文化科学研究科、茶道里千家、三菱商事株式会社、洛阳外国语学院欧亚语系、韩国同德女子大学大学院日语日文学科、樱美林大学国际交流中心、立教大学大学院日本文学专攻、卡西欧（中国）贸易有限公司、韩国高丽大学日本研究中心、名古屋外国语大学大学院、大平正芳纪念财团、香港大学现代语言与文化学院、法政大学日本学研究所、日本伦理研究所、神户大学大学院经济学研究科、神户大学大学院人文学研究科、阿含宗、三重大学文学部、北京天正创智信息技术有限公司、积水医疗科技（中国）有限公司（以上为日研中心签署的院系级交流协定，均按签订时间顺序排列）。

正是有了这些国际交流与合作的关系，才使得日研中心的人才培养、科学研究有了更加广泛和坚实的基础。在人才培养方面，由于日本国际交流基金的经费调整，自 2005 年以后，单靠日本国际交流基金的资金已经难以保证日研中心的硕士、博士研究生的访日研修。在引进了民间资助以后，我们现在仍旧能够保证博士研究生全部（日本国际交流基金资助 7 名、日本伦理研究所、阿含宗各资助 2 名、卡西欧（中国）贸易有限公司资助 1 名）、硕士研究生大部分（日本国际交流基金资助 10 名、三菱商事资助 12 名、茶道里千家资助 1 名）实现在学期间的访日研修项目。

同时，我们通过合作交流，为提高我们的人才培养质量开辟了许多新的途径。如我们与神户大学经济学研究科建立了硕士研究生双学位的制度，日研中心日本经济方向的研究生，通过访日研修一年的时间（原定硕士研究生的访日研修为半年），可以在神户大学获得经济学专业的硕士学位，再回到日研中心获得文学专业的硕士学位。我们和韩国高丽大学、中国台湾政治大学之间开展了三校研究生论坛，每年轮流在北京、首尔、台北举行三校硕士、博士研究生论坛，为促进三校研究生的研究水平起到了巨大的推动作用。我们参加了日本御茶水女子大学发起的“国际日本学研究联盟会议”、参加了东京外国语大学组织的“国际日本学研究暑期课堂”等，这些都为我们的研究生提供了加大国际交流、提高研究水平的良好机会。

在国际交流开展的过程中，我们也扩大了自己的研究平台。2010年，我们与韩国的日本学会和日本国际交流基金一起，发起建立了"东亚日本研究论坛"，分别在中国、韩国、日本每年举行一次，为建立东亚地区日本研究学者的学术研究网络提供了一个重要的平台。我们参加了神户大学发起的"亚洲主要大学日本研究中心主任论坛"，与亚洲各主要大学的日本研究中心建立了交流机制。

在国内外的交流合作中，我们不仅加强和提高了北京日本学研究中心的人才培养能力和扩大了日本研究的学术网络，同时还开展了多种多样的服务于中国日本语教育、日本研究和日本文化理解的社会活动。

2008年，我们与中国日语教学研究会、教育部高等学校外国语言文学类专业指导委员会日语分委员会一起，发起创建了"中国日本学研究'卡西欧杯'优秀硕士论文评审活动"。自创建以来，有包括台湾的政治大学、辅仁大学在内的设有日语语言文学专业硕士课程的近70所大学参加了这一评选活动，大大促进和提高了各大学日本学研究硕士论文的水平。

在三菱商事的支持下，我们于2010年开始，为支持国内尤其是边远地区大学的日本学研究人才培养，开始了国内各大学日本学研究硕士、博士研究生访学项目。每年的春学期向国内各高校日本学研究专业硕士、博士研究生招收10名研究生，来日研中心访学。这一项目得到了各高校的热烈欢迎，现在对于我们每年招收的10名学生，每次都有40多所院校报名，为提高地方院校和全国日本学研究人才培养水平创造了良好的条件。

除此之外，我们还开展了地方院校出差讲演，在北京开展特别讲演报告会，邀请日本茶道、落语、狂言、歌舞伎、香道、浪曲等各种传统文化表演者进行公演，不定期地举行日本动漫讲演放映会，为中国的大学生以及一般社会青年进一步加深对日本社会、日本文化的理解做出了积极的贡献。

北京日本学研究中心在这三十年间，不仅创造了值得骄傲的成绩，更加获得了令人欣慰的宝贵精神财富。我们为中日两国人民的相互理解培养了优秀的人才，他们都已经成为或正在成为中日两国人民交流的桥梁，他们也在为中国的日语教育事业和日本学研究事业执着地追求着和忘我地工作着。我们正在为形成具有中国特色的日本学研究而努力奋斗。今后我们要进一步发扬严谨扎实的研究学风和务实奉献的工作作风，以更加开阔的国际视野和勇于创新的奋斗精神，继承和发扬老一辈中日友好交流人士为我们留下的光荣传统，为加强中日两国人民相互之间的文化理解，培养更多、更优秀的人才，进行更加深入、广泛的学术研究，为创造北京日本学研究中心更加灿烂辉煌的明天而努力奋斗。

注释

[1]据北京日本学研究中心与《蔚蓝》杂志社共同策划编辑的《大平班的前世今生》，其中受采访的"全国日语教师培训班"的学员们对这一段学习经历都留下了深刻的印象。

[2]一直到北京日本学研究中的第五个三年计划（前面四个计划均为五年计划）为止，关于北京日本

学研究中心的相关协议，都是由教育部国际司与日本国际交流基金直接签署的，在具体执行方面，北京外国语大学校长直接对教育部负责，所以在学校内部，校长直接主管北京日本学研究中心。从第五个三年计划开始，鉴于日本国际交流基金在中国的合作事业的开展，每个学校具体承担的项目改由承担项目的学校直接与日本国际交流基金签署合作协议。

[3]在“运营会议”和“工作会议”制度建立之初，由中方主任、副主任和日方主任教授和主任教授助理(后改称为日方副主任)参加的“运营会议”每月召开两次，由中方主任、副主任和日方主任教授和主任教授助理以及日方派遣教授代表、中方教职员工主要代表参加的“工作会议”每月举行一次。后因日方派遣形式的改变，“运营会议”也改为每月举行一次，“工作会议”改为由中方主任、副主任和日方主任教授和事务主任以及中方全体教师及办公室、图书馆代表参加，仍为每月一次，延续至今。截止到 2015 年 2 月，“工作会议”的记录已经是“第 325 次工作会议记录”。

[4]关于这三次课程设置改革的详细内容，请参照参考文献中徐一平、马玉萍(2006)。

[5]关于人才培养、图书信息和学术研究的详细内容，后面将专辟章节进行论述，敬请参照。

[6]关于日本研究的各个领域的情况，限于时间的关系，来不及调查整理。然而，单单限于笔者的专业“日本语言研究”这一领域来看，近些年来就有如下这些“全国日语教师培训班”和北京日本学研究中心培养出来的学者获得国家哲学社会科学基金项目。张威、2009 年获得国家社会科学基金资助项目一般项目“日语复合动词教学方略研究”；宿久高，2010 年获得国家社会科学基金资助项目一般项目“伪满洲国时期的日语教育与日本文化侵略研究”；朱京伟，2011 年获得国家社会科学基金资助项目一般项目“清末报纸与译著中的日语借词研究”；施建军，2012 年获得国家社会科学基金资助项目一般项目“中日两国现代语言生活中的同形词汇研究”；张兴，2012 年获得国家社会科学基金资助项目一般项目“日语句尾话语标记的交互主观化研究”；朱鹏霄，2012 年获得国家社会科学基金资助项目青年项目“基于语料库的日语周边性语言现象多维度实证研究”；宋协毅，2013 年获得国家社会科学基金资助项目一般项目“中日同声传译教学方法论研究”；赵蓉，2013 年获得国家社会科学基金资助项目青年项目“基于认知语言学角度的日语「に—が」构式研究”；王鹏，2013 年获得国家社会科学基金资助项目青年项目“致使结构中属性化问题的汉日对比研究 ”；谯燕，2015 年获得国家社会科学基金资助项目一般项目“两岸三地现代汉语对日语借词的吸收及创造性使用研究”。

[7]十几年前，图书馆中日文图书的系统管理还是一个比较艰难的问题。笔者在对各高校以及城市图书馆的日文馆藏图书进行调查的时候，发现那时绝大部分图书馆的日文图书还都处在一个非常落后的管理环境中，就连上海市图书馆的日文馆藏图书还都在实行旧式的卡片管理。因此，在当时来看，日研中心日文图书资料的信息化管理还是比较超前的。

参考文献

蔚蓝日本专刊《大平班及北京日本学研究中心知名校友访谈集 大平班的前世今生》，2012 年。

徐一平、马玉萍 “浅谈研究生教学课程设置”《北京外国语大学 2005 年教学研究论文集》，外语教学与研究出版社，2006 年。

徐一平、曹大峰《中日教育合作实践与成效研究——以「大平班」和北京日本学研究中心为例》，学苑出版社，2013 年。

作者简介

徐一平，全国日语教师培训班(大平班)2 期生，日本语言学专业。现任北京外国语大学教授，北京日本学研究中心主任。

语言・日语教育

汉日对译词典的词义解释和词语搭配
——以汉语的“出现”和日语的“現(わ)れる”为中心

李东哲

1. 问题的提起

前些年在国内出版的汉日新词词典[1]的“说明”中，笔者偶然发现这本词典把“本词典选收 1949 年以后汉语中出现并有一定影响的词语”中的“汉语中出现”翻译成“現われた漢語”。[2]毋庸置疑，“現われた漢語”中的“漢語”应该是“中国語”，因为原文是“汉语”。不过，主要问题并不是把“汉语”错译成“漢語”，而在于不管是“漢語”还是“中国語”能否跟“あらわれる”搭配使用，即在日语中可不可以说“あらわれた漢語・中国語”或者“漢語・中国語があらわれる”。假如，这个名词句和动词句的搭配成立，任何语言的名称都可以与动词“あらわれる”搭配使用。但笔者认为，这种说法一般是不成立的，除非曾经没有存在过的一种新的语言出现在这个世界上。[3]

其次，如果我们从语料库语言学的角度考虑，即使“あらわれた漢語”或者“漢語があらわれる”的搭配成立，其中也有日本人在日常生活中喜欢使用哪一种表现的问题。据笔者利用语料库[4]对“文字が現(わ)れ”和“現(わ)れた文字”，“語が現(わ)れ”和“現(わ)れた語”这两对词语搭配的使用情况调查，“文字が現(わ)れ”和“現(わ)れた文字”的出现比例为 13：0；“語が現(わ)れ”和“現(わ)れた語”的出现比例为 6：0。[5]这说明虽然“文字”或“語”可以与“あらわれる”搭配使用，但一般情况下都使用前面的动词句，即“文字が現(わ)れ”或“語が現(わ)れ”，而不用或很少用“現(わ)れた文字”或“現(わ)れた語”。

基于以上问题，本文首先利用词典和参考文献对汉语中的“出现”和日语中的“あらわれる”的语义做一番比较，并详细考察和论述这两个单词在语义和用法上有什么异同。其次通过语料库考察汉语的“出现”和日语的“あらわれる”一般与什么类型的名词搭配使用或不可以搭配使用，同时考察这两个动词和名词搭配使用时一般构成名词句还是动词句。最后，作为结论对「現れた漢語」这一搭配是否正确进行梳理。

2. “出现”和“現(わ)れる”的语义

不管是汉语的“出现”还是日语的“あらわれる”均为日常生活中使用频率较高的动词，笔者利用 BCCWJ 对日语的“が現(わ)れ”和“があらわれ”、“現(わ)れた”和“あらわれた”进行了调查，[6]其结果是“が現(わ)れ”和“があらわれ”的例子各为 3380 和 835；“現(わ)れた”和“あらわれた”的例子各为 2675 和 685，可见“あらわれる”作为动词使用时的频率之高。至于有关“出现”的使用率情况，虽然没有像 BCCWJ

那样庞大的语料库的语料，但通过"CCL语料库"[7]大约查到了160个"出现"的例句。下面，参考各种词典和参考文献，我们要仔细观察和分析汉语的"出现"和日语的"あらわれる"的语义说明。

2.1 "出现"的语义

在国内，对现代汉语中的个别常用词的词义和用法解说得比较详尽和透彻的研究可以吕叔湘(1984)为居首，不过，这本书上没有举出"出现"这个词，所以我们只好通过汉日对译词典查阅"出现"的日语解释以及用法。为了防止偏向于某一个词典的解释或说明，我们在此参考了《中日辞典》(日本・小学馆)，《中日辞典》(日本・讲谈社)和《最新实用辞典》(日本・隆美出版)等三本汉日对译词典。这三本词典对"出现"的语义解释各为"出現(する)。現れる"，"出現する。生じる。現れる"、"現れる。出現する"。纵观这三本对译词典的解释，可以说它们基本上没有什么区别。下面，我们再看看这些词典列举的"出现"的例句和例句的日语译文。[8]

(1)天上出现了一弯新月。(空に一片新月が現れた)

(2)旧的矛盾解决了，还会出现新的矛盾。(旧い矛盾が解決しても、また新しい矛盾が出てくるだろう)

(3)出现了一条彩虹。(虹が現れた)

(4)出现了问题应及时解决。(問題が生じたらただちに解決すべきである)

(5)奇迹出现了。(奇跡が現れた)

在这些词典列举的五个例子中，三个句子把"出现"翻译成"現れた"，而其他两个句子各翻译成"出てくる"和"生じる"，但例(2)的"矛盾が出てくる"和例(4)的"問題が生じる"可以改成"矛盾があらわれる"和"問題があらわれる"。[9]就按这三本词典对"出现"的语义解释和所列举的例子，不妨说汉语的"出现"就等于日语的"あらわれる"，但为什么把"汉语中出现"翻译成"現われた漢語"就觉得不对劲儿呢？另外，虽然以上三本词典都把"出现"解释为"出現(する)"，但是这些辞典列举的五个例句中翻译成"出現(する)"的一个都没有，而且实际上除了例(3)和(4)以外，很难与画下线的名词搭配，[10]这至少说明也许是汉语的"出现"和日语的"出現(する)"的语义基本相同，但在日语中"出現(する)"不能与"新月""矛盾""奇迹"等名词搭配使用。这又是为什么？下面，我们再看看纯粹的汉语词典类对"出现"的语义说明，以便再次确认"出现"的语义。

作为汉语词典在国内最广泛使用的《现代汉语词典》(第五版)对"出现"分两种意义解释，一是"显露出来"，二是"产生出来"。孟琮等编写的《汉语动词用法词典》(商务印书馆)和冯志纯、周行健主编的《新编汉语多功能词典》(国际文化出版公司)也对"出现"的语义和《现代汉语词典》做完全相同的解释，其不同点是《汉语动词用法词典》和《新编汉语多功能词典》没有把这两个解释分开处理。这说明"出现"的语义解释归结为"显露出来；产生出来"。在这里我们可以看出三个问题：一是按《现代汉语词典》的说法，"出现"有两种意义，那么对译词典的词义解释应该尊重原文辞典的解释，而上述三本对译词典却都把"出现"的语义归纳为一类解释。这只能说明编者认为"あらわれる”和“出現(する)”的语义覆盖“显露出来”和“产生出来”的含义。二是除了《现代汉语词典》,其他两本词典都把“显露出来”和“产生出来”归纳为一类做解释,但是笔者认为“显露”和“产生”之间在语义方面有较大的差异,因为“显露”的语义是“原来看不见的变成看得见;现出”,而“产生”的语义是“由已有事物中生出新的事物;出现”。[11]三是汉语词典的解释均在动词“显露”和“产生”后面加趋向动词“出来”表示其语义,如果按照这种解释,我们应该把它翻译成“あらわれ出る”和“うまれ出る”,因为这种解释更接近于“显露出来”和“产生出来”的语义,[12]而大部分汉日对译词典都没有这么解释。

总之,汉语中的“出现”表示“显露出来”和“产生出来”之意,而大部分汉日词典都把它翻译成“現れる”“出現(する)”或者“生じる”,那么日语的这三种表现在语义方面可不可以覆盖“出现”之意? 另外,汉语的“出现”就像例(1)~(4)所示,一般要求宾语,但有时像例(5)那样也可以作为不及物动词使用。

2.2 “現(わ)れる”的语义

在日语中,专门对“あらわれる”的语义和用法进行研究的论著也甚少。宫島达夫(1989)是一本专门对现代日语动词的意义和用法进行详细叙述的大作,在这本专著中,宫岛达夫举出诸多现代日语常用动词,把它们分成“主体”“对象”“动作和作用的属性”“环境”“结果”“意图”“原因”“评价”“其他”等,并对此进行详细的分类和说明。不过,这本书没有单独举出“あらわれる”进行分析,而是在分析动词“出る”时,顺便提及其语义和用法。另一方面,森田良行(1982)以“主体”“对象或对方”“句型”“句型和语义之间的关系”“瞬间动词和继续动词”“行为、作用的方向和路线”“部分还是全体”等各种角度列举现代日语中的各种表现,并对其语义和用法进行分析,但也没有把“あらわれる”单独举出来进行说明。总之,森田良行(1982)也好,宫岛达夫(1989)也好,都是为了克服“由于词典的说明过于简单和不完全”,“所以这种说明只有结论,而没有提示导出该结论的依据”的缺陷而撰写的专著,但遗憾的是这两本著书都没有把“あらわれる”的具体意义和用法解释透彻和详尽。

那么,我们转换视角再看看“あらわれる”在词典中的语义解释。在日本具有代表性意义的大型国语词典《广辞苑》(第五版)对“あらわれる”的语义做如下解释:

①隠れていたものごとや今までなかったものが、はっきり表面に出る。特に、神仏が示現する。

②隠していたものごとが人に知られる。発覚する。露顕する。

③(考え・意思などが)はっきりと出る。

日本三省堂出版的《新世紀日漢双解大辞典》也对“あらわれる”的语义分三条进行解释。

①(見えなかったものが)出てくる。出现,呈现,露出。(原来看不见的东西)出来了。

②出現する。现,示现,显现。出现。

③そこにやってくる。来,到。到达某处。

比较这两本大词典对「あらわれる」的语义解释，我们不难看出虽然这两本词典的①和②的语义说明在叙述方面有些差异，但其语义基本相通。问题在于意义③。首先《广辞苑》对于③的意义举两个例子，一是"闘志が全身に～れる"，二是"喜びが文面に～れる"。从这两个例句来看，都表示抽象的东西浮出表面，而且被第三者知觉，所以与意义①和②的语义没有什么太大的差距。但是，就像森田良行(1982:47)所指出的那样，因为这种情况是"把心中的事情(A)用表情、态度、语言、文章、绘画、音乐等形式或艺术等(B)表露出来的感情表现"，即把某种感情、想法、心情用某种形式和方式向对外表露出来的语气很强，其表达形式也是固定于"……が……にあらわれる"这一句型。譬如，在日语中不可以说"闘志があらわれる"和"喜びがあらわれる"[13]，而只能说"闘志が～にあらわれる"和"喜びが～にあらわれる"。所以，不应该把③的意义看作"現(わ)れる"，而应该看作"表(わ)れる"。其次，我们可以把《新世纪日汉双解大辞典》(三省堂)中的③的语义解释为"そこにいなかったモノがそこに姿をあらわす"。如果这样，意义③与意义①②基本一致。根据以上说明，我们可以对"現(わ)れる"的语义下如下结论；

○いままで隠れていたり、見えなかったり、どこかに潜んでいたりしたものごとがどこかに出てきたり、見えたりして客観的に認知されること。

总之，汉语的"出现"和日语的"現(わ)れる"在语义上没有什么太大的区别，如果硬要找出其差异的话，"現(わ)れる"一词是否具有"すでにあるものごとの中から新しいものごとが生まれ出る(生じる)；出現する"之意？但是，这一点单靠词典的语义解释就很难得到解决，而只能通过汉语的"出现"和日语的"現(わ)れる"这两个动词各自与什么样的名词搭配使用才能够水落石出。

3."出现"和"現(わ)れる"的对象词

3.1 什么是"对象词"

考察和分析动词的语义和用法时，叙述的"主体"、"对象"或"对方"都起着重要的作用。尤其是不及物动词(自动词)因为不需要宾语，所以动词与其主体的关系非常重要。因此，森田良行(1982)和宫岛达夫(1989)也在其著述中举出"主体"和"对象"对动词的语义和用法进行分析。森田良行(1982)在其著述中列举以下四个句型对"あらわす"一词进行分析；(1)"……ヲあらわす/……ガあらわれる"，(2)"……ヲ……ニあらわす"，(3)"……ヲあらわす"，(4)"……は……ヲあらわす"。但这四个句型中(3)和(4)与本题没有关系，因为(3)解释为"書物を書いて世に出すこと"，(4)解释为"事実や事柄(A)を感覚でとらえうるような形(B)で示すこと"。该书还对句型(2)解释为"驚きを表情にあらわす"就等于"驚きが表情に現れる"。因此，我们可以认为与本题有关联的只有句型(1)。

另一方面，"表示动词、形容词、副词等概念的词因为必定是叙述某种事情，所以我们可以假设其事情的主体"(森田良行，1982:5)，而"这个主体一般由主语的形式来表现"(宫岛达夫，1989:21)。在前面所提到的"漢語が現れる"中的"漢語"可以说是"現れる”的主体或主语，但是从词语搭配的角度来分析，不管是“漢語が現れる”中的“漢語”还是“現れた漢語”中的“漢語”，都是与动词“現れる”搭配使用的对象。也就是说，“現れる”在句子中不能单独使用，而必须与相当于“何が”部分的名词一起使用。汉语的“出现”也是如此。前面所列举的“出现了新月”和“新月出现了”中的“新月”，在语法上前者是宾语，后者是主语，但归根结底还是动词“出现”的对象。所以，在本文姑且把与汉语动词“出现”和日语动词“現(わ)れる”搭配使用的主体、主语或和宾语当作动词的对象词来进行考察。

3.2 “出现”的对象词

提取“出现”的例子本文采用了两种方法，一是专业性的词典，二是语料库。词典利用了《新编汉语多功能词典》(国际文化出版公司)和《汉语动词用法词典》(商务印刷馆)，语料库利用了北京大学开发的“CCL”。下面请看“出现”的例子。

(1)词典的例句①《汉语动词用法词典》

○出现新情况。

○出现变化。

○出现矛盾。

○班里出现了一些问题。

○他突然出现在我的面前。

○出现了无数的英雄事迹。

○新情况不断地出现着。

○我们这里也出现过类似的现象。

○出现问题。

○出现漏洞。

○出现新气象。

○出现新局面。

○出现新特点。

○出现了许多有名的人物。

○如果严格按照操作规程办事，这个事故根本出现不了。

辞典的例句②《新编汉语多功能词典》

○出现了新情况。

○出现了很大的困难。

○出现了学英雄的热潮。

○天空出现了一轮明月。

○出现了矛盾。

○出现了争论。

○出现了变化。

○他突然出现在我们面前。

○出现了几次事故。

首先，我们通过这两本词典列举的“出现”的例子看出在其对象词中“情况”、“变化”、“矛盾”、“问题”、“事故”等比较容易与“出现”搭配使用。其次，这两本词典在“出现”后是否添加表示完成体的“了”，有很大差异，但笔者认为这与编者编词典时注重短语还是注重短文有关，而并不影响名词和动词的搭配问题。另外，仅限于这两本辞典列举的例子来观察，“出现”好像多以“出现＋名词”的结构使用，即作为及物动词使用。

(2)语料库的例句

前面所提及的CCL语料库总体量不大，所以“出现”的例子也并不多。在该语料库中我们一共提取并选择了合乎规范的160个“出现”的例句，其中，“出现＋名词”结构的有101例，“名词＋出现”结构的有59例。除此之外，还找到了一个作为名词使用的例子。这说明在汉语中，“出现”有动词和名词的两种词性，却实际上很少作为名词使用。另外，通过下面的例子(6)～(8)以及前面所列举的词典的一些例子我们可以看出，以“名词＋出现”结构出现时，其名词多半是人名、人称代名词和团体名，而且常以“人＋在＋场所”的形式使用。

(6)几天后，就在我快把这件事忘记时，小五又一次出现了。

(7)没想到第二天她又出现在了北海公园。

(8)大约50个相当于北京电影制片厂规模的文艺团体出现在北京影视文化广场。

其次，我们对160个例句中的所有对象词的使用频率做了统计，其统计结果如下(但只列举了两次以上出现的对象词)：

“症状”5次、“问题”4次、“现象”3次、“情况”3次、“流星雨”3次、“局面”2次、“状况”2次、“病变”2次、“空洞”2次、“迹象”2次、“哈雷彗星”2次、“彗星”2次、“上玄月”2次、“高潮”2次

通过语料库的以上统计和词典的例子我们不难看出“出现”所取的对象词范围非常广泛，但相对而言，除了表示自然现象的对象词以外，比较常用的“出现”的对象词是“症状、问题、现象、情况、状况、局面”等抽象名词。

3.3 “あらわれる”的对象词

(3)词典的例句『日本語コロケーション辞典』(姫野昌子，2012)

○ベルを押すと奥から係員が現れた。

○待ち構えていた記者の前に男がふらりと現れた。

○花やかなドレスに身を包んで婦人がさっそうと現れた。

○深夜まで待ったが、ついに彼は現れなかった。

○時間より早く約束の相手が走って現れた。

○突然ナイフを持った男が目の前に現れた。

○犯人が姿を変えて現れた。

○爆音とともに飛行機が上空に現れた。

〇下山の途中ひょっこり猿が現れた。
〇遊泳中にサメが現れたらすぐ逃げろ。
〇砂漠に忽然と蜃気楼が現れた。
〇雨上がりの空に弧を引いて虹が現れた。
〇どこからともなく霧が現れ、視界を遮った。
〇皮を剥くと赤い実が現れた。
〇地面の下から骨が現れた。
〇泡が次々と現れては消える。
〇重症になると幻覚が現れる。
〇不意に線が画面に入り乱れて現れた。

姬野昌子(2012)列举的“現れる”的对象词大约一半是人或动物,其他一半是具体名词或抽象名词,但大部分都是可以用视觉或感觉捕捉到的,而且所有例句的“現れる”的对象词都是“現れる”的主体或主语,因为“現れる”与“出现”不同,它只能作为自动词使用。

(4)语料库的例句

“あらわれる”的语料也是从 BCCWJ 语料库提取的。前面已经提起过 BCCWJ 语料库数量庞大,仅限「あらわれる」的例句也达到好几千,所以其中只提取了 1000 个例句。在提取的 1000 个例句中,“あらわれた+名词”结构只有 1 例,其他都是“名词+あらわれる”结构。下面表 1 是在 1000 个例句中,出现 3 次以上的“あらわれる”的对象词。

表 1 “現(わ)れる”的对象词类

次序	对象词(主体・主语)	次数	次序	对象词(主体・主语)	次数	次序	对象词(主体・主语)	次数	次序	对象词(主体・主语)	次数
1	女(性)	35	9	変化	8	12	形	4	13	作用	3
2	効果	32	9	顔	8	12	兆し	4	13	姿勢	3
3	症状	28	10	表情	6	12	成果	4	13	事例	3
4	人々・人たち	19	10	画面	6	12	建物	4	13	少女	3
4	男(性・たち)	19	11	相手	5	12	反応	4	13	少年	3
5	者(人間)	15	11	現象	5	13	彼女	3	13	犯人	3
6	もの	14	11	人間	5	13	傾向	3	13	矛盾	3
7	姿	11	11	人影	5	13	子供(たち)	3	13	動き	3
8	影響	9	12	彼	4	13	作品	3			

通过表 1 我们可以看出“あらわれる”和“出现”一样,其对象词既有人也有表示抽象概念的名词。其中,“女(性)、人々、人たち、男(性、たち)、者、相手、人間、彼、彼女、子供(たち)、少女、少年、犯人”等表示有生物的对象词大约占一半,“效果、症状、影响、

变化、现象、征兆、成果、反应”等表示抽象概念的对象词大约占一半，而表示“画面、建物、作品”等具体物的对象词很少。

4. 日语“出现”的语义和对象词

通过前两节我们大致考察和分析了汉语“出现”和日语“あらわれる”的语义以及与此搭配使用的对象词。这两个词不仅语义十分相近，而且其对象词的范围也特别广，难以明确规定哪一种类型的词多与“出现”搭配使用，哪一种类型的词多与“あらわれる”搭配使用。为了明确这一点，我们有必要进一步考虑与“出现”和“あらわれる”语义相近的日语的“出現”，因为前面 2.1 列举的三本汉日对译词典都把汉语的“出现”解释为日语的“出現(する)”。

首先，《广辞苑》(第五版)和《学研国语大辞典》对日语“出現”的语义分别解释为“①あらわれ出ること。②〔天〕掩蔽が終わって隠された天体が再現すること”、“〔かくれていたものや、今まで知られていなかったものなどが〕あらわれ出ること。現出”。其中，只有《学研国语大辞典》举出以下两个例句，“新兵器の～”和“第二次戦争後のドイツその他に、めぼしい新しい作家の～が少なくて”。不过，这两个例句都不是动词的用法，而是名词的用法。为了明确在汉语中如何解释日语“出現”的语义，笔者又查阅了《新世纪日汉双解大辞典》(三省堂)和《日中词典》(小学馆)。这两本词典分别把“出現”的语义解释为“出现”和“新显现出来。”[14]另外，作为其例子《新世纪日汉双解大辞典》举出“新兵器の～/新武器的出现”，《日中词典》举出“新兵器が～する→出现新武器；新しいライバルが～した→出了新的竞争对手；コピー機械の～によって印刷の世界は大きく変わった→由于静电复印机的出现，使印刷界大有变化”。通过这两本辞典的例句我们不难发现，“出現”的对象词都带“新-”或“新しい”等修饰语，这说明日语的“出現”多用于表示至今没有过的新的事物出现的时候。

那么，日语的“出現”通常与什么样的名词搭配使用呢？

“出現”的使用例句也是通过 BCCWJ 检索的。和汉语的“出现”相比，日语的“出現”作为名词使用的比率很高，所以检索的时候在检索栏上输入“が出現”，并从中提取了 500 个例句，其中对象词重复出现的例句极少，这说明“出現”的对象词比“あらわれる”更为广泛。作为参考，下面列举与“出現”搭配使用的对象词(限于两次以上出现的词语)：

“症状”19 次、“反応”9 次、“チアノーゼ”4 次、“障害”4 次、“ルール”3 次、“集落”“注視/追視”“灯”“現象”“ナンバー”“人類”“虹”“前方後円墳”“形質”“素敵な日本人”“事態”“通信ネットワーク”“動物”“問題”“項目”“状況”“力”“自分”“ライバル”各 2 次

以上统计表明，日语“出現”的对象词既有有生物，也有抽象名词、实物等。其中比较明显的是“出現”同“あらわれる”一样，与抽象名词“症状”搭配使用的频率尤为突

出。其次与“あらわれる”搭配使用的词语中约有一半是有生物，而与“出現”搭配使用的500个词语中只有47个是有生物。由此可见，从词语搭配角度来看，日语“出現”和汉语“出现”搭配使用的对象词比较相近。

总之，与汉语的“出现”，日语的“あらわれる”和“出現”搭配使用的词语都是范围非常广泛、包罗万象，但相比之下与日语“あらわれる”搭配使用的词语中有生物比较多，而汉语的“出现”和日语的“出現”与之搭配的比较少。这一事实表明，“あらわれる”更易于与表示有生物的词语搭配使用。另外，汉语的“出现”作为名词使用的例子很少，而日语的“出現”经常作为名词使用，[15]这也是汉语“出现”和日语“出現”的一大不同点。

5. 汉语的“出现”和日语的“あらわれる”的对比分析

以上介绍了汉语的“出现”，日语的“あらわれる”和“出現”的语义以及与其搭配使用的词语，本节将再次对这三个词的语义进行整理，并总结为什么“漢語が現れる”这一词语搭配不能成立。

• 汉语“出现”的语义：

①原来看不见的变成看得见；现出。

②由已有事物中生出新的事物；出现。

• 日语“あらわれる”的语义：

一直隐藏在某处，看不见的事物被暴露出来，看得见了。

• 日语“出現”的语义：

隐藏的事物或者至今没被认知的事物表露出来。现出。

综观以上的解释，我们可以认为这三个词的语义大致相同，如果说有细微的差别，只能说与之搭配的词语不同。不过，本文的主题是汉语的“出现”和日语的“あらわれる”，所以在这里主要探讨这两个词的词语搭配，对于日语的“出現”根据情况附带提及。

首先，从词典和语料库的例句可以看出汉语的“出现”和日语的“あらわれる”搭配的词语可以是有生物。[16]不过，通过《日本語コロケーション辞典》（研究社）中的例句和表1的对象词可以看出与日语“あらわれる”搭配的词语大约有一半是有生物，而与汉语“出现”搭配的词语中有生物却非常少，并且“出现”一词在与有生物搭配使用时，除了像例(5)那样少数例子外，大部分都以“名词＋出现＋在(表示场所或时间的助词)＋场所”的形式出现。由此可见，日语的“あらわれる”常与有生物搭配使用，而汉语的“出现”不仅与有生物搭配使用的例子较少，而且在与有生物搭配时常以固定的结构出现。这很可能与日语的“あらわれる”是自动词，而汉语的“出现”基本上作为他动词使用有关。另外，日语的“出現”也与“彼、天才、奴ら、女性カメラマン、何者、山賊、病人、正解者、黒崎(人名)、男の子、私、男たち、三人の男、人、大統領、技術者”等有生物搭配使用，但总体来说，同汉语的“出现”一样，与有生物搭配使用的例子较少。因此，笔者认为与日语“出現”和汉语“出现”搭配使用的词语比较相近。

其次，从上述对词典和语料库的语料可以看出，在与日语“あらわれる”搭配使用的词语中出现频率最高的抽象名词有“効果、症状、影響、変化、現象、兆し、成果、反応、傾向”等。汉语的“出现”也常与“症状、变化、现象、症状、征兆”等词语搭配，而且在词典和语料库中没有找到的“効果、成果、反応”这三个词语也可以和“出现”一词搭配使用。[17]然而，同样是表示抽象的“影响”和“倾向”却很难与汉语的“出现”搭配使用，因为在词典、语料库以及网络上都没有找到相关例句。对这个问题，现在还不能给予合理的解释，但这或许是与中日两种语言词与词的搭配不同有关。[18]那么，与汉语的“出现”搭配使用的抽象名词是否也可以与日语的“あらわれる”搭配使用？笔者发现在汉语词典中出现的可以与“出现”一词搭配使用的“事迹、高潮、事故、热潮、争论、漏洞”等抽象名词，不能与“あらわれる”搭配使用。[19]这或许是因为这些抽象名词不属于“一直隐藏在某处，看不见的事物被暴露出来，看得见了”这一含义，而是某一时期偶然引起或者发生的事物。换言之，因为汉语的“出现”和日语的“あらわれる”都表达“生产出来”的语义，而“事跡、高潮、事故、熱潮、争論、漏洞”等词语并不符合这一语义搭配，由此可见日语的“あらわれる”和“出現”都不包含“发生”这一语义。

另外，笔者通过 BCCWJ 语料库对“名詞＋あらわれる”和“あらわれた＋名詞”进行了出现频率调查，其结果在 1000 个例句中后者仅有 245 个，这说明“名詞＋あらわれる”比“あらわれた＋名詞”更为广泛使用。

最后，要总结本文开头提到的“あらわれた漢語・中国語”和“漢語・中国語があらわれる”的词语搭配很难成立的理由。通过汉语的“出现”和日语“あらわれる”的语义和与之搭配使用的对象词可以看出，无论是“中国語”还是“漢語”都是指语言的一个种类，并不是在这个世界中被显露或能被看见的事物，因此很难和“あらわれる”搭配使用。不过汉语的“出现”和日语的“あらわれる”作为“从隐藏的事物中生出新的事物，发生、产生，被显露出来”的语义使用时，都可以和汉语的“出现”一词搭配使用。因此，把“漢語中出現”译为“中国語の中に現れた新語”是不成立的。笔者检索了日语的“あらわれる”相关的两组搭配“漢語があらわれ”和“あらわれた漢語”，但并没有找到其例句，而“語があらわれ”的例句有 6 个，“言葉があらわれ”的例句有 3 个，“文字があらわれ”的例句有 13 个，但是通过例句可以看出这些都表示出现在眼前或是出现新的事物。下面的(9)～(13)就是其中的例句。

(9)そしてこの時期、「工業移転」という言葉が現れてくるように、資本の地域間移動が活発化する。

(10)この頃になると江戸は経済的にも文化的にも上方依存から独立してくる。江戸っ子という言葉があらわれてくるのもこの頃からである。

(11)一八五九年、開港後の横浜においてもピジン英語やピジン日本語が現れました。

(12)瞬きをするたびにワープロのモニターが明滅し、新たな文字が現れる。

(13)エレベーターがゆっくりと停止すると、ドアに光る文字が現われた—〈サーティー・マイル・イン〉へようこそ。

6. 结　语

本文通过汉日词典的词义解释和语料库的例句，考察和分析了汉语的"出现"，日语的"あらわれる"和"出現"的词语搭配情况，其结论如下：

(1)从词典的词义解释来看，汉语的"出现"，日语的"あらわれる"和"出現"的语义大致相同，汉语的"出现"可以作他动词和自动词使用，而日语的"あらわれる"和"出現"只能作为自动词使用；汉语的"出现"不能作为名词使用，而日语"出現"可以作为名词使用。

(2)与汉语的"出现"和日语的"あらわれる"相搭配使用的词语可以是有生物、抽象事物和具体事物等。日语"あらわれる"可以与任何有生物搭配使用，但相比之下汉语的"出现"与有生物搭配使用的例子较少，而且与有生物搭配使用时通常采用"有情物＋在＋场所＋出现"句型。

(3)汉语的"出现"和日语的"あらわれる"与名词搭配使用时，其名词既可以作动词的主语或主体，也可以作为名词的宾语，但，在汉语中基本使用"出现＋名词"，而在日语中"名詞＋あらわれる"则更为常见。

(4)汉语的"出现"和日语的"あらわれる"与名词搭配使用时，由于语言表现形式的不同，存在细微的差别。可以与汉语"出现"搭配的"事迹、高潮、事故、热潮、争论、漏洞"等搭配使用的词语却很难与日语的"あらわれる"搭配使用，也就是说表示"发生、产生"含义的词语不能和日语的"あらわれる"、"出現"搭配使用。由此可见，日语的"あらわれる"和"出現"没有"发生、产生"这一含义。

(5)日语的"あらわれる"不能和"漢語"或"中国語"搭配使用，是因为"あらわれる"表达的语义是"一直隐藏在某处，看不见的事物被暴露出来，看得见了"，而"漢語"或"中国語"都是抽象的概念。

对于学外语的人来说，对译词典的作用很大，其主要有两个作用，一个是提供"受信型信息"，另一个是为了词语的准确使用提供的"发信型信息"。[20]其中，"受信型信息"是指词语的语义说明，学外语的人通过母语理解外语词汇的大概语义。但虽然通过词典大体理解了一个词的语义，不过在实际运用中还是出现一些偏误。笔者认为，这些偏误是由于学习外语的时候人们常常陷入只记住词义而不知道该词与什么样的词搭配使用。尤其是同属于汉字文化圈的汉语、日语、韩语这三种语言存在同形同义词，并且日语和韩语中还存在着汉字词和固有词之间的近义关系。因此，为了更好地区分日、中、韩三语中的同形类义词的具体用法和细微差别，考察其词语搭配是很有效的。多年来，词语搭配的研究在英语教育中一直很盛行，笔者认为这一研究理论与实践也应该作为一个重要课题应用到日语教育之中。

注释

[1]李振杰等编《汉日新词词典》，辽宁人民出版社，1997年。

[2]这本词典在汉语的"说明"后面，附上了日语译文。

[3]我们可以说,“2012 年に彗星のように現われたピジン日本語は…”或者“未知の言語が現われ、世間を驚かした”等等。

[4]日本大学共同利用机关法人人间文化研究机构国立国语研究所和文部科学省科学研究经费特定领域研究共同开发的“日本語コーパスプロジェクトが共同で開発した『現代日本語書き言葉均衡コーパス』(BCCWJ:Balanced Corpus of Contemporary Written Japanese)”(以下简称为BCCWJ)。

[5]因为在 BCCWJ 语料库中没有查到“現(わ)れた漢語”和“漢語が現(わ)れ”的例子,所以随便查了有可能出现的与“あらわれる”搭配使用的名词,在本文列举的就是其中的两对搭配例子。

[6]调查的主要目的就是查找作为动词使用的例子,所以选这四种形态进行了调查。

[7]由北京大学中国語言研究中心构筑的语料库。该语料库分为“现代汉语”和“古代汉语”,本文只限定前者提取了有关数据。

[8]例句中的下划线是笔者画的。

[9]在 BCCWJ 语料库里共查找了三个“矛盾がアラワレ”和八个“問題がアラワレ”的例句。

[10]通过 BCCWJ 语料库一共查到了四个“虹が出現”的例句和六个“問題が出現”的例句,而其他的没有查找相应的例句。

[11]参见《现代汉语词典》(第五版)的“显露”和“产生”词条。

[12]实际在 BCCWJ 语料库查到的“アラワレ出”共有 48 个例子;“ウマレ出”共有 109 个例子。

[13]因为在 BCCWJ 上没有查到类似的例子,所以可以判断没有这样的用法。

[14]这本词典因为是日中双解词典,所以可能把日语的解释“新しく現れ出る”直接翻译成汉语。

[15]笔者通过 BCCWJ 语料库检索到 836 个“の出現”的例句。

[16]在汉语中,虽然前面对 LLC 语料库调查时没有统计出相关例子,但在实际例子中可以看出“他、她、我、患者、病人、小女孩、小姑娘、人群、姚明(人名)”都可以与“出现”搭配使用。

[17]通过中国的“360 网络搜索”进行调查,虽然数量有限,但还是找到了实际例句。

[18]在《日语常用词搭配词典》(商务印书馆)中指出:‘影響’和‘傾向’与动词搭配时,通常以‘影響がある、影響が出る、影響を与える、影響を受ける、影響を及ぼす、影響をもたらす’和‘傾向がある、傾向が薄れる、傾向が高まる、傾向が見られる’等形式使用。”

[19]分别对“事績が”、“ブームが”、“事故が”、“高まりが”、“議論が・論争が”、“抜け穴が”进行了调查。

[20]详见赤野(2012)p. 88。

参考文献

吕叔湘主编《现代汉语八百词》,商务印书馆,1984 年。

中国社会科学院语言研究所词典编辑室编《现代汉语词典》,商务印书馆,2005 年。

冯志纯、周行健主编《新编汉语多功能词典》,国际文化出版公司,1989 年。

孟琮等编《汉语动词用法词典》,商务印书馆,2005 年。

王砚农、焦庞颙编著《汉语常用动词搭配词典》,外语教学与研究出版社,1984 年。

新村出『広辞苑』第五版、岩波書店、1998 年。

松村明等著『新世紀 日漢双解大辞典』、三省堂、2009 年。

森田良行『基礎日本語 1』角川小辞典、角川書店、1982 年。

宮島達夫『動詞の意味・用法の記述的研究』、秀英出版、1989 年。

孫猛・王曙光編集代表『最新実用 中国語辞典』、隆美出版、2002 年。

北原保雄『日本語文法の焦点』、教育出版、1984 年。
玉村文郎編『日本語を学ぶ人のために』、世界思想社、1992 年。
中日共同編集『中日辞典』、小学館、1991 年。
長谷川良一、相原茂、小峯王親監修『中日辞典』、講談社、1998 年。
赤野一郎「英語コーパス言語学と英語教育」『日本語教育』、日语教育协会、130 号 2006 年。

作者简介

李东哲，中国日语教师培训班大平班 4 期生(1983 年 8 月至 1984 年 7 月在学)，日本语言文学专业。现任延边大学外国语学院教授。

《译书汇编》(1900—1903)与中日词汇交流

朱京伟

在中日词汇交流史的研究资料中,《时务报》因发行时间早,且有日本人古城贞吉翻译的"东文报译"栏而凸显其价值。《清议报》是最早在日本发行的中文报刊之一[1],加上主笔梁启超的影响力,从而奠定了该报的重要地位。《译书汇编》的创刊紧随二报之后,它在日本编辑发行,并具有专门翻译连载政法类日文书籍的特色。由于这种专业性强的长篇日汉翻译是日语借词进入汉语的主要途径之一,其研究价值完全可以和上述两种清末报刊相媲美。鉴于以往对该刊的研究偏于宏观定位而缺乏细节描述,本文在进行词语调查之前,首先需要对《译书汇编》的总体情况做一些梳理。

1. 出版方针:从编译到著述

《译书汇编》于 1900 年 12 月 6 日在日本东京创刊,卷首的"简要章程"将译书对象定位为"以政治一门为主,如政治法律理财历史哲学各门",并强调"政治诸书乃东西各邦强国之本原,故本编亟先刊行此类"。起初,《译书汇编》由"译书汇编发行所"发行,到第 9 期(1901. 9. 27)时开始出现"译书汇编社"的名称,同时书末的发行所也改为"译书汇编社",这或许可以视为译书汇编社成立的准确时间。

《译书汇编》发行一年以后,在第 2 年第 1 期(1902. 4. 3)上刊出"本编改良规则",重申了此前的出版方针,即"本编所译辑者,以欧美日本之政治法律为主,尤侧重于外交、财政、教育、警察等类"。与此同时,声明进行增版扩容,把以前每期 100 页前后的总页数增多至 140～170 页,并把编排方法改为"以四个月为一结束。第四期之书,不与第五期相连,第八期之书,不与第九期相连。一结束之间,务成全书。厚则二三部,薄则四五部不等"。同一期上还首次刊登了由戢翼翚、王植善、陆世芬、杨荫杭、杨廷栋、汪荣宝等 14 人组成的译书汇编社成员名单,除了王植善的身份是上海育材学堂总理之外,其他人均为在日本各类学校留学的学生。

从创刊到第 2 年第 9 期(1902. 12. 10)之前,《译书汇编》没有开设专题栏目,每期以刊登 2～5 篇连载译文为主,最后几页在"杂报""杂录""附录"等名目之下,刊登由编辑部选编的各类信息,如政法片片录、时事漫论、日本学校系统说、留学界等。

到第 2 年第 9 期(1902. 12. 10),《译书汇编》突然宣布改版,旨在由专门译书向发表自撰文章的期刊过渡。编者在"译书汇编第九期改正体例告白"中称:"译书之事仅能假他人之思想直接映之于吾,而不能即以为吾之思想。纯以吾之思想发表,斯之谓学问独立。今于数年中欲骤脱译书时代而进于学问独立时代,此固程度限之不能骤及,然取他人之思想而以吾之思想融会贯通之,参酌甄别引申发明,实为二时代过渡之要着。……言念及此,爰拟将本编体例大加改正,以同人数年研究之心得,借本编以发表之。"从这一期起,开始设置"政法通论、政治、法律、经济、历史、杂纂"等栏目,先后刊登了笔名为“攻法子、巅涯生、赤门生、泷川学人、无逸、君武、亚粹、衮父、芙峰”等作者的自撰文章。

仅隔数月之后,《译书汇编》又在第 12 期(1903.3.13)登出“本编改名政法学报告白”,该文称:“本编自第二年第九期以来大加改良,以著述为主编译为副,开学报之先声,冀纵翻译时代进于学问独立时代。……惟是本编命名向取翻译之义,今既改体例一新,未免使读者有名实不符之感,爰自癸卯年(1903)第一期起改名《政法学报》。”

《译书汇编》改名为《政法学报》之后,主要刊登国人自撰的政论文章,致使文章用语的性质与改名前相去甚远。笔者的目的在于利用译自日语的文章调查日语借词进入汉语的情况,就此而言,国人自撰文章的资料价值显然不如翻译文章。因此,笔者将以更名为《政法学报》之前的《译书汇编》为词语调查的范围。

2. 关于现存本与发行日期

《译书汇编》从 1900 年 12 月创刊到 1903 年 4 月改名为《政法学报》为止共出版 24 期,历时两年有余。多年来,研究晚清历史的人对这本期刊时有提及,却无人去探寻其全貌。最早关注《译书汇编》下落的是吴相湘先生(1914—2007),他从中国台湾和日本搜集到第 1、2、7、8 期,并于 1966 年在台湾影印出版。据笔者目前查找的结果,第 1 年(1900.12—1901.3)出版的《译书汇编》十分稀缺,仅在上海图书馆藏有齐全的 1～9 期,而第 10、11、12 期虽经多方搜求,至今仍下落不明。因此,笔者目前所用的《译书汇编》文本缺少这 3 期,有待今后补全。第 2 年(1902.4—1903.3)出版的 12 期比较好找,上海图书馆、湖南图书馆、国家图书馆、北大图书馆等处都有收藏。

《译书汇编》创刊号在封面上注明“每月一回华历十五日定期发行”,但实际的发行时间却相差甚远。从 1901 年第 3 期起,每期《译书汇编》的封面上并排写有中国的光绪年月(农历)与日本的明治年月(西历),同时在每期的封底页还有发行日期,封面与封底的日期很少能相互吻合。例如,第 4 期的封面日期为“光绪二十七年三月十五日/明治三十四年五月三日”(1901 年 5 月 3 日),而封底日期为“明治三十四年五月廿六日印刷/明治三十四年五月廿七日发行”(1901 年 5 月 27 日),二者相差 20 多天。

《译书汇编》发行至第 2 年(1902)以后,封面改为只标中国农历日期,而封面日期与封底日期的差距越拉越大。如第 2 年第 1 期的封面日期为“光绪壬寅正月”(相当于 1902 年 2 月),封底日期为“明治三十五年四月二日印刷/明治三十五年四月三日发行”(1902 年 4 月 3 日),二者相差近两个月。事实上,写在封面上的只是按期发行时的既定日期,而封底记载的才是每期印刷和发行的实际日期。在此将登在封面与封底的中国农历年月与日本明治年月全部转换成西历年月,列表对照如下:

表1 《译书汇编》的发行日期(封面与封底)

1900—1901年(第一年)	封面日期	封底日期	1902年(第二年)	封面日期	封底日期
第1期	无	1900.12.6	第1期	1902.2	1902.4.3
第2期	1901.1.28	1901.1.28	第2期	1902.3	1902.5.13
第3期	1901.4.3	1901.4.7	第3期	1902.4	1902.6.23
第4期	1901.5.3	1901.5.27	第4期	1902.5	1902.8.31
第5期	1901.6.3	1901.7.14	第5期	1902.6	1902.7.25
第6期	1901.7.1	1901.8.8	第6期	1902.7	1902.7.31
第7期	1901.7.30	1901.8.21	第7期	1902.8	1902.9.22
第8期	1901.8.28	1901.10.13	第8期	1902.9	1902.11.15
第9期	1901.9.27	1901.12.15	第9期	1902.10	1902.12.10
第10期	(1901.10)?	(1902.1)?	第10期	1902.11	1902.12.27
第11期	(1901.11)?	(1902.2)?	第11期	1902.12	1903.2.16
第12期	(1901.12)?	(1902.3)?	第12期	1903.1	1903.3.13

依据封底日期,第1年第9期出版时已经接近1901年年底,如果按此时间推算,其后的第10、11、12期应该分别在1902年的1月、2月、3月期间出版。从第1年第9期所刊登的内容看,《现行法制大意》与《民约论》正好连载完毕,尚有《政治学提纲》《近时外交史》《日本外务省及外交官官制》等3篇译文待续,而第2年第1期(1902.04.03)卷首的“本编改良告白”中也提到:“本社去年所出十二期,因书类太多而厚,故仅出完现行法制大意、近时政治史、各国国民公私全考、物竞论等。”据此可证实第10、11、12期确已出版发行,只是至今下落不明。

3. 译书汇编社的出版书目

《译书汇编》第1年第1期卷首的“简要章程”称:“是编之外尚需刊刻译成全部之书目录均附于后”,而在第1期的末尾果然附有“已译待刊各书目录”,内含21种译著。这表明早在《译书汇编》创刊之前,译书工作就已经开始,并积累了相当多的译稿。此外,《译书汇编》还利用每期的卷首、卷尾以及卷中插页等刊登过许多图书广告,栏目标题计有“已译待刊各书目录”“出版书目”“发行书目”“本社新书广告”“新书告白”等,我们可以通过这些书目更全面地了解译书汇编社的出版活动。

经过对译书汇编社的出版书目进行重新整理,共得各类翻译书籍100种。其中包含“政治法律书类”45种、“历史书类”14种、“经济书类”与“教育书类”各7种、“哲学书类”与“语学书类”各5种,以上各类占到出版图书的8成以上。从原著者的国别来看,日本人的著作有45种,所占比重最大。另有英国人的著作9种、美国人的著作7种、法国人的著作5种、德国人的著作2种。值得关注的是,这些欧美原著究竟是从欧美文字直接翻译成汉语的,还是从日译本转译而来的。

由于这些译本的现存情况难以把握，甚至当初是否真正出版过也不得而知，要想弄清这些欧美原著在译成汉语时所依据的底本，不妨调查一下有无明治时期的日译本。如果有与之对应的日译本，意味着在清末日译书盛行的社会背景下，这些欧美原著很可能是从日译本转译成汉语的，反之，则不能排除从欧美文字直接翻译的可能性。

表 2 显示，大多数欧美原著的中译本都能找到与之对应的明治时期的日译本。其中，英国人原著大多是名家经典，日译本以明治初年出版的居多。德国人、法国人原著的种类虽然有限但日译本比较齐全，美国人原著的日译本偏少而且出版时间较晚。

表 2　出版书目中的欧美译著及其日译本的情况

中译本名	原著者		日译本情况
自由原理	英国弥勒约翰著	英国 9 种	有 1871 年日译本，名『自由之理』中村敬太郎译
自助论	英国斯迈尔著		有 1871 年日译本，名『斯邁爾斯自助論』中村译
教育论	英国斯宾塞尔著		有 1880 年日译本，名『斯氏教育論』尺振八译
社会平权论	英国斯宾塞尔著		有 1881 年同名日译本，松岛刚译
政法哲学	英国斯宾塞尔著		有 1884 年同名日译本，滨野定四郎等译
万国国力比较	英国默尔化著		有 1900 年同名日译本，大石熊吉等译
英国国力比较	英国默尔化著		同上书，「第三章合衆王国」
政治进化论	英国斯宾塞尔著		未见日文译本
近世二英雄传	英国格理飞司著		未见日文译本
经济论	德国李士德著	德国 2 种	有 1880 年日译本，名『李氏経済論』大岛贞益译
政党论	德国伯伦知理著		有 1883 年同名日译本，汤目补隆译
欧洲文明史	法国尼骚著	法国 5 种	有 1877 年日译本，名『欧羅巴文明史』永峰秀树译
理学沿革史	法国阿勿雷脱著		有 1886 年同名日译本，中江笃介译
今世国家论	法国鲍罗著		有 1894 年同名日译本，八尾书店日新丛书
教育论	法国卢骚著		有 1897 年日译本，名『児童教育論』菅绿荫译
国际法论	法国罗诺而著		有 1900 年同名日译本，蜷川新译
平民政治	美国勃拉司著	美国 7 种	有 1889 年同名日译本，人见一太郎译
美国独立史	美国姜宁原著，章宗元译		有 1891 年日译本，名『米国独立史』滨中仁三郎译
社会学	美国吉精颜斯著		有 1900 年同名日译本，远藤隆吉译
政治泛论	美国威尔孙著		有 1895 年同名日译本，高田早苗译
美国民政	美国莫里著		未见日文译本
教育论	美国如安诺著		未见日文译本
社会学	美国如安诺著		未见日文译本

从历史进程来看,英法美等国的原著出版较早,因此更有可能成为明治初年日本译介西方文明的对象,而进入1890年代以后,日本已经基本上完成了从译介为主到著述为主的历史性过渡,美国人原著的日译本偏少或许从侧面印证了这一点。与此同时,19、20世纪之交的中国人开始掌握英语,并取代欧美来华传教士的角色直接从英语译书,从而使当时日译书独行于世的格局发生了变化[2]。因此,对于少数没有日译本的译著,其中译本也有可能是从英语直接翻译过来的。

通过分析译书汇编社的出版书目,我们发现译自日本人原著的书约占一半,除此之外,在欧美人原著的译本当中也有7成左右可能是从日译本转译成汉语的。前辈学者早已指出过,在20世纪初我国借道日本引进西方文明的过程中,日译书占有举足轻重的地位[3],而译书汇编社的出版书目恰好印证了这一历史事实。

4. 原著者为日本人的文本

本文关注的重点,是译书汇编社发行的唯一定期刊物《译书汇编》杂志,需要弄清其中日译本所占的比例究竟有多少,各个文本中日语借词的分布情况有哪些特点等。其中,文本的篇幅长短与性质差异,在进行词语调查时会对抽出词语的数量多少有直接的影响。在《译书汇编》现有的21期之中,篇幅长度(页数合计)排在前20位的文本以及从中抽出的词语数量如表3所示[4]。

表3 《译书汇编》中篇长居前20位的文本及其抽词情况

文本名(按页数排位)	《译书汇编》所标的作者	页数合计	抽出词数	抽词排位	连载次数
1. 外交通义	日本长冈春一原著	338	234	2	4
2. 现行法制大意	日本樋山广业著	190	437	1	4
3. 欧美日本政体通览	巅涯生编辑	167	40	22	3
4. 物竞论	日本加藤弘之著	125	149	6	3
5. 支那[5]化成论	立法学士解说	104	39	25	3
6. 日本财政之过去及现在	法学士小林丑三郎著,王宰善译	85	48	16	1
7. 近时外交史	日本有贺长雄著	82	112	7	5
8. 政治学提纲	日本鸟谷部铣太郎著	80	168	4	4
9. 欧洲财政史	日本小林丑三郎原著	77	182	3	3
10. 最近俄罗斯政治史	日本专门学校原版	73	86	10	2
11. 警察学	日本宫国忠吉著	70	96	8	2
12. 近世政治史	日本有贺长雄著	65	157	5	5
13. 民约论	法国卢骚著	62	35	28	4
14. 政治学	美国伯盖司著	61	65	12	4
15. 财政概论	亚粹	61	41	19	4

续表

文本名(按页数排位)	《译书汇编》所标的作者	页数合计	抽出词数	抽词排位	连载次数
16. 论理学	日本高山林次郎著,汪荣宝译	59	96	9	1
17. 万法精理	法国孟德斯鸠著	48	35	29	3
18. 理财学	德国李士德著	46	63	13	4
19. 论国家	攻法子	38	29	30	2
20. 法典编纂方法论	赤门生	36	21	35	1

从篇幅长度居前20位的译文来看,内容集中于政治、法律、外交、财政等领域,充分体现了《译书汇编》的出版宗旨。按原著者的不同,可以将它们分成原著者为日本人的文本、原著者为欧美人的文本,以及原著者为中国人的文本等3种情形。

表3显示,在篇幅位居前12位的文本中,除去第3种和第5种之外,其余10种的原著者均为日本人,抽词数量位居前10位的也都是原著者为日本人的文本。这表明,此类文本不仅所占比重最大,而且能够抽出的中日同形词及日语借词也最多。

在此类文本中,译自同名日文原著的情形占多数,如《外交通义》《现行法制大意》《近时外交史》《欧洲财政史》《警察学》等。另有一些中译本部分改变了原著的名称,如《政治学提纲》所依据的日文原著名为『通俗政治汎論』(鳥谷部銑太郎著,博文館,1898.12),需要通过著者姓名去寻找内容对应的原著。还有少数中译本无法找到与之对应的原著,比如,加藤弘之的著作目录里并没有《物竞论》,估计是按照加藤弘之的有关著述编译而成的。又如,《最近俄罗斯政治史》(日本专门学校原版)一篇也找不到日文原著,当时在日本专门学校就读的中国留学生较多,有可能是利用该校的某教科书编译而成的。

日文原著的出版时间与《译书汇编》的译载时间往往十分接近,有些间隔一两年或数年,如《外交通义》原著的出版时间为1901年4月,而《译书汇编》的译载时间为1902年4月,二者相差1年。有些甚至只相差几个月,如《日本财政之过去及现在》原著的出版时间为1902年7月,《译书汇编》的译载时间为1902年11月,二者相差仅4个月。由此可知,《译书汇编》所刊登的翻译文本多数是在日本出版不久的新作。此外,表3还显示,这些日文原著的中译本在《译书汇编》上刊登时,除去少数例外,一般都不标注译者姓名,因此难以查明译者的身分。

5. 原著者为欧美人的文本

此类大多是欧美的经典名著,如表3排在第5、13、14、17、18位的文本。从抽词数量来看,各文本分布在第12位到第29位之间,表明值得抽取的词语总体偏少。《译书汇编》刊登的中译本只标出原著者而没有译者姓名,因此看不出翻译时所依据的底本。尽管如此,我们仍可通过分析文本,去推断它们并非从英、法、德语直接译成汉语,而是根据日本人的日译本转译而成的。

5.1 《万法精理》

译文之前配有按语(见《译书汇编》第1年第1期),其中有如下表述:"……有何礼之者,遂译为日本文,是为万法精理输入东方之始,今所译者,即何氏本也"。经查日本明治时期的书目,何礼之的日译本出版于明治8年(1875):

『万法精理』孟德斯鳩著,何礼之重訳,東生亀次郎(出版),1875

据此可以推断,中译本即是根据上述日译本转译而成的。由于日译本成书于明治初年,当时许多日语新词尚未出现,所以从中译本中能够抽取到的日语新词并不多(抽词排位居第29位)。然而,通过译本中使用的"投票、议员、特权、发言权、共和政治、民主政治"等日语新词,以及与日译本相同的书名《万法精理》和人名译法"孟德斯鸠"等,都可以判断此译本是从日译本转译的。

5.2 《民约论》

译文前没有任何关于底本和译者的提示,它与《万法精理》一样是西方的名著,经查阅明治时期的书目,发现有以下两种日译本:

『民約論』戎雅屈・蘆騒著,服部徳訳,有村壮一(出版),1877.12

『民約論覆義:全』戎雅屈婁騒原著,原田潜訳述,春陽堂,1883

《民约论》中译本的开头录有"卢骚小传",起首说:"盧骚名戎雅屈,匠人某之子也……"由此可知,中译本的书名《民约论》和人名"戎雅屈・盧骚"与第1种日译本完全一致。再从具体的用词来看,日译本出版于明治初年,当时产生的日语新词数量有限,由于受到底本的制约,中译本里所含有的日语新词较少(抽词排位居第28位)。即便如此,依据译本中出现的"革命、奇迹、社会、议会、义务、共和国、政治家、自由论"等词,也足以证明中译本是从日译本转译而来的。

5.3 《政治学》

中译本没有按语之类可以做判断的依据,但通过检索明治时期的书目,可以找到"伯盖司"(日语音译为「バルゲス」)的如下译本:

『政治学及比較憲法論』バルゲス著,高田早苗・市島謙吉共訳,東京専門学校,1896.10

经过比对内容,可以认定日译本的「第一編政治学」就是中译本所用的底本。同时,译本中使用了许多明治时期的日语新词(抽词排位居第12位),如"地域、定义、历史、缺点、团体、权利、义务、共和政治、中央政府"等。这些新名词当时刚刚进入汉语,尚未广泛流通,只有从日语翻译的文章才可能出现这些词。

5.4 《理财学》

中译本除了署名"德国李士德著"之外,还注明"原名经济论"。以此为线索,发现明治时期的书目中有如下日译本:

『李氏経済論』フレデリッキ・リスト著,大島貞益訳,日本経済会,1889.12

译者大岛贞益在卷首“译例”中说:「本書ハ日耳曼経済学士弗勒得力李士徳ノ原著ニシテ,千八百八十五年英国国会議員サムプソン・エス・ロイト氏ノ英語ニ翻訳セルヲ今又茲ニ重訳ス」。可见,中译本的“李士德”是照搬日译本的人名译法,而且中译本与日译本的章节目录也完全一致。据此可判断,这本书应该就是中译本《理财学》就是根据『李氏経済論』翻译而来的。此外,《理财学》中使用了不少日语新词(抽词排位居第 13 位),如“改良、国税、商业、输出、输入、共和国、卒业生、货币交换、自由贸易”等,这同样可以证明《理财学》并非直接译自德语,而是从日译本转译过来的。中译本把日译本的书名从『経済論』改为《理财学》,大概是因为“经济”一词的新义当时尚未进入汉语,用“理财”代替“经济”更易于为国人理解[6]。

5.5 《支那化成论》

中译本对翻译时所用的底本含糊其辞,著译者的署名只标出“立法学士解说”。然而,查明治时期的书目发现有如下日译本:

『コフーン氏支那化成論』法学士立作太郎解説,東京専門学校出版部,1898.7

中译本把原著者音译为“胡奋”或“胡氏”,与日译本的「コフーン氏」相对应,书名《支那化成论》的译法则与日译本完全一致,而中译本的“立法学士解说”其实是把立作太郎的头衔“法学士”改成了“立法学士”。如果将日译本与中译本的目录做一对比:

	日译本		中译本
第一章	緒論	第一章	绪论
第二章	支那の政治	第二章	论政治
第三章	支那の社会	第三章	论风俗
第四章	支那の外交	第四章	论外交
第五章	支那の経済	第五章	论经济
第六章	結論	第六章	结论

不难看出二书的内容是一一对应的,中译本把日译本的“社会”译成“风俗”,或可说明“社会”一词的日语新义尚未被汉语接纳。此外,中译本还使用了诸如“干线、广告、国防、价格、良港、流域、让步、支店、支线、资源、保守派、导火线、根据地、宣教师、殖民地、世界市场、锁国政策、政治结社”等一批明治时期的日语新词,1902 年时,这些词刚刚在汉语里零星出现,如果不是从日译本转译,未必会使用到这些词。

6. 原著者为中国人的文本

自第 2 年第 9 期声明改版之后,中国人自撰的文章迅速增多。在篇长为前 20 位的文本中,自撰文章有 4 篇,都刊登在《译书汇编》至第 2 年(1902)的下半年。与翻译文本相比,国人的自撰文章在用词上可以避开那些国人难以接受的日语词。表 3 显示,自撰文章的抽词排位均比较靠后(分别排在第22、19、30、35位),表明其中含有的日语借词不如翻译文本那么多。具体情况概括如下:

6.1 《欧美日本政体通览》

连载于第2年第5、6、8期(1902.7—1902.11)。前两次连载时没有作者署名,而“译书汇编社发行目录”(见第2年第5期卷首)中署名为“巅涯生编辑”,到第3次连载时署名又改为“赤门外史编辑”。或可据此推测,本书是由译书汇编社的两位成员合力编成的。虽然文中没有提及所依据的底本,但通观全文的用词,其中含有日语的专有名词,如“大藏省、内务省、司法省、铁道省”等,还使用了许多明治时期的日语新词,如“国会、机能、领土、基金、年金、任期、议员、职权、参议院、过半数、大统领、旁听席、国际关系”等,所以不难推断本文是依据日文资料编撰而成的。

6.2 《财政概论》

连载于第2年第9~12期(1902.12—1903.3),署名亚粹,作者的真实姓名与生平不详。从文中可以抽取到不少明治时期产生的日语新词,如“承诺、单位、价格、产出物、经常费、军用品、临时费、生产费、先进国、行政费、间接税、直接税、公共财政、国有财产、殖产兴业、自治团体”等。这些词通过《时务报》《清议报》《译书汇编》以及其他日译书进入到汉语中,许多新概念新事物也随之在中国社会开始出现。根据这些词,我们便可以判断本文是在参照日文资料的基础上编成的。文中的日语新词以三字词和四字词偏多,而直到20世纪初,汉语中2+1型三字词与2+2型四字词的数量是十分有限的,因此,日语新词对汉语构词法的影响同样值得关注。

6.3 《论国家》

连载于第2年第9~10期(1902.12—1903.2),署名功法子,真实姓名与生平不详。功法子还在《译书汇编》上发表过《论研究政法为今日之急务》《政法片片录》《对外观念之适当程度论》等文章,是后期比较活跃的作者之一。

《论国家》全文没有提及日本,主要介绍西方的学说,并在术语和人名之后频频添加西文原词,表面上看很像一篇从西文翻译成汉语的文章。然而,如果着眼于用词方面,就会发现在为数不多的抽出词中含有相当数量的日语新词,如“法人、客观、主观、缺点、人格、团体、要点、要素、集合体、有机体、自然人、革命运动、民权自由、专制主义”等。在当时的汉语里,如果没有参照日文资料是不会出现这类词语的。

6.4 《法典编纂方法论》

刊登于第2年第9期(1902.12.10),作者署名赤门生,真实姓名与生平不详。除本文之外,《译书汇编》还刊登过赤门生撰写的《警醒录》《法兰西革新之机关》《拟举骷髅千万级分献天下志士之书》等文章,是后期主要作者之一。

赤门生在正文之前的按语中称:“……因译欧洲各国编纂法典最初之模范,以待朝野之有志者。”虽然作者在此处只提到使用了欧洲各国的素材而没有提及日本,但通过观察全文的用词，可以发现许多明治时期的日语新词，如“主观、客观、权利、义务、用语、专门家、手续、改良、可决、裁可、纪念碑、修正案、国家主义、社会主义”等，同时，作者还多次引用了明治时的法学家穗积陈重(1855—1926)的论述。因此，我们有理由推断作者在相当程度上利用了日文资料。

7. 词语的抽取原则与分类

本文以《译书汇编》第 1 年与第 2 年的全部文本(现存 21 期)作为抽取词语的范围。抽词时，需要根据二字词、三字词、四字词等各类词语的特点，力争既全面均衡又各有侧重。同时，为保证抽词尺度的统一，本文依据的抽词原则与笔者以往采用的抽词原则相同。

对于二字词，以抽取中日同形词为主，重点关注那些与人文科学、自然科学有关的术语，以及能够反映清末时期新事物新概念的词，而对那些已知是出自古汉语且传入日语后词义并无明显变化的词，则不必一一抽出。对于三字词、四字词以及四字以上的多字词，抽词时不应局限于中日同形词的范围。从 19 世纪末到 20 世纪初中日词汇交流的实际情况来看，日语的三字词和四字词进入汉语后，不仅从数量上丰富了汉语词汇，同时还对现代汉语三字词、四字词的构词法产生了显著影响。为了更好地对构词类型进行分析，应争取最大限度地多收集三字词与四字词。四字以上的多字词因数量有限，暂不列为研究对象。

按照以上原则，笔者从《译书汇编》中共抽出各类词语 3231 个，这是复计词数，其中包含着重复抽出的词语。在此基础上，以“只保留首出用例，去除其他重复词”的方式进行去重整理，最终得到的是单计词数，共 1943 个词。再按照二字词、三字词、四字词、多字词的类别以及在《译书汇编》不同年份与期号中的分布情况，进一步整理为表 4。

表 4 从《译书汇编》中抽出的研究对象词(单计词数)

年度	期号	二字词(884 词/45.5%)				三字词	四字词	多字词	合计
		有典	新义	无典	未收				
1900	1	63	12	33	3	48	49	9	217
1901	2～9	263	46	102	9	265	246	22	953
1902	1～11	229	26	76	12	212	178	9	742
1903	12	6	1	3	0	9	12	0	31
词数合计(%)		561(63.5)	85(9.6)	214(24.2)	24(2.7)	534(27.5)	485(25.0)	40(2.0)	1943

表 4 反映的是每个词的首出例在《译书汇编》中的分布情况。首出例的分布显现出时间越靠前词语越多的特点，比如：1900 年仅出版 1 期，而其中的首出例多达 217 个。时间靠后的 1903 年也出版了 1 期，但除去前面已经出现过的词之后，仅有首出例

31 个。

在《译书汇编》之前,已有先期出版的清末报纸《时务报》(1896—1898)与《清议报》(1898—1901)。若论与日本的密切关系,这三种出版物可谓一脉相承,甚至在用词方面也具有趋同的倾向。事实上,《译书汇编》的抽出词中包含着许多《时务报》《清议报》时已经出现的词。只要把《译书汇编》的抽出词与《时务报》《清议报》的抽出词分别加以比对,便可以区分出哪些词是《时务报》时首次出现的,哪些词是《清议报》时首次出现的,除去这两部分词之后,剩下的就是《译书汇编》中新出现的词(表 5 阴影部分)。

表 5 《译书汇编》与《时务报》《清议报》之间的词语重合情况(单计词数)

《译书汇编》抽出词的性质	二字词(884 词/45.5%)				三字词	四字词	多字词	合计
	有典	新义	无典	未收				
时务报 1896—1898 抽出词	209	40	74	4	96	32	0	455
清议报 1898—1801 新出词	133	21	48	4	91	64	2	359
译书汇编 1900—1903 新出词	219 (39.0)	24 (28.2)	92 (43.0)	16 (66.7)	347 (65.0)	389 (80.2)	38 (95.0)	1129 (58.1)
译书汇编抽出词的合计	561 (63.5)	85 (9.6)	214 (24.2)	24 (2.7)	534 (27.5)	485 (25.0)	40 (2.0)	1943

由表 5 可知,除去《时务报》《清议报》已出现的词之后,《译书汇编》中首次出现的"无典"二字词占抽出词总数的 43.5%,首次出现的"《汉大》未见"二字词占抽出词总数的 66.7%,而首次出现的三字词与四字词的比例分别高达 65.7%与 80.2%。这些都表明,《译书汇编》中含有数量可观的新词。笔者将在下一步研究中,重点关注这部分词语。

8. 结 语

本文从日语借词研究的角度出发,首次对《译书汇编》的内容做了全面的介绍与梳理,其目的在于,明确《译书汇编》的历史定位与资料价值,使抽取词语与辨别日语借词的工作更具有针对性。主要结论可以概括为以下几点:

(1)纵观《译书汇编》的出版方针,两年间经历了从前期中期以翻译文章为主,到后期以自撰文章为主的过程。事实上,翻译文章中的日语借词明显多于国人的自撰文章,而日本人原著的译本与欧美人原著的译本相比,前者的日语借词又明显多于后者。这种现象在《译书汇编》所处的时期,即日语借词进入汉语的初期是比较分明的。进入 1910 年代之后,由于大量日语借词已在汉语里落户生根,即便是译自英文的文章同样会出现日语借词。

(2)通过对译书汇编社的出版书目进行整理,发现在 100 种翻译书籍中,原著者为日本人的译本高居首位约占一半,同时,原著者为欧美人的译本中约有 7 成存在与之对应的日译本。据此可以推断，这些译本虽然标明是欧美人原著，但并不是从英文原本直接翻译过来，而是清末国人通过日译本转译为汉语的。足见日译书在清末时期占有举足轻重的地位。

(3)从《译书汇编》中篇幅居前20位的文本看，原著者为日本人的译本占绝大多数，而且抽取到的词语也最多。与此同时，经过对原著者为欧美人的译本进行分析，足以证明此类译本也大多是从明治时期的日译本转译成汉语的。由此可见，《译书汇编》所刊载的译本几乎都是从日语直译或编译而来的。

(4)抽取词语的结果表明，《译书汇编》中包含着许多已先期在《时务报》《清议报》中出现的词语，但即使将这部分词语分离出去，《译书汇编》首出的新词仍然占有相当大的比重。比如，首次出现的"无典"二字词与"《汉大》未见"二字词分别占同类词总数的43%和66.7%，而首次出现的三字词与四字词的比例分别高达65%与80.2%。这些数据表明，深入细致地分析《译书汇编》的用词，对发掘与认定新的日语借词具有重要意义。

[本文为2011年度国家社会科学基金项目(课题名称：清末报纸与译著中的日语借词；批准号：11BYY119)的部分研究成果]

注释

[1]在《清议报》创刊之前，《东亚报》1898年6月在日本神户创刊，是中国人在日最早出版的报刊，但刊载内容与知名度无法与《清议报》相提并论。

[2]严复是用英语译书的早期代表人物之一，他的8部译著出版于1896—1908年。严复的几部早期译著主要使用他自创的译词，随着日语借词在汉语中落地生根，后期的译著开始使用日语借词。参见朱京伟(2009)。

[3]参见实藤惠秀(1970)、谭汝谦(1980)。

[4]表3中所列的20种文本以"页数合计"由多到少的顺序排列。"页数合计"是指单个文本的所有连载页数的总和，"抽出词数"是指从单个文本中所抽出的词语的单计词数，"抽词排位"是指在《译书汇编》的全部51种文本之中，按照"抽出词数"由多到少的顺序所做的排位。

[5]供研究使用，保留原貌处理，全书同。编者注。

[6]其实，「理財学」也是日本人于明治初年创造的新词，但后来被「経済学」所取代。参照佐藤亨(2007)的「理財学」词条，该辞典提供的最早书证为『哲学字彙』(1881)中的译词。

参考文献

実藤恵秀『増補・中国人日本留学史』、くろしお出版、1970年10月。

谭汝谦"中日之间译书事业的过去、现在与未来"，《中国译日本书综合目录》香港中文大学出版社，1980年。

朱京伟"严复译著中的新造词和日语借词"，武汉大学《人文论丛2008卷》，中国社会科学出版社，2009年4月。

朱京伟"《民报》(1905—1908)中的日语借词"，《日本学研究19》，2009年10月。

朱京伟"《时务报》(1896—1998)中的日语借词——文本分析与二字词部分"，《日语学习与研究》第3期，2012年6月。

朱京伟"《时务报》(1896—1998)中的日语借词——三字词与四字词部分",北京日本学研究中心编《日本学研究22》,2012年10月。
朱京伟"《清议报》中的四字日语借词",《日语学习与研究》第5期,2013年12月。
朱京伟"《清议报》(1898—1901)中的二字日语借词(汉语,16600字)",《日本学研究23》,2013年12月。

『明治大正新語俗語辞典』樺島忠夫、飛田良文、米川明彦編,東京堂出版,1984年。
『明治のことば辞典』惣郷正明、飛田良文編,東京堂出版,1986年。
《汉语大词典》罗竹风主编,汉语大词典出版社,1986—1993年。
《强学报·时务报》中国近代期刊汇刊·第一辑(全5册),中华书局,1991年。
《中国报刊辞典(1815—1949)》王桧林、朱汉国主编,书海出版社,1992年。
《文渊阁四库全书》电子版,香港迪志文化出版,上海人民出版社,1999年。
『日本国語大辞典(第二版)』小学館,2000—2002年。
『現代に生きる幕末·明治初期漢語辞典』佐藤亨著,明治書院,2007年。
《近现代辞源》黄河清编著,上海辞书出版社,2010年。

作者简介

朱京伟,1985—1987年就读于日研中心硕士课程,语言文学专业1期生。现任北京外国语大学日语系教授、博士生导师。

日源外来词新词构词特征

崔 鉴

1. 引 言

由于日源外来词在其发展过程中受到政治、经济、社会、文化交流等各种因素的合力影响，其发展轨迹具有鲜明的时代特征。1972年的中日邦交正常化及中国实行改革开放政策以来，中日两国政治、经济、文化、教育等各方面的交往逐年增多、两种语言的接触也日渐频繁。日语借词在沉睡了几十年之后又开始重新进入汉语。如果说，19世纪末、20世纪初是日源外来词进入汉语的第一个高潮，那么，改革开放后又迎来了第二个高潮。尤其近十年来是日源外来词发展的最重要的阶段。基于种种原因，现代汉语对日语词汇的吸收很难再出现象第一个高潮那样的壮观局面。然而，由于中日两国日益密切的经济联系、中国在日学者及留学生的数量之多、日本影视文化对中国青少年的影响等因素，日源外来词的使用仍然是外来词研究中不容忽视的一个方面。本文重点论述改革开放后涌现出的日源外来词新词的构词特征。

2. 日源外来词新词的数量调查及分类

所谓“新词”，顾名思义是新产生的词语。随着社会生产、生活的发展，众多新生事物不断涌现，人类对客观事物的认识也不断更新，于是人们便利用已有的语言素材创造出一些新的符号来标记新事物和新认识。这些新的符号就是新词。诚然，伴随社会的发展、历史的延伸，当时的新词经过若干年后也就不成其为“新”了，所以新词的概念总是相对的。严格地说，新词应该分成两部分。一部分的词形词义都是崭新的，另一部分是在固有词形上赋予了新义。本书集中讨论前者，具体而言，日源外来词新词的判定标准是：①《汉语外来词词典》中未曾记载[1]；②20世纪80年代后源自日语；③现代汉语中仍在使用。

笔者认为，就词汇学研究领域而言，定量研究是定性研究的前提条件，定性研究是定量研究的终极目标。确定日源外来词新词的准确数量，对于当前日源外来词的研究和规范、词典的编纂、中文信息处理、中日两国间的词汇交流都具有十分重要的意义。然而，在目前的情况下，这是一项几乎不可能完成的极其复杂和困难的工作。目前我国尚未出版一部专门的《日源外来词词典》，对于日源外来词新词类型的研究也是不够完善、不够系统。由于新词时时处在不断地变化之中，因此无论在数量，还是分类上目前还都无法给出一个统一的、明确的答案。笔者查阅了大量的相关文献、资料，在确认源头为日语词后，尽可能多地收集到来自日语的新词。

2.1 调查对象的选定及调查方法

本文中的调查对象由三部分构成:知名度较高的80年代后出版的汉语新词语词典;发行量较大的报纸、杂志、互联网上登载的汉语新词以及笔者多年来所整理的来自日语的新词;学术杂志论文及公开出版的中日文版本的硕士、博士论文[2]。

调查方法如下:首先分三个步骤鉴别词的来源为日语。①文献中明确标记来自日语的。②如果没有明确标记的,按日本最新辞典《广辞苑第六版》及新语词典『あふれる新語』进行核对。两辞典有记载的,可以证明源自日语,例如“定食、暴走族、新干线、写真、萌、秒殺、乙男”等。③如果上述文献、辞典没有记载的,再逐一进行核对。然后,将上述日源外来词新词全部摘出,按汉语拼音列表[3]。笔者在鉴定某词是否源自日本是经过认真筛选的。例如“茶香猪”、“割歇”、“畦塞”、“拍档”、钛力源”、“廋身”、“扬物押”等词在论文类中虽明确记载为新词,但是经笔者核对认为证据不够充分,因此不予收录。另外有些异体词,如“贩量/量贩”、“沙约娜拉/3166”、“干物女/鱼干女”等对应的日语原词只有一个,故只作同一词处理。还有一些新词在媒体、辞典或者论文类中重复收录时,本文只作同一词处理。

2.2 调查结果

从表1我们可以看出,80年代后日源外来词新词收集最多的是媒体类计112词、占总数的40%,其次是论文类89词、占总数的32%,辞书类最少为79词、占28%。表2告诉我们,新词中的185词(约占66%)在日本的文献中已有明确记载。其中的绝大多数(95%)已收入《广辞苑第六版》中,其他词的分布如下:

表1 日源外来词新词来源统计(280词)

汉语出处	数量(100%)	词　例
1媒体类	112(40%)	就学生、涮涮锅、乌冬面、募集、业者、出演
2论文类	89(32%)	直通车、速客达、定休日、变身、绝杀、特卖
3辞典类	79(28%)	傲他酷、安乐死、八佰伴、暴走、崩坏、网吧

表2 现代日语书籍有记载的(185词)

日语出处	数量(100%)	词　例
《广辞苑第六版》	176(95%)	闭馆、残念、达人、导盲犬、花嫁、配送、寿司
其他	9(5%)	奥特曼、败犬、草食男、萌、肉食女、婚活

《負け犬の遠吠え》 酒井順子著,講談社　2003　「負け犬」

《ユーキャン新語・流行語大賞の候補語》　2007　「干物女」

《ウルトラマン》圆谷株式会社　2009　「ウルトラマン」

《あふれる新語》北原保雄编,大修館書店　2009　「萌え、秒殺、乙男」

《Yahoo japan 辞書》(大辞泉)　2012　「草食男、婚活、肉食女」

从上表我们可以看出，收入《广辞苑第六版》中的日源外来词新词并非全部为日本近年来产生的新词，它们的大多数日语中早已存在。因为一部语言辞典从编撰到问世大约要经过5年的时间，而且，该辞典收录的新词只占总数的4.2%[4]。近年来的日语新词有多少进入日源外来词新词中呢？笔者查阅了日本语言学家北原保雄编著的『あふれる新語』，该书于2009年大修館書店出版，共收日语新词1019个，然而进入日源外来词新词中的只有3词[5]。可见日源外来词新词与日语新词并无太多的联系。

2.3 日源外来词新词分类

分类基准不同将导致类别的不同，本文以新词构成方式进行分类。日源外来词新词绝大多数由汉字构成，因此在进行分类时，汉字的“形、音、义”三要素都要充分考虑进去。

2.3.1 借音

(1)全部音译

1)用英文字母(日语的罗马字母)书写。它们全部为固有名词(人名、地名、公司名称等)，计14词。应该说，这类词的出现体现了80年代后日源外来词新词的变化趋势。在此之前，来自日语的外来词几乎是清一色的借形词(极少数音译词除外)[6]。它一方面反映了日语新词书写形式的多样化，另一方面体现了现代汉语的开放程度。

例如：

DoCoMo　Mazda　NHK　NTT　NTTDoCoMo　SK-II　SEGA　SOGO　SONY OL

2)用汉字书写。虽然汉字均具有“形、音、义”三要素，但是这类词是按照日语的发音(假名)书写的。它们只取汉字的“形、音”两项，与汉字的字义无关，计12词。例如(左侧为汉语新词，右侧为日语原词)：

卡哇伊/かわいい、欧巴桑/おばさん、沙约娜拉/さようなら、傲他酷/おたく

“卡哇伊”是日本钢琴的一种品牌。“欧巴桑”一词在《汉语外来词词典》曾出现过，用了一段时间后便遭淘汰，此次出现应该看成该词的再一次激活。

3)用汉字+英文字母书写，计1词。例如：卡拉OK/からオケ

(2)部分音译

4)这类词的一部分取自日语原语的发音，另一部分取自汉语的词义，也可以说是音译加意译，计4词。例如：

涮涮锅/しゃぶしゃぶ、乌冬面/うどん、巴拉巴拉舞/バラバラ、一级棒/いちばん

2.3.2 借形

5)整体借形

与西方语言不同，由于汉字在中日两语的文字体系中始终占据主导地位，借形仍然是日源外来词最主要的形式。日语汉字词本来是由日语中的汉字词素(「形態素」)按照日语构词法(一部分是汉语构词法)而创造的日语词。当它们进入汉语词汇系统

时，我们仅仅借用了这个词的书写形式和意义，读音则采用了相应汉字的汉语读音。这是整个词形上的借用，它所包含的汉字成分，与汉语构词时所采用的汉字词素还是有显著差别的，必须区别看待。另外，在借用过程中会有些形体、笔画、字序、繁简上的汉化，例如：

崩坏/崩壊、前卫/前衛、导盲犬/盲導犬、解读/解読、釜饭/釜飯、新干线/新幹線

这些不同点是由于中日两国语言体系的不同而导致的。本文将这些不同点忽略不计，仍然看成是整体借形词。这类词约占总数的 84%，构成日源外来词新词的主体，在现代汉语词汇的发展过程中始终发挥着重要的作用。

6)部分借形

部分借形词由两部分构成，一部分是借形，另一部分是音译。如“奥姆真理教/オーム真理教”中的“奥姆”是音译，“真理教”是借形。也有人将其称之为混合式。词形里所包含的汉字词素必须是汉语词汇系统所固有的词素，以此与日语汉字词素相区别。如“宅急送/宅急便”中的“送”是汉语词汇系统所固有的词素。还有的词在汉字的使用上进行了适当的调整。如“试衣间/試着室”中的“衣间”对应日语的「着室」。这部分计 14 词，它们在构词上以偏正式的类型居多，其中汉语词素主要充当中心词素，而借形词素主要作为修饰性的词素。其他词例如：

自动售货机/自動販売機、手机小说/携帯小説、萌女孩/萌ゴール、校园节/学園祭

2.3.3 其他

7)意译

此类词与日语原词的发音和字形无关，是在日语原词语义的基础上，依据汉语词的造词规律创造的新词。词义与日语原词基本相同，计 3 词。例如：

便利店/コンビニ、生鱼片/刺身、黄金周/ゴールデン・ウイーク

3. 日源外来词新词构词特征

要正确理解日源外来词新词的意义、把握新词的用法，有必要对新词的结构做进一步分析。然而据笔者调查，近年来国内外有关日源外来词的研究主要集中在词的构成方式、音节特点、语义分布等方面，有关新词结构的研究寥寥无几，尚未形成系统研究。退一步说，对于外来词能否进行构词研究，如何对外来词进行构词研究等问题，可谓仁者见仁、智者见智，国内的语言学界并未达成共识。有的学者认为，外来词是不能进行构词分析的。原因是外来词的主流是音译词，与本民族词不同，音译词的源头是外语原词，汉字完全失去了表意功能只起表音作用。例如“奥林匹克”、“马达”、“沙发”、“加仑”、“卢布”等。音译词作为单纯词看待，人们更容易理解。可是，日源外来词却有本质的区别，新词中除少数的借音词外绝大多数仍然是借形词，这个形就是汉字的形，汉字的表意性已充分体现出来，新词的结构分析是完全可能的。

毋庸讳言，单从语言层面看，日源外来词具有双重性质。虽然同汉语词一样构成要素是汉字，但是它在日语环境下产生，不可避免地带有日本语言、日本文化的特征，

同时，它又是汉语外来词，汉语、汉文化的要素又不可泯灭。于是又出现了新的问题——是用汉语构词法，还是用日语构词法进行分析。笔者认为，既然日源外来词新词是在日语环境下形成的，与汉语环境下创造的汉语词不可能完全相同，有些词甚至完全不同；除极少数的音译词、意译词外词形本身并未发生变化，因此，用日语构词法进行分析是合适的。词由词素(「形態素」)构成，日语中的词素分为词根(「語基」)和词缀(「接辞」)，词根又有自由词根(「自立語基」)和粘着词根(「非自立語基」)之分。顾名思义，自由词根可独自构成单词，而粘着词根必须与其他粘着词根组合后才能使用。两个粘着词根结合后成为结合词根(「結合語基」)。目前日语学界普遍认同由一个自由词根构成的语言单位为单纯词，如「山、春」等，但「相互、基準、事故、建設」等由结合词根构成的词属于单纯词还是合成词尚有争议。笔者认为，若采用认知语言学的范畴化理论，能有效地对日源外来词新词进行分类。本文首先按照日语传统的构词法，将新词分成单纯词、复合词、派生词、词组四类[7]。单纯词由一个词根(包括自由词根、结合词根、略语词根)构成。复合词由两个词根构成，派生词由一个词根和一个词缀(包括前缀、后缀)构成。词组是指合成关系(包括复合和派生)达到两次以上构成的语言单位。表3是笔者在实际调查的基础上进行的分类。从表中我们可以看出，新词中复合词占多数，达到总数的42.1%，以下依次为单纯词、词组、派生词。

表3　日源外来词新词构词归类

构词类别	280词	100%	词　例
单纯词	50	17.9%	足袋、便当、留守、玄关、傲他酷、托雅玛、SONY
复合词	118	42.1%	车虾、卖场、安乐死、黄金时间、卡拉ok、NTTDoCoMo
派生词	47	16.8%	不完全、就学生、豆乳、门球、涮涮锅、便当男
词组	65	23.2%	浮世男女、萌系女孩、一石二鸟、量贩式劳务料理

(1)单纯词

1)用罗马字书写的有14词，而且都是表示公司及商品的名称。

CIVIC　DoCoMo　JVC　Mazda　NHK　NTT　OL

SK－II　SEGA　SOGO　SONY　TBS　ViVi　VHS

2)用汉字书写且音译的10词。所使用的汉字只是作为日语语音的符号，与字义无关。一些日语原词本来有相应的汉字，但是作为日源外来词新词进入汉语后不是借形(汉字词的字形)而是借音，即用与日语发音相近的汉字书写。如："卡哇伊/可愛い(かわいい)、托雅玛/富山(とやま)"等。这种情况是80年代前的日源外来词所没有的。

傲他酷　奥特曼　阿软佛　卡哇伊　欧巴桑

速克达　天妇罗　优衣库　托雅玛　沙约娜拉

3)余下的26词均为借形，且词义与日语原词基本相同。

八佰伴　便当　便签　表征　残念　低迷　分野

开发　看板　理念　料理　留守　萌　秘笈

社会　神社　寿司　味增　相扑　形状　玄关

银座　　元气　　宅　　足袋　　正太

(2)复合词

日源外来词新词中，复合词不仅在数量上占多数，而且构成方式多样。现分述如下[8]。

1)联合式(「並列関係」)。根据两个词根意义关系的不同，可以分为两类。一类是近义词根的联合，一类是反义词根的联合。这类词数量较多。

花火　　放送　　美白　　添加　　统合　　闭锁　　亲子

2)偏正式(「修飾と非修飾の関係」)。前后两词根之间有附加修饰的关系。这类词经常是用前一个词根来修饰、限制后一个词根。在整个词义的构成上，常以后一个词根为主。根据前后修饰关系的不同，又可分成定中式(定语关系)和状中式(状语关系)。这类词在新词中所占的比例最大。

败犬　　步道　　日课　　定食　　大赏　　达人　　年功

暴走　　出演　　公选　　精算　　构想　　绝杀　　滞纳

3)支配式(「動詞と目的語の関係」)。根据动词和宾语的前后位置不同，又可分成动宾式和宾动式两种形式，它们的绝大多数为动宾式结构。这类词数量很多。

充电　　禁酒　　救场　　入荷　　融资　　企划　　修学　　品味　　物语

4)补充式(「動詞と補語の関係」)。前后词根之间有补充说明的关系。这类词经常是用后面的词根补充说明前一词根，在整个词义的构成上，以前一个词根为主。例如“加盟”的日语解释是「盟約に加わること」。我们知道，日语的谓语通常位于句末，如果按日语的词法规律(词法和句法关系基本一致)应该是“盟加”。“加盟”显然是受到汉语词法的影响。这类词数量很少。

出世　　登场　　加盟　　架空

5)主谓式(「主語と述語の関係」)。前后两词根的关系是陈述和被陈述的关系。前一词根是被陈述的对象，后一词根是陈述部分。这类词只有两例。

物流　　自信满满

(3)派生词

派生词的构成比较简单，一类是“前缀＋词根”；另一类是“词根＋后缀”。按照认知语言学的观点，词缀是词的长期语法化的结果。换句话说，在人们长期使用的过程中，一部分词失去或者正在失去词汇的意义，主要起到语法作用。语法化是一个较长时期的过程不能一蹴而就，有些词已经完全实现从词汇意义转化成了语法意义，这就是词缀。例如“～式：方式、旧式、新式、西洋式、日本式、金婚式”等。有些词还停留在转化的过程中，并没有实现从词汇意义向语法意义的完全转化。例如：“男”与“女”相对应是一个单纯词，仍然具有词汇意义，但是在“便当男、草食男、肉食男”等词中的“男”是作为一部分人或一类人来使用的，因此看作后缀比较合适。

前缀：新品　　激廋　　初体验　　不完全　　就学生　　萌文化　　宅游戏

后缀：店长　　本部　　便当男　　理事会　　涮涮锅　　乌冬面　　著作权

(4)词组

词组是指合成关系(包括复合和派生)达到两次以上构成的语言单位。词组可分成复合词组和派生词组两类。两者的区分是以词的最后一次切割为基准，即词组的最后一次合成是复合式的可看成复合词组，是派生式的可看成派生词组。例如：暴＋走（复合）→暴走（复合词）＋族（派生）→暴走族（派生词组），短＋期（派生）→短期（派生词），大＋学→大学（派生词）、短期＋大学→短期大学（复合词组）。然而，有些词组的分类界限并不十分清晰。以“自动售货机”为例，如果按“自动＋售货机”切割可看成复合词组，如果按“自动售货＋机”切割又可看成派生词组。

暴走鞋　草食女　初体验　感化院　试衣间　亲和力

浮世男女　假面夫妇　萌系女孩　润滑经济　售后服务　御宅文化

(5)词缀

日源外来词新词的词缀数量繁多且丰富多彩，体现了新词的特点，因而有必要单作一节来阐述。笔者初步做了统计，在新词的词缀中，前缀 8 词、后缀 45 词，两者相加占新词总量的 18.2%。新词派生词（或词组）的比重有了明显提高。具体词例如表 4、表 5 所示（表中所用词例均出自笔者统计的新词）。

表 4　日源外来词新词前缀

前　缀	词　例
新～	新登场、新发卖、新干线、新品、新人类
宅～	宅邸、宅爱、宅青、宅配、宅游戏、宅急送、宅急配、宅内族
萌～	萌女孩、萌文化、萌系女孩
小～	小物、小屋
激～	激瘦、激细
初～	初体验
不～	不完全
就～	就学生

表 5　日源外来词新词后缀(重点 10 词)

后　缀	词　例
～族	暴走族、草食族、婚活族、秒杀族、难民族、宅内族
～男	便当男、草食男、肉食男、乙男、宅男
～女	草食女、干物女、肉食女、鱼干女、熟女、宅女
～车	乘用车、直通车
～力	钝感力、亲和力
～度	景气度、知名度
～头	梨花头、丸子头
～球	门球、野球
～会	理事会、忘年会
～权	嫌烟权、著作权

与80年代前的日源外来词相比，新词前缀和后缀均大幅增加，特别是前缀中的"新～、宅～、萌～"三词的造词能力强、使用频率高。其中的"萌～"已成为当下最时髦的流行语之一。新词中的后缀远远多于前缀，表5只列举了频率高的前10词，其他的后缀还有"教、舞、部、技、店、科、长、乳、症、口、院、死、周、员、道、化、国、率、系、人、材、间、锅、源、场、物、吧、面、节、手、集、者、界、群、志"等。由后缀"～族、～男、～女"构成的派生词(有的是词组)远远多于其他词缀，这也充分体现出了这三词较强的造词能力。除表5的例词外，笔者还从《2006—2010汉语新词语》中摘得其他词例如下：

～族：爱券族、毕漂族、婚活族、麦兜族、单眼族、蛋壳族、Emo族、酱油族、啃老族、抠抠族、脑残族、抛抛族、泡良族、枪迷族、山寨族、闪闪族、山寨族、住车族、闷居一族、MSN脱机族、QQ隐身族、论坛潜水族

～男：剩男、愁婚男、豪华男、经济男、鸡贼男、奶嘴男、牛奋男、水壶男、顺溜男、玩具男、亚熟男、月亮男、三不男、绝世衰男、经济男、经济适用男

～女：历女、寝女、怂女、败犬女、比婚女、布波女、杠杆女、普相女、三不女、兴盛女、星剩女、优剩女、钻石剩女、简单方便女、清汤挂面女、3字头少女

另外，"宅男、宅女"中的"男、女"在日语原语中读训读音，应看作复合词。可是在现代汉语中的这三词与"草食男、草食女"等的"男、女"没有本质的区别，把它们作为后缀处理也有一定的道理。因此，按构词法对日源外来词进行分类时，有时还要考虑到汉语的因素。与80年代前的日源外来词一样，由词缀构成的新词派生词中，三音节词仍占多数。新产生的日源外来词新词的前缀和后缀为现代汉语持续不断地创造新词奠定了坚实的基础，极大地增强了现代汉语适应高速发展的现代社会的能力。

4. 结　语

从上述的分析研究中，我们不难看出，日源外来词新词为现代汉语增添了新鲜血液、促进了汉语词汇的多样化。特别是，作为汉语的异质词语，填补了汉语造词方法以及能力的不足，并给汉语开辟了另类造词的新路。具体分析如下：

(1)从新词的构成方式看，如果说80年代前日源外来词的构成方式几乎是清一色的借形词，那么新词的构成方式可谓丰富多彩，大致分类如下：

1)借音。包括整体借音和部分借音。借音部分可分为用罗马字书写和汉字书写，以及

两者混用的三类。

2)借形。包括整体借形和部分借形。

3)意译。

(2)从词的结合方式看，新词中复合词占多数，以下依次为单纯词、词组、派生词。

1)单纯词以借形词为主，其他的还有用罗马字书写的词以及音译词。

2)复合词的构成方式有联合式、偏正式、支配式、补充式、主谓式等。

3)派生词的构成比较简单，一类是"前缀＋词根"；另一类是"词根＋后缀"。由词缀

构成的新词派生词中三音节词仍占多数。新词词缀的增加进一步增强了汉语接受新词的能力。

4)词组可分成复合词组和派生词组两类。

5)日源外来词新词的词缀数量繁多且丰富多彩,体现了新词的特点。与 80 年代前的日

源外来词相比,新词前缀和后缀均大幅增加,后缀仍然远远多于前缀。

注释

[1]请参照高明凯等的《现代汉语外来词词典[M]》,上海商务印书馆,1984 年。

[2]①主要的汉语新词语辞典(辞典类):

《中国語新語辞典》吴侃编,同学社,1990 年;

《1991—1992 汉语新词语》于根元主编,北京语言学院出版社,1992、1993 年;

《现代汉语新词语词典》林伦伦、朱永锴、顾向欣编,花城出版社,2000 年;

《近现代汉语新词词源词典》香港中国语文学会编,汉语大词典出版社,2001 年;

《新华新词语词典》(2003 年版)周洪波编,商务印书馆,2003 年;

《当代汉语新词词典》曲伟、韩明安编,中国大百科全书出版社,2004 年;

《新世纪汉语新词词典》王均熙编,商务印书馆,2006 年;

《2006—2010 汉语新词语》侯敏、周荐主编,商务印书馆,2007—2011 年。

②发行量较大的杂志、报刊、互联网(媒体类)。

《人民日报》、《中国青年报》、《光明日报》、《瑞丽》、《百度》、《人民网》、《腾讯网》。

③主要论文(论文类):

“日语借形词的构词问题”周玉琨、曲娟《汉字文化》2000 年第三期;

“汉语借形词研究”山东大学 张威 2004 年 5 月;

“汉语新词中的日语借用词”东北师范大学 黄丽媛 2009 年 6 月;

“现代汉语中的日源外来词研究”江苏大学 丁扬 2010 年 6 月;

“改革开放以来的日源外来词研究”江苏大学 王雯 2010 年。

[3]参见崔崟《日源外来词探源》附表 4“20 世纪 80 年代后日源外来词新词”。中国出版集团 2012 年 p. 85～187。

[4]『広辞苑　第六版』中明确记载,共收新词计 1 万词条,而该辞典收词总数为 24 万。以此计算新词占总数的约 4.2%。

[5]详见崔崟“新词单纯词构词特征”[J]《日本语言文化研究第二辑》延边大学出版社,2012 年,p. 54～62。需要说明的是,『あふれる新語』中的收词包括名词、动词、形容词、副词、感叹词等。日源外来词中的绝大多数是名词,而且是名词中的汉字词。尽管如此,收录于『あふれる新語』词典中的区区三词能进入日源外来词中,不能不说这个比例实在是微乎其微。

[6]请参照注释[1]。

[7]有关日语词的分类可参照水谷修『新版日本語教育事典』2005 年 p. 65～69、崔崟《现代日语语言学概论[M]》外文社 2009 年 p. 142～146。

[8]有关复合词的分类主要参考了胡裕树的《现代汉语 重订本》1998 年 p. 211～215,崔崟《现代日语语言学概论》2009 年 p. 145～147。

[9]本论文中的部分内容已在笔者所著《日源外来词探源》中有所涉及。

参考文献

高明凯等《现代汉语外来词词典》,上海商务印书馆,1984 年。
吴侃『中国語新語辞典』、同学社、1990 年。
于根元《1991—1992 汉语新词语》,北京语言学院出版社,1992—1993 年。
胡裕树《现代汉语　重订本》,上海教育出版社,1995 年。
林伦伦等《现代汉语新词语词典》,花城出版社,2000 年。
周玉琨等〈日语借形词的构词问题〉,汉字文化, 2000 年。
香港中国语文学《近现代汉语新词词源词典》,汉语大词典出版社,2001 年。
周洪波《新华新词语词典》,商务印书馆,2003 年。
曲伟等《当代汉语新词词典》,中国大百科全书出版社,2004 年。
水谷修他『新版日本語教育事典』、大修館、2005 年。
王均熙《新世纪汉语新词词典》,商务印书馆,2006 年。
侯敏等《2006—2010 汉语新词语》,商务印书馆,2007—2011 年。
新村出『広辞苑　第六版』、岩波書店、2008 年。
崔崟《现代日语语言学概论》,外文社,2009 年。
北原保雄『明鏡国語辞典』、大修館、2011 年。
崔崟《日源外来词探源》,中国出版集团,2012 年。
崔崟"新词单纯词构词特征",《日本语言文化研究第二辑》,延边大学出版社,2012 年。
崔崟"日语回归借词词源论考",《语文建设》,2012 年。
崔崟、王菊慧"日语新词复合词构词特征",《课程教育研究》,2012 年。
崔崟"異文化交流における中日同形語の使用",《日本语言文化研究第三辑》,延边大学出版社,2014 年。

作者简介

崔崟,大平班 4 期生(1983—1984 年在学),日语语言学、中日对比语言学、日本文化研究。现任吉林华桥外国语学院东方语学院教授。

日语词典学研究现状及日语词典学概论编著设想

邵艳红

词典学就是以词典理论和词典编纂实践作为科学研究对象的专门学科。词典学的研究内容很广，罗思明(2008)指出词典学的研究主要包括 11 个方面：词典历史、词典性质、词典任务、词典结构与信息、词典特点、词典类型、词典功能、词典使用、词典批评、用户教育及有关词典编纂理论、方法、技术等。[1]

而关于日语词典学，仓岛节尚(2008)指出，日本的国语词典和双语词典性格各异，所以把研究日语词典以及日语和其他语种词典为对象的研究领域，概括为日语词典学。[2]本文同意仓岛节尚(2008)的观点，主要梳理了中日两国关于各类日语词典的编纂理论与实践、编纂史、词典使用、词典评价等各方面的论文和论著。

1. 研究背景

我国的日语教学和研究的时间不算很短，尤其是近十年取得了较大的进展。国内开设日语专业的高校已达 506 所，在高校热门专业开设数量排行榜中位列第 11 位，在高校外语专业开设数量上，日语成为仅次于英语的第二大外语专业。同时，以硕士博士为标志的高层次日语教育也实现了跨越式发展。[3]根据日本国际交流基金出版的《日本语教育调查》统计，2012 年中国的日语学习人数达 1046490 人，成为全球日语学习人数最多的国家，教师人数达 16752 人，也居世界首位。[4]

但和日语教育事业不断发展不相匹配的是，英语、俄语等语种的语言教学和研究已经建立起一批成熟或较为成熟的学科，如翻译学、应用语言、社会语言学学、双语词典学、语言政策学等，相比之下，日语稍显逊色。我们的日语教科研人员的研究方向虽然可分为语言、教育、文学、文化、社会等几个方向，却没有形成相对成熟的学科。这一现状不仅同我国学习日语的人数和教学规模不相称，也从侧面凸显了我国的日语教学研究的总体水平比较滞后的特点。我们还需要开设更多的特色课程，加强相关学科的研究。邵艳红(2014)指出面向日语专业开展词典学研究及词典学教学的必要性和紧迫性，并介绍了天津外国语大学开设的日语词典学课程的主要内容和授课方式，提出了编写日语词典学概论的设想。

基于这些想法，笔者近几年一直在搜集和日语词典学相关的研究资料，之前在国内利用中国知网和中国国家图书馆搜集了国内的部分资料，2014 年利用在日访学的机会，多次去日本国会图书馆，同时参考 CiNii 论文数据库，搜集了日本学者的主要研究成果，借此机会做简要的梳理。

2. 国内的日语词典学研究

我国的词典学起步于20世纪70年代,已经取得了很多骄人的成绩。国内单以专著而言,已经出版了几十部,涉及的领域有通论、辞书史、百科全书、韵书、类书、专科词典等。1993年辞书研究会和多个词典研究中心的相继成立,展开了多种多样的学术活动。词典学研究有自己的专业刊物,例如创刊于1979年《辞书研究》和1980年开始发行的《词典研究论丛》。对国内外的词典学理论进行的翻译和介绍也起步很早。对此周荐、杨世铁(2009),邵艳红(2014)均有介绍,不再赘述。

关于双语词典学的研究也方兴未艾,据《中国辞书学论文索引》,至1989年为止,我国发表的关于双语词典的研究论文已达300余篇,而据广东外语外贸大学双语词典研究中心最新统计,至1998年止,已逾1700篇。[5]

相比之下,对日本的词典学研究现状和理论成果则介绍不多。以"日汉词典""汉日词典"为关键词,从中国知网上可以检索到55篇论文,但剔除出版资讯论文索引等条目,有效论文也就是20篇左右。限于纸面问题,仅略述近年的最新成果。

词典编写理论类,如杨心知(1998)"论汉日词典的释义原则和方法",提出了日汉语文词典的释义必须保证原语与译语在语义上等值,即语义外延相等、含义相同、语用功能相符等,不能简单采用原词形移译的方法,以免造成误解。

词典用户教育类,如张勇(2009)"日语词典使用情况调查与分析",通过问卷调查了我国日语专业学生使用日语词典的情况及其对日语词典的需求,发现学生在选择和使用日语词典时,存在片面追求"便携"、"词汇量"的问题。故建议在日语专业学生中开展日语词典学的教育,同时指出词典编纂必须增强词典使用者意识。

中日词典特点对比类,王永全(2010)"汉日词典与中日辞典" 回顾历史,分析现状,指出我国出版的以我国日语学习者为读者对象的汉日词典与日本出版的以日本汉语学习者为读者对象的中日辞典是性质、目的完全不同的两类词典,其编写方法有本质上的区别。汉日词典应借鉴日本日中辞典的编写方法。彭广陆(2012)"日本出版的汉日词典与我国出版的日汉词典之比较",该论文回顾了日本出版的汉日词典的历史,从20世纪初到21世纪的主要代表性汉日词典及其特色。并和1949年新中国成立以后至今的60余年的时间里出版的日汉词典分别从总体印象、出版社、编者、内容等方面做了比较。指出我国的日汉词典和日本的汉日词典还存在明显差距,中国出版的日汉词典的种类虽然大大多于日本出版的汉日词典,但后者更加注重质量,各种词典都有鲜明特色,而国内日汉词典的出版表面上一排繁荣,实际上鲜有独具特色者,更不乏滥竽充数者。

词典编纂及词典评价类,较早期有王永全(1984)"评《汉日词典》"和彭林宜(1982)"《汉日词典》编纂中的几个问题"等。张静(2013)"浅析国内日语辞书出版近况",对日语辞书市场进行了调查分析,指出国内日语词典出版市场重复制造的现象严重,精品少,而且日汉类词典过度集中,汉日和日汉汉日双解词典明显不足等问题。

涉及语料库和词典编纂的代表性论文是戴宝玉的"日语语料库例句词典编纂构

想”(2011)。该论文以动词“きれる”为样例词条,从作者自主构建的语料库和日本报刊《每日新闻》中抽取例句,按步骤确定义项,选取例句,进行了词典编写的尝试。作者指出利用语料库检索到的数据能客观公正地反映语言实际使用的情况,根据例句来设定动词的基本义项,能确保词典义项设定的客观性,但利用语料库编写词典也存在诸多正待解决的难题。

从发表的刊物看,日语词典学论文主要集中于词典学专门期刊《辞书研究》,其他散见于《日语学习与研究》《解放军外国语学院学报》等经常刊登日语相关研究的杂志。从目前的研究现状来看,已发表的零星文章显然不能适应开展日语词典学研究和开设日语词典学课程的研究需要,而潘钧(2008)《日本辞书研究》填补了这一重大空白。潘钧(2008)共收录论文 29 篇,内容覆盖面广,包括“辞书”一词的词源考察,详述了日本辞书的定义和分类,日本辞书的发展历程,日本的代表性词典的编纂流程,日本辞书研究的动向,还有对辞书人物的评介。其附录部分列有中日辞书出版术语对照表,词典学参考文献等等。正如黄建华所作序言中所说,本书是论述日本辞书最新也是最为完备的著作。唯一遗憾的是本书更像一部专题论文集,不像前后章节照应浑然一体的专著,如果作为教材使用,不利于学生对日语词典学的整体把握。

除了潘钧的专著以外,国内尚无一册关于日语词典学的专著。但如果要编写教材,我们有很多专著可以参考。例如,章宜华、雍和明的《当代词典学》(2007)以国际词典学的历史和现状为理论背景,以英、法等西方词典学的发展为主要研究对象,结合汉语词典学的实际,多角度、全方位地描述了当代词典学的理论体系。全书共有十六个章节,六个主题:(1)词典与词典学综论:阐述词典发展的源流、词典的属性与功能,明确词典学的基本任务、研究方向以及词典学与语言学的关系;探讨词典的内部结构、外部结构、宏观结构、微观结构和索引结构;梳理国内外主要词典分类学说,阐述词典分类原则。(2)词典的主要类型与功能特征:阐述语文词典的类型特征和信息特征,包括形态、语法、语义、语用和例证信息;探讨双语词典中两种语言的不对等现象与等值关系,以及双语词典的微观结构要素。(3)词典的编纂原则与释义方法:提出词典编纂的总体原则以及收词原则、立目与注音原则和释义原则等;探讨双语词典释义的性质、翻译原则及文化特色词的仿造翻译法。(4)词典修订与评价体系:阐述词典修订的动因,修订的形式、程序;提出词典评价原则、方法,以及词典宏观质量和微观质量的评价体系等。(5)辞书的规划管理与编纂技术:阐述辞书发展规划和辞书设计方案的编制,以及辞书项目管理和词典编纂的实施流程;探讨词典编纂的现代化技术及其应用,包括词典语料库和数据库技术、计算机辅助词典编纂技术和词典的自动生成技术等。(6)用户视角研究与词典使用:探讨词典编纂和使用与语言教学和学习之间的关系等。[6]

文军(2006)《英语词典学概论》,介绍了工具书,词典与词典学的概念,以塞缪尔约翰逊的《英语词典》《牛津英语词典》等代表性人物和词典介绍了英语词典的发展,把英语词典的类型分为通用词典与专科词典、单语词典与双语词典、百科词典与语文词典、外国学习者词典、英语词典的教学实践等。

罗思明(2008)《词典学新论》,概括了词典学的性质、研究任务、研究范围,论述了词典学与其他如术语学、词汇学、符号学、信息技术、图书学、传播学、翻译学等学科的密切关系。概述在词典使用研究、词典用户研究、词典使用教学等方面所做的探索，均可供日语词典学学者借鉴。

卜爱萍(2008)《双语词典学及其教学研究》虽是论文集，但涉及词典学综论、双语词典的编纂与历史、双语词典中的谚语与成语的翻译问题，探讨了词典学与双语词典学的教学方法，给笔者很多启发。

我们在编著日语词典学概论时，可以参考上述专著的很多内容及章节安排。

3. 日本的词典学研究

日本的词典编纂历史，根据《日本书纪》可以追溯到公元682年的《新字》，但仅闻其名，未见实物。所以最早的词典，应该是830年前后空海编纂的《篆隷万象名義》[7]，日本的词典编纂经历了模仿引进汉字文化典籍到独立发展的历程。

当今的日本是公认的出版大国，更是词典出版大国，词典种类齐全，例如语文词典类有国语词典、古语词典、方言词典、类义语词典、汉和词典、拟声词拟态词词典、专科词典类更是有地名人名词典、医药类词典、家庭料理类词典等不胜枚举，更多信息可参看潘钧(2008)之"日本辞书的种类"。仅是国语词典，就有多家出版社推出大、中、小型多种，且不断修订，推陈出新。从见坊豪纪(1977)的统计表来看，从1888年到1977年间，共推出大中型国语词典如《言泉》(1926)、《广辞苑》(1955)、《日本国语大词典》(1972)等34部，小型国语词典，如《小辞林》(1932)、《明解国语词典》(1943)、《角川国语》(1956)、《旺文社国语》(1960)、《岩波国语》(1963)等各版次国语词典共发行29部。[8]以广受国内日语学习者欢迎的三省堂《新明解国语词典》为例，截止到2011年4月累计销售2080万部，早在2011年就推出了第7版。[9]

而关于国语词典的研究更是传统悠久，成果丰厚。1889年2月，上田万年在东洋学会上发表了演说"日本大辞書編纂に就きて"，[10]该演说内容被看作是最早的词典学论文。该论文首先论述了编纂大词典的意义和目的，其次指出独立国家所使用的语言被称为国语，而词相当于英语的"WORD"，以一定原则组织统一了词的工具书就是词典。他介绍了比较语言学的研究方法并提出大词典应基于以下三要素来编纂：第一，要明示词汇的形式、意义。第二，要搜集政治、法律、农工商、技术、日用器皿等各方面的词汇。第三，要制定词典的体例。

藤冈胜二是上田万年的弟子，他于1896发表"辞書編纂法並びに日本辞書沿革"，主张应区别使用"字引"和"辞書"，并明确了词典的定义"一般に辞書とは一国の言語方言或は異国語を以て之が解釈を施したる書をいふ"，还进一步提出了词典可分为语言词典(例如日本的国语词典)和学院词典(相当于现在的专科词典)，最后还论述了词典的组织结构、排列方法、词汇的抽取方法。被评价为近代日本最早的真正意义上的词典学论文。

早川勇(1998)"日本における辞書学の誕生と発展"，该文将日本词典学发展的历史分成了三个时期。第一个时期是1885—1900年，代表性论文是上文提到的藤冈胜二(1896)。第二个时期是1925—1940年，起到中心作用的是被聘请到日本教学的英国语学家言帕默的系列论文。第三个时期是1965至今，其代表性事件是杂志“LEXICON”的发行，这是日本最初的关于词典学的专门性刊物。作者最后指出，日本的词典学研究分散于语言学会、国语学会、英语学会等各学会的角角落落，被不同领域所分割，没有形成系统性研究。作者希望今后日本的词典学研究能够统合，形成自己的研究传统。

利用日本国会图书馆和CiNii论文数据库，以“辞書学”为关键词，可以检索到有效论文二三十篇，专著十几部 。由于词典学和语法、音韵、词汇、日语史、语源、语史等研究密切相关，所以直接以“辞書学”为关键词检索，并不能得到很全面的结果，只能为我们提供一个大致的参考。从检索结果来看，和国内一样，和英语词典学相关的论著更多些，例如论文有“マラルメの辞書学 :『英単語』第一巻「一覧表」の解読(研究論文)”“日本の英語教育が見落として来たこと:辞書学的観点から”“英語辞書学序説:口語英語研究とコミュニケーション教育のために”，等都是和英语学习与研究相关的论文。

工具书《辞書学辞典》(2004，研究社)是竹林滋、小岛义郎、东信行等合作翻译自英国埃克赛特大学辞书研究中心主任R. R. K. Hartmann和香港科技大学语言中心主任Gregory James合作编写的《词典学词典》，该词典英文版已被外语教学与研究出版社引进，可惜还没有出中文译本。条目涉及的主要范畴有:词典学理论与实践、词典类型、词典编纂计算机化、词典用户展望、词典编纂、词典与语言学方面的论据、还收录了国际辞书组织和刊物名录及其互联网址等。其他几部《英語辞書学入門》《英語辞書学への招待》《英語の辞書と辞書学》《辞書学のすべて》等等，都是来自对英语著作的翻译，本文割爱略去不述。

中尾启介(1993)《辞書学論考》也是对英语词典学的介绍。该书首先简要回顾了英语词典的编纂简史，其次分别从词典编辑者的角度介绍了词典的编纂流程，如何修订，如何收集用例，如何提高词典的质量。最后又从词典用户的角度介绍了如何使用词典，如何高效利用词典及词典的插图等。

和本文重点调查的日语词典学相关的专著有犬饲守薰(1999)《近代国語辞書編纂史の基礎的研究》、仓岛长正(2003)《日本語100年の鼓動日本人なら知っておきたい国語辞典誕生のいきさつ》、仓岛节尚(2006)《日本語辞書学の構築》，仓岛节尚(2008)《日本語辞書学への序章》等几部。

犬饲守薰(1999)探讨了日本从明治初期到昭和时代近代国语词典成立的社会环境及文化背景，概述了日本从雅言词典到国语词典，到大型国语词典的发展历程，并介绍了词典编纂专家大槻文彦等人的词典编纂方法论。

仓岛长正(2003)首先介绍了明治、大正国语词典确立期，日本国语词典史上的双璧《言海》和《大日本国语辞典》编纂前后的语言社会环境、编辑背景及社会评价。其次介绍了昭和期国语词典隆盛期的《大言海》和《辞苑》，主编新村出和上田万年的词典编纂理论。介绍了日本规模最大的《日本国语大辞典》出版和第一版及其和OED(《牛津英语大词典》的影响关系。

仓岛节尚(2006)收录了和词典学研究相关的国语词典、基本词汇，中国日语学习者所需要的日汉词典、词典释义、词典对词的处理、词源、对照语言学、语料库和词典等研究内容的论文35篇。

仓岛节尚(2008)以词典编辑实践者的眼光系统整合了部分论文。作者认为词典是文化史的记录,从编辑实践操作和理论两方面介绍了日语词典学的基本知识。第一章为日语词典学总论,总论性内容,介绍了何为日语词典学,词典学和词典的关系,词典学和日语语言学的关系,日语词典编纂的课题,词典和文化史,并提出了构建词典学的目标。第二章涉及词典的方方面面的具体问题研究论文,例如近代日本国语词典的诞生历史,国语词典的编辑流程,词典的规范性,词条选定的方针和方法,词典的用例选择,词典和计算机技术等。第三章是对幕末外国人编著的日语会话书的个别资料研究。

所检索到的其他关于词典学的论文,主要集中在几个杂志的特刊中。例如爱知大学现代中国学会编辑的《中国21》杂志,在2009年12月,推出了特刊"辞書のゆくえ",其中有涉及日本的汉语词典编写的论文,例如荒川清秀的"中国語学習辞典の今後",山崎直树的"理想の中国語辞書を考える",也有对中国的词典学研究,词典出版状况的介绍,该刊翻译了周荐、杨世铁的"汉语词典研究三十年回顾"[11]、尹学义的"日语词典出版大国——中国"。而徐一平的"コーパス言語学から見た日本語研究と辞書編纂"则介绍了北京日本学研究中心开发的中日对译语料库并展望了其对今后的词典编纂和日语研究的影响。

杂志《言語》2003年第5期,特刊"辞書を作ろう",收录的都是和词典学相关的最新话题。例如井上永幸的"辞書と辞書学のいま",论述了在计算机及互联网技术的普及背景下,CD-Rom版词典和可以在互联网检索的网络词典不断推陈出新,使词典的形态不断多样化,也改变了词典的出版形态、编辑作业、和词典用户的关系。而中尾浩"自分の'辞書'を作ろう",介绍了词典软件PDIC(Personal Dictionary for Windows)的用法,用图表结合的方式详细介绍了录入单词的实际操作方法,使每个用户都变成词典编辑者成为可能。

虽然仓岛节尚老先生及其他有识之士呼吁了很多年,日本至今没有像国内那样成立和词典学相关的研究中心和研究会,但所做研究扎实细致,无论是立足于文献和语料,还是基于自身的编纂实践,都很值得我们学习,也为日语词典学概论提供了理论基础资料和研究方法论。

4. 日语词典学研究展望

从上述中日两国的研究现状来看,可供日语词典学所用的研究成果很丰厚,充分利用现有成果并有效梳理,我们完全可以编著一部以下列内容为主的词典学概论:

1)词典学概论方面:词典学的基本概念及研究述评,词典学的研究对象和范围,研究方法,词典学的相关术语介绍,词典的主要分类。

2)日语词典学的研究范围和研究方法,日语词典学与词典学以及其他研究,如语法、词汇、音韵、语用的相互关系。

3)词典编纂史方面，重点介绍中国的汉日日汉词典编写简史，日本的词典编纂史、国语词典的几个发展阶段。要对中国有代表性的汉日日汉词典，日本典型的大中小型国语词典有基本介绍。

4)词典编纂理论方面：词典的基本构成，词典编纂的基本概念和基础理论指导，词典编写的大纲与凡例的撰写、词典的宏观与微观结构的设计，词条编排，释义方式，例证的设立与翻译，专栏配置，附录与索引的设计等。可以针对学生们常用的汉日日汉或日日词典的特点以具体实例介绍。

5)词典的评价方法：主要针对日语类词典的评价，包括内容的商榷，和同类词典的比较，对伪劣词典的批判等。例如收词立目是否合理，条目安排是否科学，义项划分层次是否清晰，释义是否等值，例证是否到位，语法术语及词性标注等是否科学，参见是否严密，检索是否便捷，附录是否实用等。

6)词典学研究的信息源整理：介绍国内外词典学的学术期刊，介绍《辞书研究》等期刊上的词典学及和日语词典有关的论文，词典学的重要理论书籍，词典学论文集，中国词典学论文索引等。

7)附录要设置词典学中日术语对照。为利于日语专业学生的学习，该教材应采用日语编写。

目前笔者依然停留在资料整理阶段，实际编写难度更大，所以期待各位专家学者能不吝赐教，也希望更多的同仁能参与进来。词典学这门知识必须花大力气下功夫进行全面系统的学习，强烈呼吁有条件的大学或研究所能开设词典学选修或必修课。大学里的正规训练方式是拓展词典学研究，培养词典学人才的最佳途径，也是词典事业实行可持续发展战略的有力保证。学习和了解词典学的基本知识和技能不仅有助于学生全面提高听说读写译的能力，也有助于夯实他们的基本功，符合我们培养复合型人才和专门性人才的需要。我们的学生中有很多人会成为我国各层次日语教学的主力军，词典学的知识和技能可以辐射到日语教学的各个层面，将有利于推动我国日语教育事业、词典编纂和出版事业的发展。

关于日语词典学的研究成果梳理，教学理论的探讨和研究依然很薄弱，本人才疏学浅难免挂一漏万。如何编写适合日语专业的词典学教材，如何让教学和词典编纂相结合，如何让词典学课程在更多高校的日语专业中普及，还需要更多专家学者和领导的支持。我们希望通过若干年的努力，排除万难，推动我校的词典学教学逐步走向正轨，并向全国的日语专业推广，大面积地引导学生以词典学为研究方向，为词典学研究、日语词典编纂事业培养人才，储备一支训练有素的词典编纂队伍，为日语教育事业做出一点贡献。

本文为天津外国语大学2015年度科研规划项目“面向日语专业的词典学教学创新研究”(项目编号15YB03)的研究成果。

注释

[1]参考罗思明(2008)引言部分。

[2]参考仓岛尚节(2008)序章,原文为日语,"日本語辞書学",本文将其翻译为"日语词典学",下同。

[3]截止到 2013 年 10 月,日语语言文学硕士学位授予权的高校达 83 所,能招收日语语言文学专业博士研究生的高校达 20 所,摘自李运博(2013)p. 2。

[4]日本国际交流基金《2012 年度 日本语教育调查 结果概要》p. 7,本数据包含短期的非学历日语教育。

[5]数据转引自黄建华、陈楚祥(2003)《双语词典学导论》前言。

[6]此处总结自章宜华、雍和明(2007)序章。

[7]北恭昭"日本語の辞書(1)"p. 287。

[8]见坊豪纪"日本語の辞書(2)"p. 361~364,国语词典刊行年表。

[9]数据来自三省堂网站,http://dictionary. sanseido - publ. co. jp/dicts/ja/smk_kok7/

[10]该论文内容作为附录,列于上田万年(1897)p. 299~322。

[11]本论文中文版首次刊登于《辞书研究》杂志 2009 年第 5 期。

参考文献

(日文在前,中文在后,均按论著出版顺序)

专著类

上田万年『国語のため』、富山房、1897 年。

竹林滋、千野栄一、東信行編集『世界の辞書』、1992 年、研究社。

中尾啓介『辞書学論考』、研究社、1993 年。

南出康世『英語の辞書と辞書学』、大修館書店、1998 年。

犬飼守薫『近代国語辞書編纂史の基礎的研究』、風間書房、1999 年。

木村晟『中世辞書の基礎的研究』、汲古書院、2002 年。

倉島長正『日本語 100 年の鼓動 日本人なら知っておきたい国語辞典誕生のいきさつ』、小学館、2003 年。

倉島節尚『日本語辞書学の構築』、おうふう出版社、2006 年。

近思文庫編集『日本語辞書研究 第 5 輯』、港人出版、2007 年。

倉島節尚『日本語辞書学への序章』、おうふう出版社、2008 年。

黄建华、陈楚祥《双语词典学导论》,商务印书馆,2003 年。

文军《英语词典学概论》,北京大学出版社,2006 年。

章宜华、雍和明《当代词典学》,商务印书馆,2007 年。

潘钧《日本辞书研究》,上海人民出版社,2008 年。

罗思明《词典学新论》,安徽教育出版社,2008 年。

卜爱萍《双语词典学及其教学研究》,上海大学出版社,2008 年。

论文类

北恭昭「日本語の辞書(1)」『岩波講座日本語 9 語彙と意味』、岩波書店、1977 年。

見坊豪紀「日本語の辞書(2)」『岩波講座日本語 9 語彙と意味』、岩波書店、1977 年。

早川勇「日本における辞書学の誕生と発展」『人間と環境—人間環境学研究所研究報告』第 2 号、1998 年。

大修館書店編集「特集 辞書を作ろう」『月刊 言语』2003 年第 5 期。

愛知大学現代中国学会編集「辞書のゆくえ」『中国 21』第 32 卷、2009 年。

彭林宜“《汉日词典》编纂中的几个问题”,《吉林大学社会科学学报》第4期,1982年。
王永全“评《汉日词典》”,《辞书研究》第1期,1984年。
杨心知“论汉日词典的释义原则与方法”,《解放军外国语学院学报》第5期,1998年。
陈岩“理想的日语词典的条件”,《日语学习与研究》第6期,2003年。
张勇“日语词典使用情况调查与分析”《辞书研究》第5期,2009年。
周荐、杨世铁“汉语辞书研究三十年回顾”《辞书研究》第5期,2009年。
王永全“汉日词典与中日词典”,《辞书研究》第6期,2010年。
戴宝玉“日语语料库例句词典编纂构想”,《解放军外国语学院学报》第2期,2011年。
彭广陆“日本出版的汉日词典与我国出版的日汉词典之比较”,《辞书研究与辞书发展论集》,上海辞书出版社,2012年。
张静“浅析国内日语辞书出版近况”,《中国出版》第17期,2013年。
李运博“2012—2013年中国的日语语言学研究”,《日语学习与研究》第6期,2013年。
邵艳红“面向日语专业的词典学教学研究与实践”,《日语教学与日本文化研究》,华东理工大学出版社,2014年。

作者简介

邵艳红,北京日本学研究中心硕士课程15期生(1999年9月至2002年4月在学),日语语言专业。现任天津外国语大学日语学院副教授。

日语自他动词的近代研究史浅析

金玺罡

1. 引　言

长久以来，语法研究始终关注着人类对所处的世界中的各类事件以及事件的参与者是如何做出语言符号的编码，并探究这些编码背后所深藏的规律。

在人类语言的编码系统中，当我们将关注点放在句子的主要结构上时，我们会发现主要是由动词构成的谓语是句子的主要组成部分，而动词在构成谓语的时候还会搭配名词、代词和副词等诸多成分，而动词的选择是决定这些搭配成分的数量和性质的关键所在。因此，关于动词的研究历来是句法研究的中心课题，同时无疑又是语言这种基于事件进行编码结构体系的核心课题。关于这一点，德国语言哲学家洪堡特曾精辟地阐释为："句子中其余的词几乎就是一些死气沉沉地存在着和等待着联系的材料，只有动词是拥有生命和传播生命的中心点。"[1]

在动词的分类中，及物动词和不及物动词的分类方法，因其简洁适用，长久以来一直被看作是具有普遍性意义的动词分类方法。

二分法作为简洁的代价，也存在诸多问题。首先第一个就是动词兼类的问题，这直接关系到及物性分类的有效性。而另一个重要问题则是，及物性分类的意义究竟为何，即应用及物性的概念到底能揭示和解决哪些问题。

同样，当我们将日语的动词作为分析和研究的对象，从语法研究角度对其进行描写时，首当其冲的问题仍是无法回避的上述的两个问题，而相对于日语而言，第一步就是如何梳理这些研究对象，换言之，就是如何确定及物和不及物的分类标准。

在日语的动词研究中，相对于及物和不及物的概念，传统上采用他动词和自动词的概念。如后面我们所看到的，自他的概念和及物不及物的概念既相通又区别。因此，为了避免概念上的混淆，本文针对日语的动词仍将使用自他这个概念。

日语的动词由于在形态上存在相对固定的词形（以元音音节[u]结尾）和通称为活用的较为规则的词形变化，使得形态上的分类存在较为客观的分类标准。而对日语动词在性质上的分类问题，长久以来，作为讨论和争论的焦点问题之一，就是日语动词的自他分类的问题。

关于日语动词的自他的争论和研究，既涉及自他动词在词形上的对应，又囊括了动词的语义（词汇意义）和功能（语法意义）这两大层面。因此，自他不仅仅成为涵盖日语动词整体的一个重要概念，同时又体现了日语这一个别语言的特点。正是由于日语自他动词的上述特性，对日语自他动词的研究可以为研究人类语言中动词这一领域提供有价值的资料和事例。

自他的研究还蕴含了日语语法领域的众多前辈先贤的研究思想和重要结论。但同诸多的人造概念一样，它的内涵和外延在多年的研究进程中也不断发生着变化和演进。

因此，本文希望首先要回归日语动词自他分类的问题起源，借助回溯原点，重新审视其产生和发展的过程，探寻研究史中的焦点和盲点，为自他动词的研究提供一个基本的出发点和参照体系。

2. 日语自他动词的近代研究发展脉络

日语自他动词的研究，从最早具有语法研究史的意义而言，首见于日本近世的江户时代的“国学”研究中。其后日语动词的自他问题作为关乎日语动词的基本性质的重要问题，开始逐渐受到日本的国语学、日本语学以及日语教育等多个领域的众多学者和教研人员的关注，并积累了大量的研究成果。

如同很多领域的研究一样，作为语法术语的“自他”概念也存在着诸多意见不一的理解。为了更好地理解关于“自他”的研究脉络，本文依照时间顺序，基于笔者的个人判断，选取和整理了一些具有代表性的观点和学说。

虽然日语自他动词的研究文献浩瀚如海，但如果从自他动词的宏观研究来看，近代的日语自他动词的研究可分为两个时期，即草创期和争鸣期。

其中草创期主要代表人物有国学家的本居春庭和引进西方语法观点的大槻文彦，可谓一和一洋。

而争鸣期，则有三矢重松、山田孝雄、松下大三郎等代表性人物。

2.1 近代研究之自他动词概念的草创期

首先，在日本的江户时代(1603—1867)，“自他”的概念最初并不是针对动词的意义，而是指言语表达上的特征。根据岛田昌彦(1979：10)的著述，所谓“自”是指“通过词或句所表达的语言主体的感觉的告白世界”，而“他”是指“词或句所表达的无关语言主体的感觉的客观的世界”。简而言之，是用来表述“主观和客观以及自己和他者”的对立。此时的“自他”的概念与其说是一个用于解释语法现象的概念，莫不如说是一个侧重文学鉴赏的概念。从目前的语法研究来看，当时的“自他”的概念所讨论的问题主要是属于“视点”和“语气”一类的问题。

2.1.1 本居春庭的自他概念

而首次将“自他”概念与动词语义结合并做出系统性论述的是江户时期的国学家本居春庭。在其1828年出版的著作《词通路》(《詞の通路》)的上卷“詞の自他の事”中，本居春庭论述道：

歌よむにもふみかくにも事を記すにもよろつの事をわかち其さまをくはしくしらするなれは、もはら此自他の言葉の活をむねとこゝろうへきわさなり。そはおのつからのさたまり有て、こなたのことをいふにはこなたにつかふへきことはをもちひかなたの事をかたるにはかなたに用ふへき詞をつかわされは、其事くはしくわかれす自他混雑して……世の人、自他の詞は、たゝ煙なとのたつといふはおのつからたつことをいひ、たつるといふは人のたつる事をいひ、また、花のちるといふはおのつからちること、ちらすといふはかせなとのちらすことなとゝのみなほさりに思ひて……[2]

此处，本居春庭提到了“自他の言葉”，但根据后文描述，可见此处的自他的含义是指「こなた」和「そなた」，即继承了日本传统的主观和客观这一语义在内。但重要的是，本居春庭在事例中提及了自动词和他动词的“たつ”(起)和“たつる(たてる)”(升起)与“ちる”(凋零)和“ちらす”(丢落)的意义和用法上的区别，开始尝试将自他概念同动词的用法相结合。但如前所述，本居春庭所理解的“自他”仍立足于传统意义，不同于今天我们所普遍理解的根据是否带宾语的动词用法上的“自他”的二元对立，他根据自己的“自他”的概念结合日语动词的活用将日语的动词分成了六段，每段中又包含了“カ四、カ下、サ四、サ下”等按照五十音序的四段和二段等活用类型。换言之，本居春庭的“自他”的概念是可以用动词形态上的活用来体现的。具体举例而言，他的动词体系为：

第一段：おのつから然る・みつから然る(词例：[や下]きこゆる)、
第二段：物を然る(词例：[カ四]きく)、
第三段：他に然る(词例：[サ下]きかする)、
第四段：他に然さする(词例：[サ下]きこえさする)、
第五段：おのつから然らせる(词例：[ラ下]きかるゝ)、
第六段：他に然らせる(词例：[ラ下]きかるゝ)

从中可以看出，第一段和第二段根据动词的主体分类，第三段和第四段则是在第一段和第二段的基础上出现了第三者为主体的情况(使役)，而第五段和第六段则是涉及主体的变化(被动)和周边环境的影响(自发)。对于有些动词在六段中的某一段上不存在词例的情况，本居春庭使用了空栏来进行表示。

整体而言，在《词通路》中，本居春庭收集了大量实例，并根据实例进行了词形和词义的细致分析，并最终汇总出了上述的动词六段的分类。当我们观察本居春庭的六分类时，从今天的语法理论来看，其中包含了自动词、他动词和使役、被动、自发等诸多成分。但这些性质各不相同的诸多成分，都被本居春庭用相对立的“自他”概念糅合成一个既相异又相关的体系。

一方面我们能够体会本居春庭为了要实现他的活用体系的完整性这一目的，就不可避免地要让所有实例中的动词都能毫无矛盾地进入他所建立的活用体系之内，因而采取了将使役和被动等派生形式也一并列入了本属于动词原词的分类体系之中的牵强做法。

另一方面，本居春庭的六段活用表中的大量缺少词例的空栏也反映出他的分类体系不是出于演绎式的逻辑推理，而是基于大量实例的归纳整理。

从中可以看出，“自他”这一概念就是本居春庭将林林总总的动词统一在一个活用体系之内的普遍性概念。

本居春庭的自他分类突破了传统动词形态上的分类，开始尝试使用自他的概念从动词的意义上入手并结合动词活用，对动词进行分类，将日语动词的研究带入了一个新的层次。

但遗憾的是，他通篇并没有给出关于“自他”的明确定义。今天我们只能从六分类中大致窥探出他基于“自他”所做的动词分类更多是出于研究者在观察过程中所萌生的直觉，而且这种直觉虽然借助“自他”这组概念来表述，但过于依赖这种直觉必不可免地使得动词六分类变得有些机械和牵强。而且直觉本身也必然欠缺明晰的证据。也正如后述的山田孝雄等学者所指出的，本居春庭的分类标准并不清晰明了。这当中必然也是受当时时代所限，从研究方法上来说，并没有建立现时的客观方法，更多采用的是依靠研究者自身的内省和经验的做法，因此出现分类标准不明的问题也就自然难以避免。

2.1.2 大槻文彦的自他动词

而我们今天所熟知的关于自他动词的二分法，是大槻文彦在 1891 年出版的日语辞典《言海》卷首的《语法指南》(《語法指南》)中首倡的。大槻文彦其后将《语法指南》作为单行本改订出版为《广日本文典本编》(《広日本文典・本編》)(1897)和《广日本文典别记》(《広日本文典・別記》)(1897)。

大槻文彦对动词在《广日本文典》[3]中做了如下的定义，首先提出：

> 動詞（又、用言、作用言、）ハ、事物ノ、有意ノ動作、又ハ、無意ノ作用、ヲイフ語ナリ。例ヘバ、「人、行く。」心、動く。」ノ「行く」ト、「動く」トハ、「人」ト、「心」トノ有意ノ動作ヲイヒ、「花、落つ。」春、過グ。」ノ「落つ」ト、「過ぐ」トハ、「花」ト、「春」トノ無意ノ作用ヲイフガ如シ。又、稀ニハ、現象ヲイフモノアリ、例ヘバ、「此ニ、人アリ。」志、其父に似る。」ノ「あり」ト、「志」トノ現象ヲイフガ如シ。

将动词先分成“有意的动作”和“无意的动作”，虽然在接下来的论述中，大槻文彦用自动和他动对动词进行了重新地分类，关于“有意”和“无意”未再提及，但可以看出大槻文彦对于“有意”和“无意”所表达的动作主体的意志性的问题，已经有了基本的认识，并且意识到这是区分动词意义的一个重要的意义标准。同时他还留意到除了可以使用“有意”和“无意”来进行意义区分的动作动词之外，动词中还有如“あり”“似る”等表示“现象”的动词，按现在的理解就是表示状态的动词。表明他对于动作动词和状态动词的区分也有了认识。

更重要的一点是，大槻文彦已经发现，仅仅从“有意”和“无意”这种意义角度出发来对动词进行定义和分类，仍存在表达“现象”(状态)这些动词中的特例，这样所做出的定义是无法覆盖整个动词的。因此他需要寻找一条能对所有动词进行分类的标准，就是自他动词。

而对于自他动词，大槻文彦在《语法指南》的动词一项中[4]就开始涉及，并具体写

道:動詞ノ性 アラユル動詞ヲ、其性質ニテ別チテ、自動性ト、他動性ト、ノ二種トス。

首先将动词按照其动作的性质,分为自动性和他动性的这两大类。进而又对何为自动性和他动性进行了下述的详述:

自動性

自ラ動作シテ、他ノ事物ヲ処分スルコトナキ意ノモノヲ、自動性トス。例ヘバ、「花、飛ぶ、」蝶、驚く、」ノ「飛ぶ、」驚く、」ノ如シ、其動作、ソノママニテ通ズ。自動性ノ動詞ヲ略シテハ、自動詞トモイフ。

他動性

動作ノ、他ノ事物ヲ処分スル意アルモノヲ、他動性トス。例ヘバ、「蚕ハ、糸ヲ吐く、」蜂ハ、蜜ヲ醸す、」ノ「吐く、」醸す、」ノ如シ。コレヲ、唯、「蚕ハ、吐く、」蜂ハ、醸す、」トノミイヒテハ、其意、未ダ全ク通ゼズ、必ズ、「何を、」ト問ハルベシ、然ルトキハ、其処分スベキモノヲ挙ゲテ、「糸を、」或ハ、「蜜を、」と答ヘズアルベカラズ、而シテ後ニ、其意ヲ全ウス。他動性ノ動詞ヲ、他動詞トモイフ。

从上述的表述中我们可以看到,虽然大槻文彦对于自他的分类标准采取的是根据动词的动作性质,也就是从动词的语义角度来进行划分,但同时也提及将动词是否需要搭配"何を"这个宾语作为区分自他动词的形态标准。

在后来的《广日本文典本编/别记》(1897)中,大槻文彦又在《语法指南》的基础上,对自他动词观察又再进一步。他指出:"自動ナレモ、其動作ノ係ルべき標準ナケレバ、意ヲ全ウセザルモノアリ、例ヘバ、「鏡は、壁に懸かる。」顔は前へ向ふ。"对于自动词所带的必要的格成分,如「～に」「～と」「～へ」「～より」「～から」「～まで」等,均看作"与动作有关的标准",并将此类自动词称为"有对自动",而将如「飛ぶ」「鳴く」等无需带格成分的自动词称为"无对自动"。

同时将"与动作有关的标准"也应用到他动词的分类上,提出:"目的ノ外ニ、尚「有對自動」ト同ジク、其動作ノ係ルベキ標準ヲ要スルモノアリ、例ヘバ、「朱を藍に雑ふ、」水を湯となす、」トイフヲ、唯「朱を雑ふ、」水をなす、」トノミニテハ、其意未ダ通ゼズ」、藍、湯ノ標準ヲ得テ、意始メテ全シ。"将此类动词称为"复对他动",将无需"与动作有关的标准"的他动词,如「吐く」「醸す」等称为"单对他动"。对自他动词进行了下一级的细分。

大槻文彦首先根据是否能带宾语这一客观标准,并结合动词意义对日语动词使用自他这个二分法的概念进行了动词分类。但正如所有二分法所带的问题一样,也存在着重视共性、忽视个性的问题。大槻文彦当时也认识到了这个问题,在后期又对自他动词进一步划分出"无对自动"、"有对自动"、"单对他动"、"复对他动"来弥补这一缺憾。

但是,例如自动词「飛ぶ」中存在着「鳥が飛ぶ」和「太郎が川を飛ぶ」等因为动词本身的不同意义而导致名词格结构也相应不同的用法,如果按照大槻文彦的分类法,既可以看作"无对自动",亦可以看作"有对自动"。因此,与其将自动词细分成无对自动和有对自动两类,莫不如看作自动词的用法当中包含着无对或有对的潜在的意义属性[5]。

此外，不可否认的是，在附有《语法指南》的《言海》的自跋中，大槻文彦也提到自己在编写语法指南的内容时，如"又、別に一業を興して、數十部の語学書をあつめ、和洋を参照折衷して、新にみづから文典を編み成して、終にその規定によりて語法を定めぬ。"参考了数十部以英文语法为代表的语法书籍，自然深受其影响，而自他动词的分类亦是其中之一。在实际操作中，大槻文彦将自他动词用作英语的不及物(intransitive verbs)和及物动词(transitive verbs)的对译词。自他动词这个概念虽然吸收了日本传统的既有的研究成果，但究其实质，是借"自他"之名来行"不及物与及物"之实，可以看作是日本传统概念和英语动词分类标准进行折中的产物。但这种折中的做法等于是将英语动词的特征简单套用在日本动词上，自然不可避免地存在诸多欠缺。其中最关键的一点，也是此后成为争议的焦点的问题，就是日语中的格助词「を」是否能成为区分自他动词的客观标准。

即便存在诸多的问题，但不可否认的是，从历史贡献而言，继本居春庭提出了自他动词的概念之后，大槻文彦首次明确了自他动词的概念，并给出了明确的标准。而这个概念和标准业已成为研究日语动词性质的一个不可回避的重要课题。

在大槻文彦的自他动词分类之后，关于动词自他的研究，先后出现了三矢重松的继承派和山田孝雄的反对派，以及松下大三郎的创新派等不同的研究方向。

2.2 近代研究之关于自他动词研究的争鸣期

2.2.1 三矢重松的自他动词与格

三矢重松在其代表作《高等日本文法》(1928:159)中，阐释到「動詞は、其の性質、事物を處分するものと然らざるものとあり。前者を他動詞といひ、後者を自動詞といふ(自他といふ語、彼我の意に聞こえて極めて不穏當なれども、慣行久しくて今急に改めがたし)」，从三矢重松所提出的自他动词的概念本身而言，他继承了大槻文彦的自他动词的二分法。但他的脚步并未止步于此，对于大槻文彦所提出的"无对自动""有对自动""单对他动""复对他动"的这些区别，三矢使用"格"的概念[6]，做了更凝缩的处理，并给出了具体的图示，见图 1。

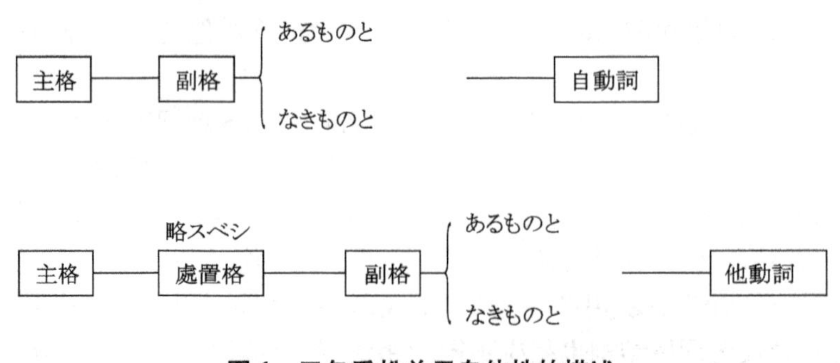

图 1　三矢重松关于自他性的描述

引自：三矢重松(1928:160)

图1中，三矢重松将大槻文彦的自动词的“有对”和“无对”，分别看作是否存在副格，而对于他动词的“单对”和“复对”，分别看作他动词独有的处置格，和与自动词共通的副格。既突出了对他动词的处置格是区分自他动词的重要标准，又建立了作为动词都可以带有副格的这一共同特征。对自他动词做出了既统一（都可以带副格）又区别（他动词可以带处置格）的划分，使得自他动词这两个概念有机地结合在一起。同时对于处置格，三矢重松从日语的实际出发提出了可以省略的观点[7]。这种重视日语实际的做法在三矢重松的论述中贯穿始终。因此，德田政信（1983：51）曾这样评价三矢重松：“およそ、学説の構造には、建築美のごときものがあり、論理の構築にすぐれ、体系的にガッチリした山田文法と松下文法を剛構造とすれば、三矢説のみひとり柔構造をなしている。ここに柔構造とは、言語を対象論的な論理や形で割切らず、日本語の素直な内在的機能を大切にしていること……”。

三矢重松的这种务实的研究态度，还体现在自他动词分类存在的兼类等特例的处理上。本来自他概念的存在的价值是其对动词做出的有效分类，对这种分类的有效性的追求必然会引发将自他概念绝对化的倾向，即将自动词和他动词看作是两个泾渭分明的边界清晰的范畴。但三矢重松却清醒地认识到过分强调自他动词区别所带来的罔顾语言事实的问题。他提出「動詞の自動性他動性は明に別たるゝ如くにして、而も中には頗る別ち難き特例も多し」，并列举了四项九种的特例，这些特例时至今日仍是自他动词研究中所争论的重要问题。

（1）一語両性

（イ）自動を他動に

鳥天に<u>舞ふ</u>　舞を<u>舞ふ</u>

馬に<u>乗る</u>　馬を<u>乗る</u>

事<u>去る</u>　妻を<u>去る</u>

（ロ）他動を自動に

笛を<u>吹く</u>風　<u>吹く</u>

侍を<u>避けて</u>密議す

暑さを<u>避けて</u>箱根に行く

（2）一性両語

人にも　まして（自・モト他）・まさりて

黒白を　わく（他）・わかつ

本をとりいだす・とりいづ（他・モト自）

紙をみだる　（他）・みだす

（3）熟語の時

（イ）他詞と　動詞が他の詞と熟したるとき、其の原性をかふるものあり。

心配す　配すはもと他動たるを「心配す」といひて全く自動

（ロ）動詞と

雷を恐れ思ふ（＝雷に怖づ＝思ひ恐る）

（4）自動に対する「を」

（イ）地位の活動するもの

鳥空を飛ぶ　道を歩く　山を登る

（ロ）よりからの義

山を下る　人の前を通る　家を去る　国を去る

（ハ）に就いての義

雷を恐る

泰平を喜ぶ　国事を憂ふ　茶を楽む　人の奸策を怒る

（ニ）動詞に省略の義あるもの

家をかはる

其中(1)一语两性和(4)自动词的ヲ格的问题，其实质仍然是ヲ格和动词之间的意义问题。而(2)的一性两语的问题则是词汇体系的问题，而(3)的惯用语则包含着造词等通时性的问题。三矢重松在关注自他动词的分类本身的同时，其研究视野也开始向格助词的意义、词汇体系等周边领域拓展。

但整体而言，三矢重松对动词自他采取的是继承并加以改进和完善的态度。

2.2.2 山田孝雄的反自他论

山田孝雄在《日本文法论》(1908)中，首先对自他动词的研究进行了梳理，提出「動詞の性質上の分類をはじめて系統的に企てるはかの本居春庭氏なり。氏の著書詞の通路は主としてこれを研究したるなり。爾来氏の説の系統はたえずして今日に至れり。而して一方には西洋文典の動詞の自他の範疇を齎し来りて我に加ふるものあり。こゝに於いて二の流派は現時の国語學界に存在するなり」，将自他动词的研究流派分成以本居春庭为代表的本土派和西方语法学派的舶来派。

山田孝雄首先列举了本居春庭等[8]日本传统的自他动词的研究，将本居春庭和权田直柱的动词分类分别成立为下列的表1和表2。

表1　山田孝雄列举的本居春庭的动词六分类

第一段	第二段	第三段	第四段	第五段	第六段
カ下　にぐる ヤ中　きこゆる	サ四　にがす カ四　きく	サ下　きかする	サ下　にがさする サ下　きこえさする	ラ下　にげらるゝ ラ下　きかるゝ	ラ下　にげさるゝ ラ下　きかるゝ
おのづから然る みづから然する	ものを然する	他に然する	他に然さする	おのづから 然せらるゝ	他に然せらるゝ

引自：山田孝雄《日本文法论》p.272，格式有所修改。

表2　山田孝雄列举的权田直柱的动词七分类

第一段	第二段	第三段	第四段	第五段	第六段	第七段
おのづから然る 加行四段 のく 多行下二段	みずから然する のく いづる	物を然する 同　下二段 のくる 佐行四段 いだす	他に然する 令 のかする 令 いでさする	他に然せさする 令 のけさする 令 いださする	おのづから然 せらるゝ 被 のかるゝ 被 いでらるゝ	他に然せらるゝ 被 のけらるゝ 被 いださるゝ

引自：山田孝雄《日本文法论》p.272，格式有所修改[9]。

针对上述的两个表格，山田孝雄首先提出了传统的分类（六分类和七分类）存在「如何なる順序を経て別れたるものなるか、その分釋の原理は如何」[10]分类标准不明的问题。如：

根本の問題たるべき自他とは如何なる義か、自とは「おのづから然る」「みづから然る」の「おのづから」「みづから」の意なるか、他とは「他に然する」「他に然せらるゝ」の義か、然らば、「物を然する」は自なるか、他なるか。かくて自を持って「おのづから」「みづから」の義とせば、七名目、殆みな「自」ならずや。又若、自他を唯單に「他に」といふ語の有無によらで、「自」「他」が発動の主たる場合の区別とせば、次の如き分類となるべし。この場合に於いては「おのづから」の二種は自他以下にあるものなるべし。

自 {
みづから然る。
物を然する
他に然する
他に然せさする
}

他……他に然せらるゝ

自他以外……おのづから然る……おのづから然せらるゝ「おのづから然せらるゝ」は自とも見らるゝなり」

かく分類を試むと雖も、なほ決してかの自他の分類には適合せざるなり。[11]

由上述可见，山田孝雄首先提出传统的自他分类缺乏语法上可信的标准，同时，也尝试着按照自己的理解对传统的自他动词进行了重新的整理。但正如山田孝雄自己所认识的，对传统研究思路下的动词的自他分类，如果仅是整理并不能找到合适的分类方法，应该要从另外的角度来切入。因此，山田孝雄继而提出了以下的建设性的见解。

ここに於いて動作作用の「自我」及「他我」即「我」が主體となりて生じたるものと「非我」が主體となりて生じたものとの二種あるべし。之をかの分類にあつるに左の如し。

「我」が主體となりたるもの……みづから然する。

「非我」が主體となりたるもの……おのづから然る。

勿論ここに「非我」といへるは其の使用せらるゝときの意に於いて「非我」として観察せられたるものにして精神的實在の動作作用といへども、そが、無意識的の場合なるは悉このうちにはいるなり、かくて「我」が主體となりたるものがなす動作作用は二様に観察せらるべし。主體單獨にて營まるゝ動作作用、單獨にては行はるゝこと難く、他に何等かの補充を要するものとの二種これなり。しかし其の補充に「我」なると「非我」なるとあるべし。これをかの分類にあつるに左の如し。

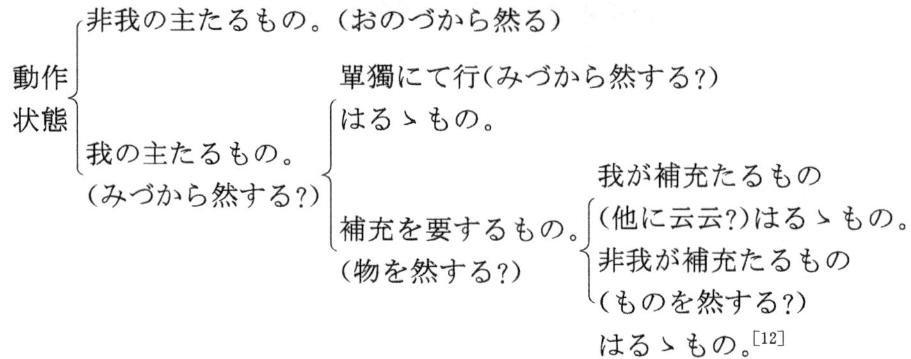

我们看到山田孝雄此处对于动词分类的思想是首先按照动作和动作主体的性质，先分为人为的意志动作和自然发生以及非意志的动作，然后将人为动作中按照是否需要名词的补充成分进行再次划分。可见，山田孝雄对动词的分类主要考虑的是动作主体的意志性和名词的补充格成分。

山田孝雄针对传统的动词研究总结出以下四点质疑：

> 舊來の研究は第一に自他の意義の曖昧、第二に自他を対偶的に研究することの誤謬、第三に用語の不精確、第四に、分類の縦横的なること、この四大要點に於いて大なる缺陷を有す。この故に其のまゝにては之を継承すること能はざるなり。[13]。

这四点当中，第一点"自他"意义模糊不清和第三点用词不精确本质是同一问题，而因为概念不清所以才会导致第四点的分类存在交叉的问题，而第二点，关于自他动词对偶性的问题，则应该如岛田昌彦(1979:399)所评论的："「『詞通路』では四五%、『語学自在』では、実に七〇%に達する「自他」の対偶を構成する動詞が実在するわけで、山田は、なぜ、かくも「自他」の対偶を構成する動詞が多いかという観点から追求すべきで、「自他」の対偶を持たない一部分のみを取り上げて、江戸期の研究が不十分だとするのは、的を射ていない"，对于日语中存在大量的成对的自他动词这一事实和特点，应该从正面加以关注和研究，揭示其中的意义，而不应该罔顾这一事实，使用特例来否定这项重要特点。

对于传统的日语自他动词的研究，山田孝雄基于语法的角度是持批判态度的，但这种批判恰恰为从语法角度来重新认识自他动词提供了机会。而山田孝雄始终如一地坚守着只以语法为标准的做法，并用于对"西洋流的自他"的批判。

山田孝雄将大槻文彦的自他动词作为所谓"西洋流的自他"学说的代表，认为大槻文彦的自他动词的分类是对西方语言中的及物动词(Transitive verb)和不及物动词(Intransitive verb)的生搬硬套，并进行了批判。其批判的要点如下：

第一，山田孝雄提出大槻文彦的自动词的「動詞ノ動作ノ獨リ、自ラスル性質ナルモノヲ」的定义和依据此定义划分出的"有对自动"这个动词类别存在矛盾。

第二，这种矛盾的由来就是大槻文彦的自动词的定义完全依附于他动词的定义。即带ヲ格的动词为他动词，反之则为自动词。将自动词定义为不是他动词的动词。但在实际当中，大槻文彦也承认了部分自动词也可以带ヲ格的事例。因此仅凭ヲ格这一标准很难对自他动词做出完全划分。

由此一来，山田孝雄认为按照大槻文彦的做法只能借助“他動の動作の目的の有無によりて”[14]来判断出他动词。但接踵而来的难题就是如何来定义「動作の目的」这一概念，而山田孝雄对此持保留态度，认为“この區別は何等の文法上の必要あるか。かく區別するは國語研究上利便有るか。吾人は若何等文法上の必要なきものならば、苦心して之を區別すべき價値なきものと思ふ”[15]。

第三，山田又进一步指出，西洋语法中之所以区分及物和不及物动词，除了存在语义上的区别，更包含着语法的事实。例如，及物动词可以构成直接被动句，即及物动词的宾语能成为被动句的主语，是一种可转换的关系。而不及物动词不具备这两个特点。

因此对于西洋的及物和不及物动词不适用于日语，山田孝雄归结为两点，一是宾语的认知，二是被动句的构成。

关于宾语的认知，山田孝雄用德语举例，相对于德语的名词都用第四格这一规定形式来表示及物动词的宾语而言，日语中的ヲ格不一定表示他动词的宾语，所谓无法从形态上确认他动词的宾语。

关于被动句和主动句的转换，山田孝雄举了下例说明，指出第五例由主动句变成被动句后变得不合日语的语法，以及广日本文典中的「母子に泣かる」[16]自动词构成的被动句，以此证明日语动词的语法性质不同于西洋动词。

働き掛	受　身
一、獵夫野獣を射たり	野獣は獵夫に射られたり
二、醫師病・を療治す	病・は醫師に療治せらる
三、狼が羊を劈く	羊が狼に劈かる
四、下男が馬に水を飲ましむ	馬が下男に水を飲ませらる
五、樵夫が木を伐り倒したり	木が樵夫に伐り倒されたり[17]

基于上述的判断，山田孝雄提出：「西洋文典流の觀察を以てしたる自他の區別は之を撤去すべく、更に他の見地よりして必要に應じたる分類を執るべきなり。斯くて其の結果が或いは西洋文典の所説に暗合すともそは偶然の出来事に過ぎざるものと見ざるべからず」[18]，要从新的角度来讨论日语动词的分类。

山田孝雄重新审视了传统研究，提出了从以下三个角度来探讨动词的性质。

1.「文主と共にあらはるゝあり、然らざるあり。」

2.「文主單獨にえ完全なる意義をあらはしうべき動詞と然らざるものとなり」

3.「文主のみにてはその作用の意識の不完全なるものの間になほ混乱を生ずべきおそれなきか」[19]

山田孝雄对于自己所提出的上述标准，做了如下的总结：

吾人は此の如く種々の方面より動詞の性質を討究しうべし。しかも之を討究せむが爲に一の標準を定めざるべからず。しかしてかゝる標準は體言と用言との間の関係によらざるべからず。しからざるときは其の區別は文法上或は空理に陥ることなきを保しうべからず。又その體言と用言との間の関係といへども言語によりて區別せられうるものに限らざるべからず。然らざるときは亦空理に落つ。吾人はここに吾人の格助詞と稱するものによりて區別を判ぜむとす。これらの助詞は我國語にありて體用両言の関係をあらはす主なる形式を表せるものなればなり。[20]

可以看出在动词分类上，山田孝雄一样重视动词和名词格成分之间的关系，同大槻文彦不同的是，他的目的不单纯在于给动词分类，更多的是要深入划分动词在表达的动作和作用上的不同。如果说大槻文彦的做法是求简，山田孝雄则是求深。

基于这种理念和方法上的不同，山田孝雄(1908:309)根据由动词的动作意义和名词格的搭配关系对动词分类做了如下分类：

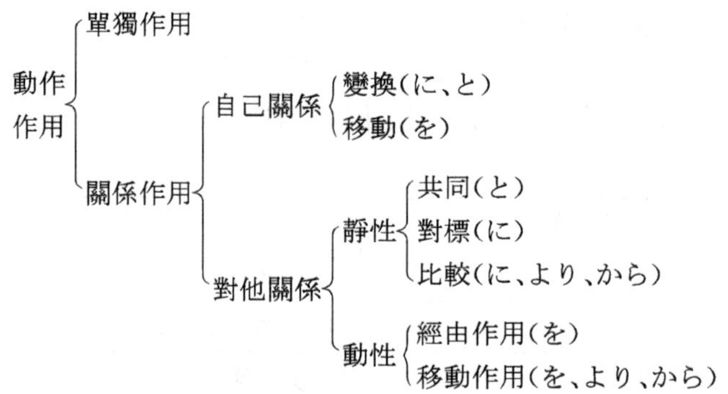

图 2　山田孝雄根据名词格所做的动词分类

引自：山田孝雄(1908:309)

整体而言，如须贺一好(1995:213)论述的，山田孝雄对于传统研究的批评更多的是方法论上的，针对传统研究的说明和解释为主的方法论，山田孝雄则采用的是近代的分析和综合的方法。而对套用西洋语法的自他分类而言，山田孝雄主要是认为这种套用并没有如实反映出日语动词的特点，仅仅从意义上入手，并没有在语法上给出信服的证据。而且，山田孝雄在对动词研究中，特别强调有情物这个概念，这是出于当时日语中非情物构成的被动和使役句的数量极为有限这一时代特点。

作为山田孝雄最重要的特点之一，就是非常重视自他动词在语法上的表现。

我们首先看到对于ヲ格是否可以用作自他动词分类标准的难题，山田孝雄是从意义出发，结合语法上的功能，将ヲ格的语法意义细致分成了①自己关系下的移动，②对他关系的经由作用和移动作用，与宾格的用法相区别，避免产生意义上的混淆。但同时这种对ヲ格的非特殊化处理，让ヲ格在区分自他动词上不再具备绝对性地位。

而且对作为宾格的ヲ格意义也做了深入分析，正如山田自己所说，一个作用能包含多个层面，如“生徒師に文字を問ふ（對標、經由）市民彼を議員に選ぶ（經由、變換）”，意识到ヲ格语法意义的多重性和交叉性。虽然山田孝雄对自他动词的分类持否定态度，曾提出：“文法上殆ど一の規律も立てられず、……又何等の必要もなき事のごとくに見ゆるに至れり。”[21]但实际上正是由于他对ヲ格的细致研究，为自他动词打开了另外一条细化ヲ格意义的研究道路。

而他根据动作主体是有情物还是无情物的区分，实质上是吸收了传统的研究成果，这一点也衬托出日语自他动词的研究中应重视动作主体的性质。

相对于山田孝雄对于自他动词持否定的消极态度，松下大三郎则采取的是多元划分的积极态度。

2.2.3　松下大三郎的另辟蹊径

在松下大三郎写于 1923 和 1924 年的论文「動詞の自他被使動の研究（一）～（完）」[22]中，他首先总结了当时日本国内对自他动词研究的三种认识：

> 一は実質派、二は外形派、三は懐疑派である。一の実質派は意義の実質に由つて自他動詞を区別しようとするもので例へば「人が酒を飲む」の「飲む」の様なものは他物を処置するのであるから他動だが「鳥が空を飛ぶ」「人が道を行く」の「飛ぶ」「行く」の様なのは「空」や「道」を処置しないから他動ではないと云ふ様な類である。
>
> 二の外形派は意義の実質に拘らず、文字に表はれた外形に由つて自他動を弁ずるもので、例へば「空を飛ぶ」の「飛ぶ」も「何々を」といふ客語を受けて居るから、意義の実質はどうでも、動詞は「酒を飲む」の「飲む」と同様他動であると論ずる。
>
> 三の懐疑派はあたらしい学者に多い。これは自他動の区別を疑ふもので動詞に自動他動などといふ厳正な区別はないといふのである。元来自他動などといふことは人間が便宜上勝手に設けた区別であって大体はそれで分けられるが凡べての動詞を分けることはできない。中には自動とも他動とも附かない様なものも出て来る。英語などでも自他動の別の分からないのがあるが、殊に日本語には其れが沢山ある。其れを強ひて自他動の二つに分けようとするのは愚なことである。「空を飛ぶ」の「飛ぶ」などは自他動を以て律すべきでない。自他動などといふことは余り問題にしないが善いといふのである。[23]

这三种观点也是研究日语自他动词时具有代表性的观点，对此，松下大三郎逐一进行了如下的批判，并提出要自立一派：

> 此の三種の見解は何れが正しいであらうか。余は此の三種以外に一派を立

てようと思ふ。三派とも欠点があると思ふ。

実質派が意義の実質に由つて自他動を分けようとするのは間違であると思ふ。それでは動詞の自他動ではなくて事件の自他動である。人の死んだのを見て他殺か自殺かを論ずるのは其れは法医学上のことかなにかで文法とは関係はない。他殺であっても自動詞を用ゐて「死んだ」と云へる。老病で死んでも他動詞を用ゐて「老が人を殺した」と云へる。事件の実質は文法とは別だ。

外形派が文字の外形に由つて自他を論ずるのは余り浅薄である。学問はまう少し理論的でなければならない。

懐疑派が自他動の区別を疑ふのは少し早計ではなからうか。懐疑と云つても認識論の深刻な懐疑ではないから自他動の区別は意義の実質と文字の外形と以外にまだ求め得べき余地が有りはしないかといふことを考へなければならない。[24]

对于上述的松下大三郎的质疑和批判，笔者将逐一进行分析和讨论。

对于实质派，松下大三郎认为实质派混淆了语言对现实世界进行编码时的灵活性，认为语言不是现实世界的复制品，不能将二者混为一谈。但松下大三郎的质疑并没有切中要点。如我们之前看到的，实质派的代表人物大槻文彦的论述中仅仅是讨论动词的意义，并未涉及动词的意义和现实世界的关系。作为从意义角度出发的实质派对自他动词的语义的解释重点主要是放在是否存在针对对象的处置。而松下大三郎对于这种动词语义本身所包含的处置性，并没有做出正面回应。

而对于外形派，确实存在矫枉过正的问题，但正如后期研究所证实的，通过是否能带格助词“を”，在很大程度上可以区别自他动词。反而是如何处理那些不能区别的特例，才是外形派的焦点问题所在。而关于这一点，松下大三郎的质疑也未能给出更好的答案。

最后对于怀疑派，松下大三郎认为对于自他动词的意义仍需要做更多的探索，而不是早早放弃探索而采取怀疑的停顿不前的态度。这作为研究态度是可取的，但仍然没有实际解决怀疑派所面临的各类问题。

从根本上来说，形为意之所用，意为形之所依。相比于抽象的意义，形态因其确定性的优点而往往被更多地重视。但形态毕竟为意义的手段，对形态的研究的目的终究是要为了解释形态所代表的意义。因此，归根结底日语的自他动词分类的难点在于如何理解形态和语义这对辩证关系。或者如实质派过于重视意义而无法说明形态上自他动词共用「を」格的问题，或如外形派过于重视形态而造成无法解释自他动词在意义上的明显分歧。而正因为这两者在说服力上和实证上的欠缺，才催生出怀疑派。

而从结果上来，如松下大三郎在下文中所表述的，他为了避免实质派的雷同，将实质派所采用的“对象”的概念，改换成了动作所需的“材料”。

動詞に自動性動詞と他動性動詞との別がある。此の区別は事物の作用に特別の材料をようするかどうかの区別である。作用に特別の材料を要しない動詞を自動詞と云って、作用に特別な材料を要するものを他動詞といふのである。

1　花が散る　　　2　風が花を散らす
　人が死ぬ　　　　賊が人を殺す

1は自動で2は他動だ。「散る」「死ぬ」といふ動作には別に材料は要らない。単に「花」と「人」だけで出来る。併し「散らす」「殺す」には動作の材料としての他物が要る。……「花」「人」を作用の材料として作用の中へ引張り込まなければその動作が成立しない。併し他物を材料に供用するといふことは、概念と概念との統合の形式上に於いていふのであつて実際の動作を云ふのではない。実際の動作はそれは一つの客観的現象であつて自動、他動の区別はない。[25]

从上述我们可以看出，松下大三郎把实际的动作同语言的动词区别开来，强调实际的动作仅仅是一个客观现象，并无自他的区别。所谓自他，是不同的概念整合过程。他写道：

自他動の別は概念運用の形式上に在る。概念と概念との統合上の関係にある。すなわち概念が分解されて二概念となるその分解された方に在る。全く形式上の問題である。他動とは、他物の作用を自己の作用に同化することを云ふのである。「花が散る」の「散る」は花の作用であつて花の自動である。それを「風が花を散らかす」といふとその「散らす」は花の作用たる「散る」を風の作用に同化せしめて考へたのであつて「散らす」は風の花に対する他動である。「散らす」も風に対しては自動であるが花に対して他動なのである。元来同じ事件であるが其れが甲の作用として観れば甲の自動で、乙の作用として観れば乙の甲を客体とする他動なのである。全く唯観方の区別である。[26]

从上文可以看出，松下大三郎将自他动词的区别归结为概念结合方式的不同，甚至还指出是自他的区别仅为描述视点的不同。

首先，这一点是非常值得商榷的。通常而言，说话人对现实世界所发生的事情进行语言编码时，确实存在语言代码选择上的自由。如对于书籍的交易，可以说，“学生在书店买书”，也可以说“书店在卖书给学生”。但这一切的前提是先有“买和卖”这样的语言代码存在，才能对怎样编码做出选择，换言之，我们只能按照预先提供的语言代码来做出选择。

从这个意义上说，自他动词的存在是先于说话人根据自己的视点来对自他动词做出选择的。也就是说先有自他动词的存在，然后才允许我们根据自己描述视点的不同来选择相应的动词。自他动词和怎样的概念搭配也是先于说话人的选择就确定的，是不容说话人更改的。这是因为语言具有不依附于现实世界和人类选择的自律性。因此，简单地将自他动词归结为描述视点上的不同，是颠倒了语言使用者和语言编码的主次关系。

再有，松下大三郎对他动的解释之一，是将"他动"看作自己作用（自动）与他物作用的一个同化。从形式上来看，这表现为自动的主格降格为他动的宾格的这样一个行为。

这一点非常重要。因为要区别自他动词，必须要建立一个区别的标准，相对于大槻文彦采用的将宾格「を」作为这一静态性标志，松下大三郎则有意无意地注意到了"降格"这一动态性过程。同宾格「を」这一标志简单地将自他动词割裂开来不同，这种降格行为是建立在自他动词的语义关联的基础上，是将二者有机结合在一起的一个标志。

松下大三郎在将自他动词认为是概念结合方式的不同的基础上，将自他动词做了以下的详细的分类。

首先他将自他动词分成两类，一类是"他動詞と自動詞が両々相対立して居る"的"对称的自他動"，如："花が散る（自動）"和"風が花を散らす（他動）"；"人が死ぬ（自動）"和"賊が人を殺す（他動）"。

但是对于所谓的自他两用动词，如"風が吹く""風が木を吹く"。松下大三郎认为它们不属于对称的自他动。提出"こう云ふ動詞は動作の材料たるももに対して明確な概念が起こらずに漫然動作を考へた場合には自動詞となり、材料の概念が明確に分解された場合には他動詞となるのである。名を付けたら明暗自他動とでも云へようか"[27]。认为两用动词的自他动词用法存在意义上的差别，不能看作是对称用法。

另一类是"他動詞が有つて其れに対する自動詞の無いものを単独他動と云ひ、その反対を単独自動といふ"的"単独的自他動"，单独他动词如"本を読む、字を書く"；单独自动词如"人が居る、雨が降る"[28]。

通过对自他动词的词汇体系进行整理之后，松下大三郎又转换角度，从意义角度对自他动词进行了以下分类。

意志的他動と自然的他動

这里将动作动词分为意志性动作（如：名を立てぬ）和自然性动作（如：名を立ちぬ）。自他动词分别具有意志性和自然性。即分为意志性他动词、意志性自动词和自然性他动词和自然性自动词。

此处，虽然松下大三郎提出形容词也存在自动和自然的他动的用法等难以信服和有待商榷的问题，但从立意上来说，松下大三郎此处重点在于提出自然性他动的存在来驳斥他动词必然属于意志性的论点。不再把意志性看作是自他动词对立的一项绝对标准。

形式的他動と実質的他動

①進行的形式他動：空を吹く　　天を飛ぶ

②出発的形式他動：国を去る　　東京を立つ

③時間的形式他動：今日を遊ぶ　　一年を待つ

④後件的形式他動：都出でゝ君に逢はむと来しものを　来しかひもなく別れぬるかな

松下大三郎的所谓形式上的他动和实质性的他动，主要是说明他动词是否对ヲ格对象进行了处置或产生了直接影响。借此将“场所”“关系”的ヲ格用法同表示“对象”的ヲ格进行了区分。

此外，松下大三郎还探讨了“完全他動と使動的他動”、“直接自動と他動性自動”“被動性自動と直接自動”语态与自他动词的关系，将自他动词的研究进一步拓展到语法范畴领域。

松下大三郎在之后的《改撰標準日本文法》(1928)中又提出了以下的观点：

動詞の自他動性の區別を簡単に説明すれば、他動性動詞は他物を自己の作用の中へ引入れて自己の作用の一材料にする作用を表す動詞で、自動性はそうでない動詞である。「風花を散らす」の「散らす」は風が花を自己の動作の中へ引入れて之を自己の動作の材料にするのであるから他動性であるが、「花が散る」の「散る」は單に花だけの動作であって何物をも材料にしないから自動性である。他動性動詞が自己の動作の材料にするところの事物は「○○を」に由って表される。此の「○○を」を他動の客語と云ふ。對稱自他動にあっては自動の主體が「○○が」が他動の客體「○○を」になる。……

嚴密に言へば、他動性動詞は、作用の觀念を分解して作用其の物の概念と、作用へ引き入れられる材料の概念との二つにし、材料の概念を控除して作用其の物の概念だけを表すものである。例へば「花を散らす」から「花」を控除して「散らす」だけを表示する動詞は他動性である。其れ故他動性動詞には材料の概念が缺けて居る。

自動性動詞は作用の材料の概念を缺いて居ない作用概念を表す動詞である。其れゆゑ「花散る」の「散る」の様なのも自動性であるが、他動性動詞へ他動の客語の喰附いた連詞例へば「花を散らす」といふ連詞「酒を飲む」といふ連詞は連詞全體としては？に材料の概念が補充されて居つて缺けて居ない。猶「散花す」「飲酒す」と云ったと同様である。[29]

此处我们看到，松下大三郎在区分了动词的自他的同时，却进一步将「花を散らす」和「酒を飲む」等由他动词构成的词组，看作意义补充完整的自动性动词，将自他动词的概念从词的领域扩大到词组、小句乃至句子层面。也因此，将自他动词的说法不再称作自动词和他动词，而是改换成了自动性动词和他动性动词。

松下大三郎这一用意何在，因为文献并没有更多记载，所以无从深入考究，但我们从松下大三郎的研究过程来看，可以发现松下大三郎对于自他动词的问题，在注意区别的同时，还注重二者之间的联系和转化。从最开始的他动词中包含自动词的过程到后来的他动词的词组整体表达一个自动词的概念都体现了这一点。

或者我们还可以这样认为，松下大三郎认为虽然在词汇层面存在自他动词的区别，但是在表述层面，自他动词都是为了表述一个完整的意思。而相对于他动词而言，自动词不需要宾语或独立就可以表述一个完整的意思，所以就表述完整意思这一点而言，自动词无疑是自足的，具有代表性的，而他动词要表达完整的意思，就要通过添加宾语等必要成分来实现，这就等于将自己转变为自动词。此时的自动词已经不是词汇层面的概念，而是句子表达层面的意义。这也是在提示我们，自他动词的研究存在从词义的研究向句义研究拓展的必要。

但同时，我们也不得不说的是，虽然松下大三郎提出了这样一个研究方向，但并没有给出一个可行的研究方法和此项研究必要性的可靠证明。

3. 结　语

自他动词首先是一个与动词词汇意义密切相关的概念，即动词本身的词汇意义会决定它搭配怎样性质的名词格。而当动词搭配上具体的名词格时，必然会附带上相应的语法意义。自他动词的分类实际上呈现的是潜在的动词词汇意义和具体的语法意义的结合。这是动词作为语言材料使用时不可避免要遭遇的问题。因此自他动词分类是为了解决这一问题而生的分类，其意义毋庸置疑。

但自他动词应该怎样分类，正如我们从上述的近代史中所看到的，观点不一。但众多观点却都指向同一个方向，就是对语言现象的观察在不断深入，对现象意义的发掘愈发具体。在这个方向下，得到的结果就是分类标准的不断充实和具体。

通过对自他动词的近代研究史的分析和整理，我们看到，关于自他动词的近代史研究实际上走过了从最初采用ヲ格作为标记，演化为对ヲ格意义的细分，进而认识到自他动词分类本质上涉及动词与与之搭配包括主格在内的名词格的关系，并且还要从语态（ヴォイス・VOICE）的角度来审视自他动词。同时，自他动词作为具有日本本土特点的概念，在吸收西方的观点的同时，又关注了自身的动作主体的有情性、意志性和形态上的对偶性等自身特点。

这些都为近代以后的自他动词研究奠定了坚实的基础。

注释

[1]洪堡特著，钱敏汝译（1997）《论人类语言结构的差异及其对人类精神发展的影响》第 237 页。

[2]引自须贺一好（1995）收录的翻刻版。

[3]大槻文彦（1897：64、65）。

[4]大槻文彦（1891：11）。

[5]岛田昌彦（1979：311）中也认为「国語の「自動」は、「完全自動詞」と「不完全自動詞」には、截然と区別できず、「自動詞」として一括されるべきである」。但笔者此处仅针对大槻文彦的无对自他和有对自他的分类法提出质疑，非笔者的最终见解。

[6]三矢重松（1928：47）中关于“格”的概念，描述为：“格とは位格の義なり。名詞代名詞が文中にて、他の詞に對して如何なる位にあるか、その位をいふなり。”

[7]关于处置格可以省略的问题，例如：「誰が其の本を読んだ」。「私が読んだ」vs.「Whoreadthebook」「Ireadit」。英语中有时要使用形式代名词 it 来填补省略的宾语的空位，而日语中则不需要。所以，三矢重松对于处置格（宾格）可以省略的提法，是考虑到日语的实际情况提出的。

[8]山田孝雄在《日本文法论》中除本居春庭外，还论及了权田直柱（1809—1887）的动词七分类（お

のづから然る、みづから然する、物を然する、他に然する、他に然せさする、おのづから然かせらる〻、他に然せらる〻)。

[9]权田直柱的动词七分类中引入了“令”(他に然する、他に然せさする)和“被”(おのづから然かせらる〻、他に然せらる〻)的概念,简而言之,即包含使役助动词「す」和「さす」与被动(含自发等)助动词「る」和「らる」。

[10]山田孝雄(1908:273)。

[11]山田孝雄(1908:273～274)。

[12]山田孝雄(1908:281～282)。

[13]山田孝雄(1908:283)。

[14]山田孝雄(1908:286)。

[15]山田孝雄(1908:287)。

[16]山田孝雄(1908:298)。

[17]山田孝雄(1908:293)。

[18]山田孝雄(1908:298)。

[19]山田孝雄(1908:303)。

[20]山田孝雄(1908:304～305)。

[21]山田孝雄(1948:244～245)。

[22]收录于須賀一好(1995:13～40)。

[23]須賀一好(1995:13)。

[24]須賀一好(1995:13～14)。

[25]須賀一好(1995:17)。

[26]須賀一好(1995:18)。

[27]須賀一好(1995:19)。

[28]須賀一好(1995:18～19)。

[29]松下大三郎(1928:261～262)。

参考文献

刘耀武《日语语法研究史》,高等教育出版社,1992:92～106。

洪堡特著钱敏汝译《论人类语言结构的差异及其对人类精神发展的影响》,陕西人民出版社,1997:236～257。

大槻文彦『語法指南:言海』、1891。(近代デジタルライブラリ　国立国会図書館　公開資料 http://kindai.ndl.go.jp/)(访问网址 http://kindai.ndl.go.jp/info:ndljp/pid/992954。

大槻文彦『広日本文典本編』、1897。(近代デジタルライブラリ　国立国会図書館　公開資料 http://kindai.ndl.go.jp/)(访问网址 http://kindai.ndl.go.jp/info:ndljp/pid/992497)。

大槻文彦『広日本文典別記』、1897。(近代デジタルライブラリ　国立国会図書館　公開資料 http://kindai.ndl.go.jp/)(访问网址 http://kindai.ndl.go.jp/info:ndljp/pid/992498)。

島田昌彦『国語における自動詞と他動詞』、明治書院、1979 年。

須賀一好、早津恵美子(編)『動詞の自他』、ひつじ書房、1995 年。

徳田政信『近代文法図説』、明治書院、1983 年。

松下大三郎『改撰標準日本文法』、紀元社、1928:250～269。

三矢重松『高等日本文法』、明治書院、1908。(近代デジタルライブラリ　国立国会図書館　公開

資料 http://kindai. ndl. go. jp/)（访问网址 http://kindai. ndl. go. jp/info: ndljp/pid/1707359）
三矢重松『高等日本文法(増訂改版)』、明治書院、1928。(近代デジタルライブラリ　国立国会図書館　公開資料 http://kindai. ndl. go. jp/)（访问网址 http://kindai. ndl. go. jp/info: ndljp/pid/1871312）
山田孝雄『日本文法論』、宝文館、1908。(近代デジタルライブラリ　国立国会図書館　公開資料 http://kindai. ndl. go. jp/)(访问网址 http://kindai. ndl. go. jp/info:ndljp/pid/992499)
山田孝雄『日本文法講義』、宝文館、1922。(近代デジタルライブラリ　国立国会図書館　公開資料 http://kindai. ndl. go. jp/)(访问网址 http://kindai. ndl. go. jp/info:ndljp/pid/968840)
山田孝雄『日本文法学概論』、宝文館、1948。(近代デジタルライブラリ　国立国会図書館　公開資料 http://kindai. ndl. go. jp/)（访问网址 http://kindai. ndl. go. jp/info: ndljp/pid/1126533）
山田孝雄『日本口語学講義』、宝文館、1922。(近代デジタルライブラリ　国立国会図書館　公開資料 http://kindai. ndl. go. jp/)（访问网址 http://kindai. ndl. go. jp/info: ndljp/pid/1870073）

作者简介

金玺罡，北京日本学研究中心硕士课程 13 期生(1997 年 9 月至 2000 年 4 月在学)，日语语言专业。现任同济大学外国语学院讲师。

＜上/下＞不对称现象的汉日认知对比研究[1]

徐　莲

1. 引　言

＜上/下＞是人类认识世界过程中最基本的空间概念之一，世界上绝大部分语言中都存在＜上/下＞空间概念的表达，且被认为是一对典型的反义词。然而，看似一一对应的反义词却并不是完全对称的，对立项缺失的情况时有发生，例如有“上校”却没有“下校”，有「下準備」却没有「上準備」。此外，＜上/下＞在使用频率上也有较大差别，笔者在中日对译语料库的汉语材料中搜索得到“上”的例句约 1.7 万例，“下”约 1.0 万例，在日语材料中搜索到「上」的例句约 0.5 例，「下」约 0.3 例，汉日语＜上/下＞的使用频率比都约为 1.6：1。根据 2010 年 4 月 12 日 Google 检索的数据，包含“上”的汉语网页有 138 百万个，而“下”只有 892 百万个，“上”是“下”的 1.55 倍；包含「上」的日文网页有 383 百万个，而「下」只有 241 百万个，“上”是“下”的 1.59 倍。如此看来，无论在汉语还是日语中，＜上＞和＜下＞及其构成的语言表达在意义和使用上都存在明显的不对称。

汉语学界有不少学者关注过“上/下”的不对称现象，有语义学和词汇学方面的考察(吕叔湘 1965，白丽芳 2006 等)，也有认知视角的考察(唐秋艳 2007，蒋宁 2007 等)，还有从历时角度的探讨(张敏 2007 等)。这些研究从不同的角度以不同的方法为描写“上/下”不对称现象做出了重要贡献。同时，现象的揭示必然引发对其原因的思考，王祥荣(2000)、周统权(2003)等从人们认知事物的视点、社会文化心理因素、语法结构的制约和空间客观因素等方面探讨了“上/下”不对称产生的原因。近年来，这一课题在汉语学界渐成热潮，然而，与之形成鲜明对比的是，日语学界却鲜有人关注这个问题。就笔者搜集的资料来看，仅有濑户贤一(1995)、村木新次郎(1999)、徐莲等(2009)等少量成果涉及这一课题，但都没有进行深入的探讨。

不对称是现实生活中普遍存在的现象，我们可以推测，反义表达的不对称现象也具有跨语言的普遍性。但这一假说就目前的研究现状来看还缺乏验证，这就需要我们对不对称现象进行跨语言的对比研究，考察各种语言中不对称现象的异同，探究其原因，揭示不对称现象的本质。另一方面，已有的成果中定性研究占了绝大多数，少量的量化研究年代久远，仅着眼于搭配和构词。不对称问题的性质决定了单纯的定性研究是远远不够的，因为除了对立项的缺失，两对立项在现实语言中使用频率的差异也是不对称的一种表现形式。

本文以汉日语静态语素＜上/下＞为研究对象，由于汉日语汉字同形，为避免混乱，文中汉语表记用“　”，日语表记用「　」，包括汉日语两者的用＜　＞。静态语素＜上/下＞是指不表达动态意义的形式上包含＜上＞和＜下＞的各种表达。包括表记为＜上＞或＜下＞的单纯词和“上司”、「下水道」等复合词。力求解决以下几个问题：

(1)从认知语义学的角度，系统地量化描写汉语和日语静态语素＜上/下＞的不对称现象；

(2)总结归纳汉日语＜上/下＞不对称现象的异同点；

(3)分析不对称产生的原因，探讨汉日语异同的认知理据。

2. 不对称现象概观

日语中「上/下」的表记借自汉语，而汉语的“上”和“下”在甲骨文里写作“◡”和“⌓”，这种形式上的对称很容易让人联想到意义上的对称。然而，语言事实却并非这么简单。笔者对汉日语权威辞书《汉语大词典》和『広辞苑』中包含静态语素＜上/下＞的词条进行了穷尽性的考察，结果显示：《汉语大词典》中静态语素“上”有 715 个义项，“下”510 个义项；『広辞苑』中「上」有 673 个义项，「下」729 个义项。这些辞书义项根据形式和意义是否对称可以分为以下几类。表 1 中最后一栏记录了此类义项在《汉语大词典》和『広辞苑』中的数量，括号中是此类义项数在＜上/下＞总义项数(汉语 1225，日语 1402)中所占的比例。“?”表示没有对称项。

表 1　＜上/下＞对称、不对称分布表

表现形式	语言	例子	义项数(比例)
(1)形式和意义都对称	汉	上册—下册	194(16%)
	日	上旬—下旬	366(26%)
(2)意义对称，形式不对称	汉	上调—下放	98(8%)
	日	上司—部下	48(4%)
(3)形式对称，意义不对称	汉	上文(前文;?)—下文(后文;事情的发展或结果)	124(10%)
	日	上着(外衣;上衣)—下着(内衣;?)	258(18%)
(4)形式和意义都不对称	汉	上校—?　?—下脚料	809(66%)
	日	上機嫌—?　?—下準備	730(52%)

本文主要考察意义上的不对称，也即(3)(4)类。从比例上来看，不对称的义项占据了主流(汉语 76%，日语 70%)，这是汉日两种语言的共性。但两种语言在不对称类型的分布上不太一致，日语中(3)类不对称比汉语多 8 个百分点，而(4)类不对称比汉语少 14 个百分点。

3. 不对称现象的认知分析

3.1　原型义的不对称

幼儿语言习得的相关研究和空间词汇的历时性考察都表明：＜上/下＞的众多非

空间意义均来自于其空间意义，空间义是其原型意义（徐莲 2009:23～24）。在从空间义向其他意义派生的过程中，意象图式是贯穿所有义项的基本认知框架。根据 Langacker（1987）的理论，意象图式主要由射体（TR）、为射体提供位置参照的界标（LM）和路径（PATH）构成。由于本文研究的静态意象图式中 PATH 都为 0，下文只讨论 TR 与 LM 之间的关系。在中日对译语料库中检索得到大量汉日语＜上/下＞的实例，从中随机抽取各 500 例，组成一个 2000 例规模的样本。通过逐例考察，空间义＜上/下＞的静态意象图式可以总结为以下五种：

【非接触类】TR 的位置比 LM 高/低，且与 LM 不接触

①星星（TR）都在头（LM）上悬着。

②村（LM）の上の空を飛行機（TR）が通る。

③桌子（LM）下边有盆（TR），自己打水洗洗。

④夫と二人で、花（LM）の下の大混みの中を縫って歩く。（TR“私”）

【接触类】TR 的位置比 LM 高/低，且与 LM 接触

⑤金涛和李卓（TR）坐在麦垛（LM）上。

⑥机（LM）の上に三本のビール（TR）が並んだ。

⑦鲜嫩的高粱（TR）在铁蹄（LM）下断裂、倒伏。

⑧着物（LM）の下に置いてあった眼鏡（TR）が落ちた。

【部分类】TR 是 LM 的一部分，位于 LM 的较高/低部分

⑨这男孩子，细瘦的个子儿，上身（TR）是开了花的破棉袄。（LM“身”）

⑩ちょっと下唇で上唇（TR）をなめた。（LM“唇”）

⑪我只能紧盯着屏幕（LM）下方的日语字幕（TR）。

⑫両手で力を入れて下腹（TR）を押せ。（LM“腹”）

【融合类】TR 与 LM 在同一平面上，与 LM 融合

⑬路（LM）上尽是水和泥（TR）。

⑭僕は恋は仲田の云うように布（LM）の上に画（TR）をかくのとはちがうと思う。

【侧边类】TR 与 LM 并列，位于 LM 侧边，且比 LM 矮

⑮她将玩物一样的驯良的小狗（TR）放在脚（LM）下。

⑯茶畑の丘（LM）の下に広い藪（TR）がありました。

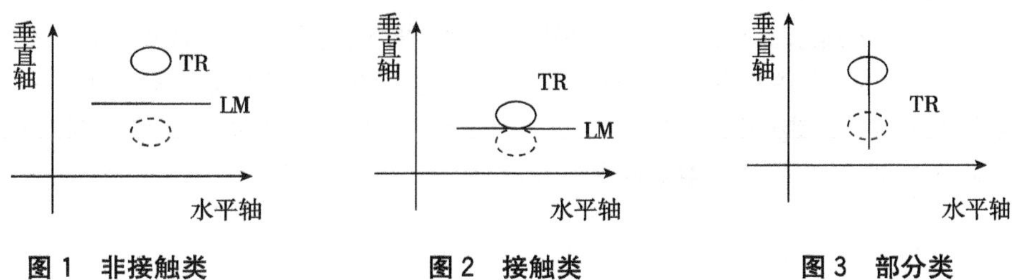

图 1　非接触类　　图 2　接触类　　图 3　部分类

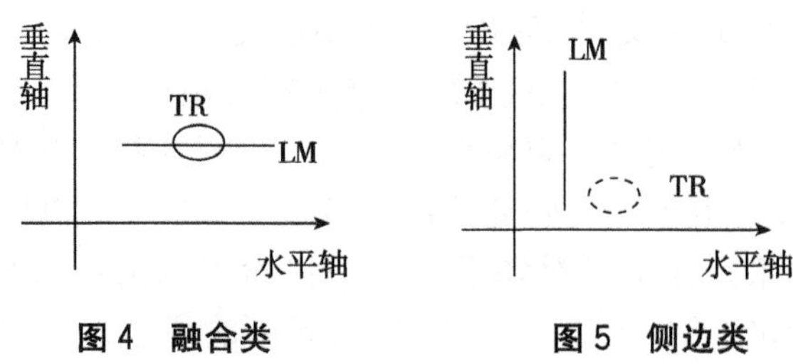

图 4　融合类　　　　图 5　侧边类

这些图式在样本中的分布情况如图 6 所示。

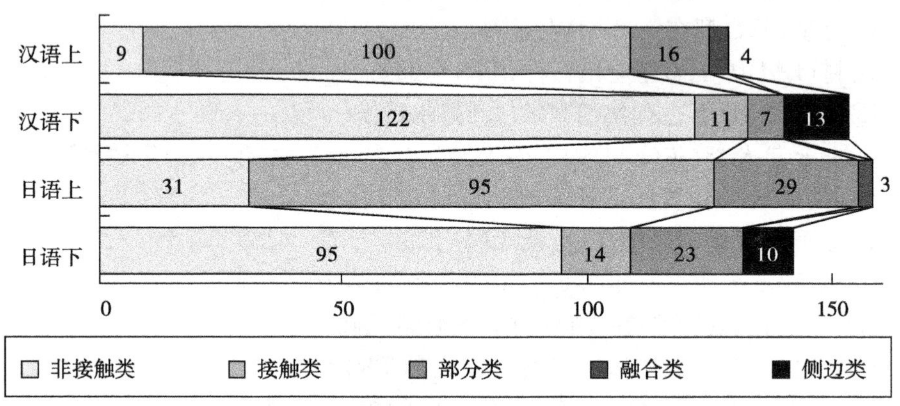

图 6　意象图式分布图

由上面的图可以清晰地观察到＜上/下＞原型义的不对称情况：

(1)非接触类中，汉日语＜上＞的使用频率都远低于＜下＞，汉语两者之比约为 1∶14，日语约为 1∶3。汉语的不对称程度远比日语高。

(2)接触类中，汉日语＜上＞的使用频率都远高于＜下＞，汉语两者之比约为 9∶1，日语约为 7∶1。汉语的不对称程度略高于日语。

(3)部分类中，汉日语＜上＞的使用频率都略高于＜下＞，汉语两者之比约为 2∶1，日语约为 1.3∶1。汉语的不对称程度略高。

(4)融合类中，汉日语＜上＞的使用频率都较低，且都没有＜下＞的例句。

(5)侧边类中，汉日语＜下＞的使用频率都较低，且都没有＜上＞的例句。

3.2　拓展义的不对称

＜上/下＞从其原型义出发，通过隐喻和转喻等方法拓展出其他义项。根据对《汉语大词典》和『广辞苑』的穷尽性考察和语料库抽样调查，整理静态语素＜上/下＞的主要拓展义项如表 2。表中“→”表示此义项由上面的义项再次派生而来。括号内的数字为此类义项在语料库样本中的频数，频数为 0 者不再标明。

表 2　汉日语静态语素＜上/下＞拓展义及其分布表

拓展		意义	汉语		日语	
			上	下	上	下
隐喻	数量域	数量多为上，少为下	两杯以上(16)	四十岁上下(2)	百万以上(16)	十人以下(5)
	顺序域	顺序在前为上，后为下	上述(18)	下文(32)	上巻(6)	以下の話(8)
	社会地位域	社会地位高为上，低为下	上司(16)	下级(11)	お父上(27)	下位(90)
		→受影响为下		导引下(8)		監督下(17)
	品质域	品质好为上，差为下	后来居上(4)	思想有高下(1)	上機嫌(27)	成績は彼の下だ(18)
	内外域	物体表面为上，内部为下	风行水上	瘪下去的嘴(1)	シャツの上にセーター(5)	下着(8)
		→添附为上，基础为下	基础上(16)	下意识(1)	安い上にうまい(38)	下級生(2)
转喻	处所		脸上带着笑(128)		路上(4)	
	→抽象处所		建筑史上(67)		仕事上(27)	

＜上/下＞主要依靠隐喻的方法来扩展意义。将垂直空间域的意象图式映射到目标域上，用于理解和表达目标域中的概念。汉日语的静态语素＜上/下＞主要向上表所列的 5 个目标域映射，所形成的隐喻义有许多是不对称的。

(1)数量域中，汉日语的＜上＞使用频率都远高于＜下＞。

(2)顺序域中，汉日语中基本呈现＜下＞比＜上＞使用频率高的倾向。

(3)社会地位域中，汉日语呈现不同的倾向。“上”的使用频率比“下”高，而「上」的使用频率远低于「下」。汉日语＜下＞又都派生出表示“处于受影响状态”的意义，这类＜下＞都没有对称的＜上＞。

(4)品质域中，汉日语中＜上＞的使用频率都高于＜下＞。

(5)内外域中，汉日语中＜下＞的使用频率高于＜上＞。再次派生后表示添附的＜上＞使用频率都远高于＜下＞。

＜上/下＞意义派生的另一个重要手段是转喻。转喻是相接近或相关联的不同认知域中，一个突显事物替代另一事物。如＜上＞本指位置较高的处所，用其代指“处所”整体时，是“部分代替整体”的转喻。表“处所”义的＜上＞没有对称的＜下＞，且二次派生的表示抽象处所的＜上＞也没有对立项。从使用频率上来看，汉语的“上”远高于日语的「上」。

4. 不对称现象的认知阐释

4.1　不对称产生的生理、心理和物理基础

体验哲学认为，人类是从自身出发来认识世界的，空间概念的认知也是如此。人

在自然站立时，主要的感觉器官都在人体上部，因此上方的空间更容易为五官所知觉。王祥荣(2000)关于儿童空间词汇习得的实验证明儿童对“上”的掌握先于“下”，而且使用“上”的频率大约是“下”的5.5倍。这说明人类不对称的生理结构决定了＜上＞比＜下＞认知更容易，使用也更广泛。因此，部分类意象图式中＜上＞的使用频率远高于＜下＞。

＜上/下＞从垂直空间域向内外域映射时，物体表面为上，内部为下，且＜下＞的使用频率高于＜上＞。认知心理学家已经证明，在人的认知中，人体是一个容器，有“内”“外”之分，而且对进入体内的东西有最切身的感受。Clark(1974)和Clark & Brownell(1975)的心理实验证明，处理“内”所需的时间要少于处理“外”的时间。Clark(1973)提出儿童感知空间关系的首要规则就是“如果B是容器，A在B的里面”(沈家煊，1999：180～181)。可见，“内”(对应＜下＞)比“外”(对应＜上＞)从认知心理上来讲更基础，更容易理解，因而使用也更广泛。这就是内外域拓展义的＜下＞使用频率高于＜上＞的心理基础。

意义离不开人类身处的特定的物理环境。例如侧边类＜下＞没有对应的＜上＞是因为TR若想位于LM的侧上方必然要求摆脱地球引力，由于与LM没有接触点，要达到这种空间关系比较困难，日常经验中十分少见，造成了语言中这类＜上＞的缺失。

4.2 突显的影响

完形心理学的有关实验证明，突显原则是人类认知的重要原则之一。它是指人的认知往往更多地注意到事物最突出的、最容易理解和记忆的部分，突显部分也往往成为表述的重点。(赵艳芳2001：99)

Ghent(1960，1961)发现儿童更倾向于注意一样东西的上部而不是下部。Clark(1974)，Carpe-nter & Just(1975)的研究表明，当不存在明显参照物的时候，人们一般用＜上＞而不是＜下＞来表述其相对位置(沈家煊1999：181)。王祥荣(2000b)也从母语习得的角度证明了“上”相对于“下”在空间上的突显。在融合类＜上＞中，“位于LM之上或之下”这一位置高低的对立消失，中和位置上出现的是更为突显的项＜上＞。表示“处所”的意义是融合类＜上＞进一步拓展的结果，因而这一意义及其引申出的“抽象处所”义都没有对称的＜下＞。但从使用频率上来看，汉语“上”的使用频率远高于日语「上」，这是因为“上”表处所的功能在日语中相当大的部分被格助词「に」分担了。

LM为TR的定位提供参照，其突显属性对于＜上/下＞的不对称会产生一定影响。接触类＜上＞的使用频率高于＜下＞，而非接触类＜上＞的使用频率低于＜下＞，这一现象就是由此造成的。在语料库样本中考察与这些＜上/下＞共现的LM，可以得到表3。表3中带*的LM同时出现在接触类和非接触类中，是因为这些LM同时具有“承托”和“遮挡”两种功能，哪种功能在行文的需要中得以突显，就以相应的图式出现。

表 3　接触类、非接触类 LM 分布表

图式	上/下	汉/日	例子
接触类	上	汉语	地*，草席，沙发，椅子，床*，桌*，座位……
		日语	机，卓，テーブル*，地*，砂，(寝)台*，芝生，草，畳，石段……
	下	汉语	脚，高粱，铁蹄……
		日语	尻，脚，苫，蒲团……
非接触类	上	汉语	头，井台儿，栏杆，挡风玻璃，人……
		日语	頭，市，皿，村，門，街，土塀，丘，彼，金閣……
	下	汉语	地*，桌*，矿井，床*，树，屋檐，灯，木棚……
		日语	地*，木，軒，ランプ，洋燈，机*，ベッド*，屋根……

观察表 3 我们发现，接触类 LM 在例句中大部分呈现“面”的特征，而非接触类 LM 在构筑空间关系时被看作一个“点”，其上/下的方位是指以此点为源的放射状的一个空间，这种空间形态在人的认知中最常见的表现形式就是“伞”或“屋顶”。我们都知道，在人的认知中“面”的重要功能是“承托”，＜上＞是它的功能面。而“伞”和“屋顶”的功能主要是“遮挡和庇护”，＜下＞才是它们的功能面。王祥荣(2000a)对于儿童空间认知的考察证明，人类对于物体功能的认知优于实际的方位认知。在人的认知中，物体的功能面总是能够得到突显，与 LM 功能一致的方位义项更容易被理解，也更广为使用。这就是接触类和非接触类＜上/下＞呈现不同使用倾向的认知理据。根据上文的调查，汉日语在具有这种统一倾向的同时，汉语的不对称程度远比日语高，说明汉语更重视物体的功能方位，突显的程度更甚。

数量域和品质域中＜上＞使用频率大于＜下＞的原因就在于“数量更多、更好”的事物更容易得到突显。而与之相反的，在顺序域中，人们更关注“未来”的事情，因而＜下＞的义项更为突显，使用频率也更高。

4.3　不完全映射

隐喻和转喻都是两个概念域之间或者同一概念域内的映射。(李福印 2008:151)不完全映射是指一个概念域中有的成员发生映射而有的没有，或者各成员发生的映射类型或目标域不同。这会造成目标域中成员的缺失或使用范围受限，从而形成不对称。如表示“受影响状态”的＜下＞对立项的缺失和表示“添附为上，基础为下”的＜上/下＞使用频率上的不对称。不完全映射还可能生成形式对称而意义不对称的表达，如「上足(高徒)一下足(脱下的鞋；看管脱下的鞋的人)」中「上」是垂直空间域向品质域的隐喻映射，而「下」从指“物”(脱下的鞋)到指“人”(看管脱下的鞋的人)，发生了转喻映射。又如“上水(河流上游，食用牲畜的心肝肺；?)一下水(?；食用牲畜的肚肠；坏人心肠)”，在表示“食用牲畜的内脏”时是对称的，但“上水”表示“河流上游”时是空间域向顺序域的映射，而“下水”表示“坏人心肠”的义项是“牲畜的内脏”义项二次映射的结果，这两项意义没有对称项。

4.4 认知域的叠加

叠加理论(theory of conflation)是由 Lakoff & Johnson 提出的用以解释儿童隐喻联想机制的理论。例如,大人为表达对孩子行为的满意,会把孩子抱在手上或举到空中,如果孩子不听话,就会把他放下来以示不满。因此,儿童的认知中就把“好”和“高兴”与＜上＞叠加在一起,而“不好”和“生气”就与＜下＞叠加。后来随着认知的发展,这两个认知域分离开来,于是语言中就产生了“好为上,差为下”等隐喻。(陈建生 2008:141)叠加理论造成＜上＞往往跟正向词搭配组成复合词,而＜下＞往往搭配负向词。如“上司”中“司”是“掌管”的意思,社会地位较高,与＜上＞的意象相重叠,「下劣」中「劣」是“差”的意思,品质不好,与＜下＞在品质域中的映射意象重叠。这样意象重叠的复合词很难有对称的表达。

4.5 社会文化因素

认知的形成基于两点,一是人类共有的身体及物质经验,二是特定社会中形成的文化经验。(张敏 1998:99)前者形成了认知的跨语言共性,后者造就了认知的民族个性。前文已经论述了＜上/下＞不对称现象普遍性的各种认知理据,而不对称现象的特殊性,反映在语言上就是汉语或者日语“特有的不对称现象”,则产生于各自特定的社会文化背景。

例如,明治维新以前,日本的皇宫位于京都,所以京都及其附近被称为「上方」。但与这一称谓形成对立的不是「下方」,而是「江户」。因为明治维新前天皇所在的京都和幕府所在的江户形成对峙格局。「上方」在向社会地位域的映射中得到了突显,而「下方」没有,但在社会文化的影响下它获得了另一个对立项「江户」。两者在社会文化方面的对立生成了许多对义语:「上方唄一江戸唄」「上方絵一江戸絵」「上方歌舞伎一江戸歌舞伎」「上方狂言一江戸狂言」「上方語一江戸語」「上方浄瑠璃一江戸浄瑠璃」「上方文学一江戸文学」等。再如,向社会地位域引申的「上座」由于被佛教广泛运用,形成了「上座石」「上座部」等一系列词汇。而「下座」却是歌舞伎的专用语,有着「下座唄」「下座音楽」「下座台」「下座付」「下座帳」等庞大的术语群。单纯空间意义上的对立项是无法应对这些植根于文化的表达的,这些都在某种程度上促成了不对称。

通过上文的描述我们注意到,汉日语在社会地位域中相左的不对称倾向非常引人注目。汉语“上”的使用频率比“下”高,而日语「上」的使用频率远低于「下」。通过在语料库中的进一步考察我们发现,日语「下」的高频主要来源于「下女」「廊下」「城下」等词的高频使用。而这些词汉译时「下」的意象都会消失,译为“女仆”“走廊”“城市”。汉语语料中涉及封建等级关系的表达也不少,但似乎对这类“下”采取了消极回避的态度。这一点可以从与宗教和封建等级制度相关的一系列词汇中得到印证。一些宗教词汇如“上仙、上清、上真、上果”和封建等级制度词汇如“上公、上嗣、上冢、上宰、上老、上相”等都没有对称的“下”。这一不对称主要是由于“地位高者更突显”这一认知机制,但社会文化取向也加剧了这一不对称。以“上仙”为例,道教众仙统称九仙,“第一上仙、二高仙、三大仙、四玄仙、五天仙、六真仙、七神仙、八灵仙、九至仙”[14]。通过观察可以发现，这些称号都取正面意义，宗教宣扬的神佛即使有等级差别，也不能使用负面意义的“下”。通过上文我们可以看出，汉语倾向于使用突显地位较高的“上”来显示等级差别，而尽量回避“地位低”（用“下”表示）这一人们不喜欢的表述。在这一点上，<上/下>在两种语言的社会地位域中得到了不一样的突显：汉语中“社会地位高”更为突显，因而使用频率更高；而日语中“社会地位低”为无标项，使用频率更高。

5. 结　语

本文从意义和使用频率两个角度总结了汉日语中静态语素<上/下>的各种不对称现象，并尝试了从认知语言学的角度解释这些现象。世界上大部分语言中都存在<上/下>概念的对立，从上面的分析可以看出，<上/下>的许多不对称现象也是汉日两种语言所共有的。虽然这些不对称现象及其认知阐释是否有更广泛的适用性还有待验证，但至少有一点可以肯定，那就是有一些不对称现象植根于人类共有的认知模式，可能是许多语言的共性。此外，那些某种语言所特有的不对称现象往往有其社会文化方面的理据，展现了各种认知模式的个性。将汉日语<上/下>不对称现象的研究背景扩大到多种语言，进行普通语言学方面的探讨，和将其研究范围进一步扩大，对“前/后”“左/右”等多种对立概念的不对称现象进行探讨，都是很有意义的事情，可以作为以后研究的课题。

注释

[1]本文基于发表于『日中言語研究と日本語教育』第3期（2010年）的拙作『反对概念の非対称性の普遍性と限界』改写而成，改写过程中对部分数据进行了更新。

参考文献

Langacker, Ronald W *Foundations of Congnitive Grammar*: *Theoretical Prerequistites*, Stanford University Press, 1987.

徐莲等『言語行為の認知的・語用的研究』、大众文艺出版社、2009年1月。

瀬戸賢一『空間のレトリック』、海鳴社、1995年4月。

村木新次郎『単語にみる対称と非対称』、『国文学解釈と鑑賞』1999年第1号、p. 43～50。

白丽芳“‘名词＋上/下’语义结构的对称与不对称性”，《语言教学与研究》2006年第4期，p. 58～65。

陈建生《认知词汇学概论》，复旦大学出版社，2008年11月。

蒋宁“‘上/下’动宾结构对称与不对称现象的考察”，广西师范大学硕士学位论文，2007年4月。

李福印《认知语言学概论》，北京大学出版社，2008年12月。

沈家煊《不对称和标记论》，江西教育出版社，1999年9月。

唐秋艳“方位词‘上’‘下’的对称与不对称性分析”，北京语言大学硕士学位论文，2007年2月。

王祥荣 a“儿童语言中的‘上’‘下’类方位词”，《安徽师范大学学报》2000年第4期，p. 568～573。

王祥荣 b“‘上’‘下’使用的不对称性及其制约因素”，《阜阳师范学院学报》2000年第6期，p. 47～49。

吴之翰（吕叔湘）“方位词使用情况的初步考察”，《中国语文》1965年第3期，p. 206～210。

杨秋生"试论何氏九仙信仰的文化构成",《泉州师范学院学报》2006年第1期,p. 54～62。
张敏《认知语言学与汉语名词短语》,中国社会科学出版社,1998年8月。
张敏"'上/下'对称和不对称的历时考察",河南大学硕士学位论文,2007年5月。
赵艳芳《认知语言学概论》,上海外语教育出版社,2001年3月。
周统权"'上'与'下'不对称的认知研究",《语言科学》2003年第1期,p. 39～50。

作者简介

徐莲,北京日本学研究中心博士课程(2008年9月至2012年3月在学),日语语言学专业。现任解放军外国语学院讲师。

汉日语关系从句的序列和位置对比研究

盛文忠

1. 引　言

关系从句(relative clause)是指与某个名词性成分相关联并修饰该名词性成分的从句。日语中一般称为「連体修飾節[1]」或「関係節」。汉语和日语的关系从句均位于中心名词之前。汉语中一般使用结构助词“的”来连接关系从句与中心名词，如“太郎上周买的电视机坏了”；日语一般使用用言连体形来连接关系从句和中心名词，而不需要在两者之间加「の」之类的助词，如「太郎が先週買ったテレビが壊れた」。

以下将在对汉日语对译语料库以及汉语语料库进行统计的基础上，通过对汉日语多项关系从句共现语序、关系从句与形容词定语以及指示词的语序进行对比分析，找出汉日语之间的差异，并从语言类型学角度探寻其背后的原因和规律。

2. 关于关系从句

伯纳德·科姆里提出了关系从句化的跨语言倾向，即构成关系从句的名词可及性(accessibility)等级，具体如下。

构成关系从句的名词可及性等级：主语＞直接宾语＞间接宾语＞领属成分

上述等级中，主语的关系从句化要比任何其他位置的关系从句化容易，直接宾语的关系从句化要比间接宾语的关系从句化容易，依次类推。

Keenan & Comrie(1977)指出，在世界语言中，有些语言只有主语、直接宾语和间接宾语可以关系从句化，有些语言只有主语和直接宾语可以关系从句化，有些语言则只有主语可以关系从句化，但既不存在只有直接宾语可以关系从句化的语言，也不存在只有主语和间接宾语可以关系从句化的语言。汉语和日语也不例外。

伯纳德·科姆里(Bernard Comrie，1981)从语序类型学角度将关系从句分为以下三类：

a. 关系从句位于中心名词之后(NR)：如英语等

b. 关系从句位于中心名词之前(RN)：如汉语、日语、土耳其语等

c. 中心名词位于关系从句之内(RNR)：如班巴拉语[2]等

其中 a、b 两类在许多语言中都很常见，c 类仅见于少量语言。本文在山本秀树(2003)的基础上，从 2932 种语言中抽取 485 种语言[3]，对其关系从句的位置进行了统计，结果如表 1。

表 1 SVO/SOV 语言关系从句位置的类型学统计

	SVO 语言(218)	SOV 语言(267)
NR：RN	(212)97%：(6)3%	(90)34%：(177)66%

从表 1 可以看出，SVO 语言中，关系从句位于中心名词之前(RN)的语言仅有极少数，相反，SOV 语言中，关系从句位于中心名词之前(RN)的语言则占了约三分之二。汉语和日语的关系从句均位于中心名词之前。在关系从句这一参项上，汉语在 SVO 语言中属于极为特殊的语言；相反，日语则与大多数 SOV 语言保持一致。

3. 关系从句的语序

3.1 多项关系从句共现顺序

多项关系从句共现时的顺序究竟怎样呢？我们先来看一下日语中的情况。

(1)慈念の通学している紫野大徳寺にある中学から、蓮沼良典という教師が孤峯庵をたずねてきたのは七月十二日のことだった。(雁の寺)

(2)松山市のホームページに掲載された市内の児童、生徒に関する不審者情報は、今年に入ってもう40件に達しています。(毎日新聞 2006 年 4 月 17 日)

(3)政府が進めている郵便貯金・簡易保険という巨大な公的金融を民間の手に戻す郵政民営化も日本の金融には大きな影響を及ぼす。(日本経済新聞・社説 2004 年 11 月 25 日)

通过上述例句可以看出以下倾向：

倾向Ⅰ:临时性成分＞恒常性(内在性)成分

上述倾向符合语义接近原则。即语义上更加恒常(内在)的成分离中心名词越近，语义上更加临时的成分离中心名词越远。如果改变语序，则句子意思将难以把握，句子将变得不自然，如例(1)。

此外，改变两个关系从句的相互顺序有时会导致修饰关系的混乱，并使句子产生歧义，如例(2)。例(2)中，有可能产生「市内の児童、生徒に関する」修饰「松山市のホームページ」的误解。

此外，例(2)、(3)中，后一关系从句均是内容性成分，表示中心名词的性质，因此该语序极为稳定。相反，前一关系从句均表示临时性意思，与中心名词的内容相去甚远。

有时音节长度原则也会影响语序。例如：

(4)俺は自分の村に、たった一人で住んでいる老いた寡婦に目をつけた。(金閣寺)

(5)そんな鉄の格子だけでなく、住む人たちの目や声という生きた格子にも命を守る力があるはずだ。(天声人語 2006 年 4 月 4 日)

例(4)中的「老いる」和例(5)中的「生きる」与紧跟其后的中心名词之间关系非常紧密，且表示中心名词的性质。即此时语义接近原则与音节长度原则相互和谐一致，语序极其稳定。若改变语序，句子便不成立。

有时，多项原则之间会相互竞争，此时句子的语序取决于占优势的原则，如例(1)、(5)。这些例句中，多项关系从句共现时均遵循句法成分先后顺序原则。

句法成分先后顺序原则：含有主语成分的关系从句＞不含主语成分的关系从句

例(1)中的「慈念の」和例(3)中的「政府が」均是关系从句中的主语成分，它们所在的关系从句均位于其他不含主语成分的关系从句之前。此时一般不能改变语序。

日语多项关系从句共现时，音节长度原则基本不起作用。既有长音节成分前置的例子，如例(1)，也有短音节成分前置的例子，如例(5)。这是由于日语形态丰富的缘故，关系从句末尾必须使用连体形，因此很容易判定关系从句。

下面看一下汉语中的情况。

(6)有的对上级制定的有关音像管理的政策法规知之甚少，有的对解决发现的问题缺乏力度。(CCL)

(7)只要读过这部法律且不带偏见的人都可以看出，中国政府坚持一个中国原则决不动摇，争取和平统一的努力决不放弃。(新华网 2006 年 4 月 26 日)

上述例句均符合语义接近原则，后一关系从句所表示的内容更能反映中心名词的性质和本质。汉语中经常使用结构助词"的"来表示关系从句与中心名词之间的关系，有时也使用"且"等连词以及顿号等来表示关系从句之间的并列关系。

与日语相同，汉语中也遵循句法成分先后顺序原则，如例(6)中，含主语成分的关系从句前置于不含主语成分的关系从句。

此外，汉语还遵循认知先后顺序，即遵循时间先后顺序原则。

时间先后顺序原则：时间上先发生的＞时间上后发生的

例如：

(8)学校将优先录取已报名且达到该校投档分数线的考生。(新华网 2006 年 3 月 10 日)

(9)刚刚结束在中国的新闻旅行回到纽约的邓肯为他的举荐提出四点理由。(CCL)

上述例句均符合时间先后顺序原则，即前一关系从句的状态或行为比后一关系从句的状态或行为先发生，此时一般不能改变语序。

然而，日语中很难发现遵循时间先后顺序原则的多项关系从句共现的例句。这是由于在日语中，表示时间先后顺序关系的两个从句一般使用动词连用形来接续，例如：

(10)2006 年 3 月に県内の県立・私立高校を卒業し、国公立大学へ進学した人は昨年より 114 人多い 1176 人で過去最多の数字となった。(琉球新報 2006 年 4 月 28 日)

因此，日语多项关系从句共现的例句数量比汉语要少得多。

3.2 关系从句与形容词定语的顺序

下面探讨日语中关系从句与形容词定语之间的语序。

(11)波と、濡れている黒い石と、雨だけがあった。(金閣寺)

(12)ふたりの男性に求愛された美しい女性が、心を決めかねて死を選ぶ——。

（天声人語 2004 年 11 月 21 日）

(13)金融庁検査では銀行の貸出債権を厳しく査定し、必要に応じ公的資金の追加注入や実質国有化も辞さない厳しい姿勢で臨んだ。（日本経済新聞・社説 2004 年 12 月 27 日）

上述例句中，关系从句均位于形容词定语之前，即：

关系从句＞形容词＞中心名词(RAN)

通过上述例句可以发现以下倾向：

倾向Ⅱ：临时性修饰成分＞恒常性修饰成分＞中心名词

即语义上具有恒常特性的成分离中心名词较近，语义上具有临时特性的成分离中心名词较远。形容词一般表示人、事、物等内在的恒常性质，而关系从句则大都表示人、事、物等的临时特性。例(11)中，「濡れている」是中心名词「石」的临时的外在特性，而「黒い」则是中心名词「石」的恒常的内在特性。与关系从句相比，形容词定语离中心名词更近。这也符合"语义接近原则"。为了使之适用于定语成分间的语序，我们将该原则扩展如下：

A. 与中心名词语义关系较远的成分＞与中心名词语义关系较近的成分＞中心名词

B. 越是表示中心名词的性质、本质特征的修饰语离中心名词越近

与关系从句相比，形容词定语与中心名词的语义关系更为紧密，根据语义接近原则，形容词定语与中心名词的距离也更近。若将其顺序颠倒，则将导致句子意思不通或不自然。

其次，日语中还遵循"音节长度原则"，即：

音节长度原则：音节长的成分＞音节短的成分＞中心名词

例(11)～(13)中，均是音节长的关系从句位于音节短的形容词定语之前，若将其语序颠倒，则句子将变得不自然或不成立。

此外，例(13)中，形容词「厳しい」是主观性程度较高的形容词，相反，关系从句整体上客观性程度较高。上述例句符合"客观性成分＞主观性成分＞中心名词"这一认知顺序，通过例(12)、(13)等可以看出以下倾向：

倾向Ⅲ：客观描述＞主观评价＞中心名词

例(12)中，关系从句「ふたりの男性に求愛された」是对中心名词「女性」的客观描述，而「美しい」则是对中心名词的主观评价。同样，例(13)中，关系从句是中心名词「姿勢」的内容，是客观性的描述，而「厳しい」则是对中心名词的主观评价。这些也符合"可别度原则"，即：

可别度原则：可别度高的成分＞可别度低的成分

当音节长度原则、可别度原则等共同起作用时，句子的语序变得极为稳定，很难发生改变。此时句子的语序与上述多个原则作用的结果相一致，因此语序非常稳定。若采用相反的语序，句子一般不成立或极不自然。如：

(13')?? 金融庁検査では銀行の貸出債権を厳しく査定し、必要に応じ厳しい公的資金の追加注入や実質国有化も辞さない姿勢で臨んだ。

例(13')同时违反了音节长度原则和可别度原则，因此句子显得极不自然。当仅有其中一个原则起作用或所有原则都不起作用时，句子的语序就变得不稳定，此时句子的语序可以根据语用或具体语境的需要而发生改变。如：

(14)時雄はその蒲団を敷き、夜着をかけ、冷たい汚れた天鵞絨の襟に顔を埋めて泣いた。(布団)

他铺上那床褥子，把棉被盖在身上，用既凉又脏的天鹅绒被口捂着脸，哭了起来。(译文)

例(14)中,「冷たい」和「汚れた」两个修饰成分音节长度相同，此时音节长度原则已不起作用，而「冷たい」和「汚れた」在语义上也均表示临时性的特性，因此语义接近原则也不起作用。此时句子的语序便只有通过语用或具体语境来决定。当作者强调「冷たい」时，便采用例(14)的语序。而若要强调「汚れた」时，也可采用相反的语序。此时句子的语序极不稳定，往往可以根据语用需要来改变语序。

日语中形容词定语前置于关系从句的情形很少见，我们对"中日对译语料库"[4]进行了统计，仅在部分作品[5]中发现了为数不多的几例。并发现它们之间存在一些共性，即形容词定语与关系从句的音节长度大致相同，且关系从句一般为单个动词，此时两者语序一般可以根据语用需要进行互换。如：

(15)法水院の内部には、大きなゆらめく影が起った。中央の弥陀、観音、勢至の三尊像はあかあかと照らし出された。(金閣寺)

法水院里大火熊熊，把中堂前的弥陀、观音、甚至三尊佛像照得火红。(译文)

(16)小さな狡そうな落ち窪んだ母の目は、今更ながら、母に対する私の嫌悪の正当さを思い知らせた。(金閣寺)

她那双小而塌陷的狡眼，现在更令我感到憎恶她是正当的。(译文)

除了多个原则共同作用导致语序较为稳定之外，还存在语序类型学上的原因。日语是OV语言，当关系从句中含有格成分时，上述语序(关系从句R>形容词A>中心名词N)用符号标记为"$N_1+C+V+A+N_2$"[6]，此时不会产生修饰上的误解。然而，若采用相反的语序，即"形容词A>关系从句R>中心名词N"，用符号标记为"$A+N_1+C+V+N_2$"，此时便会产生A修饰N_1的误解。如例(12')中，原本修饰中心名词「女性」的形容词定语「美しい」便有可能被误解为修饰关系从句中的名词「ふたりの男性」。因此，当关系从句中含有格成分时，便有可能产生这种修饰上的误解。因而从语序类型学的角度看，OV语言日语的语序倾向于采用前者，即"关系从句R>形容词A>中心名词N"。

(12')?? 美しいふたりの男性に求愛された女性が、心を決めかねて死を選ぶ——。

下面看一下汉语的情况。

汉语中既有关系从句前置于形容词定语的情形，也有形容词定语前置于关系从句的情形。

a. 关系从句>形容词>中心名词(RAN)

b. 形容词>关系从句>中心名词(ARN)

先看关系从句前置于形容词定语(RAN)的情形。

(17)这时常可见一些理着小平头、瘦骨嶙峋的小男孩,穿着宽大的、长过膝盖的T恤衫,抱着花束,穿梭在车丛中。(CCL)

(18)总经理公勃告诉记者:节前市属各大书店及时组织调进适应各种文化层次和年龄结构读者的、高层次高质量的有益图书。(CCL)

上述例句的语序均符合音节长度原则,即关系从句的音节长于形容词定语。此外,还符合语义接近原则,即形容词定语表示中心名词的性质,与中心名词的语义关系较紧密;而关系从句表示中心名词的外在性具体特点,与中心名词的语义关系相对不是特别紧密。上述例句在遵循音节长度原则和语义接近原则的同时,也违反了认知难易度原则和可别度原则。形容词比关系从句更容易被认知,其可别度也更高,因此形容词倾向于前置于关系从句。由于音节长度原则、语义接近原则与认知难易度原则、可别度原则之间相互冲突和竞争,因此此时语序不稳定,一般允许改变语序。

但是,当关系从句中含有主语成分时,形容词定语一般不能前置于关系从句。例如:

(19)加利在一项声明中说,最新停火协议是波黑各族人民在新年之际得到的美好礼物,是朝着波黑实现真正和平迈出的重要的第一步。(CCL)

(20)全国政协提出的许多好的建议已为中央所采纳。(CCL)

如果将例(19)中形容词定语前置于关系从句,则句子不成立。这是由于这种语序可能会造成形容词定语("美好的")修饰关系从句中的主语成分("波黑各族人民")的误解的缘故。例(20)也一样。

此外,汉语中也存在形容词定语前置于关系从句(ARN)的情形,如:

(21)我衷心感谢那么多善良的、为我奔波的人们,他们那么能理解人和人的感情,那么善于捕捉生活中的美,而且如此热忱地维护她、发扬她。(CCL)

(22)最惠国待遇源于自由贸易原则,即各国在世界市场上享有平等的、不受歧视的贸易机会。(CCL)

通过上述例句可以看出以下倾向:

倾向Ⅳ:整体(总)>部分(分)>中心名词

例(21)中,"善良的"是对中心名词"人们"的总的评价,"为我奔波的"只是"善良的"的一个方面;例(22)中,"平等的"是中心名词"贸易机会"的整体评价,"不受歧视的"则是"平等的"的一个方面。其他例句也是如此。上述倾向符合认知难易度原则和可别度原则,整体(总)的可别度要高于部分(分),整体比部分更容易被认知,因此表示整体的内容一般位于表示部分的内容之前。上述例句在遵循认知难易度原则和可别度原则的同时,却违背了音节长度原则。根据音节长度原则,长音节成分关系从句一般位于短音节成分形容词定语的前面。由于认知难易度原则、可别度原则与音节长度原则之间相互冲突和竞争,因此该语序并不稳定,上述例句变换语序后句子仍然成立。

此外,汉语中形容词定语与关系从句共现时可以使用顿号及连词("且"等),不会发生日语中容易出现的修饰关系和语义上的混乱,因此形容词前置于关系从句这一语序较为普遍。

然而，汉语中形容词定语与关系从句的语序也并非都可以相互颠倒。例(23)中，形容词定语“短暂的”与其前面的关系从句的语序一般很难相互颠倒。若将形容词定语“短暂的”移到关系从句之前，句子便变得极不自然或不成立。其主要原因在于该语序违反了时间先后顺序原则。

(23)刚把静宜接到北京来的短暂的充满希望的日子。(活动变人形)

静宜を北京へ迎えた当初の短かったが希望に溢れた日々。(译文)

我们使用“CCL语料库”(统计内容约占该语料库的2%)对汉语关系从句与形容词定语语序数量进行了统计，结果如表2。

表2 汉语关系从句(R)与形容词定语(A)语序统计

	例句数量	比例
ARN	73	80.2%
RAN	18	19.8%
合计	91	100%

由表2可以看出，汉语中含“的”形容词前置于关系从句(ARN)的数量要比关系从句前置于含“的”形容词(RAN)的数量多，前者大约是后者的4倍。

此外，汉语中还遵循以下构词原则，即：

构词原则：不能省略“的”的成分＞可省略“的”的成分＞中心名词

例如：

(24)中国汽车行业竞争激烈，规模生产问题尚未解决，开拓国内汽车市场的优势尚未形成，加入世贸后，将面临外国汽车大量涌入的巨大压力。(CCL)

(25)在美国，学费是表现一所学校教育质量和信誉的重要指标之一。(CCL)

(26)杏子は近づいて来ると、少し取りすました静かな調子で言った。(あした来る人)

杏子近前，以不无做作的平静语气说道。(译文)

(27)そして友のかいた短かい脚本を一つ訳して仏蘭西の友の関係している雑誌に出してもらうことにしたことと、その友がそれをよんで感心したことを報告してやった。(友情)

又翻译了朋友写的一个短剧，在一个与我的法国友人有关的杂志上发表了。(译文)

例(26)中的“平静语气”、例(27)中的“短剧”等词组和单词，从构词上来看，由于中心名词前面的形容词没有使用“的”，其与后面的中心名词之间的联系与关系从句相比要紧密得多，因此此时往往采用“关系从句＞形容词＞中心名词”语序。

上述例句中，不能省略“的”的成分均前置于可省略“的”的成分。该语序具有绝对优势，一般不允许出现相反的语序。若要将其语序颠倒，则一般需在后者之后加上“的”。

由上可以看出，汉语中在关系从句和形容词定语共同修饰中心名词时，两者语序相对比较自由，除构词原则具有绝对优势之外，其他原则和倾向都是相对的，不具有绝对优势。汉语中多项定语之间往往使用顿号（“、”），这样可以避免产生像日语中那样修饰上的误解。因此，汉语中同时存在“关系从句＞形容词定语＞中心名词（RAN）”和“形容词定语＞关系从句＞中心名词（ARN）”两种可能的语序。

此外，还存在语序类型学上的原因。汉语是 SVO 语言，当关系从句中出现主语时，关系从句一般前置于形容词定语，即一般采用“关系从句＞形容词定语＞中心名词（RAN）”语序，用符号标记为“$S(N_1)+V+A+N_2$”，此时句子不产生歧义。然而，如果采用相反的语序，即“形容词定语＞关系从句＞中心名词（ARN）”，用符号标记为“$A+S(N_1)+V+N_2$”，此时句子便会产生歧义，即产生形容词定语 A 修饰关系从句中的主语 $S(N_1)$ 的误解。因此汉语一般不采用这种语序，如例（19）、（20）。

当关系从句中不出现主语时，日语有两种可能的语序，即：“OV＋A＋N”和“A＋OV＋N”，用符号分别标记为“$N_1+C+V+A+N_2$”和“$A+N_1+C+V+N_2$”，由于后者会产生歧义，即有可能造成形容词定语 A 修饰关系从句中格成分的名词这种修饰上的误解，因此日语中一般不采用该语序，而大都采用前者，后者仅在关系从句只是单个动词时使用。因此日语中关系从句与形容词定语共同修饰中心名词时的语序在很大程度上是基于语序类型学的原因。

而汉语中，当关系从句中不出现主语时，同样有两种可能的语序，即：“VO＋A＋N”和“A＋VO＋N”，用符号分别标记为“$V+N_1+A+N_2$”和“$A+V+N_1+N_2$”，此时，不管是前者还是后者，都不会产生日语中的那种歧义，即后者不会产生形容词定语 A 修饰关系从句中的动词 V 的误解，因此汉语中这两种语序均可以使用。而且后者还可以通过在形容词定语之后加顿号（“、”）来明确修饰关系。由此可以看出，汉语中关系从句与形容词定语共同修饰中心名词时的语序同样在很大程度上与汉语的语序类型有关。

通过上述考察可以看出，在关系从句与形容词定语的语序方面，汉语的语序远比日语自由。日语一般采取单一的 RAN 语序，而汉语则可以采用两种可能的语序，即 RAN 和 ARN 语序。这在很大程度上与汉语和日语的语序类型有关。汉语和日语同时遵循语义接近原则、音节长度原则、可别度原则，当多个原则作用比较一致时，则语序相对稳定；当原则之间相互冲突时，语序一般不稳定。此外，汉语还遵循构词原则，该原则具有绝对优势。

3.3 关系从句与指示词的顺序

先探讨日语中关系从句与指示词之间的顺序。

（28）梶は銀座の酒場で偶然発見したこの小娘に、酒場から足を洗わせて、洋裁店を持たせてやっている。（あした来る人）

这小姑娘是他在银座一家酒吧偶然发现的。而后把她从酒吧解脱出来，让其开了一家西服缝纫店。（译文）

（29）南嶽がたびたびいったその言葉が、里子の耳たぶの奥でいまも生きていた。（雁の寺）

南岳经常说的这句话，至今还活在里子的鼓膜里。（译文）

(30)南泉和尚の斬ったあの猫が曲者だったのさ。(金閣寺)

南泉和尚斩掉的那只猫正是可疑物。(译文)

上述日语例句中，关系从句均位于指示词之前，即：

倾向V：关系从句＞指示词＞中心名词(RDN)

这符合“语义接近原则”。指示词是对中心名词的限定，与中心名词的联系非常紧密；而关系从句一般是对中心名词的修饰，与中心名词的联系不如指示词紧密。因此，指示词一般离中心名词较近。为了使之适用于连体修饰成分间的语序，我们将该原则扩展如下：

A. 与中心名词语义关系较远的成分＞与中心名词语义关系较近的成分＞中心名词

与关系从句相比，指示词与中心名词的语义关系更为紧密，根据语义接近原则，指示词距离中心名词也更近。

此外，日语中还遵循“音节长度原则”，上述例句中，均是音节长的关系从句位于音节短的指示词之前。若将其顺序颠倒，便会出现修饰上误解，句子极易产生歧义，句子意思将变得不自然，如例(28)～(30)。

例(28)中，指示词「この」极易被误解为修饰其后的名词「酒場」。同样，例(29)中的指示词「その」极易被误解成修饰「南嶽」，例(30)中的指示词「あの」极易被误解成修饰「南泉和尚」。

而这些歧义的产生主要是基于日语语序类型的原因。日语是SOV语言，当关系从句和指示词共同修饰中心名词时，有两种可能的语序，即“RDN”和“DRN”，用符号标记为“(S)OV＋D＋N”和“D＋(S)OV＋N”。前者一般不会产生修饰上的误解，而后者却极易产生指示词(D)修饰关系从句中的主语(S)、宾语(O)或其他格成分的误解。由于日语属于后置词语言，格成分一般可标记为“N＋格助词(C)”，若指示词前置于关系从句，用符号标记为“D＋N_1＋C＋V＋N_2”，此时容易产生指示词修饰格成分中的名词(N_1)的误解。因此，为了避免产生歧义，日语的语序一般采用前者，而基本不采用后者。

日语口语中也有借助停顿将指示词前置于关系从句的情况，本文对此不作探讨。日语书面语中也存在指示词前置于关系从句的情况。本文对“中日对译语料库”的日文例句进行统计后发现，绝大多数例句采用关系从句前置于指示词的语序(RDN)，采用指示词前置于关系从句语序(DRN)的例句数量极少，仅有6例。这些例句往往有下列特点：关系从句的音节长度与指示词大致相当；关系从句大都是单一动词、连语或惯用的词组。这些特点可以有效地避免句子产生上述歧义。如：

(31)このような手のこんだ竹の人形をみたのははじめてであった。(越前竹人形)

如此精制的竹偶，还是第一次看到。(译文)

(32)日本の地方都市にも、このような特色のある文化を育てたいと思う。(日本列島改造論)

我想，在日本的地方城市也要培育这样带有地方特色的文化。（译文）

上述例句中，若将指示词后置于关系从句，句子同样成立。

由上可知，日语中关系从句前置于指示词的语序（RDN）占绝对优势，一般不能采用相反的DRN语序。指示词前置于关系从句的语序（DRN）数量极少，这类例句若采用RDN语序也同样成立。这些主要是由日语的语序类型造成的。日语中“音节长度原则”与“语义接近原则”相互和谐一致，因此语序比较固定、单一。

汉语中关系从句与指示词之间的顺序又是怎样呢？先看以下例句。

（33）他们耕种的那片山坡地，大小不一的鹅卵石比比皆是，很像瓜地里的西瓜。（CCL）

（34）不久汕滴将那颗800万铢买来的蓝宝石又以3000万铢转手卖给一新加坡珠宝商。（CCL）

从上述例句可以看出，汉语可以使用两种不同的语序，例（33）使用“关系从句＞指示词＞中心名词”（RDN）语序，例（34）使用“指示词＞关系从句＞中心名词”（DRN）语序。

首先，从语序类型学角度来看，汉语属于SVO语言，可以使用两种可能的语序，即“RDN”和“DRN”，可以进一步表述为“SVO＋D＋N”和“D＋SVO＋N”。前者完全没有问题，后者容易造成指示词修饰关系从句中的主语S的误解。但汉语中一般需要在指示词后接量词，指示词与中心名词之间的修饰关系可以通过量词来表示，如例（34）中的“颗”。这些量词可以有效避免指示词与中心名词之间的修饰关系产生混乱。

再如以下例句，日语均使用“RDN”语序，而汉语则可以使用“DRN”语序。

（35）襟をすかした白粉の濃いその首へも、蚊より小さい虫がたちまち群がり落ちた。（雪国）

转眼之间，一群比蚊子还小的飞虫，落在她那从空开的后领露出来的、抹了浓重白粉的脖颈上。（译文）

（36）夢寐にも忘れなかったその人の前に、丑松は今偶然にも腰掛けたのである。（破戒）

丑松坐在莲太郎面前，他万没想到今天竟然能见到这位仰慕已久的人。（译文）

当关系从句中出现其他格成分（如场所格）时，情况又会怎样呢？汉语既使用前置词，又使用后置词，前置词稍占优势。例如，当关系从句中出现场所格时，需要在场所前加前置词“在”。指示词前置于关系从句可以标记为“D＋前置词‘在’＋N_1＋V＋N_2”，由于指示词不能修饰前置词“在”，此时指示词后即便没有量词，仍然可以判定指示词与中心名词（N_2）之间的修饰关系。如：

（37）他那在县委宣传部打字的老同学给他个消息，省里要开一个笔会。（小鲍庄）

県委員会宣伝部でタイプを打っているあの同級生が、省で“筆会”が開かれることを彼に知らせてきた。（译文）

此外，当关系从句中不出现主语时，后者（DRN）用符号标记为“D＋VO＋N”，此时即便指示词后不出现量词，也不会出现修饰上的误解，即指示词（D）不可能修饰其后的动词（V）。如：

(38)他那善良的、富有爱心和责任感的心灵世界中，蕴含着极为丰富的内容。(CCL)

(39)那可怕的、折磨了我们许多年的那三个字："我爱你"。(CCL)

指示词在语义上与中心名词更接近，例(33)使用"关系从句>指示词>中心名词"语序，符合语义接近原则。此外，指示词的指示性很强，其可别度也很高。例(34)使用"指示词>关系从句>中心名词"语序，符合可别度原则。上述两个原则相互冲突和竞争，因此此时语序不稳定，两种语序均可使用。

由上可以看出，汉语中既可以使用"关系从句>指示词>中心名词(RDN)"语序，也可以使用"指示词>关系从句>中心名词(DRN)"语序。在语序的选择上，汉语也遵循"音节长度原则"，如例(33)。此外，汉语还遵循"可别度原则"。

C. 可别度高的成分>可别度低的成分

一般说来，指示词的指示性高于关系从句，因而其可别度也高于关系从句。基于可别度原则，例(34)采用"指示词>关系从句>中心名词(DRN)"语序。在关系从句与指示词的语序上，汉语中不存在具有绝对优势的原则，因而也不存在绝对语序，采用何种语序往往取决于具体语境或语用需要，即便将其语序进行互换，句子也同样成立。

究竟上述两种语序何种占相对优势呢？我们对"CCL 语料库"和"中日对译语料库"中的汉语原文中的指示词与关系从句共同修饰中心名词的例句进行了统计(统计对象约占全部的 2%)，结果如表 3：

表 3　汉语中指示词与关系从句共同修饰中心名词的例句比例

	D>R>N	R>D>N	合计
这	45(83.3%)	9(16.7%)	54(100%)
那	58(72.5%)	22(27.5%)	80(100%)
合计	103(76.3%)	31(23.1%)	134(100%)

由表 3 可以看出，汉语中，指示词和关系从句共同修饰中心名词时，采用"指示词>关系从句>中心名词(DRN)"语序的例句超过了四分之三，是"关系从句>指示词>中心名词(RDN)"语序的 3 倍多，即"指示词>关系从句>中心名词(DRN)"语序具有相对优势。DRN 语序符合"可别度原则"，而 RDN 语序则符合"音节长度原则"和"语义接近原则"，即汉语中"可别度原则"与其他原则相比更具有优势。

由上可以看出，当关系从句与指示词共同修饰中心名词时，SVO 语序的汉语通过使用量词和前置词来避免修饰关系上的歧义。汉语中，"指示词>关系从句>中心名词(DRN)"语序与"关系从句>指示词>中心名词(RDN)"语序均可以使用，前者具有比较明显的优势。相反，日语中指示词与量词(类别词)不能一起使用。此外，日语是后置词型语言，没有前置词，因此，SOV 语序的日语一般使用"关系从句>指示词>中心名词(RDN)"，若使用"指示词>关系从句>中心名词(DRN)"语序，便会产生指示词修饰中心名词以外的其他格成分的歧义，因此日语中一般不使用 DRN 语序。具体情况见表 4。

表4 汉日语关系从句的序列及其位置

	日语	汉语
关系从句(R)与指示词(D)	R>D>N	D>R>N/r>d>n

由上可以看出，在关系从句与指示词的语序方面，一般认为语序比较严格的汉语与一般认为语序比较自由的日语相比，语序更为自由。日语一般采用单一的RDN语序，而汉语则可以采用两种可能的语序，即RDN和DRN语序。这在很大程度上与汉语和日语的语序类型有关。此外，汉语和日语均遵循“音节长度原则”和“语义接近原则”，日语中上述原则相互和谐一致，因此语序比较固定、单一；而汉语除了遵循上述原则之外，还遵循“可别度原则”，该原则与上述两个原则相互竞争、冲突，因此语序相对比较自由。

4. 结 语

一般认为汉语的语序限制比较严格，而日语的语序则比较自由。但通过我们对多项连体修饰成分共现时的相互语序的考察，发现了截然不同的情况，即在连体修饰成分之间的相互语序方面，汉语的语序要远比日语自由。上述内容归纳成表5：

表5 汉日语连体修饰成分语序对比表

	日语	汉语
多项关系从句共现	数量少	数量多
关系从句(R)与形容词修饰成分(A)	$R>A>N_2$	$A>R>N_2/R>A>N_2$
关系从句(R)与指示词(D)	$R>D>N_2$	$D>R>N_2/r>d>n_2$

(大写字母表示优势语序，如“$R>A>N_2$”；小写字母表示劣势语序，如“$r>d>n_2$”；当两种语序均为大写字母时，表示该两种语序的使用大致相当，如“$A>R>N_2/R>A>N_2$”。N_1 指名词连体修饰成分，N_2 指中心名词。)

注释

[1]详见大岛资生、奥津敬一郎、寺村秀夫等的系列研究。

[2]班巴拉语(Bamanankan)为马里共和国全国通用语言，于1972年形成文字。属于尼日尔—刚果语系曼德语族的曼丁哥语支。该国80%居民通用该语。邻近的布基纳法索、冈比亚、几内亚比绍、塞拉利昂及利比里亚亦通行。

[3]仅限于只有SOV或SVO一种语序的语言。

[4]北京日本学研究中心(2002)。

[5]作品名为『布団』和『金閣寺』。

[6]C表示助词，N_1 表示关系从句中格成分内的名词，N_2 表示中心名词。

参考文献

大島資生「第5章　連体修飾の構造」、北原保雄編『朝倉日本語講座5　文法I』:90～108、朝倉書店、2003年。

奥津敬一郎「連体修飾とは何か」、『日本語学』Vol. 23 No. 3:6～16、明治書院、2004年。

児玉徳美『言語のしくみ——意味と形の統合』、大修館書店、1991年4月。

柴谷方良「言語類型論」、『英語学大系 第6巻 英語学の関連分野』:1～179、大修館書店、1989年。

盛文忠「関係節の序列と位置に関する日中対照研究」、『日本語教育論集 世界の日本語教育』19:107～124、2009年。

盛文忠"汉日语关系从句与指示词语序的类型学差异",《日语学习与研究》2:86～91,2010年。

盛文忠"汉日语关系从句与形容词定语语序的类型学差异",《解放军外国语学院学报》3:20～23,32,2010年。

盛文忠著《汉日语语序对比研究——基于语言类型学的考察》,外语教学与研究出版社,2014年6月。

寺村秀夫『寺村秀雄論文集I——日本文法編』、くろしお出版、1993年2月。

中川正之「中国語、日本語、英語における共同行為者と道具をめぐって」、『大河内康憲教授退官記念 中国語学論文集』:29～46、東方書店、1997年。

中川正之、李浚哲「日中両国語における数量表現」、『日本語と中国語の対照研究論文集』:95～116、くろしお出版、1997年。

バーナード・コムリー、松本克己、山本秀樹訳『言語普遍性と言語類型論——統語論と形態論』、ひつじ書房、1992年5月。(Bernard Comrie. 1981—1989. *Language Universals and Linguistic Typology: Syntax and Morphology*)

山本秀樹『世界諸言語の地理的・系統的語順分布とその変遷』、溪水社、2003年12月。

戴浩一"时间顺序和汉语的语序",《国外語言学》1:10～20,1988年。

刘丹青著《语序类型学与介词理论》,商务印书馆,2003年10月。

刘丹青"汉语关系从句标记类型初探",《中国語文》1:3～15,商务印书馆,2005年。

陆丙甫"语序优势的认知解释——论可别度对语序的普遍影响",《当代語言学》1,2:1～15;132～138,2005年。

袁毓林"多项副词共现的语序原则及其认知解释",《語言学論叢》26:313～339,商务印书馆,2002年。

Tai, James. 1985. Temporal Sequence and Word Order in Chinese. *Iconicity in Syntax*, John Haiman, ed., Amsterdam: John Benjamins Publishing Company, 49～72.

作者简介

盛文忠,2007年3月博士后进站,2011年1月博士后出站,日语语言文学专业日本语言方向,现任上海外国语大学副教授。

言语交际中汉日礼貌表达策略的差异及原因

——以道歉和拒绝言语行为为例

王　源

1. 引　言

言语交际中的礼貌表达，是指人们在言语交际活动中，根据具体的场面，交际对象以及与自己的关系，使用适当的词汇和句型，向对方表示敬意，来营造一个和谐的氛围，以使交际能够顺利进行的语言表达形式。日语学习者谈到日语礼貌表达时，首先想到的是日语的敬语表现，而汉语中虽然没有类似日语的敬语体系，但也有调节人际关系的礼貌表达。人与人在进行交际时，什么样的行为被认为是有礼貌的行为，什么样的表达被称为是礼貌表达，在不同的社会文化背景下理解不同。在跨文化交际中如果说话者与听话者的语言文化中的礼貌表达在某些方面有很大差异，甚至完全不能接受，那么即使双方认为自己用了礼貌得体的话语也可能伤害对方，从而导致交际失败。因此，了解言语交际中，汉日礼貌原则有何不同非常重要。

2. 关于“礼貌”的研究

礼貌作为语用学的一个重要分支，20 世纪 50 年代，美国学者 E . Goffman 最早从社会学角度提及“ 面子行为理论”(the Theory of Facework)，并且提出了礼貌模式。从 20 世纪 70 年代开始礼貌受到许多学者的青睐。到了 80 年代，语言哲学家 H. P. Grice 提出了言语交际中的合作原则(the Principle of Cooperation)，之后，英国著名语言学家 G . H . Leech 从语用学的角度，根据英美等西方国家人们的言语习惯，提出了言语交际活动中的礼貌原则，认为礼貌原则是语言形式的主要决定因素。如果要解释言语交际中说话人为什么会故意违反合作原则，让听话人去意会其真正意图，一个重要的因素就在于礼貌。1987 年 Brown and Levinson 对礼貌和面子问题进行了系统的探讨，认为礼貌是维护双方面子需求而采取的一种策略。Brown 和 Levinson (1987)在礼貌策略中指出，每一个交际参与者作为基本的需求都具有两种面子，一种是希望得到别人赞同、喜爱、欣赏和尊敬的积极面子(positive face)，一种是不希望别人强加于己，自己的行为不受别人的干扰和妨碍的消极面子(negative face)。在会话过程中谈话双方的积极面子或消极面子都有可能受到威胁。他们把对交际者的积极面子或消极面子产生威胁的言语行为称为面子威胁行为(Face Threatening Acts)。为了尽量维护交际双方的面子，减少威胁程度，保证交际的顺利进行，需要采取补救策略。

在国内，顾曰国根据汉文化的特征总结了礼貌五准则。但顾曰国的礼貌原则把中国传统里具有道德意义的“礼”和交际中的“礼貌”混为一谈，与汉语的交际现实有一定的距离。而藤原安佐(2009)对日语的礼貌表达规则做了如下阐述。规则1:不得随意地踏入听者的“私人领域”;规则2:说话者不可使用把听者与自己放在同等地位的语言表达方式;规则3:说话者的利益，听者的负担必须用语言表达出来;规则4:说话者的负担，听者的利益不可讲出来。

就礼貌表达的汉日对比研究也有很多，徐萍飞(2001)通过汉日在不同场合语言上的使用分析了汉日语中礼貌表达的不同。施晖(2007)分析了汉日礼貌用语的不同。但到目前为止，先行研究中并没有明确地阐述除了礼貌用语外，汉日在言语交际中礼貌表达策略的差异及其产生差异的原因。本论文通过考察道歉及拒绝言语行为，分析汉日礼貌表达策略的差异，明确汉日礼貌表达的规则，探讨汉日礼貌表达产生差异的原因。并将其应用于日语教学，提高日语学习者的交际能力。

3. 调查的方法

3.1 问卷调查

问卷调查能够在设定的某一特定情景语境下有效地收集大量数据，因此本论文以173名日语母语大学生和181名汉语母语大学生为对象进行了问卷调查，设定了道歉和拒绝两个场景。为了考察汉日礼貌表达策略，同时设定了交际对方分别是自己的朋友和老师。道歉场景的具体内容是“你为了写论文向对方借了一本书，可是不小心把书给弄脏了，你见到对方时怎么说?”拒绝场景的具体内容是“对方约你今天上完课一起去吃饭，你有事去不了，这时候你怎么和对方说?”

在道歉场景中，由于说话者损害了对方的东西，引起了对方在利益关系上的不均衡，需要采取各种礼貌表达策略来修复双方利益关系上的不均衡。同样，在拒绝场景中，由于说话者拒绝了对方的邀请，引起对方心里的不均衡，也需要采取各种礼貌表达策略来修复双方关系上这种不均衡。两个场面都由于某种原因给对方带来了不利，出现了双方利益关系上的不均衡，需要采取各种礼貌表达策略来恢复双方利益关系上不均衡。

3.2 采访调查

根据问卷调查的结果，从跨文化交际的角度，笔者又分别对10名汉语母语者和10名日本母语者进行了采访调查，通过在相同语境下中国人遇到日本人的礼貌表达及日本人遇到中国人的礼貌表达时所产生的不同反应，来研究探讨汉日礼貌表达的规则及其背后产生差异的原因。

4. 道歉言语行为中汉日礼貌表达

在道歉场景中，根据交际对方是朋友还是老师的不同，日语母语者在语言表达和道歉用语的选择上出现了不同。而汉语母语者则在言语行为的构成成分的使用上出现了不同。下面分析的同时举出几例问卷调查中的例子。

日语母语者问卷调查中的例句：

对朋友：

1)ごめん、この前借りた本なんだけど、ちょっと汚しちゃったんだ！本当にごめんね

2)ごめん。借りた本なんだけど、汚しちゃったんだ。今度新しいのを買って返すから。本当にごめんね。

3)ごめん。レポートを書くのに借りてた本なんだけど、汚しちゃって。本当にごめんね。

对老师：

4)申し訳ないのですが、お借りしていた本を自分で不注意で汚してしまいました。本当に申し訳ありませんでした。

5)すみません、この前お借りした本を不注意で汚してしまいました…。新しいものをお返しします。せっかく貸していただいたのに、本当にすみません。

6)すみません、この間お借り本なんですけど、うっかりしていて汚してしまったんです。本当に申し訳ありません。

例句中“__”表示使用道歉语进行道歉，“＝”表示诉说过失的内容，“～”表示提出补偿。通过对调查问卷的考察发现，日语母语者无论是对朋友还是对老师，言语行为的构成成分及顺序都相同，几乎都是使用“道歉语”先表达自己的歉意，然后向对方阐述自己的过失，最后提出补偿或再一次使用道歉语进行道歉。只是在语言表达和道歉用语的选择上出现了不同。对老师使用敬体；对朋友使用简体的表达方式。在道歉用语的选择上对老师主要使用「すみません」或「申し訳ございません」；对朋友主要使用「ごめん」。

汉语母语者问卷调查中的例句：

对朋友：

7)真是对不起，把你的书弄脏了，不好意思哦！我给你擦了。

8)亲爱的，我把你书弄脏了，咋办啊？

9)真是太抱歉了！我不小心把你的书给弄脏了，实在太不好意思了！我再给你买一本吧！

对老师：

10)老师，对不起了，这书被我弄脏了，真不好意思，我另买一本给你吧！

11)老师，不好意思，用书的时候不小心弄脏了，我又给您买了一本新的，不管怎么样，真是对不起啊，老师。

12)老师，对不起啊。我把您借给我的书给弄脏了，明天我就去买一本新的给您送去，好吗？

通过对汉语母语者问卷调查的考察发现汉语母语者无论对朋友还是对老师除了第二人称的使用以外，使用的语言表达和道歉用语都是相同的。不同的是对朋友很少使用称呼，即使使用也是如“亲爱的”，“哥们儿”等表示相互之间关系亲密的称呼。而

对老师90%左右的人使用了称呼语“老师”。輿水(1977)提出在现代汉语中，汉语没有日语那种一系列的敬语表达方法，而是通过对对方的称呼或自己的称呼来表达对对方的尊敬。笔者在采访调查中也采访了汉语母语者为什么使用称呼语“老师”，基本上所有人的回答都是称呼“老师”是对老师的尊敬。证明了汉语中使用称呼语“老师”是对老师表示敬意的一种手段。此外，对老师并没有使用而对朋友却使用了表示“相互之间的亲密关系”，如(我们可是好朋友啊！/就凭咱俩谁跟谁啊，你说是不是?)，和“开玩笑”，如(为了证明这书我用过，给你留了点记号当纪念吧。嘿嘿！/我给你的书留了点记号，以后恐怕你看这本书时就会想起我!)的表达。

5. 拒绝言语行为中汉日礼貌表达

和在道歉场景相同，在拒绝言语行为中根据交际对方是朋友还是老师的不同，日语母语者同样是在语言表达和道歉用语的选择上出现了不同。而汉语母语者则在言语行为的构成成分的使用上出现了不同。

下面是日语母语者问卷调查中的例句：

对朋友：

13)ごめんね、今日は用事があるから行けないや。今度またさそって。

14)ごめん、今日は用事があって無理なんだ。ごめんね。

15)あっごめん！今日は○があるから行けないんだよね～。また今度行こうね。ごめんねっ。

对老师：

16)申し訳ないんですけど、今日は用事があるんで行けません。また今度機会があればお願いします。

17)すいません。今日用事があって行けないんですけど。本当すみません。

18)すみませんが、今日は用事があるので行けません。せっかく誘っていただいたのに本当にすみません。またの機会にぜひよろしくお願いします。

以上例句中“_”表示使用道歉语进行道歉，“═”表示有事拒绝，“～”对今后的阐述。通过对调查问卷的考察发现，同道歉场景相同，日语母语者无论是对朋友还是对老师，言语行为的构成成分及顺序都相同，基本上都是先用道歉语表达歉意，然后表明自己的态度，最后提及今后从而来维护双方的关系。

日语母语者在语言表达和道歉用语的选择上出现了不同。对老师使用敬体；对朋友使用简体的表达方式。在道歉用语的选择上对老师主要使用「すみません」或「申し訳ございません」；对朋友主要使用「ごめん」。

如下汉语母语者问卷调查中的例句：

对朋友：

19)这次有事去不了了，你们好好玩，下次我们再聚。

20)不好意思啊，今天我有急事，可能不能去吃饭了，等改天好吗?我请你吃一顿大餐。

21)抱歉,临时有事去不了了,改天吧！你们多吃点,把我那份也带出来。

对老师：

22)老师,实在太抱歉了,我今天临时有事。实在去不了,改天找机会,我再找您。今天实在是太不凑巧了,下回我一定去。

23)老师,对不起,今天晚上不能和您去吃饭了,因为一件很重要的事,希望您能谅解,有机会我请您吃饭。

24)老师,今天恐怕要错过您这顿美餐,家中有点事,着急回家,真不好意思。有机会我一定请您。

通过对汉语母语者问卷调查的考察发现汉语母语者无论对朋友还是对老师除了第二人称的使用以外,使用的语言表达和道歉用语都是相同的。不同的是对朋友很少使用称呼,而对老师81.6%左右的人使用了称呼语“老师”。86.8%的汉语母语者对老师使用了道歉语,而对朋友使用的道歉语不到60%。王(2011)提出汉日语中道歉语的语用功能不同,日语中的道歉语主要向对方表达道歉的心情,而汉语中的道歉语除了表示道歉的心情外还是一种礼貌的表达方式。拒绝言语行为中汉语母语对老师没有使用的构成成分,对朋友却使用了表示“相互之间的亲密关系”和“开玩笑”的成分。对朋友使用表示“希望对方能玩好”和谈及今后的构成成分也比对老师使用的多出20%左右。

由此可见,对待老师,日本母语者和汉语母语者都用了礼貌的表达方式,但礼貌的表达方式不同,日语母语者的礼貌表达主要表现在语言形式即敬语的表达和道歉语的选择上,而汉语母语者则在言语行为的构成成分的使用上出现了不同。汉语母语者主要是通过使用称呼语和道歉语来表达礼貌。

6. 言语行为中汉日礼貌表达规则

以上考察了道歉言语行为和拒绝言语行为中汉日礼貌表达的策略,发现了不同的言语行为中礼貌表达的共同性。在两个场景中,汉语母语说话者和日语母语说话者对老师都表达了敬意,但礼貌表达的方式不同。日语母语者主要是通过语言形式即敬语的表达和道歉语的选择表达礼貌,而汉语母语者主要是通过使用称呼语和道歉语来表达礼貌。

根据Brown和Levinson(1987)理论可知,道歉和拒绝言语行为都是交际者的积极面子或消极面子产生威胁的言语行为即面子威胁行为,为了尽量维护交际双方的面子,减少威胁程度,保证交际的顺利进行,需要采取补救策略。对待朋友,无论是道歉言语行为还是拒绝言语行为,日语母语者主要使用道歉语这种消极的礼貌策略来维护交际双方的面子,即使使用了积极的礼貌策略,也只是提及从对方得到的恩惠(如「せっかく貸してくれた本なのに」)和感谢(如「ありがとうございました」)这样的积极礼貌策略。而没有一例是像汉语母语者使用的提及朋友关系(如「我们可是好朋友啊！(私たち友達だよね!)」「你说咱俩这关系这些根本就不是事、是不?(私達の関係ではこんなことは大したことじゃないでしょう?)」)或开玩笑这样的积极礼貌策略。为

什么对待朋友汉日会出现这种礼貌表达策略上的差异呢。

问卷调查中11%的中国大学生对要好的朋友既没有使用道歉语，只用了开玩笑的策略。就此，在采访调查中问到如果你的好友在道歉场景中，和你开玩笑地说“我给你的书留了点记号，以后恐怕你看这本书时就会想起我！（あなたの本にちょっと印をつけた、これからこの本を見るたびに私のことを思い出すかも！）”你有什么感觉？10名中国调查者中5名男生回答能接受，自己有时也这么说，有幽默感。10名日本人的回答都是很不舒服，以后不会再借给他了，甚至有的人回答不想和他再做朋友了，很生气。以下是日本人的回答的例子。

25）僕は友達やめます。すごい親しい友達だったら、もう本を貸しません。

26）こんなのは凄い腹が立つ、友達だってそれはこんなことを言うもんじゃない。私が言うならいいけど、汚した本人が言うのが凄い失礼だと思います。

27）絶交だよ、これ。怒ります。大きなお世話だ、この冗談はいらないね。

28）怒ります。私の言うせりふであって、相手のせりふじゃないな、許せない。

日语母语者使用的积极礼貌策略，即从对方得到恩惠和感谢，都是表示自己站在比对方地位低的位置上，并承认对方比自己地位高的一种表达方式。它符合藤原安佐提出的日语的礼貌表达规则2，说话者不可使用把听者与自己放在同等地位的语言表达方式。说明在双方面子受到威胁的言语行为中，即使对方是朋友关系，也不能使用把对方与自己放在同等地位这种表达方式。而汉语母语者所使用的积极礼貌策略，即提及朋友关系或开玩笑等，都表示自己和对方是同等地位的一种表达方式，双方是朋友关系。在言语交际中，对方是朋友时，日语的礼貌表达规则是，“说话者不可使用把听者与自己放在同等地位的语言表达”。如果不按照规则使用了开玩笑等策略，日本人会很生气。更有甚者会影响到两人的朋友关系。与此相对，汉语的礼貌表达规则是：“说话者可以使用把听者与自己放在同等地位的语言表达”。

7. 言语行为中汉日礼貌表达差异的原因

在道歉和拒绝两个场景中，日语母语说话者无论是对朋友还是对老师，都使用了道歉语。根据 Brown 和 Levinson（1987）理论可知，使用道歉语是满足对方面子的同时也损害了自己的面子。熊谷智子（2008）指出日本人在交际中不是自己去保护自己的面子，而是通过交际的对方来补救和维护自己的面子。日语的礼貌表达规则是，“说话者不可使用把听者与自己放在同等地位的语言表达”。日语的礼貌表达规则中“说话者不可使用把听者与自己放在同等地位的语言表达”也是因为日本人在交际中，自己不去保护自己的面子，而是通过交际的对方来补救和维护自己的面子这一言语行为背后所隐含的思维模式而来。

彭（1992）指出，在同样条件下，中国人比日本人更在意自己的面子是否受到了威胁，有保护自己面子的倾向。因此，汉语的礼貌表达中“说话者可以使用把听者与自己放在同等地位的语言表达”。

8. 日语教学中的启示

不论任何社会，人们在言语交际活动中，都有使用礼貌表达以使交际顺利进行的意识，这一点中国和日本没有什么不同。但民族文化不同，言语交际中的礼貌表达存在差异。笔者在日本留学时经常会听到中国留学生说，很难和日本人结交成很要好的朋友。有时觉得大家是好朋友，开开玩笑，却会导致对方莫名其妙地生气。中国高校日语教学中大部分还是以翻译为主，为了了解学生是否真正理解和掌握了所学的内容，常常通过日译中或中译日的形式来进行教学。由此，学生在学习日语时对母语的依赖性很大，在母语的基础上记日语。上述汉日中出现的差异，礼貌表达的不同会使学生在会话中出现失误，在跨文化人际交流时就会出现误解或摩擦。因此，在课堂教学中应注意日语礼貌表达的教学，指出汉日礼貌表达的特点。例如，在道歉言语行为中，对待老师日本人和中国人都表示敬意，但日语母语说话者表现在语言表达和道歉语的选择上，而汉语母语说话者表现在称呼语和道歉习惯用语的使用上。日语中如果对方是要好的朋友，道歉的一方在表达道歉时一直要表示出自己处于比对方地位低的位置上，通过不停地表示自己不好意思的心情来得到对方的原谅，挽回自己的面子。如果使用双方在同等地位的表达(如提及双方是朋友关系或开玩笑)，则会招到对方的反感。

汉语道歉言语行为的表达比较多样，常会用"请你原谅啊！(許してね!)"，"你别生气啊！(怒らないで)""你别介意啊！(気にしないでね)"来表达歉意。如果对日本朋友不使用道歉语而使用这种表达，同样会招来反感。相反，在道歉言语行为中对中国朋友不断地使用道歉语来表达自己的心情时，也会被中国人误会太见外。

在日语教学中加强对学生的汉日礼貌表达不同的教育。让学生了解出现失误后对方的感受，切身体会并掌握不同语言文化中的礼貌表达及使用原则，提高学生的交际能力，减少中日跨文化交际中出现的误会和摩擦极为重要。

参考文献

王源「「詫び」と「理由説明」から見た断り行動」」、『日本語教育研究 』、第57号、2011年。

顾曰国"礼貌、语用与文化"，《外语教学与研究》1992年。

熊谷智子「言語行動分析の観点ー"行動の仕方"を形づくる諸要素についてー」、『日本語科学』7、国立国語研究所、2000年。

熊谷智子「依頼と謝罪における働きかけのスタイル」、『言語』、第37巻第1号、2008年。

徐萍飞"汉日礼貌表达法异同浅析"，《浙江大学学报(人文社会科学版)》，第31卷第6期，2001年。

施晖"汉日礼貌语言行为的比较——以学校为中心"，《苏州科技学院学报(社会科学版)》，第24卷第4期，2007年。

輿水優『中国語における敬語』、岩波講座日本語4敬語、岩波書店、1977年。

藤原安佐『日本語教育における配慮にかかわる表現の指導』、北海道大学大学院教育学研究院紀要108、2009年。

彭国躍「「謝罪」行為の遂行とその社会的相関性についてー中日社会語用論的比較研究ー」、『大阪大学日本学報』11、1992年。

Brown P, Levinson S. Politeness: Some Universals in Language Usage[M]. London: CUP, 1987.

Leech G. N. Principles of Pragmatics[M]. London: Longman Group Limited, 1983.

作者简介

王源，北京日本学研究中心博士课程(2006年9月至2009年7月在学)，日语语言文学专业。现任外交学院副教授。

日语句末名词句与汉语"是"字句对比研究

洪　洁

1. 引　言

现代日语中，名词后续助动词「だ」作谓语的句子通常称为名词谓语句。但是，下面一组例句虽然以名词后续助动词「だ」结尾，却与名词谓语句之间存在诸多不同。

(1)小早川はどうも煮え切らない様子だ。　　　　(『汚職捜査』)

(2)浩二は、とても幸福な気分だった。　　　　(『ラスト・ワルツ』)

上述例句与名词谓语句的区别主要体现在两个方面。首先在结构上，名词谓语句的谓语名词前面并非一定要有定语成分，单独名词也可充当名词谓语句的谓语，如例句(3)。相反，例句(1)和(2)的谓语名词前面一定要有定语成分，去掉定语成分后句子将无法成立。

(3)今日は日曜日だ。　　　　(『関西弁講義』)

(4)＊小早川はどうも様子だ。

(5)＊浩二は、気分だった。

其次在意义方面，名词谓语句的主语和谓语所指对象之间通常具有同一关系或包含关系，如例句(6)中，主语名词短语和谓语名词指称同一对象，二者形成同一关系。例句(7)中，谓语名词的指称对象包含主语名词的指称对象，二者形成包含关系。

(6)東急の創業者は五島慶太氏である。　　　　(『314』)

(7)母親の真穂は中学校の教師だ。　　　　(『絆』)

与名词谓语句不同，例句(1)和(2)的主语和谓语所指对象之间既不具有同一关系，又不存在包含关系。其主语指称对象都是人，谓语指称对象却是物，人与物之间无法形成同一关系或包含关系。

可见，虽然都以名词后续助动词「だ」作谓语，例句(1)和(2)却表现出与名词谓语句不同的特点。这类句子在日语学界通常称为"句末名词句"(「文末名詞文」)。由于句末名词句以"名词＋だ"作谓语，因此往往被当成名词谓语句而被忽略，这不仅是目前句末名词句研究相对薄弱的原因，也导致了不同语言之间对应句式的对比研究相对迟缓。

具体来说，目前大多数研究都以日语名词谓语句和汉语名词谓语句或"是"字句为考察对象进行对比分析，如王宏(1987)、施建军(2001)、王亚新(2011、2012)、张宗灿(2013)、洪洁(2013a)等。另外，井上优(2010)将日语句末名词句与汉语"N_1(是)X 的 N_2"句式进行了对比，认为汉语"N_1(是)X 的 N_2"结构中基本上不存在与日语句末名词句对应的用法。事实上，笔者通过对大量语料的考察分析发现汉语"N_1(是)X 的 N_2"结构与日语句末名词句之间虽然存在诸多不同，但还是具有对应关系的，请看下面两组例句：

(8)a. 裕子は、信じられない様子だ。　　（『三姉妹探偵団』）

b. 裕子一副难以置信的表情。　　（笔者译）

(9)a. 佳織は別れた妻とは随分と違うタイプだ。　　（『統治崩壊』）

b. 佳织与前妻是完全不同的类型。　　（笔者译）

例句(8)是日语句末名词句与汉语名词谓语句对应的例子，例句(9)是日语句末名词句与汉语“是”字句对应的例子。可见，井上优(2010)的考察结果有待商榷。另外，泽田浩子(2010)的考察验证了笔者的想法，指出汉语中同样存在与日语句末名词句对应的句式，同时列举了下面两个例句：

(10)a. 他是不会发火的那种性格。（彼は腹を立てることのできない性格だ）

b. 他是遇事不急的那种性格。（彼は何か問題が起こっても慌てない性格だ）

（泽田浩子，2010：267）

由此可见，日语除了名词谓语句外，句末名词句与汉语名词谓语句或“是”字句之间同样存在对应关系。本文由于篇幅所限，主要以日语句末名词句和汉语“是”字句为考察对象，先考察它们各自的意义用法和句法结构，在此基础上进行对比，分析两个句式的异同。最后，从语言类型论的角度探讨出现异同的原因。

2. 关于日语句末名词句

在日语学界，已有前人对句末名词句进行了考察，如新屋映子(1989)、角田太作(1996)、田中宽(2004)、野田时宽(2006)、井上优(2010)、洪洁(2013b)等。其中，新屋映子(1989)、角田太作(1996)、田中宽(2004)都分别考察了句末名词句的意义用法和句法特征，并对句末名词句进行了定位。野田时宽(2006)在指出以往研究不足的基础上，通过与助动词相比较，对句末名词进行了分类考察。井上优(2010)注重句末名词句与名词谓语句在意义上的关联性，分析了句末名词句的意义用法。洪洁(2013b)则在总结以往研究的基础上，通过与句法结构相结合，对句末名词句的意义用法进行了考察。与句法结构相结合考察意义用法可以使考察结果更加客观，更有理据，因此本文在考察句末名词句的意义用法时主要参考洪洁(2013b)的分类。

2.1 句末名词句的意义用法

洪洁(2013b)根据句子主语与谓语之间的意义关系，同时与其句法结构相结合，将句末名词句的意义用法分为如下七类。

2.1.1 表示所属

这类句末名词句的谓语部分表示主语所从属的种类、类别。构成此类句末名词句的名词有「種類」「部類」「所属」「方」「系統」「タイプ」「クラス」等。表示所属的句末名词句通常形成主题句结构。

(11)ふみは、感情がすぐ顔に出る方だ。　　（『花園の迷宮』）

（12）私はズケズケとものを言うタイプだ。　（『仕事ができる人できない人』）

在上述例句中，句末名词的定语成分「感情がすぐ顔に出る」「ズケズケとものを言う」分别补充说明句末名词的内容，二者结合构成谓语部分，说明主语所属的种类。

2.1.2　表示性质

这类句末名词句的谓语部分说明主语所具有的性质。构成此类句末名词句的名词较多，代表性的有「性質」「性格」「気質」「気性」「性分」「体質」「体格」「身分」「習慣」「運命」「宿命」「構成」「仕組み」等。表示性质的句末名词句也构成主题句结构。

（13）砂沢はまじめな性格で、怠惰な人間や、軽薄な人間を嫌った。

（『三浦綾子全集』）

（14）羊市場の羊たちも、……いずれ殺される運命だ。

（『住んでみたサウジアラビア』）

例句（13）的谓语部分说明主语所表示的人物性格，例句（14）的谓语部分说明主语所表示的动物命运，属于广义的性质。

2.1.3　表示状态

谓语部分说明主语所处的状态。构成这类句末名词句的名词包括「様子」「表情」「有様」「気配」「格好」「調子」「口調」「気持ち」「気分」「態度」「関係」「仲」等。表示状态的句末名词句同样构成主题句结构。

（15）麻子は、夫を徹底的に断罪する恰好の証拠を手に入れたかのような表情だった。　（『メガネをかけた犬』）

（16）亭主の弥之助とおれは、昔っからの付き合いで、危ねえ橋も渡った仲だ。

（『闇十手』）

例句（15）的谓语部分说明主语人物呈现出的表情，例句（16）的谓语部分说明主语人物之间的关系，都表示暂时性的状态。

2.1.4　表示动作

这类句末名词句通常描述某个事件，或者谓语部分说明主语人物所采取的动作。构成此类句末名词句的名词包括「気」「考え」「思い」「意向」「判断」「予定」「決心」「決意」「覚悟」「態度」「立場」「見方」「方針」「感じ」「感覚」「印象」等。表示动作的句末名词句有主题句和无主题句两种结构，其中以主题句结构居多。

（17）貴子は、その年の暮れには東京での生活を切り上げ旭川の実家に帰る予定だった。　（『弁護士む～みんの解決！ 女の一大事』）

（18）その日の夕方、神田の南明倶楽部は、いっぱいの聴衆で埋まっていた。右翼団体「浪人会」の四人の弁士と、東大政治学科教授、吉野作造との立会演説会がその夜に開催される予定だった。　（『大仏次郎』）

例句(17)和(18)都是表示动作的句末名词句，其中例(17)为主题句，谓语部分说明主语人物的意愿、打算。例(18)为无主题句，句子整体表达“竞选演讲计划在那天晚上召开”这件事情。

2.1.5 表示相对时间

表示相对时间的句末名词有「前」「後」「寸前」「直前」「直後」「翌日」「最中」「途中」等。这些名词本身的指示对象并不明确，必须以其他事件的发生时间为参照点才能确定指示对象。表示相对时间的句末名词句也具有主题句和无主题句两种结构，同样以主题句结构居多。

(19)運の悪いことにこの時、私は上の歯を全て失った直後だった。

(『送電線の向こうから』)

(20)わるい予感は適中した。志郎が通された二階の座敷には、佐恵のほかに、編集部の上司や同僚が数人いて、すでに酒もまわり、しきりにおだをあげている最中だった。 (『花ある季節』)

例句(19)构成主题句结构，谓语部分说明主语人物所处的相对时间位置。例句(20)为无主题句，句末名词句整体描写某个场景、从时间角度说明某个正在发生的事件。

2.1.6 表示事件

表示事件的句末名词句主要是针对某个已经发生的事情，从其中一个侧面进行解释说明。构成这类句末名词句的名词有「模様」「格好」「形」「理屈」「道理」「結果」「具合」「始末」「次第」等。表示事件的句末名词句也具有主题句和无主题句两种结构，其中无主题句是句子的主要结构。

(21)尹大納言は叡山にはおられなくなって、逃げ出す始末であった。

(『新田義貞』)

(22)ワードローブの中には、夫婦の外出着がそのままハンガーにかけられている。どうやら部屋着のまま外出した模様である。 (『人間の条件』)

例句(21)采取主题句结构，谓语部分说明主语人物最终的结果。例句(22)为无主题句，句子整体表达对某个事件的推测、描述。

2.1.7 表示传闻

此类句末名词句表示说话人传达从别处得来的信息。代表性句末名词有「噂」「評判」「話」「由」等。表示传闻的句末名词句多采用无主题句结构，也有采用主题句结构的情况。

(23)そのうち大杉は新雑誌発行の保証金として内務大臣後藤新平から三〇〇円もらったという噂だった。 (『プロメテウス』)

(24)「日本人は英語が分からないから、外国人とは別の日本人専用バスになるらしい。それに日本人ツアーガイドが、バスの中で日本人旅行者に説教するらしい。あと、ツアーに含まれている昼食が不味いって噂だ」

（『トホホなベトナムのほほんラオス』）

例句(23)采取主题句结构，谓语部分表达有关主语人物的传闻。例句(24)中的句末名词句构成无主题句结构，传达从别处得到的信息。

2.2　句末名词句的句法结构

句末名词句具有主题句和无主题句两种结构，可分别表示为“主题は[定语＋句末名词]だ”和“定语＋句末名词＋だ”。在无主题句中，由于定语部分基本上具备了完整的句子结构，因此句末名词句的结构又可改写为“句子＋句末名词＋だ”。

(25)a. 主题句结构：お愛は——悲嘆にくれた様子だ 。

主题　　　　　　说明

b. 无主题句结构：中央から司令部が当地に移転する——予定である。

句子(定语)　　　　　　句末名词だ

在句末名词句的七种意义用法中，表示所属、性质、状态的句末名词句只具有主题句结构；表示动作和相对时间的句末名词句具有主题句和无主题句两种句子结构，其中以主题句结构居多；表示事件或传闻的句末名词句同样具有主题句和无主题句两种句子结构，其中无主题句为常用结构。

3. 关于汉语“是”字句

关于汉语“是”字句，也有不少前人进行了有意义的探索，如吕叔湘(1980)、赵元任(1980)、陈建民(1986)、刘月华等(1991)。这些研究都对汉语“是”字句所表达的意义用法进行了考察。汉语“是”字句根据不同标准可分成不同的意义类别，本文为了与日语句末名词句进行对比分析，将对汉语“是”字句的意义用法进行重新整理。

3.1　汉语“是”字句的意义用法

汉语“是”字句的使用情况十分广泛且复杂，本文根据句子主语和宾语所指对象之间的意义关系，将“是”字句的意义用法分成如下六类。

3.1.1　表示等同关系

此类用法的主语和宾语所指对象之间具有等同关系，主语和宾语通常可以互换位置，且句义不变。

(26)《机关轶事》的作者是巴金的儿子。

(27)火车在奔驰，下一站是杭州。

例(26)和(27)的主语和宾语之间具有等同关系，两个句子的主语和宾语所指事物都是唯一的，且主宾语可以互换。

3.1.2 表示所属

在这类句子中,宾语通常是表示种类的名词,主语所指事物属于宾语所指事物的一部分,主语和宾语之间无法互换位置。

(28)我和杨茂之都是北方人。

(29)同志,你是哪个单位的,叫什么名字?

例(28)和(29)的主语和宾语所指对象之间具有从属关系。其中,例(28)的谓语是名词短语,说明主语所指人物的出生或生活地点,例(29)的谓语由"的"字短语构成,询问主语所指人物的身份。

3.1.3 表示领有或存在

此类"是"字句的宾语表示主语的所有物,或者是存在于主语中的事物。宾语通常是带数量词的名词短语,"是"表达"有"或"存在"的意思。

(30)她家里是姐妹两个。

(31)一天训练下来,我们身上都是冰碴子。

例(30)表示主语"她家"有宾语"姐妹两个",例(31)表示主语"我们身上"存在着宾语"冰碴子"。

3.1.4 表示性质

宾语表示主语所指人或物的性格、属性、特征等,且宾语多是带有形容词语素的复合名词,或者是带有形容词的名词短语。当宾语是带有形容词的名词短语时,该形容词多为单音节的属性形容词,如"好地方"、"慢性子"等。

(32)巴尔贝克是好地方。

(33)我是慢性子,火上房也不着急。

例(32)的宾语是属性形容词后续名词构成的名词短语,宾语描述主语"巴尔贝克"的性质。例(33)的宾语是形容词语素后续名词语素构成的复合名词,宾语说明主语"我"的性格特征。

3.1.5 表示状态

这类"是"字句多用来描写主语所指人或物的暂时性状态、场景等。宾语通常是带有状态形容词、动词以及数量词等修饰成分的名词短语。

(34)他还是一身农民的打扮,有点新疆味的普通话口音。

(35)经历了5年磨难的程琳,仍是一副踌躇满志的样子……

例(34)和(35)的宾语部分都是从外观上描写主语人物的状态,宾语都是受定语成分修饰构成的名词短语。

3.1.6 表示情况

在表示情况的"是"字句中,主语通常由人物名词充当,宾语表示主语人物所遭遇的事情或具有的情况、能力等。

(36)方怡说:"那杯酒是因你喝的!胃病?他是肝癌晚期!"

(37)那女子笑:"这位小妹妹倒真是年轻有为,看样子连我们都比她差多了,这才真叫作后生可畏。"

例(36)的"是"字句表示主语人物所遭遇的事情,例(37)的"是"字句表示主语人物所具备的情况。

3.2 汉语"是"字句的句法结构

汉语"是"字句形成了"N_1 是(X)N_2"这种主题句结构,N_1 是句子的主题,也是描写、说明的对象,"是(X)N_2"是句子的谓语部分,表达描写、说明的内容。在大多数情况下,宾语名词 N_2 前面都需要定语成分 X 对其内容进行修饰限制。

(38)巴尔贝克 —— 是好地方。

主题　　说明

4. 日语句末名词句与汉语"是"字句的异同关系

日语句末名词句与汉语"是"字句之间既有相同点,又有不同之处。本节在上述分析的基础上,探讨两种句式之间的异同关系。

4.1 表示所属

日语句末名词句有表示所属的用法,汉语"是"字句也可以表示从属关系,在这一用法上,两个句式之间可以发现对应关系。

(39)(=12)私はズケズケとものを言うタイプだ。

我是想什么就说什么的类型。(笔者译)

(40)(=28)我和杨茂之都是北方人。

わたしも楊茂之さんも北国の出身です。(笔者译)

通过上述两句可以看出,日语句末名词句与汉语"是"字句之间存在对应关系,二者基本可以互译。

4.2 表示性质

日语句末名词句和汉语"是"字句都可以表示主语人物或事物所具有的性质,在这一用法上,两个句式之间也具有对应关系。

(41)(=14)羊市場の羊たちも、……いずれ殺される運命だ。

绵羊市场的绵羊们……也是早晚被人宰割的命运。(笔者译)

(42)(=33)我是慢性子,火上房也不着急。

わたしはのろまな性格で、家が火事を起こしても焦らない。(笔者译)

例(41)是日语句末名词句对应汉语"是"字句的例子,例(42)是汉语"是"字句对应日语句末名词句的例子,二者都是表示性质的用法。

4.3 表示状态

日语句末名词句和汉语“是”字句都可以表示状态，两者之间同样具有对应关系。

(43)(=16)亭主の弥之助とおれは、昔っからの付き合いで、危ねえ橋も渡った仲だ。

老板弥之助和我是老相识，是患难与共的交情。(笔者译)

(44)(=35)经历了5年磨难的程琳，仍是一副踌躇满志的样子……

5年間の苦しみを耐えてきた程琳は、依然として自信満々の様子だ。(笔者译)

通过上述两个例句可以看出，在表示状态这一用法上，日语句末名词句与汉语“是”字句之间存在对应关系，二者在多数情况下可以互译。

4.4 其他用法

除了上述三种用法外，日语句末名词句还具有“动作”“相对时间”“事件”和“传闻”四种用法，这四种用法与汉语“是”字句之间较难找到对应关系，它们通常对应汉语的动词谓语句。

(45)(=17)貴子は、その年の暮れには東京での生活を切り上げ、旭川の実家に帰る予定だった。

贵子打算在那年年末的时候，结束东京的生活，回旭川的老家。(笔者译)

(46)(=19)運の悪いことにこの時、私は上の歯を全て失った直後だった。

很不幸，这个时候我刚刚失去了所有的上牙。(笔者译)

(47)(=22)ワードローブの中には、夫婦の外出着がそのままハンガーにかけられている。どうやら部屋着のまま外出した模様である。

衣柜里，夫妇外出时穿的衣服还挂在衣架上，看样子他们是穿着家居服外出的。(笔者译)

(48)(=23)そのうち大杉は新雑誌発行の保証金として内務大臣後藤新平から三〇〇万円もらったという噂だった。

据说后来大杉从内务大臣后藤新平那儿得到了300万日元，作为新杂志发行的保证金。(笔者译)

例句(45)～(48)是日语其他四种用法的句末名词句，它们都无法与汉语“是”字句形成对应关系，只能与动词谓语句对应。

同样，汉语“是”字句也具有日语句末名词句所不具备的用法，分别是“表示等同关系”、“表示领有或存在”以及“表示事件”的用法，它们通常对应日语名词谓语句。

(49)(=27)火车在奔驰，下一站是杭州。

列車は走っている。次の駅は広州だ。(笔者译)

(50)她家里是姐妹两个。

彼女は姉妹二人の家族です。(笔者译)

(51)方怡说：“那杯酒是因你喝的！胃病？他是肝癌晚期！”

方怡は「この酒はあなたのために飲んだんだ。胃病だなんて、彼は肝臓ガンの末期だ」と言った。(笔者译)

例句(49)～(51)是汉语其他三种用法的"是"字句,它们与日语句末名词句之间不形成对应关系,通常对应日语名词谓语句。

综上所述,日语句末名词句与汉语"是"字句在"所属"、"性质"和"状态"三个意义用法上具有对应关系在其他用法上则不具备对应关系。表示"动作""相对时间""事件"和"传闻"的日语句末名词句通常对应汉语动词谓语句,表示"等同关系""领有或存在"以及"事件"的汉语"是"字句多与日语名词谓语句对应。

5. 从"语言类型论"的观点看两种句式的异同

本文在上一节考察了日语句末名词句与汉语"是"字句的异同关系,本节从语言类型论的观点出发,探讨两种句式出现异同的原因。

5.1 从"主题优越型语言"(Topic-Prominent Language)看两种句式的对应关系

Li and Thompson(1976)从语言类型论的观点出发,把句子中主题相对活跃的语言称为"主题优越型语言"(Topic-Prominent Language),把句子中主语相对活跃的语言称为"主语优越型语言"(Subject-Prominent Language),并认为日语和汉语都是"主题优越型语言"。

在上面的考察中,我们了解到日语句末名词句具有主题句和无主题句两种结构,其中与汉语"是"字句具有对应关系的"所属""性质"和"状态"三种用法的句子都只具有主题句结构。与此同时,汉语"是"字句都形成了"主题—说明"式结构,谓语部分都是对主题进行说明和描写。因此可以说,日语句末名词句与汉语"是"字句在"所属"、"性质"和"状态"三种用法上存在对应关系的原因在于它们都形成了主题句结构,都表示对句子主题进行说明或描写的意义。同属"主题优越型语言"是日语和汉语在句式上存在对应关系的基础。

5.2 从"认知模式"的差异看两种句式的不对应关系

池上嘉彦(1981)将日语称作"变"型语言(「ナル型言語」),将汉语和英语称作"做"型语言(「する型言語」)。所谓"变"型语言指的是在描述某一事件或现象时,一般不表明行为主体,而是将行为主体背景化,将事件或状况的整个过程看成是某种变化。所谓"做"型语言则是指在描写某一事件或现象时,需要表明行为主体,并围绕主体展开描述。这是两种不同的认知模式,汉语和日语在认知模式上的不同导致它们在句式使用方面存在差异。盛文忠(2006)通过对汉日对译例句的分析,认为在名词谓语句的使用方面日语多于汉语,而在动词谓语句的使用方面汉语则多于日语。

日语句末名词句除了"所属"、"性质"和"状态"这三种用法与汉语"是"字句对应外,其他用法都与汉语动词谓语句对应,汉语"是"字句除了上述三种用法外,其他用法都与日语名词谓语句对应。也就是说,日语句末名词句不仅与汉语"是"字句对应,有时还与汉语动词谓语句对应，而汉语“是”字句则与日语句末名词句和名词谓语句对应，不管是句末名词句还是名词谓语句，它们都属于名词句的范畴。这一现象恰好与盛文忠(2006)的结论一致，即日语无论在名词句的使用范围还是使用频率方面都多于汉语，日语名词句中存在与汉语动词句对应的用法。由此可见，日语句末名词句与汉语“是”字句之间存在不对应关系的原因在于日语和汉语在使用句式上的差异，这种差异从更高层次上讲则源于日语和汉语在认知模式上的不同。

6. 结　语

本文从意义用法和句法结构两个方面着手，对日语句末名词句和汉语“是”字句进行了对比分析。了解到日语句末名词句可以表达“所属”“性质”“状态”“动作”“相对时间”“事件”和“传闻”等多种意义，汉语“是”字句具有“表示等同关系”“表示从属关系”“表示领有或存在”“表示性质”“表示状态”和“表示情况”等六种用法。日语句末名词句与汉语“是”字句在“所属”“性质”和“状态”三种用法上具有对应关系，这是因为上述三种用法的句末名词句和“是”字句都构成了“主题—说明”式结构，日语和汉语都属于“主题优越型语言”，这是两种句式具备对应关系的基础。另一方面，日语和汉语在认知模式上又是存在差异的，日语是“变”型语言，汉语属于“做”型语言。这种认知模式的差异导致日语在名词句的使用方面多于汉语，这最终导致日语句末名词句不仅与汉语“是”字句对应，有时还与汉语动词谓语句对应，而汉语“是”字句则与日语句末名词句和名词谓语句对应。

例句出处

文中日语例句均引自日本国立国语研究所《现代日语书面语均衡语料库》(2008年版)，汉语例句均引自北京大学中国语言学研究中心《CCL语料库》(网络版)。

参考文献

Li, Charles N. & Sandra A. Thompson. Subject and topic: a new typology of language. *Subject and topic*. Academic Press, 1976.

池上嘉彦『「する」と「なる」の言語学：言語と文化のタイポロジーへの試論』、大修館書店、1981年。

井上優「体言締め文と「いい天気だ」構文」『日本語学』、2010年11号。

王亜新「日本語と中国語の名詞述語文に見られる共通点と相違点」『東洋大学人間科学総合研究所論集』、2011年13号。

王亜新「日本語と中国語における名詞述語文の使用率に関する数値的統計の試み」『応用言語学研究論集』、2012年5号。

澤田浩子「「彼は親切な性格だ」と「彼は性格が親切だ」：中国語から日本語を考える」『日本語教育への招待』、くろしお出版、2010年。

新屋映子「“文末名詞”について」『国語学』、1989年159号。

田中寛『日本語複文表現の研究：接続と叙述の構造』、白帝社、2004年。

角田太作「体言締め文」『日本語文法の諸問題：高橋太郎先生古希記念論文集』、ひつじ書房、1996年。
野田時寛「複文研究メモ(7)：文末名詞をめぐって」『人文研紀要』、2006年56号。
陈建民《现代汉语句型论》，语文出版社，1986年。
洪洁 a"'名词谓语句'的中日对比研究"，《日语教学与日本研究》，华东理工大学出版社，2013年。
洪洁 b"日语'句末名词句'意义用法研究"，《解放军外国语学院学报》，2013年4期。
刘月华·潘文娱·故韡《实用现代汉语语法》，商务印书馆，1991年。
吕叔湘《现代汉语八百词》，商务印书馆，1980年。
盛文忠"从汉日对译看汉日语认知模式之差异"，《日语学习与研究》，2006年3期。
施建军《汉日主题句结构对比研究》，世界知识出版社，2001年。
王宏"日语'だ'与汉语'是'的对应关系"，《日语学习与研究》，1987年4期。
张宗灿《名詞述語文と「是字句」との対応関係について》，内蒙古大学硕士学位论文，2013年。
赵元任著、丁邦新译《中国话的文法》，香港中文大学出版社，1980年。

作者简介

洪洁，北京日本学研究中心硕士课程23期生，博士课程11期生(2007年9月至2013年7月在学)，日语语言学专业。现任南京邮电大学外国语学院讲师。

大槻语法中的词类划分

——兼与学校语法对比

李所成

1. 引　言

大槻文彦(1847—1928)是日本著名的语言学家,其语法思想主要体现在『語法指南』和『広日本文典』中。日语语言学界一般称其创立的语法体系为“大槻语法”。大槻语法是在日本传统语法研究的基础上,批判吸收印欧语法框架形成的,因此,是一种“和洋折中”语法。『語法指南』原是大槻文彦附在日本第一部具有现代意义的语文词典『言海』卷首的语法概要,后来为了满足教学参考的需求于 1890 年单独印刷成册。『広日本文典』则是在『語法指南』的基础上增补、修订而成,并于 1897 年出版发行。『広日本文典』还另附有对其注释或补充说明的参考书,即『広日本文典別記』。『語法指南』和『広日本文典』对当时日本学校的语法教学和语法教学参考书的编撰产生了很大的影响。特别是『広日本文典』被看作是日本第一部系统的、具有现代意义的语法著作,其在日语语法研究史上的地位与我国的《马氏文通》在汉语语法研究史上的地位相当。虽然『語法指南』和『広日本文典』出版已有 100 多年了,但重读这两部著作,仍不禁为大槻文彦学识之渊博、治学之严禁、思考之深邃、分析之透彻而赞叹。日语语法学界曾激烈讨论的所谓“学校语法”的一些问题,其实大槻文彦早已预见到并明确阐述了自己的观点。作为“学校语法”成立之前日本学校讲授的主要语法理论,大槻语法和后来的学校语法间存在继承和发扬的关系。尽管大槻语法在日语语法研究史上占有非常重要的地位,但令人遗憾的是,有关大槻语法的详细考察并不多见。

本文将主要从词的类别、词类划分依据及词类命名三个方面考察大槻语法,阐述其词类划分思想并兼与学校语法对比,探明二者间的联系与区别。

2. 词的类别

在『語法指南』『広日本文典』及『広日本文典別記』中,大槻文彦没有给“词”下明确的定义,只是说其所说的“词”相当于英语的“Word”。[1]大槻文彦把日语的“词”分为八类,分别是名词、动词、形容词、助动词、副词、接续词、弖爾乎波(天爾遠波)和感动词,并强调日语所有的词都属于这八类中的一种。[2]除没有设立“形容动词”和“连体词”,也没有使用“助词”而使用的是“弖爾乎波(天爾遠波)”外,其余在词类名称的使用上大槻语法与学校语法完全相同。

大槻语法中的“名词”等于“体言”,包括一切有形、无形事物的名称。名词包括“代名词”和“数词”。这点也与学校语法完全一致。大槻文彦也区分“普通名词”和“固有

名词”，但他强调这完全是出于词典编撰的需要，二者不像在英语中那样书写上存在大小写的问题。[3]大槻语法把代名词分为“人代名词”和“指示代名词”两类，前者指代人，如「われ」「なむぢ」「かれ」「たれ」等，后者指代事物、场所、方向等，如「これ」「それ」「ここ」「そこ」「あなた」「そなた」等。不过，关于指示代名词，大槻文彦在『語法指南』中的观点并不是这样的。在『語法指南』中，指示代名词只指「この」「その」「あの」「かの」「いずれの(どの)」等包含「の」且仅出现在名词前指示但不代替该名词的形式。[4]到了『広日本文典』，指示代名词的指称对象才变成上文说的那样。大槻文彦改变指示代名词指称对象的主要原因是「この」「その」「あの」等并不总是不能代替名词，有时它们也能代替名词，并且「これ」「それ」等后续「の」「が」也可观察到同样的现象。如「武蔵野に、生ふとし聞けば、紫の、その色ならぬ、草もむつまし。(續古今、十四)」「奈良のおほん時よりぞ、廣まりける、かのおほん代や、歌の心をしろしめしたりけむ。(古今序)」「憶良は、今は罷らむ、子泣くらむ、そもその母も、吾を待つらむぞ。(万葉集、三)」中的「その」「かの」「その」分别代替了「紫」「奈良」「子」，而「雷の、光のごとき、己禮の身は、死の大王、常に比へり、怖づべからずや。(仏足石歌)」「これの歌巻」「それが人々」中的「己禮の」「これの」「それが」就没有代替任何名词。[5]正如「これの」「それが」通常不被看作词，「この」「その」等也不宜看作词。还有，像『語法指南』那样把没有代替名词作用的「この」「その」等叫作指示代名词名不符实，况且这些形式在句中也不起名词的作用，其后不能接「が」「の」「に」等。[6]大槻文彦还是第一个把指示代名词按所指的不同分成事物、场所、方向三类，又按称呼的不同分成近称、中称、远称、不定称四类的学者。指示代名词的这种分类方法也为学校语法继承。

大槻语法中的“动词”等于“用言”或“作用言”，表示事物有意的动作或无意的作用。显然，大槻语法中的“用言”的指称范围比学校语法中的要小，不包括学校语法的形容词和形容动词。[7]动词分为“自动词”和“他动词”两类，前者所表动作不处置其他事物，后者则处置其他事物。自动词和他动词又各自分为两类，分别是“无对自动词”“有对自动词”和“单对他动词”“复对他动词”。无对自动词和单对他动词，如「花、咲く」「鳥、鳴く」「蠶、糸を吐く」「蜂、蜜を醸す」中的「咲く」「鳴く」「吐く」「醸す」等不需依附对象，有对自动词和复对他动词，如「鏡、柱に懸る」「顔、前へ向ふ」「朱を藍に雑ふ」「使を都へ遣る」中的「懸る」「向ふ」「雑ふ」「遣る」等则需要依附对象「柱に」「前へ」「藍に」「都へ」，否则就会导致语义不通。[8]大槻文彦还强调，英语的“自动词”仅包括“无对自动词”而不包括“有对自动词”。[9]不过，无对自动词、有对自动词、单对他动词、复对他动词这种动词分类方法对后来的语法研究影响似乎不大，也未被学校语法继承。大槻文彦把动词活用分为“正格活用”和“变格活用”两大类，前者又分为“四段活用”“上二段活用”“下二段活用”“上一段活用”“下一段活用”五类，后者分为“加行变格”“佐行变格”“奈行变格”“良行变格”四类。据大槻文彦，其中的“下一段活用”由其增设，“上一段活用”“上二段活用”由其更名。[10]不过，这可能与事实不符，“中二段”“一段”应分别由黑泽翁满、林圀雄更为“上二段”“上一段”，“下一段”也由林圀雄设立。[11]尽管如此，在借鉴前人研究的基础上将动词活用归纳整理成上述九类的是大槻文彦应该毫无疑问。这些动词活用的分类其实也是动词的分类，且均为学校语法继承。大槻语法中的“形容词”等于“形状言”，其指称范围与学校语法的形容词相同。

“弖爾乎波”位于句中承接先后词语，表达各种意义。大槻文彦把弖爾乎波分成三类。第一类只接在名词后，第二类接在各种词语后，第三类只接在动词后。这三类弖爾乎波分别相当于学校语法的格助词、副助词和接续助词。大槻语法的弖爾乎波中不包括终助词。学校语法的终助词被大槻文彦归入了感动词。这可能是由于二者均表达说话人的感情，并且与弖爾乎波不同，终助词不具备承接前后词语的功能。“助动词”是由大槻文彦单独立类的，它接在动词后帮助动词表达单独依靠词形变化无法表达的意义。不过，助动词自其设立之日起在日语语法学界就存在争议。[12]松下大三郎、山田孝雄等都不承认助动词。尽管助动词备受争议，但它仍为学校语法继承并成为学校语法遭受批判的一个重要原因。

据大槻文彦，“接续词”和“感动词”也是由其设立的，以往学者均将二者放入弖爾乎波。[13]这可能也与事实不符，至少田中義廉的『小学日本文典』和中根淑的『日本文典』中就设有「接続詞」「感歎詞」或「感詞」。[14]大槻文彦还根据感动词出现的位置的不同，将其分为三类。第一类用于其他词语之前，第二类用于其他词语之间或之后，第三类用于其他词语之后。其中的第二类和第三类相当于学校语法的终助词。关于副词，大槻文彦没有分类。大槻语法的词类划分可归纳为表1。

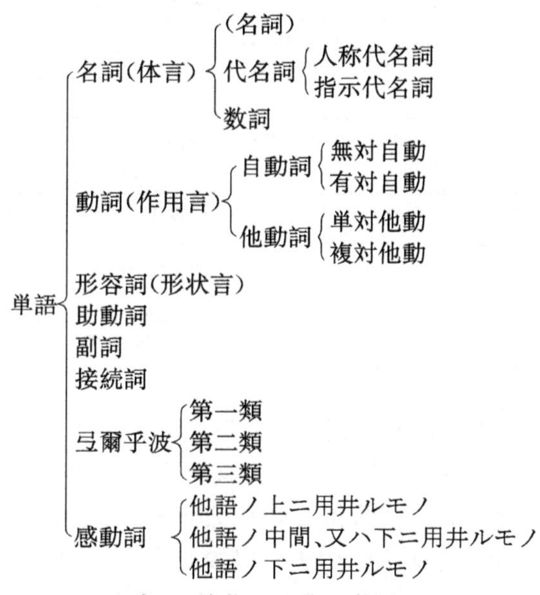

表1　大槻语法的词类划分

3. 词类划分依据

与学校语法不同，大槻文彦没有采用二分法逐层划分词类，而是一下子就把日语的词分成八类。据大槻文彦，把词先分成“体言”“用言”“助辞”三大类没有什么不妥，关键是词类划分到此尚不能结束，还得继续把它们分成八小类，然后再详细说明。这样起初的大类划分就显得多此一举，不如直接划成八类来得简洁明快。[15]大槻文彦的理由在今天看来是绝对行不通的，但不能忘记大槻语法最初的目的是为了满足编撰词典的需要。毋庸说，编撰词典更重要的是把词分成不同的词类，而不是如何划分得到这些词类。正因为大槻文彦相对更重视词类划分的结果，造成其词类划分过程不大明确，词类划分标准也不够统一。这可以从『語法指南』和『広日本文典』对各词类下的定义窥其一斑，如表 2。

表 2 『語法指南』和『広日本文典』中的各词类的定义

词类名称	『語法指南』	『広日本文典』
名詞	名詞ハ、有形無形ノ事物ノ名称ヲイフ語ナリ	名詞(、又体言)ハ、有形、無形ノ一切ノ事物ノ名ヲイフ語ニテ、且其下、ガ、ノ、ニ、ヲ、ト、ヘ、ヨリ、マデ、等ノテニヲハニ接スベキモノヲイフ
動詞	動詞ハ、名詞ノ後ニ附キテ、其動作ヲイフ語ナリ	動詞(又、用言、作用言、)ハ、事物ノ、有意ノ動作、又ハ、無意ノ作用、ヲイフ語ナリ
形容詞	形容詞ハ、名詞ノ後ニ附テ、其形容、性質、情意等、ヲイフ語ナリ	形容詞(又、形状言)ハ、事物ノ状態、性質、情意、等ヲ形容シテイフ語ナリ
助動詞	助動詞ハ、動詞ノ変化ノ、其意ヲ尽サザルヲ助ケムガ為ニ、別ニ其下ニ附キテ、更ニ、種種の意義ヲ添フル語ナリ	助動詞ハ、動詞ノ活用ノ、其意ヲ尽サザルヲ助ケムガ為ニ、別ニ其下ニ附キテ、更ニ、種々の意義ヲ添フル語ナリ
副詞	副詞ハ、常ニ動詞ニ副ヒ、又、形容詞ニ副ヒ、又、或ハ、他ノ副詞ニモ副ヒテ、其意味ヲ種種ニ言ヒ添フル語ナリ	副詞ハ、動詞ニ副ヒ、或ハ、形容詞、又ハ、他ノ副詞ニモ副ヒテ、其意味ヲ種々ニ修飾スル語ナリ
接続詞	接続詞ハ、語、句、又ハ、文、ノ間ニ入リテ、ソレヲ継ぎ合ハスル語ナリ	接続詞ハ、並ビタル同種ノ文、又ハ、句ノ間ニ入リテ、上下ヲ継ぎ合ハスル語ナリ
弖爾乎波	天爾遠波(畧シテ、天爾波)ハ、言語ノ中間ニ居テ、上下ノ語ヲ承接シテ、種種ノ意義ヲ達セシムル語ナリ	弖爾乎波ハ、畧シテ、弖爾波トモイウ、…ナドイウ歌ノ中ノ、が、は、に、の、と、て、まで、ば、を、ぞ、ノ如キモノ、是レナリ
感動詞	感動詞ハ、喜怒哀楽等、凡ソ、人情、感動スル所アリテ発スル声ナリ	感動詞 (又、詠嘆ノ詞)ハ、喜、怒、哀、楽、等、凡ソ、人情、感動スル所アルニ発スル声ナリ

由表 2 不难看出，大槻文彦给名词、动词、形容词和感动词下定义时主要依据的是意义，给副词、接续词、助动词和弖爾乎波下定义时主要依据的是语法功能。不只是定义，词类命名也基本如此。除形容词和弖爾乎波外，前一组词类主要是依据意义命名，后一组词类主要依据的是语法功能。[16]之所以如此完全是两组词类不同性质造成的。前组词类语义相对实在，在句中充当主要成分，后组词类语义相对空虚，在句中修饰、连接前组词类。换言之，前组词类语义特征相对显著，后组词类语法特征相对显著，尽管语义、语法特征是每类词都必然具有的。给事物下定义或命名依据其显著特征往往简单明了，虽然这可能会忽略不那么显著但在捕捉事物性质时同等重要的其他特征。

单根据语义划分词类注定不会成功，因为词类是从词的语法功能角度分划出来的类别。不过，大槻文彦划分前组词类时并不是完全没有考虑语法功能。如果真是那样的话，他就不会把数词和代名词归入名词，也不会把终助词与其余弖爾乎波分开归入感动词。严格来讲，数词和代名词不表示事物的名称，前者属于纯粹的逻辑上的概念，后者则只起指代名词的作用，二者均没有严格意义上的指称对象。因此，将数词和代名词归入名词完全是由于它们与名词功能相似。而将终助词与弖爾乎波分开则是由于二者功能不同。但语法功能在划分词类时究竟占有什么样的地位，大槻文彦并没有明确提及。

大槻文彦划分词类时其实也考虑到了形式因素。如『広日本文典』不但从语义角度规定名词为“一切有形、无形事物的名称”，还从形式角度规定名词后续「が」「の」「に」「を」「と」「へ」「より」「まで」等弖爾乎波。大槻文彦还强调，单独根据意义无法准确给名词下定义，必须举出其后接的弖爾乎波才行。[17]此外，大槻文彦将助动词单独立类主要也是出于助动词不同于其余弖爾乎波，它们具有活用、常用于结句且不能单独使用等形式方面的考量。[18]不过，与语法功能一样，形式因素在大槻语法的词类划分中究竟占有什么样的位置也不大清楚。『語法指南』的名词定义中没有提到后接弖爾乎波的情况，其余词类的定义中也没有提到形式因素。至少大槻文彦把终助词从弖爾乎波分离出来放入感动词时没有考虑到形式问题。因为在是否能够独立使用这点上终助词与弖爾乎波相似而与感动词不同。

大槻语法划分词类时语义、功能、形式并用，并且有时注重语义，有时注重语法功能，有时注重形态，分类标准并不统一。导致此结果主要是由于大槻文彦对词类进行系统、科学分类的重要性缺乏足够的认识。而后来的学校语法则基本采用的是科学的二分法，并且每层划分都有相对明确、统一的词类划分标准。现将学校语法的词类划分摘录为表3。[19]

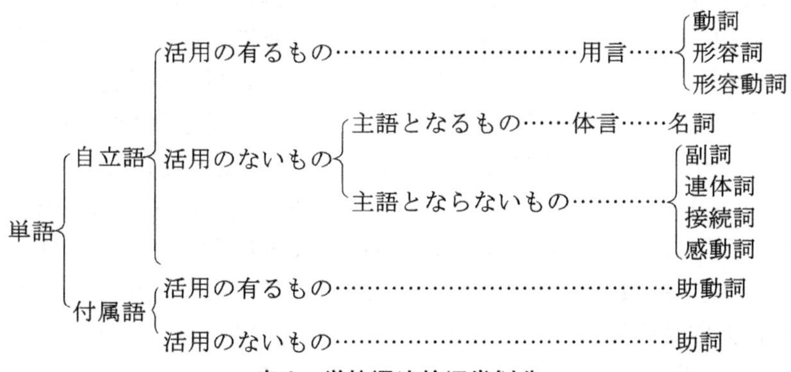

表3　学校语法的词类划分

与表1相比，表3的词类划分层次相对清晰，并且其划分主要依据的是词的语法功能和形式，而没有考虑词的意义。[20]不根据语义划分词类是学校语法有别于大槻语法的主要特点，也为其词类的科学划分提供了必要条件。因为词类归根结底是词的语法功能的分类，词类划分中语法功能的重要性是不言而喻的。而词的形式往往又是其语法功能的反映。通常，一个词具有什么样的形式往往说明其在句中就具有什么样的语法功能，反之亦然。功能、形式、语义三者中，语义作为词类划分的依据最不可靠，相同语义内容在同一语言中实现为不同词类的现象比比皆是。

另外，表3中的用言和不能做主语的独立词的次类划分没有采用二分法，但这主要是出于简洁的需要。因为学校语法的编写对象是中学生，语法讲解要考虑到学习者的接受能力。而桥本进吉在其『国語法要説』中划分词类时采用的都是严格的二分法。[21]由于学校语法有其相对科学的词类划分标准和方法，这就为其清晰、可靠的词类定义提供了保障。比如，学校语法中名词的定义是能独立使用、没有活用、能做主语的词；动词、形容词的定义是能独立使用、有活用的词，并且前者词尾落在ウ段上，后者词尾为イ。

虽然学校语法的词类划分较大槻语法要系统、科学得多，但二者的划分结果却是大同小异。说学校语法的词类划分早在大槻语法中就已基本完成，学校语法只是为其提供了科学依据也不算太过分。要知道，大槻语法成立于19世纪末，当时历史比较语言学仍在盛行，结构主义语言学尚未诞生。在没有科学的现代语言学理论的指导下，大槻文彦却给日语的词汇做了就是在今天看来也算是比较科学、合理的分类。其词类划分结果作为日本中学语法教学内容讲授至今就是最有力的证明。仅凭这一点大槻文彦的功绩也是不可磨灭的。

4. 词类的命名

大槻文彦给词类命名时特别注意该名称所指在日语和印欧语中的差别。比如，大槻文彦指出印欧语的名词有“性(Gender)”“数(Number)”“格(Case)”的变化，而日语的名词没有“性”和“数”的变化，名词的“格”要借助弖爾乎波来表示。[22]除名词外，印欧语的代名词也有“性”“数”“格”的变化，而日语的代名词没有，且其后续弖爾乎波与名词并无二致，因此日语的代名词实际上是一种属于名词但同时又能够指代名词的词。[23]大槻文彦还提到，日语的指示代名词对应于印欧语的中性的代名词或副词，「この」「その」「あの」「かの」等整体作为一个词看待时相当于印欧语的“指示形容词(Demonstrative adjective)”。[24]印欧语中有的将数词单独立类，有的(如英语)将数词归属于形容词，而日语的数词归属于名词，因为日语数词的用法及在句中的位置分布与名词无异。另外，印欧语的数词中含有“序数词(Ordinal)”，而日语的数词中不含序数词，日语表达顺序的概念要借助「第」「番」「號」「目」等形式，与数词本身无关。[25]

关于用言大槻文彦提到，印欧语的动词有“语气(Mood)”，日语的动词虽然也有“语气”，但因与印欧语动词性质不同而表现不同。印欧语的动词有“时(Tense)”和“体(Aspect)”的变化，日语的动词则需要依靠助动词来表达这两个概念。[26]大槻文彦还特别强调日语动词和助动词的结合体整体不能看作一个词，也就是不能看作该动词的变体，因为日语的助动词与动词一样具有“词尾变化(Inflection)”和“语气”，如果整体看作一个动词(即动词变体)的话势必会造成“活用”中含“活用”，“语气”中含“语气”的怪现象。[27]大槻文彦还将此形象地比喻为“章鱼的脚”，即章鱼有八只脚，而每只脚上又生有八只小脚。[28]然而，大槻文彦的这个主张后来却被松下语法、山田语法及教科研语法否定，也为学校语法批判埋下了伏笔。大槻文彦还指出英语的形容词通常修饰名词，而日语的形容词虽然也可修饰名词，但其性质与英语形容词相比差别较大，它有“词尾变化”“语气”并且常用作谓语结句，因此与动词非常相似。正因为日语的形容词具有动词的特点，所以大槻文彦认为它其实是"Attributive verb"，应直译为"形容动词"。"日语的形容词实质为动词"可以认为是到目前为止为日语的形容词做得最恰当、最科学的定位，从中也能看到大槻文彦的慧眼卓识。尽管大槻文彦的这个观点对深入认识日语词类性质乃至自然语言词类性质非常重要，但令人遗憾的是，它并没有得到应有的重视，就连大槻文彦本人对其重要性的认识似乎也不足，否则其划分的词类就应该是七个而不是八个了。正式取消形容词这个词类将其归入动词并称作"形容动词"要等到松下大三郎。[29]大槻文彦还说，如果在日语中寻求与印欧语形容词相近的形式的话，那就只有「新」「初」「真」「御」等了，不过这些形式并非能够修饰所有的名词，其搭配通常也比较固定且不能单独使用。此外，印欧语形容词有"级(Degree)"的变化，而日语的形容词没有。[30]大槻文彦还提到，印欧语语法中的"Exclamation「嘆息詞」"或"Interjection「間投詞」"就是感动词，之所以译作「間投」是因为这类词可以插入词语间或句子其他位置(因此严格来讲应该叫作「投間詞」)，而日语的感动词虽也可置于句首、句中、句尾，但用法各有规定，并且其中也有不少要求句中其他词语发生位置移动的，所以应按照惯用法使用。[31]

关于附属词大槻文彦提到，印欧语的助动词一般附在动词条中解说，而日语的助动词有"词尾变化"和"语气"且数量较多，规定繁杂，因此有必要单独立类。[32]第一类弖爾乎波虽然与拉丁语名词的"格"相似，但其表达的意义较为多样，其中有许多意义不符合拉丁语的"格"，而且拉丁语的"格尾变化(Declension)"往往因名词种类的不同而不同，但日语的弖爾乎波形式固定，也不因名词种类的不同而发生变化。正因如此，日语的第一类弖爾乎波不宜看作"格尾"，否则所有名词的词尾变化就都完全相同了。大槻文彦在此也使用了个十分形象的比喻。他把拉丁语的格尾比作"人身上的脚"，把第一类弖爾乎波比作"脚上穿的鞋"。拉丁语的"格尾"恰似脚生于身体之上与身体不可分离，它生于名词之上与名词不可分离，而日语的弖爾乎波恰似脚上穿的鞋，脱下之后可众人通用，而且将其看作独立的词叙述其意义可从简避烦，同时也便于教学与学习。[33]然而，大槻文彦的这个主张在松下语法和教科研语法中也同样被否定了。此外，大槻文彦还指出第二类弖爾乎波中有的类似于印欧语的副词，有的类似于印欧语的前置词，有的类似于印欧语的接续词，有的则很难找出对应的词类，因此它在日语中较为特殊。[34]

5. 结　语

尽管大槻语法的词类划分没有科学的现代语言学理论为指导，也缺乏统一的划分依据，但其划分结果却为学校语法继承、完善，并在日本学校讲授至今。这充分说明大槻语法的词类划分具有一定的合理的内核。后来有关学校语法词类划分的批判在很大程度上其实是针对大槻语法的。其中有的批判也许是可取的，但有的批判却未必合理。有关学校语法助动词的批判就是不合理批判中的一例。将助动词看作动词词尾绝非是什么新观点，以钱伯伦(B. H. Chamberlain)的『日本小文典』为代表的所谓"洋式文典"中就做过尝试。大槻文彦用"章鱼的脚"做比喻批判的也正是这类观点。将助动词单独立类是大槻文彦权衡包括“词尾说”在内的几种处理方式的得失，并结合日语本身特点做出的最终选择。[35]暂且不论大槻文彦的选择是否最佳，将助动词单独立类后动词活用的处理相对更加简洁明确是毋庸置疑的。众所周知，“简洁”是衡量语法理论好坏的一个重要标准。语法理论当然要以能够解释更多语法现象者为优，但在解释能力相同的情况下，要以最简者为优。只要将日本语教育语法、教科研语法和学校语法的动词活用表稍做对比就不难发现三者中哪个能做到“以简驭繁”了。况且，日本语教育语法、教科研语法的活用表中列出的并非是按其理论来讲可能的“活用形”的全部。

总之，归纳语法理论要立足于对象语言，充分认识并尊重对象语言的特点，而不能不顾事实削足适履去迁就印欧语法，否则难免成为印欧语法的“忠臣”。在这方面，大槻语法给予了很多非常有益的启示，值得认真反思。

注释

[1]见『広日本文典別記』p. 32。另，大槻文彦没有使用「詞」，而使用的是「ことば」或「単語」。

[2]见『広日本文典』p. 37。另，「てにをは」用汉字可表记为“天爾遠波”或“弖爾乎波”。『語法指南』使用前者，『広日本文典』使用后者。

[3]见『語法指南』p. 7，『広日本文典』p. 40。

[4]详见『語法指南』p. 9～10。

[5]例句均摘自『広日本文典』p. 45。

[6]参见『広日本文典別記』p. 39。

[7]参见『広日本文典』p. 47。

[8]例句均摘自『広日本文典』p. 49。另据大槻文彦，这里的“依附对象”相当于英语的“间接宾语(Indirect object)”。见『広日本文典別記』p. 42～43。不过，大槻文彦这里所说的“间接宾语”显然要比通常意义上的指称范围要广。

[9]参见『広日本文典別記』p. 44。

[10]参见『広日本文典』p. 53～56。

[11] 参见『国語学研究事典』p. 135，138～139。另，此前已有“四段活用”“一段活用”“中二段活用”“下二段活用”的名称。参见『広日本文典』p. 56。

[12]田中義廉的『小学日本文典』和中根淑的『日本文典』均将“助动词”看作动词的次类。详见『小学日本文典(三)』p. 13，『日本文典(下)』p. 1。

[13]参见『広日本文典別記』p. 110，144。

[14]详见『小学日本文典(三)』p. 30，34，『日本文典(下)』p. 42，44。

[15]详见『広日本文典別記』p. 33～34。

[16]“形容词”的英文“adjcective”源自拉丁语的“adjectīvum”，原义为修饰名词的词。大槻文彦依据“Adverb(修饰动词的词)”译为「副詞」，建议“adjcective”译为「副名詞」。详见『広日本文典別記』p. 75～76。

[17]详见『広日本文典別記』p. 35。

[18]详见『広日本文典別記』p. 105。

[19]原表见『中等文法(一)』p. 45。

[20]桥本进吉认为“活用”不能仅仅看作是词的形式，它承载着断续等词在句中表现出来的语法功

能,所以应看作是词的功能。这样,学校语法的词类划分依据的就只有词的功能了。参见「国語法要説」p. 44,56。

[21]详见「国語法要説」p. 56。

[22]详见『語法指南』p. 7～8。

[23]详见『広日本文典別記』p. 39。

[24]详见『広日本文典別記』p. 39。

[25]详见『語法指南』p. 10,『広日本文典別記』p. 41～42。

[26]详见『語法指南』p. 19,『広日本文典別記』p. 61～65。

[27]详见『語法指南』p. 19,44～45,『広日本文典別記』p. 62～63,105～108。另外,大槻文彦还提到印欧语只有他动词才有主动态和被动态,而日语则自、他动词均有。见『語法指南』p. 13。

[28]参见『広日本文典別記』(自跋)p. 2～3。

[29]详见『改選標準日本文法』p. 252。另,有关形容词松下大三郎在『標準日本口語法』中也持相同观点,但名称没有改变,仍使用的是"形容词"。详见『標準日本口語法』p. 28～31。

[30]详见『語法指南』p. 28,『広日本文典別記』p. 73～82。另,拉丁语、法语、德语的形容词也有词尾变化,有的位于名词的后面,但是都不能作谓语结句。参见『広日本文典別記』p. 80。

[31]参见『語法指南』p. 70,『広日本文典別記』p. 144～145。

[32]详见『語法指南』p. 44,『広日本文典別記』p. 105～108。

[33]详见『広日本文典別記』p. 134～136。

[34]详见『広日本文典別記』p. 136。

[35]详见『広日本文典別記』(自跋)p. 2～3。

参考文献

井上和子『日本文法小事典』、大修館、1989年4月。

大槻文彦『言海』、吉川弘文馆、1891/1904年2月。

大槻文彦『語法指南』(日本文典摘録)、1890年11月。

大槻文彦『広日本文典』私家版、1897年1月。

大槻文彦『広日本文典別記』私家版、1897年1月。

加藤彰彦『日本語概説』、おうふう、1989年3月。

金　銀珠「近代日本の文法学における助動詞の成立——『語』の獲得へ」『HERSETECテクスト布置の解釈学的研究と教育』4(2)、2010年12月。

国語学会編『国語学辞典』、東京堂、1955年8月。

国語学会編『国語学大辞典』、東京堂、1980年9月。

佐藤喜代治編『国語学研究事典』、明治書院、1977年11月。

鈴木重幸『日本語文法・形態論』、むぎ書房、1972年5月。

高見澤孟『はじめての日本語教育・I日本語教育の基礎知識』、アスク講談社、1996年7月。

田中義廉『小学日本文典(一、二)』、貒窠書屋、1874年7月。

田中義廉『小学日本文典(三)』、貒窠書屋、1875年11月。

チェンブレン『日本小文典』、文部省編輯局、1887年4月。

中根　淑『日本小文典(上)』、森屋治兵衛、1876年3月。

中根　淑『日本小文典(下)』、森屋治兵衛、1876年3月。

仁田義雄『ある近代日本文法研究史』、和泉書院、2005年3月。

日本語教育学会『日本語教育事典』、大修館、1982 年 5 月。

橋本進吉・国語法要説・『国語法研究』、岩波書店、1948 年 2 月。

橋本進吉『国文法体系論』、岩波書店、1959 年 10 月。

古田東朔「日本文典に及ぼした洋文典の影響——特に明治前期における」『文芸と思想』16、1958 年 10 月。

松下大三郎『標準日本口語法』、中文館書店、1930 年 2 月。

松下大三郎『改選標準日本文法』、中文館書店、1930 年 4 月。

森田信吾「明治二十年代における文法教授の定着——大槻文彦『語法指南』の再評価——・『国語科教育』47、2000 年 3 月。

文部省『中等文法(一)』、中等学校教科書株式会社、1943 年 11 月。

文部省『中等文法(二)』、中等学校教科書株式会社、1944 年 2 月。

山田孝雄『日本文法論』、宝文館、1936 年 9 月。

山田孝雄『日本文法学概論』、宝文館、1936 年 1 月。

作者简介

李所成,北京日本学研究中心博士(2004 年 9 月至 2007 年 6 月在学),日语语言学专业,现任北京外国语大学日语系讲师。

<动作主体>デ格的语义特征分析

孟会君

1. 引　言

デ格的诸多用法中,<动作主体>デ格通常被通过其与<场所>デ格之间的关联进行把握。例如,森山(2004)从认知语言学的角度将其视为“场所的背景化”[1];间渊(2000)则从历时的角度指出了两者之间的派生关系(“场所”→“动作主体”);杉本(2000)也在对デ格各用法的分类中,将二者用法归为同类。

除此,还有些国语辞典利用其与<场所>デ格之间的联系对<动作主体>デ格进行语义规定。例如,对于该用法,《广辞苑》(第六版)中并未设立“动作主体”这一义项,而是将其解释为“产生某种行为的场所”(「事を起こした所を示す」),例(1)为从中引用的用例。

(1)a. 組合で決めた事

b. 君の方で答えてくれ

“产生某种行为的场所”(「事を起こした所」)虽然有别于“动作发生的场所”(「動作の行われた所」),我们似乎应当将其理解为场所名词或场所性名词作为动作主体使用的用法,但仅从上述释义来看,此类デ格用法本质上表示<场所>,还是<动作主体>,其具备[场所性],还是[动作主体性],不易做出明确判断。

另外,<动作主体>デ格根据其前项名词性质的不同有着不同的下位分类,这些用法是否都能通过其与<场所>デ格的关联进行把握,尚有待考察。如例(2)所示的“复数行为者名词+で”的<动作主体>デ格,除了格标记以外很难感受到其与<场所>デ格之间的联系。

(2)a. 親族たちで金を出し合い、新建材の卸し業を始めた。

b. 太郎と花子で母校を訪れた。

由此,笔者虽不否定二者之间的联系,但这种联系究竟存在于哪些层面,它是否决定着<动作主体>デ格的性质,比如,<动作主体>デ格,尤其是前项名词含有场所性的<动作主体>デ格是否就因此具有[场所性],本文将在相关研究的基础上,对<动作主体>デ格的语义特征做一分析探讨。

2. 相关研究

本节将以森山(2004)、间渊(2000)及山西(2000)为中心,对有关<动作主体>デ格和<场所>デ格之间关联的研究做一介绍分析。

首先,森山(2004)从认知语言学的角度设定了デ格助词的放射状范畴结构,据其分析,“デ格本用于表示动作发生的场所,其<动作主体>用法是以动作发生的场所为参照点,最终将认识的焦点投射于存在于其中、并与其有着密切关联的动作主体的一种转喻扩张(p. 70)[2]”。图 1 直观化地显示了<动作主体>デ格的派生过程,左侧为デ格的场所用法,右侧为由其派生出的动作主体用法。其中,表示场所的方框颜色变浅表示在其派生过程中<场所>发生了背景化,另外,连接场所与动作主体之间的双线条则表示二者之间的联系。

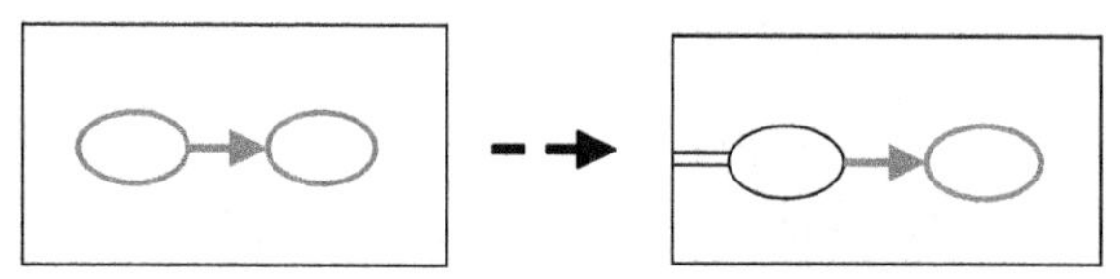

图 1 <动作主体>用法派生过程中
“场所的背景化”(森山 2004)[3]

“场所的背景化”这一概念的提出,对前项名词为场所或场所性名词的<动作主体>デ格(如例(3)“团体名词+(のほう)+で”)的派生能做出较为有效的解释,但对于其其他用法似乎稍显牵强。

(3)a. その事件は警察で捜査しています。　(森山 2004:70)

b. せめて義務教育を終えるまでは生家のほうで育ててもらうようにと言うのである。

如(1)b 中,如将<动作主体>「君」视为其所在的场所「君の方」的背景化似乎有些欠妥;而例(2)中,由于「親族たちで/太郎と花子で」只能用于表示<动作主体>,那么,在此用作参照点的、其背景化之前的场所该为何物,不得而知。

因此,森山(2004)的“场所的背景化”虽有助于我们把握<动作主体>デ格与<场所>デ格之间的联系,但如前所述,由于<动作主体>デ格有着多种性质不同的下位分类,“场所的背景化”作为一种认知性把握,不可能适用于其所有的用法。

另一方面,间渊(2000)通过历时性的文献调查,指出:①デ格的<动作主体>用法为其各用法中较晚产生的用法之一;②从其前项名词的意义特征来看,越早时期的语料前项名词场所性越强。具体来说,デ格表示<动作主体>的用法在中世时期基本不存在,观察到的仅存的几例也只是“含有一定动作主体因素的场所格(「場所格でありながら動作主的要素の若干含まれる例」)”((4)a);到了近世以后,“能采取一些行动的组织机构名词(「何らかの動作・作用を行う組織・機関」)”开始作为デ格<动作主体>出现((4)b);而近代以后,才逐渐出现一些“基本不含场所性的名词(「位置性の関与はほとんど感じられないもの」)”用例((4)c)。

(4)a. (太郎冠者)お国本でこそ、たのふだ人をおぢまらせうずれ、爰元ではぞんじまらずまいほどに、ちとこなたから言葉をなをひてみなせられい。『虎明本狂言集』　(入間川・162)

b. 其の湯やがほんとうにして、右の趣を奉行所へ願書にしてだしたら、奉行所でいうには、「(中略)」とて取り上げぬ故、おおきにこまった。『夢酔

独言』（385 下）

c. それより寧、自分で鼻を気にしていると云う事を、人に知られるのが嫌だったからである。『鼻』(9)

间渊(2000)的考察基本弄清了＜动作主体＞デ格用法的历时性派生过程。但是，由＜场所＞デ格派生而来的＜动作主体＞デ格作为一个独立的义项，其性质是否受到了前者影响，即其在语义特征上是否含有[场所性]，还需要共时层面上的进一步分析。

另外，除了由＜场所＞デ格派生而来的＜动作主体＞デ格用法外，间渊(2000)还指出源于＜样态＞デ格的＜动作主体＞デ格用法的存在，如(4)c。间渊(2000)将这类出现于＜动作主体＞ガ格缺省的语法环境中的デ格用法视为该派生过程中最典型的用法。然而，对此，笔者认为，与其将其理解为＜动作主体＞，不如将其视为对潜在的动作主体的＜样态＞限定，基于此种考虑，本文将其排除在研究对象之外。

最后，对山西(2000)也做以简单的介绍。山西(2000)着眼于其前项名词的意义特征，指出，＜动作主体＞デ格的前项名词虽通常为表示场所或团体的名词，但如例(5)所示，"不含场所性的用例也确实存在(p145)"[4]。

(5)a. どこの家でもそういう時は親で行くだよ。

b. 従来の駅務(バス誘導)に関しては岩槻駅からのみとし、(中略)、誘導はアルバイト学生で対応します。（山西 2000:145)

对此，山西(2000)试图通过"身份・资格"等概念的导入来解释这一现象，但是，①"团体名词"、②"复数人物名词"、③"身份、资格"等完全不同意义特征的名词均可后续デ格用作＜动作主体＞，这又基于＜动作主体＞デ格的何种性质，有待进一步探讨。

综上所述，＜动作主体＞デ格与＜场所＞デ格之间确实存在关联，但从相关研究来看，对于二者关联的把握又仅限于认知性的语义扩展层面或是历时性的语义派生层面，派生于＜场所＞デ格的＜动作主体＞デ格在性质是否受到了前者的影响，＜动作主体＞デ格具有哪些性质特征，想弄清这点，还需要语义和句法层面的分析考察。本文将在对＜动作主体＞デ格用法分类整理的基础上，对其语义特征进行深入探讨。

3. ＜动作主体＞デ格的分类

本节根据其前项名词的意义特征将＜动作主体＞デ格分为①"团体名词＋で"、②"复数行为者名词＋で"及③"…の方＋で"三类，并对各类的用法特征做以简单的分析整理。

3.1 团体名词＋で

(6)a. 政府で金を出す。

b. 警察で事件の真相を発表した。

c. Aデパートでは珍しい催しを計画している。

d. 関係書類はこちらでお預かりします。

该类＜动作主体＞デ格的特征之一在于，其前项名词具有一定的场所性。「警察/政府」等团体名词虽有别于典型的场所名词，如「砂場/教室」等，但从广义来看，其应属于场所名词的下位分类之一。可能正由于此，相关研究中关于＜动作主体＞デ格与＜场所＞デ格间关联的探讨基本都集中于此，但其是否具有[场所性]，还有待进一步考察。

另外，(6)d 的「こちら」似乎不属于团体名词，本文却将其归为同类。原因在于，笔者认为，单纯的场所名词不能用作＜动作主体＞，其之所以可作为＜动作主体＞使用正是因为在此语境中其具有与其他团体名词相似的特性，对此留待下节详述。

3.2 复数行为者名词＋で

(7)a. 太郎と花子で母校を訪れた。
b. 親族たちで金を出し合い、新建材の卸し業を始めた。
c. お隣でおはぎを持ってきてくださった。
d. 誘導はアルバイト学生で対応します。

该类＜动作主体＞デ格的特征之一在于，其前项名词须为表示复数概念的人物名词。即，这些复数的人物作为共同行为者实施某特定的行为。如其前项名词为单数人物名词，句子则不能成立。

当然，其复数性并不一定要通过「……たち/ら」、「……と……」等形式表现出来。例如，例(7)c、d 中「お隣/アルバイト学生」等表示"身份、资格、立场"等的名词，其本身虽非复数形式，但通过这种泛称名词来指代"处于某种立场，或拥有某种资格、身份的人"，也能保证其复数性。

不过，当其前项名词为人物名词时，为何需要"复数性"这样的限定条件，由于涉及＜动作主体＞デ格的性质，对此也留待下节探讨。

3.3 ……の方＋で

(8)a. 防衛庁の方で出している文章ですけれども、……
b. あとは、私たちの方でやります。
c. 検事さんの方でお調べになったらどうですか?
d.「なるほど」と、今度は私のほうでじっと見つめながら言った。

该类＜动作主体＞デ格基本上是由前两类デ格名词句后续接尾词「の方」形成的，其特征在于，即使是不能用作＜动作主体＞デ格前项名词的单数概念人物名词，也可通过后续接尾词「の方」的形式用作デ格＜动作主体＞。这自然跟「の方」在句中的功能及＜动作主体＞デ格的性质有关。

「の方」作为接尾词有着将其前项名词区别于其他名词的功能，但这与＜动作主体＞デ格的关联何在，下节将对此进行分析。

最后，下面用例虽被本文排除在研究对象之外，鉴于相关研究中不少研究者，如森田(1989)、间渊(2000)、刘(2003)等均将其视为＜动作主体＞用法，在此对本文的判断理由也做以简单分析。

(9)a. みんなでやろう。

b. 一人でアパートに住んでいる。

c. 切符はめいめい自分で買うこと。

d. 家族で海に行って、夫と二人で海にもぐる。

如前所述,例(9)所示デ格名词句与其说是＜动作主体＞,不如说是对潜在的＜动作主体＞的＜样态＞限定。与前述＜动作主体＞デ格不同,该类デ格名词句可与＜动作主体＞ガ格名词句在一个句子中共起,且不发生任何语义变化。

然而,下面用例中的デ格名词句却可被视为＜动作主体＞。这是因为由于「あの/その/この」等的指示作用,原本仅用于表示人数或人与人之间关系的词可以用于指代特定的人物。不过,这样形成的＜动作主体＞デ格实际上属于"复数行为者名词＋で"的范畴,无须另设新的项目去规定它。

(10)a. あの四人で部屋の掃除をしている。

b. あの夫婦で合資会社を4年前にスタートしました。

另外,关于例(9)b、c的「自分で/一人で」,一方面其仅用于表示单数概念,另一方面,如「＊あの一人で/? この自分で」无法成立那样,它们基本上不能用于指代特定的人物,因此,笔者认为其不可能用于表示＜动作主体＞。「自分で/一人で」在句中起到的应该是"独立地;不依赖他人地(「他人の助けなしに;他人に頼らないで、独立に」)"等副词性功能。

以上基于前项名词的意义特征对＜动作主体＞デ格的用法及其特征做了分类整理。下节将在此基础上对其语义特征进行深入探讨。

4. ＜动作主体＞デ格的语义特征分析

首先,笔者在相关研究的基础上,设定了以下三个属性特征,并对各自做了简单规定。

A. [±场所性]:是否同时用于限定动作发生的场所的属性

B. [±动作主体性]:是否可作为动作实施的主体的属性

C. 团体性:是否为持有共同目的的多数人的集合体的属性[5]

其中,A、B是从其在句子中的功能方面做出的规定,而C则似乎偏向于其意义特征。在此,笔者将C视为对B的限定,将二者统合为D.[±表示团体的动作主体性],后文中简称为[±团体性]。即,笔者认为,＜动作主体＞デ格从语义特征上来看具有[－场所性]和[＋团体性]。

除此,为区别＜动作主体＞デ格的语义特征和其前项名词的意义特征,本文中将仅对前者采用上述[　]的形式[6]。

4.1 [－场所性]

所谓的[－场所性]是指,当デ格名词句在句中用作＜动作主体＞时,其并不同时用于限定动作发生的＜场所＞。本节将从语义和句法两个层面对＜动作主体＞デ格的[一场所性]进行分析验证。

4.1.1 语义层面的分析

首先来看“团体名词＋で”的<动作主体>デ格是否具有[场所性]。

(11)a. 学生課では下宿の世話をしてくれます。

b. 消防署では昨夜の火事の原因を調査している。

例(11)中,「下宿の世話」、「火事の原因調査」均不一定必须发生在「学生課」、「消防署」之内。以(11)b为例,「消防署」对「火事の原因調査」既可能是在其办公场所,也可能发生在「火事の現場」。这点从其与「火事の現場で」在一个句子中的共起上可以看出,对此下节将进行详述。

因此,团体名词自身虽具备一定的场所性,但当其在特定的语法环境中[7]后续デ格助词出现时一般仅作为<动作主体>使用。这点从二宫(2000)的下面用例中可以得到验证。

(12)うちでは、ひろしに、たくさんのものを習わせています。バイオリン、水泳、そろばん、英会話、算数、それに……。(二宮 2000:120)

例(12)中,「水泳、　英会話」等学习项目大都发生在家庭之外,因此,该句表达的与其说是「私達がひろしにうちで習わせていること」,倒不如说是「私の家庭がひろしに習わせていること」。也就是说,这里的「うちで」并不用于限定动作发生的场所。

不过,另一方面,我们也能经常看到例如(13)a的用例。在(13)a中,「大学で」既是「運動会」的举办者也是其举办地,因此,这里的<动作主体>デ格似乎被用来限定动作发生的场所了。但是,如果将其改为(13)b,由于「マラソン大会」的举行一般不会限定于大学校园之内,所以,这里的「大学で」实际上仍只是用于表达<动作主体>。

(13)a. 大学では運動会を開催している。

b. 大学ではマラソン大会を開催している。

那么,(13)a中「大学で」的双重语义角色该做如何解释呢？笔者认为,“团体名词＋で”在特定的语法环境中仅用于表达<动作主体>,但由于其前项名词具有一定的场所性,所以,当该<动作主体>恰好同时也是动作发生的<场所>时,双重语义角色就产生了。

以上是对“团体名词＋で”的<动作主体>デ格的[一场所性]的论述。其实,该语义特征在“复数行为者名词＋で”的情况下更加不言而喻。如例(2)、(3)所示,由于此类<动作主体>デ格的前项名词是人物名词或代名词,完全不具备场所性,因而,其在句中不可能用于限定动作发生的场所。

4.1.2 句法层面的验证

本节将利用①被动句检验、②<动作主体>デ格与<场所>デ格在一个句子中的共起可能性探讨等句法手段对<动作主体>デ格的[一场所性]进行验证。

<1>被动句检验

首先,笔者将通过对例(14)、(15)的对比分析对该句法手段做以简单说明。

(14)a. A大学では対照言語学のシンポジウムを開催している。

(动作主体＋场所)

b. A大学では対照言語学のシンポジウムが開催されている。　(场所)

c. 対照言語学のシンポジウムがA大学により開催されている。

(动作主体)

(15)a. この三つの大学では共同シンポジウムを開催している。　(动作主体)

b. ＊この三つの大学では共同シンポジウムが開催されている。

(＊场所[8])

c. 共同シンポジウムがこの三つの大学により開催されている。

(动作主体)

例(14)中,「A大学」既是「シンポジウム」的举办者又是其举办地,因此承担着＜动作主体＞和＜场所＞双重语义角色。而(15)a中,由于「共同シンポジウム」不可能分别在三个学校同时举行,因此,这里的「この三つの大学で」仅用于表达＜动作主体＞。

这一点在与其对应的被动句中附着于其后的格标记上也有所体现。即,如(14)c、(15)c所示,由于二者均可用作＜动作主体＞,所以均可后续「により」构成相应的被动句;而同为デ格标记的(14)b、(15)b在文法性上却存在差异,这只能说明:在被动句中デ格成分仅能用于表示动作发生的＜场所＞。换言之,由于被动句中＜动作主体＞デ格无法维持其[动作主体性],如果其又不能同时表示＜场所＞,那么,如(15)b所示,デ格标记的被动句将不能成立。

这点从"复数行为者名词＋で"的＜动作主体＞デ格中可以得到验证。

(16)a. 子どもたちでこの犬をかわいがっています。(动作主体)

b. ＊子どもたちでこの犬がかわいがられています。(＊场所)

c. この犬が子どもたちにかわいがられています。(动作主体)

下面,笔者将以此为手段对＜动作主体＞デ格,尤其是"团体名词＋で"的＜动作主体＞デ格是否具有[场所性]进行检验。

(17)a. 交通費は会社で負担してくれます。

b. ＊会社では交通費が負担されている。

c. 交通費は会社により負担されています。

(18)a. 気象庁では台風警報を出した。

b. ＊気象庁では台風警報が出された。

c. 台風警報は気象庁により出された。

(19)a. 警察で事件の真相を発表した。

b. 警察では事件の真相が発表された。

c. 事件の真相が警察により発表された。

与(17)a、(18)a对应的被动句中,デ格标记的(17)b、(18)b均不成立,二者均需用「により」进行标记,这说明(17)a、(18)a中「会社で」「気象庁で」仅用作＜动作主体＞,不表示＜场所＞。而与(19)a对应的被动句中,(19)b、c之所以均能成立,则是由于(19)a 中「警察で」具有双重的语义角色。

由此,＜动作主体＞デ格的[一场所性]通过该句法手段得到了比较充分的验证。

＜2＞＜动作主体＞デ格与＜场所＞デ格的共起可能性

在日语中,格重复现象是受到条件制约的,即,相同语义角色、相同标记的格成分一般不能在一个句子中共起。因此,下面双重デ格结构的成立在一定程度上说明了两个デ格成分可能承担着不同的语义角色。

(20)a. つくば市では公民館で健康づくり教室を開催している。

b. つくば市では全国各地で物産展を開催している。

然而,(20)a 中,由于「つくば市」与「公民館」之间存在包含与被包含的关系,后者也可被视为对前者的进一步界定,所以,两者的共起或许不足以证明「つくば市で」的[一场所性],但(20)b 中,如果「つくば市で」同时限定着动作发生的场所,那么其后便不可能出现范围更广的场所「全国各地で」。

下面例子与此相似。

(21)a. 火事の現場では、消防署でその原因を調査している。

b. 消防署では、市内各地で事故防止の講習会を開く。

(21)a 中,句首的「火事の現場で」已经对动作发生的场所做了界定,所以,「消防署で」只可能用作＜动作主体＞。而(21)b 与(20)b 相同,由于后面出现了更广范围的场所「市内各地で」,因此,＜动作主体＞的「消防署で」不可能具有[场所性]。

这里需要注意的是,如果颠倒(21)a 中两个デ格名词的语序,句子将不能成立,这涉及＜动作主体＞デ格的另外一个特性,对此留待下节论述。

以上为“团体名词＋で”的＜动作主体＞デ格与＜场所＞デ格的共起,如例(22)所示,这种双重デ格结构在“复数行为者名词＋で”的＜动作主体＞デ格上也有发生。

(22)a.? 彼らで会議室で旅行のことを相談している。

b. 会議室では、彼らで旅行のことを相談している。

(22)a 的容许度可能相对较低,但笔者认为,这主要是由于两个デ格名词句的紧邻共起造成的,并不能由此就认为「彼らで」同样具有[场所性],如(22)b 所示,将其中的＜场所＞デ格主题化后,两者的共起完全可以成立。

由此,＜动作主体＞デ格不具有[场所性],从其与＜场所＞デ格的共起可能性上也得以验证。

4.2 [＋团体性]

如前所述,这里的[＋团体性]指的是[＋表示团体的动作主体性],笔者认为,与无标记的＜动作主体＞ガ格不同,デ格一般只能用于标记团体主体。

＜动作主体＞デ格的这一特征在“团体名词＋で”的デ格名词句中表现得最为明显。例(23)为例(11)的转引。

(23)a. 学生課では下宿の世話をしてくれます。

b. 消防署では昨夜の火事の原因を調査している。

例(23)中,被视为＜动作主体＞的与其说是从属于该团体或部门中的具体个人,

倒不如说是这个团体或部门本身。如果用ガ格与其进行替换，例(23)表达的并非「学生課/消防署において誰かが…」，而应该是「学生課/消防署が…」。这一点从下面用例中可以看出。

(24)a. 消防署では火事の原因を調査している。

b. ＊消防署では火事の現場でその原因を調査している。

c. 火事の現場では、消防署でその原因を調査している。

如前所述，＜动作主体＞デ格与＜场所＞デ格在一个句子中可以共起，但(24)b、c之间的文法性差异该如何解释，笔者认为这与＜动作主体＞デ格的[＋团体性]有关。

关于场所デ格在句中的功能，矢泽(2008)曾根据其制定的格的层级结构(「格の階層」)指出，当场所デ格位于动作主体之前时表示“(对后面所述事态的)场面设定(「場面の設定」)”，而位于其后则表示“动作主体活动的场所(「動作主体の活動の場」)”，即动作主体有意识地选择前往某地进行某种行为。因此，(24)c表达的「火事の現場において、消防署が…」虽可成立，(24)b「消防署が火事の現場に赴いて…」却不大符合其团体性。

实际上，＜动作主体＞デ格的这一特征主要通过其前项名词的意义特征或对其的限定条件表现出来。下面对此进行逐条分析。

＜1＞制约条件Ⅰ：单纯的场所名词基本上不能用作＜动作主体＞。

(25)a. ？运動場ではサッカー試合を行う。

b. ？つくばではサッカー試合を行う。

c. つくば市ではサッカー試合を行う。

(25)中，「運動場/つくば」作为单纯的场所名词，不具备作为＜动作主体＞的基本条件——[＋有生性]([＋animate])；而「つくば市」则作为以人的存在为前提的行政单位，可以后续デ格用作团体主体。

不过，如前所述，我们还可以观察到如下用例的存在。

(26)a. 関係書類はこちらでお預かりします。

b. 事後処理はそちらでなさってください。

c. 大切な跡取りだから、どうしてもこちらで育てたい。

「こちら/そちら」等表示场所、方位的指示代词似乎更倾向于单纯的场所名词，但却可以在句中用作＜动作主体＞。但，如例(27)所示，这里的「こちら/そちら」如果被替换成「ここ/そこ」，句子则不能成立，由此可以看出，在该语境中，与其将「こちら/そちら」视为单纯的场所名词，不如将其理解为「われわれのほう/あなた方のほう」等包括说话者(或听话者)在内的团体名词。笔者认为，正是这一团体性，保证了其在句中后续デ格作为＜动作主体＞的用法。

(27)a. ＊関係書類はここでお預かりします。

b. ＊事後処理はそこでなさってください。

c. ＊大切な跡取りだから、どうしてもここで育てたい。[9]

＜2＞制约条件Ⅱ：＜动作主体＞デ格的前项名词为人物名词时，须为表示复数概念的人物名词。

(28)a. 田中たちで試験問題を作った。

a′＊田中さんで試験問題を作った。

b. 私と佐藤でその問題に取り組んだ。

b′＊私でその問題に取り組んだ。

这一点也可用＜动作主体＞デ格的[＋团体性]进行解释。如(28)a、b所示,复数的人物作为共同行为者实施某特定的行为,可被视为因该行为而产生的临时性的团体,因而可后续デ格作＜动作主体＞使用。而(28)a′、b′中单数人物名词作为个体,自然不能用作团体主体。

不过,如前所述,即使是单数概念的人物名词,也可以通过后续接尾词「の方」的形式用作デ格＜动作主体＞。例(29)为(8)c、d的转引。

(29)a. 検事さんの方でお調べになったらどうですか?

b.「なるほど」と、今度は私のほうでじっと見つめながら言った。

(29)中「検事さんの方で」「私の方で」分别用于指代与自己一方相区别的「検事さん」一方及与对方相区别的自己一方,即,二者均可被视为通过区别于他人的方式形成的团体名词。

不过,由此也可看出,严密地讲,本文提出的"团体性"实质上有别于绝对意义上的"复数性",即,即便实际的动作执行者只是单数人物,只要其被视为进行该动作的团体(「動作の集団」),就能用作デ格＜动作主体＞。

这一点从下面用例中也可看出。

(30)a. 誘導はアルバイト学生で対応します。

b. お隣でおはぎを持ってきてくださった。

从事实关系上看,(30)中进行「誘導の対応」或「おはぎを持ってくる」的更有可能是具体的个人,但这里デ格的前项名词「アルバイト学生」「お隣」均可以以指代"处于某特定身份、立场、资格等的人"的方式被视为一个团体,由此其可后续デ格作为＜动作主体＞使用。

以上从语义和句法两个层面对＜动作主体＞デ格的[－场所性]、[＋团体性]做了分析验证。关于其中的"团体名词＋で"的＜动作主体＞デ格,刘(2003)曾指出,"这种情况下的デ格同时限定动作的主体和发生的场所(「この場合の＜で＞格は主体と場所の両方を限定している」)","デ格表示从属于该团体或部门的人员,在各自的工作岗位上实施某种动作或行为(「＜で＞は、その団体や部門に属する人たちが、それぞれ自分の仕事場で何かをするということを表すのである」)"。然而,根据以上考察,笔者认为,这种论述不符合＜动作主体＞デ格的性质。

5. 结　语

以上在对＜动作主体＞デ格分类整理的基础上,对其语义特征做了分析考察。现试将结论总结如下:

(1)在＜动作主体＞ガ格缺省的意志动词句中,"团体名词/复数行为者名词＋

で"等的デ格名词句基本上仅作为<动作主体>使用,这种情况下,即使其前项名词含有场所性,动作的发生也不局限于其范围之内。据此,本文认为,<动作主体>デ格具有[一场所性]。

(2)<动作主体>デ格的[动作主性]也是受到一定条件限制的,即,只有当其前项名词能被视为动作实施的团体时,才可能后续デ格助词作为<动作主体>使用。换言之,<动作主体>デ格只能用作团体主体,本文将其该特征归因于<动作主体>デ格的[+团体性]。

将<动作主体>デ格的语义特征规定为[一场所性]、[+团体性],可以在一定程度上解决以下两个问题。

(3)<动作主体>デ格与<场所>デ格的关联

由于<动作主体>デ格具有[一场所性],所以,如间渕(2000)考察的那样,除了认知性的把握以外,其与<场所>デ格之间的关联仅限于历时性的派生关系。即,<动作主体>デ格是由<场所>デ格派生而来,后经逐渐扩展形成的一种独立用法。

(4)<动作主体>デ格与<动作主体>ガ格之间的差异

导入[+团体性]之一概念,可以在某种程度上说明<动作主体>デ格与ガ格之间的差异。即,后者是<动作主体>的一种无标记用法,只需其前项名词具备[+animate]这一基本属性;而前者,则需其前项名词在此基础上还具备团体性,而<动作主体>デ格的[+团体性]也正来源于此。

另外,关于二者的差异,城田(1993)指出其间还存在着语感上的差别,即,"デ格作为<动作主体>使用时让人感觉到说话人对动作主体的一种距离感,属于比较正式的说法"[10]。笔者认为,这种差异也源于<动作主体>デ格的[+团体性]。即,中立的团体主体自然比随意、日常的个体主体容易让人感觉到距离感。

当然,如此分析,接下来自然需要解决一个问题,即,团体主体为什么必须用デ格进行标记,对此,尚有待进一步的考察。由于篇幅的关系,本文对此暂不做深入探讨,作为研究课题留待下次考证。

注释

[1]森山(2008)将其视为"参与者的前景化",笔者认为二者本质基本相同。

[2]「デは本来、動作が行われる場所を表すものだが、<動作主>用法は、メトニミー的拡張により、動作の行われる場所を「参照点」として、最終的にはその場所と密接な関わりをもつ動作主に意識を向けさせるものと考えることができる。」(p. 70)

[3]方框表示场所,圆形分别表示动作主体和对象,实线的箭头表示其间的能量传递,颜色的浓淡则表示前景化和背景化。

[4]「『場所の性格をもつ』ものでもない用例はたしかに存在する。」(p. 145)

[5]此处标记与前两项不同,是为区别其与前两项属于不同层次的规定。另外,后面还会提及,本文用没有[ ]的形式来标记前项名词的意义特征。

[6]即,后文中,[团体性]将用于表示<动作主体>デ格的语义特征,而没有任何标记的"团体性"则用于表示其前项名词的意义特征。

[7]即<动作主体>ガ格缺失的意志动词句中。以下同。

[8]表示该句中デ格成分「この三つの大学で」不能用于表示<场所>。以下同。

[9]此处的“＊”表示画线部分作为<动作主体>不能成立。

[10]「デではそれら人や組織に対する話し手の距離感が表示され、やや、改まった口調になります。」(p.79)

参考文献

北川千里ら『外国人のための日本語例文・問題シリーズ7』、助詞、荒竹出版社、1988年。

城田俊『文法格と副詞格』、日本語の格をめぐって、くろしお出版、1993年。

杉本武『原因の「～で」と「～ことで」について』、文藝言語研究言語篇、2013年。

間淵洋子『格助詞「で」の意味拡張に関する一考察』、国語学第51巻1号、2000年。

森田良『行基礎日本語2』、角川小辞典、1989年。

森山新『格助詞デの放射状カテゴリー構造と習得との関係』、日本認知言語学会、2004年。

森山新『認知言語学から見た日本語格助詞の意味構造と習得：日本語教育に生かすために』、ひつじ書房、2008年。

矢澤真人『日本語情態修飾関係の研究』、筑波大学博士(言語学)学位論文、2008年。

山西正子『動作の主体を表す格助詞「デ」』. 目白大学人文学部紀要、言語文化篇、2000年。

劉麗華『人間である主体を限定する「で」』、当代日本语学研究、北原保雄博士业绩纪念论文集、2003年。

新村出『広辞苑』(第六版)、岩波書店、2008年。

作者简介

孟会君，现就读于北京日本学研究中心，博士生3年级。

概述民国初期的日语教材

李友敏　张金龙

1. 研究背景

日语教材研究是日语教育研究的一个重要领域，日语教材史研究是日语教材研究的一个重要组成部分。近年来，随着我国日语教育研究的不断升温，围绕日语教材展开的研究也越来越多。但其中大多数研究的对象为当前正在使用的大学日语专业教材、初高中日语教材以及成人日语教育教材等，对于改革开放前日语教材的研究极为少见。整理相关研究文献可知，迄今为止，除了最近几年出现的数篇针对清末日语教材的研究论文（李小兰 2003；李小兰 2004；李小兰 3006；鲜明 2010；陈娟 2012；陈娟 2013）之外，涉及民国时期日语教材的研究少之又少。马可英（2010）以“日语基础丛书”的九种教材[1]为研究对象，详细介绍了其主要内容，并总结了该丛书的特点、流播及其对今天的启示。该文是针对民国日语教材进行研究的一个有益尝试，但民国时期出版的日语教材数量众多，一套教材尚无法反映民国时期日语教材的整体状况。

清末以来，我国的日语教材编写已经走过了一百多年的历程。一百多年间，虽然我国的日语教育及日语教材编写在不同历史阶段由于种种原因，发展道路并不平坦，但是至今已经编写出版了数量巨大的日语教材。不同历史时期都出现了哪些日语教材，这些日语教材在内容选择及呈现方式上体现出了哪些特征，我国日语教材编写历史中蕴含着怎样的规律，这些规律对我国现在及将来的日语教材编写又有哪些借鉴意义，这都是之前的研究涉及较少的课题。人民教育出版社主持实施了2010国家社科基金重大项目“中国百年教科书整理与研究”（项目批准号：10&ZD095），作为其子课题“百年中小学外语教科书的变迁研究”的组成部分之一，人教社日语编辑室对清末以来我国日语教材的历史进行了梳理，对不同时期的代表性日语教材进行了分析。其中，对于民国时期日语教材的收集、梳理、分析即是其中的重要组成部分。

本文作为课题研究的阶段性成果，将主要介绍民国初期[2]日语教材出版的概况，总结该时期日语教材的总体特点，并详细介绍国内出版的代表性日语教材，努力从宏观和微观两个层面勾勒出该时期日语教材的整体形象，以期为我国日语教材史的补足尽绵薄之力。

2. 民国初期的日语教材概况

近代以来，日本经过明治维新改革，跻身于资本主义强国之列，而中国逐步沦为半殖民地半封建国家。两国局势的转变促使两国之间的关系发生了重大转折。

1871年中日两国签订《中日修好条规》和《中日通商章程》,从此两国建立了正式的外交关系。从19世纪70年代开始,两国政府层面的交流不断增加,在实际的交流过程中,清朝政府认识到了培养日语翻译人才的重要性。另一方面,1894年甲午战争中清王朝的惨败再一次惊醒了朝野,向日本学习成了救亡图存的重要途径。基于上述历史背景,清朝政府着手开办培养日语翻译人才的教育机构,同时派遣留学生赴日留学。

自1896年清政府向日本派出第一批13名留学生起,公费派遣的留日学生的数量不断增加,同时,民间自费留学日本的学生也越来越多。特别是进入20世纪之后,赴日留学生的数量增加迅速,国内也出现了学习日语的热潮。

留学生以及国内学习日语人数的迅速增加,大大促进了日语教材的编写和出版。根据陈娟(2013)的统计,1900年至1908年间出版的面向中国人的日语教材多达100多种,特别是1905年、1906年、1907年出版的日语教材数量众多。20世纪前10年所出版的日语教材,种类繁多,其中包括词汇教材、会话教材、语法教材、读本教材等。其中出现了《东语正规》(1900)、《东文法程》(1905)、《东语简要》(1905)等在我国日语教材史上占有重要地位的优秀教材。

但是,由于留学生数量的急剧增加,日本国内教育机构的接收能力受到极大挑战,进而出现了缩短教学年限、降低教学要求等现象,甚至出现了很多不具备相关资质的所谓学校,最终导致留日学生的质量不断下降。这一问题受到了清朝政府以及社会各界的批评和质疑。在质疑声中,清政府决定减少官派留学生的数量,这也影响到了民间留学日本的热情。从1908年开始,留学日本的学生数量不断减少。在此背景下,日语教材的编写和出版也出现了明显的下滑。

1911年辛亥革命的胜利以及1912年中华民国的成立给许多关心国家命运前途的青年人带来了新的希望。此后,众多留日学生争相回国,导致在日留学生数量锐减。此后虽然留日学生的人数稍有回升,但是由于日本帝国主义对我国侵略步伐的不断加快,特别是1915年日本政府提出的“二十一条”以及一战中、一战后对我国领土的占领引起了中国人民的义愤,激起了国人强烈的反日情绪。在这样的历史背景下,留日人数持续下滑,学习日语的热情不断降低。

1912—1922年间,日语教材的编写和出版总体处于低迷状态。本时期日语教材的出版可分为两大部分。第一部分是清末以来优秀日语教材的再版发行。如上所述,清末时期编写和发行了大量的日语教材,其中的一些教材质量较高,且符合中国人学习日语的实际需要,因此在中华民国成立后又多次再版,畅销不衰。这些教材包括《言文对照汉译日本文典》(松本龟次郎,1904)、《东文法程》(商务印书馆编译所,1905)、《改定日本语教科书》(松本龟次郎,1906)、《日语读本》(内堀维文,1909)、《日本文典》(芳贺矢一原著,商务印书馆编译所译,1907)等。

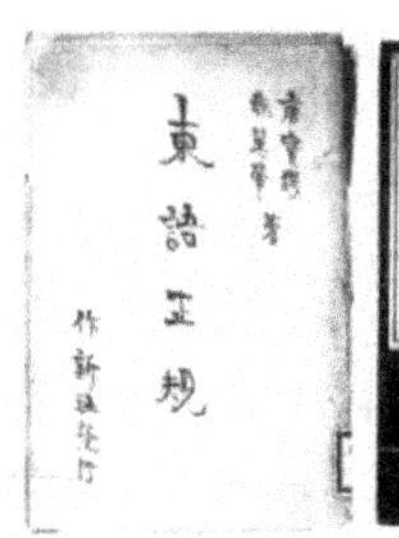

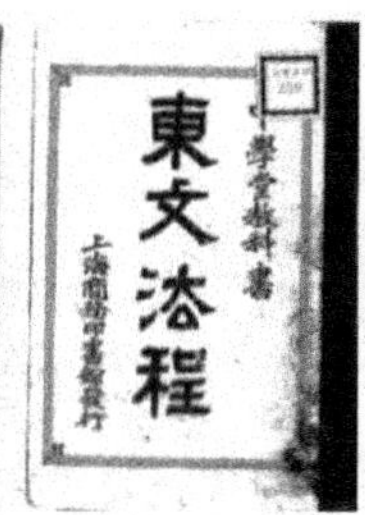

图 1　部分清末代表性教科书封皮

另一部分是新编日语教材的出版。新编出版的日语教材包括中国人编写的日语教材和日本人编写的面向中国日语学习者的日语教材两大类。笔者利用日本国会图书馆、实藤文库、人民教育出版社图书馆百年教科书图片库中的所藏资料，整理出1912—1922年间新出版的日语教材10本(套)，具体信息总结如表1。

表 1　民国初期的日语教科书

序号	编著者	书名	出版者	出版时间
1	松本龟次郎	汉译日本语会话教科书	东京光荣馆书店	1914
2	松本龟次郎	汉译日本语会话教科书(增订版)	有邻书屋	1915
3	奉天外国语学校	日本语读本(1～8卷)	大阪屋号书店	1917
4	奉天外国语学校	速修日本语读本	大阪屋号书店	1917
5	南满洲铁道株式会社教育研究所	日本口语法提要(全一册)	大阪屋号书店	1919
6	葛祖兰	自修适用日语汉译读本	商务印书馆	1919
7	松本龟次郎	汉译日本口语文法教科书	笹川书店	1919
8	文化编译社	东文读本	文化编译社	1920
9	公民书局编译所	东文捷径	上海公民书局	1921
10	关东厅教科书编纂委员会	日本语读本(1～7卷)	大阪屋号书店	1922

根据表1可知，(1)1912—1915年间出版的日语教材极少，仅有松本龟次郎的《汉译日本语会话教科书》《汉译日本语会话教科书(增订版)》。(2)在被日本占领的满铁附属地区以及“关东州”地区，日本殖民机构开始组织编写与学校课程相配套的日语教科书。同时还开始组织编写面向社会人员的日语速成教材。(3)中国人编写的日语教材稀少。上述10部教材中只有葛祖兰编写的《自修适用日语汉译读本》和公民书局编译所编纂的《东文捷径》。

综上所述，民国初期的动荡社会局势以及日本帝国主义对中国侵略步伐的不断加快，严重影响了国人留学日本的意愿以及学习日语的热情，进而影响到了国内日语教材的编写与出版。总体来看，与清末以及20世纪二三十年代的日语教材编写高潮相比较，民国初期的日语教科书编写处于一个低迷甚至停滞的状态，可以说其是前后两次日语教材编写高潮的过渡阶段。

3. 教材的总体特点

民国初期的日语教材出版虽然处于低迷期，但是其作为从清末到民国的一个过渡时期，期间编写出版的日语教材一方面延续了清末日语教材的某些特点，同时又体现出了一些新的编写倾向。

（1）自学教材较多，学校教材较少

民国初期编写的日语教材中，供社会人员学习日语用的自学教材较多，专门面向学校教学而编写的日语教材稀少。主要原因是在民国初期新颁布的“壬子癸丑学制”中，外语以教授英语为原则，除少数特殊地区外，日语在学校教育中地位极低。这一时期出版的面向学校教育的日语教科书只有日本殖民统治机构组织编写的部分教材。当然，在个别地区、个别学校中也存在自学教材作为教科书使用的情况，但这种情况较少。

（2）遵循传统的翻译法，带有汉语译文。但不再用汉字来给日语注音

清末及其之前的日语教材中，充分利用了母语汉语这一手段，包括用汉语发音给日语注音，用汉语进行解说，标注汉语译文等。民国初期的日语教材中保留了传统的用汉语进行解说的做法，并附有汉语译文。这一做法在之后的日语教材中一直得到了沿用。但是，清末教材中常见的用汉语给日语注音的做法被摈弃，在之后的日语教材中未再出现。

（3）以培养学习者的语法能力、书面阅读能力为主

早期的外语教育多是以阅读书面材料为目的，因此书面阅读能力的培养成为最主要的目标。而语法知识的讲解、语法能力的培养被认为是培养阅读能力的基础，因而受到重视。民国初期的日语教材与清末的日语教材一样，同样注重培养学生的语法能力，以提高学生的书面阅读能力。当然，期间也出现了口语教材，但是，一方面这些教材仍然以语法知识的讲解为主，另一方面这些教材多为日本出版，是为了满足在日本求学学生的生活学习需要。在与日本人直接交流的机会较为稀少的民国初期，会话能力的培养尚无迫切的社会需求。

（4）课文中有关近代科学、政治、经济、地理知识的介绍较多，带有实用性色彩

清末民国初期正处于近代化的高潮之中，科学技术日新月异，社会制度、思想文化发展迅速。而中国却在近代化浪潮中发展缓慢，远远落后于日本、欧美等国。因此，很多教材的编写者刻意在课文中介绍有关近代科学、政治、经济等方面的内容，希望学生在学习日语的同时，能够接触新知识，了解外面的世界。这可以说是时代在日语教材中留下的烙印。

（5）东北殖民地教材受到日本及中国台湾、朝鲜教科书的严重影响

日本帝国主义在相继占领中国台湾、朝鲜半岛后，又取得了在我国南满地区的权益。其在中国台湾、朝鲜半岛开展日语教育的过程中，开始阶段直接选用日本国内的小学国语教科书，后又根据当地实际，编写了相应的日语教科书。这些教科书

包括《台湾教科用书国民读本》(1900年版)和《普通学校国语读本》(1911年版)等。东北殖民机构在编写日语教科书时大量引用了上述两种教科书以及日本文部省《寻常小学读本》(1910年、第二期国定)的内容,导致其无论在素材方面还是在编写理念(倡导直接教学法)方面都受到了日本、中国台湾及朝鲜日语教科书的严重影响。

4. 代表性教材介绍

4.1 《日本语读本》(1~8卷)

《日本语读本》的编纂者为奉天外国语学校[3]。该套教科书于1917年出版发行,后经多次再版,迄今所知的版次有1920年第7版、1922年第9版、1924年第11版等。根据"绪言"所述,本套教科书的使用对象为"满铁"附属地区的公学堂(小学)一至四年级的学生。每学年2卷,上、下学期各一卷。

1905年,日本从沙俄手中夺得长春至大连的南满铁路及其附属权益,并于1906年11月26日在东京成立"南满洲铁道株式会社"(简称"满铁")。"满铁"与"关东都督府""驻东北总领"事馆共同构成侵略我国东北地区的三大机构[4]。1907年3月5日"满铁"总社迁至大连,积极开展对"满铁"附属地区的侵略和控制,教育侵略是其中的一个重要组成部分。

图2 《日本语读本》卷二扉页

1909年6月,"满铁"在盖平(今盖县)设立了第一所公学堂——盖平公学堂,标志着"满铁"在其附属地区开办学校教育的开始。由于"满铁"附属地区仍然执行清政府的《奏定学堂章程》,因此在学校建立之初,大部分科目仍然采用上海商务印书馆、中华书局等中国发行机构发行的教科书。其中,日语科曾采用过日本文部省的《寻常小学读本》(1910年版、第二期国定)、《台湾教科用书国民读本》(1900年版)。后来,伴随着当时社会情况的变化及"满铁"对"满铁"附属地教育认识的改变,"满铁"逐渐意识到自己编写日语教科书的必要性。1914年3月,"满铁"在其"地方课"中设置了"教科书编纂係",开始编写日语教科书。1916年3月,附属地教育研究会编写的《公学堂日本语读本》(八卷)出版。此后,该套教科书的编写者和书名分别改为奉天外国语学校和《日本语读本》,由大阪屋号书店出版发行。[5]

本套教科书共有八卷,笔者收集到了其中的第2卷(1920年第7版)、第5卷

(1922 年第 9 版)、第 6 卷(1922 年第 9 版)、第 7 卷(1922 年第 9 版)和第 8 卷(1924 年第 11 版)。

每卷教科书都有“绪言”,主要介绍了该卷教科书的适用对象、所需课时、教学流程和教学方法,并对教科书生词的处理情况、练习题的使用方法以及卷末的附录部分进行了说明。

各课的主要内容由课文和练习两部分组成(参考图 3)。课文均为书面文章,在每页的上部标出生词,并将新出现的汉字用“·”标注了出来。各课练习多为针对课文内容的提问或复习。

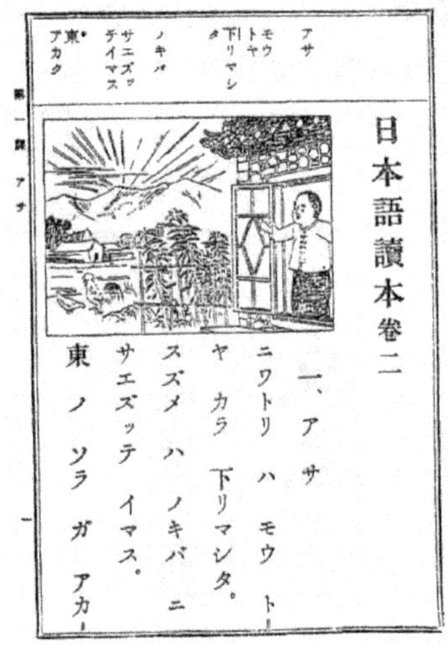
アサ
モウ
トヤ
下リマシタ
ノキバ
サエズッテイマス
東
アカク

日本語讀本卷二

一、アサ

ニワトリ ハ モウ トヤ カラ 下リマシタ。
スズメ ハ ノキバ ニ サエズッテ イマス。
東 ノ ソラ ガ アカク

第一課 アサ

一

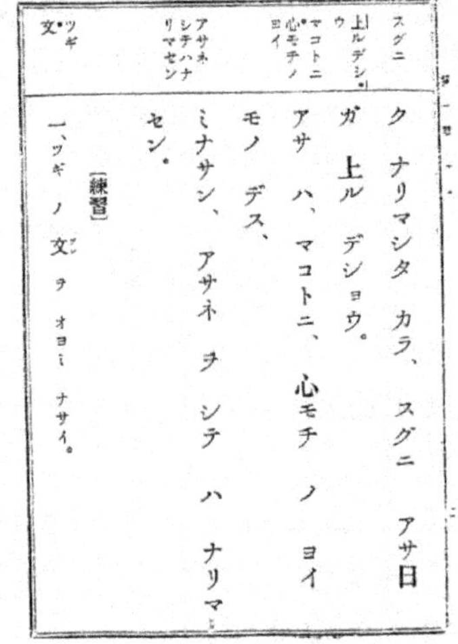
スグニ
上ルデショウ
マコトニ
心モチノヨイ
アサネヲシテハナリマセン
ツギ
文

ナリマシタ カラ、スグニ アサ日 ガ 上ル デショウ。
アサ ハ、マコトニ、心モチ ノ ヨイ モノ デス、
ミナサン、アサネ ヲ シテ ハ ナリマセン。

[練習]

一、ツギ ノ 文 ヲ オヨミ ナサイ。

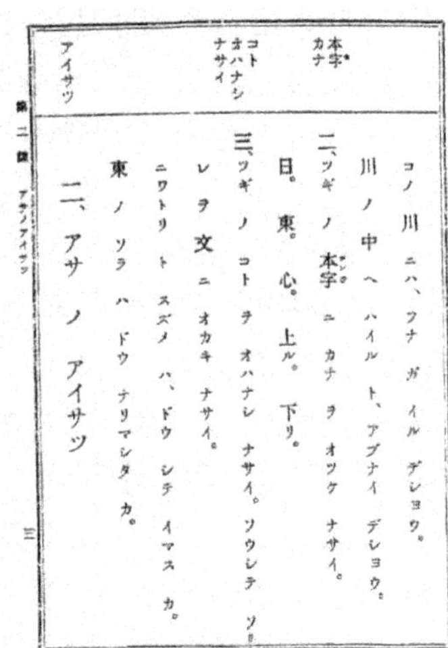
本字
カナ
コト
オハナシ
ナサイ
アイサツ

コノ 川 ニハ、フナ ガ イル デショウ。
川 ノ 中 ヘ ハイル ト、アブナイ デショウ。
二、ツギ ノ 本字 ニ カナ ヲ オツケ ナサイ。
日。東。心。上ル。下リ。
三、ツギ ノ コト ヲ オハナシ ナサイ。ソウシテ ソレ ヲ 文 ニ オカキ ナサイ。
ニワトリ ト スズメ ハ、ドウ シテ イマス カ。
東 ノ ソラ ハ ドウ ナリマシタ カ。

二、アサ ノ アイサツ

第二課 アサノアイサツ

三

图 3　卷二第一课

《日本语读本》遵循循序渐进的原则编排课文内容,由少到多,由简到繁,由易到难,符合外语学习的认知规律。从收集到的教科书来看,课文的难度、篇幅以及从表记方法的选择等方面都体现出了循序渐进编排教学内容的理念。

本套教科书的课文中插入了大量的插图,这一特点在前几卷中体现尤为明显。第二卷的“绪言”中就明确指出“特意插入了大量的插图,以期使本教材成为一本直观的教材”(笔者译)。反映课文内容的插图,生动活泼,对小学生有着很大的吸引力,既有助于促进学生对课文内容的理解,也可以提高学生的学习兴趣。

但其中的部分插图以日本人为主人公,以日本人的生活情景作为代表性的生活情景,某些地方还出现了悬挂日本国旗的房屋(如图 4),无视我国的生活情形和风俗习惯,这肯定会影响我国学生的国家意识、民族意识的形成,反映出教科书编写者利用教科书推行奴化教育和同化教育的意图。

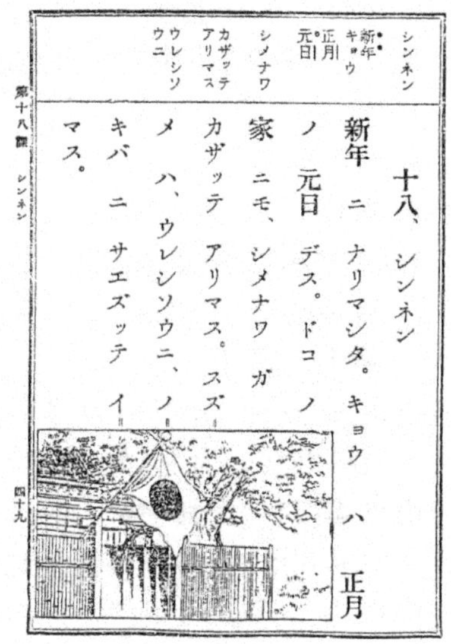
第十八課 シンネン

十八、シンネン

新年 ニ ナリマシタ。キョウ ハ 正月 ノ 元日 デス。ドコ ノ 家 ニモ、シメナワ ガ カザッテ アリマス。スズメ ハ、ウレシソウニ、ノキバ ニ サエズッテ イマス。

四十九

第十八課 シンネン

シマシタ。ソレカラ オカアサン ニモ、アイサツ ヲ シマシタ。

今日 ハ、學校 ニ、新年 ノ シキ ガ アリマス。二人 ハ 早ク 行ッテ、先生 ニ オイワイ ヲ モウシアゲル デショウ。友ダチ ニモ オイワイ

五十一

图 4 课文插图选

清末、民国的教材中，不设置课后练习题者居多。有些教科书中虽然设置了练习题，但题型单一，多为翻译句子、朗读生词等。本套教科书每课课文后都设置了课后练习，且题型丰富。题型包括基于课文内容的问答题、改错题、朗读单词或句子题、造句题、总结发表课文内容题等。这些问题不仅可以帮助学生巩固语法、词汇，还可以确认学生对课文的理解程度，提高学生的口头发言能力等较高层次日语运用能力。这一特点在同时代的日语教科书中是比较少见的。

本套教科书在“绪言”中指出，在授课时尽量利用实物、图画、动作等进行直观的教学，确实存在需要时可以使用汉语进行说明，但尽量不用汉语来翻译和解释，希望学生能主动学习，充分理解课文内容。这一表述明显是直接法教学的要求。据笔者分析，本套教科书采用直接法的原因大致有二：一方面，从 1914 开始，“满铁”陆续邀请山口喜一郎、鹿子生三郎等来“满铁”附属地区召开日语教授法讲习所，主要讲授直接教学法。此后，“满铁”地区直接教学法取代传统的翻译教学法成为主流的教学法。[6]另一方面，本套教科书选取自《台湾教科用书国民读本》(1900 年版)和《普通学校国语读本》中的内容较多[7]，而中国台湾和朝鲜的日语教科书中均采用了直接法，这也直接影响了本套教科书中教学法的选择。

据竹中宪一(2002)统计，本套教材从日本文部省《寻常小学读本》(1910 年、第二期国定)选用课文 55 篇，选用率为 38.1%。从《台湾教科用书国民读本》(1900 年版)选用课文 38 篇，选用率为 26.3%。从《普通学校国语读本》(1911 年版)选用课文 128 篇，选用率为 88.9%。除课文内容外，大部分的插图也直接从原课文中选用。

本套教材为“满铁”组织编写。虽然编成后出于种种考虑，将编纂者更改成了奉天外国语学校[8]，但是在“满铁”的“推荐”下，在“满铁”附属地区得到了广泛的应用(特别是在“关东厅”和“满铁”于 1922 年开始合作编写教科书之前)。该教科书采用直接法，反映了当时教学法的发展潮流，但是其大部分内容都选用自中国台湾、朝鲜以及日本

文部省编写的教科书,不能算是一本独立编写的、具有独立个性的教科书。其本质上是满铁为了控制满铁附属地区小学日语教学而组织编写的、日本帝国主义从教育上侵略中国的工具。

4.2 《自修适用日语汉译读本》(卷一、卷二合订本)

《自修适用日语汉译读本》(卷一、卷二合订本)由葛祖兰编著,商务印书馆出版发行,发行人张云五。该教科书初版于 1919 年 2 月,后多次再版,包括 1931 年 6 月增订第九版、1934 年 9 月增订第十版、1935 年 5 月增订第十二版等。

图 5 《自修适用日语汉译读本》封皮

根据该书"凡例"介绍,"自修适用"系列日语读本教科书共分为上、中、下三编,《自修适用日语汉译读本》为其中的上编,专门详细注解日语中单词语法,内容范围广泛,适宜初学者自学使用。其中、下编专门详细注解句型以及篇章语法,名为《自修适用日文汉译读本》。

该书共有 35 课,其中卷一 15 课,卷二 20 课。除基本课文外,还包括序言、凡例、附表、附录、跋等内容。

本书卷一第一部分为序言,包括自序及他序。其中自序包括两篇:一篇为本教科书初次出版前作者于 1918 年 12 月所做的序言,主要介绍了本书编写的历史背景、基本内容构成等。根据该序言,当时作者正供职于澄衷中学校。另一篇为 1922 年 1 月所做的增订版序言,作者一一回应了该书出版以来受到的三种评价,对于"头绪纷繁,不便初学",作者表示虽头绪纷繁,在编写过程中已经尽量条理化;对于"定价太昂,不易购置",作者表示物价飞涨,已经尽量选择最粗糙的纸张、最便宜的装订来降低定价;对于"砂中埋玉,米里藏珠,不愧为空前之佳作"的表扬,作者表示要继续努力提高修订版的质量。此外,还在修订序后列举了该次修订的要点。

他序为作者的同事、朋友为该书所做,包括葛遵礼、青木乔、赵时桐、李光业、钱遹朋、钟寿昌等。

此外,卷二目录之前载有"绪言"。在其中,作者首先针对有读者批判该书读本与语法夹杂叙述的编排方式,指出在当时的日语教学中,读本与语法书分离,导致学生从不同课堂上学到的知识相互矛盾的现象,坚持认为自己的这种编排能够更好地促进学生的学习。然后,针对有人批评该书未像其他教科书一样在日语上用汉字注音,作者主张注音会导致学习者的日语发音不准确,并提出了"耳多听""口多诵""目多看""目口耳交相用"的日语学习方法。最后指出了学习日语时需要注意的五点,即注意读音、注意字义、注意成分位置及省略、注意扩大所看日语书范围、注意日语口语表达的特点。

凡例主要介绍了本书编写的语言环境背景、整体的内容构成、各编的主要内容、译文翻译的标准及编写该书时参考的语法书、教科书等。本书上、下两卷分开编排目录，每课目录包含读本标题和该课中出现的语法项目两部分。

各课课文包括“原文”、“汉译”、“注解”、“备考”四部分。“原文”即通常所说的课文，均为作者从日本国语教科书及其他书籍中选取的短小文章或文章片段。文章中的汉字均用假名标有读音。“汉译”部分为“原文”的汉语译文。对于翻译的标准，作者在“凡例”中表示“原文可以意译者，务取意译，其不能意译者，则直译之，不失其原意为主”。“注解”为对原文中出现的语法现象或词语的解说。“备考”为对与该课相关的某一语法项目的详细分类总结。例如卷一第一课中的“备考”对日语中的人称代词进行了详细的介绍。

卷一、卷二均附有“附表”、“附录”。卷一的“附表”为“五类动词语尾变化行段检查表”，“附录”为“伊吕波歌（包括原文、释字、释句、汉译、空海和尚略传）”的介绍。卷二的“附录”包括（1）十品词之定义、（2）话之结构、（3）各种动词之辨别法、（4）汉音吴音唐音、（5）汉文日译之例、（6）批评。（1）至（5）为日语及相关知识的总结介绍，篇幅较长，共有 44 页，可称为一本微型语法书。（6）为当时教育界人士及社会名流对该书的表扬之信件的摘录。来信者包括新青年记者北京高等师范学校讲师钱玄同、吉林教育厅长杨莘耜、海宁许村场秤放局长蓝欣禾、杭州中国银行行长蔡谷卿、绍兴第五中学校教务主任章鲁瞻、慈溪县公署教育科长姜可、奉天外国语学校教务长关根勤。

本书后有两篇跋，分别为蔡元培、朱宝莹所做。二人称赞《自修适用日语汉译读本》体力精当、注释详细明了，赞扬葛祖兰为中国日语教育所做的贡献。

本教科书中的课文（“原文”）部分大多选自《日本文部省寻常小学校读本》《高等国语读本盲哑学校》等学校课本，其余少部分选自其他作品，均非作者独立编写。

本教科书中的语法解释非常详尽，远远超出一般教科书的注解范围，类似于专业语法书。正如作者在增订绪言中所述，本教科书中的语法解说方式受到当时很多日语学习者及其他相关人士的批评，认为其过于繁杂，不便于初学者，但是作者却不以为然，坚持认为这种详尽的语法注解正是该书的特色之一。

正如作者在序言中所说，当时的日语教材或为读本，或为语法书，有些读本中虽加入了语法解说，但是解说简略，内容局限。这种现象导致学习者通过读本所学与通过语法书所学知识不能一致，甚至不同课堂中所学存在矛盾之处。本书先给出读本，然后对读本中的语法进行详细注解，将二者融合在一起，避免了上述问题。

该书自出版以后，数次再版、修订，畅销全国，流行多年，为当时有志于学习日语的人士提供了优质的学习材料。该书作者留学日本多年，且在编写该书过程中参考了大量的语法书籍，保证了内容的准确性、科学性。同时，作者还针对当时日语的使用情况，兼顾了口语、文语以及口语文语混合体，保证了学习者所学到的日语能够在当时的生活中使用。此外，作者还抛弃了清末以来使用汉字给日语注音的做法，追求日语发音的准确性，这体现出了作者对日语学习的一种新理解。总之，该教材特色鲜明，使用广泛，影响巨大，意义深远，是民国初期日语教科书中的佼佼者，在近代日语教材史上亦占有重要的地位。

4.3 《东文读本》

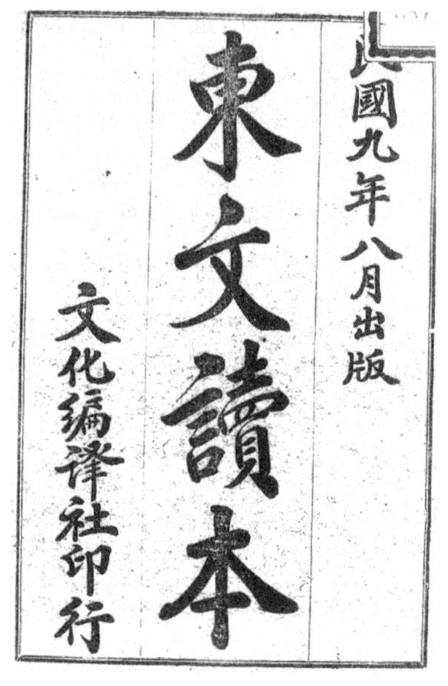

图6 《东文读本》封皮

小山左文二为日本明治时期宏文学院的教师，与松本龟次郎等一起教授留日中国学生日语，著有多部日语国语教科书、文典及供中国留学生使用的日语教科书。由他编写的《汉文注释东文读本》于1906年由日本三松堂书局出版发行。该教科书经中华民国文化编译社编译，于1920年(民国九年)8月出版发行。原书中附带有汉文注释，共186页。编译后，书中删除了汉文注释，共109页。

《东文读本》共由28课组成，分为前、后两编，每编各14课。每课的构造简单，仅有一篇文章，无语法讲解、单词讲解及课后练习。课文中的汉字都用片假名标注了读法。课文普遍较长。

本教科书中的课文多选自日本的国语教科书或某些文学家、科学家等的文章。虽然其中某些作品的出处不明，但是从这些课文的内容来看，很可能是编者从其他书籍中引用而来。

从课文的题材领域来看，本教科书选择了较多有关生物学、地理学、法律、教育以及工业发展等专业领域的文章，体现出编者有意识地介绍近代科学成果的倾向。此外，本套教科书中，选自中国古典的课文较多，包括前编“一　嘉言十则”、“一二　张良”，后编“八　前出师表”、“九　苏武”。

民国初期，日本国内出现了很多面向中国留学生编写的日语教科书，这些教科书除了在日本得到广泛使用外，其中的许多还被中国的出版社或留日回国的学生编译后，在中国国内出版。《东文读本》即是其中之一。当时很多日语读本教材，均以初级日语学习者为使用对象，且语法的解说、单词的注释占了很大分量。该套《东文读本》以具备一定(或相当)日语能力的学习者为使用对象，且教科书全部由书面文章构成，体现出了自己的特色。

4.4 《日本语读本》

日本在日俄战争中打败沙俄，取代沙俄对旅顺、大连地区实施殖民统治后，仍然沿用沙俄对该地区的旧称“关东州”。1905年3月《大连公学堂暂行规则》的颁布标志着“关东州”日语教育的正式开始。该规则中，日语与读书、习字、算术一起被列入课程安排。“关东州”日语教育的初始阶段，选用《台湾教科用书国民读本》(1901年)为教科书，选用《国民读本参照国语课会话教材》(1900年)、《东语真传》和《东语初阶》为参考书。1906 年 3 月关“东州民政署”正式颁布《关东州公学堂规则》，规定第一学年至第三学年每周设置日语课 10 小时，第四学年至第六学年每周 11 小时。

1914 年 9 月，“关东都督府”内设置教科书编纂委员会，开始编写日语教科书。相关研究[9]表明《日本语读本》即由其编纂。本套《日本语读本》由“关东厅教科书编纂委员会”编写，共有 7 卷，由大阪屋号书店于 1922 年出版发行。本套教科书的适用对象为普通公学堂一至四年级的小学生，其中第一学年使用第 1 卷、第二、三、四学年分别使用两卷。[10]

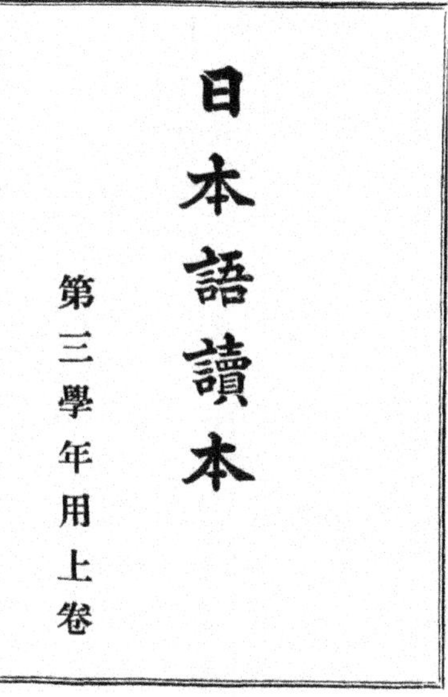
日本語讀本
第三學年用上卷

图 7 《日本语读本》扉页

本套教科书共有 7 卷，笔者手头收集到了第三学年用上卷（1922 年初版）、第四学年用上卷（1924 年第 3 版）、第四学年用下卷（1924 年初版）。

每卷教科书都载有“绪言”，主要介绍了该卷教科书的适用对象、所需基本课时，并对教科书中新单词的处理情况、练习题的使用方法以及卷末的附录部分进行了说明。

第三学年上卷各课的主要内容由课文和练习两部分组成。课文均为书面文章，并在每页的上部设置了横栏部分，课文中新出现的单词都列在其中。并将新出现的汉字用“·”标注了出来。每课的练习多是针对课文内容的提问，或是复习巩固该课语法项目、单词等的题目。从题型看，主要有问答题、改错题、朗读单词或句子题、造句题、总结发表课文内容题等。第四学年的两卷教科书中没有设置练习题。各卷的附录部分主要罗列了各课中含有新出汉字的单词以及含有出现新读法的汉字的单词。

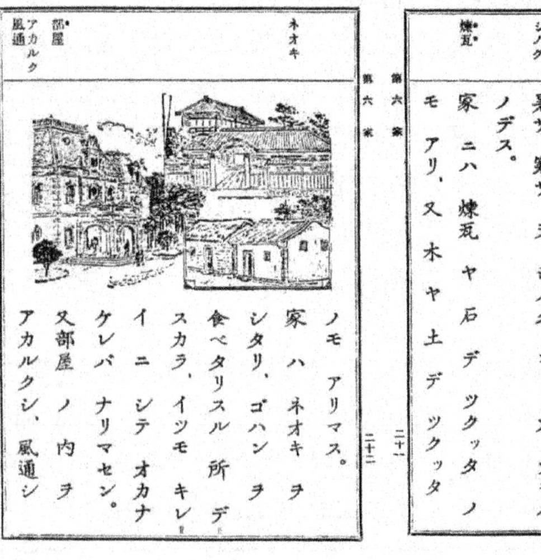
クラシ　ナクテハ　フセギ　シノグ　煉瓦

第六　家

皆サン ガ 毎日 クラシ テ イク ニハ、食物 ヤ 着物 ガ 大切 デ アリマスガ、又 家 ガ ナクテ ハ ナリマセン。家 ガ アリマスカラ、雨 ヤ 風 ヲ フセギ、暑サ 寒サ ヲ シノグ コト ガ デキル ノデス。

家 ニハ 煉瓦 ヤ 石 デ ツクッタ ノ モ アリ、又 木 ヤ 土 デ ツクッタ

第六　家　二十一

ネオキ　部屋　アカルク　風通

ノ モ アリマス。家 ハ ネオキ ヲ シタリ、ゴハン ヲ 食ベタリスル 所 デスカラ、イツモ キレイ ニ シテ オカナケレバ ナリマセン。又 部屋 ノ 内 ヲ アカルクシ、風通シ

第六　家　二十二

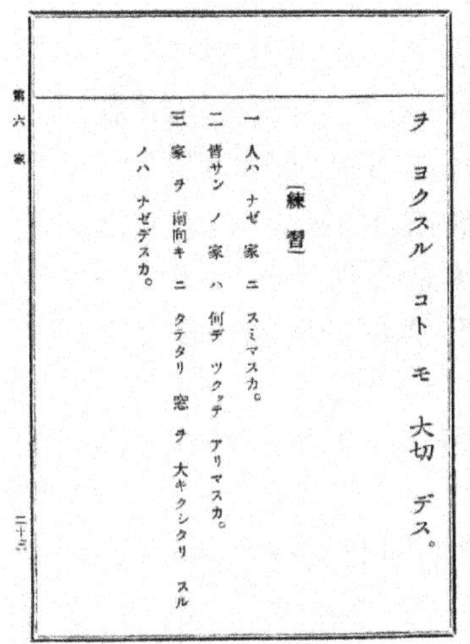
ヲ ヨクスル コト モ 大切 デス。

〔練習〕

一 人ハ ナゼ 家 ニ スミマスカ。

二 皆サン ノ 家 ハ 何デ ツクッテ アリマスカ。

三 家 ヲ 南向キ ニ タテタリ 窓 ヲ 大キクシタリ スル ノハ ナゼデスカ。

第六　家　二十三

图 8 第三学年用上卷第六课

本套教科书的课文中插入了大量的插图，这些插图反映课文内容，生动活泼，对小学生有着很大的吸引力，既有助于促进学生对课文内容的理解，也可以提高学生的学习兴趣。当然由于该教科书从日本、中国台湾、朝鲜等教科书中选用的课文较多，其中的不少插图直接引用自所选用课文。

のせ
つかった
代り
第十　かしこい　子供（一）
といって、まず　象
を　船　に　のせ　て、
船　の　水　に　つか
った　所　に　しるし
を　つけました。
それから　象　を　お
ろして、其の　代りに
前　の　しるし　の
所　に　水　が　來る
三十五

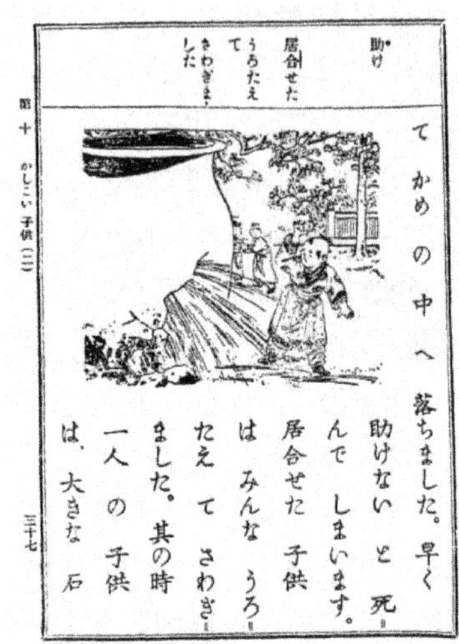
助け
居合せた
うろたえ
て
さわぎま
した
第十　かしこい　子供（二）
て　かめ　の　中　へ　落ちました。早く
助けない　と　死
んで　しまいます。
居合せた　子供
は　みんな　うろ
たえ　て　さわぎ
ました。其の時
一人　の　子供
は、大きな　石
三十七

图 9　第三学年用上卷第十课部分插图

第三学年用上卷中，每课课文之后配有相应的课后练习题，题型包括针对课文内容的问答、造句等。但是，第四学年用上卷、下卷中，取消了课后练习题。由于笔者收集到的教科书有限，未找到教师用书等相关的教材，无法得知教科书编写者的编排意图。

“关东厅教科书编纂委员会”在编写本套《日本语读本》时，大量选用了当时已出版的日语教科书的内容。据竹中宪一（2002）统计，本套教科书从日本文部省《寻常小学国语读本》（1918 年、第三期国定）选用课文 13 篇，选用率为 22.8%。从“台湾总督府”的《公民学校用国民读本》（1912 年版）选用课文 28 篇，选用率为 49.9%。从“朝鲜总督府”的《普通学校国语读本》（1912 年版）选用课文 19 篇，选用率为 33.3%。从奉天外国语学校的《日本语读本》（1916 年版）中选用课文 21 篇，选用率为 36.8%。“关东厅教科书编纂委员会”编写的该套教科书中的 82.5%均为从其他教科书中选用的内容，仅有 17.5%的内容为编者独立编纂的。除课文内容外，大部分的插图也是直接从原课文中选用的。

关于该套教科书从日本、中国台湾、朝鲜以及满洲日语教科书中大量选用内容的原因，竹中宪一（2002）分析，一方面是因为当时“关东州”的很多官员曾在台湾供职，赞同在“关东州”地区实施与中国台湾同样的“同化主义”教育，因此支持“关东厅教科书编纂委员会”从中国台湾日语教科书中大量选用课文。另一方面也表明“关东厅教科书编纂委员会”在编写教材时，还受到了所谓的“内地延长主义”（即将“关东州”作为日本国土的一部分对待，在其范围内实施与日本国内相同的教育政策）教育的影响。此外，由于该套教科书大量选用了日本、中国台湾、朝鲜以及当时南满洲的一些日语教科书中的内容，因此其在教授法的选择（直接法）、课文内容的编排理念等方面也受到了较大的影响。

《日本语读本》虽名义上为“关东厅教科书编纂委员会”编写，但是其中80％以上的内容均从日本、中国台湾、朝鲜以及奉天外国语学校的《日本语读本》中直接选用，编者独立编写的内容不到全部内容的20％。此外，该教科书内容的选择也体现出“关东厅”要在所辖范围内实施“同化主义”、“内地延长主义”的意图。从根本上说，该套教科书是日本帝国主义推广日语教育，对我国东北地区进行文化侵略的工具。

5. 结　语

本文通过对所收集到的民国初期出版发行日语教材进行分析，并结合清末以及民国中期日语教材的出版发行情况，指出民国初期我国日语教材编写低迷，新编日语教材数量较少。这一时期可以看作是清末和20世纪二三十年代日语教材编写高峰之间的过渡阶段。同时，通过对这一时期出版的各种日语教材的分析发现，这一时期的日语教材一方面继承清末日语教材的某些特点，同时又出现了一些新的变化，体现出了过渡性特点。“满铁”及“关东州”开始有意识地组织编写用于满铁附属地及“关东州”地区学校教育使用的日语教科书。这些教科书受到了中国台湾、朝鲜以及日本国内日语教材的全方位的影响，都是日本帝国主义推行文化侵略、教育侵略的工具，带有明显的侵略性质。此外，日本人（既包括友好人士，也包括日本侵略机构的工作人员）在这一时期的日语教材编写中发挥了重要的作用，中国人自主或独立编写的日语教材较少。

［本文系国家社科基金重大项目《中国百年教科书整理与研究》（项目批准号：10&ZD095，首席专家：徐岩）的阶段性研究成果之一。］

注释

［1］包括《日语读音》《日语文法》《日语动词使用法》《日语助动词使用法》《日语造句》《日语作文》《日语会话》《日语翻译》《日语尺牍》。

［2］在课题研究进行过程中，根据民国时期学制的变化以及教材编写出版的具体情况，将民国时期分为了民国初期（1912—1922）、民国中期（1923—1937）、民国后期（1938—1949）三个时期。

［3］1906年12月开设的民办汉语学校，原名为奉天外国语夜校。1910年与清语学堂合并，成立奉天外国语学校。接受满铁的资助，教授日本人汉语，教授中国人日语。

［4］齐红深《日本侵华教育史》，人民教育出版社，177页，2004年。

［5］竹中宪一《满洲殖民地日本语教科书集成》（卷7），绿荫书房，2002年。

［6］满铁初等教育研究会《満鉄沿線に於ける日本語教授法の変遷》，1933年。

［7］竹中宪一《满洲殖民地日本语教科书集成》（卷7），绿荫书房，2002年。

［8］竹中宪一《满洲殖民地日本语教科书集成》（卷7），绿荫书房，2002年。

［9］竹中宪一《满洲殖民地日本语教科书集成》（卷7），“植民地に於ける日本語教科書”绿荫书房，2002年。

[10]竹中宪一《满洲殖民地日本语教科书集成》(卷 7),绿荫书房,2002 年。

参考文献

陈娟“试考清末的日语教材”,载《今日中国论坛》,2013 年第 8 期。
李喜所“清末留日学生人数小考”,载《文史哲》,1982 年第 3 期。
李小兰“清季中国人编日语教科书之探析”,载《杭州师范学院学报(社会科学版)》,2006 年第 7 期。
李小兰、史占泓“清末日语教材的特点及其影响”,载《日本学论坛》,2004 年第 2 期。
李小兰“试论清末东文学堂日语教科书”,载《解放军外国语学院学报》,2003 年第 2 期。
马可英“1937 年前中国人编日语教材考略”,载《浙江外国语学院学报》,2012 年第 2 期。
齐红深著《日本侵华教育史》,人民教育出版社,2004 年 12 月。
田利芳“南京国民政府时期外语教育研究”,山东师范大学硕士学位论文,2007 年。
鲜明著《清末中国人使用的日语教材》,中央编译出版社,2011 年 11 月。
鲜明“《东语正规》在中国日语教育史上的意义”,载《日语学习与研究》,2011 年第 6 期。
徐一平“中国的日语研究史初探”,载《日本学刊》,2002 年第 1 期。
实藤惠秀著《中国人留学日本史》(中译本),三联书店,1983 年 8 月。
竹中宪一『满洲殖民地日本语教科书集成』(卷 7)、綠荫書房、2002 年 9 月。

作者简介

李友敏,北京日本学研究中心硕士课程(2005 年 9 月至 2008 年 6 月在学),日本语言教育专业,现任中央财经大学外国语学院讲师。
张金龙,北京日本学研究中心硕士课程(2005 年 9 月至 2008 年 6 月在学),日本语言教育专业,现任人民教育出版社课程教材研究所讲师。

当今中国日语教育的点滴思考

唐　磊

从1982年秋季，我开始从事基础教育阶段的日语教育工作，至今已经过去了33个年头。在这三十多年里，我参与或主持了历届中学日语教学大纲和课程标准的研制，编写了近百册日语教材，组织了多次中学日语教师、教研员、校长等参与的全国性研讨会及培训活动。这些经历让我丰富了知识，增长了才干，开阔了视野，广交了朋友。

2013年10月，我应邀参加了教育部外国语言类专业教学指导委员会日语分委员会在天津外国语大学召开的“国际化视野中专业日语教学的改革与发展国际研讨会”。其间，参照会议主题之一“日语本科专业教学质量国家标准”，我结合基础教育课程改革中研制日语课程标准的经历做了大会发言，为大学专业日语教学质量标准的研制提供了参考信息，主要内容如下。

20世纪中叶以来，世界范围的高等教育发生了很大变化，其突出的特征是扩大了规模。随着高等教育规模的不断扩大，呈现出高等教育大众化、普及化的趋势。在这种情况下，如何建立有效机制以保证教学质量并使之体系化，必然成为教育改革的重要课题。我国高等教育中大学专业日语教学也不例外，需要思考培养什么样的学生，获得什么能力才能保证教学质量的问题。“国际化视野中专业日语教学的改革与发展国际研讨会”正是为促进我国专业日语教学理论研究与实践探索，为研制大学本科日语专业教学质量国家标准而召开的，也是在力图回答培养什么人才、获得什么能力、如何保证教学质量的问题。

2000年6月国务院召开了全国基础教育工作会议，做出《关于基础教育改革与发展的决定》。接着，根据教育部《面向21世纪教育振兴行动计划》，基础教育课程改革全面启动。此次改革旨在全面推进素质教育，重视培养学生的创新精神和实践能力，为学生的全面发展和终身发展创造条件，为实施“科教兴国”战略，提高全民族的思想道德和科学文化素质，振兴中华民族奠定坚实的基础。

基础教育课程改革的重要任务之一是研制各学科的课程标准。日语研制组在教育部基础教育司的直接组织和领导下，依据《国家基础教育课程改革指导纲要》，在吸收当今国内外日语教育的研究成果、结合我国日语教育实际和未来发展需要的基础上着手研制日语课程标准。为了使课程标准具有科学性、实用性和可操作性，日语研制组多次在不同范围征求意见，反复推敲，数易其稿，与教研人员和

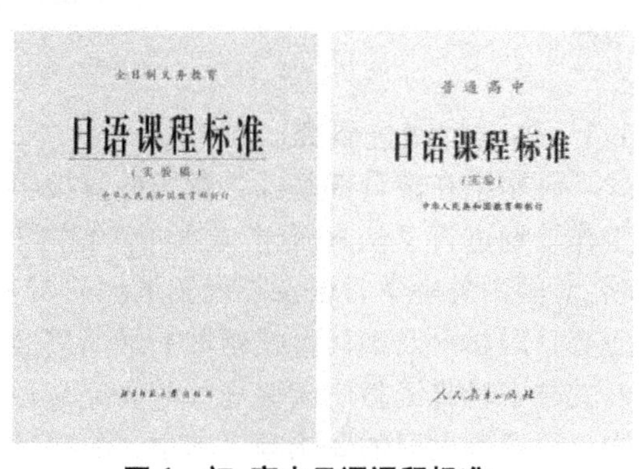

图1　初、高中日语课程标准

图 2　初、高中日语课程标准解读

一线教师共同努力，完成了初、高中日语课程标准的研制（以下简称《标准》），接着编写了相应的课程标准解读（见图 1、图 2）；义务教育和高中日语教科书也依据这两个标准编写后相继问世，供全国开设日语的中学使用。

研制《标准》和编写相应的教科书，是以两个国家课题的形式完成的。一是全国教育科学“十五”规划国家重点课题《国家基础教育新课程的研究、实验与推广》的分课题“基础教育日语课程标准的研制与实验”，另一个是全国教育科学“十五”规划国家重点课题《新基础教育课程教材开发的研究与实验》的分课题“外语教材编制理论与实践”。

基础教育初、高中日语《标准》已经付诸实施达十年之久，而且义务教育阶段的课程标准已于 2007 年开始修订。为了进一步体现《国家中长期教育改革和发展规划纲要》的精神，修订工作延续了 4 年，终于在 2012 年初，教育部颁布了各学科的义务教育课程标准（2011 年版），日语学科也在其列（见图 3）。

虽然基础教育与高等教育层次不同，但在制订教学质量标准方面有一定的共性。为此，拟结合基础教育课程改革，从“两点做法”“教育理念”和“参照物”三个侧面为研制大学日语教学质量标准提出一些可供参考的信息。

图 3　义教日语课程标准

1. 两点做法

从基础教育课程标准研制的过程看，有两点做法仅供参考。一是研制《标准》要尽量做比较充分的大量基础性调查研究，另一个是要注重综合素质的提高和交际能力的培养。

1.1　基础性调查研究

研制组在教育部基础教育司的直接组织和领导下，对研制课程标准的整体框架和工作计划进行了认真研讨，在协商的基础上，分专题进行了前期基础研究，主要有两项：对国内外中学日语课程设置的调研和对国内外中学外语教学大纲的分析。此外，还有日语学科及现代科技领域的最新进展及其对日语课程发展的影响；心理发展规律及其与中学日语教学相关规律的研究文献综述；教学法领域的最新进展及其对初、高中日语课程发展的影响等。其中，除了日语专业，与教育学、心理学的专家们进行的跨学科研讨，对研制日语课程标准发挥了非常重要的作用。

1.2 提高综合素质，重视交际能力的培养

基础教育课程改革注重素质教育，将日语教学的总目标设定为培养学生初步的（初中）或基本的（高中）综合语言运用能力（参见图4）。这种能力的形成建立在语言知识、语言技能、文化素养、情感态度和学习策略等方面综合发展的基础之上。这个总目标是在多方面调查研究的基础上，明确了日语课程的性质和理念指导下提出的，也是与国际接轨的。与国际接轨的一个重要标志是教育理念的确立。

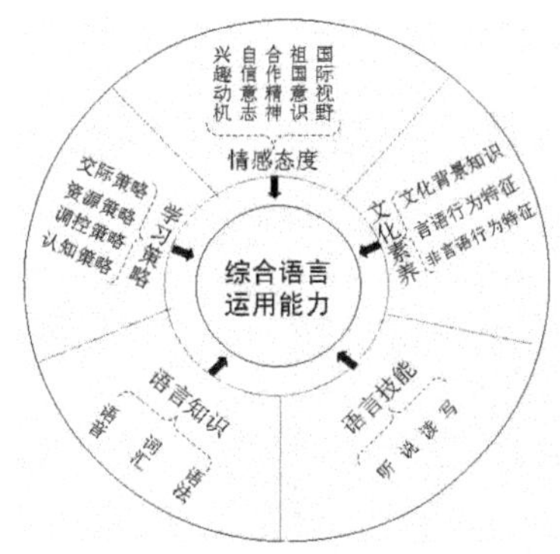

图4 日语课程标准的总目标

2. 教育理念

本次会议研讨的重点是“国际化视野中专业日语教学的改革与发展”，这个题目非常符合现代发展的大趋势。而且，研制教学标准也需要国际视野，需要有明确的教育理念。

将基础教育课程标准与其他国家的相应文件做个比较，可以发现中国基础教育改革的理念不仅不落后，而且比较先进。例如《义务教育日语课程标准》（2011年版）的课程基本理念有以下六条：

（一）注重素质教育，体现语言学习对学生发展的价值

（二）重视语言学习的真实性和实践性

（三）重视学习过程，提高学习能力

（四）面向全体学生，尊重个体差异

（五）强调评价的激励作用，促进学生综合语言运用能力的发展

（六）丰富和拓展课程资源，促进学习方式和途径的多样化

其中的第一条体现出基础教育课程改革的核心是加强素质教育，日语也不例外。在掌握日语基础知识和基本技能的同时，还要让学生在文化素养、情感态度和学习策略等方面也得到发展，培养他们的创新精神和实践能力。因此，日语课程的设置和课程内容都致力于学生的终身发展。

据日本国际交流基金会2012年的调查结果，国际上有136个国家或地区开设日语课程，其中澳大利亚是初中等教育阶段学习日语人数最多的国家。2005年澳大利亚在语言教学方面颁布了一个国家声明书，提倡对所有地区和学校的所有学生实现高质量的语言教育。其中阐述的外语学习的意义与我国的很相似。他们强调“综合开展文化学习、言语实践和语言知识学习”的观念和方法论（简称ILTL），在教学上重视以任务型教学的方式培养言语技能，这一点也与我国基础教育阶段的课程目标——培养“综合语言运用能力”基本吻合。由于澳大利亚是多语言国家，他们提出了“第三の場所（the Third Place）”这种观点，培养学生既可以保持自己的“アイデンティティ（主体性）”，又能够与持有不同文化的人开展顺畅、愉快的交际。这与我国日语课程致力于

图5 外国語学習のめやす

提高学生的文化素养，帮助学生拓展视野，提高对中外文化异同的敏感性和鉴别能力，进而形成跨文化交际意识的教学建议有共同点。2010年，澳大利亚又在研制新的国家课程，计划于2014年实施，这个动向也值得我们关注。

再比如，日本2013年推出了非英语教育的外语教育基准(『外国語学習のめやす』简称『めやす』，见图5)。其教学目的、教学理念、教学目标和设定能力指标的出发点，都与我国的日语课程标准有许多共同之处。例如，这个外语教育基准提出的教学理念是：通过学习外语，发现他人、发现自己，加深相互理解，构筑共存关系和协作社会[1]。他们在研制这个基准的时候，参照了经济合作与发展组织(OECD)提出的终身学习关键能力(Key Competency，以下简称"KC"[2])；美国联邦教育部协同相关教育机构和财团提出21世纪生存必需的四个领域的知识、技能和资质(Partnership for 21st Century Skills)[3]，以及微软公司等世界教育科学研究者们在研讨上述技能基础上于2003年进一步提出的21世纪的四领域技能(21st Century Skills)[4]。

2013年8月30日，日本文部科技省国立教育政策研究所(NIER)和国际协力机构(JICA)在东京共同主办了"思考全球化时代初中等教育——全球化人才培养对日本的启示"国际研讨会。其背景是上述两个机构自2011年12月开始对澳大利亚、新西兰、英国、德国、美国和加拿大的教育全球化进行了对比研究。上述各国代表分别在研讨会上就两个主题阐述了本国课程改革的情况。这次研讨会特别关注生存于瞬息万变社会中所需的基本能力及其教育课程的主流趋向，也就是经济合作与发展组织(OECD)提出的"KC"和源于美国外语教学委员会(ACTFL)提出的能力标准指南所引导的培养趋向："知道"不如"会做"的素质和能力。提倡"基础知识""深层认知技能""社会交往能力"的三层培养结构等。

从这些动向可以看出，全世界的教育理念在大方向上是殊途同归的。有一个实例也可以说明这一点。中国新闻网2010年12月8日的一条综合报道称，经合组织(OECD)12月7日公布了2009年实施的第四次国际学生评估项目(PISA)调查结果。报告显示，上海中学生在数学、科学和文化水平三方面的教育水平名列世界第一。为此，世界各国将目光投向中国、投向上海。为什么尚未成为经合组织成员的中国能够取得如此骄人的成绩？究其原因，与课程改革的成果不无关系。虽然外语不是调查对象，但外语学科的课程改革理念与全学科是一致的，学习外语对培养学生形成所谓的关键能力"KC"也是非常有益的。由于OECD提出的关键能力"KC"不植根于某种道德观或价值观，是超越国家、超越文化差异、超越领域的社会发展的共同需求，是生存在当代社会人人必备的关键能力，所以尽管中国有自己的国情，但教育改革在整体上仍自然而然地朝着同样的方向发展，在关键能力的培养上趋向一致，而且很有成效。

所以，从国际化视野看专业日语教学的改革与发展，研制高等教育的日语专业教学质量标准，在理念上也不能忽视这个总体趋势——即学习外语要超越语言和文化，致力于提高综合素质，与人类社会发展所需的关键能力联系起来思考是很有必要的。

3. 参照物

研制日语本科专业教学质量国家标准无疑需要大量的参考资料。首先这种研制并不是白手起家。因为至今，我国高等教育阶段已经出版了10部教学大纲，其中专业日语教学大纲3部，非专业日语教学大纲(课程教学要求)7部。任何改革都不是空中楼阁，而是在已有基础上的继承、改进和创新。同时，也需要从国际视野来寻找参照物。比如，国际交流基金会的"JF日本語教育スタンダード"就是其中之一。

3.1 "JF日本語教育スタンダード"

关于"JF日本語教育スタンダード"(以下简称"JFスタンダード"，见图6)，我国日语教学界对此并不陌生，但是很少有人认真研究过它。仔细研读这个标准不难看出，它是集有识之士的心血开发而成的。它以"欧洲共同语言参考标准CEFR(Common European Framework for Reference)"为参照物，用一棵树来呈现语言交际中言语能力与言语活动的关系。自2009年公布试行版以后不断更新，2010年公布初版、2012年又公布了第二版。

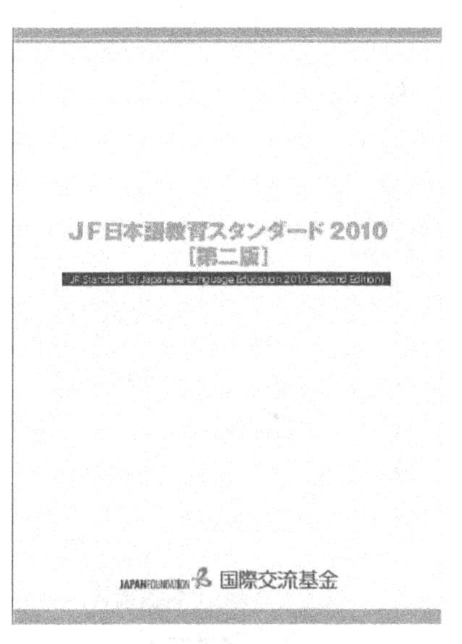

图6 JF日本語教育スタンダード

"JFスタンダード"定位是，力求成为各国思考日语教育的教学方法、学习方法和评价方法的工具；成为各国日语教育者反省和纠正教学实践、设计课程的工具；成为在不同国家、不同情况下从事日语教学的人，用日语开展对话的平台。为此，这个标准在编制上处处为使用者着想，提供方便。还建立了"みんなの「cando」サイト"网站，可以通过它了解日语教育的最新动态。

诚然，在中国，我们要有自己的教学质量标准，但由于"JFスタンダード"有广泛的适应性，在研制教学质量标准时，的确是一个很好的参照物。同时，"JFスタンダード"在网上也是公开的，无论是教师还是学习者，都可以根据自己的需要灵活运用，所以我们也应该关注它，使之为改善中国的日语教育服务。

3.2 "ルーブリック"(rubric)

研制日语专业教学质量标准，还有一个不可或缺的问题是评价。在这方面，国际上有一种应用比较多，而国内还不太显现的方法叫作"ルーブリック(汉语一般称作"量规"或"评分规则")"，前面介绍的『めやす』就提倡并使用了这种评价工具。

“ルーブリック”(rubric)是一种对学生的作品、成果、成长记录、表现行为进行评价或者等级评定的一套标准,也是一个有效的教学工具,能够比较客观地做出评价,是连接教学与评价之间的一个重要桥梁。所以,像经合组织 OECD 开展国际调查、日本国立教育政策研究所开展“课程实施调查”,还有“JFスタンダード”等也都在采用这个工具。

基础教育阶段的日语课程标准在评价方面迈出了一大步,建立了评价主体多元化、评价方式多样化、评价目标多层次的评价体系,提出了形成性评价与终结性评价相结合、定性评价与定量评价相结合、他评与自评相结合、综合评价和单项评价相结合等多种评价方式,而且提供了多个实例,包括“学习档案”等现代比较推崇的方法。但是尚缺少相对具体的评价标准。今后研制这种评价标准时,适当引入“ルーブリック”这种评价工具不失为一种选择。所以,在这里也将这个信息提供给大学日语教育做参考。

3.3 『実践日本語教育スタンダード』

图 7　実践日本語教育スタンダード

2013 年 3 月,日本“ひつじ書房”出版了一部『実践日本語教育スタンダード』(见图 7),它与一般的标准不同,是一部经过长期积累、基于从交际视角研究词汇的成果编制而成的,从语言活动和语言素材两个方面为日语教育提供了有用的信息。

这部书由 4 章组成:

第 1 章　言語活動・言語素材と話題

第 2 章　話題に従属しない実質語

第 3 章　私的領域(場所)の言語活動と難易度

第 4 章　大学という場所における言語活動

第 1 章收集了从属于话题的实词;第 2 章收集的是第 1 章以外不属于某话题的实词;第 3 章是言语活动的场景分类;第 4 章专门谈大学环境中的日语活动。这个标准很有特色,它将言语活动和语言素材通过话题这个媒介结合在一起。在语言素材方面研制了一个“語彙・構文表”,使词自然组成句。“語彙・構文表”中收录了 8110 个实词,按照 100 个话题进行分类,并设定为 ABC 三个水平。标准中有 1500 个言语活动实例,使收录实词的总数达 9306 个,还设置了 698 个场景。因篇幅所限这里不能详述。

看到这个标准的时候,我很兴奋。因为,基础教育课程标准完成以后,一直有一些遗留问题没解决。其中的难题之一就是话题项目与词汇表不配套。有人建议将词汇按话题加以整理,但这不是一朝一夕能够完成的。现在有了这个『実践日本語教育スタンダード』,无疑是个很好的参照。所以,也在这里提供给高校做参考。

3.4 两本关于日语教育的书

这里,再介绍现任日本国立国语研究所教授、日本大阪府立大学名誉教授——野田尚史近年来编的两本书(见图 8)。一本是『日本語教育のためのコミュニケーション研究』，另一本是『コミュニケーションのための日本語教育文法』。其中，2012 年 5 月出版的『日本語教育のためのコミュニケーション研究』这本书提出了革命性的日语教育研究方向。那就是以往的日语教育虽然也打着重视交际能力的旗号，但实际上还是在教语法等言语知识，而这本书提倡重视掌握开展交际活动所需的言语技能。为此，他们正在进行三项实例研究：

图 8　野田尚史的两本书

(1)日语为母语者的交际行为研究

(2)日语为非母语者的交际行为研究

(3)以交际为目的的日语教育研究

野田认为，日语教育中语法是需要的，但更应重视词汇、话语和语用的教学。不是静态地分析语言结构，而要重视动态地分析社会上人与人交流时使用的活生生的语言。

篇幅所限，这里不能详述。但在思考今后的日语教育时，也是值得参照的。

参加这次国际研讨会，让我很有感触。中国的日语教学界长期以来分为大学专业日语、大学公共日语、中学日语等不同的学会或组织，彼此的沟通和交流比较少。周恩来总理曾说，中国的外语教学要“多语种，高质量，一条龙”。从 2011 年在天津外大召开第十届世界日语教育大会开始，打破了这种割据的僵局。如今，在大学“国际化视野中专业日语教学的改革与发展研讨会”上，有机会与从事高等教育的大学日语教师们分享我了解的一些信息，确实感到非常高兴。中国的日语教育学界多么需要沟通和交流啊。

国家教育部 2014 年 4 月 25 日，正式印发《关于全面深化课程改革落实立德树人根本任务的意见》，其中提出了“五个统筹[5]”“十项改革措施[6]”。这五个统筹“涵盖了育人的主要方面，将从多个维度系统构建全方位、立体化的育人体系”，而十项改革措施则“力求有效衔接、环环相扣，确保改革系统推进。”为了改进和完善已有措施，教育部又提出了三项新的措施：一是研究制定学生发展核心素养体系，明确学生应具备的适应终身发展和社会发展需要的必备品格和关键能力；二是研究制定学业质量标准，明确质量要求，完善现行课程标准，增强对教学和考试评价的指导性；三是加强相关学科课标、教材纵向衔接和横向配合，推动跨学段整体育人、跨学科综合育人。

其中之一，呼应了联合国教科文组织、经合组织和欧盟等国际组织所倡导的教育及课程改革的国际潮流，将长期提倡的“素质教育”改成了“核心素养”。1994 年 8 月，中共中央发布《中共中央关于进一步加强和改进学校德育工作的若干意见》，第一次正式在中央文件中使用“素质教育”的概念，而其内涵是随着人们对问题认识的不断深化而逐步被充实完善的。20 多年来，“素质教育”一直是我国深化改革的关键词，直到近年来，联合国教科文组织、欧洲联盟、经济合作与发展组织等以能力(competence)为核心推进未来课程建设的理论重构，影响不断扩大。其中，经济合作与发展组织(OECD)于1999—2002年广邀多数成员国的多领域学者经过多年研究，提出了终身学习的关键能力“KC”(日文为“キー・コンピテンシー”)，引起了世界各国和地区的广泛关注。或许与权衡词语含义有关，即“素养”具有可教、可学、可测评的内涵特质，且台湾也已有学者提出了“‘国民核心素养’之架构[7]”，“核心素养”替代了“素质教育”，成为新一轮课程改革的关键词。

其中之二，是在研制课程标准基础上的进一步深化，前面提到的国际上应用比较多的评价工具“ルーブリック”在国际上制定学业质量标准时用得比较普遍，我国日语教学中针对行为表现的评价是以往比较缺乏的，而这种评价工具在这方面有独特的适应性。

其中之三，可以看出教育部正在致力于改进以往基础教育与高等教育缺乏关联的现象，拟加强纵向联系和横向配合。现如今，基础教育阶段的高中课程标准已经开始修订；大学也在教育部的领导下启动了大学专业日语教学质量标准的研制，可见这种纵向联系已经在逐步实施。

可以预见，上述动向对中国的日语教育既具有明确的指引作用，也对基础教育和高等教育阶段的日语教育的相互关联和融合创造了条件。愿这股强劲的东风促进中国日语教学界进一步的相互沟通和交流，加强团结，共同把中国的日语教育事业做得更好。

此文在已发表文章的基础上改写而成，原文题目为“日语教学质量标准之思考”，收录于修刚、朱鹏霄主编《国际化视野中的专业日语教学改革与发展研究》一书，该书由天津出版传媒集团天津科学技术出版社于2014年8月出版。

注释

[1]公益財団法人国際文化フォーラム.外国語学習のめやす,2013:030—031。

[2]译自上述资料:030—031。①能互动地使用工具、②能在异质社群中沟通交流、③能有自律地行动。

[3] 译自资料同上。①核心学科知识(国语、阅读、数学、科学、外语、经济、历史、地理、艺术、整治社会等)和21世纪生存的重要话题领域和内容(国际化影响、贸易、经济、保健卫生、环境问题等)，②高度的思考能力和学习技能，③科技素养和信息传媒素养，④生活能力(领导能力、伦理性、说明责任、产能性、自律能力、社会责任感、个人责任感)。

[4] 译自资料同上。①思考方法:创造性和创新性，批判性思维、解决问题、做出判断和学习努力，元认知，②工作方法:交际、合作、团队协同，③学习工具:信息素养、信息沟通技术、ICT素养，④社会生活:市民权、生活和职业道德、个人责任及社会责任。

[5]一是统筹小学、初中、高中、本专科、研究生等学段(包括职业院校)；二是统筹各学科，特别是德育、语文、历史、体育、艺术等学科；三是统筹课标、教材、教学、评价、考试等环节；四是统筹一线教师、管理干部、教研人员、专家学者、社会人士等力量；五是统筹课堂、校园、社团、家庭、社会等阵地。

[6]即研究制定学生发展核心素养体系和学业质量标准；修订课程方案和课程标准；编写、修订高校和中小学相关学科教材；改进学科教学的育人功能；加强考试招生和评价的育人导向；强化教师育人能力培养；完善各方参与的育人机制；实施研究基地建设计划；整合和利用优质教育教学资源；加强课程实施管理。

[7]柳夕浪.从"素质"到"核心素养"——关于"培养什么样的人"的进一步追问[J].教育科学研究 2014(3)

参考文献

中华人民共和国教育部制定,《全日制义务教育日语课程标准(实验稿)》,北京:北京师范大学出版社,2001 年。

中华人民共和国教育部制定,《普通高級中学日语课程标准(实验稿)》,北京:人民教育出版社,2003 年。

中华人民共和国教育部制定,《全日制义务教育日语课程标准(2011 年版)》,北京:北京师范大学出版社,2012 年。

中华人民共和国教育部制定,《全日制义务教育日语课程标准(实验稿)》,日语版。

http://www.jpf.go.jp/j/japanese/survey/country/syllabus/pdf/sy_honyaku_4china.pdf

OECD(2010),Strong Performers and Successful Reformers in Education: Lessons from PISA for the United States, OECD.

D. S. Rychen & L. H. Salganik(eds.)(2003)Key Competencies for Successful Life and a Well-Functioning Society. G? ttingen: Hogrefe & Huber.(立田慶裕監訳『キー・コンピテンシー:国際標準の学力を目指して』、明石書店、2006 年)。

オーストラリア ビクトリア州教育委員会 カリキュラムと学習基準の枠組み_LOTE(英語以外の言語)日本語用別冊、2000 年。

オーストラリア ビクトリア州教育委員会 第 2 言語としての日本語 VCE 学習設計、2004 年。

独立行政法人国際交流基金 JF 日本語教育スタンダード 試行版、2009 年。

独立行政法人国際交流基金 JF 日本語教育スタンダード 2010 第二版、2012 年。

公益財団法人国際文化フォーラム,国際文化フォーラム通信 №81、2009 年。

公益財団法人国際文化フォーラム,外国語学習のめやす、2013 年。

山内博之『実践日本語教育スタンダード』、东京:株式ひつじ書房、2013 年。

野田尚史『コミュニケーションのための日本語教育文法』、东京:株式くろしお出版、2005 年。

野田尚史『日本語教育のためのコミュニケーション研究』、东京:株式くろしお出版、2012 年。

唐磊『中国の義務教育段階の日本語シラバスについて』、国際交流基金会、世界の日本語教育<事情報告編>第 7 号、2003 年。

唐磊「中国の中等教育における日本語教育の概要『教学大綱』から『課程標準』へ」北京:高等教育出版社、2011 年。

唐磊,降低目标难度 调整教学内容——《义务教育日语课程标准(实验稿)》修订解读,人民教育,2012 年增刊。

唐磊,"义务教育日语课程标准修订说明",《基础教育课程》,2012 年 1~2 月,总第 97 期。

唐磊,《关于国际化人才培养和多语种外语课程设置的思考》//"国际化人才的培养与多语种教育—从日语教育探索其可能性"会议报告,2014 年 4 月。

唐磊,"日语教学质量标准之思考"//修刚,朱鹏霄,《国际化视野中的专业日语教学改革与发展研究》,天津:天津出版传媒集团、天津科学技术出版社,2014:1~11。

作者简介

唐磊,1992—1993 年度日研中心客座研究员,研究方向为中日汉字对比研究。原人民教育出版社编审、课程教材研究所研究员。

我国青年日语教师关于“教师评价”的意识现状
——基于事例分析

朱桂荣　蒋　伟

1. 研究背景

1.1　高校日语教师发展现状

新中国成立后，我国非常重视外语教育工作发展，在部分大学开设了日语专业。当时的日语师资主要是留学日本的华侨、殖民地时代中国东北和台湾地区熟练掌握日语的人员、在华日本专家和几所重点大学培养的少数优秀毕业生。1972年中日邦交正常化，为新中国带来了第一次日语学习热潮。随着改革开放的推进，中日贸易往来日渐频繁，急需大批日语人才。在此背景下，我国日语教育事业得以快速发展，但总体上仍处于精英教育阶段。2000年以后，伴随高等教育的规模扩大，各高校普遍增设日语专业，不少日语专业在原有基础上扩大招生。同时，很多高校作为第二外语开设了日语选修课。这些举措不断充实着我国日语教育，同时在一定程度上满足了社会经济发展对日语人才的需求，也满足了学习者对日语学习的需求。随着高校日语学习者人数的增多，日语教师数量也有所增加。根据日本国际交流基金会2009年和2012年的统计调查，在中国高校任教的日语教师由2006年的7217人增至2009年9450人，进而又增至2012年的11271人。高校日语学科、日语学习者数量、日语教师数量的增多都说明，在短短三十年间，我国高校日语教育已经步入大众化教育背景下的跨越式发展阶段。

进入21世纪后，为进一步提高高等教育质量，国家高度重视师资队伍建设。为打造一流大学，提高教师队伍整体科研能力，高校在招聘教师时对应聘者的学历提出了很高的要求。受此影响，越来越多拥有硕士或者博士学位的日语教师走上了大学讲台。特别是近几年，可以说取得博士学位是在大学从事日语教学和科研工作的必备条件。作为大学日语教师，既要从事科研工作，又要进行日语教学，因此大学对教师科研和教学方面的能力均有较高要求。然而，在新手教师中，多数人对开展专业日语教学活动并没有丰富的经验，很多教师职前缺乏系统的日语教学理论学习。因此，如何提高高校青年日语教师的教学能力是一个重要课题。

针对这种状况，许多高校在新手教师入职后首先提供岗前培训的机会。然而，不少高校的岗前培训多为介绍学校的规章制度，或请经验丰富的教师谈谈教学体会。这些培训内容诚然有益，但不是系统的教师教育课程，因此，对于一些青年日语教师迫切想了解“如何掌握日语教学的基本规律”“如何提高教师的教学能力”“如何更新教师的教学观念”等一系列关于“日语教学方法论”的相关疑问不能在岗前培训中得到有效解决。这也使得很多新手教师在参加了岗前培训后仍然在日后的教学工作中面临诸多压力和挑战。

1.2 我国对于“教师评价”的重视

高校是培养高水平人才的阵地，教育质量的保证是人才培养的关键。如前所述，国家在教师聘用制度上对应聘者提高了学历要求。此外，为保证教学质量，国家对教师的教学质量监控也采取了一系列措施。《教育部关于进一步深化本科教学改革全面提高教学质量的若干意见》(教高(2007)2 号)中提出:“进一步完善高等学校的内部质量监控和评价体系。各高等学校要进一步加强教学质量监控，建立用人单位、教师、学生共同参与的学校内部质量保障与评价机制，形成社会和企业对课程体系与教学内容的评价制度、课堂教学评估制度、实践教学评估制度、领导和教师听课制度、同行评议制度、学生定期反馈制度及教学督导制度等，加强对人才培养过程的管理。完善教师、院系、学校三级质量保障机制，逐步建立保证教学质量不断提高的长效机制。”从教育部对于本科教学改革的意见可知，学校、教师及学生三方面共同参与质量保证体系，形成一系列完善的教育评估体制，特别是加强教师评价，是促使教师教学能力不断提高的推动力量之一。

学生作为课堂教学的直接参与者，也是最重要的体验者，对于教师的教学态度、教学能力有着不容忽视的评价权。重视学生对任课教师的评价，可以直接从“学”的角度思考如何改善“教”的效果，有助于教师提高教学质量。另一方面，目前由于高校日语专业学生迅速扩招，导致日语教师数量在较短时间内也迅速增加。其中部分日语教师学历较高，但教学经验尚不丰富，他们需要通过提高教学能力来进一步促进自身专业发展。那么，对教师的教学活动和教学效果进行评价的“教师评价”制度作为一种外部激励机制，能否有效促进教师教学能力的提高呢？带着这一疑问，本研究对当前我国的“教师评价”制度展开调查，通过事例来分析我国青年日语教师关于“教师评价”的意识现状，目的在于从被评价者角度，发现“教师评价”中存在的问题，以便为改进教师评价制度提出有益的建议。

2. 先行研究

2.1 关于“教师评价”的国外研究

在世界范围内，教师评价的发展可分为两个时期:一是 20 世纪初到 20 世纪 80 年代，即奖惩性教师评价形成、发展和兴盛的时期;二是 20 世纪 80 年代中期以后，在部分发达国家开始导入发展性教师评价，于是呈现出两种评价并存的状态(王:2005)。

奖惩性教师评价是由督导员代表教育主管部门，定期对教师进行评价并提出评价报告，同时基于该报告对教师进行奖惩的制度。这种自上而下的评价方式不是为了促进教师的成长，而是为了加强对教师的管理和控制。这种评价方式虽然可以强化教师管理，但信赖度较低，对于教师教学能力的提高作用也较为有限，因此受到了教师的反抗。

而发展性教师评价则是为了促进教师个人成长、推动教师不断进步，与评价结果相比更为重视评价过程的自下而上的评价方式。

总体而言，两种评价制度的目的均是为提高办学质量。但是，奖惩性评价制度是以加强教师绩效管理为目的，主张高度集权、从严治校，依据教师评价的结果，对教师做出奖励或惩罚决定，从而加强绩效管理，提高办学质量。而发展性教师评价制度则是以促进教师专业发展为目的，主张适度分权、民主治校、教师参与，通过实施教师评价，促进教师的专业发展，从而实现教师与学校、个人与组织的共同发展，提高办学质量。由此可见，两种评价的最终目标固然有相同之处，但是所依据的评价理念和所采取的实施路径完全不同。

2.2 关于"教师评价"的国内研究

我国关于高校教师评价的研究与实践始于20世纪80年代，分为三个阶段(陈:2005)。

起步阶段:1984—1990年。1989年，原国家教育委员会召开全国普通高等学校教学工作奖励大会，促进了高等教育机构中教师评价工作的展开。这个时期的教师评价由行政部门主导，针对教师的教学态度、教学方法、教学内容和教学效果进行评价。它主要依据教学管理者的经验进行，针对评价和教学的理论研究不足，评价的主观性较强。

普及阶段:1991—1995年。北京师范大学承担"高等教育机构中教学评价的理论与实践研究"的专家和学者制定了教师评价的评价量表和评价顺序。其后，各大学基于北京师范大学的评价标准，创建了适合本校的教师评价制度。该时期的教师评价虽然开展范围较广，但未能与教学改进相结合。

发展阶段:1996年以后。由于评价方法中存在过分定量化的倾向，随后采用了定性与定量相结合的研究方法，并在理论与实践上进行探索。

此后，很多学者针对中国教师评价进行了研究，虽然有人认为中国目前发展性教师评价制度已经较为普遍，但较权威的研究则认为，目前中国高校奖惩性教师评价仍占绝对地位(王:2005)。

从外语学科层面来看，英语界已有关于教师评价的研究。如有研究以68名大学英语教师为对象，围绕教师评价的实施情况和问题点进行了问卷调查(周:2007)。该研究认为，目前的教师评价对于教师成长的关心度不够，在实施教师评价的过程中，教师通常处于被动的立场，没有主动的发言权。而且，实施过程不够透明，评价结果的反馈也比较滞后。

另外，为把握英语专业教师评价的现状，有研究以207名英语教师、120名学生以及数名大学管理者为对象进行了调查(董:2008)。该研究认为，英语学科的评价表格与其他学科无异，体现不出自身特点，评价的可信度较低。而且，教师评价的功能主要是为加强对教师的管理，与教师的升职挂钩，不能起到促进英语教师成长的作用。另外，结果的反馈多为量性统计的数据，描述性的建议或评价较少。

如上所述，已有研究绝大多数都采用问卷调查法(基本上是选择题)，以量性研究为主。这种定量调查固然可以把握"教师评价"的总体趋势，但难以了解被调查者的具体想法，对调查结果的解释也具有一定局限性。因此，积极开展关于"教师评价"的质性研究非常必要。

如前所述，在日语教育快速发展的背景之下，促进日语教师专业发展成为一个重要课题。然而，日语界对于日语教师专业发展的研究却严重缺乏。特别是当前各高校普遍采用教师评价制度来促进教师发展时，该制度对日语教师的专业发展起到了什么作用？作为被评价者的日语教师怎样看待这些评价制度？探究这些问题将对改进当前的教师评价制度起到重要的反馈作用。为此，本研究将采用质性研究手法，通过具体事例，对青年日语教师关于“教师评价”的意识现状展开调查研究。

3. 研究目的与课题设定

本研究将从多个角度探究我国青年日语教师关于“教师评价”的意识现状，目的在于探究有利于教师专业发展的教师评价制度，从被评价者角度出发，发现问题，为改进现有的教师评价机制提出建议。为实现这一目的，本研究设定了以下四个研究课题。

①青年日语教师对于“教师评价”的看法是什么？

②青年日语教师对于“教师评价”的结果采取了怎样的处理方式？

③青年日语教师认为“教师评价”对其自身专业发展有何影响？

④青年日语教师对“教师评价”有何期待？

4. 研究方法

本研究采用质性研究方法，通过具体事例，分析教师对“教师评价”的意识现状，旨在关注青年日语教师对于教师评价的认识和理解。事例研究的设计因研究者而有所不同。ステーク(2006)把事例研究分为个性探求型事例研究和手段型事例研究。前者是指针对某一特殊事例进行深入了解，因而对事例的兴趣通常是在研究之前就已经存在。后者是指研究一般现象的事例，事例的选择是为了帮助理解所关心的现象。本研究旨在描述青年日语教师关于“教师评价”的意识现状，并不针对某位有特殊经历的教师进行调查，因此属于手段型事例研究。

另一方面，手段型事例研究又可分为单一事例研究和多重事例研究。由于青年日语教师的教育背景、工作经验以及所在大学的层次等都具有各自的特点，因此，调查对象的多样性对于我们探究研究对象的深度和广度具有重要意义。为了从不同角度反映青年教师对“教师评价”的意识现状，本研究采用了多重事例研究手法。

4.1 研究对象

表 1 被调查者的基本情况

调查对象	性别	年龄	学历(调查时)	任教年数	所在大学层次
A	女	31 岁	博士在读	5 年	专科院校
B	男	33 岁	博士	3 年	211 大学
C	男	28 岁	硕士在读	4 年	普通本科

本研究选取了三名青年日语教师作为调查对象，简称为A、B、C。如表1所示，A为女性，31岁，接受访谈调查时正在攻读博士学位，在一所3年制的专科院校教授日语，任教年数为5年。B为男性，33岁，接受访谈调查时已取得博士学位，在一所211重点大学的日语专业教授日语，任教年数为3年。C为男性，28岁，调查时正在攻读硕士学位，在一所4年制普通大学教授日语，任教年数为4年。这三名调查对象并非同时确定的，而是伴随研究的深入，在对第一名调查对象进行研究时，考虑到其教育背景和所在大学的层次，为了尽可能突出差异性而选取的下一位调查对象。这种有目的的选取，使得三位调查对象在性别、工作经历、学历、毕业学校的层次以及目前所任教的学校层次等方面各不相同，这在很大程度上保证了事例之间的多样性，对于后续分析和考察具有重要意义。

4.2 数据收集

事例研究的数据收集方法通常有访谈法和田野调查法两种。本研究主要考察青年日语教师对于教师评价的意识现状，所以采用访谈法比较适宜。

访谈法分为开放式访谈、半开放式访谈和封闭式访谈三种。其中，半开放式访谈需要根据研究目的，初步设定所要访谈的问题，并要在访谈过程中根据调查对象的回应随时进行追问和确认，因此具有很大的灵活性。本研究为尽可能真实地反映调查对象的所思所想，所以选取半开放式访谈来收集数据。

如表2所示，本研究并没有事先与调查对象约定访谈的次数和时间，而是以获得充分的理解为目的，根据研究需要，在访谈结束后以跟踪访谈或通过邮件对于未尽事宜进行了确认。访谈的地点、时间、日期均由调查对象决定。因此，每个事例实施访谈的具体情况各有不同。调查者在得到调查对象同意后，对访谈过程进行了录音，之后立即进行了文字转写，并请访谈对象对文字转写的内容进行了确认。

表2 访谈的实施情况

调查对象	访谈情况	访谈方式	访谈地点	信息追踪
A	1次　98分钟	面谈	教室	邮件往来
B	1次　74分钟	面谈	教室	无
C	第1次88分钟 第2次23分钟	面谈	咖啡店	邮件往来

4.3 分析方法

本研究按照“多重事例研究”分析法（S. B. メリアム：2004），采用“事例内分析”和“事例间分析”两个分析步骤。进行“事例内分析”时，首先反复阅读每个调查对象的采访内容，然后根据不同主题，对数据进行归类并命名。继而再根据话题间的关系，梳理出采访对象对“教师评价”的所思所想。进行“事例间分析”时，针对所要研究的问题，根据“事例内分析”所生成的概念，对三个事例进行比较分析，并进行综合考察。

5. 数据分析

表 3　本研究所涉及的“教师评价”种类(依据评价主体分类)

调查对象	所就职的大学层次	所接受的“教师评价”的种类
A	3 年制大学	来自学生的“教师评价”
		来自督导组的“教师评价”
B	4 年制重点大学	来自学生的“教师评价”
C	4 年制普通大学	来自学生的“教师评价”
		来自同事的“教师评价”
		来自督导组的“教师评价”

目前各高校所开展的“教师评价”,根据评价主体的不同,可有多种分类。如表 3 所示,A 在其任教的专科院校接受了来自学生和来自督导组的两种教师评价。B 在其任教的重点大学接受了来自学生的教师评价。而 C 在其任教的普通大学接受了来自学生、同事、和督导组三种教师评价。以下,对三种不同评价主体的教师评价进行简要说明。

来自学生的教师评价,是由学工或教务处组织学生对任课教师进行评价的方式。

来自督导组的教师评价,是由督导组进行的评价方式。督导组成员为学校管理人员或在职、返聘的经验丰富的教师。

来自同事的教师评价,是由各个院系组织教师相互进行的评价方式。评价依据主要通过听课和日常接触。

以下分别按照事例逐个分析。

5.1　A 的事例分析

5.1.1　A 对来自学生的教师评价的意识现状

首先,针对调查问题①,A 对所在专科院校组织的以学生为评价主体的“教师评价”的总体印象是,评价的可信度低,并阐述了三个理由。一是 A 认为评价项目的妥当性低,举例来说,“因为它要求多媒体教学嘛,但是我们学校目前多媒体教室供应不上”,也就是说,客观上不具备多媒体教学的条件,然而评价项目中却要求学生对教师的多媒体教学进行评价,因此 A 认为这种评价从评价内容上不具备可信度。二是 A 认为学生的评价态度具有主观性,A 谈到“学生给老师评分,他觉得你好的话,那些其实你比较弱的项,分数也不低”、“有的时候比如说老师在上课的时候骂过他一顿,他怀恨在心,就故意打低分。这都是有可能的”、“有百分之多少的学生他是认真打的? 他就随便写一个,没思考”。A 认为学生有可能凭借个人好恶来对教师进行评价,并非都经过了认真思考。因此好或不好的评价,都缺乏可信性。三是 A 认为学生进行评价时缺少参照基准。A 谈到“你看在这几年的学习过程中,学生上过多少个老师的课？他没有比较”。也就是说，A所在的专科院校，日语教师数量有限，学生并未接受过较多日语教师的指导，在A看来，学生因为没有更丰富的参照标准，因此所做的教师评价的可信度不高。

针对这种来自学生的“可信度较低”的评价，A采取了怎样的处理方式呢？（调查问题②）A说“分数就是看看就完了。因为学校也不是完全看着那个分数来做事的。不够糟就不会找谈话”。基于这种表述，可知A对评价结果，只是“稍微看看”。A所在的大学实施的由学生进行的教师评价是以奖惩为目的的，如果评价结果不是很差，学校领导就不会找任课教师谈话，因此教师不会因评价结果不良而受到惩罚，所以A也就不是十分关心评价的结果了。

这种以奖惩为目的的由学生打分的教师评价对A的专业发展产生了什么影响呢？（调查问题③）A谈及了“激励”和“无助于成长”两种相互矛盾的影响作用。A谈到“我觉得目前学生对我的评价主要是激励作用。因为每次分儿还蛮高的。看见了觉得挺高兴的，那就是激励呗。就接着这么做。……我自己感觉，因为我要求比较严，所以一年级的时候分数就相对低一些，二年级分数高了，就是学生他适应你了，也有感情了，觉得你这个严是对他好，分数就高了，所以我更坚定了我一定要严”。从这段谈话可以看出，A通过学生评价获得了学生对自己教学的反馈，由于分数较高，所以A认为学生认可了自己的教学，也由此感受到了一种激励作用。需要注意的是，A在这段话中对学生进行评价时的主观性（如因为一年级要求严，所以评价的结果就是分数低）以及情感因素会影响学生对教师的评价（如学生适应老师后或对老师有感情后，就会肯定老师）也有所提及。但是与此同时，A也谈到了这种评价结果“无助于成长”。具体理由是“我觉得我研究生的时候出去讲到现在专业地讲，没什么成长。哈哈。一直都是这么讲。……或者说这个成长在当职业教师之前就长了。嗯，就是工作了以后，可能更注意的是怎么让学生跟你走，或者说让他更多地吸收，就没有再注意去怎么讲了”。从这段话可知，A认为所谓的成长变化应该是教学方法上的变化，但是她在任教的5年间讲授方法没有任何变化，只不过是工作以后更加关注学生对所学知识的吸收情况，所以A认为自己在专业上没有成长变化。从这种描述也可以推测出，A所在的学校组织的以学生为主体的评价可能没有在教学方法上给予教师必要的反馈。

另外，A对由学生打分的“教师评价”有何期待呢？（调查问题④）A谈到“那毕竟是一种反馈。最好能说出点，怎么说呢，嗯，一个是说实话吧，第二个有建设性的”。也就是说，针对来自学生的教师评价，A希望提升其真实性与有效性。

5.1.2 A对来自督导组的教师评价的意识现状

除了来自学生的评价之外，A所在的学校还开展了来自督导组的教师评价。针对调查问题①，A认为由督导组打分的“教师评价”，其可信度同样低，并阐述了两个理由。一是A认为评价项目的公开度低，A说“没看过他们那个上面是有什么项目。因为他们我们也不认识，听完了就走了，也没有交流。他们就直接把这个反馈往上递了，所以我们就没看过到底是怎么样”。由于督导组对教师进行评价时所采用的评价项目内容，只有督导组内部了解，对被评价教师是不公开的，因此对于教师而言，自己与督导组的信息不对等，导致了教师对于评价的可信度产生了怀疑，认为这种评价的可信度低。二是A认为评价者缺乏日语学科的专业背景。A谈到“最大的问题是，那些人可能不懂日语就过来听。这是最大的问题。因为他是学校的人，他不可能懂每个专业。所以他能听到什么，不知道。……因为他们都是退休老教师，授课内容之外的部分，比如板书啊、课堂气氛啊什么的，能够判断吧。因为经验很丰富。可是，我觉得听课的时候，最重要的还是内容吧。因此，他们要是懂日语的话就更好了。所以，可信度也只是某种程度上的吧。不会很高”。由于大学各学科教学差距较大，在本专业经验丰富的教师作为督导组成员去评价其他专业教师的教学可能是“外行”，加之，大学教学中，除了板书、课堂气氛等方面外，教学内容是很重要的部分，如果督导组成员是外行的话，就难以对教师在教学内容上的安排做出正确评价，所以也就导致教师认为来自督导组成员的评价缺乏可信性。

针对这种来自督导团的“可信度较低”的评价，A采取了怎样的处理方式呢？（调查问题②）A无奈地回答说“无从处理”。理由是，“那个反馈都差不多在系里例会上都公布。优秀的说一说，有推广性的说一说，剩下太次的可能会单独谈一谈。……“可”和“良”的老师不知道具体结果，就那么着了”。因为A所在的学校采用了明显的奖惩性评价，所以领导只关心“优秀”和“不合格”的评价结果，对前者进行表扬，对后者进行批评，因此大多数处于中间层的“良”和“可”老师的教学情况也就得不到任何实质意义上的反馈了，因此，A认为督导团进行的教师评价的结果令她无从处理。

这种以奖惩为目的的由督导团打分的教师评价对A的专业发展产生了什么影响呢？（调查问题③）A谈到“这个评价有没有都无所谓，对我的成长没什么作用”。由于督导组的评价内容和评价结果均不为A所知，所以这一评价对A的教学改进没有起到任何积极的作用。加之，院系对于教师评价的结果只是重视奖优惩劣，所以，该评价对于成绩处于中间层的教师来说毫无影响。

A对来自督导团的“教师评价”有何期待呢？（调查问题④）A谈到“他如果懂语言的话，就更好了”。由此可知，A认为一个可信度高的教师评价应该是基于督导组成员的专业水平，她希望由同一专业的教师来评价自己的教学，而不是外专业的教师。因此，提高督导组成员的学科专业性是A对改进这种评价方式的最大期待。

5.2 B的事例分析

在访谈中，B主要谈及了以学生为评价主体的“教师评价”。针对调查问题①，B对“学生评价教师”的总体印象是，评价的可信度低，并阐述了两个理由。第一，B认为学生的评价态度主观性强。B谈到“学生一定是会敷衍的。你想每个老师，你想想，一个班级很多老师，每次都做，一定会烦。所以如果是这样的话，能不能反映真实也是很麻烦”。B认为，学生并没有真正理解组织教师评价的意义所在，而是将它看作形式主义，因此学生可能会心生抵触，并认为这种评价很麻烦，学生的这种态度也会反映到教师评价中来，所以肯定会降低评价的可信度。第二，由于评价的反作用力，所以以学生为评价主体进行的评价方式本身可能存在缺陷。B提到，“学生会利用教师评价，威胁老师。上次我在食堂吃饭的时候，一个俄语系的老师，他非常年纪大了，大概50来岁的老师(强调年龄)。他跟我说,他的学生来找过他,为什么来找他,就是因为他的期末成绩给他(该学生)低了。给他低了,然后想提高点。但是老师说我没有办法,然后那个学生转身就走了。然后这个老师跟我们说,这有可能影响他的评估。也就是说学生可能以此来威胁老师”。从这段描述可知,B认为学生会利用教师看重评价结果的心理,来威胁教师以获得较好的成绩。在这种评价机制下,教师有时处于被动地位,甚至可能会影响教师正常的教学工作。所以B认为来自学生的教师评价不具备较高的可信度。

针对这种“可信度较低”的评价,B采取了怎样的处理方式呢?(调查问题②)B表示,不会去主动查自己的评价结果,“不查,一开始时候我也没主动去。我始终没有去看我的结果。没有主动地看。系里是这样的,他会把高的、成绩高的告诉老师,在开会的时候,假如说哪个人想看的话,可以看的,这是可以看的。……因为我知道自己哪有缺陷,我不用去,基本上是不用去也是知道的”。由于B认为来自学生的教师评价结果的可信度很低,因此他不会主动去查询该结果。同时B认为自己清楚自身在教学上的问题,因此不用依靠评价结果,也能了解自己需要改进的地方。

以学生为主体的教师评价,对B影响是怎样的?(调查问题③)对此,B表示,这是一种激励和压力。“一开始关心结果呀。因为一开始我很危险的,其实我被找过谈心,被谈过的啊”、“请水平很高的老师听课,也请同事来听课,也去听别人的课。我经常进行反省,下了课反省反省,也问问学生,有交流比较多的几个学生”、“往坏了说是压力,往好了说是激励”。B在任教之初由于教学方面存在一些问题,被领导找到个别交流过,因此一开始就非常重视教师评价,B本人还请经验丰富的老师来听课,请她们给B提出改进建议,B也主动与学生交流沟通。由此可见,这种教师评价还是起到了一些积极作用,激励教师改进教学水平。同时B认为,教师如果过分在意评价结果的话,也会形成一种压力。

B对这种既能激励自己,又让自己非常有压力的“教师评价”有何期待呢?(调查问题④)B谈到了一种矛盾的看法,即对于这种评价既有期待又无期待。“因为我现在不关心这个地方。最好应该关心、老师应该关心我觉得”、“最近网上有评师网我不知道你知不知道。我看我的名字在上边,但是没人评价我。有的老师是有评价的”。通过这段描述,可知B在意识层面上,认为教师应该关心评价结果,因为来自学生的评价反映了学生对老师的期待。但是,从实际层面而言,B本人又不满足于校内的评价,于是就在校外的“评师网”上查找与自己相关的评价。“评师网”是学生对于各自学校的教师进行公开评价的一个网络平台。从B主动使用该平台,可以窥视到B对于学生如何看待自己这一问题非常重视。由于校内的评价存在可信度低的问题,所以B更乐于将注意力转移到其他的评价渠道,来了解学生对于自己的评价状况。

与A获得学生的肯定评价,从而获得成功相比,B有过较严重的受挫经历。由于任职之初教学经验不足,所以学生对他的评价较低。这一点使得B对于这种来自学生的评价方式抱有较为矛盾的心理。一方面他很想了解学生究竟如何看待自己,而另一方面又认为该评价体系存在一定缺陷,不想因为在这种评价中的受挫而否定自我。因此,他关注的是,尽可能摆脱这种体系化的评价方式,从更客观的角度去了解学生对其教学的评价。

5.3 C的事例分析

5.3.1 C对来自于学生的"教师评价"的意识现状

在访谈中,调查者了解到在来自学生的教师评价中,C得到了很高的评价,为此还在院系得到了领导的表扬。因此,与A和B不同,针对调查问题①,C认为以学生为评价主体进行的"教师评价",其可信度非常高。C谈到"他如果真的觉得你是个好老师的话,他就会说你好。如果他觉得你不怎么样,反正是匿名的无所谓嘛。所以说我觉得学生的评价还是蛮公正的。……这个我觉得是评价里面最有效的一个,最能真实反映学生的心声"。也就是说,匿名的评价机制是C认为来自学生的教师评价结果比较可信的主要原因。

面对这种来自学生的"可信度高"的评价结果,C采取了怎样的处理方式呢?(调查问题②)C说"有点不好意思,因为那个纸是放在学工的老师那里嘛。开会的时候系里的老师会说如果你觉得自己怎么怎么样,你可以去。你如果去的话,他也不知道你是认为自己好才来的呢,还是认为自己不好才来的。这个面子上就会觉得,办公室里那么多人,所以我就心想,那就算了吧,反正也应该差不多"。从这段描述可知,虽然C采取了"不查结果"的应对方式,但其内心比较纠结。由于评价结果的公开方式比较特殊,所以无论去看还是不去看都令人尴尬,所以C只得采取不作为的方式。

这种由学生打分的教师评价对C的专业发展产生了什么影响呢?(调查问题③)C谈到"我个人感觉这个评价的作用还是挺大的。比如说如果你一旦受到表扬的话,自己会对这个职业,我感觉是越来越热爱了。我现在教完之后,我特别喜欢这些学生。因为他们对我的评价很高,我也会认真地教他们。相互促进。你表扬我,我也会去做得更好。"正因为C得到了学生们的高度评价,这种肯定评价激发了C对学生的喜欢之情以及对教学工作的热情。同时,由于优秀的评价结果会在院系公布,这也在一定程度上激发了C的工作热情。所以C认为来自学生的评价对自身发展起到了重要的"激励作用"。

C对来自学生的"教师评价"有何期待呢?(调查问题④)C谈到"其实作为领导,如果他能把学生给你的评价做成电子稿,发到每个人手里,就你一个人知道的话,你就可以看到自己优点在哪里、缺点在哪里"。由此可知,C非常想知道学生评价的具体结果,为此他提出了一个关于改进评价结果公开方式的建议,他希望既能保护教师的隐私,又能保证教师知道评价结果以便改进教学。

5.3.2 C对来自于同事的"教师评价"的意识现状

C所任教的大学还开展了来自同事的"教师评价"活动。针对调查问题①,C认为以同事为评价主体进行的"教师评价",其可信度是比较低的。C从三个方面谈了自己的理由。第一,"全校统一的。就是所有专业都是这个"。也就是说,来自同事的评价,它所采用的评价框架、评价内容只有一种,没有考虑到各个学科的专业性,因此C认为这种评价在内容上就缺乏妥当性。第二,C 谈到"那个评价表、就是写着分数的评价表是看不到的。但是,课后领导会稍微给说一下。不错啊什么的。但具体分数不知道。然后同事的话,就都是好听的话了。……这个评价是署名的,最低也都是 95 分以上……。人际关系方面,大家一般都不愿意去得罪某个老师。一般给的分数都还好。同事之间还要相处。对吧。而且也许你认为他这方面讲得不算好,但是他自己认为他讲得很好。而且这个你即便低分上去了之后,领导也不会把他怎么样"。C 还讲述了自己以同事身份评价其他教师时的做法,"要是学校不检查,大家就随便填一填,根本不去听课。你去听人家课,让人家怎么想"。通过这些描述,可知 C 所在大学实施的同事之间的评价流于形式,教师并非为了改进教学而相互评价,多是以不影响同事关系为原则进行的表面评价。因此,C 认为这种来自同事的教师评价充满虚伪性。第三,C 谈到"领导不懂日语。在内容上没法评价",与 A 相同,C 也认为部分同事,特别是一些领导在不懂日语的情况下,对日语教师的教学进行评价,其评价"学科专业性低"。基于上述三个理由,C 认为上述"教师评价",其可信度低。

针对这种来自同事的"可信度低"的评价结果,C 采取了怎样的处理方式呢?(调查问题②)C 采取了"无所谓"的态度。C 知道这个评价是署名的,所以每个老师的评价结果都很好,所以不必有任何担忧。

那么,这种由同事打分的教师评价对 C 的专业发展产生了什么影响呢?(调查问题③)C 谈到"没有什么好的影响。反正在我们学校没有吧。已经流于形式了。……领导来听课,我要去注意形式,反而导致效率很低。……反正在专业能力上我觉得没什么提高。最多就是说你教书的一个技巧,可能是告诉你要从哪方面注意,就是形式注意一下。其他的没什么了"。正如 C 所谈到,他认为这种来自同事的评价"无助于成长"。

C 对来自同事的"教师评价"有何期待呢?(调查问题④)C 谈到"要改进的话,我觉得也是在专业方面再加重一些吧。比如说把教师风格那些压缩一点。把专业知识加重一点"。可见,针对由同事进行的教师评价,C 更希望提升其"学科专业性"。

5.3.3 C 对来自于督导组的"教师评价"的意识现状

在 C 所任教的大学里,除了来自学生和同事的教师评价外,还有一种来自督导组的"教师评价"。针对调查问题①,C 有两个主要看法。一是认为和来自同事的教师评价一样,来自督导组的教师评价,其可信度也是很低的。C 从两个方面谈了自己的理由。第一,评价项目的公开度低,第二,评价者缺乏学科专业性。C 谈到"你看他(督导组专家)就根本不是我们专业的嘛,他就最多,怎么说呢,检查一下,你迟到没有啊,你今天有没有好好备课啊,你上课的姿态怎么样啊,有没有一个老师的气质啊。就只能看这个,其他的根本就看不出来。能看出来的部分就是外在的这些形式,内在的内容他是听不懂的。也评价不准"。C 对来自督导组的另一个看法是"很反感"。C 谈到,"从我们学日语的人的角度来看,那(推教室门就进的做法)不是非常失礼的事情吗?你突然跑到我的教室来,我会感觉很奇怪的。然后你说你水平也不高,反而来听我的课,搞得我紧张半天"。这些不满情绪都反映了 C 对来自督导组的评价的态度。

针对这种来自督导组的“可信度较低”的教师评价的结果，C采取了怎样的处理方式呢？（调查问题②）C表示“无从处理”，因为他“也不知道评价结果”。

那么，这种由督导组进行的教师评价对C的专业发展产生了什么影响呢？（调查问题③）C谈到“我觉得对我个人成长，他们高高在上，是领导嘛，让领导知道你不好的话，那杀伤力挺强的。虽然你可以无视他们，但是你必须得把这个形式上做好，让他们觉得还不错。就是这样的”。C在谈话中表示了一种无奈，明明知道督导组所做的教师评价不会对自己产生特别的影响，但是鉴于这种评价具有较强的“杀伤力”，所以还要做好形式方面的功夫。正如C所谈到，和来自于同事的教师评价一样，他认为这种来自于督导组的教师评价也无助于自身的专业成长。

C对来自督导组的“教师评价”有何期待呢（调查问题④）？和对来自于同事的教师评价一样，C希望提升来自督导组的教师评价的“学科专业性”。

6. 不同评价主体的教师评价间的事例比较

本研究在第5节中进行了事例内分析。基于上述分析，在本节中将对访谈中收集到的不同评价主体的教师评价进行多重事例之间的比较分析。

如表4所示，A、B、C三名教师所任教的大学分别实施了由学生进行的教师评价。对于来自学生的教师评价，A和B均认为评价结果的可信度较低，理由是评价项目本身的妥当性低、学生的评价态度主观性强、学生评价时缺少参照基准、由于评价的反作用力而使得评价本身可能存在缺陷。与A、B不同，C则认为由学生进行的教师评价是匿名评价，学生没有必要讨好老师，特别是当C自身获得了学生的高度评价时，他认为该评价最具可信度。三位青年日语教师对来自学生的教师评价结果，只是稍微看看或不查看结果。由于这种评价毕竟是学生对教师教学情况的一种反馈，所以如果评价结果不是很差，就意味着学生对教师教学行为的一种接受，所以该评价对教师还是能够起到一定的激励作用。反之，如果教师在教学上经验尚不丰富，来自学生的评价也会给教师造成一种压力，促使教师搞好教学。尽管这种评价可以起到某种激励和施压的作用，但是对于大多数评价结果处于中间层的教师来说，来自学生的评价对改进其教学、促进其专业发展没有起到特别的促进作用。针对来自学生的教师评价，三名教师均认为应该进一步提升评价的真实性和有效性，同时还应改进评价结果的公开方式。

A和C在所任教的大学接受过来自督导组的教师评价。对这一评价，A、C均认为，由于项目公开度低、学科专业性低，所以该评价的可信度也比较低。特别是C，对来自督导组的评价非常反感，认为“推门就进”的评价方式对授课教师缺乏应有的尊重。由于督导组所进行的评价，其评价内容并不公开，且评价者与被评价者之间没有交流，所以A和C均表示不知道该评价的结果，也无从根据这一评价的结果改进教学，所以他们认为，该评价对促进教师的专业发展没有起到帮助作用。除此之外，C还认为这种评价具有一定“杀伤力”，因为教师为了得到督导组的肯定，上课时会把更多的精力放在教学的形式上，这在一定程度上影响了教学。由于督导组的任务是督查全校教学，所以督导组的专家并不一定懂日语。因此，A 和 C 均认为应该请懂日语的专家对日语教师的教学进行评价，尽量提高评价的学科专业性，以便专家能够进行准确评价，并从专业角度给教师提出教学改进建议。

另一方面，只有 C 所在的大学实施了来自同事的教师评价。但是，C 认为，该评价项目妥当性差、评价结果带有虚伪性、部分评价者不具备所要评价的学科教学的专业知识，学科专业性低，因此他认为这一评价结果的可信度很低。由于这种评价只是流于形式，对教师的专业发展并没有起到促进作用，因此，C 希望能够进一步提高评价者(特别是领导)的学科专业性，基于学科背景开展有针对性的教学评价。

表 4　不同评价主体的教师评价之间的事例比较

<table>
<tr><th colspan="2">维度</th><th>来自学生的教师评价</th><th>来自督导组的教师评价</th><th>来自同事的教师评价</th></tr>
<tr><td rowspan="3">①看法</td><td rowspan="2">可信度</td><td>低(A,B):评价项目的妥当性低、学生评价态度主观性强、学生缺少参照基准、评价的反作用</td><td rowspan="2">低(A,C):项目公开度低、学科专业性低</td><td rowspan="2">低(C):
评价项目妥当性差、评价结果的虚伪性、评价者学科专业性低</td></tr>
<tr><td>高(C):匿名的评价机制</td></tr>
<tr><td>反感</td><td>——</td><td>强烈(C):缺少尊重</td><td>——</td></tr>
<tr><td colspan="2">②处理</td><td>(A,B,C):
稍微看看;不查结果</td><td>(A,C):不知道结果，无从处理</td><td>(C):随便填写,无从处理</td></tr>
<tr><td colspan="2">③影响</td><td>(A,B,C):激励 & 无助于成长;激励 & 压力;激励</td><td>(A,C):无助于成长(甚至具有杀伤力)</td><td>(C):无助于成长(只关注形式)</td></tr>
<tr><td colspan="2">④期待</td><td>(A,B,C):真实性与有效性的提升、改进结果的公开方式</td><td>(A,C):学科专业性的提升</td><td>(C):学科专业性的提升</td></tr>
</table>

7. 研究启示

本研究以三名青年日语教师为对象，通过访谈调查和事例分析，描述了他们对“教师评价”的意识现状。如第 6 节所示，除一名获得学生高度评价的教师认可来自学生的评价结果以外，其他教师对来自学生、督导组和同事的教师评价均不认可，认为它们可信度低、对自身改进教学无益。评价制度的初衷是为了帮助教师改进教学，提高教学质量，但是就本研究的调查结果而言，这种结果令人感到遗憾。基于对三个事例的调查分析，本研究对改进当前的教师评价制度提出以下建议。

虽然当前教师评价的主体包括学生、督导组、同事等，具有多样性，但是这些教师评价的性质仍属于奖惩性评价，以管理为目的，缺少对教师的信任与尊重。在评价的实施操作过程中，评价结果的公开方式不恰当，奖励“优”，批评“差”，忽略“中间层”。作为被评价的当事人，三名青年日语教师均认为奖惩性的教师评价无益于教师的专业发展。为了改进当前的评价机制，本研究建议应积极导入发展性教师评价机制。例如：来自学生的教师评价虽然可以由学校统一组织实施，但一定要公开评价项目，以适当方式让教师本人得知评价结果，并将评价结果真正与教师的教学改进结合起来。但是无论如何改进奖惩性评价，其性质始终是自上而下的。与此相对，基于教师发展的评价理念是以教师发展为根本目的的，因此在评价过程中应重视发展性评价，重视教师的主体性作用，重视教师积极谋求他人评价、乐于接受他人评价、主动反思自身教学的意愿和动机。因为只有有了这样的意愿和动机，教师才会重视评价结果，并乐于参考评价结果，积极改进自身的教学。在发展性教师评价机制下，教师为了改进教学，完全可以主体性地组织和实施学生对教师的评价。

此外，本研究事例显示，来自同事和督导组的评价，也同样属于奖惩性评价，对于管理教师的教学，在一定程度上确实可以起到约束作用。但是，上述两种评价对大多数教师的教学改进并没有充分发挥实效，并且不少评价流于形式。因此，为了真正提高教学质量，提升教师的教学能力，应该积极建立以促进教师发展为目的、基于专业性、合作性原则的教师评价机制。在激发教师乐于改进教学，乐于与他人交流的前提下，重视同事或督导组与任课教师的沟通，在了解任课教师的教学目的和教学计划的基础之上，开展对课堂教学的观察与分析。通过面对面的交流，观察者在聆听任课教师的授课后，再提出有针对性和实效性的观察反馈。这样，“教师评价”才能真正有助于教师专业素质的提升，从而保障教育质量的提升。

任何主体的教师评价均离不开对教师课堂教学的观察。伴随教育学领域相关研究的深入，课堂观察这一活动本身，也越来越具有专业性。沈毅、崔允漷(2008)在《课堂观察——走向专业的听评课》(华东师范大学出版社)一书中指出的以下问题令人深思。

• 谁来评？学生能评什么？(站在学生自身的立场上评价老师的教学态度，是否能调动自己的积极性，学习兴趣等)同行能评什么？(站在专业的视角评价教师的学科能力)

• 旨在经历一种合作、对话、探究的专业体验

• 不要赋予过多的外在价值，应尽可能追求内在价值

• 不要给教师分出三六九等，教师工作是一种复杂的活动

• 不要用一种“死”的量表去套“活”的课

• 反对推门听课

• 反对“话语霸权”“即兴点评”

上述几个问题的提出，引发我们必须从教育学的高度，从更加科学的角度去思考对课堂教学活动的观察和评价。

在日语教育快速发展的背景下，切实提升日语教师的教育教学能力已经成为一个紧迫的课题。从对青年教师的访谈可知，并不是他们不愿意接受督导组的评价，而是希望懂日语的专家来进行评价。这就提出了要在各学科背景下开展教师评价这一重要问题。这一工作，需要日语界自身做出努力。从专业视角出发，基于先进的教育理念，开展科学的教师评价，以此推动日语教师的专业发展。为了实现这一目标，日语教师首先要从科学的课堂观察做起，本着改进教学，促进自我发展的目的去观察课堂教学的话，每个参与者都会从各自的视角有所发现，而课堂观察之后的相互交流可以汇

集这些发现，使每个参与者从交流中找到改进的方向，获得提升自我的动力。希冀日语界能够积极组织此类有关课堂观察的教师研修活动，各日语学科也应积极开展校本研修活动，使发展性教师评价能够早日在日语界生根发芽。

参考文献

S. B. メリアム、堀薫夫(訳)『質的調査法入門——教育における調査法とケース・スタディ』、シネルヴァ書房、2004 年。

ステーク「事例研究」『質的研究ハンドブック（2 巻）質的研究の設計と戦略』、北大路書房、p. 101～120、2006 年。

李琼“发展性教师评价和教师成长”，《教育评论》(3)p. 44～46，2002 年。

陈广桐《高等学校教育教学评估》，山东大学出版社，2005 年。

王斌华《教师评价：绩效管理与专业发展》，上海教育出版社，2005 年。

余秋月“教师评价对教师专业发展的影响及其反思”，华东师范大学硕士论文，2005 年。

周安毅“大学英语教师评价现存问题与对策研究”，广西师范大学硕士论文，2007 年。

董伟“英语教师教学评价方案构建”，曲阜师范大学硕士论文，2008 年。

曾蓓蓓“促进教师专业发展的教师评价研究”，上海师范大学硕士论文，2008 年。

沈毅崔、允漷《课堂观察——走向专业的听评课》，华东师范大学出版社，2008 年。

作者简介

朱桂荣，北京日本学研究中心硕士 12 期生(1996—1999 年在学)，现任北京外国语大学北京日本学研究中心副教授。

蒋伟，北京日本学研究中心硕士 24 期生(2008—2011 年在学)，现在早稻田大学社会教育专业攻读博士学位。

文　学

东亚视阈中平安朝散文体叙事文学之诞生

张龙妹

1. 古代中国与朝鲜半岛的女性散文体叙事文学

在中国古代，才女辈出，有相当数量的诗作传世。但就散文而言，后汉的班昭不仅接替其兄长完成《汉书》，还著有《女诫》，显然具有很强的散文表达能力，但没有留下散文体文学作品。就小说而言，在进入 20 世纪之前，女性作品只有清代汪端（1793—1838）的《元明佚史》、顾太清（1799—1876）的《红楼梦影》、陈义臣（1873—1890）的《谪仙楼》三部[1]。1911 年我国最早的妇女杂志《妇女时报》创刊，第一任编辑主任包天笑是这样叙述创刊目的的。

> ……惟女子在旧文学中，能写诗词者甚多，此辈女子，大都渊源于家学。故投稿中的写诗词者颇多，虽『妇女时报』中亦有诗词一栏，但不过聊备一体而已。办『妇女时报』的宗旨，自然想开発她们一点新知识，激励她们一点新学问，不尽以诗词见长。[2]

显而易见，诗词的创作被看作旧文学，而作为新知识新学问载体的小说创作受到奖励。也即，在我国，女性的小说创作是新文学的象征。

日记传记类作品的状况也类似。《史记》中司马迁的自传性“后记”可以看作我国传记的第一部作品。现存最早的现代意义上的日记类作品为唐李翱的《来南录》[3]，女性的同类作品为明末王凤娴的《东归日记》（1600）。我国古代的日记多与国事公事有关，所以女性基本上是与日记无缘的。女性最早的自传体作品大概要推南宋的李清照（1084—1155）的《金石录后记》。《金石录》是她的丈夫赵明诚的遗著，李清照撰写了两千来字的后记，记述了成书过程，其中涉及他们的家庭生活。此后，明代的女性书简以及清代的邱心如（1805？—1873？）的《笔生花》中可以看到自传性文字的片段[4]。

在朝鲜半岛，从统一新罗时代开始就有女诗人的汉文诗歌问世，在高丽王朝时代，“时调”继承“乡歌”的传统应运而生，到了李朝世宗王时，朝鲜文字“训民正音”诞生，两百年以后，在 18 世纪的朝鲜宫廷，终于产生了《显仁王后传》《癸丑日记》《闲中录》三部由女性用“训民正音”创作的传记或自传性作品。

当我们从东亚的角度来看日本平安朝的女性文学时，就会发现平安朝的女性文学的诞生及其繁荣是个奇迹，不仅在东亚的文学史上，其实在世界文学史上都是一朵奇葩。本文将从东亚的视角，探讨平安朝女性的散文体叙事文学——日记、物语、随笔诞生的社会文化背景，进而思考中日韩古代女性文学的不同特质。

2. 仕女阶层的存在意义

2.1 在男性主导的文化圈中活跃的中朝女性诗人

在中朝古典诗歌中留下姓名的女诗人大概可以分为以下三类。

①后妃或是出仕宫廷的女性

②受家学熏陶的才女

③几近沦为倡优的女性

①类的诗人，比如西晋时的左芬(？—300)，武帝司马炎爱慕她的诗名，将她纳入后宫封为贵嫔，但正如《晋书》"姿陋体羸，常居薄室"所描述的那样，她没有得到武帝的宠爱，只是奉命为宫廷的各种仪式做些诗歌锦上添花而已。唐朝的宫女上官婉儿(664—710)的才能令人瞩目。她是在宫廷里出生的奴隶，武则天赏识她的才能，免去了她的奴隶身份，担任制诰负责为武则天起草诏书。至中宗李显时，成为九嫔之一的"昭容"，在中宗朝的文学活动中也极为出彩。

> 婉儿常劝广置昭文学士，盛引当朝词学之臣，数赐游宴，赋诗唱和。婉儿每代帝及后，长宁安乐公主，数首并作，辞甚绚丽，时人咸讽诵之。　　(《旧唐书》)
>
> 婉儿劝帝侈大书馆，增学士员，引大臣名儒充选。数赐宴赋诗，群臣唱和，婉儿常代帝及后，长宁安乐公主，众篇并作，而采丽益新。又差第群臣所赋，赐金爵，故朝廷靡然成风。当时属辞者，大抵虽浮靡，然所得皆有可观，婉儿力也。(《新唐书》)

新旧唐书中的记述非常接近。婉儿对中宗朝的文事活动起到了重要的促进作用，在宫廷的游宴活动中，婉儿常能代替中宗、韦后和长宁、长乐二公主共四人赋诗，且"辞甚绚丽""采丽益新"，成为时人"讽诵"的对象。她还能评判群臣的作品，俨然成了当时宫廷的诗赋权威。

第②类才女，她们不像宫廷中的女性那样拥有广阔的舞台，与家族内男性成员的交流是她们主要的文学活动。如上面所举的左芬，她出身于书香门第，是才子左思(250—305)的妹妹。左思是当时首屈一指的才子，他的《三都赋》便是洛阳纸贵的罪魁祸首。现存左芬的两首诗作中，其中《感离诗》一首就是答左思《悼离赠妹诗》的。更为典型的事例当属明代的沈宜修(1590—1630)。她出生于吴江分湖的名门沈氏，她的一族中有伯父沈璟(元曲理论家、作家)、弟弟沈自昌(杂曲作家)、堂兄弟沈自晋(沈璟之侄子，传奇作家)等共七名男性文人[5]。她的夫君是文名与沈氏不分伯仲的叶氏出身的文学家叶绍袁。他们之间共育有五女八男，其中五人有诗集传世，六男叶燮(1627—1703)的诗歌理论还对后世产生了一定的影响。显然，沈宜修的周围已经形成了一个家族式的文学沙龙。

朝鲜半岛的女诗人许兰雪轩(1563—1589)的生活环境也非常接近。她的父亲许晔，兄许筬、许篈，弟许筠都是颇具文名的诗人。她的诗集《兰雪轩诗》正是其弟委托明朝的使臣才得以刊行的。

第③类女诗人中，像唐朝的薛涛、鱼玄机比较有代表性。薛涛是因为父亲的死，鱼玄机是因为不能见容于丈夫的妻子，不得已才沦落为倡优的。她们与当时的文人多有往来，如薛涛的现存诗作中，就有与元稹、白居易、张籍、王建、刘禹锡、杜牧等人的唱和之作。16世纪朝鲜王朝的代表性女诗人黄真伊也是在"时调"的舞台上活跃的"妓生"。

从以上的分析可以看出这三类女诗人的共同点。那就是，女诗人们都属于男性文化圈。为此，对于她们的作品，无疑是根据男性的标准来进行评判的[6]，所以，其内容也自然是符合男性的爱好。正因为如此，《兰雪轩诗》中尤其是游仙类作品得到了很高的评价。在中国，女性诗人自己的文学结社的产生，还要等到明末清初[7]。

2.2 弹词小说中以女主人为中心的家庭式文学沙龙

不过，文学结社里的文学评论往往只能停留在对于篇幅短小的诗赋的评论上。对于长篇的叙事文学的评论基本上是在家庭的女性成员中进行的。上文提到的弹词小说《笔生花》中，作者邱心如有这样的自我表述：

A. 原也知女子知书诚末事　聊博我北堂萱室一时欢　第一回[8]

B. 近因阿妹随亲返　见示新词引兴长
始向书囊翻旧作　披笺试続剔残紅　第五回

C. 却笑余呆呆作此诚何益　聊博取白发萱闱心暂舒
年老家贫无以乐　姑凭翰墨苦中娱
一回唱罢频催续　少不得随意编来信手书第　十四回

D. 浪费功夫三十载　闲来聊以乐慈亲　第三十二回

E. 同胞催我草完篇　第九回

她在A中表明：虽然对女子来说写书是"末事"，但她为了博得母亲的一时欢笑而创作弹词。她在写完四回后结婚，为此创作曾一度中断。而从B中可知，因为受到妹妹新作的触动，才从书囊中翻出旧作进行续写。在C中她重复了为了孝顺母亲而创作弹词的初衷。在结尾部分D中，再次强调花费三十年功夫只是为了让母亲开心一笑。同类作品《再生缘》中作者也称「原知此事终无益、只不过暂博慈亲笑口开」[9]。值得我们关注的是，为了取悦母亲成了这二位作者的创作动机。在E引文中，又称作品是在妹妹的催促中草草完成的，透露出姐妹二人是互为读者或听众关系的。由此可以想象，在邱心如那样的家庭里，存在着一个以母亲为中心的文学沙龙。

事实上，在17～19世纪期间，弹词小说在我国江南地区流行，一般是去叫作书场的地方听先生说书，而不能轻易外出的大户人家的女性，就会有"女先生""女先儿"的说书人上门服务。《红楼梦》第五十四回中，有两位女先生向贾家女眷介绍新作《凤求鸾》的内容，被贾母给狠批了一通。艺人们应该是以这样的方式听取客户的意见不断修改作品的。邱心如的家庭应该不是贾府那样的大家族，她们是在母亲、姐妹之间完善作品的。

2.3 平安朝物语创作现场

由此令人想起日本平安时代的有关物语创作现场的有关记述。

a)かくつかさづかさになりてのち、ものがたりのかみうたのすけは、うたづかさこそかくべけれとて、ものがたりのかみうたのすけに[10]

b)物語のきよがきせさせ給ひてふるきはつかさの人にくばらせたまへば、ものがたりのかみ、みぶのもとにやるとて、

a)是《大斋院前御集》的第 94、95 首和歌的歌序。由此可以推测选子内亲王(964—1035)的文学沙龙里成立了和歌司和物语司,仕女们分别属于这两个组织。b)是同集的第 96、97 首和歌的歌序。应该是物语司的仕女们创作了物语,誊写后把旧的送给在家里休息多日的名为壬生的仕女。仕女对于物语创作的参与,在后宫沙龙中也应该同样存在。

不仅仅是后宫,在大贵族的私邸,也有同样的物语创作活动。

c)とのの御前、ものがたりつくらせ給ひて、五月五日あやめ草をてまさぐりにして、けぢかうみるをむなへしをとて、……[11]

d)とのには、はなさくらといふものがたりを、人のまゐらせたるつつみがみにかいたる……

c)是《赤染卫门集》第 136、137 首和歌的歌序。藤原道长(966—1027)让仕女们创作物语,再命赤染卫门咏歌助兴。d)是同集第 166、167 首和歌的歌序,说从别的府邸送来了名为《花樱》的物语。可见,在大贵族家庭,仕女们也参与物语创作,还互相赠送交流。

如上所述,在古代社会里,文学结社里的交流难免停留在对诗歌的鉴赏上,对于有一定篇幅的物语、小说的交流评价,像邱心如的家庭那样,在共同生活的家人中才有可能实现。从这个意义上来说,日本古代的仕女制度,使得超越家庭范围的散文体文学的创作、鉴赏成为可能。

2.4 平安时代物语文学的欣赏

另外,平安时代的物语欣赏形式也与物语的创作有着很大的关系。《源氏物语》〈东屋〉卷中有这样的描述:

絵など取り出でさせて、右近にことば読ませて見たまふに……

说宇治姐妹的中君,她欣赏物语的时候,是由侍女为她朗读文字,她自己欣赏与文字相配的绘画。在《紫式部日记》中,也有这样的叙述:

うちの上の、源氏の物語、人に読ませたまひつつ聞こしめしけるに、『この人は、日本紀をこそ読みたるべけれ。まことに才あるべし』……[12]

说一条天皇让仕女朗读《源氏物语》，天皇听了后夸奖作者一定是读过史书的，非常有才华。从这两条记述可以推测，在贵族中，不分男女，物语是通过朗读来欣赏的。通过朗读欣赏作品，这与个人的阅读不同，使得多人可以同时欣赏同一作品。这一点也与弹词小说有相近之处。

此外，当时还会经常举行下面所引的那样的物语鉴赏会。

①ゑんゆう院の御ときにや、うつほのすずしなかただといづれまされりと論じけるに、しのはらはすずしが方にやありけん、女一宮はなかただが方におはしけるにや、いづれをいるるなどあるに、物ないひそとおほせられければ、ともかくもいはでおはしけるをいひにおこせ給うければ、

沖つ波吹上のはまに家ゐして独すずしと思ふべしやは

『公任集』530

②暮れぬれば、まゐりぬ。御前に、人々いと多く、殿上人などさぶらひて、物語の良き悪しき、憎きところなんどを、定め、いひ譏る。涼・仲忠などがこと、御前にも、劣り勝りたるほどなど、仰せられける。　『枕草子』新潮 78 段

③仲忠が童生ひ、いひおとす人と、「郭公、鶯に劣る」といふ人こそ、いとつらう、憎けれ。　同上　209 段

①～③是有关宫廷举行《宇津保物语》欣赏会的记述，如划线部分所示，三例都涉及对男主人公优劣的评判，可谓是最早的人物论。事实上，这样的欣赏会，不仅在宫廷，在仕女聚集的大贵族家庭里也时有举行。正是这样的活动，促进了后世《无名草子》那样的物语评论的诞生，自然，它也刺激了物语创作。

总之，仕女阶层的存在涉及物语的创作、欣赏、评论等各方面。无须赘言，平安时代散文体文学的诞生正是源于这样的仕女阶层的存在。而将我国明清时期弹词小说在江南地区的流行纳入视野，我们可以更加形象地看到平安文学诞生的这一特点。

3. 散文体书写的意义

对于 19 世纪的女性为什么开始创作小说而不是传统的诗歌这一设问，有观点认为，那是因为诗歌创作需要斟酌字句，而 19 世纪的女性忙于家庭生活，她们的创作经常受到打扰，所以不能安心地创作诗歌[13]。这一观点对于解读明末清初的弹词小说作者的创作行为也许是可行的，但就平安时代的女性作者而言，情形就大不相同了。她们身边有众多的侍女，不必为家庭生活忙碌，而且，她们还是歌人，有大量和歌传世，尤其是《蜻蛉日记》，上卷本身就具有歌集的性质。那么，为何她要以“日记”命名呢？

3.1　韵文与散文的本质性不同

其实，文体的不同，关系着记述内容的不同这一本质性问题。

《庄子・天下篇》云：诗以道志，书以道事。

《荀子・效儒篇》曰：诗言是其志也，书言是其事也。

可见，在中国存在着诗言志、书（散文）言事的观点。陈寅恪在《元白诗证稿》中论述了《长恨歌传》与《长恨歌》、《莺莺传》与《会真诗》的区别，认为“传”是叙述事实，“歌”是抒发感情的[14]。而这“传”与“歌”“诗”的区别，恰好是散文与韵文的本质性不同。

不仅如此，中国的传奇、志怪小说，就其创作的形式而言，同样在于记录事实。我们来检阅一下王汝涛编校的《全唐小说》所收各类故事的篇目就可以一目了然了。

传奇类篇名，如古镜记、补江総白猿传、游仙窟、高力士外传、离魂记、枕中记、任氏传、异梦录、崔少玄（人名）等。共50篇中，以“记”命名的6篇，以“传”为题的20篇，称作“录”的4篇，单纯以人名为篇名的11篇，总计有41篇在题目上就表明了是对事实的记录。

再看志怪类作品，共计21部，其中以“记”为题者6部，标为“录”的5部，“志”者4部，另有“外传”1部。也即，21部中就有16部标榜为“记录”。其余的5部，分别题为“纪闻、逸史、甘泽谣、酉阳杂俎、传奇”，同样是强调事实性的书名。

在具体的表达上，如《离魂记》的结尾处写道：“玄佑（作者）少尝闻此说多异同，或谓其虚。大歴末，遇莱芜県令张仲规，因备述其本末。镒则仲堂叔，而说极备悉，故记之。”寥寥数语，把整个故事装扮成是根据亲族讲述所做的记录。再比如，《甘泽谣》中的名篇《红线》，其结尾处的送别诗也与《唐诗纪事》中的记述一致。

前文提及的我国最早的日记作品《来南录》，是篇千字左右的短文，全文是以「元和三年（808）十月，受岭南上书公之命，四年正月己丑自旌善第以妻子止船于漕……」为基调的叙述，显然也是停留在对事实的记录上。

常有学者指出唐代的传奇小说缺乏心理描写，而这一作为小说的缺点正是源自其以记录事实为原则的文体特征。

3.2 朝鲜王朝日记的特质

那么朝鲜王朝的女性日记又是怎样的呢？《癸丑日记》记录了发生在1613—1618年的仁穆大妃幽禁事件。下面是几段日文译文。

①（仕女）……今死んで、後世に大妃さまのお名前が汚されたまま伝わることは、深く憂慮すべきことではございませんか……[15]

（大妃）わたしだって、どうしてそんな道理がわからないことがあろう。汚れた名をすすごうとしないのも、悲しみで心がちぎれ、骨が砕かれるようで、……

②癸丑の年（1613）から経験した悲しいこと、いつも宦官がやって来て邪魔立てをし、叱りつけたこと、虐待不道、不孝のことどもをすべて書き付けることはとてもできず、その万分の一だけでもと記録した。

③すべてを書き付けようとすれば、南山の竹全部を切り尽くすのと同じこと、どうしてなしえよう。すべてを語ろうとすれば、一つの天地が尽き、後の天地が興るだけの物語を語ることになる。以上は内人たちがほんの少し記録しておいたまでのこと。

とあるように、記録であることが繰り返し強調されている。

①是遭到幽禁的仁穆大妃试图自杀时,仕女的劝慰之语和她的答复。仕女说:您若现在死去,您被玷污了的名字就得不到洗刷流传到后世,这难道不是深为忧虑的吗?大妃回答说,这样的道理我又何尝不懂,之所以不想洗刷污名也是因为痛苦已令我心骨俱碎。显然,为大妃洗刷罪名无疑是该日记的撰写目的。正因为如此,②③中强调日记中的内容是1613年开始自己经历过的那些痛苦可怕的事情,真正是罄竹难书,日记记录的只不过是其中的万分之一。

再来看《闲中录》。1762年发生了思悼世子"废世饿死事件",作为世子嫔的洪氏经历了这一切。她是这样叙述日记的创作动机的。

①壬午の年(1762)の禍変というのは未だかつてなかった変事であって、先王が丙申の年(1776)の初めに英廟に上疏して、

「承政院日記をなかったものにいたします」

とおっしゃって、その記録を削除することになったが、それは先王の父親への孝心から、当時このことが衆人の眼に触れないものでもなく、その無礼であることを悲しまれたのであった。それから時が流れ、事蹟を知るものがなくなり、その間に利を貪って、禍を好む者たちが事実をねじまげて、輿論を眩惑させようと考え、……(中略)……わたくしがやがっていなくなれば、宮中には知る人が誰一人いなくなって、一切がわからなくなり、子孫として祖先の大事についてなにひとつ知らないようではわびしくもあり、一度、その前後の事を記録して、主上にご覧に入れてから、死んでいこうと思って、……

②他の人たちがあの年のことをああだこうだといっているのは、すべてが孟浪無稽の説というべきで、この私の書き記したものを見れば、あの年の事の始終がはっきりわかるだろう。

下划线部分的《承政院日记》是朝鲜王朝的宫廷日记。①中说先王(作者之子)在1776年上疏英庙(思悼世子之父),从而删除了《承政院日记》中1762年思悼世子事件的相关内容。此事本属于先王对父亲思悼世子的孝心,但多年以后,好事者以讹传讹,作者担心自己过世后就不再有人记得此事,而作为子孙不知道自己祖先的这种大事未免凄凉,便决定记录前后经过,让主上(作者之孙)阅览后再死去。在②中作者也一再强调别人的有关说法都是无稽之谈,只要看了自己的记录,就能知道那年那个事件的始末。不言而喻,她是把自己的日记看作《承政院日记》缺失部分的替代物,也即自己记录的事实。

正是作者的这一番苦心结出了硕果,纯祖亲政后的1804年,在"废世饿死事件"中受到牵连的作者的弟弟洪乐任恢复官职,父亲洪凤汉也被宣告无罪,而且在作者谢世之前,洪凤汉奏章集《奏稿》得以刊行[16]。这些事情反过来证明,作者的日记作为事实的记录为家人的昭雪起到了重要的作用。

3.3 《蜻蛉日记》的创作意图

在讨论《蜻蛉日记》之前,我们先来看下面《宇津保物语》中的一段叙述。

（仲忠）大将は「家の記・集のやうなる物に侍る。俊蔭の朝臣、唐に渡りける日より、父の日記せし一つ、母が和歌ども一つ、世を去り侍りける日まで、日づけしなどして書きて侍りけると、俊蔭、帰りまうで来るまで作れる詩ども、その人の日記などなむ、その中に侍りし。それを見給ふるなむ、いみじうかなしう侍る」など奏し給ふ。

『宇津保物語』「蔵開上」

仲忠向天皇介绍开仓发现的俊荫的遗物，说有家族的日记和歌集，自俊荫渡唐之日起，他父亲记录的日记和母亲的和歌，直到他们离开人世，还有明确的日期。另有俊荫直到回国之前撰写的诗和日记。在虚构的物语中这一段有关日记的叙述所起到的作用不言而喻，那就是它增加了故事的真实性。

再回头来看《蜻蛉日记》。下面这段文字是开篇部分。作者是这样叙述其创作意图的。

かくありし時過ぎて、世の中いとものはかなく、とにもかくにもつかで、世に経る人ありけり。かたちとても人に似ず、心魂もあるにもあらで、かうものの要にもあらであるも、ことわりと思ひつつ、ただ臥し起き明かし暮らすままに、世の中多かる古物語のはしなどを見れば、世に多かるそらごとだにあり、人にもあらぬ身の上まで書き日記して、めづらしきさまにもありなむ、天下の人の品高きやと問はむためしにもせよかし、とおぼゆるも、過ぎにし年月ごろのこともおぼつかなかりければ、さてもありぬべきことなむ多かりける。

『蜻蛉日記』上巻　冒頭

如划线部分所示，作者显然是把“日记”置于“古物语”的对立面，认为“古物语”尽是些“不实之词”（そらごと），扬言要把“非同常人”（人にもあらぬ）的自己“身世”（身の上）记录（書き日記）下来。纪贯之假托为女性创作了《土佐日记》，而藤原道纲母反倒直言要记录自己的人生，而这正是对日记所具有的记录性特点的继承。虽然平安时代的日记文学以虚构性为其文学性的主要特征，但换言之，这种虚构性是与“日记”的记录性互为表里的。而就创作意图而言，作者无疑是在主张记录自身真实的人生。

4. 自我意识与女性教育

4.1　对主家赞美意识的差异

朝鲜王朝的《仁显王后传》是王后的贴身仕女记录的肃宗继妃闵氏废立事件的经过。文中说闵氏之母在受孕之时就梦见了神灵，出生时有瑞气从屋宇上升，产房里香气弥漫。及长，被誉为“有妊姒之德行”（妊姒の徳行ある）、“与中国古代的太妊、太姒无异”（いにしえの中国の太妊、太姒と異なることはならず），称其是具有“圣德”的“圣人”。作者竭尽赞美之词来褒誉她的主人。

那么同样是仕女创作的《紫式部日记》,其情形又如何呢?《紫式部日记》由紫式部执笔记录了一条天皇的中宫彰子生产皇子的盛事,正因如此,其中不乏例行公事的溢美之词[17]。不过我们在日记中不难发现下面这样的自我表述:

> 行幸近くなりぬとて、殿のうちを、いよいよつくりみがかせたまふ。(中略)なぞや、まして、思ふことすこしもなのめなる身ならましかば、すきずきしくももてなしわかやぎて、常なき世をもすぐしてまし、めでたきこと、おもしろきことを、見聞くにつけても、ただ思ひかけたりし心の、ひくかたのみつよくて、もの憂く、嘆かしきことのまさるぞ、いとくるしき。…… 『紫式部日记』

中宫产下皇子,天皇行幸在即,藤原道长的府邸越发如镜台般光鲜。置身于这样的荣华富贵中,作者突然间将笔触滑向了自己的内心。划线部分之后便是她对自我内心的观照:假若我也只是个忧思或少的平常之人,亦当故作风雅,聊慰无常人世。而每逢听闻盛事趣闻,出家之念便愈发强烈……。而正是对自我内心的这种关注,造就了这一日记作品的文学性,也是与《仁显王后传》的本质性区别之所在。

4.2 对于"妒嫉"的不同表述

《蜻蛉日记》中,道纲母表达了对町小路女的赤裸裸的妒嫉,当她听说町小路女不仅失宠,孩子也夭折时,大有拍手称快之意。那么,在中国和朝鲜半岛的情形是如何的呢?

> ①幼习女训,长遵妇道。妾年十八,归于方门。时父宦留都,翁携夫至。嫁之日,慈母嘱之:无违夫子,以顺为正。思昔鞠育明教,无所不至。……嗣后夫体常若,妾亲汤药,未尝间以岁月。舅姑奉养,未能少尽,心实歉歉。辱舅姑不鄙,反加爱焉。不幸五月,儿出天花,竟尔夭殇,自叹命薄。夫既有病,女留子死,私心失志,遗书严君,祈以身代夫卒,不应。六月二十九,夫亡。终天之恨,哀痛无已。愿以身殉,姑、妯娌苦劝,妾敢不听?念夫不幸而死,妾何忍以独生?有子者守,无子者死。妾今求无忝所生而已,岂有他愿哉![18] 明·殷氏《自序》
>
> ②(良嬪の出産)わたくしが立ち回らなければ難しい事態になっていたために、どんな知識があるというわけではなかったが、力の及ぶかぎりお世話をした。 『閑中録』
>
> ③(ピンエ事件)「どうして夫のすることをとやかく申せましょうか。わたくしの道理として、そのようなことはできなかったのです。……昔から、嫉妬は七去の罪の一つであり、婦女の妬忌しないことを最上の徳としているのに、私はかえって妬忌しないことをとがめられてしまった。これもわたくしの運数であったのだろう」。 『閑中録』

①是明代殷氏留下的自序之言。文中表白:自己自幼受妇道教育,出嫁后也是谨

守妇道，但即便如此，还是儿子夭折丈夫死亡。自序是她的表白与控诉。说明这些不幸不是她自己不守妇道造成的，而是天命！②③是《闲中录》作者有关丈夫女性事件的一些言行。②是良嫔生产时对自己提供的帮助的概括，说假如不是自己出面周旋，事态会变得严重，也不是自己多识大局，只是尽力帮了她一把而已。另一起丈夫的好色事件之后，公公英祖苛责她为什么没有事先把丈夫的这种好色事件向他汇报。③是她在受到了叱责之后的内心表白，说对于丈夫的所作所为，我又怎么可以说三道四？嫉妒自古便是七去罪之一，不妒忌乃是女性的至德，而自己竟因坚守妇道而遭受叱责，大概这也是自己命运不济吧。显然，洪氏所极力表白的，也是自己对妇道的坚守和对命运的控诉。而这种对妇道的坚守，其本质只能是作者对自我意识的抹杀。

4.3 女性教育的差异

从以上叙述我们可以判断，三国之间不同的女性教育观，应该是造成这种差异的主要原因。

在谈到平安时代女性的教养时，下面所引《枕草子》的这段文字很有代表性。

> ひとつには御手をならひ給へ。つぎには琴の御琴を、人よりことにひきまさらんとおぼえ。さては古今の歌二十巻をみなうかべさせ給ふを御学問にはせさせ給へ　　『枕草子』「清涼殿の丑寅のすみ

说女子先要习字，其次是古琴，要弹得比他人好，之后就是和歌，要把《古今和歌集》20卷背熟。同样的记述亦见于《大镜》，也与《源氏物语》中有关女子教育的描述相一致，应该可以看作是平安贵族社会女子教育的常识。值得一提的是，习字、弹古琴、背和歌，这三项内容其实都是以跟男性交往为目的的。

我国历代女子教育，虽不能一概而言，但以妇道为主导，这一点是不容置疑的。从班昭的《女诫》、朱淑真的命运中，我们都能读到这一点。那么，朝鲜半岛又如何呢？

> 文筆にありあまる才能をお持ちで、万古歴代のものに知らず、通ぜずということがなかったが、だからといって、もっともらしく取り澄まして筆を執って文章を書くということはなさらなかった。　　『仁顕王后伝』

《显仁王后传》中说王后文笔才能过人，万古历代之事无所不知无所不晓。虽然如此，她未曾装模作样地舞文弄墨。这里描写的无疑是一个恪守妇道的才女。

《闲中录》中，有一段关于作者母亲的描写，如下：

> お母さまはみずからそうして夜を徹して仕事するのを、老若の僕たちが見て気を遣わないようにおもんばり、窓に黒い布をかけておいて、ひとびとが称賛することを避け、苦労を隠そうとなさった。　　『閑中録』

作者的母亲出身宰相之家，虽然身份高贵，但她亲自做女红、洗衣，有时甚至不得不通宵达旦。那样的时候，她还会顾虑下人们的感受，要在窗户上蒙上黑布，不让他们察觉。当作者被选为世子嫔时，英祖命人送来《小学》，让她跟父亲好好学。随后王后送来了她的御制《教训书》。《小学》是妇孺的启蒙类图书，其内容不外乎三纲五常，“男不言内，女不言外”也是其中的名言。

平安朝的女性，她们通过和歌、音乐这些修养的习得，逐渐形成了自我观照的意识，而平安朝散文文学的繁荣正是这种高度成熟的自我意识的表露。与此相比，中国、朝鲜半岛的女性，她们以抹杀自我意识为自己的日常和平生的目标，所以，她们不可能留下像平安朝假名文学那样的作品。换个直白的话说，她们哪怕会用诅咒甚至大打出手等等具体的行为来表达嫉妒之情，也绝不会冒天下之大不韪把这种感情形诸文字的。

注释

[1]薛海燕「论中国女性小说的起步」『东方丛刊』2000 年第 1 号。

[2]戈公振『中国报学史』、上海古籍出版社、2003 年、p. 165。

[3]胡晓真『才女彻夜未眠』、北京大学出版社、2008 年、p. 81。

[4]胡晓真、前引书、p. 81。

[5]根据乾隆年间刊行的《吴江沈氏诗集录》，沈氏一门有 91 名诗人，留下了近千篇诗作。

[6]上官婉儿评判群臣的诗作可以看作一个特例。不过，她自身应该就是以男性诗人的标准来评判他人作品的，正因为如此，她的文事活动才能得到男性史学家们的肯定。

[7]Ellen Widmer 刘裘蒂译“十七世纪中国才女的书信世界”《中外文学》第 22 卷第 6 期。

[8]《笔生花》引自中州古籍出版社、1984 年。

[9]《再生缘》引自中州古籍出版社、1982 年。

[10]《大斋院前御集》引自石井文夫，杉谷寿郎著『大斎院前の御集注釈』、貴重本刊行会、2002 年。

[11]《赤染卫门集》引自関根慶子等共著『赤染衛門集全釈』風間書房、1986 年。

[12]《源氏物语》的原文引自小学馆新编日本古典文学全集。

[13]比如弗吉尼亚・吴尔夫著，贾辉丰译《一间自己的房间》、人民文学出版社、2003 年。

[14] 见该书第一章，上海古籍出版社、1978 年。

[15]『恨のものがたり』梅山秀幸訳編、総和社、2001 年。

[16]李美淑、朝鮮王朝の宮廷文学の史実と虚構——『ハン中録』を中心に、(仁平道明編『王朝文学と東アジアの宮廷文学』所収)、竹林舎、2008 年 5 月、p. 548。

[17]参照张龙妹“紫式部的日记歌和她的求道心”《日语学习与研究》2015 年第二期。

[18]转引自张丽杰《明代女性散文研究》，中国社科出版社，2009 年。

作者简介

张龙妹，北京日本学研究中心硕士课程 5 期生(1989 年 9 月至 1992 年 1 月在学)，日本文学专业，现任北京日本学研究中心教授。

平安朝省试诗与唐代省试诗

李宇玲

科举制度始于隋，成于唐，作为当时世界上最先进的选拔官吏人才的考试制度，于宋至清，一千多年长盛不衰。唐继隋后，进一步完善科举制度，唐高宗时进士科考开始引入诗赋考试，这项举措对古代诗歌格式的发展和唐诗的全盛起到了举足轻重的作用。诗歌盛于唐代，与科举试诗密不可分。唐进士科考由尚书省礼部掌管，故名"省试"，省试所作诗歌通称为"省试诗"或"试帖诗"。

日本作为世界上最早引进科举制度的国家，通过诗赋考试择优选才的取士模式对其古代政治文化体系的形成起到了极大的推动作用。可以说，科举和诗歌几乎将这个时代中国和日本的所有文人牵涉其中，甚至影响到了《宇津保物语》《源氏物语》等日本古代物语文学的诞生和创作理念。这种以科举文学为载体的文化交流模式，纵观整个古代世界文学史，都非常罕见。

有关唐代科举与文学关系的研究，程千帆《唐代进士行卷与文学》、傅璇琮《唐代科举与文学》、王勋成《唐代铨选与文学》等成果的发表[1]，奠定了研究的基础。近年来科举诗方面的研究陆续出现了一些新著，郑晓霞《唐代科举诗研究》首次对唐代科举文学做出系统性的论述，王兆鹏《唐代科举考试诗赋用韵研究》、彭国《唐代试律诗》对相关文献进行了整理分类[2]。不过，由于唐代科举几乎没有新材料可供发掘，因此在研究上很难有大的突破性进展。

而日本学界方面，有关唐代科举制度与科举文学是如何传播到日本、又发生怎样的演变等的课题研究，至今还未开展起来。归结其原因，主要有以下两点：

1. 相关史料文献的缺失。与宋元明清科举资料较为丰富的情况不同，唐代的文献相对匮乏。另一方面，日本古代由于火灾、战乱等原因，文章生试的相关史料大量散佚，仅少数史书(《日本后记》《续日本后记》《日本纪略》等)中留存一些考试和试题纪录。

2. 近代以来，日本学界在"脱亚入欧"思想的引导下，借鉴西方的文艺理念框架，形成了国粹色彩浓厚的学术体系。在文学研究领域，过分强调物语、和歌等"假名文学"(和文学)的重要性和正统性，进而忽视掩盖汉文学在日本古代文学中所占的巨大比重。

基于以上研究现状，本文计划从中日两国省试诗的比较入手，分析日本古代的文章生试是如何在学习模仿唐进士科考的同时逐步发生演变，从平安朝省试诗的形式、命题特点探讨日本古代汉文学嬗变的根本原因所在，并希望对唐科举文学的研究有所助益。

1. 唐代科举与古代日本

首先，唐科举究竟从何时开始正式被引进到日本的呢？围绕这个问题，日本史学界长期以来一直持否定态度。八世纪中后期，日本在步入平安朝(794—1192)前后，其国学机构大学寮开始对文章生实施考试，通过试诗赋来选拔用人，史称“文章生试”。关于古代日本朝廷为何突然决定以诗赋考试的形式来选拔文章生，史学家桃裕行认为文章科采用了《文选》《史记》《汉书》《后汉书》为教材，对贵族们来说，不仅具有文学鉴赏上的趣味性，还具实用性，故而报名人数剧增，导致政府不得不通过考试进行甄选[3]，这一观点在日本学界基本形成定论。

然而笔者利用现存史料和文学作品，从文史结合的角度对唐进士科考与日本古代文章生试的答案“省试诗”进行比较后，发现文章生试的考试形式、命题类型和答案均与盛唐时期的进士科考极为相似，由此推论出古代日本引进实施“文章生试”，事实上是桓武朝(781—806)为了学习唐进士科以文取士的做法，其意图是通过重用这些人才将日本建设成为东亚的政治文化强国[4]。不过，日本古代的文章生试虽然号称“凡补文章生，试诗赋取丁第已上”(《延喜式》式部式上)，但事实上只试诗，不试赋。之所以如此，应该是由于唐省试所要求的律赋一般在 300 字以上，且结构复杂，对于用外语(汉语)写作的日本考生们来说难度太大，因而酌情予以了减免[5]。

实施文章生试后不久，桓武天皇于公元 794 年从平城京(奈良)迁都至平安京(京都)，随即日本进入了古代史上汉文学最繁盛期——平安朝(794—1192)。平安初期短短的十三年间，《凌云集》《文华秀丽集》《经国集》三大敕选集相继问世，成为日本最早的敕选文集，细观其编者如下：

1.《凌云集》(814 年成书)：

小野岑守、菅原清公、勇山文继

2.《文华秀丽集》(818 年成书)：

仲雄王、菅原清公、勇山文继、滋野贞主、桑原腹赤

3.《经国集》(827 年成书)：

滋野贞主、南渊弘贞、菅原清公、安野文继、安部吉人

据后藤昭雄考证，勇山文继与安野文继系同一人物[6]，因此三大敕选集的编者共计 8 人，值得关注的是他们都是文章生出身。勇山文继、安部吉人的及第年份不详，其余 6 人的登科时间按先后顺序排列如下：

菅原清公　延历八年(789)及第　南渊弘贞　延历十五年(796)及第

小野岑守　延历二十二年(803)及第　滋野贞主　大同二年(807)及第

仲雄王　大同三年(808)及第　桑原腹赤　弘仁五年(814)以前及第

其中延历八年登科的菅原清公是最早通过考试入选文章生之人，且从及第年份看，这些编者都是在开始实施文章生试不久后遴选出来的优秀人才。正是这些文章生们成为了平安文坛的中流砥柱，不仅三大敕选集的作者绝大部分出于斯，从整个平安朝文学史看，以著名的诗人菅原道真为代表的文章生出身的文人占据了极为重要的位置，足以可见以文取士的科考制度的引进对古代日本文学的发展起到了巨大的推动作用。这一点与唐代科举颇为相似，唐代通过科举大量的文人得以入仕，“古文运动”“新乐府运动”的倡导者韩愈、柳宗元、白居易、元稹等无一不是通过科举选拔出来的。

然而，当我们仔细研读平安朝的汉文学作品时，发现不论是平安初期的三大敕选

诗文集，还是收载菅原道真500余首诗歌的《菅家文草》，乃至汇集汉诗文精华的《本朝文粹》，其总体上注重形式，嗜好雕琢，精于用典和堆砌华丽的辞藻，却往往疏于抒发情思之作。同样是以文取士，为何平安朝汉文学与唐代文学之间存在如此大的差异？这种差异又是如何产生的呢？从两国的省试诗中是否可以看出其嬗变的端倪？下面让我们首先来看一下平安朝省试诗在形式上与唐代有哪些不同。

2. 平安朝省试诗与唐代省试诗

北宋·李昉等撰《文苑英华》卷一八〇～卷一八九共收载了468首唐省试诗(含州试诗、府试诗)，清·徐松《登科记考》对创作年代及作者生平等进行了考证，此外唐省试诗主要散落于一些诗人的别集中。例如，白居易《白氏文集》卷三八并列收录了《省试性习相远近赋》《玉水记方流诗》和《宣城试射中正鹄赋》《窗中列远岫诗》，分别为唐贞元十六年(800)进士科和贞元十五年(799)宣州州试的及第之作。现存文献记载的最早的一首省试诗为唐高宗仪凤四年(调露元年，679)的《朝野多欢娱》诗[7]，至公元907年唐朝灭亡为止，除安史之乱外几乎每年都举行进士科考[8]，从总体上看，留存至今的省试诗其实不到五分之一。

在诗歌格式上，唐省试诗原则上采用五言六韵的排律形式，偶尔也有例外。例如唐玄宗天宝四年(745)省试诗《玄元皇帝贺圣祚无疆》为五言八韵排律，此外，唐人选唐诗之一的《国秀集》(成书于744年)中采录了董思恭《奉试昭君》[9]、荆冬倩《奉试咏青》、孙欣《奉试冷井诗》、崔曙《奉试明堂火珠诗》等四首初唐的省试诗，均为五律，据笔者考证该集为现存最早的收录唐省试诗的诗集。不过，这些例外都集中在初唐至盛唐间，天宝以后省试诗的格式就基本固定在五言六韵的排律。

在声律方面，唐省试诗从一开始就严格要求，关于这个问题时常被提及的是王泠然的例子。开元五年(717)王泠然进士及第后，投献给御史高昌宇的干谒文中说："先天年中，仆虽幼小，未闲声律，辄参举选。公既明试，量拟点额；仆之枉落，岂可缄口！"(五代·王定保撰《唐摭言》卷二)提到了先天年间(712—713)应试之时因不熟悉声律而落榜之事。省试诗对格律的要求对唐诗格式的发展起到了很大的推动作用，傅璇琮虽然认为"唐代的科举制度，特别是进士科的以诗赋取士，给文学带来了消极影响"，但同时也指出了"科试诗赋的讲究声韵对偶，也刺激了文人对声律的研究，从诗歌创作的形式上来说，也不是没有值得肯定的一面"[10]。姑且不论科举试诗是否促进了唐诗发展这个问题，但可以非常肯定地说：唐科考严格要求声律在很大程度上带动了唐诗格式的发展。

那么，模仿唐进士科考的日本平安朝省试诗的形式又如何呢？现存完整的平安朝省试诗仅25首，加上岛田忠臣、菅原道真备考文章生试时所做的模拟诗作5首，总共不过30首。

1. 平安朝初期三大敕选集之一的《经国集》　23首(五言19首，七言4首)
2. 岛田忠臣《田氏文集》　1首(五言六韵排律)
3. 大江匡衡《江吏部集》　1首(五言八韵排律)

*省试诗模拟作：

岛田忠臣《田氏文集》1首（五言六韵排律）

菅原道真《菅家文章》4首（五言六韵排律2首，五言十韵排律1首，七言十韵排律1首）

此外，从《日本纪略》《扶桑略记》等平安朝史书中可以找到一些有关文章生试和考题的记录，都良香《都氏文集》卷五、《本朝文粹》卷九(《省试诗论》)、《江谈抄》也分别引用了一些省试诗句，笔者在本文后附表中将可查格式的省试诗情况汇成了一览表。

首先，从《经国集》所收录的省试诗体例(附表例1～7)看，19首五言诗中，五律占5首(含失格)，五言六韵15首，分别为11次考试的答案，五言诗的这两种格式正是唐进士科考所采用的形式。由此可见日本古代在开始实施文章生试时，除了考虑到写作难度不试赋之外，尽可能地沿袭了唐进士科考的标准要求。尤其值得关注的是现存最早的2个省试诗例：南渊弘贞的《咏梁》和小野岑守的《咏天》[11]。

五言奉试咏梁得尘字一首　南渊弘贞

凤阁将成岁　龙楼结构辰　杏翻华日影　梅起妙歌尘
带紫朝光断　含丹晚色新　愿为廊庙干　长奉圣君宸

五言奉试咏天一首　小野岑守

列位三光转　因时万物通　穷阴终谢北　阳煦早惊东
就日望唐帝　披云覩乐公　慙乏掞天术　来班与夺雄

这两首诗虽题目不同，但整体结构和寓意甚为相似，首联紧扣题目，前者以“凤阁”“龙楼”这两个宫殿楼名点题，后者用“三光”(日・月・星)生“万物”切入主题，颔联、颈联分别插入“梁”和“天”相关的各种典故加以铺垫展开，最后尾联抒怀，表达了早日成为朝廷的栋梁之材、列席侍奉天子左右的渴望之情。两首诗手法虽显稚嫩，偏于雕琢，但无论从对偶、声律、押韵上看都是中规中矩符合标准的五律，反映了日本古代在刚开始引进文章生试时，基本和唐进士科考保持统一标准，对诗歌格律设定了严格的要求。

据《公卿补任》《续日本后记》等史料记载，作者南渊弘贞、小野岑守为“弱冠文章生试及第”，初出茅庐的文章生们在诗律方面就掌握了如此高的技能，这在古代日本汉文学史上可说是一个非常重要的里程碑。

近体诗萌芽于六朝的齐梁时期，进入初唐后才逐步完善起来，它在句数、字数、对仗、平仄和押韵上都有非常严格的约束，其形成经历了一个漫长的历史过程。而古代日本从《怀风藻》到《凌云集》的五六十年的时间里，就完成了这么大的飞跃，事实上可以这么说，近体诗在日本的普及是和文章生试的实施基本上是同步进行的，省试诗对格律的要求大大提高了人们对近体诗的关注度，创作于延历十五年(796)的南渊弘贞《咏梁》诗和延历二十二年(803)的小野岑守《咏天》诗，均是日本最早的近体诗例之一，年轻的文章生们能做到如此娴熟地掌握声律技巧，正是因为文章生试采用了和唐进士科考同样的考试标准，要求省试诗必须为五律或五言六韵的排律，才促使考生们刻苦钻研格律，学会近体诗的创作方法。

然而如王泠然的例子一般，即便是唐朝本土的应试者都难免犯错，更不用说用外语(汉语)作诗的平安朝文章生试的考生们了。因此如果过分于严格要求的话，入选者可能寥寥无几。从弘仁初期长岑高名的及第之作《奉试得宝鸡祠》诗略有失格现象(附表例4)、文室真室·石川越智人《奉试咏三》中仅1首为五律等情况看(同例5),在评判原则方面,平安朝初期开始实施文章生试后不久便发现完全依照唐省试标准的不可行性,于是根据日本本国的国情加以斟酌通融,对略有失格现象但基本符合要求、诗意通达的作品网开一面,予以录用。这样的做法与当时日本朝廷急需精通汉文的人才,重整律令制度,建设东亚文化强国的形势应是密不可分的。

3. 平安朝省试诗与用典要求

除了在格律方面放宽要求外,平安朝省试诗还出现了唐进士科考中没有的形式——七言诗。如附表所示,现存可以查到格式平安朝省试诗共48例,其中五言30例,七言17例,余1例为赞[12],七言占了约三分之一。从平安朝文章生试曾多次借用唐进士科考试题来看[13],出题者熟知唐代不试七言诗,之所以在考试中采取这种新的举措,其目的应是为了避免出现考生们只顾学习五言诗的,反而生疏了对七言诗的了解。此外,平安朝中后期逐渐偏好七言诗的现象对省试诗的形式也发生了一定的影响,关于这一点笔者将另备稿予以详述。

平安朝文章生试与唐代进士科考不同的是采取五言、七言并用的形式,同时在格律方面较唐进士科考有所放松,那是否意味着前者要更为容易一些呢?其实不然,因为平安朝省试诗还添加了一些特殊的出题要求,总结起来有以下几点:

首先,诗歌长度方面。唐省试诗基本为五言六韵的排律,唐初采用过五律,现存最长的省试诗为唐玄宗天宝四年(745)的《玄元皇帝贺圣祚无疆》,为五言八韵排律。而平安朝五言形式的省试诗30例中,五律(4例)和五言六韵(7例)均为平安初期的例子;从贞观二年(860)《听古乐》诗开始,五言形式开始加长,最短为八韵有5例,十韵3例,十二韵6例,十六韵1例,更有甚者长和四年(1015)的《象载瑜》诗,竟然要求作“二百二十字”(《小右记》),也就是五言二十二韵的长诗,字数是唐省试诗的近4倍!规定这么冗长的字数无非是为了提高考试难度,但为了完成这么长的诗作,考生们只能一味地堆砌辞藻和典故。不得不说平安朝省试诗对形式苛求到如此地步,已经有些偏离唐进士科考的理念了。

其次,平安朝省试诗讲究用典。《经国集》收载的23首省试诗中,除了和唐进士科考一样规定诗体、用韵之外,还出现了一下特殊的规定:

山田古嗣《奉试赋秋雨》	要求“每句用宫殿名”	(附表例5)
纪长江《奉试赋得秋》	要求“每句用十二律名字”	(附表例8)
丹治比文雄《奉试赋秋兴》	要求“以建除等十二字居句头”	(附表例11)

这些命题规定在唐省试诗中都是见不到的,可以说是古代日本文章生试的特殊现象。例如山田古嗣《奉试赋秋雨》诗中,除首句切题外,共涉及了11个宫殿屋名。

奉试赋秋雨　山田古嗣

秋雨正滂沛　旬朝沥玉堂　花浓丛发越　燕度石飞翔
已涤兰林珮　更沾蕙草香　迎风散斜影　清暑送浮凉

似露飘长乐　如尘浮建章　长年无破块　崇德咏时康

这首诗以秋雨为题，形容秋雨淋漓之下秋意渐深，描绘了花草色香愈浓、燕子南飞气候爽的一派祥和的秋天景象，末了两句以圣君的统治下，长年风调雨顺太平安宁为结尾，为天子歌功颂德。整首诗巧妙地插入了“玉堂”“发越”“飞翔”“兰林”“蕙草”“迎风”“清暑”“长乐”“建章”“长年”“崇德”等11个宫殿屋名，这些名称大都出自班固《西都赋》(《文选》卷一)或张衡《西京赋》(《文选》卷二)。《文选》是平安朝文章生科的主要教材之一，考生们自然熟读于心，因此考试的关键就在于如何将宫殿名融入诗境，用得贴切诗意。

这样的命题形式不仅出现在平安朝初期，天庆八年(945)省试诗《功名重山岳》要求“每句用汉高祖功臣名”(《本朝世纪》，附表例28)、天延二年(974)《教学为先》诗要求“每句用仲尼弟子名”(《江吏部集》，同例33)、天永三年(1110)《民歌舞以从》要求“每句用七十二候名”(《中右记》，同例47)，一直延续到平安朝末期。

“宫殿屋名诗”“建除诗”“人名诗”等均属于“嵌字诗”之流，最早见于六朝后期的宫廷游戏诗作，梁元帝萧绎就留下了大量的《宫殿名诗》《屋名诗》《将军名诗》《药名诗》。对于用来择优选才的文章生试中居然采用了六朝游戏诗歌形式这个问题，日本学者一直存在不解，或将这些省试诗误解为“游戏之作”[14]。其实换个角度看，考场里在规定时间内将这些常识典故一个不漏地背出来，并做出一首切题而富有文采的诗并非易事。这也体现了包括省试诗在内的平安朝汉诗的一个很大的特点：讲究堆砌典故，注重诗歌技巧。

4. 平安朝省试诗的用韵问题

与唐省试诗相比较，平安朝省试诗不仅对用典规定了各种条条框框，在用韵方面也显得比较特别。唐进士科考一般为“题中韵”或另外指定韵字，“题中韵”有两种形式，一种为考官直接指定诗题中的一字为韵脚。例如上文提到的白居易省试及第之作《玉水记方流》，题下标记“以流字为韵、六十字成”，要求以题中的“流”字为韵(下平声十一尤韵)作五言六韵排律。《文苑英华》[15]收录了与白居易同年登科的吴丹、郑俞等5人的省试诗，均押“流”韵，这一点也印证了唐贞元十六年(800)的省试是直接标明以“流”字为韵的。

“题中韵”另外一种形式是考生从考题中自取一字为韵脚。唐贞和十年(794)的省试诗题为《春风扇微和》，今存诗8首(《文苑英华》卷一八三)，其中陈九流、张彙等6首以“风”为韵(上平声一东韵)，陈通方诗采用了“微”韵(上平声五微韵)，比较特别的是豆庐荣诗(文客拂尘衣，仁风愿回扇)，选择了“扇”字为韵(去声十七霰韵)。根据诗律规则，近体诗一般只用平声韵，基本不用仄声韵，豆庐荣的这首诗在押韵上算是别出心裁，用了险韵。据王兆鹏《唐代科举考试诗赋用韵研究》统计[16]，唐开元十九年(731)《洛出书诗》现存3首，分别以“出”字和“洛”字为韵，用的是入声韵；唐开成二年(837)李翃《霓裳羽衣曲诗》，用的是“去声八霁韵”。虽然数量不多，唐省试诗还是有少数一些押仄声韵的例子。

唐省试诗除了“题中韵”之外，还有由考官另外指定韵字的，例如唐长庆二年(822)进士科试《琢玉诗》，现存丁居晦、浩虚舟诗2首，用下平声八庚韵；唐大中八年(854)进士科试《振振鹭诗》，现仅存李频诗1首，押上平声十四寒韵，这些韵都不是题中取韵，且前者2首诗押的是同一个韵，可见这些省试诗所用诗题之外的韵字应是由考官统一指定的。

平安朝省试诗在其初期基本和唐进士科考保持一致，例如“题中韵”的例子有弘仁十三年(822)《奉试赋得陇头秋月明、题中取韵》、天长元年(824)《奉试赋挑灯杖、七言十韵、仍以挑灯杖为韵》诗等等；另外指定韵字的例子有文室真室、石川越智人《奉试咏三、以帷为韵》诗和纪虎继《奉试得治荆璞、以天为韵》诗等，都是限韵并限字。不过和唐省试诗不同的是，平安朝省试诗出现了一种特殊的用韵规定。据《本朝文粹》卷七《省试诗论》所载，贞观四年(862)的考题为《连理树诗、以德化先被荒垂为韵、依次用之。百廿字成之》，即要求在五言十二韵的诗中，分别以“德、化、先、被、荒、垂”六个字为韵字，每四句换一韵。近体诗对韵脚要求极其苛刻，不论是绝句还是律诗、排律，都是不允许换韵的，必须一韵到底。只有在古体诗中，转韵才较为自由。因此唐省试诗绝大部分以平声字为韵，且一韵到底，像贞观四年《连理树诗》这样指定多个字为韵脚、要求换韵的例子，不仅不符合唐进士科考的要求，而且完全背离了近体诗的格律，可以说是古代日本文章生试的特殊产物。

这样的例子在平安朝还不少见，长德三年(997)的文章生试题为《既饱以德》，要求以“君子万年、介尔景福”八字为韵，作五言十六韵诗，也就是每四句换一韵。诗题和韵脚均出自《诗经・大雅・既醉》，原诗“既醉以酒，既饱以德。君子万年，介尔景福”，为一曲宗庙祭祀礼成时的赞歌。唐省试诗从《诗经》中取题的例子不少，唐建中年间(780—783)的省试诗题《白露为霜》出自《诗经・国风・蒹葭》，唐元和年间(806—820)省试诗题《莺出谷》出自《诗经・小雅・伐木》等都属于这一类，长德三年的这个考题也正是效仿了唐例。

据《本朝文粹》卷七《省试诗论》所载，围绕长德三年考生大江时栋所做的省试诗的评判问题，当时朝廷掀起了一场轩然大波，考官纪齐名认为大江时栋的诗作有瑕疵，犯了“蜂腰病”，判其落第。针对这个评判结果，文章博士大江匡衡、三善道统提出异议。双方分别向一条天皇提交了两次陈状，《省试诗论》就是由这四封陈状组成。首先对于韵脚，大江匡衡责问道：

> 此度试题，韵以八字，已同赋体，奇法过差之试也。往古未闻八字之例。

的确如其所言，要求六字或八字的换韵在唐代省试的律赋中很常见，但是省试诗却不然。作为近体诗，唐省试诗必须一韵到底，不应使用多个韵字。而唐省试的赋文大都限韵八字，这些韵字和诗题往往都出自同一诗篇或文章，在一定程度上起到了解说和提醒的作用。比如说，唐开元二年(714)赋试题为《旗赋》，规定以“风日云野、军国清肃”八字为韵，通篇次用；唐开元十八年赋试题为《冰壶赋》，要求以“清如玉壶冰、何惭宿昔意”十字为韵，依次押韵。唐省试的律赋要求声调和谐、辞藻华丽、对仗工整，因此在科考中，举子们要依照先后顺序巧妙地将韵字镶嵌到赋句中，写出一篇文采立意皆佳的美文来难度不小，容易顾此失彼。于是后来的唐代省试逐渐改变了做法，依旧限定韵字，但是不再要求按照顺序用韵，考生可随意排列韵字，适当地降低了作赋的难度。

长德三年的省试诗题《既饱以德》以《诗经》中同一首诗的后两句为韵脚，而且从《省试诗论》中记载的大江时栋的诗句看，要求“君子万年、介尔景福”八个字依次用韵，如大江匡衡所言，类同赋体。不过关于他指出“往古未闻八字之韵”，上文中提到过，早在一百多年前的贞观四年(862)的文章生试中就出现过类似的命题，当年的考题为《连理树诗》，要求以“德化先被荒垂”六个字为韵，并指定必须依次用之，可见这种形式的命题在平安朝并非个例。另外，从《省试诗论》中所引的大江时栋的诗句看，撇开换韵这一点，其他平仄都完全符合排律要求[17]。平安朝文章生试从九世纪后半期开始在命题里加入了类似于唐省试赋文的押韵要求，这种形式在中国诗歌史上不存在，可以说是古代日本诗坛的独特产物，也是其文章生试为一味地追求诗歌形式与技巧所带来的结果。

那么，纪齐名所说的“蜂腰病”是什么呢？它指的是古体诗的诗病之一，五言诗为了达到声律和谐，要求第二字与第五字不得同声，否则“两头粗中间细”，类似“蜂腰”，但平声不为病。纪齐名引用初唐·元兢的《诗髓脑》及《文章仪式》等诗学著作，认为大江时栋所作诗句“寰中唯守礼，海外都无怨”中，第二字“外”与第五字“怨”同为去声字，因而犯了蜂腰病。针对这一点，大江匡衡则根据初唐的声病说著作《诗格》《文笔式》，认为仄韵诗中下句不须避蜂腰。

其实，不管纪齐名还是大江匡衡，其立论和出发点都有偏颇，忽视了省试诗原则上必须为近体诗这一点，没有意识到“蜂腰病”的说法只适用于古体诗。因为在仄韵的律诗中，所谓的“蜂腰病”是不可避免的，下面是仄韵律诗的平仄对照，颔联和尾联后句的第二字和第五字都是仄声字。

仄仄平平仄，平平平仄仄。平平仄仄平，仄仄平平仄。

仄仄仄平平，平平平仄仄。平平仄仄平，仄仄平平仄。

这样的创作实例在唐省试诗中可以找到不少，例如唐开元十九年(731)萧昕的省试诗《洛出书诗》“龟灵启圣图，龙马负书出”，下句的“马”与“书”为仄声字；唐贞元十年(794)豆卢荣的省试诗《春风扇微和》中，就有“韶光恐闲放，旭日宜游宴”之句，后句的“日”与“宴”均为仄声字；唐开成二年(838)李翃《霓裳羽衣曲诗》有“梨园献旧曲，玉座流新制”句，“座”与“制”同为仄声字。可见仄韵律诗的下句必然出现第二字和第五字同为去声字的现象，纪齐名所谓的“蜂腰病”根本不适用于仄韵排律。

这里我们不禁会觉得奇怪，为何号称当代名儒的大江匡衡不能一针见血地指出问题所在，驳斥对方所谓的“蜂腰病”只是适用于古体诗，而近体诗不受其拘束呢？同样的疑问，身为大内记、汉学功底深厚的纪齐名又为何固执于用初唐的诗学论著来作为评判省试诗的标准呢？二者虽然在声病判断上持两种截然不同的意见，但其实都反映出了平安朝中期以后日本诗坛的衰退。其主要原因之一是取消了遣唐使的派遣。古代日本朝廷于宽平六年(894)采纳了菅原道真的建议，废除了遣唐使。自兹以后，唐朝廷与日本朝廷之间基本断交，两国之间的来往主要通过商船贸易，古代日本开始步入闭关锁国的状态，渐渐地对唐朝的新文化动向缺乏了解。大江匡衡和纪齐名的时代，中国人作诗，其格律早已不按《文笔式》《诗髓脑》，但二人对诗律的知识依旧停留在三百多年前的著作上[18]，这与平安朝初期刚引进文章生试时相比，反而后退了一大步。

此外还有一个重要的原因在于外戚干政。外戚藤原氏利用摄政关白制度把持了朝政后，由文章生入仕的优秀人才无法再像平安初期那样得到天皇重用，在政治舞台上崭露头角，发挥自己的才干；同时，菅原、大江等几大儒学门户之间学阀意识愈演愈烈，彼此争夺余下不多的文职官位，上述长德三年的省试诗论归根到底折射出的是大江、纪家两派学者之间的对立。在这些内外矛盾交加下，平安朝汉文学逐步走向了衰退。

5. 结　语

从平安朝省试诗整个格式变化上，我们可以清晰地勾勒出这样一幅古代日本汉诗的发展曲线图，大致可划分为以下三个阶段。

5.1　诗律普及期

八世纪中后期，日本开始模仿唐进士科考引进文章生试，采取了以诗歌取士的择优选才制度，文章生试实施初期在诗型、格律、命题等方面完全沿袭了唐例。文章生试的引进不仅培养选拔了大批朝廷急需的官吏人才，同时在很大程度上推动了诗歌格律的传播和普及，刺激了日本古代文人对声韵对偶的学习与研究，这一点和唐进士科试诗赋对唐诗格律所起到的积极作用极为相似。

5.2　诗律全盛期

随着文章生试制度的逐步确立，到了九世纪中后期，著名诗人岛田忠臣(828—892)和菅原道真(845—903)的省试诗及模拟习作都体现了日本诗坛对格律的理解与掌握达到了一个巅峰。例如，岛田忠臣《田氏家集》卷头诗是《赋得咏三》，是一首押韵、对仗、平仄都完全符合要求的五律。该诗为岛田忠臣备考文章生试时，依照历年的省试诗题所做的模拟诗[19]。《田氏家集》还收载了岛田忠臣的省试诗《省试赋得珠还合浦》，为一首五言六韵排律，其命题和格式均模仿了唐进士科考的出题(《文苑英华》卷一八六，邓陟《珠还合浦》)。同样的例子在菅原道真《菅家文草》中也可见到，该集收录了4首省试模拟诗作，均为体例完整的近体诗。不仅如此，不论是《田氏家集》还是《菅家文草》，其中绝大部分诗歌都是近体诗。可以说，这个时代的日本诗人更习惯于写作近体诗，对于形式较为自由的古体诗反而显得不擅长，这也是日本古代汉诗创作的特点之一。

5.3　诗律衰退期

十世纪以后，随着外戚藤原氏势力的扩张，文章生出身的文人受到严重排挤，同时学阀间的争斗加剧，日本的汉文学创作逐步进入了闭关自守的状态，对声律的了解与掌握也日渐生疏。另一方面，日本诗坛侧重形式美，讲究长篇对仗，平安朝中后期的汉诗出现许多中国没有的格式，例如长德三年的省试诗，既要求平仄对仗，又要求换韵。另一个具有代表性的是七言排律，因为过于冗长繁复，如松浦友久所言，近五万首唐诗中，其体例极少，在中国古典诗歌中难以作为独立的诗型定位[20]。但平安朝汉诗中却不乏七排的例子，这是因为当时的人们喜好对仗的极限化所带来的形式美。限于本文篇幅，有关这个问题，这里不再赘述。

古代日本的文人们都熟读汉文典籍，但包括被奉为“学问之神”的菅原道真在内，他们究竟是完全通过“汉文训读”的方法来学习汉籍，还是对汉语发音有一定程度上的了解呢？古代日本汉诗的格律经历了怎样一个发展过程，是否如一些日本学者所言是一个渐进的历程呢？从平安朝省试诗的形式、格律与唐省试诗的对比中，我们不难发现随着古代日本模仿唐进士科考引进文章生试，促进了诗歌声韵在日本的普及与发展，尤其是九世纪中后期，近体诗创作达到了一个巅峰。但随着摄关外戚政治的盛行，平安朝中后期的诗人们对于格律的了解却有了很大的退步。与此同时，日本汉诗开始走上一条特殊的发展道路。今后笔者还将从内容题材方面对平安朝省试诗与唐省试诗进行比较研究，从而进一步探讨平安朝汉文学嬗变的原因。

附表　平安朝省试诗格式一览表

No.	实施时间	省试诗题	作者	格式	资料出处
1	延历十五年(796)	咏梁	南渊弘贞	五律	《经国集》卷一四
2	延历二十二年(803)四月前	咏天	小野岑守	五律	《经国集》卷一四
3	弘仁五年(814)	宝鸡祠	长岑高名	五言六韵	《经国集》卷一四
4	弘仁初期	咏三	文室真室、石川越智人	五律(失格1首)	《经国集》卷一四
5	弘仁十二年(821)	秋雨(每句用宫殿名)	山田古嗣	五言六韵	《经国集》卷一三
6	弘仁十三年(822)前	东平树	伴成益	五律	《经国集》卷一四
7	弘仁十三年(822)	陇头秋月明	丰前王、小野篁等	五言六韵	《经国集》卷一三
8	弘仁十四年(823)十一月二十日前	秋(每句用十二律名字)	纪长江	七言六韵	《经国集》卷一四
9	天长元年(824)	挑燈杖	猪名部善绳	七言十韵	《经国集》卷一四
10	天长二年(825)	咏尘	藤原关雄等5人	五言六韵(含排律2首)	《经国集》卷一四
11	天长三年(826)九月十三日以前	秋兴(以建除等十二字居句头)	丹治比文雄	五言六韵	《经国集》卷一四
12	天长四年(827)五月十四日前	治荆璞	纪虎继	五言六韵	《经国集》卷一四
13		王昭君	小野末嗣	七言六韵	《经国集》卷一四
14		照胆鏡	小野春卿	七言八韵	《经国集》卷一四
15		爨烧桐	大枝礒麻吕	五言六韵	《经国集》卷一四

续表

No.	实施时间	省试诗题	作者	格式	资料出处
16	齐衡元年(854)前后	珠还合浦	岛田忠臣	五言六韵排律	《田氏家集》
17	贞观二年(860)	听古乐	都良香等 3 人	五言十二韵	《本朝文粹》卷七
18	贞观四年(862)前	连理树	有名王、坂上斯文	五言十二韵	《本朝文粹》卷七
19	贞观四年	瑞物赞	菅原道真	赞	《菅家文草》卷一
20	贞观十二年(870)	荷锸成云	高阶茂范等 7 人	五言	《都氏文集》卷五
21	元庆元年(877)十二月二十五日前	泾渭殊流	大和宗雄、岛田惟上	七言六韵	《本朝文粹》卷七
22	元庆八年(884)	龙图授羲	桔公廉、多治敏范	五言八韵	《本朝文粹》卷七
23	九世纪后半期	山水有清音	源当方	五言八韵	《本朝文粹》卷七
24	九世纪后半期	海水不扬波	藤原长颖等 6 人	五言八韵	《本朝文粹》卷七
25	宽平八年(896)	花间理管絃	纪淑望	七言四韵	《日本纪略》
26	延喜十年(910)	日月光华	藤原正時	五言十二韵	《本朝文粹》卷七
27	延喜十六年(916)	高风送秋		七言六韵	《日本纪略》等
28	天庆八年(944)	功名重山岳(每句用汉高祖功臣名)		七言八韵	《本朝世纪》等
29	天历二年(948)	昊天降丰泽	大江如镜	七言十韵	《日本纪略》等
30	天德二年(958)	鱼登龙门		五言十韵	《日本纪略》等
31	康保二年(965)	飞叶共舟轻	桔倚平	七言四韵	《日本纪略》等
32	康保五年(968)	朱草生郊		五言十二韵	《日本纪略》等
33	天延三年(975)	教学为先(每句用仲尼弟子名)	大江匡衡	五言八韵	《江吏部集》
34	长德三年(997)以前	平露生庭	田口有信	五言	《本朝文粹》卷七
35	永祚元年(989)	贡院新栽小松		五言十二韵	《日本纪略》
36	长德二年(996)	泽如时雨		七言八韵	《日本纪略》等
37	长德三年(997)	既饱以德	大江时栋	五言十六韵	《本朝文粹》卷七
38	长保五年(1003)	凉风撤蒸暑		五言十二韵	《权记》
39	宽弘元年(1004)	野老击壤		七言八韵	《权记》等
40	宽弘二年(1005)	秋蘂露作珮		七言八韵	《小右记》等
41	长和四年(1015)	象载瑜		五言二十二韵	《小右记》
42	宽仁二年(1018)	翠松无改色		七言四韵	《御堂关白记》等
43	治安二年(1022)	养民仕惠		五言八韵	《小右记》
44	万寿三年(1026)	积德有海内		七言六韵	《小右记》
45	长元元年(1028)	野多客鸡		五言十韵	《小右记》

续表

No.	实施时间	省试诗题	作者	格式	资料出处
46	长久二年(1041)	歌舌不如莺		七言四韵	《扶桑略记》
47	天永三年(1110)	民歌舞(每句用七十二候名)		五言十韵	《中右记》
48	永久五年(1117)	班方玉		七言八韵	《朝野群载》

注释

[1]程千帆《唐代进士行卷与文学》,上海古籍出版社,1980 年。傅璇琮《唐代科举与文学》,陕西人民出版社,1986 年。王勋成《唐代铨选与文学》,中华书局,2001 年。

[2]郑晓霞《唐代科举诗研究》,复旦大学出版社,2006 年。王兆鹏《唐代科举考试诗赋用韵研究》,齐鲁书社,2004 年。彭国忠《唐代试律诗》,黄山书社,2006 年。

[3]桃裕行「平安時代初期の大学寮の盛容と大学別曹の成立」、『上代学制の研究』、吉川弘文館,1983 年,第 85～93 页。

[4]李宇玲《平安朝文章生试与唐进士科考》,载《日语学习与研究》,2009 年第 2 期,第 23～29 页。

[5]一些日本学者认为平安朝文章生试是同时试诗赋的,但《本朝文粹》卷二中仅提到"试诗或赋",史料文献中也没有留下任何关于省试试赋的记录,因此可推断,《延喜式》部式中所规定的"试诗赋"不过是为了和唐进士科考相提并论所做的措辞润色。

[6]後藤昭雄「嵯峨朝の文人の位階・官職と文学」、『王朝文学と官職・位階』、竹林舎、2008 年、第 200～222 页。

[7]孟二冬补正《登科记考补正》卷二,北京燕山出版社,2003 年,第 82～83 页。

[8]唐德宗建中二年(781)十月,中书舍人赵赞权知贡举,上奏要求进士科考以"箴・论・表・赞代诗赋",该建议被采纳后进士科考曾停止试诗赋。不过,德宗贞元四年(786)已恢复试诗,唐进士科停试诗赋的时间最多五年。

[9]初唐・董思恭《奉试昭君》诗与日本平安朝初期小野末嗣所做的省试诗《奉试赋得王昭君》(《经国集》)命题、内容题材、韵脚上都极为相似,毫无疑问可以推断是后者模仿前者所作。但董诗作于进士科试"杂文二首"(永隆二年〈681〉)之前,故该诗一般不被认为试帖诗。但《国秀集》编者芮挺章(开元・天宝时人)为何将其作为试帖诗纳入集中,古代日本又为何将其作为试帖诗模仿?这些新材料的出现对重新审视"唐进士科考何时开始试诗赋"这一问题都颇具参考价值。

[10]傅璇琮《进士试与文学风气》,《唐代科举与文学》,陕西人民出版社,2003 年,第 404～434 页。

[11]《经国集》引文出自小島憲之『国風暗黒時代の文学 下』、塙書房、第 3781 页、第 3787 页。后文出自同一著作引文将随文标出出处页码,不再另注。

[12]现存史料文献中,平安朝文章生试赞的唯有贞观四年(862)1 例。菅原道真《菅家文草》卷七收录了省试时所做的 6 首赞(《紫云》《白鸠》《白燕》《白雀》《嘉禾》《木连理》)。

[13]参看李宇玲「平安朝における唐代省試詩の受容——九世紀後半を中心に——」、载『国語と国文学』2004 年第 8 期,第 17～31 页。

[14]松浦友久「『経国集』論考——詩を中心として——」、载『中国古典研究』第 12 期、1964 年 12 月,第 111 页;大曾根章介「漢文学の発達」『日本漢文学論集』、汲古書院、1998 年,第 5～7 页等。

[15]《文苑英华》引文出自《文苑英华》中华书局,1982 年。后文出自同一著作,引文不再另注。

[16]王兆鹏《唐代科举中的试律诗》,《唐代科举考试诗赋用韵研究》,齐鲁书社,2004 年,第 7～8 页。

[17] 濱田寛「『本朝文粋』巻七「省試詩論」考——省試詩と詩病適用についての同時代的考察——」(载『和漢比較文学』第21期，1998年8月，第30～42页)对大江时栋的省试诗进行了复原。不过，该论文指出大江匡衡与纪齐名有关省试诗病的争论反映了古代日本省试诗发展的过渡，这一点与笔者的结论相悖。

[18]杨明《读《文镜秘府论校注》附录《本朝文粹・省试诗论》，载《天府新论》，2001年第4期，第75页。

[19]芳賀紀雄「少壮の日の島田忠臣——外記任官まで——」、『ことばとことのは』第5集、和泉書院、1988年，第25～35页。

[20]松浦友久「七言排律不盛行の原因」、载『中国詩文論叢』第82期、2000年12月，第82～91页。

参考文献

日文

桃裕行『上代学制の研究』、吉川弘文館、1983年。

久木幸男『日本古代学校の研究』、玉川大学出版部、1990年。

小島憲之『国風暗黒時代の文学』上、中、下、塙書房、1968—1988年。

後藤昭雄『平安朝漢文学論考』、桜楓社、1981年。

大曽根章介『日本漢文学論集』、汲古書院、1998年。

松浦友久『日本上代漢詩文論考』、研文出版、2004年。

金原理『平安漢詩文の研究』、九州大学出版会、1981年。

濱田寛『平安朝日本漢文学の基底』、武蔵野書院、2006年。

石母田正『日本古代国家論』第一部、岩波書店、1973年。

芳賀紀雄「少壮の日の島田忠臣一外記任官まで一」、『ことばとことのは』第5集、和泉書院、1988年。

中文

傅璇琮著《唐代科举与文学》，陕西人民出版社，1986年。

程千帆著《唐代进士行卷与文学》，上海古籍出版社，1980年。

王勋成著《唐代铨选与文学》，中华书局，2001年。

吴宗国著《唐代科举制度研究》，辽宁大学出版社，1997年。

罗宗强著《隋唐五代文学思想史》，中华书局，1999年。

孟二冬补正《登科记考补正》卷二，北京燕山出版社，2003年。

王力《汉语诗律学》，上海教育出版社，1962年。

郑晓霞著《唐代科举诗研究》，复旦大学出版社，2006年。

王兆鹏著《唐代科举考试诗赋用韵研究》，齐鲁书社，2004年。

彭国忠著《唐代试律诗》，黄山书社，2006年。

杨明"读《文镜秘府论校注》附录《本朝文粹・省试诗论》"，《天府新论》，2001年第4期。

作者简介

李宇玲，北京日本学研究中心硕士课程9期生(1993年9月至1996年3月在学)，日本文学专业。现任同济大学外国语学院教授。

上田秋成对旅行的认识及其思想成因

岳远坤

上田秋成是日本近世最为著名且最具代表性的作家之一，他的作品以高度的知性赢得了同时代读者以及后世读者和研究者的好评。他于享保19年(1734)生于日本的商业城市大阪，4岁时被大阪的纸油商人上田茂助收养，成为上田家的养子。众所周知，江户幕府的建立，结束了日本的战乱时代，日本社会进入持续的稳定时期，社会经济开始繁荣发展。随着交通设施的改善、国民生活水平和教育文化水平的提高，旅游成为人们尤其是文艺青年的一种时尚的娱乐方式。在这样的社会背景下，芭蕉热持续升温，越来越多的年轻人追寻芭蕉的足迹，出门旅行，追求所谓的“风雅”。但是，上田秋成却对漂泊的诗人芭蕉始终持否定态度，而且纵观其小说作品，无论《夜宿荒宅》的胜四郎，还是《吉备津之釜》中与情人私奔的正太郎，以及《蛇性之淫》中的丰雄，这些因为各种原因离开故乡这个共同体的人们，最终或选择回归，或下场凄惨。上田秋成的小说创作及其人物的塑造方式与他对旅行和故乡的认识有着紧密的联系。以下笔者将通过上田秋成对芭蕉的批判以及他写作的空想游记《去年的路标》，分析上田秋成对旅行的认识，并通过他的个人成长历程、社会背景分析其思想成因。

1. 对芭蕉及其追随者的批判

上田秋成的一生中，有两个人是他最不喜欢的，一个是与他生于同一个时代并曾有过诸多辩论的本居宣长之外，另一个是江户时代前期著名俳谐师(诗人)松尾芭蕉。上田秋成在他的作品中不止一次对芭蕉和他的追随者进行了批判与讽刺。当然，上田秋成批判的并不是芭蕉的艺术成就，而是他“人在旅途”的生活方式。正如芭蕉在《奥州小道》的开头所写，“日日行旅以旅途为家”“古人多死于旅途”“随风漂泊”[1]，芭蕉的一生是行旅的一生，并因此写下了很多脍炙人口的游记名篇。

芭蕉出生于伊贺国，父亲的身份为“无足人”，即享受乡士待遇的上层农民。但是，他通过努力，开创了“蕉风俳谐”，被后人尊为俳圣。云英末雄对芭蕉做出如此评价：芭蕉是一个追求“风雅之诚”、生于旅途并在旅途中发现人生真谛的漂泊诗人。[2]

芭蕉的身份是介于农民和乡士之间，一方面他是属于农村共同体的农民，另一方面他又是属于城市共同体的乡士。但是，换个角度来说，他又两者都不是，而是一个边缘的存在。因此松田修认为，松尾一家是“与乡村共同体和城市共同体都绝缘的一种流民、外人，或者用荻生徂徕的话来说就是“纷乱之人”，是“失去故乡”的那一类人。因此，失去故乡的芭蕉始终自称旅人，而所谓的旅人便是“从生计与生活的源泉中脱离出来的人、与土地和共同体绝缘的人、被诅咒的人”[3]。

从以上这些对芭蕉的表述，不难看出合理主义者上田秋成不喜欢芭蕉的原因：脱离作为共同体的故乡与脱离作为本分的生产、追求于物质生产无益的风雅、不安分。

芭蕉去世之后，芭蕉的人气与日俱增，到了上田秋成生活的那个时代，整个日本更是掀起了一股近乎个人崇拜的芭蕉热。安永二年，上田秋成40岁的时候，芭蕉去世80周年，天明三年上田秋成50岁时，芭蕉去世90周年，宽正五年(1793)上田秋成60岁时，芭蕉去世100周年。每隔十年，都举行盛大的纪念活动，并“于天明三年和宽正五年，芭蕉热达到了前所未有的程度”[4]。许多年轻的“文艺青年”追随芭蕉的足迹，寻访与芭蕉相关的名胜古迹，尤其芭蕉的代表作《奥州小道》的路线最受欢迎。上田秋成经常在自己的著作中对芭蕉的这些追随者进行嘲讽，批判他们的浅薄与不务正业。

在芭蕉去世100周年纪念的前两年，上田秋成写成小说集《癇癖谈》。其中里面有一个故事，指出俳谐和赌博一样是不务正业的“徒事”。在《胆大小心录》中，上田秋成也辛辣地指出：“反观俳谐，如贞德、宗因、桃青，皆为耍嘴皮子功夫之人。”[5]

2.《去年的路标》——欲望的压抑与抉择

如果说以上仅止于对俳谐师的批判，那么他的纪行文《去年的路标》则将矛头直接指向了芭蕉“以旅途为家”的生活方式。

《去年的路标》写于安永九年(1780)。明和五年(1768)，《雨月物语》初稿完成，而《雨月物语》正式出版却是在八年后的安永五年(1776)。在此期间，明和八年(1771)，因为一场大火，上田秋成失去了养父传下来的家业。上田家遭遇火灾破产前后的情况虽然无据可考，但是中村博保认为应该很容易推测出其中的一个原因，那就是上田秋成未能用心致力于家业的经营。[6]为了生计，他开始随儒医和读本小说作家都贺庭钟学习医学，并于安永二年(1773)开始行医，安永五年(1776)移居大阪尼崎，并于安永八年(1779)改建了自己在淡路町的家。

笔者在此列举以上年份是为了说明《雨月物语》的成书背景，从初稿完成到出版的这八年间，《雨月物语》是否有过改动，中村博保承袭重友毅和中村幸彦的观点，认为上田秋成对《雨月物语》的初稿进行了推敲。[7]《雨月物语》成书的这个时期，是上田秋成经历了人生的巨大动荡并终于走向稳定的时期，没有人比他更知道这种稳定生活的来之不易，而这也让年轻“狂荡”的他在思想上发生了很大的改变。因此不难推测出这种思想上的改变给《雨月物语》的最终成稿带来了影响。晚年的上田秋成曾在《胆大小心录》(69)中回忆了这一时期的自己。

> 翁商戸の出身、放蕩者ゆへ、家財をつみかねたに、三十八歳の時に、火にかゝりて破産した後は、なんにもしつた事がない故、医者を先学びかけたが、村居して、先病をたんさくに見習ふた事じゃあった。四十二で城市へかへりて、業をひらいたが、不学不術のはつの事故、人の用いぬ事はしつてゐる故、ただ医は意じゃとこゝろへて、心切をつくす趣向がついて、合点のゆかぬ症と思へば、たのまぬに日に二三べんも見にいた事じゃ。いやいやと思へば、外の医士へ転じさせても、相かわらず日々見まふた事じゃ故、病人もよろこぶ、家族もとかくうけがよかつたで、四十七の冬、家を買てさつぱり建直して、四十八の春うつった。

（中文译文：翁本商户出身，因为放荡，不善经营积累家财。于 38 岁时，遭遇火灾破产之后，因无一技之长，遂开始学医，住在乡下，学习瞧病的法子。42 岁时回到城市，开业行医。因不学无术，只学得别人用过的法子，且唯独理解“医者意也”这句话，待人亲切。对于自己不明白的病症，即便病人没有叫我，我也每天去看上两三遍。若自己觉得自己看不了，则介绍给别的先生，且依然每日探视，因此病人亦非常高兴，在其家人中也受到欢迎。47 岁那年的冬天，买了一块宅子，重建了家园，转年便到了 48 岁的春天。）

从上面可以看出，上田秋成认为自己之所以遭遇大火荡尽家产是因为自己年轻放荡，经营不用心。而大火之后，他开始学医，而且在作为医生开业之后，对于这个新的事业，他表现出不同于以往的勤奋与精心（至少在他自己看来是这样的），并取得了小小的成就感，“病人高兴，在其家人中也受欢迎”。他似乎终于鼓足了重振家业的干劲，买下宅子重建了自己的“家”。上田秋成在回忆中特意提到这一段往事，可见这一时期对于在他一生中的重要性，亦可以看出上田秋成在这段时期的心境，诚如稻田笃信所说，经历了一场大火之后，上田秋成对于建造一个稳定的居处“家”，有着一种“近似于执着的意愿”。[8]

就是在这样一个时期，上田秋成于安永八年将养母独自留在家中，带着自己的妻子，去温泉疗养。同年，上田秋成写成纪行文《秋山记》[9]，第二年又仿照上岛鬼贯的空想游记《禁足之旅记》[10]写了一篇回忆性质的游记，就是《去年的路标》。所谓空想性的游记，依鬼贯的《禁足之旅记》来说，是指作者根据自己以往的旅游经验，空想一次新的旅游，并将其记录下来的作品。在《去年的路标》中，上田秋成写到自己写作这篇回忆性游记的原因，提到了鬼贯的事亲至孝一事对自己的触动。

むかし、鬼貫といふ人有りけり。何わざして世を過せし人にやありけん。其人の書捨しものを見れば老いたる親によくつかへる人とぞ見えたれ。

（中文译文：以前，有一位叫作鬼贯的人。他是一个怎样的人呢？读其写下的文字可知，似乎是一位侍老亲至孝之人。）

「去年の枝折」『上田秋成全集』（国書刊行会）

上田秋成从什么地方感受到鬼贯的孝心呢？鬼贯在《禁足之旅记》中写到自己之所以空想一次旅游并将这次空想写成游记的起因。

鬱寥たる秋の中々吾妻のかたにたびしたけれど、用なきに身を遠く遊ぶ事、暫老親のためにおもければ、こしかた見つくしたる所々い居ながら再廻のまなこをおよぼし、日々心ばかりを脱けてゆかば、我願ひも叶たり。不孝にもあらずとおもひ立ぬ。

（中文译文：在萧瑟的冷秋，我曾去关东旅游。然家有老父需要照顾，无事闲游之愿终不能实现。若待在家中回忆以前游览过的名胜古迹，每日任由心神出游，如此既能实现自己的夙愿，又非不孝，遂启程。）

上島鬼貫『禁足之旅記』[11]

从上面的引用可以看出，鬼贯认为，舍下父亲在家，自己出去进行一次“没有用处”的旅行是不孝的。但是，平日里又难以抑制自己内心出行的愿望。他在尽孝与旅行之间权衡，选择了进行一次空想的旅游。

孝是“理”，而旅行则是人人都会有的欲望。人们往往会因为“理”而感到一种压抑和束缚，试图摆脱压抑和束缚是人性自然的体现。如阳明学左派的学者一样，上田秋成反对“理”对人的束缚，但是他却不反对有情的“理”，养父母对自己的养育之恩，是上田秋成一直念念不忘的。这种情，让他总是倾向于对“理”和家庭的回归，而不是任由自己内心欲望的发展，摆脱故乡、家庭和产业。关于这一点，在第三章谈论孝的时候还会详述，在此仅仅指出一点，那就是故乡和家对于上田秋成来说，和“理”以及作为封建秩序的象征的“父权”是一样的，一方面让他感到束缚和压抑，另一方面也给他带来一种心安的感觉。在权衡之中，他选择的是心安，而不是没有拘束的自由。这正是鬼贯的说法给他带来触动和影响的地方。对于鬼贯来说，首先旅行的目的要有实用性，不能影响到家业的经营，其次是不能与对父母的尽孝产生冲突。上田秋成同样有着这样的旅行观。

上田秋成在《秋山记》中对于自己的旅行是这样写的：

あきの山見にとにはあらで、此三とせかほど、足びきのやまひにかゝづろうて、世のわたらひも何もはかばかしからぬ。かゝるを、昔は、但馬の城の崎のゐで湯にしるし見しかば、こたびもまたおぼしたてるを、しりに立てくる人も、としごろふかうそみしことあれば、ともにとて、はゝそ葉のおほせのまゝにめしつるゝなりけり。

（中文译文：非为游览秋山，只三年来，因患足疾，工作不甚顺利。以前曾去但马城崎温泉疗治，因颇见疗效，此次亦欲前往，妻子亦早心仪，母亲遂命我二人一起。按照母亲的吩咐，我二人启程。）

上面叙述中的两个划线处是值得注意的。上田秋成通过上文强调的是自己这次出行有两个原因，一个是因为患病而导致自己无法正常工作（这里是指行医），另一方面则是母亲的催促。他这次旅行的目的始终是为了疗养，而疗养的目的并非是为了游山玩水和附庸风雅，而是为了回来好好工作。实用性和母亲的许可是上田秋成旅行的两个基本必要条件。当然，前面也已经提到，上田秋成对养母的顾虑绝不是因为“理”的强制性，而是出于一种发自内心的情感，即对养母的感恩。

在《秋山记》中，上田秋成多次表达了自己对母亲的牵挂。为了能够按时回家，他为自己的旅行制订了周密的计划，中途不会轻易变更路线，思归之情溢于言表。到城崎的第九天，因为连续阴雨，上田秋成便已萌生归意，他问妻子今天是第几日，妻子告诉他今天已经是第九夜第十日。夫妻二人之间的寥寥数语，表达了上田秋成在旅途中的孤寂与思乡，接下来又提及对养母的挂念，这样写道：

673 いを寐ねは夢てふものも夜がれしてたよりほどふる故さとの空はゝそ葉のいかにさふさふしくてやおはすらん、かう捨奉りて来ぬる罪かしこし
（中文译文：浅眠梦易断，故乡遥远在天边，家书久未传。不知母亲多么寂寞。如此扔下母亲独自在家，真是罪过。）

在第 673 首和歌中，浅睡与梦断体现了作者旅途中的“不安心”，而故乡的天空则体现了作者对故乡的思念。虽然这次出行是在养母的催促下进行的，但是上田秋成依然感到一种罪责。在归途中，当他来到养父的出生地黑井附近的时候，原本想要顺便去拜访一下，但是却又想到母亲在家等着自己回去，于是作罢。

右手の山にそひて、煙のたつがにぎはしく見ゆるをとへば、氷上の黒井といふ。この聞ゆる郷は、おやおほ父達の住たまひし古さとゝ、かねて聞きしものから、かゝるつい手につけて尋ゆかましを、母刀自のいかに待わびたまふらんとおもひ棄て、こくりやうの坂道にかゝる。
（中文译文：右手边的大山，烟雾缭绕，向路人打听，知是冰上黑井。余早就听说，此闻名之乡乃是父祖居住之故乡，原想顺道拜访，念及母亲在家孤独等候，遂踏上国领之坡道。）

虽然上田秋成反对儒家道德的强加，但是从上田秋成的这篇游记中却可以看出，他其实在忠实地践行着一条儒家的理念，那就是“父母在，不远游，游必有方”。这也是上岛鬼贯的空想游记给上田秋成带来巨大触动的原因。在《去年的路标》中，上田秋成赞赏了上岛鬼贯的选择，并在后半部分对“以旅途为家”而且“游而无方”的芭蕉和他的追随者们进行了批判。

《去年的路标》后半部分写到自己在旅途中遇到一个旅行者。这位旅行者是芭蕉的追随者和疯狂崇拜者。当上田秋成问他要去什么地方修行时，对方回答自己只是“将身交给云水，亦非仅仅为了拜佛以求来世，实为浸染风月，陶冶心灵，寻访我翁之足迹”[12]。

上田秋成的问题说明了他对旅行的一贯认识，那就是目的明确且有实用性，但是这位旅行者却声称自己的旅行只是随着白云和流水，没有固定的方向，别说是为现世的日常之用，连佛家为后世的安稳祈福他都不屑一顾。他的旅行只是为了追求风雅，陶冶心灵，为了追寻芭蕉的足迹。而这种不务正业的“风流之心”一向是上田秋成所鄙夷和摒弃的。因此，上田秋成在接下来的叙述中对这位旅行者表示出了不屑，并阐述了自己对芭蕉的认识。

寔やかの翁といふ者、湖上の茅擔、深川の蕉窓、所さだめず住なして、西行宗祇の昔をとなへ檜の木笠竹の杖に世をうかれあるきし人也とや。いともここ

ろ得ね。彼古しへの人々は、保元寿永のみだれ打つづきて、宝祚も今やいづ方に奪ひもて行らんと思へば、そこと定めて住つかぬもことわり感ぜらるる也。(中略)八州の外行浪も風吹たたず、四つの民草おのれおのれが業をおさめて、何くか定めて住つくべきを、僧俗いづれともなき人の、かく事触て狂ひあるくなん。誠に尭年鼓腹のあまりといへ共、ゆめゆめ学ふまじき人の有様也とぞおもふ。

(中文译文:呜呼,此处谓之翁者,乃号称居无定所,谓湖上之茅檐,深川之蕉窗,倡导学习西行宗祇之古昔,戴一顶桧木斗笠拄一根竹杖,到处游荡之人也。真是无法理解。彼古代之人,自宝元寿永之乱后,战乱持续,今日不知明日将是何人掌权,人们居无定所亦可以理解。(中略)而今,八州之外,风平浪静,四民各有其业,应各自居于定所。然非僧非俗之人,却如此胡乱走动。诚为尧年鼓腹之余,断为不可学之人也。)

「去年の枝折」『上田秋成全集』(国書刊行会)

这段话是各家剖析上田秋成的芭蕉观时常引用的一段话。上田秋成将生于乱世的西行和宗祇与生于盛世的芭蕉进行了对比。西行和宗祇因为生于乱世而居无定所,不得不走向旅途。但是芭蕉却生于盛世。他所在的元禄时代正是江户时代最为鼎盛的时期,四民安居乐业,各守其分从事本分的生产。但是芭蕉却在这样的盛世漂泊于外,以旅途为家。因此,上田秋成认为他实在是一个"不值得学习的人"。高田卫对这一段有精辟的总结,那就是"芭蕉生于元禄这个社会安定的时代,却漂泊放浪。秋成强烈批判了芭蕉的这种时代错误"。

松田修曾经指出,对于芭蕉来说,故乡并非唯一性、一次性和绝对性的。[13]他失去了故乡,却将很多暂居的地方都称为自己的故乡。但是,上田秋成心中的故乡只有一个,那就是他出生和成长的大阪。大阪对于上田秋成来说是他唯一的和绝对性的故乡,让他始终难以忘怀。晚年的他即便在京都住了多年,却从来没有把这个暂居的地方当作自己的故乡。

在《故乡》一文中提到,即便故乡穷陋,人也多不风雅有趣,但是却是一个温暖的地方。而他乡则代表孤独与无助,因为没有人可以交流。因此,在旅途中遇到故乡之人的时候,上田秋成表现出极大的欣喜。《秋山记》中这样写道:"此处亦有故乡之人来访,顿觉忘却了旅愁。"[14]通过《去年的路标》可以知道,这里的故乡人是大阪伊丹的俳人义竹。"他乡遇故知",给旅途寂寞和思乡的上田秋成带来了很大的安慰,甚至让他暂时忘掉了旅愁。

上田秋成的旅行与芭蕉及芭蕉的追随者们所谓的追求风雅和文艺修行有很大的不同。这次旅行对于上田秋成来说始终是一次以疗养为目的的实用性旅行。但是这次旅行必定给上田秋成带来了精神上的愉悦,竟因此对一次旅行写了两篇游记。定居与群居的生活让人感到安心,但是同时心灵也会被日常的琐碎束缚,会不由得想要摆脱安稳的日常,这便是人们自己都无法控制的人性。上田秋成也是一样。他一方面主张人们应该安居乐业,但是另一方面在定居之后却又控制不住想要摆脱日常琐碎的自由之心。中村幸彦将前者称为"实事",即安居乐业从事生产,将后者称为"徒心",即追求风雅、享乐和自由之心。这次旅行给上田秋成带来的精神上的解脱和愉悦必定是难忘的,但是同时刚刚进入人生稳定期的他也从中感受到了一种威胁。这是他在第二篇回忆性的游记《去年的路标》中之所以痛斥芭蕉的原因。芭蕉的漂泊之心正是上田秋成内心另一面的写照。最终,在他的内心中前者战胜了后者,第二年他没有出游,却写了这样一篇带有批判性质的游记,表面上是对芭蕉的批判,实际上亦可以说是对自己的一种警示。

3. 上田秋成旅行观的社会背景及其思想成因——代结语

上田秋成生活的18世纪,是江户时代经历了鼎盛之后逐渐走向衰落,幕府采取各种政策试图加强统治的时期。德川家康结束了战乱时代,开创了一个延续了两百多年的和平时代。一方面,久经战乱的日本人终于得以摆脱战乱,开始安居乐业,恪守各人之本分,悬命于"一所"的稳定生活。正如《雨月物语》的最后一篇《贫福论》中最后一句八字箴言"尧蓂日杲,百姓归家"所说的一样,江户幕府的建立与稳定社会的持续,让战乱中流离失所的百姓终于得以归家,重新建设作为世俗共同体的家乡。一般认为,这里的"家"是指德川家康,是上田秋成为取得出版许可而进行的对当政者违心的赞颂。但是,中村幸彦曾指出这里的"家"的意义远远不止于谐音这么简单,上田秋成毕生对于自己生于昌平盛世一事感到幸福,且在《胆大小心录》中,上田秋成曾写下"生于此治世,二百年来实在太平"之类的话语。[15]

另一方面,江户幕府为了加强自身的统治,以儒家思想作为统治思想。儒家历来提倡安土重迁,反对人民的自由迁徙与移动,从统治者的角度希望人民能够安于自己的土地。故乡作为最基本的社会单位和共同体,对人民的制约作用历来受到统治者的重视。《六谕衍义》的六条基本原则中的第三条便是和睦乡里,仅次于孝敬父母和尊敬长上。《六谕衍义》中对此条做出了解释,其内容如下:

> 圣谕第三条曰:和睦乡里。怎么是和睦乡里?凡是城市乡村,同街共社,居址相近,地土相连,都是乡里。这些人虽比不得父母,虽不尽是长上,却自祖父以来,相交不止一日。自古道,土居三十载,无有不亲人。如人远行在外,撞着本乡的人,甚是欢喜。亲厚胜如自家骨肉一般。即此看来,乡里最是要紧的。(中略)若遇水火盗贼,大家自然合力救援。果得这样乡里乡村,岂不是个太平世界。[16]

故乡即人们出生成长的地方,是一个互相扶助的社会共同体。这个共同体一方面代表着秩序,对人们的行为起到约束的作用,另一方面也能给人带来保护,因为这是一个相互扶助的共同体,是扩大化的家族。《六谕衍义》经由琉球传入日本,室鸠巢奉幕府之命,用和文解释和翻译,是为《六谕衍义大意》。[17]作为当时寺子屋[18]的必读道德读本,在全国普及,其宣传的道德思想在日本全国的庶民之间得以广泛渗透。因此,这里着重强调的乡土意识也必然成为当时日本国民的常识。

荻生徂徕在《政谈》中也从治国的角度提出限制人们的旅行，认为只有将国民束缚在各自的土地上，才能保证国家的长治久安。

三代の古も、異国の代々も、また我が国の古も、治めの根本はとかくに人を地に付くるようにする事。これ治めの根本也。人を地に付くる仕形というは、戸籍・路引の二つ也。これにて世界に紛れもの無し。

（中文译文[19]：不管是三代之古，还是异国之历朝历代，亦或是我国之古代，治国之根本在于让人民安着于土地，此乃治国之根本也。让人民安着于土地的形式，有户籍和路引[20]两种，因此则世界无纷乱之人也。）

日本国中の人を、江戸も田舎も皆所を定めてこれはいずくの人という事を極むる仕形也。されば子孫まで永々その所に住して、当時の如く他国と混乱させず、自由に他国の人となる事を禁制する時は、日本国中の人皆所を定めて、その所の土に在り付く故、人たるものに皆頭支配ありて、はなれものというものは一人もなく、これによりてまぎれものというはかつてこれなき也。

（中文译文：这种形式可以让日本国中之人民，不管是在江户还是在乡下，都居有定所，知其为何方之人。如此，则子孙代代居于其地，不像当时与他国混乱，禁止自由成为他国之人。此时，日本国中之人均居有定所，安着于其处，人皆有头领统治，无一人离者，因此则无纷乱之人。）

荻生徂徕　『政談』[21]

在上面一段引文中，荻生徂徕甚至提出具体的方法——制定户籍制度，将社会上没有归属的闲散人员——即所谓的“纷乱之人”视为妨碍社会稳定的危险因素。当然荻生徂徕与朱子学者不同，他肯定发自人类自然的“情”与“欲望”，但是另一方面也正是因为他认识到任由人的欲望发展会给社会带来什么样的后果，才提出这样的政策。

从现代人的角度来看，这种政策限制人们的自由，有其思想上的局限性。但是这种限制人口流动、主张国民安居乐业、安分生产的政策，对于保证社会的稳定却有着积极的意义。尤其联想到日本军国主义统治时期的政策和当时一部分日本国民蠢动的欲望，不得不说的是，相比较而言江户时代的封建政策有着一定的积极意义。也正是因为这个原因，二战之后出现了重新肯定江户时代的思潮，50 年代到 70 年代期间，山冈庄八的《德川家康》(26 卷本)持续热销也正是这个原因。在山冈庄八的笔下，德川家康不再是明治时代以来的那种被丑化的形象，而是一个热爱和平和关注民间疾苦的明君形象。在这部作品中，德川家康为了结束战乱，缔造一个和平的时代而不遗余力。可以说在山冈庄八的笔下，热衷于对外侵略扩张的丰臣秀吉是战时日本政府的缩影，而德川家康致力于国家的建设与和平稳定，则无疑是战后日本人民的祈愿。

小说家山冈庄八基于对历史的考察，结合战后的时代背景，塑造出渴望和平并致力于缔造一个和平时代的明君德川家康。虽然小说含有一定的虚构成分，但是有一点是可以肯定的：那就是到了江户时代之后，随着幕府统治的巩固，社会逐渐繁荣稳定，虽然到了江户时代中晚期种种社会问题也开始凸显出来，但是这个和平的时代一直持续了两百多年，社会经济和文化都达到了空前的繁荣。而社会稳定的持续在很大程度上则归功于儒家伦理道德的渗透。

冲绳出身的学者东恩纳宽惇的《六谕衍义传》出版于日本对外侵略扩张走向尾声的1943年。他在该书中肯定了《六谕衍义》对于乡土教育和乡邻互助的规定的积极意义。“我国的教育，明治维新之后受到西方的很大影响，以从封建旧习转向个性解放为急务，以自主独立为指标。因此，社会生活得到改善或改造，在物质生活方面取得了前所未有的发展。但是，在其反面，各人主要关注各自的经营，为了追逐职业的便利辗转移动，因此产生轻家离乡之风气，高筑与邻家的墙壁，与邻家无寒暄相问，如同陌生之路人。恒产已成而无恒心，傲慢且不愿劳烦他人，自他均将邻保互助之精神当作多管闲事。”[22]这部著作出版于战时，作者对于“轻家离乡之风气”虽然并没有做太多解释，但是后人读到这段话时，不难联想到当时去满洲寻梦的满蒙开拓团。

就像以上所说的这样，在江户时代，由于稳定社会的持续，经历了战乱的人们逐渐开始了安居乐业的生活，而在政府主导的儒家思想的教化下，带有儒家元素的乡土观念逐渐渗透到人们的深层意识当中。但是另一方面，随着交通设施的不断完善和人们生活水平的提高，作为消遣的旅游也逐渐增多起来。尤其是以芭蕉为代表的文人墨客对旅游的鼓吹，更是让旅游在追求风雅的年轻人中间成为一种时尚。

正是在这样的社会背景下，作为上田家养子的上田秋成一方面肩负着自己继承家业并将其发扬光大的使命，另一方面作为一个普通人他也有着摆脱世俗的束缚追求自由的冲动。养子的身份、少年时代的儒家道德启蒙让上田秋成始终对自己的“分”保持着清醒的认识。他正是通过不断地对芭蕉的批判警示着同样有着旅行欲望的自己。

注释

[1]日文原文分别为:「日々旅にして、旅を栖とす」、「古人も多く旅に死せるあり」、「片雲の風にさそはれて、漂泊の思ひやまず」。

[2]雲英末雄、高橋治、新潮古典文学アルバム18『松尾芭蕉』、新潮社、1990年、p. 101。

[3]芭蕉の本 2『詩人の生涯』、角川書店、1970年、p. 75。

[4]同上、p. 158。

[5]日文原文为:はいかいをかへりみれば、貞徳も、宗因も、桃青も、ロまへのみの者とも也。

[6]中村幸彦・高田衛・中村博保校注　新編日本古典文学全集『英草紙・西山物語・雨月物語・春雨物語』(小学館)解说、p. 582。

[7]中村幸彦・高田衛・中村博保校注　新編日本古典文学全集『英草紙・西山物語・雨月物語・春雨物語』(小学館)解说。这个解说由三人分别完成，写作上田秋成人物介绍部分的中村博保和写作《雨月物语》介绍部分的高田卫就这一点意见相左。分别见 p. 583 与 p. 600。高田卫在「評伝・上田秋成」(『国文学　解釈と鑑賞』上田秋成と幻想の方法　1976年6月　p. 144)也曾提到这个争议。此处笔者同意中村幸彦和中村博保的观点。

[8]稲田篤信「秋成のつづら箱——狂蕩と安分」『人文学報』(稲田篤信教授退官記念号):p. 69。

[9]收录于《藤篓册子》中。

[10]上岛鬼贯(1661—1738)，江户中期的俳谐师，代表作有《独言》《犬居士》中。《禁足之旅记》是鬼贯根据自己以前从大阪前往江户旅行的实际经验写成的一篇空想游记，收录于《犬居士》中。

[11]文本引用自：上島鬼貫著．復本一郎校注『鬼貫句選・独ごと』、岩波書店、2010年。

[12]日文原文为：身は雲水にまかせたれど、仏菩さつに後の世の事のみ打頼めるにあらず、風月にふかく心を染みて、我翁おちこと尋ねあるくなるはと云ふ。

[13]芭蕉の本2.『詩人の生涯』、角川書店、1970年、p.72。

[14]日文原文为：故さと人もここに在りて、とふらひ来たるにぞ、旅ごこちすこしわするるやうなり。

[15]中村幸彦.「上田秋成とその時代」.『国文学　解釈と鑑賞』(上田秋成　幻想の方法),1976(7)：6～14 其中引用的《胆大小心录》中的日文原文为：此御治世になりてぞ、二百年来実に太平なり。

[16]此处引用自国文学资料馆藏古籍资料《六谕衍义》(享保6年本，荻生徂徕训点、序跋)，翻刻与标点为笔者。

[17]《六谕衍义大意》虽然并非完全忠实的翻译，但是继承了《六谕衍义》的和睦乡里基本思想。上文引用所对应的《　六谕大意衍义》　的内容如下：凡都鄙を論ぜず。同じ郷村に住居する人は、先祖以来、常に行かよひ、互に久しく馴習ぬれば、其筋目尤忘るべからず。たとへば他国にありて、我故郷の人にあはば、いとなつかしく、親族の思ひをなすべし。是にて同じ郷村の人は、常に疎略にすべからざる事をしるべし。(中略)凡郷村にある人は、先是等の不義を相互に吟味すべし。さて相まじはるの道をいはば、常によろこひ弔をのべ、やみわづらひを問は、定りたる事と云ながら、尤礼儀を尽し、真実の志を致すべし。水火盗賊不慮の難あり互に合力して、随分救援べし。行跡の悪き人をば、幾度も常に諫べし。賢徳ある人をば敬ひ、学問ある人をば親しみ、材芸ある人をばほめあらはし、無能なる人をば教へ誘き、争ひに及ものをばとりあつかひ、愁にしづむ人をばとひ慰め、孤児寡婦老病かたわなる人をばいたみあはれみ、困窮無力の人をば賑はし、済ふべし。しからば一郷の人おもひ合て、一家の親しみに同からん。いかで和睦せざる事やあるべき。(岩波書店　日本思想大系 59『近世町人思想』所収「六諭衍義大意」による)

[18]江户时代的平民教育机构，教师一般为僧侣、神职人员、武士和医生等，教授学生读写、算术与珠算等。

[19]本文中的所有中文译文除单独注明外均为笔者翻译，以下不再一一标注。

[20]据《辞源》解释为："路人通行的凭证。"路引证明旅行之人的身份和通关许可，这种做法起源于中国的明代，江户幕府仿效。

[21]此处引用自：辻達也校注．岩波文庫『政談』、岩波書店、1987年。

[22]東恩納寛惇『六諭衍義伝』、文一路社、1943年、p.3。

作者简介

岳远坤，2004—2007年攻读硕士，2009—2014年攻读博士学位，现任北京大学外国语学院日语系博士后研究员。

“田舍汉”的发现
——以国木田独步明治二十四、二十五年的归乡体验为中心

曲　莉

1

1887年（明治二十年），与许多同时代的地方青年一样，国木田独步（1871—1908）从山口中学退学，怀抱着出人头地的远大梦想，只身负笈上京，开始了在东京专门学校（早稻田大学的前身）研修法律的生活。然而，四年后的1891年（明治二十四年），因卷入校长驱逐运动而受到处分，被迫中途退学的独步，这次，却欣然地自愿选择回到父母的寄居地——山口县麻乡村，并且，在归乡后不久写给友人的信中，甚至还抒发了如下的感慨：

> 兄担心吾本有建功立业之资却恐会埋骨田舍，感谢兄的忠告。然而，吾却须得申明，田舍真的打动了吾，吾被完完全全地俘虏了。啊，比起为了一百名城市人工作，吾倒更乐意为了一百名田舍汉服务，同样是百人，一个为魔鬼所惑，而另一个却与神接近。不是有这样的话吗？城市为人所造，而乡村却是出自于神手！不过，如果兄的真意是提醒吾勿埋没了才华（吾相信是这个意思），其实，吾也幸运地仍保持着热血与热泪。（中略）。
>
> 兄，勿要挂念。
>
> 兄嘱咐吾报告下邻里相处以及男女交往等的情况，吾自然欣然应诺。但实际上，几乎一言就可以蔽之。
>
> 那就是质朴！而且真实。
>
> （《定本国木田独步全集》（1978年3月，学习研究社）。以下，简称为《全集》。第五卷，书信编号11号，240～241页。下划线为引用者所注。）

为什么当初不惜以中断学业、“离乡背井”为代价，毅然踏上东京寻梦之路的“东漂”青年独步会在四年后认定只有田舍或者田舍汉才是最高价值之所在，并以满腔的热情给予赞美与歌颂呢？这样的一种心理变化因何而来？又有着怎样的深意？

我们知道，日后，在进行文学创作活动伊始，独步即将关注点锁定“山林海滨的小民”，并在日记《不欺的记录》中，一再反复探讨这一问题。这一文学形象的提出，对于国木田独步来说，是具有根本性的，可以说是贯穿整个独步文学的灵魂。而查阅目前已知的文字资料，独步明确表达出对田舍和庄稼汉（独步的用语是“田舍汉”）的兴趣，就是始于明治二十四年的归乡生活期间。从这种意义上讲，作为“山林海滨的小民”这一文学形象的雏形，独步在1891年（明治二十四年）—1892年（明治二十五年）的归乡

经历中，对“田舍汉”的价值的发现与歌颂，对我们理解和把握独步的文学思想的形成机制及其内在特征具有十分重要的意义，值得深入研究。

然而，在先行研究中，关于这一时期，除了零星的两三个传记类行踪调查[1]外，几乎再也找不到较为深入的考察，系统研究更是付之阙如。事实上，查阅《明治廿四年日记》以及从乡里写给友人的书信就会发现，这一时段对青年独步来说，也是埋头读书，不断充实和涵养内在精神世界、逐渐形成个人独特的问题意识的一段重要时光，而在各种读书记录中，又尤以与德富苏峰领导的民友社相关的刊物居多，值得注意。

2

德富苏峰(1863—1957)是一位百科全书式的人物，既是著名媒体人，又是思想家、历史学家、评论家。他活到 95 岁，写作生涯七十年，走过明治、大正、昭和三个时代，其存在本身就是日本近代史的缩影。他的门生众多(被学界形象地称为“民友社星云”)，影响广泛。无论敌友，对这一点，都无人否认。

在近代转型期，针对政府的欧化政策，德富苏峰提出追求“全体人民的幸福与利益”的“平民主义”，与三宅雪岭、陆羯南的国粹主义，构成明治二十年代两大主要思潮，对思想界、言论界、文艺界产生了极为重大的影响。

青年独步对德富苏峰的言论的关注由来已久，早在 1888 年(明治二十一年)3 月 15 日，他就仿照德富苏峰的《新日本之青年》(1887(明治二十年)3 月，民友社)一书的论调，在杂志《青年思海》发表了处女论文《涉猎群书》。然而，真正与偶像苏峰会面却是在事隔近三年后的 1891 年(明治二十四年)1 月 18 日。在青年文学会第三次例会上，经由大江义塾出身的好友水谷真雄的介绍。

青年文学会是以“民友社、国民新闻、报知新闻的青年社员”和“锦城学校、第一高等中学、国民英学会、东京专门学校等的学生们”[2]为中心结成的文学爱好者团体。独步从发起人会议阶段就参与其中，并被选为委员，负责接洽例会会场以及开会前的准备等工作。

青年文学会的委员长是德富苏峰的左右手——人见一太郎，负责事务运营方面的也多是与德富苏峰有关的人员，从组织结构来看，颇有几分民友社的青年版的感觉[3]。另外，值得一提的是，独步从 1888 年(明治二十一年)就参与的另一个青年组织——青年协会也是在民友社的后援下成立的。在这样的环境下，耳濡目染之中，不难想象德富苏峰言论对青年独步的巨大影响。事实上，查阅独步所著《明治廿四年日记》就会发现，在青年独步的读书记录中，《国民之友》等民友社出版物占据了十分重要的地位。现将一部分相关记述摘录如下：

• (一月——引用者注。以下同)星期二，六日。上午在家，阅读国民之友新年附录等，耗时半日(后略)。(全集第五卷，161 页。以下，若无特别标注，页数均以该卷为准)

• (一月)星期二，十三日。(前略)出门购买国民之友第一百〇六号，归家阅读(后

略)。 (162 页)

•(二月)星期二,三日。(前略)下午,上学路上,转道神乐那边,购买国民之友。 (170 页)

•(二月)星期五,二十七日(前略)傍晚,高声诵读国民之友过刊。 (176 页)

•(三月)星期二,三十一日(前略)去矢来装订店,让他们制作国民之友。 (186 页)

•(四月)星期四,二日(前略)晚上读幽室文稿,读国民之友、经济杂志。十一点半就寝。 (187 页)

•(四月)星期一,六日。上午,去矢来装订店,取回请他们帮忙装订制作的国民之友。 (189 页)

•(四月)星期一,十三日(前略)去神乐那边,购买国民之友。(中略)午后,读完国民之友,去拜访宫崎晋一。 (191 页)

•(四月)星期三,二十二日(前略)归家,阅读国民之友一百十六号(明日公开发行) (193 页)

•(四月)星期四,二十五日(前略),去装订制作国民之友五卷。 (193 页)

•(四月)星期一,二十七日(前略),去矢来(装订店),取回此前请他们帮忙装订制作的国民之友五卷。 (194 页)

《国民之友》创刊于 1887 年(明治二十年)2 月 15 日,终刊于 1897 年(明治三十年)8 月的 372 号,刊行十年之久,是整个明治二十年代最有代表性的综合杂志[4]。正如发刊词“主要评论我国政治、社会、经济及文学上的现象并兼及欧洲各国”所述,《国民之友》的评论活动从政治、经济到文学、艺术,无所不谈,站在平民主义和社会改良的立场鼓吹精神革命,受到青年知识分子的热烈拥护,据统计,到第 14 号为止,发行量“总是远远超过一万”[5],这在读书人口相对稀少的明治时代,无疑是个十分惊人的数字。

与空前的人气相呼应,《国民之友》的发行间隔“也从每月 1 期,发展到 2 期,然后再到 3 期”[6]。1891 年(明治二十四年)前后正值全盛期,每隔十天左右,即每月的 3 日、13 日、23 日各发行 1 期。从前述引文中的 2 月 3 日和 4 月 13 日的相关记述中,不难想象青年独步在杂志发行首日就兴冲冲地外出求购的样子。

另外,或许是为了回乡做准备,在日记中,还可见到请人装订的相关记载。事实上,《国民之友》在这一时期已经发行合卷本(将过刊十几号集中在一起,合为一卷),合卷本不会有欠损,更便于通览杂志全貌。然而,独步却另行将杂志集中起来,拿出去装订,由此可见,他的手头应该是已经积累了相当数量的《国民之友》过刊。

与此同时,独步与杂志经营者、主笔德富苏峰的关系也日渐亲密。刚刚相识不久,即在 2 月 10 日,与友人津田锻雄、水谷真雄结伴到苏峰家拜访,目的是商请他在‘基督教大演讲会’上发表演讲,不巧,苏峰不在家。第二天,水谷等人再次登门造访,独步因有“急务”未能同行。但在 21 日的日记中,比较详细地记录了苏峰在番町教会青年会上的演讲情形。

> (二月)星期六,二十一日(前略)晚上,出席番町教会青年会的演讲会。家永丰吉(中略),演讲风格规矩刻板,用一句话来评价,就算是中规中矩吧。接下来出场的是德富猪一郎,做的是有关历史的评论,辩词巧妙(很难说是严格意义上的演讲),三分滑稽四分议论三分事实,(中略)听者大多拍手嬉笑,多是些凡夫俗子,果能领会氏之议论真谛者,吾敢说也就仅为十之二三吧。(175 页)

在与家永丰吉中规中矩的演讲风格的对比中,德富苏峰纵横捭阖的辩才使得独步为之深深倾倒。同时,从“果能领会氏之议论真谛者,吾敢说也就仅为十之二三吧”这样的叙述,也不难看出独步自诩为苏峰的思想共鸣者的自负。

那之后,独步不仅不时登门造访,偶尔还会寄信商请演讲事宜等。另外,在卷入驱逐鸠山和夫校长、敦促学校改革的罢课运动而被迫退学回乡之际,他还特意去苏峰家里辞行。虽然相交的日子尚浅,但独步与苏峰的交情已经日渐深厚。

3

五月一日,在友人水谷真雄和田村三治的相送下,独步从新桥车站出发,经由陆路和海路的长途跋涉,于四日清晨抵达山口县麻乡村。回乡后的第五天,独步就“归途顺路去了邮局,给经济杂志社汇去杂志费七十五钱,另外还有印度与澳洲的书款三十九钱,给国民新闻社汇去一圆,日本评论社汇去五十钱”(198 页),给东京方面汇款,订阅报刊和新刊图书。

这里出现的国民新闻社也是德富苏峰一手创办的。在《国民之友》取得巨大成功的形势下,德富苏峰又趁热打铁,于 1890 年(明治二十三年)2 月 1 日发行了日报《国民新闻》。按照日记的记载“给国民新闻社汇去一圆”,全额都应该理解为《国民新闻》的订阅费。但《国民新闻》一份的定价是“一钱五厘”,一个月的预定优惠价格是“卅钱”,三个月是“八十五钱”,另外,发往外地的情况,还需要另付邮费,“一份五厘,一个月十五钱”。按照这个定价体系,“一圆”作为两个月的订阅费有富余,三个月又不足,有点儿不上不下。考虑到国民新闻社也设在民友社(东京京桥区日吉町四番地)内,或许这“一圆”之中大概也包含《国民之友》的订阅费用吧。而《国民之友》采用的价格体系是“一册六钱九册五十四钱十册六十钱半年是壹元壹钱廿册壹元拾钱”,发往外地的情况,需另付邮费“一册五厘”[7]。

尽管这“一圆”的具体支付内容不详,但《国民之友》和《国民新闻》不间断地被邮送到回乡的独步身边确是不争的事实。在《明治廿四年日记》中,我们可以看到相关记载:

> • (五月)星期三,十三日(前略)晚上,阅读国民之友第一百十七号,经济杂志五百七十一号,(后略)。(198 页)
> • (五月)星期四,十四日,上午,阅读国民之友和经济杂志。(198 页)
> • (五月)星期天,十七日,晴天,(中略)收到从东京邮寄来的包裹,这是第一次收

到国民新闻，同一包裹里还有国民之友，日本评论。（199页）

•（五月）星期四，二十一日，晴，好天，上午下午阅读近代史，收到国民新闻社的发行停止的通知。（199页）

•（五月）星期三，二十七日（前略）收到解停后的国民新闻，一起收到的还有国民之友，日本评论。（200页）

•（五月）星期四，二十八日，好天，上午，阅读近代史和国民之友。（200页）

•（六月）星期三，三日，大雨，上午，阅读近代史，阅读经济杂志，下午阅读近代史，国民之友过刊。（201页）

•（六月）星期六，六日，（前略）下午，收到田村三治的信和国民之友。（202页）

•（六月）星期二，十六日，昨夜的大雨终于停了，天空放晴，好天气，（中略）上午，阅读近代史，下午，收到国民之友，经济杂志，阅读之，晚上，阅读杂志。（203页）

•（六月）星期六，二十七日，上午，阅读近代史，下午，收到国民之友第一百二十二号，史海，第二卷，国民新闻，阅读之。（205页）

•（七月）星期一，六日，（前略）下午，收到国民之友第一百二十三号及福音新报第十六号，阅读之。（207页）

•（七月）星期四，十六日，（前略）晚上反复阅读国民之友刊载的题为得意与失意的论文。（209页）

如前所示，在日记中，记录了不少有关收到或者阅读德富苏峰担任主笔的民友社相关刊物的情况。《明治廿四年日记》现存部分仅限于一月初至七月三十一日。而这之后的订阅情况，我们可以从独步与友人的往来书信中约略推知一二。

例如，在八月二十一日，写给田村三治的信中，独步发表了这样一段议论："推荐阅读国民之友夏季附录/风流悟/理论的、暧昧的伪善的基督徒，有必要读一读，特别是需要让那些从事爱的媒介工作，而又不是真的懂得爱的朋友来读一下"（全集第五卷，242页，书信编号12，/代表换行）。这里所说的夏季附录指的是八月十三日发行的《国民之友》第一百二十七号，独步在信中记录了自己在刚刚阅读过后的新鲜所感。另外，在十二月二十九日写给水谷真雄的信中，也有一段相关记述："邮递员的呼叫，声声贯耳，连忙跑出来一看，除了国民之友和国民新闻外，还送来了一份从没见过的杂志"（同前，571页，书信补遗13）。由此可见，《国民之友》和《国民新闻》的订阅应该是长期持续着的。

事实上，即便是抛开《国民之友》和《国民新闻》不谈，单就《明治廿四年日记》所载读书记录来看，诸如竹越与三郎著《新日本史》（上卷，1891年（明治二十四年）7月）等，民友社相关书籍也是占据了重要地位[8]。

另一方面，回乡后，虽然与东京在地理空间上拉开了距离，但在心理层面，独步对苏峰的信赖却日渐深厚，不仅每个月必不可少地书信联络，在1891年（明治二十四年）末，因家中经济状况突发变故而急需就职时，独步也是和苏峰商量并恳请其斡旋。

在私人感情上与苏峰亲近，同时，民友社相关刊物，新刊自不用说，过刊也是如饥似渴地阅读，碰到心仪的文章，更是要"反复熟读"。可以毫不夸张地讲，1891年（明治二十四年)—1892年(明治二十五年)的一年半的归乡生活,对独步来说,是在民友社言论思想的浸润下,不断充实和丰富内在精神世界的一段重要"充电"时光。然而,这一事实,却长期没有得到学界的足够重视。甚至,有的学者在概述独步生涯时,在没有进行详细调查的情况下,就武断地认定有关这段时间内的读书生活没有必要和苏峰联系起来[9]。

基于以上认识,本论文将以在以往的相关研究中被忽略的,1891年(明治二十四年)—1892年(明治二十五年)的归乡体验为中心,在与以德富苏峰为中心的民友社相关言论的对比中,探析青年独步的精神思想动向,重点考察在亲身经历了农村的实际生活后,对于"田舍"和"田舍汉",独步是如何理解和把握的。以期从中探寻自然、田舍赞美、〈小民〉的发现等,构成日后独步文学深层底蕴的一些重要问题意识的原初形态。

《明治廿四年日记》主要以读书和交友等的日常生活的事实记录为中心,而若要探究独步的精神世界,这一时期的书信可以为我们提供一些线索,尤其是那些谈及乡土生活的部分。

> 帝国议会已然召开,可谓是可喜可贺。然而,田舍的真国民们却完全对此一无所知的样子。
>
> 平民主义应该贯彻在田舍,在都市提倡平民主义只能是妄想,枉然。
>
> 民权自由绝不是空洞的理想,我辈怎可不振臂高呼。
>
> (中略)
>
> 大丈夫若不能立而行大经纶,情愿做山间高洁的农夫。这是我最近的理想。
>
> 啊,纷纷扰扰的名利之徒。看呀,看呀,曾田爱三郎的末路,何等的丑,何等的陋。
>
> 若不能成为雄鹰,那么就当一只禽鸡吧,千万不要去当乌鸦,草草顿首。
>
> (书信编号14号,244～245页。下划线为引用者所注)

前文是1891年(明治二十四年)12月24日,独步写给友人大久保余所五郎的信中的一段内容。与在本论文开头引用的同年6月18日写给田村三治的书信相同,在这封信中也溢满了对田舍和农夫的赞美之情,甚至扬言"若不能立而行大经纶,情愿做山间高洁的农夫"。

众所周知,在1893年(明治二十六年)初,独步曾一度就职于自由党系统的报纸《自由新闻》。任职伊始,他在日记中写道,"自由党的天职在于我国国政的大革新,自由党的精神在于自由与平等"、"自由党只要不忘其天职,不扼杀其精神,吾当尽心血,倾热泪,鞠躬尽瘁,助其隆盛"。虽然设定了保留条件,但也不难看出独步想要尽全力,为"自由平等"以及"国政的大改革"有所作为的强烈意愿。然而,在那之后不久,亲身体会了自由党的腐败后,独步在日记里不由得吐露了浓浓的失望之情。"若不出现激进党或适宜的革新党,现在的政党,这样下去,都将是吾的敌人"、"只要这些人还在跋扈,我国国民的命运就绝不会开启新生面"。对政党的颓废已然失望的独步不得不重新考虑自己的未来职业选择,即,从参与"国政的大改革",转为担任"人的教师",把"倾听并传达人情的自然的声音，书写小民史”作为毕生的事业追求。

从参与“国政”的革新到对“小民”的生态的关注，这样的一种人生轨迹的调整与我们在前文中考察过的青年独步在书信中所吐露的感怀如出一辙，值得深思。1891 年（明治二十四年）—1892 年（明治二十五年）的归乡体验是一个嚆矢，它切实地将独步的观察视线引向了“田舍汉”，这为独步日后开创并投身于“小民”文学的创作奠定了基础。

在以往的相关研究中，在谈到独步的“小民”的发现时，往往会在与华兹华斯的关联中进行讨论。针对这种情况，也有少数研究者提出不同意见，山田博光就是其中之一。他指出：“苏峰的平民主义与独步的小民没有直接关联。但反对贵族，反对氏族，拥护平民权益的苏峰的平民主义与独步的小民爱间存在着间接的联系”[10]。山田在反对贵族、拥护平民这一大的思想方向上，发现了苏峰的“平民主义”与独步的小民爱的相似点。

同样地，认为独步的“小民”与苏峰的“平民”存在关联的学者还有中村青史。中村是苏峰研究专家，他指出，“茅屋”是“当时民友社内的流行语”，独步所说的“小民”实际上与“茅屋的主人”的意涵是相同的，“独步的小民是在广袤的民友社的茅屋的意象的背景下，形成的独特的文学形象”[11]。与山田的印象式的直观把握不同，中村的讨论是建立在对独步的交友关系以及他参与民友社系青年文学团体《青年思海》、《青年文学》的详细经过的史实调查的基础上的，论据比较充分。但是，这同时也存在一个问题，那就是中村的结论都是建立在对青年独步与民友社的交往这样的人脉关系的外部考察的基础上的，没有涉及独步自身的言说，因此，也就缺乏直接证据的支持。

事实上，关于中村青史重点考察的独步于东京专门学校求学时代的情况，在目前已知的文献资料中，独步自身的言说只有寥寥的两三篇文章留存。而 1891 年（明治二十四年）—1892 年（明治二十五年）之间，情况则有所不同。不仅有日记可查，回乡后，写给友人的书信也有若干存世，探寻独步精神轨迹发展的资料相对地丰富一些。具体到“小民”的发现，例如，在前文引用的书信资料中，就出现了“平民主义仅限于田舍”这样的叙述，明确言及民友社所倡导的“平民主义”，这实际上就为我们进一步追查独步与民友社的思想关联提供了重要线索。

4

正如许多德富苏峰研究者所指出的那样，苏峰认为平民主义的最主要的推动力应该来自于“田舍绅士”。他所谓的“田舍绅士”是指“将取代那些以往从明治政府那里依据封建特权而获得生活保障的士族阶层、从事生产活动、能够自给自足的农民”[12]，严密地讲，就是指〈富农〉阶层。

为了强调与特权阶层有所区别，苏峰使用了“茅屋中的住民”这一意象，将其视为自家的平民主义阵营的主体，并在明治二十年代初期，展开了一系列的言论活动，以提高全社会对这些人的价值的认知度。

1887 年（明治二十年）2 月，在《国民之友》的创刊号上，苏峰在首页上即登载了一篇题为《国民之友》的小短文，表明了杂志编辑的宗旨以及自身的行动指针——为“住在茅屋中”的“国民”谋取“幸福和利益”。

> （前略）勿怀疑我辈的目的在于为全体的人民谋幸福和利益，无论怎样，我辈都不会忘记真正的国民是那些住在茅屋中的人，勿质疑我辈言论的不羁独立，不管怎样，蹈正勿惧，这是我辈平生的宿志。（下划线为引用者所注）

从上述引文不难看出，这也是苏峰自《将来之日本》（1886年10月，经济杂志社）以来，一直所倡导的建设生产型国家的理念的延续。晚些时候，在1892年（明治二十五年）10月《国民之友》刊载的《平民的道德》一文中，苏峰进一步提出了“个人强则国家强，个人富则国家富。社会经纶的要义在于立本”的主张，表达了以“个人”为基础，逐渐深及“国家”、“社会”，逐层发展完善的治世理想。

基于重视生产劳动的立场，苏峰在早期的言论活动中，将农业国——明治日本的社会主体——“住在茅屋中”的“国民”形象地称为“田舍汉”，并在与都市特权阶层的对比中，极力礼赞“田舍汉”和田舍生活，以此唤起社会的关注。这一事实尤为值得注意。

1889年（明治二十二年）6月，《国民之友》刊载了一篇题为《田舍汉》的文章，无署名。但从该文后来被收入国民丛书第四册《静思余录》（1893年（明治二十六年）5月，民友社）不难推知其应出自苏峰之手。在这篇短文中，苏峰将被世俗所轻视、践踏，总是充当被侮辱、被嘲笑的角色的“田舍汉”，一跃拔升为“可堪担当天下大事之人”，并使用排比句式，极力歌颂“田舍汉”的崇高价值。

> 他知何所该为，为其所该为者，他不拘道程，他直接、他真挚、一往直前、坚韧不拔，不为纷扰的邪念俗虑所烦，无惧失败，成功也不自满。

而在结尾处，苏峰再次不惜笔墨，着意强调“田舍汉”的美质。

> 那些田舍汉，身体强健，气性刚直，除了上帝之外无所畏惧，除了真理之外无所信服，他的心地纯洁，举止质朴。（中略）虽然他的容貌风采粗硬野鄙，但其精神光明磊落，无不美绝、清绝、壮绝。我辈对此类人不可单单谓之田舍汉，应称其为完美的田舍汉。

使用“美绝、清绝、壮绝”这样的词汇，最大限度地渲染“田舍汉”之精神的高洁。

值得注意的是，在礼赞“田舍汉”的同时，苏峰又适时提醒大家注意“居移志”的威胁，并以旭将军义仲、罗马帝国、足利义政为例，对“学习都市人”的“田舍汉”“日益增多”的现象表达了深深的担忧。而也正是基于这种忧虑，对“田舍汉”以及田舍的价值的深度挖掘也就变得更为迫切。

如果说短文《田舍汉》的主旨是在于彰显“田舍汉”的美质，那么，一个月后的《国民之友》第五十六号（1889年（明治二十二年）7月12日）刊载的《青年学生为何不回到故乡，为何不去田舍游玩》一文则将矛头直指“都门”，视其为精神污染的源头，明确地将“都门”与田舍作为一组对立项提了出来。让我们来看一下苏峰所警戒的“都门”的恶都有哪些。

> 窃以为都门的空气与地方相比总是污浊的。不仅仅是肉体上的，精神上亦然。一百万人体中排泄的炭物质切实污染了府下的空气，而这百万人奔走名利、阿谀奉承、骄奢跋扈，且妓楼之林立、酒家之横行，世间所有恶事都集于都门，其对智慧上、精神上的污染，本也就不足为奇了。我们的青年人一年中呼吸着这样的空气，在都门孜孜苦学，唯一可从这乌烟瘴气中逃离的机会，也就仅限于避暑休假的几周，这也就是世俗所谓的地府开门之日，实为千载难逢的好机会，怎可等闲浪费。
>
> 总体上讲，接触都门空气者，往往易流于骄奢、虚饰、装绅士。青年学生本就容易感染此风，因此，在都门生活久了，总会不由自主地变成冷血的人，胸中的活火也不无自行熄灭的可能。此时，适当添薪，将即将要燃尽的活火重新烧旺的希望，唯在这避暑休假。

苏峰将“都门”视为“世间所有恶事”的汇集之处，用“地狱”来形容它，并警告青年人要严密防范充溢其间的“污浊”空气对他们“精神”的伤害。同时，在与“都门”的对比中，指出：

> 我个人以为，真正的爱国心只有在见了田舍的茅屋后才有可能生发出来。我每次到田舍，都会有这样的感慨。岂止是爱国心呀，所有真正的美的东西，实际上都可在田舍里寻到，(中略)对着这番景象，会让人一扫诸般的邪念俗虑，胸中唯念上帝、自然、人情、博爱、同胞。我每次到田舍，都感觉生命获得了新的洗礼。

“爱国心”的唤起、“真正的美”的发现、甚至是“生命的洗礼”等等，“田舍”被苏峰赋予了精神的涵养之地的意象，并鼓励青年学生们要利用避暑假期“回乡”或者到“田舍”去清游。

作为这种论调的延续，还有一篇评论值得一提。即，《国民之友》第八十四号(1890年(明治二十三年)6月3日)刊载的《故乡》。在这篇文章中，苏峰以“英国人”和“支那人”(原文如此，此处照录——引用者注)为例，指出：

> 爱家、爱故乡、爱国都是同源的。在无杂念沁入时，如明星、如足金、如水晶，在人的所有感情中，最为纯粹、美丽、灵动、高尚。

在这里，苏峰将爱家与爱乡、爱国视为一个有机的整体，认为它们是人类感情中“最为纯粹、最为美丽、最为灵动、最为高尚的东西”。在文章结尾处，更是引用阿倍仲麻吕的例子，论述道：

> 阿倍仲麻吕由唐返回时,行至明州,望着海上升起的明月,赋歌一首"翘首望东天,神驰奈良边。三笠山顶上,想又皎月圆",千秋之下,一唱三叹,令人伤怀,这岂是能因法师之流所能为者。故乡是灵感的源泉,琴弦一旦触及,就会奏出美妙的音乐。

苏峰认为基于真情实感的爱乡心伴随着"神圣的联感",会生发出"一种灵感",这也就暗示了望乡感觉与文学创作关联的可能性。

仿佛是与这篇文章相呼应般,同年六月,宫崎湖处子的小说《归省》由民友社出版发行。前一年,为了参加亡父的一周年忌,湖处子回到故乡福冈县三奈木(作品中隐成了"筑前国咸宜村")。回京后,他将在归省期间的所见所闻所感以"真人真事"[13]的事实报告的形式记述了下来。《归省》勾起了在此前后不断增加的"东漂"青年学生的集体乡愁,引起强烈反响,到 1894 年(明治二十七年),已经陆续重印了十次,成为整个明治时代屈指可数的畅销书之一。

苏峰仿佛在这部小说中看到了他平素所主张的田舍赞美的实例,在《归省》刊行后不久,即在《国民之友》发表了一篇题为《读归省》(《国民之友》1890 年(明治二十三年)7 月 13 日)的文章,给予高度评价。

> 我们国家的文学都是都市的文学、东京的文学,文学家们所描写的多是东京人的生活,其揭露和批判的也多是东京人的特性,小说中出现的主人公不是某某学士,就是某某女子学校的毕业生,不是官员,就是绅商,不是艺妓,就是红妆佳人,故事不是发生在寄宿宿舍,就是在温泉旅馆。即便是偶有描写田舍事情的作品,也是以都市人的眼光在观察,这就好像是欧洲人在看日本的风俗,以其为奇,以其为怪,把它当作一个笑料记下来,并不能理解其中的真味。因此,以田舍人的眼光描写田舍的消息,这也是这部小说的特色之所在。

苏峰强调小说的特色在于以田舍人的眼光描写田舍的消息,并予以强烈推荐。

> 故乡给我慰藉、村落有我期待的和平。慈爱、友谊、恩惠、亲切、欢情等,人类的美德在村落之外何处还能求得呢? (第一)

> 因叹息、担心、恐怖、失望以及阴谋等阴府的毒害而形容枯槁,试问这是为何?奔波空虚的名誉,追求不义的富贵。 (第七)

事实上,如引文所示,查阅《归省》不难发现,无论是以批判的眼光审视都会的名利纷争,还是在故乡的村落间发现至纯的人情之美,从而获得无限的慰藉,这样的一种心情体验与苏峰的相关主张是一脉相通的。

除《归省》外,在苏峰所倡导的故乡礼赞活动中诞生的名篇,出自民友社社员之手的,还有平田久的《我的故乡》(1893 年(明治二十六年)8 月,《新闻记者之十年间》所收)。这些作品与苏峰的一系列评论文章互为呼应,在明治的读书阶层中产生了广泛影响，对田舍和“田舍汉”的形象的刷新发挥了重要作用。

当然，我们在前文中考察过的青年独步书简中所表现出的田舍赞美、都市批判的态度也和这样的一股时代风潮不无关联。不仅独步在形容田舍时所使用的“质朴，就是如此，真实，就是如此”与苏峰的相关措辞颇为近似，且苏峰在谈及“田舍汉”时，谓其为“除了上帝之外，无所畏惧”，而独步也是将其视为“与神接近”的存在，两者在认识上也有相通之处。此外，考虑到独步在“平民主义应限于田舍”一句中对苏峰所倡导的平民主义的提及，不难想象独步的田舍赞美与苏峰的相关讨论间的深刻联系。

与此相关，更值得我们关注的是，在前文引用的书信中，独步所发表的一段议论——“帝国议会召开，可谓是可喜可贺。然而，生活在田舍的真国民却似乎一无所知。平民主义应贯彻于田舍，在都市提倡平民主义也只能是妄想，枉然”。在青年独步看来，在都市提倡所谓的平民主义也是枉然、无谓的。因此，他更倾向于倡导根植于田舍的启蒙，这里体现了独步独特的问题意识的雏形，与苏峰等人的相关见解迥异其趣，值得深入研究和认真辨析。

5

在前述《青年学生为何不回到故乡，为何不去田舍游玩》中也是如此，苏峰鼓励青年学生回乡或者是田舍游历的目的十分明确。

> （前略）诸君在秋风送爽的季节回到东都时，不仅诸君的身体康泰，精神也会变得健全。吾深信这是消磨避暑时光最正确、最明智的选择。

如引文所示，回乡或者是田舍游历所要达到的目的是为了迎接接下来的东京生活的酷压，换句话说，即，休养性的身心放松。同样的心理，在另一篇题为《一年中的安息》(《国民之友》1891年(明治二十四年)8月13日)的文章中也有所呈现。在该篇文章中，苏峰也是从‘养身’和‘养心养气’的两方面来推荐读者多亲近“自然”。

在苏峰看来，田舍既有丰富多彩的“自然”，又有温厚、淳朴的“田舍汉”，也正因如此，才能“一扫邪念俗虑”，使得来访者有如获得“生命的洗礼”的精神感受。

但是，正如苏峰所言，故乡是“以过去的记忆和想象建立起来的神圣的殿堂”[14]。同样地，对田舍的憧憬之情，也难免经由同样的心理投射所生发的〈桃花源〉的幻觉作用其中。

另外，历史学者鹿野政直从政治思想史的角度对由苏峰等人所倡导的田舍赞美进行了剖析。认为它起源于“地方”的“非特惠资本”对“都市特惠资本的反感”，正是“基于作为田舍汉的自觉”的这样一种“地方优先主义”思想促成了“将田舍视为理想乡的这样一种价值意识”[15]的形成。

在田舍礼赞的背后，深藏着这样的一种源于社会、经济发展需要的，以树立地方权威及其价值为目的的政治思想动机。而为了凸显近代都市里贵族主义、藩阀特权政治叫嚣、跋扈的种种恶癖，就需要更加着力美化和渲染田舍的美质，其结果就是将前近代的田园生活一味地理想化。

需要留意的是，与此种田舍观不同，离开“学生交际社会”，实际“深入田舍生活、田舍社会”，与“田舍中的人们”接触的青年独步的眼中所映射出的却是被放逐于近代文明圈外的农村的现实。

这样的一种问题意识比较集中地体现在1891年(明治二十四年)12月29日写给友人水谷真雄的书信中，相关段落引用如下：

> 世人。认为自由权利、平等的文字无非都是空想、抽象的。吾反而要大声疾呼，吾国民的自由在哪里？吾人的平等又在何处？若说吾国民拥有政治的自由、平等的政治、宗教的自由，这也只是由读书人、心仪者所输入的法律之力所赋予的自由的表象，只是个形式。国民已然习惯了两千余年的专制、习惯了不平等，给予王室神权说的国民能理解自由平等的真髓吗？有朝一日，一旦有暴徒出现，将立宪、自治等文字从法律典籍中删除了，吾国民能否拔剑相向呢？吾相信吾国今日所谓的自由就仿佛建立在沙上的高塔。为何如此说呢？请看一看山间的国民吧。特别是那些识文断字的地方人民、那些青年，看一看他们吧。他们实际上和庄屋时代的人民有何不同(中略)我现居于田舍，每日看着听着这样的事情，(中略)深感满腔的热血几乎都冲上了脑门，因此，反而更加想要大声疾呼自由平等，为他们吹去一片热爱自由、渴望平等的精神。大兄以为如何？
>
> (书信补遗13。全集第五卷，572～573页。下划线为引用者所注)

多么慷慨激昂的笔调，充满年轻人的朝气与热情。继在前面的引文中所吐露的对根植于田舍的平民主义的提倡之后，独步又基于农村的现实，深刻地指出，“山间的国民”时至今日仍过着“与庄屋时代”的人民别无二致的前近代精神生活，因而，“今日”所谓的“自由”无非也就是“建立在沙上的高塔”。为此，独步大声疾呼，认为急需向这些未能分享到近代文明果实的“田舍的真国民”鼓吹“热爱自由、渴望平等的精神”，从中不难看出独步强烈的实践意愿。在独步看来，在树立“自由权利、平等”这个问题上，开设议会、制定法律等政治制度层面的充实与完善不过是个“表象”、“形式”，以身居社会底层的“地方人民”的意识的觉醒为支撑的近代精神的基础结构的建设才是关键。这样的问题意识虽然还只是个萌芽，但已预示了日后的独步文学的精神气韵，值得注意。

暂且不论日后无论是在新体诗，还是在小说创作中，独步始终如一地将关注点锁定社会底层的小民这一事实。即便是在走上文学创作之路后的第一份重要工作——《抒情诗》(1897年(明治三十年)4月，民友社)所收〈独步吟〉的序文中，独步也是恳切地指出明治的“新文明”偏于“物质方面的增长”，并对其确立过程中的跛行性进行了批判，表达了以启发“国民灵性的神殿”为己任的意愿。甘当“人的教师”、关注小民的精神生活，这也是独步文学生涯中一以贯之的态度。

而这样的一种精神特质的形成，追根溯源，与1891年(明治二十四年)—1892年(明治二十五年)的归乡生活的实际体验密切相关。正是在深受以苏峰为首的民友社言说的影响的同时，又敏锐地捕捉到与近代精神相疏隔的“地方人民”的身姿，才使得独步获得了独特的问题意识。而在日后的创作中，将这一问题意识作为自家的文学课题不断内化、加以深度挖掘使得独步文学呈现出与众不同的风格。

在这一点上，例如，即便同样是归乡题材小说，与苏峰和湖处子不同，独步的小说中几乎见不到，仅仅因为保留着前近代的生活方式就成为归乡者心灵抚慰的治愈系田舍意象的生产。反而，与这样的一种乐观性相反，归乡的败北才是独步相关题材小说的一个重要特征。在独步所创作的涉及归乡情节的小说中，无一例外，归乡的行为本身都未能为处于困境中的归乡者带来任何的实质性的解决。

在《河雾》(《国民之友》1898 年(明治三十一年)8 月)和《酒中日记》(《文艺界》1902 年(明治三十五年)11 月)中，主人公都是在走投无路后，或是落魄回乡，或是流落到远离尘世的小岛，得到相关人士的热情帮助，日常生活的扶助自不待言，甚至还热心地帮忙张罗工作事宜。然而，不论是《河雾》中的上田丰吉，还是《酒中日记》的大河今藏却都无法安住于其间，并最终选择了“死亡”。

静稳的田园、岛屿风光，宽厚包容的村民、岛民，这些无不是湖处子所谓“田家生活”的典型素材。然而，在独步笔下，相互扶助的温情虽然为上田丰吉和大河今藏阴惨的内心世界注入了些许阳光，但这样的田舍却不足以具备填补和恢复主人公所耗尽的“生”之气力的足够力量。兼具自然与人心之美的理想乡式的村落，这一存在本身并无法承受和解决人生败残者所怀抱的“生”之能量的枯竭问题。这样的一种结构设置上的径庭，从某种意义上讲，也可以被视为是对湖处子所营造的所谓地上、海上之“乐园”的故乡想象的一种内在批判吧。

事实上，在很早以前，年轻的独步就曾对湖处子的田园文学论提出质疑，在 1892 年(明治二十五年)11 月《青年文学》所载《何谓田家文学》一文中，独步就针对湖处子的“田家文学小冠”论予以批判，并以华兹华斯为例，指出：即便取材于“贫贱的低矮茅舍”，只要拥有“绝妙的诗眼”，便可从中发现关于“how to live”的真理。并在追寻真理、教导“同胞人类”这点上，将华兹华斯奉为诗人的典范。而这样的一种立场与态度，实际上，与我们在前面论证过的，将向“山间的国民”鼓吹近代精神视为急务的独步的问题意识在根底上是相通的。从这种意义上讲，1891 年(明治二十四年)—1892 年(明治二十五年)的归乡体验为独步日后开展文学创作提供了问题意识的萌芽，影响并决定了独步文学的性格，不仅不可等闲视之，反而值得我们花大力气深入研究。

注释

[1]例如，桑原伸一《国木田独步——山口时代的研究》(1972 年 5 月，笠间书院)、谷林博《青年时代的国木田独步》(1970 年 7 月，柳井市立图书馆)等。

[2]稻垣达郎《青年文学》复刻版(1975 年 2 月，日本近代文学馆)〈解说〉，12 页。

[3]关于民友社与青年文学会的关系，柳田泉在〈明治文学与民友社〉(《明治文学全集 36 民友社文学集》1970 年 4 月，筑摩书房)中，有一段形象的描述：“《国民之友》是苏峰的亲生孩子，另外，还有一个寄养的孩子，名字叫作“青年文学会”(446 页)。此外，像“第二军”(中村青史《民友社的文学》(1995 年 12 月，三一书房))、“别动队”(芦谷信和〈国木田独步〉(平林一、山田博光编《民友社文学的研究》(1985 年 5 月，三一书房))等，诸家的形容各不相同，但无不都指出了两者之间的密切关联。

[4]关于《国民之友》,西田长寿在《明治时代的报纸与杂志》(1961年8月,至文堂)一书中给予高度评价,认为"在这一时代,真正能称为综合杂志的,大概也就只此一部了吧"(第五章〈国民主义勃兴的时代〉,第六节〈杂志界的发展〉,207页)。

[5]西田长寿《明治时代的报纸与杂志》(前出),206页。

[6]〈过去的小历史——国民之友第一百号〉(《国民之友》,1890年11月13日)。

[7]关于《国民之友》和《国民新闻》的定价体系,请参见刊物内的广告页。

[8]此外,像阅读马克莱的《英国史》等,也是与德富苏峰不无关联的。众所周知,马克莱的平民进步主义是构成德富苏峰的平民主义思想的理论基础,被视为民友社的重要指导思想。查阅日记的相关记载可知,在独步仍于东京求学的三月九日,去苏峰家拜访时,"借了马克莱文集回家",这是目前已知独步所记文字中最早出现的有关马克莱的记载。由此不难推测,归乡后,对马克莱相关书籍的阅读兴趣,应该也是和三月份那次从苏峰家的借阅经历相关的。

[9]例如,铃木秀子《国木田独步论——文学家独步的诞生》(1999年6月,春秋社),第一章〈佐伯(时代)之前〉,第二节〈德富苏峰与独步〉,41页。

[10]初出〈独步与民友社〉(《文学》1965年1月),后收入山田氏著《国木田独步论考》(1978年9月,创世纪),本论文的引用出自《国木田独步论考》,31页。

[11]中村青史《民友社的文学》(1995年12月,三一书房),第四节〈国木田独步——在民友社的摇篮中〉,178页。

[12]森章伯〈民友社的教育思想——以德富苏峰《国民之友》的教育论为中心〉(同志社大学人文科学研究所编《民友社的研究》,1977年12月,雄山阁),115~116页。

[13]《归省》出版广告(《国民之友》1890年7月3日、13日等等)

[14]〈故乡〉(《国民之友》1890年6月3日)

[15]《〈田舍绅士〉们的理论——平民主义中新价值意识的展开》(《历史学研究》1961年1月),11页。

参考文献

著作

桑原伸一『国木田独歩——山口時代の研究——』、笠間書院、1972年5月。

鈴木秀子『国木田独歩論——独歩における文学者の誕生』、春秋社、1999年6月。

谷林博『青年時代の国木田独歩』、柳井市立図書館、1970年7月。

同志社大学人文科学研究所編『民友社の研究』、雄山閣、1977年12月。

中村青史1民友社の文学』、三一書房、1995年12月。

西田長寿『明治時代の新聞と雑誌』、至文堂、1961年8月。

平林一、山田博光編『民友社文学の研究』、三一書房、1985年5月。

山田博光『国木田独歩論考』、創世記、1978年9月。

论文

鹿野政直「「田舎紳士」たちの論理——平民主義におけるあたらしい価値意識の展開——」『歴史学研究』、1961年1月

作者简介

曲莉,北京日本学研究中心硕士课程15期生(1999年9月至2002年3月在学),日本文学专业。现为北京日本学研究中心博士后。

身体、话语与权力

——《青鞜》的文化解读

肖 霞

从日本女性史来看，明治末期至大正初期是日本女性运动的高涨期。明治以来，随着近代国家的发展与女子教育的兴盛，培养了大批能读会写的新女性。她们在女学校接受新式教育的同时，接受了西方的新思想，逐渐有了自我的觉醒和做“人”的欲望。面对压抑人性的社会制度发出了反叛的声音，后来逐渐汇成一股女性解放的浪潮，形成日本第一波女性解放运动。《青鞜》杂志及青鞜女性就是在这样的社会背景下诞生的。《青鞜》是日本近代较早出现的女性团体“青鞜社”的机关刊物，1911 年 9 月由日本女子大学校出身的平塚雷鸟（1886—1971）联合其他知识女性共同创办的女性文艺杂志，旨在“谋求女性文学的发展，使大家各自发挥天赋的特性，以望他日产生女性之天才”。[1]青鞜女性的初衷是开办文艺刊物，为日益觉醒的女性姐妹提供发表作品的舞台，但是，在长期形成的男权中心社会的文化背景中，女性的话语言说与权力伸张无疑是“冒天下之大不韪”，引起了男权社会的恐慌与打压。青鞜女性在舆论的挤压与社会发展潮流中，用身体书写与话语言说的形式为女性自我而抗争，用实际行动谱写了一曲女性解放之歌，在日本历史上留下了光辉的一页。本文尝试运用身体、话语理论进行分析，管窥青鞜女性运动的意义与价值。

1.“身体”的发现与展示——青鞜女性的自我觉醒

在西方传统哲学看来，意识与身体总是处于对立之中，因而身体与灵魂的对立与争吵会伴随人的一生；所以，只有身体死了人的灵魂才能获得自由。可以说，对身体的压抑与遗忘经历了一个漫长的过程，是尼采的出现才宣布了人的身体的重要性。尼采高喊一切从身体出发，强调身体的动物性与权力意志。权力意志不是静止的，而是处于不断变动中的差异关系。福柯在此基础上提出了权力对身体的改造能力，提出了话语理论和生存美学。福柯关注历史特别是身体遭遇惩罚的历史。他将身体纳入到生产计划与目的中具体考察作为生产主义的历史。在消费主义社会，他将身体纳入到消费计划和消费目的中看待，认为在历史上是权力让身体成为消费的对象，因而身体受到赞美、欣赏和把玩。身体从生产主义牢笼中被解放出来，但又陷入消费主义泥坑，而自始至终没有发生变化的则是权力（具体表现为政治、经济、文化的实践）对身体的改造。在国家与身体的关系上，表现为国家对身体的直接控制。人从出生之日起，身体就受到民族、国家、政治、经济等各种知识——权力的干预与监督，例如，家庭制度的规范、健康国民的培养、战争冲突等无不表现了国家对个人躯体的控制。在日常生活中，身体表现为性感和疾病，成为人们自身关注的对象，它取代了森林和山水，成为人们欣赏的崭新而又巨大的自然风景。拉康认为，“男人”和“女人”不是生理定义，而是人这个主体采取的象征性地位的符号。它既可指代生理范畴，也可指代心理、精神或文化范畴的内容。当身体被当作一种叙事来表述，被讲述、聆听及再讲述便成了“词与记号的连续不断的织物”，意味着语言的建构、解构及重构，即一种符号的创造。可见，身体是一种文化符号、一种知识的形态或范畴，它包含着大量的文化信息，是在与他人的不断重复的关系中定位并随着时间的流逝而变化的复合体。法国女权主义者埃莱娜·西苏从女性主义出发，提出了“身体书写”理论，指出，女性的身体并非“肉体”，它摄纳了重要的女性生理、心理文化信息。因而“用身体书写”是妇女存在及自救的方式，是女性互爱的表现，是拒斥男性中心主义以及解构等级森严的男女二元对立的文化策略。在传统文化中，女人失去了对自己身体的表述权，因此，妇女必须用整个身体说话，作家要用全部器官去体验一切。

从青鞜女性开展的日本第一波女性解放运动来看，可以说伴随自我意识的觉醒，日本女性开始关注自我的身体，进而表现自我、展示自我了。《青鞜》赞助员之一的与谢野晶子(1872—1942)，早在明治三十年代的浪漫主义时期就推出和歌集《乱发》(1901)，以高昂的热情歌颂青春的炽烈和身体的妩媚，从而将日本浪漫主义推向顶峰。“你不接触柔嫩的肌肤，也不接触灼热的血液，只顾讲道，岂不寂寞？双手遮掩着胸部，神秘幕帷已揭开，这里的红花多艳。”[2]263“春来苦短、生命无常，伸出你的手，触摸我坚硬的乳房。肌肤冰洁、黑发长垂，我那美丽的躯体，惩罚多罪的男人。”[3]作为具有明确女性意识的女歌人，她认为和歌创作就是“歌咏真诚的灵魂”。这在女性不能展现自我与性爱的时代里公开歌咏女性的官能与独特的感受，无疑受到传统歌坛的攻击，她本人被讥为“肌肤的晶子”。[4]《青鞜》创刊之初，作为文坛“大家”应邀作为赞助员的晶子，更是以极大的热情支持女性们的文学活动，她在《青鞜》创刊号上发表诗歌《漫言》，写道：“只用第一人称写作。/我是女人。/只用第一人称写作。/是我。就是我。/……‘不要忘了你的鞭子’，/卡拉图斯特拉如是说。/女人是牛，是羊。/我要补充一句，/‘把我们放回原野！’”针对社会对女性的束缚，晶子一反历史上女性被书写的“他者”历史，从“我”开始叙述“自我”的感受，表达了女性争取做“人”的愿望。日本学者水田宗子曾经指出：“女性书写的行为，必然孕育着与先行的文化文本的抗争，是对制度的挑战和对秩序的破坏，是一种自由的、抵抗与挑战的想象力的行为。”[5]7

近代日本第一位登台表演的女性松井须磨子(1886—1919)，堪称日本“新女性”的代表，她在1909年报考文艺协会演剧研究所时就在作文“我理想的演剧”中明确提出了“女性应该扮演女性”的主张，要求由女性扮演女性登台演出，展示自我的形象和身体的美。其后，她成功扮演了《玩偶之家》中的娜拉、《故乡》中的玛古达形象等，使娜拉形象在日本家喻户晓，同时也奠定了其新派剧女演员的地位。在《青鞜》第2卷第1号上，刊登了须磨子的剧照和她写的谈话录——“舞台上最为难的事”，二者结合凸显了女性问题，其后人们便将《青鞜》同仁讥称为“新女性”，须磨子被看作是其中重要的一员。当时大紫大红的女演员，在现实生活中却遭到男性的极力排斥，对此她在唯一的著作《牡丹刷毛》(1914)中写道：全体被称为“女人”的人，不论何时都要向人们献媚吗？不论何时都要默而遵从他人之言吗？她的舞台之花与“新女性”形象给日本人留下了深刻的印象。除此之外，在青鞜女性中，小林哥津、田村俊子、加藤绿等人都先后登台展示女性优美的身体，她们从身体感觉中体味做人的感觉，找回女人的自信。

荒木郁子(1890—1943)被称为具有“大姐气质的自由人”，在青鞜女性中是个“独特的存在”。她终生未嫁但情人不断，靠经营小旅馆资助《青鞜》及其姐妹渡过难关。1912 年在《青鞜》第 2 卷第 4 号上发表小说《书信》，导致《青鞜》第一次遭禁。《书信》是一部以描写“通奸”行为为主要内容的书信形式的作品，描写了身为人妻的年轻女子写给情人期盼幽会的书信。在信中，女子大胆地抒发了向往与情人约会的场景：“这个房间里只有我一个人。丈夫在睡觉，女佣也在酣睡。这样的夜晚何事都能发生，万一你来了，就让你坐在我的坐垫上，可久违地靠在青春焕发的你的大腿上。右手勾住你的脖颈，热吻在一起，创造幸福的时刻。”[6]信中的女主人公虽然是有夫之妇，但她敢于挑战男权主义，向往自我主导的身体，以梦幻形式满足自己的欲求，期盼情人前来相会，体味别样的幸福。

自 1915 年起，《青鞜》的编辑、发行工作传到年轻激进的女性主义者伊藤野枝(1895—1923)手中，她顺应时代潮流及时地调整了办刊原则，废除了以往的会员制，力争向所有的妇女姐妹开放，宣称今后的《青鞜》将“无规则、无方针、无主张、无主义”，扩大了《青鞜》的社会影响，后又掀起了贞操、堕胎、废娼等社会问题的讨论，关注妇女的实际生存问题。她在《关于贞操的杂感》中写道：“在以往的道德中，最使女性苦恼的就是贞操。”[7]指出过去那种“贞女不侍二夫”的贞操观是极为“不自然”的道德。在现实社会中最不妥当的事是不指责男人的贞操，光指责妇女。她认为这是最无视妇女人格的“道德”。面对男女的不平等，她认为，“男子没有贞操，女子也应同样没有贞操。如果女子有贞操，同样，男子也必须有”[7]。1915 年 6 月，青鞜女性安田皐月(1887—1933)在《青鞜》第 5 卷第 6 号上发表了旨在肯定堕胎行为的小说——《狱中女子给男子的信》，使《青鞜》第三次遭禁。小说以面向男子诉说的形式，描写了按旧刑法因堕胎而入狱的女主人公形象。内容触及女性权利、父母责任和生育问题，肯定女性生育的自主权，否定现行法律规定下的性支配权。小说发表后立刻在青鞜女性之间掀起了“堕胎是非论争”，明确了女性对生育的自主权。“这场论争，否定堕胎罪，主张女性对性的自我决定权，从世界范围来看也是一场富有先驱性的论争。”[8]176

2. 话语言说——在颠覆中建构合理的社会制度

福柯的话语理论对女性主义的理论建构和批评实践富有启示性，女性主义学者们充分肯定福柯的“话语”概念在其思想中的核心地位，认为这一概念为重新审视父权制社会背景下女性的从属地位，以及被压制或边缘化的女性话语以及女性经验提供了崭新的视角。女性主义者以此开始关注女性曾经受压迫、处于从属地位的各种关系。福柯看来，权力是在话语中被建构的，权力只有通过话语才能实现，话语与权力密不可分。分析女性地位低下的根源，不能脱离社会文化背景与社会制度等国家权利的言说与支配。话语理论，主要研究语言被建构的过程，探讨各种术语、概念的价值和意义，以及在日常生活中发生的作用等。女性主义者认为，对权力关系的分析应与阶级压迫、种族压迫和性别压迫密切联系在一起，应该重视处于冲突关系中的各种话语言说。20 世纪 60 年代后期形成的第二次女性主义浪潮中，格外重视知识和解放的问题，认为女性只有不断获取和累积有关性别、地位的知识，才能获取改变自身命运的权力，从而实现妇女解放。

从《青鞜》来看，女性们的话语言说主要表现在评论方面，内容涉及社会、文化、制度、教育等领域，其中，反对传统的家族制度与男性中心的父权制社会和政府极力推行的“贤妻良母主义”是其核心。就前者而言，多表现为女性们的抗婚与追求自我意志，要求拥有做人、做女人的权力；而后者，矛头直指近代国家为富国强兵实施的近代教育理念，也即近代国家的教育体制与女性培养策略。青鞜女性从积极求学获取知识开始，到驱动手中的武器描述自我的诉求与不满，并以小说、戏剧形式表达自己对制度的反抗。她们的话语言说汇成一股强大的力量，有力地颠覆了传统的父权制社会体制，奏出了女性解放的最强音。在青鞜人物中，伊藤野枝颇具代表性。她 17 岁时因抗婚只身来到东京，就读于上野高等女学校。在校期间与英语教师辻润(1884—1944)自由恋爱，后投奔到无政府主义者大杉荣(1885—1923)身边，在与大杉荣的四角恋爱关系中发生了“日荫茶馆事件”，[9]轰动一时。她曾在《新女性之路》、《此时的感想》等文章中倡导新女性的先锋作用，指出女性在促使自我觉醒的同时，要促使男性的觉醒；只有男女的同时觉醒才能认清黑暗制度对人性的压抑。在关于妇女的卖春以及贞操、废娼等社会问题上，她批判基督教矫风会的公共事业是傲慢、狭量和不彻底的，是有闲人的所谓“慈善”罢了。她认为，在贞操问题上一味地苛求女性而纵容男性，是最无视妇女人格道德的，她说：“男子没有贞操，女子也应同样没有贞操。如果女子有贞操，同样，男子也必须有。”[7]另一位女性斋贺琴(1892—1973)，是反抗家族制度的代表。她高等女学校毕业后入日本女子大学，1912 年参加青鞜社研究会，同年姐姐病逝，为保护家庭财产不外流，家人强迫她与姐夫成婚。为了反抗没有爱情的虚伪的婚姻，20 岁的斋贺琴便开始与封建家族制度做斗争。她在《青鞜》上发表的第一篇小说《夜间列车》，完全是以自己的抗婚体验为素材创作的。作者曾在日本女子大学受过教育，接受了近代教育家成濑仁藏校长将女子当作人、当作妇女、当作国民的新式教育，要求尊重自我的意志，发挥各自的天分，在谋求自我的过程中创造新的价值。她深深感到因袭守旧的传统习俗是对女性心灵的蹂躏，喊出了“反叛”、“破坏”的口号，相信只有反叛与破坏，才能迎来新的建构。她的呐喊无疑是对这个国家不合理制度的控诉。冈田由木(1895—1966)的人生追求也颇具特色。她出身于家境显赫的书香门第，在教会学校读书期间熟练掌握了英语，在外国作品的影响下开始尝试文学创作。她在题为《即兴》一诗中展示了新女性形象：“将太阳当作真理，沐浴着真理，只是一味向前的女性们，才是真正觉醒的女性。”[10]她发表的第一部小说《秋天的山寺》，借找不到出路的青年人之口诉说了自己内心的迷惘，表达了自己欲摆脱家庭束缚，按自己意志生活的内心愿望。她在《青鞜》发表的第一篇感想——《关于结婚而给父母的信》中，明确表明了自己的婚姻观、尊重自我的人生观，以及反对家庭包办婚姻的态度。坚信结婚是由当事人的自由意志决定的。要求父母从她一生的幸福出发，尊重她的意志。在现实生活中，痛感社会对女性的歧视，要求社会、家庭消除性差，将女性当作具有独立人格的个人看待。她在小说《水神之祟》(《青鞜》第 5 卷第 5 号)中描述了家庭包办婚姻的悲剧。作者通过阿贞姑娘的婚姻悲剧，批判了为人父母的不负责任、男性对女性的蔑视以及女性至死都不觉醒的人生态度，揭示了当时社会女性的从属地位和不被当作人看待的悲惨命运，批判了男尊女卑的社会制度对女性的摧残。她们的成长告诉我们，女性一旦掌握并积累了知识，就会运用手中的笔去描述自我、展示自我，批判不公平的社会制度，争取自己的话语权，以此实现妇女的解放。

福柯的话语理论认为，影响控制话语运动最根本的因素是权力，话语内部因为权力的参与而处于不稳定的状态。“话语本身既是权力的产物，也是权力的组成部分。权力的施展，一方面不断创造新的话语；另一方面这些新话语也会导致、加固某种权力，或者削弱、对抗这种权力。”[11]42话语从根本上说是一种权力形式，它处在各种权利关系的对抗中。话语无论从哪里产生，都表现为拥有话语权者与丧失话语权者之间的较量。由此，话语和权力是福柯话语理论中不可分割的重要组成部分。在男权中心的社会体制中，女性被置于从属地位，长期被排挤于主流话语之外，处于“沉默”或“失语”状态，这与男性建构的社会体制密切相关，无疑是人为的产物。

近代以来日本在赶超西方的过程中，针对女性身份、女性作用推出了“贤妻良母主义”的教育体制，这一体制深深扎根于日本传统专制的家族主义，作为国家主义战略到明治三十年代成为国家核心价值观的重要内容。文部大臣菊池大麓在演讲中强调说：“贤妻良母是女子的天职，是家庭主妇颇为重要的职分。”[12]203“女子将来结婚，成为妻子、母亲，是女子当然的归宿。……在我国，谈到女子的职业，并非独立做事，而是结婚成为贤妻良母，是她们将来大多数人的工作。所谓女子教育，其目的在于培养能够胜任其职的女性。”[12]71-72明治政府倡导的贤妻良母主义教育，主要是通过压抑女性少女期的心智发展和作为人的自觉，把女性牢牢地束缚在家庭内部，伺候公婆、生儿育女。女性必须具备“淑德节操”和“适合于家族制度的素养”。这种被政府大力提倡的主流意识形态成为束缚近代女性的新道德，严重摧残着女性的心身健康。而以国家制度的形式将女性性差化，无疑又重新将女性置于从属地位，女性不得不在这种扼杀人性的贤妻良母主义的重重包围中苟延残喘地维持生存。这样，长期处于无权状态和被边缘化的日本女性，在接受教育的过程中逐渐觉醒，并尝试运用话语形式言说自我的愿望，开始了消解和颠覆体制的抗争。

平塚雷鸟曾在《对于现代女学校教育，作为女学生的不平》中对日本实施的女学校教育，诉说了自己的“完全厌弃之情”，认为这样的教育使自己过多地尝到了绝望的经验。她说：“第一，当今的女学校教育，对于当今年青姑娘们对未知世界所敞开的活泼的内心要求一个也不能满足。学校教育不论何时都是理所当然地压抑、责难、无视她们的真正要求。……或是打着贤妻良母主义的美名，满不在乎地倡导讨好公婆、丈夫的奴隶道德，或是教给家计本的写法、厨房家务、生育的准备及其心得、喂奶的方法等。……所有的学校教育未免都是团体教育的划一制度，女学校教育中更加无视个性。并且时常对个性鲜明的事物，采取一切手段干涉、打压。女性没有作为普通人过普通生活的知识，由于没有教给她们自己去思考、判断自己的事情，凭自己的意志去行动，以及必要的智力。其结果不会有妇女的人格和独立。”[13]160-162在贤妻良母主义教育下，“现在，被称为妻子的幸福的妇女们，再稍微擦亮眼睛观看时，能对自己迄今为止的生活感到满意吗？无爱而结婚，为了得到自己生活的保障，或做女佣或做娼妇终生伺候一个男人"[14]220-221。她对当今结婚的概念以及现行的婚姻制度完全不能遵从,因为在现有制度中,妻子被当作未成年者、残疾人看待,妻子既没有财产所有权,对孩子也没有法律权力,丈夫通奸不是罪,妻子的通奸就被问罪。而男子就是为了私利、私欲和眼前的方便才蹂躏妇女的生活,一句话,"结婚就是一生处于权力服从的关系"。[14]220-221为了挽救自己本身的生活、女性本身的生活,有时必须对男子采取反抗的态度。在她看来,"妇女问题就是人的问题,日本妇女的根本要求一言以蔽之,就是与男子一样成为'人'";"基于这种内面觉醒的各种要求,女子也要在成为人的基础上拥有丰富的、充实的、高雅的自己的生活";"要摆脱压抑自由发展的封建陋习,首先解放内部心灵,发挥其自然性";"在感情生活上,也要主张恋爱自由"。[14]262在平塚雷鸟看来,在要求成为真正的人的问题上,不只仅限于女子,男子也是一样,只有人的彻底解放才有幸福可言。

不仅如此,青鞜女性还通过小说揭露了贤妻良母主义对女性的摧残。例如,物集和子发表的小说《七夕之夜》,就描写了具有反叛性格的"阿茑"姑娘对婚姻、家庭的看法。姐姐作为过来人,表面上看生活得非常幸福,但实际上却从未被当作一个独立的"人"看待。她不仅不觉醒,还力劝妹妹尽快成就姻缘。妹妹对此不感兴趣,而是想当一名女演员登台献艺,展示自我、表演自我,赢得人们的尊敬。姐姐最后明白了:妹妹拥有理想,她不想屈从地早早结婚生子如自己一样作茧自缚,而是要做新女性,实现自我的存在价值。另一部小说《初秋》是上田君的作品,小说通过对哺乳期年轻女子久代身心疲惫的生活描述,展示了贤妻良母主义对女性的摧残。小说题名"初秋",喻示女性难以忍受的内心悲凉。小说开头部分就单刀直入地描写久代莫名其妙的哭泣。久代按照贤妻良母主义的规范结婚生子,面对疲惫乏味的育儿生活,感到不可思议而深深地陷入迷惘之中。回味自己的婚姻生活——贤妻良母、与世隔绝——,她被束缚在家庭中似乎失去了一切。而与前来到访的朋友道子对照,她不由得产生了妒忌之情。29岁保持独身的道子,没有家庭、幼儿的羁绊,而是美丽、时尚、明快,拥有女教师职业,经济独立。她追求知识,积极向上,属于走在时代前列的"新女性",久代对她的生活与人生羡慕不已。

3. 强调女性差异——要求尊重女性特质、保护母性

在父权文明体制中虽然找不到女性生命知识话语,女性的生活系统被排斥在理性知识之外,但她们事实上有着极为复杂的程序和学问。当这些程序和学问获得言说,就是女性经验获得命名和话语权,人类的知识结构就会改变只有男性单方面经验生成的局面。长期以来,被排斥在边缘境地的女性就一直积累着自己的经验,她们早已在沉默中获得了生存美学的真谛。关于这一点,18世纪的斯达尔夫人早就注意到,现代生活对小说的需要和小说在表达人性的丰富多彩上具备的功能,她说:"小说是现代人思想的绚丽多彩的产物,是古人几乎完全不曾见过的一种文学体裁。……但妇女在家庭生活中尚未产生影响以前,个人的遭遇不大能引起男子的好奇;他们都全神贯注于政治活动。……妇女需要征服人心,又担心沦入被奴役的境地,所以她们在人的性格中发现了千差万别的色彩。她们为戏剧家提供了激动人心的新的奥秘。她们被允许

有的一切情操——对死亡的恐惧、对生活的眷恋、无限的忠诚、无比的愤慨，都充实了具有新的表现形式的文学。”[15]121-122 福柯在“生存美学”中也强调自我的技术，认为人应该是从生命感性出发，尊重生命自我自律存在的力量源泉，“允许个体以自己的方式或通过他人的帮助，对自己的身体、心灵、思想、行为、生存方式施加影响，以改变自己，达到某种快乐、纯洁、智慧、美好、不朽的状态”[16]273。生存美学不仅可以解释一切边缘存在，对于女性的他者处境，特别是由他者处境发展而来的女性日常生活经验价值，尤其具有阐述力。利用话语理论的武器清理文化领域的男权构成，继而反思男权话语模式对于现代女性知识生成和生存处境的影响，不仅是当代女性主义的策略性选择，也是进一步发展女性主义方法论的需要。福柯在生存美学中所论以及生存美学的实践，就是把生命塑造为一件艺术品。这也可以阐释，女性自古以来虽然受到各种限制和束缚，却从来没有放弃艺术，甚至可以说，她们的生活本身常常成了艺术。刺绣、化妆、美食、育儿经验等无一不是生活的艺术。男性把持的文学艺术领域，她们一有机会涉入，常常留下独创和唯美的作品。

青鞜女性为改变自身备受压抑的女性处境，不仅从政治、经济领域奋起抗争，在文化领域运用话语表达自己的存在与诉求，强调女性的特性，表现了日本女性主义运动的独特性格。平塚雷鸟曾说，一提到日本的妇女问题，有人就会马上联想到英美的妇女运动，其实不然。从明治中期开展的妇女运动来看，也许是对英美妇女运动的模仿，但那已经过时。“青鞜女性并不满足于对单纯意义上的同一权利的要求，而是要争取那种发自心灵深处的、根本的、具有更大意义的东西。从这一点上看，从英美妇女思想中得到的东西很少。”[14]408 日本的妇女运动“多是通过当今日本的社会、家庭，通过社会制度和家族制度获得觉醒的线索”。[14]409 这是因为日本妇女“在当今社会或家庭中，作为普通妇女在日常生活中不得不经受的诸多不合理、不自然的因袭传统和压迫，由此所感到的各种矛盾而不得不觉醒了”。[14]409 她们“不想性急地追求没有内容而只顾形式的权利获得，只要不是扎根于内在要求，就不会丰富自己的生活”。[14]409-410 平塚雷鸟认为日本是个不重视妇女生活的社会，作为妇女，“性的问题在人生，特别是在妇女的生活中是必须认真思考的根本的、重要问题”。[14]330 “妇女妊娠以及做母亲是妇女一生中遭遇的重要体验，也是仅限于妇女的特权。这样的重要体验，不用说给妇女的内外生活直接带来重大影响，甚至在思想上也应打开新的局面。”[14]333 在妇女的个人生活与性的生活问题上，她认为：“与种族有直接关系的女性的生活，换言之，担当种族繁衍的女性使命与个人生活的，或是作为社会一员的妇女的生活、工作、职业等之间的矛盾，自然浮现在脑海，很多促使我们加以思考，这是事实。”[14]39 受爱伦·凯女性主义思想的影响，她认为对现代妇女来说最为重要的矛盾是在健康基础上围绕美的生活的两种形式——灵的生活与家族生活之间展开。这种矛盾争斗不只是表现在妇女身上，也同样出现在男子生活中。由于她格外重视女性的内在生活与独特个性，在母性保护论争中反对与谢野晶子提出的经济独立论，倡导母性保护主义。“孩子，即使是自己生的、自己的孩子，也不是自己的私有物，而是社会的、国家的。孩子的数量和质量与国家社会的进步、发展，以及其将来的命运关系重大，所以，生育、抚养孩子这一母亲的工作，已经不是个人的工作，而是社会的、国家的事业。”[13]363 她强调妇女的性，力说两性机会均等带来的弊端，主张母亲及其相关的权利，认为保护母性不仅对于妇女、孩子都有好处，而且关系着国家的未来。因此，国家不能将其当作慈善事业，必须采取行之有效的措施加以保护。在她看来，女性不仅仅要活得有价值，还要活出女人味，要按照自己的特长和欲求，将美好的生活艺术化。

青鞜女性创作的小说，也都以不同形式诉说女性的性欲望、性体验，以及女性的不适与生育的痛苦等，她们通过作品展示女性独特的感情与感受，有力地说明了女性的存在与价值。这一方面的代表作当属伊藤野枝的《动摇》(1913)，当时已有身孕的野枝与文学青年木村壮太之间发生的“恋爱事件”，作者在小说中详细告白了自己被其追求的经过，以及内心自然产生的波动，其女性产生动摇的心理在社会上引起巨大反响。后来成为著名作家的野上弥生子，在其小说《新的生命》(1914)中以自己生育孩子的体验为基础，真实地描述了女性对生育的不安、生育过程的痛苦以及目睹新的小生命时的喜悦，从而引发了人从何处而来，又向何处去，以及生与死的问题的思考，展示了女性特有的母亲情结。吉屋信子的作品《弱小者》(1916)，描写了生于多子之家、从小寄养他处、没有享受母爱之情的小女孩富纱子孤独的内心世界。小说寓意深刻，表现了女性主义者关注女性心理、女性成长的独特视角。作者对主人公那美好想象的描写，使人倍感独特。小说可看作是“年轻的童话作家竭尽全力进行的自我表白的尝试”，[8]190发表后受到高度评价。

4. 结　语

众所周知，世界女性解放运动发展到今天，大致经历了三个阶段：一是 19 世纪末兴起的第一波女性解放运动，要求两性平等以及合法的公民权、选举权等，强调女权。二是 20 世纪 60—70 年代兴起，一直延续到 80 年代的第二次浪潮，主张两性间分工的自然性并消除男女同工不同酬的现象，强调两性平权。与此同时，基于性别研究的女性主义学术研究兴起，否定父权制意识形态下的话语描述与真理构建。三是当今流行的后现代女性主义，强调性别差异并肯定女性特质，以反击男性压迫女性存在的意识形态，试图以多元化、开放性与尊重差异的理念为女性的诸多压迫寻求解答或解决之道，开发女性的生存空间。可以说，世界女性解放运动的三次浪潮如同波涛涌动，是在相互影响、相互取舍中摸索前行；而以《青鞜》为中心开展的日本第一波女性解放运动来看，它发生在 20 世纪初，无疑受到西方女性解放运动的影响。但是，作为后起的，尤其是在家庭父权制特别浓厚的近代日本，无疑又带有其本土特色，它融世界女性解放运动中提出的诸多问题为一体，在争取两性平等以及合法的公民权、选举权的同时，从性别角度提出女性受压迫的根源，要求从文化角度颠覆父权制中心话语，尊重女性差异与女性心理，建构男女和谐相处的理想社会，这无疑具有积极的进步性。

近代以来日本社会飞速发展，在统筹实力富国强兵、赶超欧美的西化运动中，首先对国民、国家进行了重新整编，发现女性势力有待开发，于是，女性问题被提到日程上来。与此同时，受全球化影响，西方不同的女性主义思潮也传入日本，给接受近代教育的日本女性以新的刺激。青鞜女性勇敢地走在时代前列，在有感于自我觉醒的同时发现了身体的存在，针对压抑女性成长的家族制度和贤妻良母主义教育发出了反叛、破坏的声音，进而发展到关注女性生存、女性权利，要求尊重女性特质的女性解放运动。也就是说，近代以来的日本社会由于女性的登场，社会围绕着女性的“性”与“人”的关系展开诸多论争，将社会带入到一个“性”的社会，人们不得不直面“性”并关注“性”的存在。福柯认为：“权力机制告诫身体、生命、繁衍生命、增强人种的东西。性不是什么标志或者象征，它是对象和目标，其重要性不在于它的稀有性或暂时性，而是它的执著和潜伏存在，事实上，它到处存在，同时又令人生畏。权力突出它、引发它，……为了不让它逃避，……必须控制它，它是一个具有器官价值的用品。”[17]110 青鞜女性在改变自身处境的斗争实践中，不仅注重社会、政治、经济领域的权利，还进一步关注文化领域，积极探讨女性处境、女性存在、女性价值等，在为女性争取做人权力的同时，探讨女性身份和女性存在的特殊意义，在这一过程中建构了独特的女性话语，其成功经验奠定了日本女性解放运动的基础，丰富了世界女性主义的百花园。话语就是行动，青鞜女性的斗争过程就是日本近代女性话语建构的过程；她们根据自身经验奋不顾身地抗争，颠覆了传统的父权制社会文化，为女性成长、女性权利的获得打下了良好的基础。其超越性与先进性铸就了日本女性解放运动的性格，为世界女性解放运动的发展做出了积极的贡献。

注释

[1][日]「概則」、『青鞜』第 1 卷第 1 号、1911 年 9 月。

[2][日]西乡信纲等，佩珊译《日本文学史》，人民文学出版社，1978 年。

[3]姚继中《〈乱发〉——日本浪漫主义诗歌的顶峰》，《四川外语学院学报》2003 年第 5 期。

[4][日]「与謝野晶子」yahoo. co. jp.

[5][日]水田宗子『物語と反物語の風景』、田畑書店、1993 年 12 月。

[6][日]荒木郁子「手紙」、『青鞜』第 2 卷第 4 号、1912 年 4 月。

[7][日]伊藤野枝「貞操に就ての雑感」，『青鞜』第 5 卷第 2 号、1915 年 2 月。

[8][日]らぃてう研究会編『「青鞜」人物事典 110 人の群像』、大修館書店、2001 年 5 月。

[9]日荫茶馆事件：发生在无政府主义者、有妇之夫大杉荣与青鞜女性神近市子、伊藤野枝之间的四角恋爱，神近市子因刺杀大杉荣而入狱，伊藤野枝因这一事件导致《青鞜》废刊。

[10][日]冈田ゆき「折りにふれて」、『青鞜』第 5 卷第 4 号、1915 年 4 月。

[11]黄华《权力，身体与自我——福柯与女性主义文学批评》，北京大学出版社，2005 年。

[12][日]菊池大麓述・田所美治編『菊池前文相演述九十九集』、大日本図書、1903 年。

[13][日]平塚らいてう著作集編集委員会編『平塚らいてう著作集』(第 2 卷)、大月書店、1983 年 8 月。

[14][日]平塚らいてう著作集編集委員会編『平塚らいてう著作集』(第 1 卷)、大月書店、1983 年 6 月。

[15][法]斯达尔夫人著，徐继曾译《论文学》，人民文学出版社，1986 年。

[16][法]米歇尔・福柯著，刘北成、杨远婴译《疯癫与文明》，三联书店，1999 年。

[17][法]米歇尔・福柯著，佘碧平译《性经验史》，上海人民出版社，2000 年。

作者简介

肖霞，2004—2006 年于北京外国语大学日本学研究中心博士后流动站工作，现任山东大学外国语学院日语系教授、博士生导师。

新美南吉儿童文学在中国的译介与传播

——兼论小学语文教材中的《去年的树》

林　涛

1. 新美南吉文学在中国的译介与传播概况

20世纪80年代，随着《校订新美南吉全集》在日本的出版，新美南吉文学在我国也开始受到关注，其中文译作不时出现在儿童文学和日语学习杂志以及儿童文学选集中。但遗憾的是80年代后半期至90年代后半期的十余年，南吉文学的译介活动进入了一个沉潜期，直至1999年《新美南吉童话》中译单行本的出版才打破这一僵局。在此译著中，译者刘迎不仅翻译了三十余篇童话，且在前言部分介绍了南吉的生平、创作生涯以及文学特质，首次较为全面地将新美南吉及其作品介绍给了中国的读者。

进入21世纪，浙江教育出版社领头，人民教育出版社、长春出版社、山东教育出版社等四大出版社陆续将南吉的童话《去年的树》选入了小学语文课本。缘于教科书的采用，南吉文学得以广泛传播。《去年的树》此后被刊登在多家与教学相关的杂志上，与此同时南吉的其他作品也受到出版社的追捧。自2008年起，几乎每年都有南吉作品中文译本出版。而随着互联网的大力发展，"新美南吉热"进一步发酵，关注南吉的个人和出版社相继在互联网上开辟阵地，专门译介推广南吉和他的作品。下面，就对南吉文学在我国的译介传播情况加以历史性的爬梳整理。

1.1　20世纪80年代

表1　80年代刊登在杂志上的南吉作品[1]

杂志名	刊行年/期号	篇目	译者等	出版社等
儿童文学	1980 (3)	花树村和小偷	裴志群译	中国少年儿童出版社
朝花	1981 (4)	爷爷的洋灯	裴志群译，吴棣插图	人民文学出版社
儿童文学	1982(7)	日本童话二则	孙幼军译	中国少年儿童出版社
花城译作	1982(9)	八音钟	丘仕俊译	花城出版社创刊
巨人	1984(2)	日本低幼童话十二则	孙幼军译	少年儿童出版社
日语学习与研究	1984(4)	狐狸阿根	夏战友译注	对外经济贸易大学
北方少年	1985(4)	红蜡烛	不详	黑龙江人民出版社
富春江画报	1985(10)	去年的树	丁立人译，丁比下图	富春江画报编辑部

表 2　80 年代收录在儿童读物上的南吉作品[2]

书名	出版年	收录作品	出版社
深山里的焰火日本童话	1982	青狐狸	云南人民出版社
世界儿童Ⅱ	1984	小狐狸买手套	四川少年儿童出版社
日本儿童文学名作选	1985	狐狸阿权	湖南少年儿童出版社
木马的小白船	1987	白蝴蝶去年的树	宁夏人民出版社
黑魔马日本童话	1987	狐狸困困	中国少年儿童出版社
外国新童话精选	1989	小狐狸买手套	四川少年儿童出版社
童话	1989	去年的树	教育科学出版社

首先，经笔者查证发现，刊登在《儿童文学》1980 年第 3 期上的《花树村和小偷》是我国最早介绍的南吉作品，由裴志群译出。早先，周龙梅曾在《日本三大童话巨匠的作品在中国的译介与传播》一文中指出是《去年的树》[3]，笔者在此予以更正。

其次，通过列表可以看出，这一时期译介的篇目大多是日本国语教科书采用的名篇，如《爷爷的煤油灯》[4]《小狐狸买手套》[5]《小狐狸阿权》[6]等，抑或是南吉儿童文学的代表作，如《花树村和小偷》《八音钟》《红蜡烛》《去年的树》《白蝴蝶》等。从作品刊载的杂志属性来看，基本上是从儿童文学的角度对南吉作品加以关注。当然，80 年代的《日语学习与研究》杂志则偏重于日语语言的习得。再看儿童读物的情况，出版社几乎是清一色的少儿出版社。由此可见，南吉文学一传到中国总体上是以儿童文学或者说童话的身份被接受的。这一对南吉文学的译介和认识应该说是比较到位的，而其承载的媒介《儿童文学》杂志以及中国少儿出版社等也都在业界内颇具影响力。然而遗憾的是，在这一时期，南吉文学还只是被少数译者如裴志群、孙幼军等关注到，故而没有大量译作的问世，也未能引起较大的反响。

1.2　20 世纪 90 年代

90 年代在杂志上几乎见不到南吉文学的踪迹，但仍有出版物零星收录其作品。见表 3。

表 3　90 年代收录在儿童读物上的南吉作品

书名	出版年	收录作品	出版社
世界著名童话鉴赏辞典	1990	小狐狸买手套	江苏少年儿童出版社
日本童话精选	1991	白蝴蝶小木偶	二十一世纪出版社
少年儿童中外文学精品助读 200 篇	1991	红蜡烛	中国妇女出版社
世界优秀童话宝库日本童话卷	1991	狐狸困困	东北师范大学出版社
20 世纪世界短篇童话精选	1992	花木村和盗贼	四川少年儿童出版社
世界童话名著精选第 4 册	1993	狐狸阿权	长春出版社

续表

书名	出版年	收录作品	出版社
小聪聪童话王国东方神话	1995	狐狸困困	吉林人民出版社
外国童话大王	1995	小狐狸买手套	上海远东出版社
世界大作家儿童文学集萃	1996	盗贼来到花木村	安徽少年儿童出版社
自私的巨人	1999	花木村和盗贼	新蕾出版社

这一时期从收录的篇目来看，仍然局限在80年代的译作上，只是出版社扩大到了少儿以外的出版社，且覆盖了从北至南的大半个中国。尤其值得一提的是，1999年山西希望出版社出版了《新美南吉童话》一书。这是南吉文学在中国大陆发行的第一个单行本，共收录了三十八篇童话代表作。具体篇目见附录1。

这一由刘迎翻译的单行本，除了大大突破了此前对南吉翻译的篇目外，译者还在前言部分较为详细地介绍了南吉的生平、创作生涯以及文学特质。刘迎将南吉儿童文学归纳为三个时期："第一期是早期浪漫主义时期。这一时期的创作具有两个特色：(一)多取材于民间故事或传说，描写人与动物之间的情感交流和平民百姓的感受；(二)异国情调或改写外国童话的倾向浓烈。(中略)第二期是自传性色彩的生活童话，以少年小说为中心。(中略)第三期是幻想童话时期。"[7]而关于南吉文学的主题，则将其主要归纳成两类，即"忍受无法解脱的悲哀的文学"和"求爱(结合)的文学"[8]。他的这一总结虽然还不能说很全面，但基本把握了南吉儿童文学的精髓。通过阅读《新美南吉童话》，中国读者第一次能够大致了解新美南吉其人和南吉童话的概貌，也为日后南吉作品在中国的进一步传播打下了坚实的基础。只可惜该书的发行量只有两千册，新美南吉及其作品在中国的传播和影响力无疑存在局限。

1.3 21世纪00—10年代

进入21世纪，自《去年的树》陆续被选进小学语文教材后，《幼儿教育》《文学少年(小学)》《少年月刊》《作文周刊(小学中年级版)》《家庭教育》《小学生》《红领巾》《顽皮娃娃》《小学生作文辅导》等21种和小学生密切相关的杂志都刊载过该文。但与此同时，南吉的其他作品却遭到了冷遇，及至2007年新的译文都很少出现。

当然，在这一期间依然有出版物收录南吉作品，包括2000年明天出版社的《世界经典童话全集·第18卷·亚洲分册》(韦苇主编)、2004年春风文艺出版社的《外国童话精选》(马力选编)、2006年二十一世纪出版社的《外国新童话》(戴达主编)等。而单行本的大量问世则为2008年。

由表4我们可以看出这一时期翻译的几个特征。第一，1999年至2008年的十余年间没有新的单行本出现，而之后的六年间却高达29种。在经过多年的积累沉淀后，从2008年开始中国大陆迎来了对南吉儿童文学翻译的高峰；第二，大部分图书、包括目前我国出版的最全中译本、安徽少儿出版社2013年推出的《新美南吉童话故事 全集(全六册)》均由学者型译者较为集中翻译；第三，以《去年的树》命名的单行本共出版了7种；第四，与日本其他儿童文学大家譬如小川未明、宫泽贤治在中国的传播情况不同，南吉的作品出现了绘本，尤其是天津新蕾出版社在 2011 年推出的绘本系列（共 4 册），深得中国幼童和母亲的喜爱。

表 4　2008 年以降的南吉作品单行本

书名	出版年	出版社	译者等
小狐狸买手套	2008	贵州人民出版社	彭懿、周龙梅译
花木村和盗贼们	2008	贵州人民出版社	周龙梅、彭懿译
去年的树蒲公英桥梁阅读系列第 1 辑	2008	贵州人民出版社	周龙梅、彭懿译
起点阅读注音美绘本去年的树	2009	湖北少儿出版社	蔡迎旗主编
小狐狸阿权	2009	长春出版社	周龙梅、彭懿译
小狐狸买手套	2009	南昌二十一世纪出版社	［日］若山宪绘、崔维燕译
小狐狸买手套	2010	南海出版公司	彭懿、周龙梅译 ［日］黑井健绘
新美南吉童话精选巨人和公主的眼泪	2010	上海少年儿童出版社	朱自强译
去年的树新美南吉专集	2010	北京同心出版社	周龙梅、彭懿译
去年的树	2011	青岛出版社	朱自强编着
新美南吉童话绘本系列花木村和盗贼们	2011	天津新蕾出版社	薛丽娜绘、寒木编译
新美南吉童话绘本系列去年的树	2011	天津新蕾出版社	薛丽娜绘、寒木编译
新美南吉童话绘本系列小狐狸买手套	2011	天津新蕾出版社	薛丽娜绘、寒木编译
新美南吉童话绘本系列小狐狸阿权	2011	天津新蕾出版社	薛丽娜绘、寒木编译
小狐狸买手套	2012	贵州人民出版社	周龙梅、彭懿译
日本儿童文学大师系列拴牛的山茶树	2012	北京新星出版社	周龙梅彭懿译
小狐狸阿权	2012	北京新星出版社	［日］黑井健图 周龙梅、彭懿译
爷爷的煤油灯新美南吉的童话	2012	陕西人民出版社	王新禧译
小狐狸阿权阅读指导版	2013	长春出版社	周龙梅、彭懿译
新美南吉童话故事全集盗贼和小羊羔	2013	安徽少年儿童出版社	周龙梅、彭懿译
新美南吉童话故事全集跟踪的蝴蝶	2013	安徽少年儿童出版社	周龙梅、彭懿译
新美南吉童话故事全集两只小青蛙	2013	安徽少年儿童出版社	周龙梅、彭懿译
新美南吉童话故事全集小和尚念经	2013	安徽少年儿童出版社	周龙梅、彭懿译
新美南吉童话故事全集螃蟹做生意	2013	安徽少年儿童出版社	周龙梅、彭懿译
新美南吉童话故事全集小狐狸阿权	2013	安徽少年儿童出版社	周龙梅、彭懿译
开花的树新美南吉作品集	2013	天津人民出版社	张云燕译
去年的树新美南吉儿童文学集	2014	人民教育出版社	周龙梅、彭懿译
铃木绘本——向日葵系列	2014	河北少年儿童出版社	彭懿、周龙梅译
世界经典文学名著博览去年的树	2014	上海人民美术出版社	莫涵编译

另外，这一时期随着互联网的发展，南吉及其作品的传播还出现了新的特点。即除却传统的纸质媒介外，关注南吉的个人在互联网上也开辟了阵地，如“小书房世界儿童文学网”[9]就是极具代表性的一家。

徐超网名“流云之鹰”，是小书房社区的版主之一。徐超通过维基百科、新美南吉纪念馆等收集整理并翻译新美南吉资料，详细介绍了新美南吉的生平状况。此外，徐超还以青空文库上的南吉原文为底本翻译了南吉 29 篇童话、故事。这些文章不仅可以在小书房网上可以看到，也有一部分发表在部分杂志上。在小书房社区，还有一些南吉的铁杆粉丝，他们讨论如何翻译南吉作品、评论相关出版物等。

2. 小学语文教材中的南吉儿童文学

南吉的作品向来就与教科书有着密切的勾连。在日本，自 1953 年《爷爷的煤油灯》首次入选国语教科书（初中一年级）以来，截至 2013 年 3 月，南吉已有 14 篇作品被国语教科书采用[10]。而在我国，南吉作品在语文教科书中的采用则要推迟到 21 世纪且仅有《去年的树》一篇。经笔者查证，到目前为止，我国有浙江教育、人民教育、长春教育以及山东教育等四个出版社的语文教材（以下简称为浙教版、人教版、长春版以及山教版）采用，除长春版安排在三年级下册外，其余都安排在四年级上册。

《去年的树》是南吉 1935 年创作的一个篇幅极短的童话，当时并未能够发表，及至 1940 年，方刊登在『コドモノヒカリ』第 3 期上[11]。它的故事非常简单，写一只鸟和一棵树是十分要好的朋友，鸟儿天天唱歌给树听。冬天来了，小鸟将飞到遥远的地方去，于是和树约好明年再来给大树唱歌。可到了第二年春天，树不见了，只剩下了树根。树根告诉小鸟，伐木工人将树锯倒，拉到山谷去了。小鸟追到山谷，工厂的大门告诉它，树被切成细条做成火柴，运到村子里卖掉了。鸟儿飞到村子里，在一盏煤油灯前看到了一个小女孩，就问她知不知道火柴在什么地方。小女孩回答说：“火柴已经用光了。可是，火柴点燃的火，还在这个灯里亮着。”鸟儿睁大眼睛，盯着灯火看了一会儿。接着，就唱起了去年唱过的歌儿给灯火听。火苗轻轻地摇晃着，好像很高兴的样子。唱完了歌儿，鸟儿又对着灯火看了一会儿，就飞走了。

2002 年，浙江教育出版社率先将这一篇小小的童话纳入小学语文教材，可谓具有先锋作用。但因其被设为选读课文，再加之目前已经停止使用，故本论不予考察。另外，由于《去年的树》在山教版和人教版中的采用情况完全一致，因此，实际只存在人教版和长春版两种情况。通常，中国的小学语文教科书每一课的编写包括课文、生字、课后练习、插图等四个部分。下面，笔者拟围绕前三个方面对两个版本加以具体的比较分析。

2.1 《去年的树》人教版与长春版之比较

2.1.1 译文

表5 人教版・长春版译文与原文对照表

原文	人教版译文	长春版译文
例1 いつぽんの木と、いちはの小鳥とはたいへんなかよしでした。小鳥はいちんちその木の枝で歌をうたひ、木はいちんちぢゆう小鳥の歌をきいてゐました。	一棵树和一只鸟儿是好朋友。鸟儿站在树枝上,天天给树唱歌。树呢,天天听着鸟儿唱。	有一棵树,它和一只小鸟是非常要好的朋友。小鸟整天在这棵树上唱歌,树整天聆听小鸟的歌唱。
例2 小鳥は、なかよしの去年の木のところへまたかへつていきました。 ところが、これはどうしたことでしょう。木はそこにありませんでした。根つこだけがのこつてゐました。 「ここに立つてた木は、どこへいつたの。」 と小鳥は根つこにききました。 根つこは、 「きこりが斧でうちたほして、谷のほうへもつていつちやつたよ。」 といひました。	鸟儿又回到这里,找她的好朋友树来了。 可是,树不见了,只剩下树根留在那里。 “立在这儿的那棵树,到什么地方去了呀?”鸟儿问树根。 树根回答:“伐(fa)木人用斧子把他砍倒,拉到山谷里去了。”	小鸟又飞回到它的好朋友——去年的那棵树身边来了。 可是,究竟是怎么回事呢?去年的树不见了,只有树桩留在那里。 “这里的树到哪里去了?”小鸟问树桩。 树桩说:“伐木人用斧头把它砍倒,然后运到了山谷那儿。”
例3 小鳥は工場の門の上にとまつて、 「門さん、わたしのなかよしの木は、どうなつたか知りませんか。」 とききました。 (略) ランプのそばに女の子がゐました。 そこで小鳥は、 「もしもし、マツチをごぞんぢありませんか。」 とききました。	鸟儿落在工厂的大门上。她问大门:“门先生,我的好朋友树在哪儿,您知道吗?” 在一盏煤油灯旁,坐着个小女孩。鸟儿问女孩:“小姑娘,请告诉我,你知道火柴在哪儿吗?”	小鸟落在工厂的大门上,问道:“大门先生,你知道我的好朋友——树怎么样了吗?” 油灯的旁边有个小女孩儿。 小鸟问她:“请问,你知道火柴在哪里吗?”
例4 すると女の子は、 「マツチはもえてしまひました。けれどマツチのともした火が、まだこのランプにともつてゐます。」 といひました。 小鳥は、ランプの火をぢつとみつめてをりました。 それから、去年の歌をうたつて火にきかせてやりました。火はゆらゆらとゆらめいて、こころからよろこんでゐるやうに見えました。 歌をうたつてしまふと、小鳥はまたぢつとランプの火を見てゐました。それから、どこかへとんでいつてしまひました。	小女孩儿回答说:“火柴已经用光了。可是,火柴点燃的火,还在这个灯里亮着。” 鸟儿睁大眼睛,盯着灯火看了一会儿。 接着,她就唱起去年唱过的歌给灯火听。 唱完了歌,鸟儿又对着灯火看了一会儿,就飞走了。	小女孩告诉小鸟:“火柴烧没了,可是,它点燃的油灯还燃烧着。” 小鸟深情地注视着油灯的火苗,然后为火苗唱起了去年的那支歌……

通过表5对照比较发现，两个版本的译文在细节处理上存在以下几个方面的差异。

1. 课文的开头部分(参看表5中例1)。这一句话非常重要，强调了大树和小鸟是非常要好的朋友。因为只有建立在这样的关系上才有日后小鸟的忠诚守信。显然长春版对“たいへんなかよし”这一词的翻译更精准到位，人教版仅翻译成“好朋友”未能将这一关系充分体现。

2. 指代词的翻译处理(参看表5中例1、例2和例4)。对于大树和小鸟，人教版分别用了“他”和“她”来指代，是拟人的角度，而长春版则全用“它”来指代，是物化的角度。《去年的树》是一篇拟人体童话，而儿童阅读童话的过程原本就是一个与童话主人公同化的过程，儿童通常会把自己的情感和要求投射在主人公身上，和他们一起分享喜怒哀乐。用“它”来指代大树和小鸟会拉开小读者和二者之间的距离，削弱儿童的阅读乐趣。因此笔者认为在这一点上，人教版的译文处理得更加好一些。

3. 称谓的翻译(参看例3)。首先看小鸟对门的称呼。人教版把“門さん”翻译成“门先生”、称其为“您”，长春版则是“大门先生”和“你”。事实上，原文句末“知りませんか”只用了日语一般郑重语体，因此没有必要翻译成“您”，或许是为了配合前面的“门先生”之故人教版才做此处理。但品味原文，显然小鸟对门有一种亲近感，就好像是隔壁邻居，因此没有必要称谓“您”。与此同时，“門さん”也就没有必要翻译成“门先生”。周龙梅将其译成“大门大门”我认为是比较贴切的。其次是小鸟对女孩的称谓，人教版将小鸟打听情况时说的日语“もしもし”翻译成了“小姑娘”，这显然是不合理的。因为“小姑娘”在中文里作为人称直接称谓时，通常是成人对孩子的称呼，如此翻译处理，小鸟就变成了大叔 。然而，小鸟原本应该是和小女孩在同一心理年龄层面上，因为小读者们已经将自己同化成了小鸟。“小姑娘”一词的翻译处理背后实际上反映出了成人译者的儿童心理认知问题，没有能够完全站在儿童和故事角色的立场上看待事物。而长春版将“もしもし”处理成“请问”则十分妥当。但是，对于紧接“もしもし”之后的“マッチをごぞんじありませんか”的翻译，两个出版社都处理得一样，翻译成“你知道火柴在哪里吗?”单看这一句中文译文似乎没有问题，但实则没有翻译出句子内在的精神内涵。相对于小鸟对门的询问“知りませんか”，“ごぞんじありませんか”是地地道道的尊语。小鸟为何要对小女孩用如此尊敬的语言，笔者认为这缘于小鸟和门以及小鸟和女孩关系亲疏远近的不同。日语尊语除了对长者和职位高者表示尊敬的意思以外，另外一个最大的特点就是它常常用在关系疏远的对象身上，越是关系疏远就越要使用最尊敬的表达。不难看出，因为门和小鸟是自然界的同类，身上具备共同的“物”性，因此小鸟才说话比较随便，而小女孩毕竟是和“鸟”不一样的人类，所以小鸟在此才用了尊语。其实这一句问话里面体现了小鸟对人类的态度问题，因此对理解文本有着重要的意义。遗憾的是两个版本都没有能够把这一深意翻译出来。

4. 漏译和删改。一处是人教版漏译了当春天来临、小鸟再次回到去年的树身旁时，却发现树不见了时的关于小鸟心理活动的描写“これはどうしたことでしょう”。没有这一句话，课文此处就变成了纯粹的叙事，缺少了灵动。另外一处是结尾部分。两个版本都漏译了非常重要的一句话“火はゆらゆらとゆらめいて、こころからよろ

こんでいるようにみえました(火苗轻轻地摇摆着,好像很开心的样子)”。针对这一漏译问题,笔者十分认同周龙梅的意见。周曾撰文说:“这一笔很重要。作者在这篇童话的开头交代过,树喜欢天天听小鸟唱歌,所以当最后小鸟为树的火苗唱起了去年的歌时,火苗才会轻轻地摇摆着,好像很开心的样子。这一句话与开头形成了遥相呼应,道出了之后小鸟恋恋不舍地盯着火苗看了又看的理由。树化作一束火苗,永远地留在小鸟的心中。其实,这正是新美南吉一生追求的理想境界:虽然生活在一个不同的世界,心灵却可以达到一种永恒的交融。”[12]

还有一处是长春版完全删去了“火苗轻轻地摇摆着,好像很开心的样子”之后所有的文字,并以省略号“……”结束了全文。删改后的课文结尾并不显得突兀,也体现了小鸟对大树的深情,但是却减少了原文所蕴含的除友情以外的另一个重要主题,那就是关于死亡的体验和思考。小鸟寻找大树,不仅大树没了,树的细条条也没有了,用细条条做的火柴也用光了,只有一点火还亮着,但它很快也要熄灭。不过,小鸟看上去并不怎么悲伤,而是凝视着灯火,对它唱起了去年相约的歌。与此同时,变成火苗的大树也似乎感受到了小鸟的情谊,轻轻地摇摆着。于是小鸟再一次凝视了一会儿火苗就飞走了。在这里,原文体现了南吉乃至整个日本民族对死亡的一种超然态度和淡定的人生观。儿童大多没有经历过人生的悲剧,他们总是觉得世界一片光明,但坚硬的现实人生迟早会告诉他们这是不可能的,如何应对其实是每一个人一生都要去探索的大问题。儿童在阅读这篇童话时未必会往这方面想,但这种审美体验或许会伴随着他们未来的整个人生。长春版所做出的删改应该说是中国编者在儿童文学中回避死亡主题的一种习惯使然,但这样的处理不仅不利于对原作及其潜在的审美哲学加以理解,同时也对身处突发事件频发的社会环境中的儿童成长不利。在结尾的处理上,显然人教版更加贴近原文。

通过以上的比对分析,可以看出二者在译文上各存利弊。人教版课文明确标出了译者是孙幼军,长春版则没有标明。孙幼军是我国当代著名童话作家,曾获国际安徒生文学奖提名奖及国内多种奖项,具有很大影响力。故而自人教版后,几乎所有刊物收录的《去年的树》都采用的是孙幼军的译文。这一篇译文最早刊登在 1982 年的《儿童文学》上,或许因为原文底本才出现的漏译现象,但人教版选用做课文教材时并未做任何修订,稍显遗憾。在笔者所见译文中,朱自强的译文最忠实且最能体现原文的精神,建议出版社今后再版修订时采纳。

2.1.2 生字与课后学习

生字人教版　　　　生字长春版

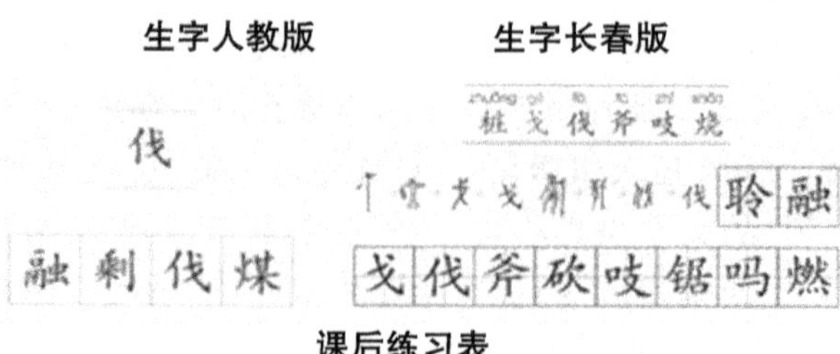

课后练习表

人教版	长春版
这篇童话很感人，我们来分角色读一读。	默读课文。读一读，写一写，再选择词语说话。 锯条 究竟 死灰复燃 大动干戈 聆听 砍伐 融会贯通 大刀阔斧
读了这篇童话，我想到了很多，让我们来交流一下。	讨论交流。读了课文，我想到了……小鸟看到火苗，心情怎样？火苗听了小鸟的歌，会对小鸟说些什么？
我有很多话要对鸟儿说。我先说一说，再写下来。	课文结尾的省略号省略的是什么？把你想到的讲给同学听。小鸟为火苗唱歌之后，小鸟对火苗说到…… 火苗听了小鸟的歌，想起了难忘的往事……火苗听了小鸟的歌，想到……

从生字图示和课后练习表中可以看出，两个版本的编者都用心良苦，在语文教学的教育性和人文性上力求平衡。一方面，在生字学习上凸显了一个"伐"字——人教版将"伐"字单列一行于其他生字之上，长春版则单挑出"伐"字，将其字形从古至今的演变过程用图解的方式展示了出来。"伐"即"砍伐"，小鸟就是因为好朋友树被砍倒运走了，才四处寻找树，形成了这样一个故事。在我国生态环境遭到极大破坏的今天，出于唤起儿童在语文学习的同时关心生态平衡、参与到环境保护中来的目的，突出对"伐"字的学习也无可厚非。原本，把教育和引导剔除得干干净净的语文教学并不存在。另一方面，两个版本在课后的练习中都没有将"伐"字可能延伸出的环保话题加以更多的渲染，这想必是编者出于避免将儿童文学工具化、尽量让小读者能够纯粹享受阅读乐趣的考虑。但总体上，由于"伐"字的突出，笔者认为课文的编排还是显得功利性色彩较重，不符合潜移默化式的儿童教育特点。尤其遗憾的是，后来的一些小学语文课外读本几乎完全将《去年的树》解读成了环保题材的童话作品。在此举两个典型的例子。

一是《新人文读本小学・卷 1》中的《去年的树》。作品被安排在"保护我们的家园"单元，且正文前有一段名为"读前猜想"的导言：

> 这是一个寓意深刻的故事，既告诉人们要热爱环境，不要乱砍滥伐，也说出了奉献的伟大。树木被做成火柴，虽然它燃尽了自己的生命，却为小女孩带来了光明。[13]

正文之后，编者还设置了 4 道思考题。其中第 4 问是"你觉得伐木人做得对吗？为什么？"

二是《新课标语文读本 小学 3 年级》中的《去年的树》。在此，作品同样被安排在"环保小卫士"单元，文后设置了"阅读提示"。如下：

> 文章短小精悍却为我们揭示了一个严肃的主题：为生活所需乱伐树木，让自然界失去了应有的欢乐，也让人类远离了自然。你看，鸟儿千方百计寻找着去年的树，最后她只好把去年唱过的歌儿唱给灯火听。（中略）鸟儿的无言却给我们留下了思考的空间，她无声地呼唤着人类要珍爱家园，亲近自然。[14]

在文本的末尾，与《新人文读本》一样，《新课标语文读本》同样设置了思考题。其中第3问是“在今后的生活中，我们应该为保护环境做些什么呢?”

儿童文学写作常常涉及动物、树木和花草，并表现出对它们的尊重和理解。可以说在人类对自然界的掠夺还没有十分严重的早近时期，相较于其他文学艺术，儿童文学就已经关注起了环保、生态问题。但是，无论是在儿童文学还是儿童这里都鲜有机谋存在，因为他们的内质天然地排斥成人世界的功利心计。《去年的树》是体弱多病、刚刚与恋人分手的南吉于1935年在家乡完成的作品，那时即便是现在的爱知县半田市环境也十分宜人。显然，南吉写作的动机并非出于保护环境、关心生态，而是如前所说，是关乎“友情”和 “失去”的思考。

其实，世界上的一切破坏生态、污染环境的行为都是成人所为，并非儿童。今天我们成人大肆提倡所谓的保护生态、环境，其实从根本上说，与曾经大肆掠夺破坏大自然一样，也是极其功利的行为，有着权宜之计的味道。儿童在阅读《去年的树》时，如果是在充分感受到小鸟和大树友情的同时，自然而然萌生出对大树的悲悯并由此而产生出的环保意识，那是额外的收获，但如果像前面两个读本那样，强行让儿童感觉到成人的功利心机，恐怕某种程度上是对儿童和南吉童话作品的亵渎。因此，笔者认为在像人教版和长春版这样极具影响力的语文教科书中没有必要特意突出“伐”字的学习，以免影响其他课外读物以及教师在课堂上的误读。

2.2 课外语文读本中的《去年的树》

其实，早在人教社采纳《去年的树》为语文课文以前，广西教育出版社就在2002年将其作为小学三年级上学期的语文课外阅读材料选入了《新语文读本5》，用的也是孙幼军的译文。[15]其后，华夏出版社的《新课标语文读本》(2003)、华东师范大学出版社的《新课标语文学本》(2005)、凤凰出版传媒集团·江苏文艺出版社的《个性化同步阅读》(2008)也相继采纳。在此，笔者特别要提出的是人教社2014年1月出版的语文同步阅读教材《去年的树——新美南吉儿童文学集》。

“人教版语文同步阅读 课文作家作品系列”丛书是人教社2014年出版的一套完全与小学语文教材同步的经典读物，共12册。而《去年的树——新美南吉儿童文学集》则是两本入选的外国经典儿童文学中的一部，另一部是法布尔的《昆虫记》，两本都被定位于三、四年级的同步读物。该书译者为彭懿、周龙梅，共收录了24篇童话。[16]可喜的是，首先关于《去年的树》，笔者在前面提到的语文课文中的译文问题，除小鸟对小姑娘的称谓以外，在此全部得到了修订；其次，这一本同步阅读教材的出版真正使《义务教育语文课程标准》(2011)提倡的有关阅读的指导方针“要重视培养学生广泛的阅读兴趣，扩大阅读面，增加阅读量，提高阅读品味。提倡少做题，多读书，好读书，读好书，读整本的书”得以践行，因为包含了24篇优美童话的《去年的树——新美南吉儿童文学集》正是这样一本好书。

这种将单个作家作品系列作为同步阅读教材的做法，在我国的语文同步阅读教材编写中可以说还是首次。这样的做法看似令学生接触的作家少了，但笔者以为这恰好是尊重文学阅读的做法。对于学生尽早与名家名作对话，培养良好的阅读习惯，奠定“人生的精神底子”起着至关重要的作用。这种编写原则和精神应该得到推广和学习。

3. 为何《去年的树》(代结语)

《去年的树》自80年代被介绍到中国以来，不断地被中国读者所阅读，及至出现在四个出版社的小学语文教材中，其在中国的传播和影响力达到了前所未有的广度与高度。在教科书的影响下，与教学相关的杂志不断刊载，多个课外语文读本也纷纷采纳，还出现了以“去年的树”命名的七个单行本。一个中文四五百字的小小短文，何以在中国产生这样高的知名度？究其原因，笔者以为可以从以下几个方面来加以考察分析。

首先，《去年的树》是一篇极其优秀的童话作品。它篇幅短小，语言精练，故事又简单，两三岁的孩子都能够听懂；但是它短短的文字里却又蕴含着深刻的哲理，既可以是关于友情与诚信的解读，也可以是关于失去和死亡的认识，还可以是对生态与环保的思考。因此，又适合各个年龄阶段的人来阅读。而最可贵的是它没有外在的道德教训，只是潜移默化地将读者引入深刻的思索中去。著名儿童文学专家刘绪源在《什么是儿童文学的深度》一文中提出了儿童文学最要紧的是“它有多深，就该有多浅”的观点，而与此同时他一再强调体现了这一儿童文学创作理念的范例就是南吉的《去年的树》[17]。

其次，毋庸置疑，在《去年的树》的广泛传播过程中发挥了决定性作用的则是小学语文教科书的采用。而之所以在2002年浙江教育出版社能够率先将其纳入教材，笔者以为是2001年新制定的小学语文课程标准(实验版)使语文教科书的价值取向发生了变化(更加注重文学取向)的缘故。另外，这一年恰逢中日邦交正常化30周年之际，中日双方各项文化交流活动受到重视，再加上浙江地处我国沿海地区，浙江出版社率先采用，想必也抱有一种实验的心态。毕竟，在新中国成立以来的小学语文教科书中采用日本的文学作品，这还是头一次。

再次，学者型译者的参与在《去年的树》的传播过程中也起到了巨大的作用。孙幼军、朱自强、彭懿、周龙梅等《去年的树》的译者，不是作家便是大学教授。他们的不断重译和批评以及他们给予读者的信任度，可以说一定程度上助推了这一文本乃至整个新美南吉儿童文学在中国的传播。

另外，前面已经指出，在我国的小学语文课堂上将《去年的树》作为环保题材的文本来阅读的情况很普遍。显然，从文学的角度看来，笔者认为这是一种误读。究其原因主要是我国生态环境目前面临严重危机的缘故。然而，换一个角度思考，也不得不承认，这样的误读在很大程度上却助推了《去年的树》和新美南吉在中国的传播以及影响力。

1929年3月2日，新美南吉曾在日记中写道：“几百、几千年以后，我的作品如若能被人们认可，那么，我将因此而获得重生。”倘若南吉地下有知他的作品拥有如此多的中国读者，并听到著名儿童文学专家刘绪源关于《去年的树》的高度评价“这个小小的作品，既是民族的，也是世界的；既是儿童文学的，也是属于整个文学的。我想，把它放到辉煌的世界文学之林，它既不会输给安徒生，也不会输给普希金和托尔斯泰，甚至也不会输给从未写过儿童文学的莎士比亚。”[18]那么，笔者以为，南吉应该能够含笑九泉了。

目　录

附录 1　《新美南吉童话》目录

注释

[1]此表主要依据读秀中文学术数据库等归纳而成。读秀网址：http://www/duxiu. com/

[2]此表主要依据读秀中文学术数据库、京东、当当、亚马逊中国等网站归纳而成。京东网 http://www. jd. com/当当网址：http://www. dangdang. com/　亚马逊中国网址：http://www. amazon. cn/

[3]周龙梅著《日本三大童话巨匠的作品在中国的译介与传播》，方卫平主编《在地球的这一边 第十届亚洲儿童文学大会论文集》，外语教学与研究出版社，2010 年 9 月，248 页。

[4]1953 年入选日本初中一年级教科书，这是南吉作品首次被日本教科书采用。

[5]1954 年入选日本小学三年级教科书。

[6]1956 年入选日本小学四年级教科书。自 1980 年始，《小狐狸阿权》几乎被日本所有教科书采用。

[7] 刘迎译《新美南吉童话》，希望出版社，1999 年 1 月，前言 5～6 页。

[8] 刘迎译《新美南吉童话》，希望出版社，1999 年 1 月，前言 6～8 页。

[9]小书房世界儿童文学网网址：http://www. dreamkidland. cn/。

[10]2013 年 3 月 27 日の読売新聞：新美南吉生誕 100 年(3)(http://www. yomiuri. co. jp/)

[11]吉田弘『新美南吉の生涯』、誠進社、2012 年 1 月、422 頁。

[12]周龙梅著《日本童话作家新美南吉和他的作品》，《中国儿童文学》杂志 2009 年秋季号，58 页。

[13]曹文轩主编《新人文读本 小学卷．1》北京大学出版社，2004 年 5 月，154 页。

[14]庄文中等编著《新课标语文读本 小学 3 年级》第 68 篇，华夏出版社，2003 年 8 月。

[15]需要指出的是该读本在 2007 年修订时删除了《去年的树》，代之而启用的是川端康成的《父母心》，但《新语文读本 7》中新美南吉的《盗贼来到花木村》依然保留。或许是编者注意到了译本

存在的缺陷，亦可能是为了在读本中多增加一个日本作家。

[16]它们是“去年的树，谁的影子，乡村的春天・山里的春天，跟在后面的蝴蝶，树的节日，马棚边上的油菜花，螃蟹的生意，红蜡烛，一年级小同学和水鸟，妈妈们，盗贼和小羔羊，喜欢孩子的神仙，无名指的故事，影子，郁金香，樱花，只要一吹响黄莺竹笛，一块铜币，巨人的故事，小狐狸阿权，小狐狸买手套，河，瘊子，决斗”。

[17]刘绪源《什么是儿童文学的深度?》，《文学报》，2007 年 3 月 8 日，第 005 版。

[18]同注 17。

作者简介

林涛，北京日本学研究中心硕士课程 4 期生(1988 年 9 月至 1990 年 7 月在学)，日语语言文学专业，现任北京师范大学外文学院日文系副教授。

旅行与文学文本的生成

——阿部知二的中国旅行与文学叙述

王　成

1. 关于阿部知二的中国旅行与文学

对于日本近代文学作家阿部知二来说，中国旅行的体验具有非常重要的意义。正是中国旅行开启了阿部知二文学的新天地。他一生来过中国六次，包括中日战争期间，有短期旅行，也有长期工作，足迹遍及大半个中国，与中国结下了不解之缘，留下了一批有关中国题材的文学作品。1935 年的第一次中国旅行归国后，第二年发表的《冬之宿》获“文学界大奖”，成为畅销书，受到读者的欢迎。其后，他接连发表了《燕京》《幸福》《街》《风雪》《北京》等作品，一跃成为文坛的宠儿。对于自己的文学成就，阿部知二解释说：“创作《冬之宿》之前的华北旅行是另一个机缘。”[1]竹松良明也曾指出阿部知二的北京旅行诱发了他对逝去青春的哀叹[2]。总之，中国旅行是阿部知二文学创作的重要机缘。

有关阿部知二中国叙述的先行研究可以从“卢沟桥事变”后、太平洋战争爆发后、中日邦交正常化以后三个阶段来概括。

“卢沟桥事变”后，日本的主流杂志纷纷推出专辑，《中央公论》(1937 年 9 月)“中国问题特辑”，从政治、经济、社会、文化等诸领域展开对中国的讨论。《改造》杂志的“中国事变增刊号”(1937 年 11 月)刊登了新居格的文章《描写中国的外国作品》。“日本作家中描写中国的人很多，或以游记、随笔、见闻录的形式，或以小说的形式。有一类作家对异国情调的中国风情感兴趣。还有一类作家其作品的结构因国际城市上海的错综复杂的色调产生兴趣。还有一部分无产阶级作家通过无产阶级的社会观念选择中国题材。”[3]包括阿部知二描写北京的作品，大多数作品规模小，停留在局部，甚至偏重于作家自己的喜好。特别感到遗憾的是对于我们期望了解的现代中国问题深刻剖析，全面描写的作品几乎没有。“大多数作家”只不过去中国旅行。旅行也只是以北平、南京、上海及其附近为主，没有深入内地，也没有深入农村，接触农民生活。但是，文章对阿部知二描写“北京”的作品寄予希望，阿部知二描写的北京具有前面叙述的知识分子中国观的弱点，但是，能够引起读者的兴趣，类似他所探讨的中国观包含着今后进一步拓展和深化的空间。[4]

太平洋战争爆发后，中国文学研究会竹内好等人编辑的《中国文学》也推出了“现代中国与日本作家”专辑(1942 年 1 月)。酒井森之介发表的《描写中国》对从“旅行者”的立场书写中国的作品做了分析。通过比较横光利一的《上海》与阿部知二的《北京》，酒井指出：“比较《北京》和《上海》这两部作品，我感觉在对亚洲当前形势的解释和见识方面，《上海》占优势，在描写中国人这一点上，《北京》突出一些。这也和每个作者的气质相通，但是，在描写中国人这个问题上，所有的作品都不禁令人有隔靴搔痒之感。尽管与作家的敏感度和能力有关，但是，令人想到从旅行者的立场观察、描写外国人是有局限的。”[5]其他同仁也对阿部知二描写的中国给予否定，千田九一的《中国和事变》与竹内好的《描写中国》都批评阿部知二的《北京》没有写好中国和中国人。“隔靴搔痒”“隔岸观火”成为中国文学研究会成员批评阿部知二描写中国的常用词。

20世纪70年代，中日邦交正常化以后，《近代日本文学中的中国形象》的编者开宗明义，在序言中强调：叙述他者其实就是讲述自己，对于日本作家来说叙述中国也是叙述日本。“纵观整个日本近代文学史，有关和中国的关系明显属于负面层次。这是位于‘近代化’背后支撑这个层面的日本民族主义的问题，也是日本文化传统、日本人的感性‘模式’问题。”[6]书中收录了小笠原克评述的《阿部知二〈北京〉》。有趣的是小笠原把《北京》看作“昭和十年的《中国游记》”，虽然认为《北京》中的名胜古迹、风土人情的描写具有游记风格，但是，作品的描写充满“幻觉”，不够清晰明快，缺乏芥川龙之介在《中国游记》中强调的“新闻记者的才能”[7]。

田村修一试图通过考察阿部知二的满洲体验以及文学作品来解读其作品中的殖民地问题。他在论文中指出：研究阿部知二的满洲体验及其作品，“不仅对于弄清阿部知二的文学有贡献，而且，对于全面思考时代、社会与文学的关系也提供了有力的线索”[8]。因此，阿部知二文学中的旅行与文学问题应该受到重视。

如果说横光利一的《上海》是日本近代文学史上有关上海的城市想象与文化记忆的代表作，那么，有关北京的代表作就是阿部知二的《北京》。但是，与《上海》的研究相比较，有关《北京》的研究明显落后。这与日本近代文学重视欧美“现代性”不无关联。因为上海拥有欧美殖民地现代化的历史和城市空间。正如陈平原所指出的那样：“国内外学界以上海为视角，探讨中国现代化进程的努力，已经取得了很大成绩。相对来说，作为八百年古都，北京的现代化进程更为艰难，从抵抗、挣扎到追随、突破，其步履蹒跚，更具代表性，也更具有研究价值。”[9]而日本学者对于阿部知二的中国叙述研究相对滞后给出的解释是：

> 昭和十三年前后受到好评的小说《北京》，随着战争的剧烈化，尤其对于年轻人来说，逐渐变得模棱两可，战败以后也没有消除这一印象。的确，那场令人讨厌的日中战争的残酷体验超过了战前所有的思想、文学。在经历过这一切的人眼里，继承昭和十年代的文学（《北京》作为其代表之一）这样慢条斯理的话题也许不值得一提。[10]

从这段文章可以看出，如何重新认识战争期间(1931—1945)的文学与如何认识日本对中国的侵略战争是分不开的。这不只是阿部知二研究的个案，而是整个日本近现代文学研究的问题。

实际上，日本学术界的有识之士已经认识到这个问题是绕不过去的。在陈平原提倡“北京学”之前，日本学者已经开始研究日本侵华战争期间的北京，代表性的成果有杉野要吉编著的《交流与抗争的中国文学和日本文学——沦陷期的北京1937—

1945》。其中收录的矢崎彰的《阿部知二与旧都北京——以最初的中国体验与长篇〈北京〉为中心》是有关阿部知二《北京》的研究。这篇论文使阿部知二的《北京》研究跳出日本文学的框架，把《北京》置于近代中日关系的交流与斗争的语境中重新解读，具有开拓性的意义。论文指出："有关中国体验的研究，除去以中国体验为题材的几篇小说研究的作品论以外，还刚刚开始。"[11]从这篇论文中可以看出，矢崎的问题意识是关注阿部知二的中国体验。

本论文的意图是在梳理阿部知二的中国叙述的基础上，着重分析其中国旅行的体验在文学文本中是如何表现的，探讨阿部知二如何把中国旅行的体验转化为文学创作的资源，创作出独特的游记文学的。

2. 中国旅行的动机新探

有关阿部知二的中国旅行研究还有许多疑点和误读，甚至基本史实还未搞清楚。第一次中国旅行的过程和时间的问题就是其中之一。有关 1935 年第一次中国旅行的时间，即使阿部知二研究的权威竹松良明在其著作中也只是模糊地记述："昭和十年夏末，靠编写乔伊斯注释书获得的稿费，从神户乘船，到北京游览，一直到九月中旬。"[12]而关注"日本作家如何描述中国"问题的文学史家川西政明在其著作中记述："阿部知二从三五年夏末到秋初，在北京度过了一个多月的时间。"[13]两者之间的记述差距太大，有关阿部知二旅行时间的记载变得模糊不清。因此，需要回到原点，从原始资料中寻找答案，弄清阿部知二旅行的过程和时间。笔者根据阿部知二的书信、日记以及随笔的记载，对阿部知二的旅行的时间和路线进行了考证。

旅行途中，阿部知二从船上寄给姬路市坊主町家里的明信片是大阪商船株式会社印制的，上边绘有长江丸的彩色图画，并且标有"长江丸总吨数 2613 吨"的字样，明信片清楚地标明"于长江丸"，邮戳盖的是"29 日门司"。明信片上有"二十八日晚八点半，由于台风临近，轮船停靠小豆岛的池田湾避风"的字样。[14]

另一封从船上写给妻子的信中明确记载："只今三十一日午後三時、玄界灘もしずか、黄海は油のようにしずかで、大変健康で船旅をたのしくつづけています。今日の夕方には山東半島の岬がみえるでしょう。明日午後、塘沽着、北平は夜十一時すぎつきます。"[15]游记《中国女性一瞥》中，"一昨年の九月一日の夜、河北の広い野の闇を、その午後瑭沽に上陸した私の乗った汽車は北平に向かった走っていた。"[16]根据日本旅行協会 1935 年出版的《旅程と費用概算》的指南，天津至神户之间是 1060 海里，乘大阪商船需要 5 天的时间。由此推算，阿部知二乘坐的大阪商船"长江丸"于 9 月 1 日下午到达天津，所以，出发时间应该是 8 月 28 日。日记中明确记载昭和十年 9 月 14 日晚 9 点到达新京。[17]另外，根据 9 月 15 日写给妻子的信中记载，"明日は大連に立ち、十八日の船で出帆、二十日朝門司につく"[18]判断，阿部知二回国的日期应该是 9 月 20 日。

根据以上资料，我们可以推断出阿部知二第一次中国旅行的时间和路线。即：1935 年 8 月 28 日乘大阪商船从神户出发，8 月 29 日到达门司，8 月 30、31 日经过玄海滩、黄海，9 月 1 日下午到达塘沽，当天晚上，乘火车前往北京。9 月 13 日离开北京，乘火车前往新京（长春），游览了新京、大连、旅顺等地后，9 月 18 日离开大连乘船回国，9 月 20 日从神户登陆。通算起来，阿部知二在中国旅行三个星期，在北京逗留了半个月。在他的游记中也能看到有关时间的叙述。例如：《美丽的北平》中写道："在北京待了半个月，没有感到丝毫不愉快，我在北平漫无目的地参观游览，把一切都忘掉了。"[19]

那么，阿部知二前往中国旅行的动机是什么呢？尽管他在《自作案内》中自述前往北京旅行的动机时说："我去北京有两个原因。一个是漫无目的向往充满魅力的古都北京的风物，一种游子的心情，另一个是来自一种预感的好奇心。作为一个普通市民的常识，我预感到那里将要成为东洋，不，世界的宏大戏剧的焦点。"[20]

在《北京》的后记中，他也表明 1935 年夏末的中国旅行是心血来潮，受"希望旅行的心情驱使。从台风肆虐的神户码头上了船"[21]。从他的自述来看，似乎没有明确的动机，但是，中国旅行的动机依然值得研究。

尽管阿部知二没有明言其中国旅行的动机，但是，笔者认为中国旅行是他试图从困境中突围的探索之旅。1930 年 1 月，阿部知二在《新潮》杂志发表小说《日德对抗赛》，当时，在主流文学杂志《新潮》发表作品是登上文坛的标志。也是因为这篇作品，他被文坛看作新兴艺术派作家。但是，适逢无产阶级文学席卷文坛的时期，像他这样的作家并没有太多发表作品的空间。随着无产阶级文学受到镇压，1934 年，《行动》杂志提出的知识阶层追求自由主义的"行动主义文学论"成为文坛的热点，作为《行动》杂志的同仁，阿部知二却保持着一个知识分子的怀疑态度面对困难的时代，精神上和创作上处于彷徨的状态。对于作家来说，旅行不仅是寻找自我的过程，也是艺术探索的途径。

在先行研究中，最早讨论这个问题的是黑田大河的论文《〈北京〉和〈上海〉》。但是，这篇文章没有详细论述，只是停留在推测阶段。他提出的"假说"认为：阿部知二的北京之行是受了横光利一的影响。

> 阿部知二最初的中国之旅为何选择北京没有定论，但是，我想提出一个假说，1935 年横光利一整理出版《上海》偶然起到了作用。在满洲事变、上海事变的战火蔓延过程中，他想看一看旧都北京的愿望很强烈。同时，是不是也有一种用同先辈作家不一样的视点发现中国的愿望呢？[22]

这无疑是个重要的原因，但是，缺乏实证依据。笔者认为文化学院的氛围和同事奥野信太郎的影响应该是重要的原因。在小说《北京》的跋文中，阿部知二提到两位特意感谢的人物，一位是奥野信太郎，另一位是宫岛贞亮。

宫岛贞亮是庆应大学文学部教授，东洋史专家。祖父宫岛诚一郎是著名汉学家。与奥野信太郎是连襟（夫人是奥野夫人的妹妹）。1934 年 5 月至 1936 年 3 月在北京留学，经奥野信太郎介绍，阿部知二北京旅行期间通过宫岛贞亮介绍住进遂安伯胡同的黄宅。北京逗留期间，两人经常一起活动。[23]

奥野信太郎是阿部知二的同事。从1931年至1940年,阿部知二一直是文化学院的教师。在这里,他认识了与谢野晶子、石井柏亭、奥野信太郎等在文化学院任教的作家和文化人。1921年由西村伊作创建的文化学院,追求自由主义的教育理念。包括芥川龙之介在内的大批文学、艺术家都曾在此任教。有趣的是教师队伍中,有一批"中国趣味"者,教师当中,与謝野晶子、与謝野鉄幹、石井柏亭、木下杢太郎、芥川龍之介、谷崎潤一郎、佐藤春夫、横光利一、小林秀雄、奥野信太郎、飯島正等日本近代文艺史的代表人物都曾到过中国。他们是"中国趣味"的追求者,也是诠释者。他们创作的中国题材作品也都具有深远的影响。无论已经逝去还是同时期在文化学院任教的前辈作家无疑对阿部知二文学创作具有潜移默化的影响。如何超越他们的中国叙述也许就是新秀作家阿部知二的课题之一。在这样一个氛围中,中国文学研究者奥野信太郎对阿部知二的的影响最大。奥野信太郎自幼受到汉学家竹添井井的"汉文直读"(日本人都是通过训读的方式阅读汉文经典)训练,也曾经受到森鷗外的教诲。庆应大学文学部毕业后,经与谢野宽推荐成为文化学院的教师,同时兼任庆应大学预科的汉文讲师。1936年5月至1938年4月,奥野前往北京留学,1944年10月至1946年4月任辅仁大学客座教授。他专攻中国文学,尤其精通中国戏剧。他是阿部知二在文化学院任教时交往密切的同事。阿部知二在游记《北平眼镜》中有一段文字记述了奥野信太郎给他来信的故事。"寄信人奥野是庆应大学派往中国从事研究工作的,孩提时代受到森鷗外的汉文直读指导以来,就迷恋上中国和文学。从他时常来自北平的信中,流露出对中国深刻的了解。"[24]小说《北京》的跋文中,阿部知二特意留下了谢词:"感谢奥野信太郎和宫岛贞亮培养了我对中国的兴趣。"[25]从这些文字中,可以看出,阿部知二十分佩服奥野信太郎的中国研究。他对于中国的理解无疑受到奥野的影响。

奥野信太郎为他的北京之行提供了很大的帮助。1940年1月,阿部知二为奥野信太郎的《随筆北京》所写的序言中再次提起奥野信太郎对他的启发。

> 对我来说,奥野是几年前让我意识到对中国产生兴趣的人。我的那本微不足道的小说《北京》如果没有与奥野的交往也不会产生。可以说,他是我认识中国的老师和恩人。[26]

由此,可以说奥野信太郎是帮助阿部知二认识中国的启蒙者,第一次中国之行也是受了奥野信太郎的影响和帮助才成行的。

对阿部知二来说,北京之行是第一次出国旅行,也是一次难得的体验,收获很大。旅行途中,写给妻子的信中,他表达了兴奋之情。"还能够看到长城。总之,(北京旅行)非常有意思,足以吸引我的好奇心。这几年,因为工作而疲劳的大脑将会变得新鲜活跃。为此高兴吧!"[27]

北京之行是阿部知二一直难忘的体验,他特别看重这段经历。后来,他也时常提起依据这段经历创作的小说《北京》。上海沦陷时期出版的《杂志》1944年12月号有一个特辑叫"文学者印象",其中刊登的《日本文学者剪影》记录了对访问上海的日本作家的采访。文章中有一段是对阿部知二的采访,内容如下:

“阿部先生自己认为满意的作品是?”

“可能是《冬宿》吧。如果有人愿意翻译,我倒希望能够翻译我的另一部叫作《北京》的小说,这是我一年前到北京时以事实为题材而写的,可是,到了今天,中国的情形好像并没有什么变动,所以依旧可以看的。当然,译《冬宿》更好。”[28]

1967年9月,阿部知二发表在杂志《展望》上的一篇纪念“卢沟桥事变”30周年的文章中,再次提到30年前为了给家里人解释“卢沟桥事变”时,引用了《燕京》中的一段话。

卢沟桥事变发生后半个多月,家里的人问起事件的走势如何,我想起依据两年前北京旅行见闻创作的小说《北京》(小说的标题应该是《燕京》—笔者注)中的一段话,作了解释。(省略)每当想到“卢沟桥”到现在三十年的时光沉重的流淌,就会深深地反省自责,我们被卷入时代的洪流中,到底做了什么呢?[29]

通过这些资料,我们不难看出,北京之行在他的记忆中留下了深深的烙印。他的人生观、艺术观,也因为这次中国旅行发生了变化。这次旅行也让他开拓出新的文学空间。

3.“有色眼镜”与“东方主义”

结束中国旅行回国后,阿部知二发表的第一篇文章是《中国的眼镜》。这篇游记发表在校报《文化学院新闻》上。文章记录了旅行期间在燕京大学附属医院配眼镜的体验,间接介绍了燕京大学和协和医科大学,并且不忘强调燕京大学是当地抗日色彩最浓的大学。这篇游记最精彩的部分是因为在北京换了眼镜片,所以旅行中所见的景象让自己有一种眼晕的感觉。他强调带着这副眼镜参观或者看到的人都带着一个奇妙的光环,而回到东京后换上日本的镜片后,担心那些奇异的中国印象会消失,不免产生一种失落感。文章巧妙地套用了“有色眼镜”的主题,作者不忘强调:“其后,我在华北、东北的所见、所感如果存在认识偏差的话,也许眼镜片的错位负有相当大的责任。”[30]阿部知二用“有色眼镜”的概念给自己的中国叙述定了调子。其后,他在《读卖新闻》发表的《邻国的文化——来自北平的印象》中,同样强调“我只是作为一个旅行者,这篇文章仅仅是映入我眼中的印象,感想的记录而已,我只是诚实地报告我的印象”[31]。他明确表示自己要写的是“关于西洋文化是如何入侵堪称‘东洋的故乡’的中国和我们日本的游记式的印象”[32]。他通过与周作人的谈话,讲到西洋文学在中国大行其道,却没有像样的专家,呼吁日本的文化事业团体支持计划两年后将要废除的北京大学日本文学专业。他说作为一个旅行者的印象,从城市风貌到女性着装,看到中国还保留着“古代的智慧”,保持传统与现代的融合,不像日本那样急于全面“西洋化”和现代化。文章中流出他对于“满洲国”建设速度的厌恶和对北京城悠久的历史风貌、悠然舒缓的时间节奏的留恋。从这篇游记可以看出,他对于中国的观察和叙述是基于对日本文化的反思和批判。这种叙述的基调在他的日记体游记《从北平到新京》更加清晰。这篇文章详细记录了离开北平和到达新京时，旅途中的见闻和感想。旧都北平的风光让他留恋，他看到北平图书馆日文书籍较少，希望有人能够捐赠。中秋之夜，离开北平，在山海关，看到了太阳旗飘扬的日本军营。在火车上，他看到日本人那紧张而尖刻的脸上似乎写着"速度、秩序、效率"，令他在北京悠闲的空气中滋养的皮肤感到火辣辣的。

《北京杂记》和《美丽的北平》是最具游记特色的两篇文章，其中详细描写了北京旅游期间的见闻。

《北京杂记》发表于1935年11月的《SERUPAN》上。文章分"长城"、"喇嘛寺、孔子庙"、"电影、戏剧"三个标题记述了北京旅行体验。对于作家来说，写什么和怎么写，体现出他的创作意识。有关长城的叙述，并没有仔细描述长城的风景和登长城的体验，而途中的见闻大多是使馆区广场上跑步的意大利军人白色的肌肤，陪同导游的K君讲述的"剿匪"经历，南口镇换车是看到肩背青龙刀的士兵，青龙桥下车时看到美军水兵带着女人游玩，登上长城时跟随左右警戒的巡警。阿部知二的关注点无疑是时代的焦点，列强在中国横行，阻挡异族入侵的长城已经坍塌。游长城归来的途中，进入西直门后，坐在马车上看到的是沿途的残垣断壁。晚上，在前门外娱乐区，他看到的却是灯红酒绿，他按捺不住地称赞中国女人漂亮，她们说的话像法语一样美。风景的美和现实的无奈成为文章的主调。在喇嘛寺他看到的是阴森的佛教绘画和造像，从这些画像里他看到了人类对于"残忍"的想象，走出大殿，看到的是一胖一瘦的喇嘛在互相骂街。对孔子庙，阿部知二表现出一种亲切感："我行了礼。也许是喇嘛庙的反作用，确实是来北平后初次产生一种清澈的感觉。我不知道孔子的教义对今天的中国是否有益、是否适合，推行孔教是否能让中国人进步。但是，我感觉那是中国人创造的所有一切当中，最清净的精神。"[33]这段文章的结尾处，他记叙在孔庙门外军营的门上看到了"革命尚未成功，同志仍需努力"的对联。他的视线无疑在捕捉中国的历史文化未来的走向。在"电影、戏剧"一节中，记述了在北京看到的中国电影《人之初》、外国电影《亨利八世》、徐碧云的京剧。对于中国戏剧，阿部知二也有独特的体会，他在文中特别提到同伴N君在北京一年半看了六百多出戏，他认为京剧不比歌舞伎逊色，两者应该是东方共同的艺术表现形式。无疑，文章流露出阿部知二对中国戏剧的推崇。

若非北京的魅力让他着迷，他不会接连发表北京游记。《美丽的北平》是发表在文学杂志《新潮》(1935年12月)上的一篇游记。阿部知二以饱满的激情和细腻的笔触描述了北京旅行的体验。文章从神户乘船起航、塘沽登陆一直写到中秋之夜离开北平，按照旅行的时间顺序详细叙述了旅行期间的见闻和感想。文章中，阿部知二描述的北京是：蓝天下绿树与碧水相连；金色的宫殿楼阁屋脊与白色的石阶、红色的宫墙交相辉映；路边槐树下漫步的行人；水果摊上摆出的各种水果；结婚的队伍在鲜红的旗帜指引下行进；白天，向日葵泛着金光，夜晚，美丽的姑娘身上佩戴的白兰花散发幽香。他在北京见到了畅谈民族和大陆的年轻士官与侠客般的青年；认识了谈论苏联的留学生；也看到大街上的贫困人群。在宾馆的平台上，他还见到带着女人跳舞的高官和受将军宠爱的妓女。文章是以过去式回忆的叙述手法展开的，鲜活的记忆跃然纸上。抒情式的叙述引发叙述者的感慨，他认为北京的美丽成为遭受入侵和掠夺的宿命，"那块土地就像美丽的女人被许多人争夺一样，因为美丽，自古以来就受到许多民族的争夺，这就是这块土地的宿命”[34]。这是一篇典型的游记，文章记录了旅行者的所见所闻，留下了北京之行的记录。但是，书写方式还是经过了艺术构思，看似按时间顺序描述旅游见闻，实际描写的是叙述者记忆中的北平。写什么，如何写，自然受作者视线和意识的左右。北平旅游的第一天印象鲜明，登上景山俯瞰北京城，留在旅游者记忆中的印象是那宏伟的古都掩映在绿荫之中，北海公园的蓝天、绿树、碧水，湖上荡舟的青年男女；夕阳下，散步在北海岸边，北海公园与西山的落日余晖映衬出的美景，的确，让作者陶醉。在阿部知二的笔下，美丽北京的基调是自然之美。打动作者的依然是千年古都的历史风貌，在阅读《一千零一夜》和《马可波罗游记》的想象中，作者看到的是北京的胡同与元大都的历史、喇嘛庙与蒙古人的居住区域、古都中央南部异域风情的使馆区。在他的眼里，北京城混杂着异族入侵与融合的历史空间。在圆明园遗址，他联想到欧洲军队掠夺和放火的历史，而现实中，在去长城的途中，在西山宾馆的附近，他看到了卡车上满载演习的日本军人，尽管没有直接叙述，作为一个日本人，阿部知二看到了华北局势的风云变幻，也感觉到日本势力的入侵。文章还记录了他对北京人的印象，描写他和为他导游的年轻姑娘外出时，向他投来异样眼光的不是中国人而是日本人，在王府井照相馆的橱窗前，他还看到一群女学生在看一张美女照片，尽管她丑闻缠身，但是，女生们也并未唾弃。通过这些生活中的细节描写，表现他感觉到中国人那豁达和超然的气质。

文章中流露出对东方文化消失的担忧。他在王府井大街看到汽车在马车和洋车之间，像老虎冲进羊群一样，他把汽车叫作“文明之虎”。尽管机械文明代表的西洋文明对东方文明带来冲击，但是，阿部知二看到了中国文化的生命力。他的立场是拥护东方传统文化。就连现代文明标志的卫生理念，都没有动摇他的观点，他认为众人所谓北京“不洁”的卫生状况自己完全可以适应。有关卫生状况的描写，可以与夏目漱石在《满韩漫游》中的叙述相比较。夏目漱石夸张地描写中国城市的脏乱，暗示爱干净的“东京人”文明进步。而在《美丽的北平》中，阿部知二解释说：“如果想到那恶臭的烟雾会消失在干燥清爽、通风好的大平原上空时，就不会那么神经质。”[35]文章中强调，后来有人带他去更脏的场所，他也能适应。他认为这里是人类的故乡，充满人类生活的气息。阿部知二的观点无疑与夏目漱石所代表的近代知识分子的中国文明观形成对比，这就是他对先辈作家的超越。

总之，从北京游记中，可以看到阿部知二陶醉于北京的美景和中国文化魅力的叙述，并没有像大正作家那样沉湎于“中国趣味”之中，他留恋东方文化，认为中国是“东洋精神”的故乡。他反复强调自己是戴着“有色眼镜”观察中国，理性地提醒自己也告诉读者对中国的叙述并非客观全面。对古典文化的向往和对现实的观察结合在一起，他看到由于侵略者的掠夺，西方文明的冲击，中国贫民遍地，文明走向衰落。尽管他刻意强调东方文化的魅力，描述了旅行者眼中美丽的北京，但是，他不断强调西方现代文明对东方文明的入侵，努力发现东方文明的生命力。他并未陷于所谓“东方主义”的理念之中，他游记中的北京叙述也体现出反“东方主义”的理念。

4. 游记与小说的融合——游记小说

阿部知二的北京之行也开启了中国题材小说创作的大门。旅行归来，他发表的第一篇小说《燕京》就取材于这次旅行的体验。后来，又陆续发表了《北平的女性》《王家的镜子》和《在旅顺》，1938年4月发表了长篇小说《北京》。这些小说有一个共同的特点就是带有游记的风格。说它带有游记的性格，是因为场景描写的真实，印象记忆的客观性，记录的意识和文体，具有"记录文学"（报告文学）的实验性。这类小说具有小说的结构，是由游记生成的小说。许多情节可以回溯到游记，从书信、照片可以找到依据，尽管经过作者的视点和角度，仍不失真实感。笔者把这类小说命名为"游记小说"。长篇小说《北京》就是这类小说的代表作。

《北京》发表于1938年4月，根据阿部知二的创作自述，这部小说是把1937年1月发表在《文艺》杂志上的《燕京》拉长三倍改写而成。"卢沟桥事变"后，北京成为国际社会关注的焦点，日本的杂志纷纷推出专辑报道"卢沟桥事变"后的中国，媒体和读者对于北京的关注，也是促使阿部知二创作长篇小说《北京》的重要原因。

《北京》是第三人称叙述的小说，主人公大门是一个就职于东京某私立大学的日本知识分子。故事讲述大门于1935年春天来到北京，为了研究元、明、清三个时代东西方的文化交流如何通过洋教展开的。同年秋初，他突然改变计划，决定提前离开北京。小说以大门为主线，叙述者的视点一直贴近主人公，讲述大门在北京旅行过程中的见闻和感想。大门在北京旅游期间借住在曾经给日本人做过买办的王世金家里。王家的宅邸是一个中西合璧的四合院。王世金有三个夫人，还把三夫人孩子的家庭教师据为情妇。在日本入侵华北的形势下，王世金企图借助日本的势力登山再起。这是一个亲日派汉奸的形象。王家的长子王子明是北京某大学的哲学教师，曾经留学日本和英国，面对日本的入侵，从讨论知识分子是否应该抵抗，到付诸行动，他的立场在与大门讨论中逐渐明确。给大门做过导游的有三个人物，一个是王家的家庭教师杨素清，她陪同大门参观万牲园、上义师范西方传教士墓地的过程中，卖弄风骚，勾引大门，但大门在动摇过程中，她已经成为王世金的情妇。另一个是大门教过的学生加茂。他陪同大门游览长城，途中讲述他在满蒙边境为关东军做翻译，为满铁工作的经历，在长城上，慷慨激昂，发誓为东洋、为祖国抛洒青春和热血，活脱脱一个大陆浪人的形象。带领大门到低级窑子过夜，回来的途中，打伤了洋车夫，去向不明。小说的结尾处，大门推测他已经潜入华北农村，从事煽动华北独立的间谍工作。第三个为大门导游的是沼。他是一家通讯社在北京的负责人，加茂的上司。加茂失踪后，沼带领大门到哈达门外加茂住过的公寓、南城外贫民窟寻找加茂，最终把大门带到前门外的妓院认识了妓女鸿妹。大门对鸿妹一见钟情，在离开北京的前夜，度过了一个梦幻般的夜晚。小说以大门下榻的东城王宅为中心，以大门的游览路线为主线，叙述了旅游过程中的经历和故事。

小说中，来自日本的旅行者大门决定离开北京的时间是1935年9月初，这与阿部知二到北京的时间是一致的。这个东京某私立大学的年轻学者也与阿部知二的身份相符。根据《阿部知二年谱》，1935 年阿部知二 32 岁，是明治大学文艺科的兼任教师。大门借住在东城一胡同的王宅，在阿部知二的游记文章中用 W 宅代替，在日记里记的是 H 宅，在书信中写的是黄宅。位于东城遂安伯胡同 9 号。小说中描写的王宅也与日记中记录相同，日记中有这样的记录："今天也要与宽敞而安静的中国绅士 H 氏的宅院道别。H 氏有三个夫人，据说正要和新搞到手的年轻情妇去上海旅行。"[36] 大门在北京旅游的路线，游览的地点描述得像"旅行指南"一样清晰，与阿部知二记录的完全相同。综上所述，主人公大门可以看成阿部知二的分身，故事的时间和空间是真实的，阿部知二用小说的形式记录了 1935 年他到中国旅行的经历。或者说，通过小说的方式真实地再现了这次旅游的经历。

《北京》的人物都能找到原型，[37] 加茂这个人物就是给阿部知二做过导游的日本青年。从"加茂"这个人物的塑造来看，阿部知二试图通过小说真实地记录中国旅行的经历，带领读者顺着记忆的红线回到历史的现场。小说中，加茂这个民族主义的"热血青年"形象基本来自阿部知二对真实人物的观察。有关这个人物的描写，多次出现在游记文章里。例如：在《中国的眼镜》中，"翌日早上，我立刻让中文讲得很好的 K 陪我去了据说北京眼科最好的燕京医院"[38]。《美丽的北平》中，"到码头来迎接我的具有志士气质青年 K 与驻屯军的少尉不停地高谈阔论"[39]。《北京杂记》中，"K 君在满洲做翻译，也随军剿匪，现在北平学习，是一个志士气质的青年，黝黑精悍的身上穿着蓝色的中国衣服"[40]。文章中还插入了一起游览长城的合影照片。从阿部知二的书信中，可以看到来码头迎接他的青年叫"片山"，"昨晚，到达塘沽。初次见到的大陆印象令我耳目一新。片山君到码头来迎接我"[41]。片山(Katayama)的首字母是 K，游记中记述的具有"志士"气质的青年 K 就是片山，这个人物就是小说《北京》中加茂(Kamao)的原型。

小说中加茂的高谈阔论，带领大门逛窑子，殴打洋车夫，后来去向不明，这个人物的描写使故事富于戏剧性效果，虚构的成分比较多。但是，对于历史事件的描述是真实的。小说中，加茂的失踪引出了作者对"华北自治运动"的观察和分析。在寻找加茂的途中，大门与沼谈起加茂参与了华北农民运动。

> 总之，那家伙好像被人带去参加了农民运动。我也刚刚嗅到一点讯息，好像有一部分日本人在考虑这样的运动，其实，我也是半信半疑。[42]

通过大门和沼的对话，读者对于加茂失踪的原因可以做出推断，加茂是受到唆使参加了日本人策划的华北农民自治运动。在小说的结尾处，叙述者以加茂来信的方式讲述加茂去了农村，但信中未写在何地，也未写做什么，给读者留下想象的空间。有关加茂参加农民自治运动的描写，可以看出阿部知二的认识是有变化的。《北京》对《燕京》做了大幅改写。《燕京》的叙述是大门从报纸上看到"香河县发生了华北农民自治运动"(《燕京》四)，于是推断加茂一定与此事有关联。对于加茂的行为，大门表示怀疑和同情。在长篇小说《北京》中，阿部知二直接引用报纸的新闻，"华北，香河县农民暴动。自治宣言。国民党反对。救济农民。农民领袖武玉亭组织治安维持军。自治农民占据香河县城”[43]。真实地描述了北京周边的农民自治运动，大门推断加茂是这次运动的参与者，同时，对加茂的行为表示疑虑。

阿部知二之所以改写《燕京》成《北京》，是因为经过“卢沟桥事变”后，华北形势发生了急剧的变化，事变前对于“华北自治”模糊的判断，事变后变得清晰了，他已经意识到“华北自治”是日本人策划的闹剧。战后，许多资料披露所谓“华北自治运动”是日本军方策划的。二战后远东国际法庭证据第3317A号记载的证人田中隆吉的证词说：“一九三五年四月，我是关东军的参谋，负责所有自治运动的电讯工作。自治运动的主张，是由关东军司令南次郎和华北日本派遣军司令梅津在这个时候决定的。这个运动的目的，是在内蒙古和内蒙古以外的华北地区制造自治政权。”[44]这足以说明阿部知二对于现实的分析能力，小说流出对于狂热青年加茂的担忧和同情，也是基于对日本军国主义阴谋的认识。

《北京》这一文学文本是通过真实地描述旅行的过程而生成的。这个具有写实特点的文本是根据阿部知二的旅行记录创作而成。这与阿部知二的创作理念是分不开的。他在小说的跋文中强调：“这篇小说并非时局性的文章，而是，以一九三五年初秋的‘北平’为场景的感伤旅行记录，不过是一支幻想曲，谦虚一点说，不过是中国观察记录而已。”[45]这种强烈的记录意识是因为“卢沟桥事变”的发生，两年前，曾经令自己流连忘返的魅力北京城在侵略者铁蹄下的惨状是可以想象的，阿部知二忍不住要把自己印象中的北京记录下来，《北京》在改写《燕京》的过程中，加入了游记、日记、创作笔记、报纸以及书信等纪实资料，鲜明地展现出1935年秋初北京的历史风貌和历史事件，保证了记录文学的真实性。

小说是想象力的艺术，《北京》作为小说也表现了作者阿部知二的想象力。在游记中，阿部知二留下了这样的词句：“如果把城市比作女人的话，我对这苍白的半老徐娘是一见钟情。”[46]在《北京》中，有一个情节描写大门游览颐和园的时候，在雨中遇到了一个团扇遮面的少女。被雨淋湿的大门回来后，发烧迷糊，恍惚中，看到了那个少女。他用梦幻中的红衣绿裙的少女，比喻碧空、绿树、红墙、绿水的北京城，美丽的北京让他陶醉，让他痴迷。小说用鸿妹这个人物形象强化了游记中把北京比喻成美女的想法。大门在“小班”见到妓女鸿妹时，一见钟情，尽管知道鸿妹周旋在华北政要、日本军人和商人之间，但是，鸿妹的气质却让大门迷恋，他不惜撕掉船票也要等待和鸿妹共度良宵的时刻。尽管是文学描写，但不难想象，阿部知二在小说《北京》中投入了自己的感情。他在小说导读中袒露了自己的感情，他说：“对于夏末秋初清澈明朗的大气中灿烂辉煌的北京，我就像一见钟情陷入了爱河那样。也许我被这个徐娘半老的美女勾去心魂，我的爱恋也许失去了判断能力，但是，至今我也觉得这很好。”[47]通过这次北京旅行，阿部知二找到了文学表现的方法。这种方法可以称为记录与抒情。他在《自作案内》中也做了阐述。

在《北京》这篇小说中，我追求的是什么呢？这里两个想法像夹板一样结合在一起。一个是，没有任何理由地，既没有情节也没有思想，只是希望凭感觉表达我这个活生生的人感受到的那座城市的空气、色彩、气味、鲜花、物体、声音、人的表情、建筑的欲望。另一个是，即使闭上眼睛，堵上耳朵，也能感受到逼近自身的那块土地上那个时代民族关系的现实。——二者浑然一体表现出来很难。[48]

从这篇创作自述中也可以看出，忠实地记录和表达个人的感受是阿部知二游记小说的特点。他的旅行叙述也体现了感性的印象和理性的观察。不管是记录自己的感性体验还是记录社会现象都成为他创作游记小说的方法。这也符合他自己提出的“记录文学”的方法。阿部知二所说的“记录文学”也就是第一次世界大战后出现的文学样式“REPORTAGE”（报告文学）。这种文学形式第二次世界大战后才被日本文坛接受。可以看出，具有前卫意识的阿部知二已经开始尝试这种文学创作的方法。他在游记小说中实践的方法是日记、书信、游记、随笔等表现方式与小说的虚构手法相结合，或者说，游记和小说的方式相结合，小说文本中直接使用游记资料，借小说人物的经历和感情表现作者的思想情感，表达对北京的历史与现实的关切。在发挥其记录精神的小说中，不失发挥想象力和感受性的文学性，也可以说，他拓出了新的写实主义游记小说。

（附记：本文根据《日语学习与研究》(2013 年 10 月第五期)改写而成。）

注释

[1]阿部知二. 自作案内. 阿部知二全集第十卷[M]. 河出書房新社，1974 年：279. 本文译文均出自笔者。

[2]竹松良明 . 阿部知二. 道は晴れてあり[M]. 神戸新聞総合出版センター，1993：125。

[3]新居格 . 中国を描ける外国作品 . 改造[J]. 1937，(11)：223。

[4]新居格 . 中国を描ける外国作品 . 改造[J]. 1937，(11)：224。

[5]酒井森之介 . 中国を描くということ. 中国文学[J]. 1942，(1)：489。

[6]村松定孝. 红野敏郎. 吉田凞生 . 近代日本における中国像[M]. 有斐閣，1975：2。

[7]小笠原克 . 阿部知二<北京>. 近代日本における中国像[M]. 有斐閣，1975：144。

[8]田村修一 . 阿部知二の満州体験 . 阿部知二研究[J]. 1998，(4)：14。

[9]陈平原 . 北京记忆与记忆北京 . 陈平原、王德威编 . 都市想象与文化记忆[M]. 北京：北京大学出版社，2005：12。

[10]水上勲 . 阿部知二研究[M]. 双文社出版 . 1995：127。

[11]矢崎彰 . 阿部知二と旧都北京——最初の中国体験と長編『北京』をめぐって. 杉野要吉编 . 交争する中国文学と日本文学——淪陥下北京(1937 — 1945). 三元社 . 2000：527。

[12]竹松良明 . 阿部知二　道は晴れてあり[M]. 神戸新聞総合出版センター，1993：124。

[13]川西政明 . わが幻の国[M]. 講談社，1996：394。

[14]阿部知二寄给阿部澄子书信. 姫路文学館蔵阿部委託資料。

[15]阿部知二寄给阿部澄子书信. 姫路文学館蔵阿部委託資料。

[16]阿部知二 . 中国女性グリンプス. 婦人画報[J]. 1937，(10). 竹松良明編 . 未刊行著作集 13. 阿部知二[M]. 白帝社 . 1996：202。

[17]阿部知二 . 北平から新京へ——日記帖より—— . 月刊文章講座[J]. 1935，(11)：9。

[18]阿部澄子宛手紙 . 姫路文学館蔵阿部委託資料。

[19]阿部知二 . 美しき北平 . 新潮[J]. 1935，(12)：104。

[20]阿部知二．自作案内．文芸[J]. 1938,(3). 阿部知二全集第十巻[M]. 河出書房新社．1974：282～283。
[21]阿部知二．跋. 北京[M]. 第一書房. 1938:277。
[22]黒田大河．『北京』と『上海』. 阿部知二研究[J]. 2004,(4):45。
[23]宮島貞亮．奥野君の思い出．村松暎編．奥野信太郎回想集[M]. 文化総合出版．1971:311～313。
[24]阿部知二．北平眼鏡．文芸．1937,(9):133。
[25]阿部知二．跋. 北京[M]. 第一書房. 1938:281。
[26]阿部知二．『随筆北京』に寄せて. 奥野信太郎．随筆北京[M]. 第一書房．1940:3～4。
[27]阿部知二致妻子的信(1935年9月7日). 姫路文学館蔵阿部委託資料。
[28]荻崖．日本文学者剪影．杂志[J]. 1944,(12):99。
[29]阿部知二．三十年の重い流れ——昭和四十二年夏——．展望[J]. 1967,(9). 求めるもの——変動する世界と知性の試練[M]. 勁草書房．1970. 175～176。
[30]阿部知二．中国の眼鏡．文化学院新聞[J]. 1935,(10):7。
[31]阿部知二．隣国の文化——北平の印象から——．読売新聞．1935年10月26日。
[32]阿部知二．隣国の文化——北平の印象から——．読売新聞．1935年10月26日。
[33]阿部知二．北京雑記．セルパン[J]. 1935,(11):45。
[34]阿部知二．美しき北平．新潮[J]. 1935,(12):100。
[35]阿部知二．美しき北平．新潮[J]. 1935,(12):102。
[36]阿部知二．北平から新京へ——日記帖より——．文章講座[J]. 1935,(11):8。
[37]详细论述可参考王成．林语堂与阿部知二的《北京》. 中国现代文学研究丛刊[J]. 2005,(8)。
[38]阿部知二．中国の眼鏡．文化学院新聞[J]. 1935,(10):7。
[39]阿部知二．美しき北平．新潮[J]. 1935,(12):100。
[40]阿部知二．北京雑記．セルパン[J]. 1935,(11):42。
[41]阿部知二寄给阿部澄子书信(9月2日). 姫路文学館蔵阿部委託資料。
[42]阿部知二．北京[M]. 第一書房. 1938:174。
[43]阿部知二．北京[M]. 第一書房. 1938:270。
[44]南开大学马列主义教研室编．华北事变资料选集[M]. 河南人民出版社．1983:247。
[45]阿部知二．跋. 阿部知二全集第十巻[M]. 河出書房新社．1974:387。
[46]阿部知二．北平眼鏡．文芸[J]. 1937,(9):131。
[47]阿部知二．跋．北京[M]. 第一書房．1938:278。
[48]阿部知二．自作案内．文芸[J]. 1938,(3). 阿部知二全集第十巻[M]. 河出書房新社．1974:282。

作者简介

王成，北京日本学研究中心1期生(1985—1987年在学)。1999—2001年北京日本学研究中心客座教授。现任清华大学外文系教授。

浅谈川端康成的小说与绘画

章　毅

日本大正年间，川端康成同横光利一等其他小说家，一起创造了日本大正文坛上的一个新的文学流派——新感觉派。新感觉派作家对以自然主义文学为中心的既成文坛持反对态度。虽然最终由于盲目追求西方文学技法，忽视日本的文学传统，导致了该文学流派的无疾而终。但他们当时给日本文坛带来的冲击和影响却是不容置疑的。川端康成是一个探索者，他的一系列文学作品都以日本传统美学思想为依托，重视日本的传统艺术精神，并以其作为作品的根脉，同时借鉴西方现代主义的艺术形式，在东西方艺术的交汇点上成功地表现了日本传统文化之美。川端作品注重吸收西方艺术的表现技巧——电影中的镜像思维等，本人已在《川端康成的电影情结》[1]一文中阐述。川端康成小说的内在精神是东方的，是日本的，对于日本传统美的追求一直根植在他的文学创作之中。川端康成一生都与绘画结下了不解之缘。绘画对他的影响是全面的，不仅构成他生活的一部分，更重要的是他把对绘画的领悟直接转化成为文学创作的艺术技巧。川端康成娴熟而自觉地将各种绘画元素运用到他的写作当中，在人物刻画、丰富人物形象等方面，为其文学作品增添了审美价值。

1. 国内外研究概况

由于川端康成在世界文学界的特殊地位，使得国内外川端康成的文学研究一直备受世人瞩目。日本国内川端康成研究的权威有久松潜一、长谷川泉和羽鸟彻哉等。长谷川泉撰写了《川端康成论考》《川端文学的妙味》《川端文学的视点》《川端康成——爱·美·死》等一系列论著，主编了大量川端康成研究论集，在川端康成文学研究以及推动日本国内外研究工作方面都做出了卓越的贡献。

进入 21 世纪，中国的川端康成文学研究进入了一个研究方法和内容更加多元化的阶段。[2]中国的川端康成文学研究者们，力图在世界文学的总框架中，把川端的创作与宗教、东西方文化比较、文化人类学、神话学、医学、心理学、民俗学、叙述学等结合起来研究，更加立体地、全方位地把握这位作家。

周阅在《川端康成文学与中国宋元美术》[3]一文中，把川端康成文学与美术学结合起来，从审美寄情的功能、美术与文学的交汇、丰厚的人文内涵和美术与宗教的融通四个方面论述了中国宋元美术对川端康成文学作品的影响。

丁武君在《川端康成创作中色彩的表现模式及其象征性》[4]中，运用美术学中的色彩原理，分析了其文学作品中的色彩表现模式及其象征性。

王思思发表在三联《读书》杂志的《短长书》专栏上的《川端康成与绘画艺术》[5]，从跨学科的视野，运用绘画理论、艺术心理学、艺术心理治疗等相关理论，来解读川端康成的作品，深入地探析了其作品与绘画艺术之间的关联。

由于川端康成个人对于美术的热爱，使色彩研究成了探析川端康成创作的一条新途径。本文从跨学科角度出发，在求同存异的原则上，力图探索川端康成作为新感觉派作家的代表，是如何把日本传统绘画以文学创作形式展现在读者眼前的。

2. 川端康成与绘画

据叶渭渠的《冷艳文士川端康成传》一文所述，川端康成的祖父和父亲都爱好绘画，他们收藏了许多名家字画，这些名作激发和引导了幼小的他对美术的兴趣爱好。他从小就作画，并曾写道："小学的时候，我很会作画，毋宁说本来打算长大当个画家。"[6]虽然川端康成没能成为画家，但是从小就已萌生的志向最终成了其钟情一生的爱好。川端的生平介绍显示：从1931年起，参观各种画展成了作家生活中的必不可缺的内容了。1947年后，他越发关心古代美术，在镰仓文库的工作间歇，常去参观美术展，与美术界交往的机会也多了起来。

除了喜欢参观画展和欣赏画作外，川端康成还热衷于收藏画作，他的写作收入几乎都用来收购文物名画，甚至有的收藏连文物大师都艳羡不已。川端收藏的名作包括浦上玉堂的《冻云筛雪》，古贺春江的《焰火》《桌上静物》《朴素的月夜》《明媚的春天》，青木繁的《海景》，池大雅的《山村马市图》《十便十宜》《五君咏》，夏目漱石的《四君子图》等。当他得知自己获得诺贝尔文学奖时，马上买下了价值7000万日元的江户时代日本文人画巨匠富冈铁斋的屏风画，竟然忘了举世闻名的诺贝尔文学奖折成日元还不到2000万的事实。

川端康成与日本许多现代画家有着密切交往。为东山魁夷、梅原龙三郎、青木繁、冈田红阳、竹久梦二、古贺春江、岸田刘生、绿川扬一、林忠彦等画家写过序言，评论，纪念文章及题字。他在纪念古贺春江的散文《临终的眼》中：说自己与古贺春江成为艺术上的朋友，"也许是靠时髦的画面背后蕴含着的古典诗情亲近起来的"[7]。

著名画家东山魁夷为他的小说《古都》，创作了卷首画北山杉林图。川端康成为东山魁夷的《京洛四季》写序，为东山的《东山魁夷北欧画集》写评论等等，两位文学家和艺术家之间的艺术交往和灵魂沟通，至今仍被人们传为佳话。

日本的文学家对来自绘画的影响有充分的意识，而且具有方法论意义上的自觉。比如川端康成、谷崎润一郎、永井荷风等。画意中的诗情正是触动川端康成艺术感觉的关键，尽管川端康成最终并未走上丹青之路，无法做到像东山魁夷那样"画中有诗"，但他却在创作中孜孜不倦地实践着文学与美术的互动，力臻达到"诗中有画"。

川端康成1970年在台北市召开的亚洲作家会议上，曾作题为"源氏物语与芭蕉"的演讲，这篇演讲记录和其他一些书信以及未完成的小说遗稿，于1999年在其宅邸被发现。这篇演讲稿看题目就知道，其应是围绕紫式部的《源氏物语》和松尾芭蕉的文学作品而言的，但是其中的演讲内容却有一半篇幅之多是对美术作品以及川端本人美术收藏的评说。通篇提到的具体人名日本有5人，其中紫式部、芭蕉是文学家，大雅、雪舟是画家，芜村则是俳句诗人兼画家；中国有7人，其中王维、杜甫、白乐天、李渔是文学家、戏曲家，牧溪、梁楷、夏圭是画家，其中王维也是诗歌和绘画领域的双栖人物；另有一位西洋画家,即达·芬奇。这些名字中,文学家和画家几乎各占一半,在一次文学演讲中提到如此众多的画家的确非同一般。应该引起我们的注意。川端在演讲中说:“我是美术爱好者,在日本,最想得到的是中国宋元时代的山水画,日本的是藤原[8]或平安时代(也可以说是王朝时期)的佛像画。”[9]

日本的平安时代是艺术蓬勃发展的时代。日本的各种传统艺术的形成史,大都遵循着日本原初艺术——模仿中国艺术——融合创新日本民族艺术的发展模式。日本的绘画艺术历史也不例外。平安初期的日本绘画,大都以模仿中国为主,无论在绘画题材上,还是在绘画形式上,都留下了中国唐朝时期绘画的烙印,所以日本绘画史将这一部分日本画称为“唐绘”。到了平安时代,日本绘画艺术在普及“唐绘”,吸收和消化中国绘画艺术的同时,将日本人身边的生活情景和日本的自然风光绘画化。绘画的主题是按照日本人,主要是宫廷贵族的审美情趣,将此前引进的中国绘画,经过吸收和消化,逐步形成自己独自的绘画形式,创造出绘画艺术,能很好地反映日本人主要是宫廷贵族的生活和精神,完成了自己民族的绘画体系,即“大和绘”。

平安文化时代完成的具有日本绘画民族形式的“大和绘”,后来发展为以“绘卷”为主体的绘画形式。“大和绘”在表现内容上,以描写日本特有的山水风光、日常民俗为主;在表现形式上,结合日本独特的居住环境诞生出了障子绘、襖绘、屏风绘、绘卷等独特的画种;在表现技巧上,重视构图的布局,可在同一画面展示多个可观赏焦点,并创造出了独特的“脱顶鸟瞰”“一抹眉目”[10]等技法。“大和绘”主要有四个画种——障子绘、襖绘、屏风绘、绘卷。日本绘画史上的四大绘卷画都是于平安时代末期(11—12 世纪)完成的。这四大绘卷画是:描写贵族爱情故事的《源氏物语绘卷》、描写世俗生活的《鸟兽人物戏画绘卷》、描写重大政治事件的《伴大纳言绘卷》和描写寺院成立经过的《信贵山缘起绘卷》。其中,最为著名的是以由紫式部撰写的长篇小说《源氏物语》为题材而绘制的《源氏物语绘卷》,称为“女绘”。《信贵山缘起绘卷》则是最古老的“男绘”作品。“女绘”系统中现存最古老的、最精美的绘卷《源氏物语绘卷》,它是于 1140 年前后由 5 组宫廷画家分工完成的。它依据《源氏物语》的 54 回故事内容,采用“脱顶鸟瞰”“一抹眉目”等技法,将充溢于《源氏物语》中的“物哀”精神和“因果报应”思维融进画面中,而每幅画又根据物语的主题和人物的表情来选择特定的色彩为主色,显示其高贵、典雅和凝重,恰如其分地体现了日本文化的特性——抽象和具体相调和。

川端康成在《我在美丽的日本》中说:“《源氏物语》是深深地浸透到我的心底里的。在《源氏物语》之后延续几百年,日本的小说都是憧憬或悉心模仿这部名著的。和歌自不消说,甚至从工艺美术到造园艺术,无不都是深受《源氏物语》的影响,不断从它那里吸取美的精神食粮。”[11]川端康成曾多次表明《源氏物语》是他的精神源泉。他从中学时代就开始阅读《源氏物语》。二战期间,也经常在往返于东京和镰仓的电车上阅读《源氏物语》,即使在灯火管制期间,《源氏物语》也不离枕边,正如他本人所说,《源氏物语》深深地渗透了他的心,是他精神的摇篮。川端对《源氏物语》的熟稔和研究热情,使他在阅读《源氏物语》的同时,作为一名绘画爱好者也多次欣赏过《源氏物语》中的插画《源氏物语绘卷》。川端还曾两次提到,他与古董美术商 B 一同去美术馆观赏平安末期的绘卷作品,其中就有《源氏物语绘卷》的真迹。这套绘卷构思别致奇巧,虚实相间。

描绘景物精确细致,层次分明。线条刚柔相济,笔锋流利,伸展自如。色泽明快典雅,人物形象类型化,动中有静,静中有动。图文并茂,富有诗情画意。《源氏物语绘卷》在"大和绘"绘画中的突出地位,以及它与《源氏物语》密不可分的关系,是众所周知的。日本著名评论家加藤周一就曾说过:"在文学方面,它(日本文学)的一个源泉是《源氏物语》,而在美术方面,也从《源氏物语绘卷》出发,不是就可以找出日本美术的特质了吗?"[12]

2.1 人物刻画与绘画

川端康成不仅是位美术爱好者,而且还是位懂行的美术鉴赏家,当然更是一位汲取了日本传统文化滋养的文学家。他对来自绘画的影响有充分的意识,而且具有方法论意义上的自觉。这种意识和自觉体现在了他小说中的人物刻画上,使其小说具有了独特的视觉上的美感。

"这舞女大约十七岁的模样,梳着我全然不知的奇异古式发型。尽管这发髻使她那张矜持的圆蛋脸庞显得很小,却也和谐协调,那楚楚动人的样子就仿佛是一幅把浓密黑发夸张地画成为稗史般的仕女画。"[13]作者写她的身体又道以"手脚发育得有如小梧桐树般的白嫩裸体"。[14]描写驹子"笔挺的小鼻子虽然单薄一些,但下面纤巧而抿紧的双唇,如同水蛭美丽的轮环,伸缩自如,润滑细腻。沉默时,仿佛依然在翕动。……她这两爿樱唇却润泽发亮。颧骨微耸的圆脸,……白里透红的皮肤,宛如白瓷上了浅红。头颈不粗"。[15]刻画太田夫人"白皙修长的颈项","不大相称的圆肩膀","同眼睛相比,鼻子和嘴巴十分小巧","说起话来,下唇常常上翘";女儿文子是"圆脸","修颈圆肩。嘴比母亲的大","一双眸子,比母亲的还要黑亮"。[16]

川端笔下的舞女薰子、《雪国》中的驹子和《千鹤》中的太田夫人、文子等女性人物,她们的面部特征都是圆蛋脸,修长的颈项,水灵灵的大眼睛,小而挺的鼻子,润泽发亮的红唇。面部没有过多的表情。显然,川端这种寥寥数笔的人物形象刻画法,使川端作品中的"人物常常呈现出非个性的特点"。[17]这种人物刻画方法与《源氏物语绘卷》相似,人物形象呈类型化。但人物衣着的细部、手中的持有物等,凡是作者有兴趣的部位,又都被刻画得细致入微。如《千鹤》中对雪子的任何面部器官都没有描写,但雪子系的一条绘有"石菖蒲的腰带",却在文中出现了 2 次,手中拿的绘有白色"千鹤包袱"则出现了 13 次。"眼角既不吊起也不下垂,眼睛仿佛是故意描平的,……但是两道浓眉弯弯,覆在上面恰到好处。"[18]用类似传统的"一抹眉目"技法刻画了驹子的眉目。

"客厅的纸格子门开着,小姐(雪子)坐在靠门口的地方","小姐明艳照人,仿佛宽敞幽暗的客厅也赫然一亮。壁龛里的水盘,插着菖蒲。小姐系的,是一条绘有石菖蒲的腰带。"[19]

对客厅中的人和摆设采用了"脱顶鸟瞰"(打开纸格子拉门)似的描写技法。

2.2 色彩丰富人物形象

川端小说中无论是人物还是背景近景等,画面都是平面的。画面立体感全部依赖色彩表现,主色调突出,线条都十分简单,而且小说中的人物大多都用粗线条勾画,"小梧桐树般的白嫩裸体”和“如同水蛭美丽的轮环”的红色双唇，把舞女薰子的裸体和驹子的双唇，用纤细柔和的线条勾勒了出来。同时用柔和丰富的色彩营造出了人物形象的立体感。

苏珊·朗格在《艺术问题》中提出，一部绘画作品打动观众的方式在于以画布、色彩等物质事物达到一种平衡的形状，从而组成一个蕴含着画面要素的能动关系、充满着张力与弛力的空间，即所谓的艺术作品的“幻象”。[20]

借鉴这种分析画作的观点来分析川端康成小说的画面构图，即是以色调、角色造型、表情细节、背景设计等合力营造出整体的独特“画风”空间。比如《雪国》中的驹子，以简单的红色调与艺伎造型，配上“白里透红的皮肤”、“颧骨微耸的圆脸”、“笔挺的小鼻子”、“如同水蛭美丽的轮环”的红色双唇与“仿佛是故意描平的”眼睛和两道“弯弯的浓眉”，并添上“按理起了皱纹或颜色变难看时，本该会显得不洁净，而她这两片樱唇却润泽发亮”与“连脚丫缝儿都那么干净”这些细节，寥寥几笔背后是深厚的画风积累，成功塑造出具有洁净感又富有艳丽感的艺伎造型；驹子出现的场景设计在临近森林新叶馥郁的山上或者是白雪中，以浅绿这种生动活泼的色调及白色为主要背景，既有“黄蝴蝶相戏相舞”，“飞来飞去”的“无数蜻蜓”，又有以简单化的雪中之镜与明亮色彩背景化交代的农田，再加入几束阳光投射的光线细节描绘，便将雪国的画面衬托得生机勃勃。在《千鹤》中把雪子茶室点茶和文子送志野茶盅的背景也都设置在新绿之中。

“新叶的影子，婆娑在她身后的纸格子门上，辉映在华丽的和服上，仿佛肩背和衣袖都反射出柔和的光彩，连一头秀发也乌黑发亮。”“给人以娇艳明丽之感”的“少女用的小红茶巾”，“小姐的纤纤素手，恰如一朵盛开的红花。在她周围，仿佛有千百只白色的小鹤在不停飞舞。”[21]绿色的背景，乌黑的秀发，红白色的对比运用，把人的视觉引向了她的“纤纤素手”和她的四周。

“文子身后的窗外，枫叶一片青翠。枫叶茂密，投下的影子，正落在文子的秀发上。文子那略长的颈项，上部正照着从窗子射进来的亮光里；短袖衣衫，仿佛初次上身，手臂看着有点白里透青。人不显太胖，却肩膀丰腴，手臂滚圆。”[22]川端写实的手法勾勒出文子身体的上部。川端康成式“幻象”的营造在于对画面倾注的充沛情感，以写意的手法描绘人物，但是又利用画面的每个细节同时向读者传递关于人物的情绪，因而成功营造出独特的观看意境。

综观川端康成的作品大多蕴含着绘画的技法要素，以流畅的视觉观感与明亮的色彩对比成功传达出作品的情绪，令观看者脑海中久久留下那简单却纯净的意境。

2.3 绘卷对其小说的影响

日本的绘画与西洋绘画强调透视感，特写似地突出聚焦点的做法相反，强调“整体画面构成”，视点基本上类似长焦镜头，在一个画面里体现多个中心。比如安藤广重[23]绘画作品的空间构成形式，就是在绘画作品中展现出有流动感的、悠缓的时间推移及与之伴随的空间的连续变化。川端康成在《雪国》的“雪中火灾”这一段描写中，从雪中火灾越过苍茫大地向群星闪烁的银河运动的叠画处理，空间交织，颜色对比，绝妙地把这种绘画作品中的空间构成形式引进了自己的叙事文体之中。

发表于1961—1962年的《古都》是一幅描写古都京都的“绘卷”似屏风画作品。小说中出现的日本画家宗达[24]和光琳[25]，擅长屏风画，是日本绘画史上有影响的宗达光琳派的代表画家。

小说中两位男主人公：千重子的父亲太吉郎在京都的市中心开了一家绸缎批发店，是个喜欢自己设计点花样的老板，他的绸缎店面临着今后的发展和继承问题。秀男是位传承了古老织锦技艺的年轻织锦匠。小说以孪生姐妹的故事为主线，以“春之花”、“北山杉”、“秋色”、和“冬之花”四季为题，每个季节中间插入以“尼姑庵和格子门”、“和服街”、“祇园会”、“青松”和“深秋的姐妹”为题的章节，将京都春夏秋冬的山水、树木、动物，京都一年12个月的节庆岁时风俗，京都的著名寺院、神社及春花秋叶的游览胜地和京都各主要街市上的风俗风情描绘了出来，展现了一幅幅屏风画似的“四季绘”、“节庆岁时绘”、“街市风情绘”和“名胜绘”，反映出了日本人纤细的感受性和审美的价值取向。可以说小说《古都》，看似描写一对孪生姐妹的人生遭遇，但实际上是四组刻画京都一年四季的自然风光、民俗风情、名刹古寺和名胜古迹的屏风画。这部小说的人物构思和情节构思，都令人联想起书中的两位日本画家和他们所处的年代：16世纪末17世纪初，正是日本屏风画取得辉煌成就的年代，还有以他们为代表的“宗达、光琳”派声名远播的年代。《古都》是一部日本社会风情画卷，是叙事艺术的完美品。川端康成因它实现了文学与美术的完美互动，也因它和《雪国》、《千鹤》三部作品，而成了亚洲历史上第二位获得诺贝尔文学奖的作家。

3.结　语

综上所述，川端康成小说中的人物形象的描绘，大多与屋外自然景物的描绘相结合，并且通过各场面不同色调的微妙变化，来表现季节时令的推移，衬托人物的心境。其作品给人们带来的视觉冲击力和其图像似的表现形式对后世产生了深远的影响。

川端康成从《源氏物语绘卷》等日本传统绘画中吸取了人物造型、色彩、构图等表现手法，他把这些独特的表现形式通过自己的小说创作，萃取与自己作品中相通的内涵，从而与自己的小说风格完美地结合在一起，使小说更加具有表现魅力。同时他还把西方艺术的表现技巧——电影的镜像思维和传统的日式绘画情趣相结合，有机地注入其文学作品中，成为把绘画艺术与文学创作融为一体的文坛典范。

注释

[1]章毅著《川端康成的电影情结》，浙江万里学院学报，2014年第4期。

[2]孟庆枢著《川端康成研究在中国》，外国文学研究，1999年第4期。

[3]周阅著《川端康成文学与中国宋元美术》，外国文学，2008年第6期。

[4]丁武君著《川端康成创作中色彩的表现模式及其象征性》，外国文学研究，1994年第4期。

[5]王思思著《川端康成与绘画艺术》，三联＜读书＞，2011年第2期。

[6][日]川端康成著，叶渭渠译《川端康成散文·作家谈（下）》，中国广播电视出版社，1999：531。

[7]叶渭渠、唐月梅主编《川端康成集1临终的眼》，东北师范大学出版社，1996年1月。

[8]藤原隆信(1142—1205年),他是朝廷大臣,又是出色的壁画家和享有盛誉的肖像画家。他的肖像画写实逼真,受到高度评价。隆信的后裔藤原信实等人,继承了这种写实画风,并形成了以他们家族为主要成员的写实画派,他们的作品被称为"似绘",存在于整个13世纪。

[9][日]川端康成著,周阅译《源氏物语与松尾芭蕉》,《中华读书报》,2004年9月3日,58~59。

[10]脱顶鸟瞰:画面中房顶被拿掉了,纸隔扇也往往被省略或半开半掩。这样就可以把镜头伸进居室的每一个角落,将居室内的全部秘密透露给了欣赏者。一抹眉目:脸庞一律是上窄下宽,为"蚕豆型",可能是受了唐朝的"以胖为美"的观点,眉毛直线形、粗重,并且靠上。眼睛为一细线,鼻子为直角矩形。画风纤细,看似简练却使用了高度的绘画技巧。

[11][日]川端康成著,叶渭渠译《川端康成散文·我在美丽的日本(下)》,中国广播电视出版社,1999:106。

[12][日]加藤周一著,叶渭渠译《日本文化论》,光明日报出版社,2000:192。

[13][14]李德纯译,《伊豆舞女》高慧勤主编《川端康成十卷集第九卷》,河北教育出版社,2000:68.75。

[15][18]高慧勤译,《雪国》高慧勤主编《川端康成十卷集第一卷》,河北教育出版社,2000:62。

[16][19][21][22]高慧勤译,《千鹤》高慧勤主编《川端康成十卷集第二卷》,河北教育出版社,2000:12.33.14.80。

[17][日]鹤田欣也著,1981年《川端康成的艺术》,明治书院,转引自张石著《川端康成与东方古典》,上海古籍出版社,2001:77。

[20]苏珊·朗格著《艺术问题》,中国社会科学出版社,1983年。

[23]安藤广重(1797—1858)又名歌川广重,日本浮世绘画家。善于用秀丽的笔致及和谐的色彩,表达出笼罩于典雅而充满诗意的幽抑气氛中的大自然一种完全柔和抒情的境界,他所描绘的自然景象,总是和人物有着密切的关系,并且富于诗的魅力。

[24]法桥宗达,生卒不详,关于他的生平传说不一。据说他出身于一个富商家庭,早年曾经营一个"绘屋"(画铺),所出售的作品皆由他负责设计和定稿,再由他的助手或工匠们临摹复制完成。后来因负责京都养源院内部大规模装饰绘画的创作的成功,使他名声大振,并由此被授予"法桥"称号。

[25]尾形光琳(1658—1716年),是宗达的真正继承人,他出身于京都布商家庭,少年时在充满艺术气氛的家庭中受到熏陶。最初跟父亲学画,后又向狩野派画家山沐素轩学习。光琳对宗达的艺术很尊崇,曾临摹过宗达的作品。宗达的画风由光琳继承、发展,形成了日本绘画史上有影响的宗达光琳派。

参考文献

滕军等编《日本艺术》,高等教育出版社,2007年。

诺贝尔文学奖奖状题词,转引自[日]川端康成著,叶渭渠,唐月梅译《川端康成小说经典·译本序》,人民文学出版社,1999年。

叶渭渠著《冷艳文士川端康成传》,中国社会科学出版社,1996年。

[日]川端康成著,叶渭渠等译《川端康成文集·独影自命》,中国社会科学出版社,1996年。

[日]川端康成著,叶渭渠等译《川端康成文集·哀愁》,中国社会科学出版社,1996年。

[美]唐纳德·金著《现代文学史上的川端康成》,叶渭渠,千叶宣一,唐纳德·金主编《不灭之美——川端康成研究》,中国文联出版社,1999年。

叶渭渠著《川端康成传》,新世界出版社,2003年。

叶渭渠著《日本绘画》,上海三联书店,2006 年。
周阅著《川端康成文学的文化学研究:以东方文化为中心》,北京大学出版社,2008 年。

作者简介

章毅,北京日本学研究中心日语助教进修班学员(1992 年 9 月至 1993 年 6 月在学),现任浙江师范大学日语系讲师。

试论日本现代滑稽文学

王志松

有关日本现代滑稽文学的研究一直较为滞后，与写实主义话语体系长期支配研究领域有很大关系。坪内逍遥在《小说神髓》中将小说划分为奇异谈（传奇 romance）和小说（novel）两种类型，认为后者是前者演化而来的高级形式。值得注意的是，他将滑稽小说划分到奇异谈的类型之中，认为滑稽文学所包含的讽刺是劝善惩恶的套路，从而否定滑稽文学。[1]自然主义文学运动以及由此形成的现代文学史观更是一味地强调写实的意义，而排斥其他文学风格。然而，如此排斥滑稽文学存在很大问题。比如作家远藤周作不仅创作若干幽默小说集，其随笔《吊儿郎当生活入门》《吊儿郎当人学》等更是风靡一时。但查阅有关远藤周作的研究史，几乎所有研究都只关注他作品中的宗教与人生问题，无视他文学中的"笑"的要素[2]。这对作家的理解无疑是片面的。当然，本文在有限的篇幅内无力对该课题展开详细论述，仅就战后滑稽文学做一个宏观的梳理和分析，探讨其独特的美学特点。

1. 日本滑稽文学的概念

在进入正题之前，需要对"滑稽文学"的概念做一个预备分析。在日本，语言的诙谐使用和笑话可以上溯到《古事记》和《万叶集》，此后的物语、和歌和随笔中均可见其踪迹。在近世，"笑"的文学达到鼎盛，不仅文类繁多，如俳谐、川柳、浮世草子、黄表纸、洒落本、滑稽本等，且佳作迭出。日本学者麻生矶次在《滑稽文学论》中将这些文类统称为"滑稽文学"。[3]

"滑稽"一词源于中国，谓能言善辩，言辞流利，后指言语、动作或事态令人发笑。日本学者认为，俳谐与滑稽是同义语，并以《史记》的"滑稽列传"为据指出，俳谐要读成"わざごと"，不单是语言游戏，而是"非王道述妙义"之义，包含"辦舌、利口、狂"三种形态。"辦舌"即说话迅速，灵机应变；"利口"是机智诙谐；"狂"是以非理之理颠覆常理。[4]当然，麻生在《滑稽文学论》中所使用的"滑稽"一词不是指特定的文类，而是作为包括"俳谐"在内的所有"笑"文学的概念使用的。麻生借用西方美学概念分析说，滑稽是对不协调现象的一种情感表达，包含幽默和讽刺两种成分。讽刺是笑与攻击的态度相结合，而幽默则是笑与洒脱的感情相结合。讽刺是发现社会上的愚昧，并将自己与之对立，反抗性地主张自我，通过讽刺使自己产生优越感，消除不快。因此，讽刺的快感是嘲弄、揶揄、侮辱对方的快感。但幽默与之不同。它不像讽刺那样揶揄、侮辱对象，而是以善意包容对象。它发现人生矛盾和世上卑俗的滑稽感，但最终承认并祝福人生的意义。即便在卑俗和丑陋中也相信善的价值和纯粹的幸福，充分认识到世上的种种悖理，但并不排斥，而是超然其上。[5]

在创作方法上，讽刺文学主要采用戏仿手法。其一是对经典作品的戏仿，如井原西鹤《好色一代男》共五十四章，其结构就是戏仿古代经典《源氏物语》的五十四帖。其二是对社会不雅陋习的戏仿，如十返舍一九的《东海道中膝栗毛》和式亭三马的《浮世澡堂》、《浮世理发店》等通过夸大描写日常生活中的种种陋习，以达到讽刺效果。这两者虽戏仿的对象不同，但有相通之处，即均体现出某种理想与现实之间的落差感。前者通过模仿经典作品以"通"(粹)的理想嘲笑"不通"的人和事，而后者更具社会性和现实性，嘲笑的对象更为广泛。

幽默文学也会发现社会的种种矛盾，却并不刻意放大，而是让人静静地去体会其中的况味。麻生虽然在此使用了"幽默"一词，但在分析过程中也混用"俳谐"和"俳味"，所举之例则是芭蕉文学。他说："芭蕉的生活中有芭蕉特有的俳味，其俳句大多是藏而不露的微笑。"[6]

本文基本上赞成麻生对滑稽文学概念的上述分析，并在此基础之上做两点补充。第一，关于"幽默"与"俳谐"的关系问题。麻生用"幽默"来解释芭蕉的文学特性并不完全到位，因此有时不得不使用"俳谐"。但"幽默"与"俳谐"到底是什么关系却没有进一步说明。"幽默"来自英语，有特定的形成历史和词义范围，其特点主要表现为机智、自嘲、调侃、风趣等。使用"幽默"也可以解释日本文学中的某类"笑"的含义。但"俳谐"却是日本独有的美学概念，有其自身的形成历史和词义范围，与"幽默"不同。芭蕉俳意的根本是立足于"俗"又超越日常性的一种审美态度，包含了对充满人世矛盾和艰难的顿悟，并由此产生的会心一笑。"幽默"与"俳谐"都是内向性(讽刺是外向性的)的"笑"，但内涵却有很大差别，因此需要将这两者分开论述。

第二，关于荒诞文学的问题。麻生的分析主要以近世文学为对象，没有涉及明治以后出现的滑稽文学的新类型——荒诞。这种新类型的第一部作品是夏目漱石的《我是猫》。该作品从猫的视角叙述它在主人家生活的所见所闻，从开始的轻喜剧变为最后的悲剧。近世的幽默和讽刺文学作品虽然描写了社会上的种种不合理和丑陋，但存在某种理想。这种讽刺是从这个理想投射出来的。但在《我是猫》中，这个理想在开始阶段是存在的，但随着情节的展开逐渐崩溃，周围的一切变得毫无意义，存在本身也变得不可理喻。猫由自嘲最后变得虚无，酗酒掉进酒缸里溺死。需要指出的是，这种荒诞感与现代输入的自我确立意识密切相关。正因为有了自我确立的意识，才会产生丧失自我的荒诞感。

综上所述，本文认为日本现代滑稽文学有以下四个面向：

一、俳谐：发现自己和人世的丑陋和矛盾，但顿悟到这是人世的本相，会心一笑；

二、幽默：发现人世的丑陋和矛盾，但包容地嘲笑，不丧失理想信念；

三、讽刺：发现人世的丑陋和矛盾，尖锐地嘲笑批判，不丧失理想信念；

四、荒诞：发现自己和人世的丑陋和矛盾，嘲笑批判，丧失理想信念。

滑稽文学的这四个面向不是截然分开的，在很多时候是多种因素相结合的。如夏目漱石的《我是猫》因成书时间长，内容和风格复杂，既有荒诞，也有讽刺和幽默。《哥儿》是一部幽默加讽刺的作品。《旅宿》和《玻璃门内》等随笔则具有俳谐风格。

在现代滑稽小说的创作上，夏目漱石开风气之先，不仅自身创作了一批高质量的滑稽文学作品，且对现代滑稽文学的创作产生了极大影响。芥川龙之介作品阴郁的幽默风格可以说是夏目漱石滑稽文学一个侧面的直接传承。芥川龙之介发表《鼻子》后，夏目漱石评价道："笔调沉稳，没有游戏，滑稽是自然流露，显得很有品位。"[7]该小说讲述一个僧人苦恼于自己的长鼻子，后来弟子们用偏方把他的鼻子缩短，但不料却遭到其他人的嘲笑。最后内供为了讨好周围而希望重新生长出"长鼻子"。这种对社会和存在本身的嘲笑成为芥川龙之介文学的一大主题，构成其作品的荒诞性的重要特色。同一时期，受夏目漱石文学的影响，佐佐木邦则开始专门从事幽默文学的创作，算是间接传承夏目漱石滑稽文学另一个侧面。佐佐木相继发表《疯丫头日记》、《当世妻子气质》、《英语基础重要语句文例》、《珍太郎日记》等。他的作品多以中产阶级家庭为题材，充满富于健全良知的幽默喜剧色彩。

滑稽文学创作在1920—1930年代初进入繁荣期。一方面，荒诞性成为现代派文学中的一个重要主题，如横光利一的《头与腹》和宫泽贤治的《要求繁多的餐厅》等。另一方面，私小说中的"俳谐性"愈加显著，其中一部分作品被称为"心境小说"。再有，随着媒体业的发展，各种题材、体裁的轻快文学空前发达，在1930年代初形成所谓的"黄色、黑色和无聊"文学。[8]这类作品虽然也有一些佳作，但大多堕落成笑话，既缺少讽刺性，也缺少对人生的真诚观察。进入战争体制之后，滑稽文学成为被禁对象。

2. 无赖派的新戏作

战后，滑稽文学首先在无赖派的创作中复活。无赖派又称为新戏作派，包括太宰治、坂口安吾、石川淳、织田等人。之所以被称为新戏作，是指他们在创作上又重新大量使用近世戏作的戏仿手法。

太宰治的《御伽草子》创作于战争末期，发表于战后。该小说集是对传统著名故事的改写，包括《摘瘤子》《浦岛》《咔嚓咔嚓山》和《舌切雀》四个短篇小说。以《咔嚓咔嚓山》为例，原来的故事是，兔子为老爷爷复仇，想出各种办法把狐狸折磨至死。日语的"复仇＝かたきを取る"具有特定的含义，一般是亲属中晚辈为长辈复仇，或武士为君主复仇。《咔嚓咔嚓山》的故事形成于室町时代末期，在江户时代与《猴蟹之战》《花咲爷》《舌切雀》《桃太郎》一同成为著名的五大劝善惩恶的民间故事。江户时代实行严格身份制度，为了维护以德川幕府为顶点的权力结构秩序，在藩学和寺子屋进行彻底的忠诚教育。"かたきを取る"正是这种武士道精神的体现。在这种风气中惩罚对上不恭的故事受到欢迎。明治以后建立了以天皇为顶点的权力结构秩序，尤其到了战争时期天皇制的极端权威更是达到登峰造极，与之相应的武士道精神也被热烈鼓吹。在塑造这种极端权威的过程中，民间传说也被利用。太宰治的改写首先要针对的就是这种武士道精神。

> 总之日本好像没有这样的复仇故事，居然使用诡计将对方折磨致死。因此，咔嚓咔嚓山的复仇方式让人总觉得不太地道。是不是有点不像男子汉？无论是小孩还是大人，只要是向往正义的人谁都会对此产生不愉快的情绪。[9]

太宰治接着说，大家认为兔子不像男子汉是正确的，因为兔子是一个 16 岁的女子。于是这则故事改写成了美女和丑男的故事。兔子是十几岁的纯真美丽、冷酷的美少女，狐狸是中年男子，爱慕兔子。他无论遇到什么不幸，都对兔子言听计从。少女以复仇的名义虐待爱慕自己的痴汉狐狸。这样一来，在对传统故事的戏仿之中复仇的大义名分就被解构了，劝善惩恶的结构也被颠覆了。

坂口安吾的《安吾人生向导》则是对一般杂志上开设的心灵鸡汤栏目的戏仿。本来编辑部让坂口安吾就一些社会事件发表看法，以期开导读者。但坂口拒绝启蒙，只说是“一种别样看法的消遣读物”[10]。他对事件评价所站的立场非但不是一般的社会伦理，反而是对这些社会伦理的挖苦讽刺。比如第一个故事是“杀死男性同性恋人的少年的故事(佐藤幸三(16 岁))”。该故事分两部分，第一部分是少年的手记。手记讲述一个 16 岁的少年买春却被同性恋者欺骗，一怒之下杀死对方。第二部分是作者对这个事件的解读和分析。作者说，用这个手记的故事情节可以写成童话。少年去买春，却遇到同性恋者，虽然是相当肮脏的童话，但是好像可以成为斯特林堡式的童话。少年知道被欺骗，马上就拿起武器报复，只有幼儿才会这样做。因为只要接受过小学教育的人都会萌生罪恶意识，除少数人外大都会控制住自己的冲动。大人害怕遭到惩罚，更不会去随便报复。作者话锋一转展开对国家的批判：“像幼儿一样冲动地拿起武器报复的只有国家。国家可以用只有幼儿才能理解的报复原因来作为堂而皇之地开战理由。事实上国家比起婴儿更是不讲道理的娇宠孩子和任性的强盗。”[11]坂口安吾以这种戏谑的方式否定既有的伦理和秩序。

太宰治和坂口安吾不是“反体制派”，而是“反秩序派”，反对一切权威和权力，否定一切政治价值和社会秩序，甚至怀疑自我存在的价值，表现出一种虚无感。他们的作品贯穿了深刻的荒诞感。

3. 讽刺社会现实

战后，还有另一批写幽默讽刺小说的作家群体。他们与无赖派不同，以一种理智的眼光略微拉开距离观察、嘲笑批判对象。他们的讽刺对象有两个。

其一是对战争时期的扭曲现象的讽刺，如井伏鳟二的《遥拜队长》。该小说主人公冈崎悠一是一个战争期间因受伤神经错乱的人。在战后他以为战争还在继续，自己和从前一样是军人。战争时期习以为常的举动，放在战后洋相百出。以战后的日常性来凸显战争期间的疯狂是这部讽刺小说的巧妙构思所在。然而，作品讽刺的对象不仅是悠一。他在战争期间负伤后本来在医院养病，但村民们认为有一位军官回村是体面的事，所以大家共同决定让悠一出院回村，表明他们对战争的认同和自觉配合。或许当时也有人并不认同战争，但在忍字当头之下还是积极配合。也因此在战争期间他们对悠一的发号施令并没有觉得滑稽可笑。悠一的样子开始使人感到不大对头，是在接近战败的时候。完全显出神经错乱的症状，则是战败之后。当然，这与其说是悠一的病情随着战败加重，还不如说是战争的结束使得悠一的战时举止不合时宜，才显得疯狂古怪。但他们依然表示愿意继续忍受和配合悠一的表演。这固然是他们的善良，但也由此揭露出村民们的愚钝和无知。

其二是对战后大肆流行的肤浅的民主主义的怀疑和讽刺。石坂洋次郎的《石中先生状行录》以战后初期家乡的津轻为背景描写了种种怪现象。比如《黑色连衣裙姑娘之卷》中，一个穿黑色连衣裙的姑娘在书店偷书被店主抓住。这个姑娘以前也因盗窃被抓住过，但送到派出所后，警察一听说是“归国者”，也没有办法解决他们的工作问题，训斥一番后就立刻释放了。店主本来打算让姑娘的家人来，用民主自由自立自强的一番大道理教育后让其领回家，但听到这个情况后也为难了。两三天后，笔者碰见店主，问道，那个姑娘怎么样了？“没有办法。——没有什么好说的，没有办法，只要回了辞典，其他东西就给她了，对她说：‘下次来再做这种事情，我就叫隔壁的狼狗咬你——。如果想偷，到其他店里偷什么都行。哈哈哈——’”[12]店主解决问题的初衷与实际情况落差太大。战后民主主义的口号在现实面前一下显得苍白无力。店主其实和警察一样不得不默认姑娘盗窃的现实，唯一希望的就是不要偷自家商店。作者甚至认为店主提议姑娘去偷其他商店是一种“善良”的表现。不仅默认偷窃，还怂恿偷窃，这实在是让人心酸的滑稽现实。

狮子文六在这一时期也创作了《乱七八糟》《自由学校》等讽刺幽默小说。《乱七八糟》写于1948至1949年。当时的社会背景是1947年实施了新宪法下的参议院选举，1948年东京远东审判最终判决。这次判决最终裁定七名甲级战犯绞刑，但也同时放过了很多战争罪犯。《乱七八糟》的故事就是放在这样的社会背景下的。某出版社社长在战争期间积极配合宣传战争，但战后他摇身一变又成为民主主义的积极拥护者，并参加参议院选举。而另一个人物犬丸顺吉战争期间受社长的指使进入情报局，为出版社搞紧俏物资纸张赚钱。战后却作为社长的替罪羊成为被清算的战争嫌疑犯，不得不到偏远的地方——社长的老家——去避风。犬丸顺吉后来才发现，社长让自己到他老家避风的真实目的是让自己帮他在当地组织选举。这部作品暴露和讽刺了浅薄的战后民主主义。

《自由学校》也有鲜明的时代背景。在战后颁布了一系列男女平等的法令，如参政权、遗产继承权，废除婚姻法中的通奸罪等，提高了女性的社会地位。男性对女性社会地位的提高深感不安。《自由学校》通过设定强势妻子和萎靡不振的丈夫来表现这样的社会风俗。关于女性的强势，作者不认为是战后一系列法令公布的结果，而是在战争中锻炼出来的。作者将这样的女性称为“战争夫人”。“大体上说，战争夫人就是对日本男人失望了，不理睬、无视自己的丈夫。靠自己的能力生存、用自己的头脑思考、靠自己的意志情欲——万事都靠自己。一切都以不麻烦丈夫为理想。”[13]而且，战后的所谓平等其实暗含了很多不平等。以前妇女只做家庭内的事情，但现在是家内家外一起做。所以作者感叹道：“实际上在日本妻子这个职业很不合算。那些自甘奴隶的妻子不用说了，即便像驹子这样强势的妻子还是不合算。蜂王又兼工蜂在昆虫世界也是没有的现象。”[14]这段话充满了辛辣的讽刺。

4. 日常生活的调侃

进入 20 世纪 50 年代以后，社会相对安定，滑稽文学隐去战后初期的批判锋芒，由讽刺变为幽默和调侃。

首先值得关注的是，源氏鸡太的《三等董事》。所谓“三等董事”是指战后一些企业的总经理因协助战争在战后被逐出企业，于是原本无缘总经理的人突然被提拔为总经理。该作品以战后经济开始复苏的时期为背景，整个社会虽然接受了战后初期轰轰烈烈的民主主义运动的洗礼，但进入经济发展期后各个公司又迅速复活了森严的等级制度等。该作品就是通过三等董事这个特定视角夸张地暴露这些问题。由于三等董事是被突然提拔上去的，很不自信，处处故意要威风，更凸显了等级制度的滑稽可笑。第一个故事讲，社长某日大发脾气，认为职员不尊重他。原因是上厕所的时候，职员居然抢在社长之前进了厕所。于是他把人事科长叫到办公室大骂一通。人事科长表面逢迎，却暗暗使坏出馊主意，企图让社长出丑。社长觉得人事科长实在可恶，出主意是要成心陷害自己。双方斗智斗勇，喜剧迭出。但这种讽刺并不尖利，只是一种轻松的调侃。

女作家田边圣子的《唠唠叨叨》则将焦距对准家庭的日常生活。小说中的主人公太一和启子是一对住在千里住宅城的 45 岁和 41 岁的夫妇，有一个高中生的儿子清和一个初中生的女儿由利子。该小说描写了这个家庭的日常风景。太一是薪金族，在公司没有太大出息，身体臃肿，行动迟缓。而妻子则精力充沛，操持家里家外。他们对倦怠的日常生活感到无聊，为孩子的成长操心。两人的摩擦和矛盾都是由这样的性格差异和日常生活琐事产生的，也由此制造了很多笑料。在这些调侃的笑里面包含了一种作者对普通人的善意理解。

除小说外，滑稽文学还有一大门类是随笔。战后初期坂口安吾的《堕落论》《恶妻论》等都充满反语和讽刺的意味。进入 20 世纪 50 年代以后，笔调轻松愉快的随笔大受欢迎，如佐藤弘人的《裸体随笔》、北杜夫的《医生跳跳鱼航海记》等。其中《裸体随笔》更是荣登 1955 年畅销书榜顶。作者佐藤弘人是一桥大学的经济学教授。该作品是他从经济学、哲学和科学角度观察身边杂事，以幽默笔调写就的随笔集。从《唯物论与女性》《小便哲学》《男人是轻薄者》等文章题目就可以看出这本随笔集多以两性话题为调侃对象的幽默特色。辰野隆在《序》中说：“该随笔集包罗万象，涉及人、世相、社会和学艺等内容，博士以漫不经心的态度愉快地将这些随感随想随心所欲地写下来。在阅读过程中，我们常常为博士的所谓圣谈——与性谈（圣谈与性谈的日语发音相同——引用者）相通，然后滑向珍谈漫谈——微笑哄笑爆笑。”[16]

远藤周作因随笔集《吊儿郎当生活入门》的畅销，续写了《吊儿郎当人学》《吊儿郎当爱情学》《吊儿郎当交友录》等“吊儿郎当”系列作品。题材无所不有，在插科打诨和讽刺挖苦的背后深藏着作者睿智的眼光。在《吊儿郎当人学》的第一篇文章《头发》中作者写了对自己头发稀薄的苦恼：

> 十年前发现自己头发稀薄后很吃惊，尝试了各种办法。使用生发剂，用蛋黄洗头，但是都没有效果。于是开始留意同一年龄段的人的头发。对那些年龄相同、却头发蓬松的人感到很不愉快。对比自己头发还少的人感到说不出的亲切。打听各种人士为头发稀薄做出的种种努力。有时认为，自己太在意自己的头发稀薄实属可悲，一个堂堂男子汉为头发苦恼，太没有志气了。[17]

这种描写令人联想到芥川龙之介的《鼻子》。作者没有经历生出新头发的戏剧性变化，但后来偶然从一个出租车司机那里听到一个故事才打消了自卑感。该文发表后不久，作者又写了一篇《紧急特报》介绍一种新的生发剂。由此可以看出作者并没有从秃头的自卑情结中真正解脱。在对世俗的日常生活和凡人心理调侃式的理解中，透射出作者悲悯的眼光。

5. 夸张与奇幻

20 世纪 60 年代高速经济的发展带来很多社会问题和环境污染，同时安保运动和学生运动的失败也造成对社会现状的不满，滑稽文学又开始显露出其批判和讽刺的锋芒。在写作方法上，如果说幽默小说和随笔多以日常生活为题材，那么 60 年代中期以后的讽刺小说则多采用夸张甚至是奇幻的手法。

筒井康隆的《私说博物志》是一部戏仿百科词典的作品，以幽默滑稽的笔调解说各种动物。其中对人类最直接的讽刺是有关“人”的条目。

> 哺乳类灵长目人科的人用英语称作“Man”，请注意不是“Woman”。
>
> 人是群居动物，以家庭为单位。起码现在是如此，今后会怎么样不得而知。因为随着核家庭的发展，正在从大家族向小家庭过渡，这样的倾向越来越显著，目前到了父亲、母亲、孩子构成的最小家庭结构也会崩溃的阶段。居住场所和职场的分离越来越严重，父亲几乎整天不在家，很多母亲也放弃了养育孩子的义务。SF 中的未来社会出现契约结婚、人工授精等，还有育儿省和保育局，将孩子委托给政府设施中的专家来养育。为了调节人口，将精神状态和身体条件不佳的孩子全部杀掉。今后完全可能变成这样的状态。这样的社会比起母子关系固定的日本猴子的社会还要退化，但是从另外的角度看，也可以认为以家庭为基础由民族、民族、国家发展起来的巨大集团已经不需要家庭了，因此也可以说是一种进步。[18]

很显然，虽然是词典解说，但所写的内容全部是针对日本的社会现实。同时也包含了对人类未来的担忧。作者认为，人类未来肯定灭绝。人类始终认为自己是超越动物的灵长类动物，不愿意将人自身放进地球的生态体系中思考问题。当然，人也是自然的一部分，人破坏自然或许也是自然的意志。因此，在不久的将来人类用自己的手毁灭人类，但对于地球乃至对于宇宙却并没有损失，毋宁说人类成为地球的肥料是更有意义的事情。作者运用这种正话反说的方式对现代人类的贪婪和自我中心主义加以挖苦和讽刺。

井上厦的《吉里吉里人》则讲述东北地区一个村庄突然宣称"吉里吉里国"独立而引发的种种闹剧。闹剧好像是突然产生的，但其实有必然的原因。该村地处偏僻，在日本国家的中央集权不断强化的过程中被不断边缘化，受到各方面的歧视。因此"吉里吉里国"独立的第一步不仅建立独立的货币制度，更重要的是创立属于自己国家的语言。他们编写了吉里吉里教材和词典，开设吉里吉里语学科，要恢复本国的历史。教科书在语言学习的第一课中说：

> 你们会日语的人大概都知道，我们吉里吉里国从日本分离独立之前所谓的吉里吉里语是一种方言，具体而言是一种兹兹腔，再进一步说是一种最让人嫌弃的语言。长期被蔑视，这种历史几乎从日本国成立的时候就开始了。[19]

教科书接着回顾了吉里吉里遭歧视的历史。从平安时代就开始蔑视东国的方言，到了江户时代政治的中心转到江户，形成了新的语言，进一步排斥吉里吉里语。明治之后，政府认为方言对中央集权和国家统一有害，极力扑灭，推行日语的统一化，把讲方言看作是一种身体缺陷。标准语是中央集权政府一部分人的"意志"，成为运送征兵命令、战死通知、增产命令和减产命令的一种通道。因此，吉里吉里认为国家的独立首先要从语言的独立开始：

> 我们再也不接受东京语言对我们的随意指使。我们要用自己的语言思考、工作和生活。只要我们作为农民在这里生活，吉里吉里语就是我们的皮肤、肉、血和骨头，也就是我们自身。我们用我们自己的语言开始思考，必然要和中央的命令正面冲突。[20]

从这里可以看出吉里吉里独立的根本原因，是他们发现在中央集权化的过程中丧失了自我，因此希望通过吉里吉里语言寻找东国的文化同一性。可以说这是对日本国的根本性的否定。值得注意的是吉里吉里这种自我正当化的方法与日本建国的方法是一样的。他们从吉里吉里语中进而发现了该语言保留了日本的古代语言，是日本语言的故乡，由此企图将日本列岛的文化中心从东京转移到东北偏僻的山村。这样一种滑稽逻辑恰好形成了日本建国堂而皇之的种种做法的辛辣讽刺。

该小说在手法上集合了日本滑稽文学的各种要素，除饶舌、谐音、重复等传统手法外，还包含了戏仿教科书、采访对话、电视直播、新闻时评等等类型，是日本当代滑稽文学的代表作。

6. 人世的俳味

日本滑稽文学有一大独特性就是俳谐。"俳谐"既是近世文学的一个文类，也是一个美学概念。芭蕉的俳句和纪行文典型地体现了这种美学理念。进入现代以后，一些随笔和被称作“心境小说”的私小说可以说进一步发扬光大了这种俳谐美学。在战后的尾崎一雄《虫子趣事》、上林晓《在圣约翰医院》和島尾敏雄《死之荆棘》中均能发现隐含其中的某种会心微笑。如島尾敏雄的《死之荆棘》透过写实描绘出人的滑稽本相。小说中出现最多的场面就是夫妇俩围绕丈夫出轨的吵架。每次吵架当事人都非常认真，也唯其认真让第三者看来十分可笑。下面是丈夫对寻死觅活的妻子的劝慰场面：

“总之你不要死。”

“你就是嘴上这样说，你能做出不让我死的保证吗？我可和以前不一样了。是要花钱的。像你那样三文钱的作家能够养活我吗？”

“我努力。”

“到底打算怎么办？”

“不在外面住宿。不一个人外出。外出的时候要带着妻子和孩子。除了妻子以外，不和其他女人交往。”

“这是理所当然的。你看看隔壁的青木。一到了星期天就家庭团聚。看电影，郊游，什么时候都是家庭一起。你有没有做过家庭服务？有没有带我去过什么地方？有没有管过孩子？”

“我记得有一次。”

“什么时候？”

“在神户的时候，带伸一在大丸的楼顶庭院乘坐木马。”

“啊，对。有这样一次。你这样说我也承认。十年才一次。有这样的事。等等，那个时候也是为了你的旅行准备去买东西。”[21]

“不在外面住宿”的保证其实已经是对这对夫妻关系的讽刺，因此妻子说“是理所当然”。再有，十年前曾经带孩子出去游玩一次作为已经尽到的家庭义务提出来，也是荒唐滑稽的。妻子指出这唯一的一次是为了他买旅行用具。就是这短短的会话将夫妇的扭曲关系表现得淋漓尽致。作者没有谴责他们，而是悲悯地看着人的本性的流露。

远藤周作的《沉默》也体现出类似的美学特征。该小说描写了一个神甫的弃教故事。主人公洛特里哥自认为是因不愿其他教徒为自己遭受苦难而弃教，踩踏了圣像。但是最根本的原因其实还是他对生命的留恋。这是人性的弱点。为了生存下去，他不仅踩踏圣像，还接受了幕府的一切安排，从而获得“新生”。为了方便在日本长期生活，他不仅顶替一个死去的名叫“冈田三右卫门”的名字，还接收了这个人的老婆。他想，在葡萄牙时，认为传教就是让自己完全变成那国家的百姓，于是准备到日本来和日本信徒过同样的生活。结果呢？没错，如以前所想的，取了日本人的名字冈田三右卫门，变成了日本人……

冈田三右卫门啊——

> 他低声笑了笑。表面上他所想要的一切,命运都给了他,阴险而讽刺地给了他。司祭本该终身不娶的,但自己却有了妻子。[22]

洛特里哥的笑包含了很多意味,无奈、自嘲和绝望。洛特里哥虽然也做过一些反抗,但并没有采取过激的自杀行为,而是大致平静地生活了三十余年才去世,最后的戒名是入专净真信士。在没有让他采取过激自杀行为的情节安排中,包含了作者对他的人性弱点的怜悯与理解。不难看出这样的眼光与他在"吊儿郎当"系列随笔中的主题是相通的。

由此看来,对这类小说和作家的理解如果缺少"俳谐"的角度,恐怕难以真正领会其中的意义。

综上所述,日本的滑稽文学不仅繁荣于近世,在现代也是一个重要的文学水脉。日本滑稽文学有四个面向,俳谐、幽默、讽刺和荒诞。其中荒诞是现代受欧美文艺思潮的影响形成的。这四者的关系相互交叉,多重结构,当然在一些作品中会有一些面向侧重显现,构成俳谐、幽默、讽刺和荒诞的特色。除以笑为主要内容的滑稽文学外,笑作为一种要素或融进文体,或进入其他一些类型的小说之中,也是值得关注的文学现象。限于篇幅,本文没有对这些现象展开论述,留待今后研究。

在滑稽文学的这四个面向中,俳谐作为一个审美概念最具独特性。在欧洲关于"滑稽"的美学研究传统中,无论是"优越感说"、"乖戾说",还是"释放说",都是建立在以"自我"为中心的基础之上的,即或是自己感到比别人优越,或是自己预期的失落,或是被压抑的自我的释放。但日本的俳谐则是包含了对种种不如意人生的顿悟,忘记自我,是一种带有禅意的会心之笑。在此意义上,日本的俳谐可以说以其独特性丰富了滑稽美学的内涵。

注释

[1]坪内逍遥『日本近代文学大系 3　坪内逍遥集』、角川書店、1974 年:79 頁。

[2]如玉置邦雄「遠藤周作」『別冊国文学　新・現代文学研究必携』、学灯社、1992 年:220～222 頁。

[3]麻生磯次『滑稽文学論』、東京大学出版会、1954 年:3～38 頁。

[4]栗山理一「解説」『日本古典文学全集 51 連歌論集・能楽論集・俳論集』、小学館、1973 年:409～410 頁。

[5]麻生磯次『滑稽文学論』、東京大学出版会、1954 年:70 頁。

[6]麻生磯次『滑稽文学論』、東京大学出版会、1954 年:72 頁。

[7]『漱石全集 15』、岩波書店、1967 年:473 頁。

[8]有关这点参看鈴木貞美「近・現代における＜笑い＞のための覚書—ナンセンスからの出発—」(ハーワド・ヒベット、日本文学と笑い研究会『笑いと創造　第一集』、勉誠出版、1998 年:251～267 頁)。

[9]『現代文学大系 54　太宰治集』、筑摩書房、1965 年:270～271 頁。

[10]『坂口安吾全集第十一巻』、筑摩書房、2010 年:377 頁。

[11]『坂口安吾全集第十一巻』、筑摩書房、2010 年:382 頁。

[12]『日本の文学 58　石坂洋次郎』、中央公論社、1964 年:465～466 頁。

[13]「自由学校」『昭和文学全集 4 獅子文六集』、角川書店、1952 年:11 頁。
[14]「自由学校」『昭和文学全集 4 獅子文六集』、角川書店、1952 年:32 頁。
[16]辰野隆「序」佐藤弘人『裸随筆』、中央経済社、1954 年:1 頁。
[17]遠藤周作『ぐうたら人間学』、講談社、1976 年:17～18 頁。
[18]筒井康隆『私説博物誌』、新潮社、1980 年:306～307 頁。
[19]井上ひさし「吉里吉里人」、新潮社、1985 年:99 頁。
[20]井上ひさし「吉里吉里人」、新潮社、1985 年:105 頁。
[21]島尾敏雄『新潮現代文学 36　死の棘』、新潮社、1979 年:7～8 頁。
[22]远藤周作著、林水福译《沉默》,南海出版社,2009 年:209 页。

作者简介

王志松,大平班 4 期生(1983 年 9 月至 1984 年 6 月在学),北京师范大学外文学院日文系教授。

女人·食物·萤火虫

——试论武田泰淳《上海之萤》

郭 伟

1. 引 言

《上海之萤》[1]是一部自传式的小说,因作者武田泰淳去世而未完。它取材于1944年6月至日本战败前夕这段泰淳任职于上海中日文化交流协会时期的生活。该小说刚发表时曾有评论指出其没有对当时的许多真相做出说明、绕过了对泰淳而言可谓污点、丑闻的部分[2]。近年来,发掘泰淳上海时代相关"事实"的研究陆续面世,而被认为是《上海之萤》原始资料的泰淳上海日记也引起了人们的注意[3]。2008年更有《上海1944—1945武田泰淳〈上海之萤〉注释》和《堀田善卫上海日记 沪上天下1945》相继付梓[4]。探讨该小说的基础可谓越来越坚实。

《上海之萤》是继《头晕目眩的散步》[5]之后,由泰淳和夫人百合子(1925—1993)以口述笔录的形式创作的"散步系列"之一。据百合子回忆,泰淳于1971年患脑血栓后曾有一段时间专心于疗养,1974年夏天,夫妻俩才开始以口述笔录的方式进行创作[6]。口述笔录是晚年泰淳唯一的创作方法,至今为止人们更多的是以《头晕目眩的散步》为中心来谈及它。小岛知善指出:这个系列把"口述笔录"与"散步"方法化,让联想更加自由自在,是一批富于实验性的小说,而正因为有百合子这位记录者,这一方法才被发挥到极致[7]。至于《上海之萤》,小岛认为它和《梦幻百日草》[8]一样,其背后虽隐藏着十分重大的问题,却难免给人以作者回避了这些问题的印象,但用散步系列的文体和方法是不可能直面那些污点、揭示出"真相"的。

综观以上先行研究,笔者认为《上海之萤》中与其题名密切相关的"萤火虫之宴"这一场景的素材来自于百合子的日记这一点值得关注,随之,以下事实也应该纳入我们的视野。即,百合子不仅是泰淳文学中"百合子系列"小说群、特别是其第一篇《吃东西的女人》(《玄想》1948年10月号)中女主人公的原型,而且还是一位"写东西的女人"——泰淳去世后,百合子的文采亦为世人所"发现",人们盛赞她是位"天衣无缝""出类拔萃"的文章家。本文将在重新确认"吃东西的女人""百合子"对晚年泰淳的影响,以及泰淳·百合子夫妻当初如何相遇于"吃"的基础上,参照以百合子名义发表的《富士日记》[9],分析《上海之萤》中两位"写东西的女人"与百合子的关系,揭示该作品对"吃"那不同寻常的执着描述,以"吃女人的萤火虫"这一表象为中心试就泰淳最晚年的这一代表作做出自己的解读。

2. 创作协助者百合子与"吃东西的女人""百合子"

关于口述笔录,《头晕目眩的散步》中写有以下文字:

> 我也无法放心地认定这文部大臣一职仍是我的，因为流利地做着口述笔录的也是老婆，所以这个位子也已危哉。我希望至少还能当当总理，可是我手中到底是否还握着用以任命她为这诸般大臣的权力之绳呢？她若变成了野党，要春斗、要总罢工也只能由着她；因歇斯底里发作而显露出其过激派的攻击精神，这也是她的自由。（总理暗观政局，认为眼下总理比较妥协，野党亦懂得分寸，暂且还能维持。）"这篇百合子该满意吧"，连总理发的感想也都原封不动、顺溜溜地给记下来成了这散步系列文稿的一部分。（《拥有存款的散步》）

或者是：

> 从R酒店给挖到S酒店是因为人家看上了她的本事，她不说恭维话就那么默坐着也能让客人多付酒钱。（这篇稿子是她本人记录的，我想应该不会发生隐私问题。）〈省略〉她待在垃圾桶上紧抱着它，口里还在叫骂着什么，我把她拽下来向深夜的神田街走去。记得她垂着的头发又黑又长，我一把拽着就走。（我口述说的是"拉"，她订正说是"拽"。）（《鬼姬的散步》）

而百合子也在与深泽七郎的对谈（参见注6）中说道：

> 我就是个打字员吧，说到底。可是打字员也渐渐脸皮厚了起来，开始说起了"她爸，这块儿掺加些景色描写吧"之类的话（笑）。于是他说那就掺些景色吧什么的。

另外《富士日记》记录了夫妻俩的日常生活，其中亦有多处提到口述笔录的情形。而仅从以上引用我们就能了解到百合子不但具体对作品的语言和结构产生了影响，而且像涉及隐私的问题，有些事情还被比喻成了得经过总理（泰淳）与野党（百合子）的讨价还价。《头晕目眩的散步》里收录的八篇"散步"都是有百合子同在的"散步"，其中有两篇甚至还全面利用了百合子的日记和记忆[10]。也就是说百合子在最晚年的泰淳创作活动中发挥的作用绝对不止于单纯的记录者。

不过，与披露"后台"情形、前后篇之间毫无连接脉络的《头晕目眩的散步》不同，在《上海之萤》里被称为"武田先生"[11]的叙述者"我"从头到尾统括全文，把叙事向着某个"终点时刻"推进。小说从"昭和19年和20年，哪个夏天更热呢?"一文开始，叙述了"我"坐船从长崎向上海出发的昭和19年（1944年）夏天至翌年夏天[12]里的事情，时间线索明确清晰。如果说《头晕目眩的散步》所展现的是病后的丈夫与其妻子闲聊他们伉俪相随共同度过的时光，那么我们或者可以认为在《上海之萤》里则是这个丈夫终于凭借日记向妻子说起了过去不曾相告的年轻岁月。

却说泰淳在《吃东西的女人》里从男性的视角描写了男女之间在食欲·性欲（恋爱感情）交错中的微妙感觉，以男主人公的"反省"结尾：他怀疑自己也许是靠用金钱满足女人的食欲而在性欲上把女人当成了"被吃之物"。百合子其实很不喜欢这篇小说，但是埴谷雄高作为见证人——他见证了从《"爱"的形状》到《吃东西的女人》等作品的"素材之诸般事实”——却认为《吃东西的女人》“是一个写出了自我省察之纯真与作为一个人的纯真相遇的好短篇”，是泰淳那一系列“充满了带有某种幽默感的甜美”之作的第一篇。并称赞说其中“朴素明朗的诗情与真挚灰暗的自我反省完美结合”，“它那不可思议的亮丽让人想起那背后蕴藏着深沉黑暗的镜面所拥有的晶莹辉光”[13]。现在已是众所周知，泰淳正是在《“爱”的形状》里清算了他和“玲”女士、堀田善卫等人之间自上海时代以来的多角恋爱关系。《堀田善卫上海日记 沪上天下 1945》里有堀田一方关于上海时期这一多角恋爱关系的记述，而《上海之萤》对此事却明显讳莫如深。泰淳在创作中应该是考虑到了该小说记录者百合子的心情。《吃东西的女人》里以“玲”为原型的“弓子”任职于报社，对吃东西心不在焉，有过婚姻经历，同时与多个男人交往，是个“都市里崩溃了的精灵般的女人”；以百合子为原型的“房子”则在咖啡店上班，旺盛的食欲自然流露，是个“柔顺”的“处女”。主人公“我”喜欢“弓子”，却逐渐疲于与“弓子”神经战似的紧张关系，开始向喜欢自己的“房子”寻求安慰。而现实生活中，当时在神田的咖啡店“蓝波”工作的“铃木百合子”与泰淳结合，并从此伴随泰淳走过了他的文学生涯。

一个说“如果没有饿肚子的事，我们也许就没有结婚”；另一个则说“我当时好像并不是和写小说的武田，而是和那个请我吃各种东西的他交往的”[14]。就像是为《吃东西的女人》提供事实根据似的，夫妻俩后来都回忆说他们的关系正是始于“吃”。晚年的泰淳满口假牙，吃东西已很不自如，却在《头晕目眩的散步》里还让记下了“爱妻”那“一走近食堂立马就生气勃勃起来”的样子。百合子作品里关于食物以及食欲的记述更是极多，正如坪内祐三所评，百合子作品里令人细品回味处之一即在这些关于吃的记述里[15]。夫妻俩口述笔录之作《上海之萤》也正是一部与“吃东西”的行为密切相关的小说。这个我将在本文后半部分加以论述。

3. 两位“写东西的女人”与百合子

在《上海之萤》里，“武田先生”被描写成了一个有着自我意识过剩倾向的青年，他努力争取人们的好感，也自以为大家都对他很中意。这位“武田先生”是上海中日文化交流机关“东方文化协会”的出版部主任，同时拥有禁欲僧侣、左翼运动落伍分子、研究中国文学的学者、原日军辎重兵等多层身份，以工作单位和住宿处（先为O博士家，后为一幢独门独户的洋房）为据点游走于各处，与形形色色的人打交道，也遇到许多的女人。

我曾经在讨论泰淳的另一作品时提到过《上海之萤》里的女性群像与泰淳战后初期作品里的女性群像遥相呼应[16]。而博士夫人、夏女士、藤野等等显然是由早期作品里具有鲜明类型化特征的“淑女”“才女”“圣女”等脱化而来，这些富有个性和魅力的“上海女人”，闪烁着“女性之谜”再次集结于《上海之萤》。然而当我们聚焦于作品生成过程中的协助者百合子时，在《上海之萤》的女性群像里就会有两位“写东西的女人”引起我们的关注。她们就是“田村俊子”和因小泉八云的介绍而为人知的《一个女人的日记》的那位作者。因为百合子也是个写日记的女人，其《富士日记》恰恰获得了1977年因泰淳的去世而走向了终结的最后一届田村俊子奖[17]。

在《上海之萤》里，“田村俊子”年轻时曾用她那双大胆而迷人的“眼睛”令众多男性心生烦恼，而现在却身裹华丽的“洋装”，“为自己就像过期了的月票那样没用而暗自生气”，是个公然扬言男人都很愚蠢的“老母狮”；《一个女人的日记》那位无名的作者则温良恭顺，在贫困的生活里作“和歌”、写日记，用平庸的句子歌咏夫妻成双的幸福，是位“可嘉的日本女性”，对比十分鲜明。

百合子的文采为众人所公认，但她的作品仅限于诗、日记、随笔或杂记等，最终并没有踏入所谓“小说”的领域。可以认为《上海之萤》里关于那两位女性作者、特别是关于小说家田村俊子的描写在一定程度上预示了以后百合子的写作方向。这些描写与《富士日记》的《附记》里所记录的泰淳发言有着相通之处。“写当天买的东西、东西的价格、一天的天气就行。有什么趣事、做了什么事，照原样写就可以了。在日记里不用写什么感想反省。因为你是个不适合反省的女人，一反省就是在耍花招。”泰淳这么说是他自认为完全了解百合子的资质、因欣赏而想方设法劝百合子动笔。而其间自然也就流露出了他关于“写东西的女人”的评价标准。

然而对自己暗自生气的也许应该说是不得不靠口述笔录来进行创作活动的泰淳。百合子在《〈对谈〉武田泰淳 其存在》提到了晚年的泰淳时不时用装死来做“死亡练习”，这种时候，他一定深深体会到了曾经的“老母狮”那寂寥的心境。“武田先生”严厉批评了田村俊子在上海发行中文杂志《女声》的工作，说这是日本文人“对中国以及中国人了解甚微就开始喧喧嚷嚷”而上演的一出闹剧。其批评的矛头事实上亦对准了泰淳自己。我们知道泰淳从1961年的第一届田村俊子奖以来就担任了评委，而他与田村的连接点首先无非就是在上海，难以想象他会认为田村当年在上海的工作与自己毫不相干。不过有意思的是，我们已经无以考证现实中的田村是否对年轻的泰淳说过男人很愚蠢之类的话，但是《富士日记》中却有记录百合子曾因为类似言辞激怒过泰淳[18]。并且百合子又在后来与深泽七郎关于泰淳的那次对谈里说到此事，还提到了她和埴谷雄高夫人关于那次夫妻吵架的会话，暗地里把埴谷亦卷入其中，表示出了她对泰淳和埴谷们女性观的不满。百合子不仅和《上海之萤》里的“田村俊子”一样拥有一双迷人的大“眼睛”——一双泰淳曾在多篇文章里引以为傲的“眼睛”，——而且她还是一位与有着强烈批判精神的泰淳相比亦毫不逊色的、极富个性的女子。

“武田先生”在异国的办公室里读着《一个女人的日记》，眼里噙满了泪水。令他如此感动的是以下这两首“平庸”的和歌：

> 多少年头了 那热闹闹熙攘攘 氏族神庙会 夫妻相伴同前往 欢喜之情满我心 妻子
> 两对夫和妻 亲亲密密来相聚 能够有今天 当是神赐的恩惠 可喜可贺真难得 妻子

这两首和歌所表达的不正是照顾泰淳的百合子，以及被照顾的泰淳自己的心情吗？《富士日记》里有大量事例可以证明这一推断。比如1976年9月14日的日记里就写有百合子在冰川神社庙会时抽的签，说是上面写着“和睦同心，难事亦能解决”这样“似乎很平常”的句子；同年8月8日的日记则记述了和同是丈夫在与疾病搏斗中的大冈升平夫妇之间的交流，两位妻子笑言这两对夫妻如今是“两废人一废犬两伺候女”云云。这些记述里所包含的心情与那两首和歌可说几无二致。而《上海之萤》里还录有以下关于《一个女人的日记》那位作者的话：

> 她接二连三地失去了三个孩子。次女出生的时候有只手还长了两个大拇指。而让我特别感动的是，她在这变幻无常的日常生活里找到了明朗的喜悦，虽然它们十分微小。

百合子回忆说她和泰淳的口述笔录是在吵着架、吃着点心、还不时去拉拉大便中进行的。那么在口述笔录眼含泪水的“武田先生”以及以上引用部分时，这对夫妻会是什么样的表情呢？百合子也有接二连三失去孩子的经历[19]，她的日记中亦随处记载了她在日常生活中发现的微小然而明朗的喜悦。而最初劝百合子写日记的正是泰淳。口述笔录关于《一个女人的日记》的部分时，夫妻俩的脑海里无疑都不会忘记百合子所写的日记。因此《上海之萤》里对《一个女人的日记》那位“柔韧”的作者的盛赞之辞也可以解释为是泰淳间接地献给百合子的。如果联想到百合子那被人为地剥夺了出生权的四个孩子，那么我们还可以认为泰淳的赞词里当夹杂着深深的愧疚与歉意。也只有如此解释我们才能理解《上海之萤》里那位禁欲的青年僧侣“武田先生”对待自身性欲的态度。泰淳写到男人暴露“耻部”（阳具）是自与百合子相遇后创作的《异形者》（《展望》1950 年 4 月号）以来的事，在《上海之萤》里他也让百合子记下了“武田先生”于宴席上烂醉倒地后当众露丑的一幕。可见泰淳对待性的复杂情结一直持续到了他生命的最后阶段。

4.“吃东西的人们”与“吃女人的萤火虫”

《上海之萤》里关于“吃”的描写始于开篇部分：驶往上海的船上饭食十分粗陋，同舱的冲绳人夫妻分给“我”些“薩摩芋”[20]，“我”与他们一同进食。接下来就描写了登岸后给“我”以“开放感”的“油水很足的炒面”，写到了甜瓜、炸肉排、猪内脏、耳朵和脑子，以及花生、糖点心、甘薯块等等。甚至连工作单位所在建筑物也被描写成“像西洋点心”。以后的六篇里则陆续写到了中餐馆、白俄糕点房、洋餐馆、酒店、街头巷尾、甚至寺庙和戏院等各种各样的场所里形形色色的食物。文中称“所有的粮食都被集中、储存到了上海，只要走出上海一步，四周就是完全不同的、无边无际的饥饿地带，所以上海人才停留在上海”，也正是这个原因给上海人带来了“真正的不幸”。小说里协会所提供伙食质量的变化更是反映了时局的推移；到作品后半则从粮食拥有量可以推断出日本相关各机构间的力量对比。“武田先生”食欲旺盛、喝酒必醉，与那位“吃东西的女人”“房子”相比只有过而无不及。《上海之萤》里有关“吃”的描写多得惊人。

O 博士家博士夫人掌管吃穿大权、因《上海之夜》而出名的女歌手向“我”讨要当时的贵重物资砂糖、王妈从招待客人的菜肴里悄悄分出一碟给“我”分享、夏女士邀“我”品尝其亲手所做饭菜、藤野总想在高级饭店的大堂请“我”喝咖啡……。同事 E 君无视于部们的警告滥用协会的钱慷慨宴请中日文人；评论家 Q[21] 在招待他的酒桌上就某店甲鱼侃侃而谈现其美食家本色；田村俊子送来带馅的汤团慰劳协会的人们、看着大家开吃脸上浮现满意的神情；洼川鹤次郎在“我”的陪同下来到苏州运河沿岸的一家安静小店，和“我”一起从容舒畅地品尝土菜小虾；火野苇平在从南京回上海的列车里，明知同行者谁都不会吃却还从车窗外买进大量乡下食品；中国的文人们不做顺应日本国策的发言，对汪精卫的死亦无动于衷，见没有旁人便开始大吃大喝——对此高见顺倍感困惑找“我”诉说；阿部知二就着碎切猪内脏喝伏尔加烂醉如泥……真可谓有多少登场人物就有多少关于吃喝的故事。更不用说那些点缀街景的乞丐、疑似白俄的饿殍、把餐桌摆上了马路的市民。

至于人们聚众饮食或推杯换盏的宴会，《上海之萤》里更是多有描述：上海某寺院里为他人的葬礼而摆下的斋宴、协会举办的年终联欢宴会、在南京召开的“大东亚文学者大会”上的晚宴以及早宴、日本人经营的印刷公司和出版社共同举办的过了时节的新年联欢宴会，还有小报上登的蓝衣社的宴会、中国的“青年实业家”做东的小型宴会、O博士及其好友在博士家院子里喝了三天三夜的聚会等等。日本战败前夕的上海这一特殊时空里的人生百态正是通过这些形形色色的宴席被表现得淋漓尽致。然而正如《上海之萤》这一标题所示，“萤火虫”才是统括全篇的关键词，该作中的“萤火虫之宴”——严密地来说它分成两个部分：前半包裹在“漆黑的黑暗”中，后半笼罩在“微明的亮光”下——才是整个作品的高潮。

住“我”楼上的半老徐娘夏女士，以前曾长期生活在东京，现在正做着协会翻译室的工作。某天晚上，在我的睡梦里夏女士变成了一具尸体于黑暗中悬浮在“我”房间的天花板下。是密密麻麻大量拥聚着的“萤火虫”一边侵蚀着尸体一边像卧床一样托着它，那“卧床”就像“黑檀木”似的乌黑。“我”为了逃离这令人毛骨悚然的“卧床”来到大街上，所到之处竟是笼罩在“微明的亮光”下的哈同花园。此时，全上海的“萤火虫”都汇聚到了这里，“他们”似乎正在欢宴之中。下面就是引自《上海之萤》里《废园》中的相关部分：

> 托着她的尸体不让它落下来的是一张离奇的卧床。它由密密麻麻令人恶心的大量拥聚着的虫子组成，就像黑檀木似的。这些虫子全都是萤火虫，萤火虫特有的红色头部和尾部清晰可见。萤火虫们相互重叠相互连接正在蠢蠢而动。隐隐约约、隐隐约约地有声响从他们的群伙里涌出，倾耳细听才明白原来这台黑色的卧床边托着她边在侵噬她。她的内部已经完全被虫子们占据，脑髓和内脏都被吃光了。〈省略〉微明的亮光笼罩着花园。难道是什么亡灵在举办宴会吗？这里充满了非人的、人声以外的嘈杂。他们并不理会人的意见，全上海的萤火虫都聚集到了这里。除了我谁也不知道这个秘密。只有我受到了邀请……如此盛大又如此可怖。然后，虫子们的欢宴消失了。

《富士日记》(1972年5月24日)里记有一个百合子做的梦：忽明白自己睡的卧床竟是由萤火虫组成的，用力抬起身体来看才发现自己“肚子里内脏什么的全都没了，却满满地进了很多萤火虫”。那台“卧床”“散发出青草的腥味、冰凉冰凉”“糯绒绒的”“像羊羹一样”“四四方方”、从那上面“传来呼吸般闪烁着的微光”。百合子“看”的是自己，而《上海之萤》里则是“武田先生”在“看”，这是二者最大的不同。当然这并不妨碍我们判断百合子告诉过泰淳的这个“有点儿不吉利的梦”无疑就是《上海之萤》里“萤火虫之宴”的素材。而笔者认为正是那一暗一明的“萤火虫之宴”让《上海之萤》成了泰淳最晚年的代表作。“萤火虫”“吃”横卧在黑暗之中的“女人”尸体，这一给人强烈印象的意象组合正符合泰淳文学的特点，也和他与“中国”长期以来的交往有着深刻的渊源。

5. 横卧的尸体・密集的虫子・闪烁的微光——《补天》或女娲传说

首先让我们来看看泰淳文学里“萤火虫”或“闪烁的微光”所蕴含的意义。《于支那所思》是泰淳从中国战场复员后的翌年、即 1940 年 8 月发表在《中国文学》第 64 号上的文章，其中有这样一句感慨：“世界上没有比杀人更明白的事了，被杀者横卧不动，杀人者行动自如。”就在这句话稍后处便出现了描写萤火虫的场景：无数萤火虫闪烁着它们微弱的光亮聚集在充满了莲香的莲花池里。从那以后，在泰淳的文学世界里，就像他在《闪烁》《光苔》[22] 等小说里所表现的那样，“闪烁的微光”逐渐成了“恶人”的象征。而在日本的观念里萤火虫是“虫”，蝮蛇也是“虫”[23]。从写于战场的《寄北京同伴诗》和稍后记跟竹内好等所组织“中国文学研究会”的《前往研究会之路》直到晚年病倒的前年所写《〈往生要集〉里的虫子》[24]，泰淳几次三番都带着自嘲声称自己就是条微小的虫子。在泰淳的文学世界里，萤火虫是作为“恶虫”的人类之表象，他们被迫担负着“生存之恶”，微小而密集。重要的是泰淳在他的小说中所表达的是，这些“恶人”低贱而神圣，最终应该超越通常意义上的善恶二元对立而得到完全的肯定，由此而获得最后的拯救。

那么《上海之萤》中“我”做的那个奇怪的梦到底具体与“中国”有着怎样的渊源呢？泰淳之前在小说《F 花园十九号》里确曾写过一个住主人公楼上的中国女性被人谋杀了的故事[25]，但那不是梦，更没有萤火虫出现。从梦的象征性、萤火虫的微小、女尸的巨大等特点，笔者想到的是泰淳那篇未发表的翻译稿、译自鲁迅短篇小说《补天》的《女娲补天的故事》[26]。关于《补天》的创作意图，鲁迅写道：“原意是在描写性的发动和创造，以至衰亡”，“取了茀罗特说，来解释创造人和文学的缘起”[27]。在《补天》的结尾处，女娲因为补天过于劳累终于死去，巨大的躯体横卧在天地之间。而她创造的一部分人类纷纷爬上并占据了其腹部等肥沃之处，宣称自己才是这位女神正统的直系。

《补天》在成为《故事新编》的卷首之作前曾以《不周山》的题名和《狂人日记》《药》《阿 Q 正传》等一起被收录在《呐喊》里。伊藤虎丸着眼于《不周山》曾收录在《呐喊》里的意义，就该作品的结尾做出了以下论述：“该小说以把《史记》《山海经》里记录的人所共知的事串接到故事里来结尾，即意味着把这个空想的神话世界的故事连接到了以后四千年连绵不断持续到现代的人类的历史世界”，“‘人’的神话终结了，‘人非人’的历史开始了。女娲死后留下的是‘四千年吃人的历史’、是贯穿到现代还在持续着的‘黑暗’。这就是该小说做出的结论”。《上海之萤》里也有写到鲁迅，而且 1976 年正值鲁迅逝世 40 周年，病中的泰淳还应邀写文章参加了日本纪念鲁迅的活动，他还很有可能读到过伊藤的论文。而泰淳在战后初期所写的随笔《关于灭亡》(《花》1948 年 4 月号)里就曾把“中国”比喻成了女人充满欲望的肉体；在小说《光苔》中更是以“吃人”为主题，探究了在极限状态下的人类伦理的界限。这些显然都与鲁迅对中华文明做出的猛烈批判是有相通之处的。更有研究指出鲁迅在创造《补天》时还抱有纪念辛亥革命前牺牲的女革命家秋瑾的念头[28]。如果把秋瑾也纳入视野,那么"夏"这个在"武田先生"所作梦里变成了尸体的女性的姓氏就当更有意味。就像泰淳在小说《秋风秋雨愁煞人　秋瑾女士传》[29]里详细解说过的那样,鲁迅小说《药》里那位牺牲后鲜血被当成了"药"的"夏瑜"正是以秋瑾为原型创作的。辛亥革命后曾屡被喻为女娲的秋瑾留有"炼石无方乞女娲,白驹过隙感韶华"(《感时　二章》)的诗句,而收录了此诗的《秋瑾集》也正是泰淳在创作《秋风秋雨愁煞人　秋瑾女士传》时采用的最重要的资料之一。

"除了我谁也不知道这个秘密。只有我受到了邀请……如此盛大又如此可怖。然后,虫子们的欢宴消失了。"——1976 年 8 月,还在《上海之萤》的连载期间,当时正就读于哥伦比亚大学的爱德华·耿(Edward M. Gunn)为了收集撰写博士论文的资料,曾向泰淳写信询问日军占领下的上海文化界的情况,信中写道:"先生作为军人,又作为中日文化协会的会员,在中国至少是一位见闻广博的旁观者"。耿是研究中国学的美国学者,现(2008 年)为康奈尔大学的教授。其改写于博士论文的《Unwelcom Muse:Chinese literature in Shanghai and Peking,1937—1945》(1980 年,New York:Columbia University Press)是中国沦陷区文学研究领域里的先驱之作。2008 年 8 月,我从该作中文版译者,也是《沦陷时期北京文学八年》(1994 年 10 月、中国和平出版社)的作者张泉处闻知耿与泰淳有过书信来往,并得到了泰淳书简的图像数据。而耿不仅很快回答了我的直接咨询,还给我邮寄来了他写给泰淳长达 6 页的书信复印件。耿告诉我说泰淳虽然回信同意接受他的采访,可最终两人却没能见面。因为当耿在约定的时间飞到东京时,泰淳已于五天前故去了。石上玄一郎在《冷静透彻而富有温情的人》(杂志《海》1976 年 12 月特号)里写道:"听遗孀说故人曾言等写完这个连载后想跟我谈谈,真是令人遗憾。"石上是泰淳上海时期的同僚,笔者推测泰淳想和他谈的或许就是跟耿的来信相关的上海往事。而笔者在此提到耿与泰淳的往来书信一事,正是想指出泰淳或许确曾有意把自己所知道的上海时期的"秘密"告知于耿。

泰淳是旁观者,更是当事人。《上海之萤》虽没有直接披露"秘密"、揭示出"真相",但仍可说是一部他用文学的形式留下的证词,记录了当日本战败的"宿命"/"预定时刻"即将来临的预感笼罩着日军占领下的上海时,人们在这个城市是如何生活的。正宗白鸟于日本战败后曾言人们就"像虫蚁般地死去",而泰淳所描述的则是人们曾怎样"如萤火虫般地活着"。"像虫蚁般地死去""其实应该一直就是纠缠着人类的一种很普通的命运"——晚年的泰淳如是说。那么在晚年的泰淳看来或许"如萤火虫般地活着"也就是人类生活平凡的常态吧[30]。《上海之萤》以"我"在驶往上海的船上从同舱的冲绳人夫妇处分得"薩摩芋"与他们一同进食开篇,也足见泰淳写的是上海往事其意却在 1976 年的当下。

6. 结　语

下面这段文字引自 1976 年 8 月 23 日的《富士日记》,当时泰淳他们建在富士山麓的别墅里涌进了蚊子、蛐蛐、毒虫、苍蝇等许多虫子,百合子写道:

他说:“我在割草时头上戴的毛巾帽上就落满了蚊子,它们就那样沾在毛巾上进屋了。可能毛巾很暖和吧。”“是蚊子们觉得她爸好对付吧,就是人太好了。写东海道[《新·东海道五十三驿站》]的时候,写到了在琵琶湖看到的释迦涅槃图,那里边所有动物都手拈口衔着花花草草聚集了来,我挺喜欢那幅画的。有蝴蝶,还有蜈蚣,蚊子也口里衔着什么过来了”我喋喋不休地说了一大段。晚上丈夫舒舒服服地睡着了。他吃了烤饭团子,拉了很多大便,情绪就很好了。

从这里我们可以看到百合子对虫子和泰淳的关系做出的解释。就日期来看,当时《废园》已在杂志上刊出,事实上成了《上海之萤》最后一篇的《歌》其口述笔录工作也应该已经完成。笔者以为在解读《上海之萤》时除了应把战争期间泰淳于 1937 和 1944 年的一次“武”、一次“文”的那两次上海体验,以及战后长达 30 年的岁月也纳入视野外,我们还应该留意到作品的生成现场。比如说《废园》《歌》等篇章里死亡的阴影逐渐浓郁,这预示着作品世界里的“终点时刻”=日本战败的逼近,而同时也是与现实世界里泰淳自己日益衰弱的健康状况不无关联的。从上面的引用我们可以看出百合子已经感受到了悄然逼近丈夫的死亡气息,她在努力压制住自己心中的不安,一心祈望所爱之人的身心安康。读到此处,笔者不由得想到自《新·东海道五十三驿站》[31]以来她作为泰淳创作上的伙伴所发挥的重要作用,也同时再一次认识到“百合子”在解读《上海之萤》这个作品中的重要地位。

就像三岛由纪夫等所指出的那样,泰淳在性方面的复杂情结首先无疑是源于他的僧侣出身[32]。但不能忽略的是:他有着在中国战场上日常性地“使用”“慰安妇”“处理”性欲这样的性体验,而在战后初期的日本他又不得不司空见惯于所谓“潘潘”,并且稍后日本社会关于性的伦理观发生了急剧的变化[33]。这些应该都使他原有的对性的复杂情结被大大加剧,从而导致了他在小说中写出了那些故意暴露“耻部”的场面。在《吃东西的女人》里男主人公最后羞愧于把女性当成“东西”=商品,这样的小说也可以说是在当时废除公娼制度以及《卖春处罚法案》等亦提上了国会议事日程这样的时代背景下产生的。但直接促使泰淳做出了如此反省的正是百合子,因为《吃东西的女人》里令男主人公羞愧的“房子”其原型就是百合子。毋庸置疑这一反省与对食欲以及性欲的肯定性认识的觉醒是互为表里的。而如前所述,百合子并没有只停留在被描写的、天真烂漫的客体层面,她后来还是个能用“愚蠢”一词来批判“男人”的“母狮子”,是个一边哼着自己作词作曲的《鸡鸡歌》《尿尿曲》(参见注 6 的对谈)照顾重病的丈夫一边记“日记”的“可嘉的日本女性”。由此敷衍开来,我们应该可以说《上海之萤》里对侵略中国所怀赎罪意识的表达方式、关于作为生命根源的性与食的思考、在夸示身心的“耻部”时流露出的明朗的滑稽,等等这些诸般要素在某种意义上就是参照着作品生成过程中的另一个中心“百合子”而来的。

《上海之萤》里那“吃”横卧在黑暗中的“女人”尸体的“萤火虫”,是晚年的泰淳在回顾自己“文”“武”两次上海体验时,以其佛教背景为基础,将鲁迅内在化而提出的表象,体现了泰淳独特的人类、历史、文学观。不仅这一表象的素材来自于百合子的日记,而且通过“发光的蛆虫=萤火虫”所表现出来的对作为“恶虫”的“人”的肯定性侧面的强调,也正是因为有“吃东西的女人”“百合子”常在其侧才得以确立。

附记：本文日文版刊登在《国学院杂志》第111卷第2号(2010年2月)，其雏形曾以“晚年的武田泰淳——〈上海之萤〉试论”为题，用日文口头发表于2008年6月7日在上海外国语大学召开的“2008年度上海日本学国际论坛”。文中引用依据筑摩书房版《武田泰淳全集》，以及中央公论社版《武田百合子全作品》。在此谨向为本文提供了珍贵资料的爱德华·耿和张泉两位老师致以诚挚的谢意。

注释

[1]连载于杂志《海》1976年2、4～9月号(中央公论社)，发表顺序为：《上海之萤》《流汗的墙壁》《旋转的屋子》《后门》《杂种》《废园》《歌》，离完结仅差一篇；单行本(1976年12月、中央公論社)里加上了属另一散步系列的《少女与蛇妹》(首发于《海》1976年1月号)。

[2]古林尚《〈上海之萤〉〈文人相轻〉》(《东京新闻》1977年1月29日号)。

[3]高桥正《上海·1944——武田泰淳的场合》(《待兼山论丛》第30号、大阪大学文学部、1996年12月)、赵梦云《由武田泰淳〈上海之萤〉所见“中日文化协会”》(《东大阪大学短期大学部教育研究纪要》2005年3月)等。泰淳之女武田花女士向日本近代文学馆捐赠的资料中包括泰淳上海日记，但随后却异乎前例地收回了该日记。关于武田花女士所捐赠资料详情可参考《日本文学馆》第208号(2005年11月、日本近代文学馆)。

[4]前者是以大桥毅彦为首的六名中日学者的共同研究成果(双文社、6月20日)；后者主体为堀田善卫未发表手稿、由红野谦介编注(集英社、11月10日)。

[5]连载于《海》1974年9月—1975年4月号，单行本于1976年6月由中央公論社出版。

[6]参考武田百合子《昭和51年度野间文艺奖 受奖辞》(《群像》1977年1月号)以及武田百合子·深泽七郎《〈对谈〉武田泰淳 其存在》(《文艺》1976年12月号)。

[7]《武田泰淳〈头晕目眩的散步〉论——作为小说方法的口述笔录》(《目白学园女子短期大学研究纪要》第34号、1997年12月)。

[8]首发在《新潮》1976年1月号，取材于泰淳作为辎重兵在中国从军时的经历。

[9]连载于《海》1977年1～10月号、初次题名为《不二小大居百花庵日记》，单行本分上下册于同年10月和12月由中央公论社出版。该日记起于1964年7月4日，止于1976年9月21日。

[10]指《船上的散步》和《安全的散步》这两篇。小岛知善在前述论文中指出这两篇和其他六篇相比给人的感觉不一样是因为它们“有夫人日记里的明朗快活映照着”。

[11]小说中这一称谓和其他几个专有名词一样都注有上海话发音。

[12]文中写到当时从日本本岛来的人们纷纷传言增上寺、宫城已被烧毁、日本的一大半都被烧烂了；而上海近郊亦传来了爆炸声。由此可知是为1945年夏。

[13]《解说》(《增补版 武田泰淳全集 第二卷》1978年2月、筑摩书房)、《解说》(《日本文学全集63 武田泰淳集》1960年9月、新潮社)。

[14]泰淳《有存款的散步》；武田百合子《特别稿件 丈夫·武田泰淳喜欢的话》(《妇人公论》1976年12月号)。

[15]参见《武田百合子》《思考者》2006年8月、新潮社。

[16]拙论《武田泰淳〈女人的国籍〉论》(《立命馆大学言语文化研究》第18卷3号、2007年2月)。

[17]田村俊子奖的第一届获奖作品为濑户内晴美所作《田村俊子》，最后一届为木々康子《苍龙的系谱》和武田百合子《富士日记》。

[18]1966年9月7日的日记。开着车的百合子冲违反交通规则横冲直闯的自卫队车辆大叫“蠢货”，坐一旁的泰淳闻言大怒说：“居然冲男人叫蠢货，像什么话！”对此百合子反唇相驳，还因为

过于气愤几乎把车开翻。

[19]参照村松友视《百合子是什么颜色》(1994 年 9 月、筑摩书房)。

[20]即红薯。红薯于 1605 年由中国传入琉球,再于 1705 年由琉球传入萨摩。而萨摩蕃从 17 世纪初开始进攻琉球,1879 年琉球王国被并入日本成了冲绳县。二战后冲绳被美军占领,于 1972 年返还日本。驻日美军基地大部分至今仍集中在冲绳。

[21]《上海之萤》里的登场人物大多实有其原型。O 博士、E 君、评论家 Q 即各为小竹文夫、石上玄一郎和小林秀雄。

[22]《中国文学》第 92 号(1943 年 3 月)、《新潮》1954 年 3 月号。

[23]蝮蛇在日语中为"真虫"。另外,泰淳还著有小说《蝮蛇的后裔》(首发《进路》1947 年 8～10 月号),取材于日本战败后他在上海的日侨生活。

[24]《中国文学月报》第 44 号(1938 年 11 月)、《中国文学》第 75 号、《图书》1970 年 11 月号。

[25]《文学界》1950 年 9 月号。松本阳子在《上海 1944—1945 年武田泰淳〈上海之萤〉注释》相关条目里,指出此处与《F 花园十九号》里出现的女尸有关,并从《废园》里的尸体和密集的萤火虫联想到了汉奸和处罚汉奸的中国群众。

[26]日本近代文学馆所藏《武田泰淳资料群》、资料号码 T0056506(2007 年 8 月数据)。另外泰淳还翻译了《故事新编》里的其他作品,详情请参阅拙稿《关于武田泰淳未发表翻译稿》(《近代文学研究与资料》第 2 次第 1 集、2007 年 3 月)

[27]鲁迅《我是怎么做起小说来》(《创作的经验》1933 年 6 月、上海天马书店),以及《序言》(《故事新编》1936 年 1 月、上海文化生活出版社)。

[28]松冈俊裕《〈不周山〉试论(前)——鲁迅〈故事新编〉的世界(一)》(《信州大学人文社会科学研究》1、2007 年 4 月)。

[29]《秋风秋雨愁煞人　秋瑾女士传》连载于《展望》1967 年 4～5、7～9 月号,单行本里加写了一节《猪叫声响》,于 1968 年 3 月由筑摩书房出版。管见请参阅拙论《武田泰淳式现实主义的生成一小说〈秋风秋雨愁煞人　秋瑾女士传〉的方法》(《日本近代文学》第 77 集、2007 年 11 月)。

[30]泰淳在《有存款的散步》中写道:战败后,正宗白鸟氏发表了一篇题为《死若虫蚁》的文章。上海日侨集中区发行的杂志上也转载了它。这位老文人对日本的人们如虫蚁地死去所发出的感慨,只这标题就也感染了隔着大海的我们。"像虫蚁般地死去"。这其实应该一直就是纠缠着人类的一种很普通的命运,然而在刚全面投降后,人们把这句话作为绝对真理接受了。从那以后近 30 年的岁月过去了。人们的储蓄精神复苏,存钱的架势又随处可见。

[31]连载于《每日新闻》晚报 1969 年 1 月 4 号～6 月 21 号,是一部记录夫妻驾车旅行、类似旅行记的小说。取材时全程由百合子驾驶,小说里对百合子的言行多有描述。

[32]三岛由纪夫《作为僧侣》(《日本文学全集 63》月报、1960 年 9 月、新朝社)。

[33]关于泰淳在战场上的性体验,参见武田泰淳・埴谷雄高的对谈《军队与文学上的出发点》(《月报》《现代日本的文学 37 武田泰淳集》、1970 年 11 月、学习研究社),以及《武田泰淳 寄自战场的书信 1937—1939》(《边境》第 3 次 6 卷、1988 年 1 月)。"潘潘"指在 1945 年以后美军占领下的日本,专以美军为招徕对象的野妓。泰淳在其战后初期的作品中对其有所描述;在"百合子系列"之一的小说《未来的淫女》(《别册文艺春秋》13 号、1949 年 10 月)里,他还写到了以百合子为原型的"马屋光子"为自己被人误以为是"潘潘"而伤心。

作者简介

郭伟,北京日研中心 7 期生(1991—1994 年在学),现任东京女子大学非常勤讲师。

文化·社会·经济

“倭”国号论考

胡　稹

在展开论考之前，需要先明确两个概念。第一，国号包含两个意思：①指含有表示政体意义的国家名称，如“帝国”、“王国”、“大公国”、“酋长国”、“共和国（民国）”等；②指不含表示政体意义的国家名称。我们讨论的问题与②有关。第二，也许今人对国号的定性标准存在不同认识：它或出于某国的自我意识，或依据国际社会认同？或依赖法律文书记载。我们这里要讨论的是日本有了国家意识，后来得到国际社会认同的国号问题。因为历史可能存在某种情况，即如果某个族群或地区政权有了名号意识，但这些族群或地区政权尚不足以成为国家，那么这个意识是否上升为国家意识并得到国际社会的承认，会牵扯到许多问题。当然如有法律文书记载更好，但没有直接记载，通过类推得到一些初步的结论，应该也不失于某种意义。

日本何时使用“倭”作为国号尚无定论。“中国知网”显示，我国的论文不关心此话题。[1]著作方面的情况也大致如此。日本史专家汪向荣在其著作《古代中国人的日本观》“倭五王和日本的统一”一节中似乎流露出“倭”是“五王”的国号的意思，[2]但未确说。日本方面对此似乎也无明确的结论。[3]即使是在2010年底日本某网站转载的一篇说法较为肯定的论文，也仅认为“稻荷山古坟铁剑铭文[4]中汉字记述的大王，可以推定是雄略天皇。根据这个史实可以判断，在公元471年，诞生于狭义的YAMATO[5]国的YAMATO王权的支配范围已扩大到日本列岛的相当范围”，“有极大的可能将这个新的支配范围称作YAMATO国。雄略天皇在给刘宋的表文中将本国称作倭国，将自己称作倭国王，结果就从刘宋那里获得了倭王的称号”。另外，“《宋书・东夷传・倭国》也记述了我国统治者中所谓‘倭五王’[6]的情况”，所以“至少可以说在《宋书・东夷传・倭国》记述的时代，我国的对外公文已正式自称为倭国”，彼时“必定使用汉字倭标注”。[7]这段话似有“倭国”乃国号的意思，但措辞亦较委婉。

1.《宋书・东夷传・倭国》

由于汪向荣和上述日本学者使用的论据都来自《宋书・东夷传・倭国》，所以有必要对该史料再做分析。《宋书・东夷传・倭国》对除正“五王”的情况记述颇为详尽：“赞万里修贡……可赐除正。”“弟珍自称使持节都督倭、百济、新罗、任那、秦韩、慕韩六国诸军事、安东大将军、倭国王，表求除正。诏除安东将军、倭国王。”“济遣使奉献，复以为安东将军、倭国王。”“济死世子兴遣使贡献，……诏曰……可安东将军、倭国王。二十八年加使持节都督倭、新罗、任那、加罗、秦韩、慕韩六国诸军事。”“兴死弟武立，自称使持节都督倭、百济、新罗、任那、秦韩、慕韩七国诸军事、安东大将军、倭国王。……诏除倭、新罗、任那、加罗、秦韩、慕韩六国诸军事、安东大将军、倭王。”（《宋书・东夷传・倭国》）在对此史料作出分析之前需要先交代一个问题，即古汉人所说的“倭”，尤其是"倭国"的含义为何。

至唐以前,"倭"或"倭国"为汉人对广义的古代日本人或政治势力[8]的总称,比如"魏略云,倭在带方东南大海中,依山岛为国,渡海千里,复有国皆倭种"(《前汉书》)、"恒、灵间倭国大乱,更相攻伐,历年无主"(《后汉书》)、"倭人在带方东南大海之中,依山岛为国邑,旧百余国汉时有朝见者,今使译所通三十国"(《三国志·魏志》)、"安帝永初元年,倭国王帅升等献生口百六十人,请愿见"、"倭国及西南夷铜头大师并献方物"(《晋书·安帝记》)、"倭者……距带方万二余里"(《梁书》),并不特指日本统一前某地的人群或某个"国家"。不过也有例外,有时亦指其中的某"国",比如"建武中元二年,倭奴国奉贡朝贺,使人自称大夫。倭国之极南界也。光武帝赐以印绶"(《后汉书》)、"魏正始元年春正月,东倭重译纳贡"(《晋书·宣帝纪》)。然而从后者的表述来看,这种例外的区分也有限度,仍将日本的某"倭国"或某"倭"混在整体的"倭国"之中。人们在阅读成书较晚的《隋书·东夷传·俀(倭)国》时仍可发现,撰者或在总提时用"俀国"指称日本全国,或用"俀"特指其中的某"国"(似为大和政权)。由此可见,"倭国"这个词汇的意思并不固定,指的或是日本的全国,或是该国的某"国",反映出当时中国对日本的认识相当模糊。既然如此,那么从相反的角度说,日本的各政权在向汉王朝输诚纳贡时都可以自称"倭国",而不管自己是全国性政权还是地区性政权。

接下来首先要分析的是,《宋书·东夷传·倭国》的"五王"在奉表中以"倭国"自称仅仅是顺着汉人的口吻,还是已经对这个中国词汇赋予了新的含义,使之具有今人所理解的国号意义。为此需要考虑日本当时的情况和刘宋王朝等对"倭五王"政权的态度。先看刘宋王朝的态度。《宋书》对第一个王"赞"的记述极其简略,未说除正什么,而对"珍"、"济"、"兴"、"武"都说他们自称使持节都督倭、(百济)、新罗、任那、(加罗)、秦韩、慕韩(括号表示有的缺"加罗",有的被刘宋删去"百济")六国或七国诸军事、安东大将军、倭国王。对此刘宋则以"自称"为由,对"珍""使持节都督倭、百济、新罗、任那、秦韩、慕韩六国诸军事"的要求不予认可,仅"诏除安东将军、倭国王";对"济"是先认可"安东将军、倭国王"的称号,后来追认"使持节都督倭、新罗、任那、加罗、秦韩、慕韩六国诸军事";对"兴"是仅"诏除安东将军、倭国王";对"武"是"诏除使持节都督倭、新罗、任那、加罗、秦韩、慕韩六国诸军事、安东大将军、倭王。"因为"武"罗列了一堆理由,其中最让刘宋满意的是其表示要配合进攻高句丽——前者急欲除去的一个军事对手。仔细分析,可以认为刘宋对"五王""使持节都督×国诸军事"这个要求多有疑虑,而且否决了"珍"、"济"、"兴"加封"安东大将军"的要求,只"诏除安东将军",对武王是因为有求于他才改"诏除安东大将军"的。换言之,即此时武王才和高句丽王平级,受封"安东大将军"的称号,显示出刘宋并不特别看好"五王",将他们置于首要对手高句丽王之后的心态。然而刘宋在赐给"倭国王"这个称号上却很痛快。理由何在?其实这个称号对刘宋来说并不重要。其原因之一是此前的中国史书都将日本的各种政权视为"国",比如前引的"建武中元二年,倭奴国奉贡朝贺,使人自称大夫"(《后汉书》)、"安帝永初元年,倭国王帅升等献生口百六十人,请愿见"、"倭国及西南夷铜头大师并献方物"(《晋书·安帝记》)。因此《宋书》的撰者或在传统认知的基础上,认为他们横竖都是"倭国"的"王",故按前人所说诏除他们为"倭国王"想来并不算是一个问题。此外,我们从上述史料中也很难看出“五王”时的“倭国王”称号与之前“帅升”的“倭国王”称号相比有多大的意义变化。

其次的问题是，“珍”至“兴”都受封了“倭国王”称号，而最有实力且被刘宋开始看好的“武”却仅被授予“倭王”，其称号丢失了“国”字。说明什么？笔者认为可做两种推测：①将“武”诏除为“倭王”是漏写了一个“国”字。不过这对讲究用字的诏书而言是一件难以想象的事情，故此推测较难成立；②这或反映刘宋对当时日本的情况不了解，故说法有反复，或说明刘宋在武王时已逐渐摸清日本的情况，对他的“国家资质”有了疑问，认为此时的日本只存在许多大型聚落，而武王仅是其中一个超大聚落的王，故不认可他的“国家体制”，只看重他的军事才能可为己用，最终在改封他为“大将军”的同时仅给了一个“倭王”的称号(退一步说，即使加了“国”字，其意义亦与上述无大差异。因为日本的各政权都是“国”)。之后的《南齐书》(502—519)继承此手法，亦不写武王为“倭国王”，仅将其受封情况记作“进新除使持节都督倭、新罗、任那、加罗、秦韩、慕韩六国诸军事、安东大将军、倭王。武号为镇东大将军”(《南齐书》)。《梁书》(636)甚至干脆将日本写成“倭者”，连“国”都不说，记述为“除武持节督新罗、任那、伽罗、秦韩、慕韩六国诸军事镇东大将军。高祖即位，进武号征东将军”(《梁书》)。不仅少掉了“倭国”名，而且连是否“倭王”也不提。

由此我们可以大胆推测，在当时的日本，或许“倭国”这个称号并不固定，时有时无，否则《隋书》就不会另造一个国名“俀国”来表示日本。“俀”字义为“软弱”。写作“俀”是何用意一时无法说清，但至少可以认为不是笔误。也许当时日本某政权(从《隋书》的写法可以看出，裴世清的终点站是今天的奈良一带，也就是过去“五王”曾活动的区域之一)向隋示好，表现温顺，故被称作“俀国”。又或为隋朝对日本的另一个“倭”政权感到失望，所以故意创造一个新词以区别于该“倭”。以此观之，当时武王等在对中国联系时很有可能是顺着汉人的口吻，将自己说成是“倭国”。

2.“五王”政权的性质及其可能有的国内自称词

在观察了刘宋王朝对“倭五王”政权的态度后，还要考察日本当时的国内情况。为此要就日本古代史中所谓的“政权”、“王权”、“朝廷”和“国家”的概念预作说明。按日本学者的理解，所谓的“政权”，是指当时在日本国内诸多政治势力中掌握一定权力的某个政治势力。而当权力集中到政权内部某个特定人物，且众人皆应为此人物服务时，这个政权就可以被称作“王权”。当然，“政权”和“王权”在组织形态上可能没有太大的差异。但如果这个政权的内部成员并不仅限于服务某一个特定人物，那么这个政权就可以被说成是由多种势力组成的“联合政权”。用我们的话说就是“联盟”。王权局面中的大王出现后，有可能凡事皆须通过他的直接决断，但是否因此就能说他的政权是“朝廷”了？似乎还不能。因为按常理，只有在一面将大王作为政权的核心人物，一面又不事事依靠大王的直接决断和命令，而能依据大王所制定的大政方针独立开展工作的“组织体系”建立起来之时，才能称之为“朝廷”。而对“国家”的概念，不同国家、不同时代，甚至是同时代的人也都有不同的认识，但按笔者的理解，则其似乎应该是由一定的支配权力进行组织并统一起来的、居住在一定区域内具有朝廷机构的人的聚合体。

以此对照"五王"时代的情况可以得出一些初步的结论。"五王"势力强大确实不假,作为其最后一个王的武王,除了仿照中国皇帝用语,在"稻荷山古坟"等出土的大刀铭文上刻有"治天下大王"的字样和获得刘宋赐给的"安东大将军、倭王"称号外,还使自己的政权具有一定的"朝廷"规模和"国家建制",有了"内廷"和"外朝"的区别。前注铁刀铭文等中分别出现的"杖刀人"和"典曹人"的官职名称就是例证。所谓"杖刀",就是"正仓院"保存的天平胜宝三年(752)《东大寺献物帐》所说的举办仪式时使用的大刀。"杖刀人"即守卫在大王近侧、手持仪式大刀的警卫长官,可谓内廷官员。而所谓的"典曹人",据《三国志·蜀志》对"典曹都尉"官职的说明,就是在皇帝身边从事记录工作的文官,可谓武王时代的外朝官员。此外《日本书纪·雄略纪》还记有"厨人"、"川濑舍人"等官职名称。这种官僚制度被日本史学界称作"人制"。并且武王还在未征得刘宋同意的情况下就仿照高句丽已获得并使用的国家行政部门名称,"窃自假开府仪同三司,其余皆假授,以劝忠节"(《宋书》)。从这些举措可以看出,武王政权已大致走出前国家形态,正待进入准氏族共同体古代国家的发展轨道。由于这个原因,日本史学家平野邦雄认为,在武王时代,YAMATO朝廷已经形成。因为"以王权为核心,通过一定的臣僚集团组成的政治机构形成的时候,就是'朝廷'形成的时候"[9]

不过任何事物都有性质和程度的差别,自封的和被众人认可的,雏形期的和成熟期的往往不是一件事情。除平野邦雄等几人之外,很多日本史学家都不同意将"五王"政权看作是"朝廷"。比如关和彦就说过,"朝廷"一词,原意是指天子处理朝政或举办朝礼等仪式的官厅,之后转指具有以天子为核心的官僚组织的中央集权政府或政权。若彼时该政权不打出"天子"或"天皇"的君主名号,并且在各官职设置并不充分的情况下,使用"朝廷"一词是不恰当的。为此他将"朝廷"定义为"天皇的政治场所";[10]鬼头清明以"盘井之乱"为例,说明在当时的近畿地区有多个王权并立,并以继体朝之前的政权与"天皇系统的直接祖先YAMATO朝廷没有关系"为由,力说"YAMATO朝廷"一词必须在继体天皇之后从6世纪开始才能使用;[11]佐々木健一认为,到5世纪中叶日本尚未统一,在吉备、筑紫、毛野、出云等地还存在许多独立的"地域国家",在那些地方都建有大型的前方后圆形墓,其中冈山市的"造山古坟"(坟丘总长360米)在日本名列第四位。这表明各地豪族虽然从属于YAMATO王权,但在各自的地域还拥有自己独立的势力。他们和YAMATO王权处于一种并立或联合的关系。[12]

上述反方的观点可以归纳为:"五王"时代还处于多种政治势力并存、有着许多独立"地域国家"的阶段,该政权带有联合王权的性质,尚无"天皇"或"天子"的名号,官职设置还十分不完备,权力来源与之前的YAMATO政权没有关系。用笔者的话加以补充,就是"五王"政权虽然正待进入准氏族共同体古代国家的发展轨道,但因其缺乏健全的朝廷形态和正常的行政作风,[13]且没有通常与国号伴生的年号,其谥号WAKE(详见后文)和官职名称(仅有区区职数的"人制")仍未脱离前国家形态的传统聚落习性。简言之,武王等只是一个联合王权的大王,并非"国王"。他可以有自己的国内名号和对外自称词,但后者决非今人所理解的国号。

在此基础上，我们还要结合考古学和历史学的研究成果对“五王”政权的性质和该政权可能有的国内名号，以及后者和对外自称词“倭国”的关系做进一步分析。日本最早的古坟“胜山古坟”建在今奈良县樱井市，坟丘总长约 110 米，用年轮年代法测定其出土的丝柏年代，可知其建造的时间为公元 3 世纪。[14]这表明在奈良一带很早就建立了一个较为强大的政权。日本史学界通常将此政权看作是天皇系统直接祖先的大和王朝前身。然而随着时间的推移，日本又出现了许多规模更大的古坟。在日本现存的十座坟丘总长超过 280 米的大墓中，位于前三位且分别属于第 16 代仁德“天皇”、第 15 代应神“天皇”和第 17 代履中“天皇”的古坟，以及位于第五、第八位但所属不详的古坟和位于第九位属于应神“天皇皇后”即仁德“天皇”母亲仲姬命的古坟都建在大阪。而位列第六属于第 29 代钦明“天皇”、第七属于第 12 代景行“天皇”(?)、第十属于卑弥呼(?)的古坟都建在奈良；另一座即在上述的冈山。由上述“天皇”代数可以看出，建于大阪的超大型古坟多半建于“五王”或稍早的时代。对此现象，日本史学界有不同解释。一种说法是“王朝更替说”。比如水野佑认为，相对于 4 世纪集中建在奈良三轮山的是 5 世纪建于“河内”(今大阪府)的大古坟。从这种现象来看存在着王朝交替的可能。此外，从《古事记》、《日本书纪》的和式“天皇”谥号来看，4 世纪的“三轮王朝”(崇神王朝)带有 IRI(详见后文)尊号，而 5 世纪的“河内王朝”(应神王朝和仁德王朝)则有 WAKE 尊号，从中也可看出存在王朝变更的可能。[15]上田正昭力挺此说，也认为倭国在 4 世纪曾将政权建在“三轮”，而到 5 世纪即“五王”时代又将王朝搬迁到“河内”，故该王朝应称作“河内王朝”。[16]井上光贞因此亦提出“应神天皇新王朝论”；[17]另一种说法则是“王统连续说”。和田萃(1992：62～96)认为，4 世纪后半叶和 5 世纪的大和势力与河内势力实为一个政权，为此提出了“大和、河内联合王权说”，否认存在王朝更替。[18]而重视大和王权在大和川流域间移动的白石太一郎的见解[19]基本与此相同。此外还有吉村武彦(1993：177)的“历代迁宫说”。吉村认为“古坟建造是否意味着政权和国家的建立存在问题”，说要对过去将政权的基础放置在古坟所在地的观点重新进行审视，其根据就是《记纪》都记载王宫和陵墓是分离的。[20]并因此提出，如果在特定区域行使影响力的集团酋长只在特定的狭小区域拥有地盘，那么《记纪》中所谓的“历代迁宫”现象就不会发生，所以大和王权应该通过迁离特定的政治地盘才能得以确立。[21]

我们倾向于“王朝更替说”，认为“五王”政权的性质是一个新政权，活动于大阪一带。如果此说成立，那么其对内自称词就不会是 YAMATO(后来的“倭”)，而会是另一个名称。那么要如何证明王朝发生了更替？我们认为以下研究成果和资料可作证据补充：

一是亡灵信仰。“河内王朝”之前的古坟多半建造在山丘和山脊突出部向平地延伸的地方，也有的建造在独立的山丘或台地上。这种亡灵信仰据说来自“山上清净思想”。而到“应神、仁德两陵时，高耸的坟丘则横亘在平原中央”。这时坟墓中“已建有……大石室，安置带盖的长方形石棺”。“与横穴式石室出现相表里”，“人们[在墓中]可以见到釜灶合一的小型陶偶。……送葬时人们的心思已完全从封土上或坟前转移到石室内部”。“过去摆在坟上的陶偶等当然就此隐踪匿迹。”[22]再一个亡灵信仰的变化则表现在奈良和平安时代天皇即位后第二年举办的“大尝祭”[23]和在其翌年举办的

“八十岛祭”[24]。简单说来，后一个仪式就是让敕使把天皇的衣服拿到大阪湾的淀川下游，使大八洲的“御灵”(死魂)附着在天皇衣服上。为什么敕使要特意将天皇的衣服拿到大阪湾？上田正昭的回答是与“河内王权”有关。也就是说，这是一个新政权在一个新地方产生了新信仰，让人有后来的大和政权之根反而在“河内”的感觉。

二是大王的和式谥号(以下简称“谥号”)。前面说过，4 世纪的大王谥号含有 IRI 尊号，而 5 世纪的则含有 WAKE 尊号。为便于人们将此现象看得更清楚些，我们在这里将第 1 代至第 26 代具有区别意义的“天皇”谥号全部标出(斜体粗字部分表示其具有的相同尊号)，并加以简要说明。

第 1 代为神武“天皇”，谥号是“ハツクニシラススメラミコト”[25]，即“治理初建国家之皇”的意思。《古事记》和《日本书纪》都认为神武其人就是大和朝廷和皇室的肇始者。另外，《日本书纪》将他之前的时代定为“神代”，之后的时代定为“人代”。

第 2 代绥靖“天皇”(カムヌナカワミミノスメラミコト)

第 3 代安宁“天皇”(シキツヒコタマテミノスメラミコト)

第 4 代懿德“天皇”(**オオヤマト**ヒコスキトモノスメラミコト)

第 5 代孝昭“天皇”(ミマツヒコカエシネノスメラミコト)

第 6 代孝安“天皇”(**ヤマト**タラシヒコクニオシヒトノスメラミコト)

第 7 代孝灵“天皇”(**オオヤマト**ネコヒコフトノニノスメラミコト)

第 8 代孝元“天皇”(**オオヤマト**ネコヒコクニクルノスメラミコト)

第 9 代开化“天皇”(ワカ**ヤマト**ネコヒコオオヒヒノスメラミコト)

以上 8 位“天皇”中有 4 位“天皇”的谥号都带有ヤマト(YAMATO)的尊号，说明截至第 9 代“天皇”，他们的根在近畿 YAMATO 或九州 YAMATO 一带。因此或可说他们的政权是 YAMATO 政权。不过由于第 2 代至第 9 代的“天皇”皆未见于史书，他们被称作“缺史之八代”，所以无法在此多做介绍。

第 10 代崇神“天皇”有两个谥号，一个是“ミマキ**イリ**ビコイニエノスメラノミコト”，另一个是“ハツクニシラススメラミコト”，即“初治天下之皇”的意思，故被人视为实际存在的“天皇”。

第 11 代垂仁“天皇”(イクメ**イリ**ビコイサチノスメラミコト)

第 10 代“天皇”和第 11 代“天皇”的谥号都带有**イリ**(IRI)，而都没有ヤマト(YAMATO)的尊号，说明从此开始情况有了变化。

第 12 代景行“天皇”(オオタラシヒコオシロ**ワケ**ノスメラミコト)

第 13 代成务“天皇”(ワカタラシヒコノスメラミコト)

第 14 代仲哀“天皇”(タラシナカツヒコノスメラミコト)

第 15 代应神“天皇”(ホムタノスメラミコト、ホムタ**ワケ**ノミコト)

第 16 代仁德“天皇”(オホサザキノスメラミコト)

第 17 代履中“天皇”(イザホ**ワケ**ノスメラミコト)

第 18 代反正“天皇”(ミツハ**ワケ**ノスメラミコト)

第 19 代允恭“天皇”(オアサヅマ**ワク**ゴノスクネノスメラミコト)

第 20 代安康“天皇”(アナホノスメラミコト)

第21代雄略“天皇”(オオハツセノ**ワカ**タケルノミコト)

第22代清宁“天皇”(シラカノタケヒロクニオシワカヤマトネコノスメラミコト)

第23代显宗“天皇”(ヲケノスメラミコト)

第24代仁贤“天皇”(オケノスメラミコト)

第25代武烈“天皇”(オハツセノ**ワカ**サザキノスメラミコト)

从第12代到第25代14位“天皇”中有7位“天皇”的谥号都带有ワケ(WAKE)或ワク(WAKU)或ワカ(WAKA)的尊号,尤其是从“五王”时的“赞”即履中“天皇”到“武”即雄略“天皇”时,更集中使用过WAK一的尊号。想来上田正昭通过这种现象,将“五王”政权命名为“WAKE王朝”不无道理。

第26代是继体“天皇”,谥号为“オオドノスメラミコト”,自此开始那种带有相同尊号的现象消失。《日本书纪》记载继体为“应神五世孙”,出生于近江国(今滋贺县)高岛,在其母亲的故乡越前国(今福井县东部)高向长大,后来因大伴金村等人的推举成为“天皇”。故在此有皇统断绝和未断绝两种见解,此不赘述。

从上述亡灵信仰和谥号中的尊号改变至少可以推测出,至“五王”为止的政权性质仍旧是一个流动的王权。既然信仰有了改变,谥号中的尊号也出现了变化,政权所在地亦改变了,那么即使按照王统连续的观点,其国内自称词在漫长的岁月中也有可能一道发生改变,而不会再是过去的YAMATO了,而或是IRI或是WAKE什么的。因此后来的“倭”字就不会被顺理成章地训注在“五王”的非YAMATO名号上,他在给刘宋的奉表中使用的“倭国”也不太可能是他国内名号的汉译,而很有可能是仿照前人,用汉人可以理解的方式加以灵活运用的产物罢了。于此有必要重申一遍,在当时,倭人政权在与中国联系时都可以用“倭国”自称,而在汉人看来,所有的日本政权也都可以是“倭国”。综合上述,似乎可以这样认为,即便“五王”有了本政权已是一个“国家”的想法,但他们的想法是一回事,刘宋王朝等怎么看是另一回事,他们本身所处的状况更是另一回事。

3.“五王”所处的国际、国内局势和《隋书》《旧唐书》《新唐书》等

至此还需要就“五王”所处的国际、国内局势做些分析,以便与推古时代(飞鸟时代)[26]的情况做个对比,知道在何时日本才可能使用一般意义上的国号。首先,“五王”是主动要求加入东亚朝贡册封体制的。但这并不表明他们对刘宋的向往,而主要是希望获得刘宋的支持,以确保自己在朝鲜半岛的支配地位和获得那里的铁矿资源,加强自己在联合王权内部的政治地位;其次,“五王”的活动地点在大阪而不在大和,除了让人窥见其目的是便于与中韩等国联系和对高句丽作战之外,还暗示着“五王”及其后人的国内征程远未结束,换言之即“五王”时日本并没有真正统一。武王在奉表中对自己的战功做了诸多宣传,但故意漏说了位于北九州岛的“筑紫政权”(=古倭奴国?)。而这,也是一个其未彻底征服的“国家”,同时还是一个比大阪更好的出海联系和作战通道。由于《日本书纪》由胜利者大和王朝书写,所以该史书对“筑紫政权”的情况讳莫如深不难理解。实际上,作为一个早先能与大和铜铎文化圈抗衡的九州铜鉾、铜剑文

化圈中的“筑紫政权”，从未从“五王”及之后的历史中淡出。有关此点，我们可以从“魏正始元年春正月，东倭重译纳贡”(《晋书·宣帝纪》。这里所说的“东倭”，似有区别于九州“倭”的用意)、“自竹斯国[筑紫国]以东皆附庸于俀”(《隋书·东夷传·俀国》)、“倭国者，古倭奴国也。……日本国者，倭国之别种也。……或曰，倭国自恶其名不雅，改为日本。或云，日本旧小国，并倭国之地”(《旧唐书》)和“日本，古倭奴也。……后稍习夏音，因恶倭名，更号日本。使者自言，国近日所出，以为名。或云日本乃小国，为倭所並，故冒其号”(《新唐书》)等记述反推出来。这种近畿政权与九州政权的争斗在继体“天皇”进入大和后的527年仍在继续。比如某次争斗，按照以大和政权为正统的《日本书纪》记载属于“盘井之乱”，即北九州岛的豪族“筑紫君”盘井与新罗联手对YAMATO政权展开的一次军事进攻，但在我们看来，它似乎仍然属于当时日本国内两个“国”的战争。

从文物和其他史料也可以对此事加以有效的推测和证明：①东汉光武帝赐给的“汉委奴国王”金印不是被发现在大和，而是在筑紫。这说明两个问题：那里长期存在着一个重要而强大的政权；这个政权曾被汉人命名为“倭奴国”。②法隆寺早先不建于奈良，其前身的×寺建于筑紫，后来是因为“筑紫政权”败于大和政权，才被拆卸后按原样重建在今天的地址的。据称该寺的建筑法度和尺寸乃中国南朝的法度和尺寸，有异于大和王朝的其他佛教建筑。[27]与此相关的还有日本最早的佛书《法华义疏》和“上宫王”等身佛像。《法华义疏》乃中国南朝高僧法云法师(？—529)为《法华经》所作的注释书，现保存在法隆寺，其首页注有“大委国上宫王私集”字样。“上宫王”为何人不见于日本天皇谱系和任何一部史书，日本学者川端俊一郎认为此人就是“筑紫国王”。或许此书连同原×寺一道被大和政权掳掠到奈良。过去人们对上宫王等身佛像(该王死后有人以其模样塑造的观世音菩萨像，1884年被美国人E. F. 费诺洛萨强行起出)为何长期密藏于法隆寺八角佛殿(也称梦殿)一直迷惑不解，但若将其与×寺和《法华义疏》等联系起来，就会悟出其中的奥妙(川端俊一郎，2003)。[28]“大委国”一词还证明，“倭”的称号早期也被“筑紫政权”，而不仅仅被近畿政权所用，这可以增强我们在前面所述的说服力。③“筑紫政权”曾与中国南朝保持过友好关系，在南朝的陈国被北朝的隋灭后仍情系南朝，对北方的隋唐皆无称臣之意。有人推测《隋书》中所说的引起隋文帝不悦、带有“日出处天子致书日没处天子”字样的国书，就发自“筑紫政权”[29]。

而从反映当时情况的《隋书》和《旧唐书》的记述来看，中国新皇帝似乎对“筑紫政权”也无好感。《隋书》记载，裴世清在到达目的地“俀”(大和政权？)前仅仅是经过“竹斯国”，后来在“俀”却受到隆重的欢迎，“俀王遣……数百人设仪仗鸣鼓角来迎”；而《旧唐书》所说的“高表仁无绥远之才与王子争礼不宣朝命而还”，更暗示着中国与“筑紫政权”(《旧唐书》原文为“倭国”。如前述，该国在《旧唐书》中与“日本国”并列)间在这时已埋下战争的种子。日本学者古田武彦等人也主张在7世纪时九州北部还存在一个代表日本列岛的王朝，在白村江作战的不是畿内的大和军队，而是奠都大宰府的九州王朝军队。[30]虽然武彦等人的主张不被日本主流学界认可，但我们认为，日本在法隆寺被整体搬迁不久前应该仍存在两大政权并立的局面。现在人们对此缺乏认识是《日本书纪》撰者的“运作”结果，因为该史书和《古事记》一样，在编撰时也经历过对之前存在的各种版本的《帝纪》和《旧辞》[31]"讨核"和"削伪"的过程，自然其得出的文本有让人怀疑的理由。反过来，过去被人诸多存疑的《隋书》、《旧唐书》、《新唐书》在某种程度上可能更为可靠。因为在隋唐两代，中国已有多批使者去过日本，白村江之战后唐代朝散大夫郭务悰甚至还带领两千人的军队驻扎在筑紫，不会不通过当地人了解到日本分裂的情况。而彼时日本来华的使者和学者也很多，亦会向中国方面通报日本的情况。因此《隋书》、《旧唐书》、《新唐书》说日本当时分裂、有两大势力并存绝非空穴来风。隋唐如此，"五王"时代的情景由此可知。

以上史料和分析都说明，在"五王"及之后的较长时间内，因日本国内的不统一会导致"倭"国号的归属和采用都无从明确(他们都是"倭")。至少在"五王"时期，近畿政权或"筑紫政权"等在国内对"倭"国号都难以产生真正的兴趣，即使对外使用也很可能是顺着汉人的口吻灵活运用而已。日本只有在大致实现统一，成为一个完整意义的国家，才有使用国号包括年号的愿望和要求。反之，在日本古代各"国"相互攻伐期间，要证明谁是真"倭"，又是否真以"倭"为国号，不仅存在困难，而且缺乏意义。

4. 推古时代的改革成果

日本亚洲史学家宫崎市定曾发表过《关于天皇称号之由来》一文，推断古代日本在制度上用"天王"的称号当在雄略"天皇"即"倭五王"前后，而转用"天皇"则在圣德太子摄政的推古时代。理由是从圣德太子之后，日本开始与中国直接交往，称号问题便会排上议事日程，迫使日本寻求合适的称号。他还认为，日本5—6世纪的政治领导人曾自称自己为"大王"，但这个称号应当是沿用汉文的习惯用法。在当时的中国，因沿用古代的叫法，故所谓的"大王"只是尊称而不是正式的称号。同时他又猜测，"天皇"这个称呼来自"天王"(引者按：二者的日语读音一致)。这个称呼在公元4—5世纪中国北方石勒等政权曾使用过。而且在中国"五胡十六国"那个流行"天王"的时代(天王冯弘之燕国灭亡于436年，即日本允恭"天皇"二十五年)，日本有可能通过高句丽和百济将这个称呼引进日本，并将过去的"大王"或"王"升格为"天王"，再由"天王"升格为"天皇"。[32]笔者认为这个洞见极具眼光，同时还觉得，在直接交往时，当时的日本不仅需要明确自身领导人的名号，还需要一个国号。这是判断日本于何时产生第一个国号的重要依据。此外，从圣德太子在推古朝(593—628)及其后人在后推古时代所采取的措施也可以反推出，日本此时强烈需要一个正式的名号——国号。

第一，改革政治体制，摆脱豪族联合政权的掣肘，向统一的中央集权天皇制律令国家目标迈进。圣德太子制定"冠位十二阶"(603)和"宪法十七条"(604)，派出遣隋使，引进佛教，打压神道教空间，就是这些改革措施的具体体现。大化元年(645)夏，中大兄皇子(此后的天智"天皇")联合中臣(藤原)镰足等革新派豪族消灭了苏我大臣家族，又进行了程度更加深刻、范围更加广泛的改革。

第二，强化国家意识，此点最为重要。推古"天皇"二十八年(620)圣德太子等人开始编撰《天皇记》和《国记》。[33]此时的《国记》中的"国"，已不再是原先表示地区或属国意义的"国"，而带有明显的独立国家的含义。如果《日本书纪》所说的《国记》乃叙述国家成立由来之一书的情况属实，那么，可以认为此举具有空前的意义，表明大和王朝已有了明确的国家意识和与中国的对等意识，非"五王"政权可以相提并论。此时的《天皇记》也开始取代过去所说的《帝纪》，在思想和外交方面都具有重大意义。这里有必要澄清一个问题，即"天皇"的称号使用和"日本"这一国号的出现没有必然的联系。虽说奈良时代之前所谓的天皇汉式谥号都是后人模仿唐朝宫廷礼制和皇帝名号创设的，而且出现的时间很晚，大约是在公元8世纪后半叶由以淡海三船[34]为代表的御用学者根据《古事记》、《日本书纪》的传说，给过去的大王分别追加安上的，但天皇称号首次出现的时间，却不在天皇汉式谥号被追记的奈良时代，而是在推古时代。因为人们能看到的最早写有"天皇"这两个文字的，是在奈良县明日香村飞鸟池遗迹出土的天武天皇(673—686在位)朝代木简上，但不排除此前已开始使用"天皇"这一称号。另外，日本的第一个年号"大化"(有学者说之前似乎使用过"法兴"等年号，但未被广泛接受)也需注意，它首先出现于孝德天皇年代，时间是645年。668年中大兄皇子即位为天智天皇，编纂了日本第一部成文法《近江令》。有第一个年号、天皇称号和第一部成文法的出现，说明在此之前或当时应该产生了国号。朝鲜史书《三国史记》"新罗本纪"文武王十年(670)12月条说："倭国，更号日本。"这个"更"字，似乎也说明在670年之前，日本使用过"倭"作为国号。

第三，改革经济和国家管理体制，建立和充实官僚机构。大化二年，中大兄皇子颁布了"改新"诏书，宣布废除私有地和私有民，采用"国、郡、里"制，将地方行政权力集中到朝廷。并为此于大化五年，仿照唐代官僚行政制度，设立左大臣、右大臣和内大臣，制定八省百官制和冠位十三阶，开办大学寮，培养和任用了大批官员，以服务于建立户籍、统一税制，在调查耕地的基础上，实施"班田收授法"和"租"、"庸"、"调"制的目的，初步建立了日本最早的中央集权官僚制国家。另须说明，中大兄在拥立孝德"天皇"后又将国都搬迁至大阪，其目的似乎仍在于试图通过海路加强与中国和韩国的联系及便于与"筑紫政权"的对峙。

第四，也是很重要的一点，即在这个时期，"筑紫政权"等最终被大和王朝消灭，日本只剩下一个"倭"了。人们由此可以想象，此时的大和王朝迫切需要一个印章，以为上述改革成果和与外部世界的对等愿望及自己的最后胜利背书。这个印章，就是之后不久成书的《古事记》(712)中的"倭"国号。

5. 结　语

"倭"是古代汉人对当时的广义日本人或政治势力的总称，并非对某一个日本古代部族或政权的特指。因"五王"受其政权性质和活动范围不在大和地区以及国际国内条件的限制，不太可能以"倭"作为自己的"国号"。也许"五王"在自己的"奉表"中使用过"倭国王"的词汇，但我们猜测那也并不具备正式国号的意义，而仅仅是根据需要，用汉人可以理解的方式写出的。正式的"倭"国号则或是要等到其后人转战到大和地区并在那里建立起政权，或是在大和地区出现的另一个政权，在战胜其他政权，包括拥有"倭"名号的其他政权，在很大程度上统一了当时的日本，有固定的国都，并在那里建立起官僚制度齐备的强大朝廷，制订了法律条文，有余力和自信向东亚各国表明我乃正宗的“倭”后才可能正式以“倭”国号来表示其国家的。具体说来，虽然其时间仍不很明确，但较有可能是在推古时代后期这段时间。这比在“五王时代”产生“倭”国号的说法似乎更容易为人接受。

注释

[1]笔者输入“倭国号”此关键词检索，未发现有论文涉及此话题。

[2]汪向荣著《古代中国人的日本观》，上海古籍出版社，2006 年 4 月。

[3]鈴木靖民『古代国家史研究の歩み』、新人物往来社、1983 年 5 月；関和彦『邪馬台国論』、校倉書房、1983 年 1 月。

[4]原文是：

辛亥年七月中记乎获居臣上祖名意富比其児多加利足尼其児名弖

已加利获居其児名多加披次获居其児名多沙鬼获居其児名半弖比(表)

其児名加差披余其児名乎获居臣世々为杖刀人首奉事来至今获加多

支卤大王寺在斯鬼宫时吾左治天下令作此百练利刀记吾奉事根原也(里)

附注：铭文为古汉语体，但人名等用万叶假名标注。

[5]即“倭”字，原文为假名。为便于中国普通读者阅读，自此开始一律改为罗马拼音字符。

[6]“五王”分别为“赞”、“珍”、“济”、“兴”、“武”。据《古事记》转引《帝纪》记载，履中天皇和反正天皇属兄弟关系，与《宋书》的记述一致，故“赞”即履中天皇，“珍”即反正天皇；允恭天皇和安康天皇乃父子关系，与《宋书》的记述又相一致，故“济”即允恭天皇，“兴”即安康天皇；安康天皇和雄略天皇又属兄弟关系，与《宋书》的记述也相一致，故“武”即雄略天皇。此“五王”受到《宋书》的重视，可能缘于他们自公元 421 年到 478 年先后 10 次遣使朝贡刘宋王朝。对此，日本史学家佐野大和有不同看法，他引用前田直典的研究，认为“赞”是应神天皇，于 421 年和 425 年两次遣使赴宋，430 年死去。而“珍”即仁德天皇，于 439 年死去。结论是当时的中国人将此二天皇说成是兄弟乃误听的结果。至于履中、反正二天皇，因在位时间过短，没有遣使，因此在中国史料中没有出现。“济”即允恭天皇(与履中、反正二天皇都属兄弟关系)，于 443 年即位。其余说法与《古事记》或《宋书》相同。参见佐野大和『日本の古代文化——考古学要説——』、小峯書店、1965 年 5 月。

[7]佚名. 倭・大倭氏考(大和国造氏). http://www17.ocn.ne.jp/～kanada/1234－7－39.htm. 2010 年. 下载于 2011 年 5 月 21 日。含此，正文和注释中的译文均由笔者翻译.

[8]我们这里所说的“广义的日本人”等，不是指沈仁安和王勇说的在中国境内和朝鲜南部等地的“泛倭人”，而是指古代活动于日本列岛的居民或各原始族群。

[9]平野邦雄『世界大百科事典』「大和朝廷」条項、平凡社、1988 年 5 月。

[10]関和彦「『ヤマト』王権の成立はいつか」『争点日本の歴史 2 古代編 I』、新人物往来社、1990 年 12 月。

[11]鬼頭清明「大王と有力豪族」『朝日百科日本の歴史 1 原始・古代』、朝日新聞社、1989 年 4 月 8 日。

[12]佐々木健一編『考古学リーダー 12　関東の後期古墳群』、六一書房、2007 年 12 月。

[13]有关此点，从成书较晚的《隋书・东夷传・俀国》中仍可看出：“开皇二十年，倭王姓阿每，字多利思比孤，号阿辈难尔，遣使旨阙。所司访其风俗，使者言倭王以天为兄，以日为弟，天未明时出听政，跏趺坐，日出便停理务，云委我弟。高祖曰，此太无义理，于是训令改之。”由此可以反推出“五王”时代的行政作风。《二十五史》，《隋书》卷八二，上海古籍出版社，1986 年 8 月标点本。

[14]『奈良県立橿原考古学研究所報告』、2001 年 5 月 30 日。

[15]水野佑『増訂　日本古代王朝史論序説』、小宮山書店、1968年8月。

[16]上田正昭『大和朝廷:古代王権の成立』、講談社学術文庫、1995年8月。

[17]井上光貞『日本国家の起源』、岩波書店、1960年4月。

[18]和田萃『大系　日本の歴史2古墳の時代』、小学館、1992年2月。

[19]白石太一郎『古墳とヤマト政権古代国家はいかに形成されたか』、文藝春秋、1999年4月。

[20]实际上《记纪》有关王宫和陵墓分离的记载不完全正确。因为"河内"除了建有超大型王陵，还建有许多大王的宫殿，比如应神"天皇"的大隅宫，仁德"天皇"的高津宫，反正"天皇"的丹比柴篱宫，雄略"天皇"的志几宫，显宗"天皇"的近飞鸟宫等。这说明王陵和王宫同在一个区域的传统并未有所改变。

[21]吉村武彦「倭国と大和王権」『岩波講座日本通史第2巻古代1』、岩波書店、1993年10月。

[22]佐野大和『日本の古代文化——考古学要説——』、小峯書店、1965年5月。

[23]指天皇即位后举行的"新尝祭"，亦即天皇亲自将当年新收获的谷物奉献给天照大神以及天地诸神的、一任天皇才举办一次的盛大仪式。

[24]指在"大尝祭"翌年，天皇选择吉日，派遣勅使前往"摄津国"的"难波"(今大阪)，祭祀住吉神、大依罗神、海神、垂水神、住道神，感谢国土生成，祈祷治世平安的仪式。也称"八十岛神祭"。

[25]自此开始用片假名标注。因为其中多数字符具有可辨读的意义。

[26]这里所说的推古时代的概念，在日本史上是个较为宽泛的概念，指在奈良盆地南部飞鸟地区建都的推古朝前后的时代。在政治史和文化史上一般指6世纪末到7世纪前半这段时间。日本将此时代也称作飞鸟时代。

[27]川端俊一郎著、郭凤英译《继承中国南朝建筑式样的日本法隆寺》,《中日关系史研究》,2003年第1期;凌星光著《〈日本书纪〉严重歪曲事实——浅谈川端教授论文的现实意义》,《中日关系史研究》,2003年第1期。

[28]川端俊一郎著、郭凤英译《继承中国南朝建筑式样的日本法隆寺》,《中日关系史研究》,2003年第1期。

[29]日本有学者认为此国书乃亲中国南朝的"筑紫王朝"发出，因鄙视代陈而起的隋朝而有以上写法，但也有学者认为此国书乃大和王朝的圣德太子发出。但从历史逻辑上看，圣德太子在此时发出此国书是不符合常理和不智的。

[30]古田武彦『失われた九州王朝一天皇家以前の古代史一』、朝日新聞、1973年8月。

[31]《帝纪》也称《帝皇日继》,《旧辞》亦称《本辞》)，二者都散佚不传，但从《古事记》的序言可以推知在该史书成书之前曾有此二书。该《帝纪》是记录古代日本皇位次第的书籍，与《旧辞》一道，都成为日后编撰《古事记》和《日本书纪》的资料。

[32]宮崎市定「天皇なる称号の由来について」『思想』、1978年4月号。

[33]指后世推测的推古"天皇"二十八(620)年圣德太子与苏我马子一道编撰的两部史书。但此二史书的内容如今不很明了。《日本书纪》记载，645年苏我本宗家族灭亡之际，苏我虾夷家中保存的此二书被火焚烧。是船史惠尺从火中将《国记》的一部分抢救出后交给中大兄皇子的。

[34]淡海三船(722—785)，奈良时代的贵族和文人，大友皇子曾孙，历任"大学头、文章博士、刑部卿"，着有《唐大和上东征传》等。据传是他选定了自"神武天皇"到"光仁天皇"的中国式天皇谥号。

作者简介

胡稹，北京日本学研究中心硕士课程3期生(1987年9月至1989年9月在学)，日本文学专业。现任福建师范大学外国语学院教授。

试论中国龙文化及在日本的传承

潘　蕾

在整个中华文明的历史进程中，龙文化不断地发展与完善。在中国人的观念中，龙是神圣、祥瑞的，并与至高无上的皇权紧密相连，是不可冒犯的。龙文化并非中国所独有，同样存在于日本。8世纪成书的《日本书纪》中，神武天皇的祖母——丰玉姬命被描绘为海神之女，居住在海底的宫殿之中，在生产神武天皇的父亲——鸬鹚草葺不合尊时化作龙形。由此可见，早在公元8世纪时，日本文化中不仅出现了龙，而且还有了龙王、龙女、龙宫的概念。龙生活在海底的宫殿之中，是海的主人，龙的世界是与人的世界分开的，龙是神秘、神圣的。在日本龙文化的形成过程中，受到了中国龙文化较大的影响。综观中日两国龙文化的形成过程，均是不断融合不同文化、宗教、风俗的过程，中国的龙文化将儒释道三家的思想有机地融为一体，而日本在吸收中国的龙文化的过程中，又将本国的神道思想融入其中。可以说，龙文化是思想的集成，因为龙是想象中的动物，它的融合能力是无限大的，今天依然在不断融合新的文化、宗教与风俗。因此，笔者认为，理清中日龙文化各自的特征以及传承关系，有助于我们理解两国文化的异同，增加两国人民的相互理解。

1. 中国的龙文化

虽然中国人自称是龙的传人，但是很少有人能够说清楚龙具体是什么样子，因为龙是一种想象中的动物，其形象是不断发展变化的。东汉学者许慎在《说文解字》中，对龙做了如下解释："龙，鳞虫之长，能幽能明，能细能巨，能短能长，春分而登天，秋分而潜渊。"[1]从许慎的描述中，我们可以得知龙是一种能够自由变换身形、登天潜渊的鳞虫。北宋美术史论家郭若虚编著的《图画见闻志》中，有一段关于如何画龙的记述，即"画龙者折出三停（自首至膊、膊至腰、腰至尾也）。角似鹿、头似骆、眼似虾、项似蛇、腹似蜃、鳞似鱼、爪似鹰、掌似虎、耳似牛，游泳蜿蜒之妙，得回蟠升降之宜。"[2]上述画龙的"三停九似"之法强调画龙时，龙首至前肢、前肢至腰、腰至尾三部分长度要相等，龙的九个部位要分别和九种动物相似，向我们展示了龙的具体形象。可以看出，龙是把各种动物形象中最美好、最具有代表性的部分糅合在一起创造出的形象。对于这种糅合，现代学者闻一多在其所著的《伏羲考》中考证："大概图腾未合并以前，所谓龙者，只是一种大蛇，这种蛇的名字便叫'龙'。后来，有一个以这种大蛇为图腾的族团兼并吸收了许多别的形形色色的图腾族团，大蛇这才接受了兽类的四脚，马的头，鬣的尾，鹿的角，狗的爪，鱼的鳞和须……于是便成为我们现在知道的龙了。"[3]可以说，龙是民族融合的产物。因此，我们可以给中国的龙下一个定义，即龙是中国大陆各部族不同文化、宗教、风俗的统一融合体。

1.1　中国龙的起源

对于中国龙的起源，学术界的争论从未停止过，其学说可以分为两大类。一类是动物起源说，主要有蛇说、鳄说、鱼说、马说、牛说、鹿说等；另一类是自然现象起源说，主要有闪电说、雷说、水说、云说、虹说等。以上学说有的从生物学、地理学的角度入手，有的从历史学、民俗学的角度入手，可谓是仁者见仁，智者见智。正因为龙是中国大陆各部族不同文化、宗教、风俗的统一融合体，其表现必然是多样的，其起源必定是多元的。

就目前的考古学成果来看，中国龙的出现可以追溯到距今八千年前。1994 年，辽宁省阜新县沙拉乡查海村发掘出距今八千多年前的原始社会聚落遗址，在其中心部位，清理出一条长 19.7 米、宽约 2 米的巨型龙形堆塑（赤龙）；1987 年，河南省濮阳市西水坡仰韶文化遗址发现了距今六千年前的用蚌壳摆塑的龙形图案，并且在同一地层、南北一条直线上出土三组蚌图，每组中都有龙的图案；1953 年被发现的陕西宝鸡北首岭仰韶文化墓葬中，曾出土一件距今六千年前的彩陶壶，壶的腹肩部用黑彩在红色陶地上绘了一只水鸟啄着一个动物，其动物鱼头、巨腮、有鳞纹（鱼龙），蔡易安认为是龙凤纹[4]；1993 年在湖北黄梅县白湖乡张城村焦墩遗址发现了距今约六千年前的远古先民用卵石摆塑的一条巨龙（牛头・鹿头龙），其龙昂首直身，曲颈卷尾，独角上扬，背部有三鳍，腹下伸三足，恰似一条正在腾飞的巨龙。1971 年在内蒙古翁牛特旗三星他拉村红山文化遗址发掘出一个距今约五千年前的墨绿色玉龙（马龙），其龙体卷曲为 C 字形，吻部前突，长鬃高扬。

中国早期的龙形文化遗存中，北方的遗存较南方居多，这并非偶然，而是说明龙的出现北方早于南方[5]。虽然自八千年前开始，中国各地陆续出现了龙，但是各地的龙在外形上还存在一定的区别。如前所述，在辽宁发现的堆塑龙是红色的；在河南发现的蚌壳龙其形似鳄；在陕西发现的彩陶龙其头似鱼；在湖北发现的卵石龙其头似牛或鹿；在内蒙古发现的玉龙其头似马。从地理位置上看，陕西、河南虽属北方，但与被归为南方的湖北毗邻，那里的龙身上可以看到鱼头、鳄形等南方水田农耕民族的特点。中国特有的鳄被称为扬子鳄，主要分布在安徽、浙江、江西局部等长江中下游地区，是一种水陆两栖动物，具有冬眠习性。这种习性与蛇相同，鳄与蛇的活动与季节的循环相符合，在春天万物萌生时开始活动，到秋季植物凋落时便入地而居。正是因为蛇、鳄身上所体现的这种循环与再生的思想，使它们成为南方水田农耕民族信仰的对象[6]，其中所强调的是人类与自然的共存。与此相对，北方旱地农耕民族强调的是人类对自然的超越。北方自古有后羿射日的传说，传统意义上讲，太阳在英雄威力之下隐匿和复出，意味着太阳崇拜的衰落和英雄崇拜的崛起，是人类意图超越自然思想的体现。而超越之后的融合，也是北方旱地农耕民族思想上的一大特征。在这一思想背景下，他们需要一种可以超越任何实有的动植物、自然现象的全能的对象作为精神依托，虚拟的龙应运而生。接近南方的北方部分地区的龙形文化遗存中所呈现的南方文化的某些特质，可以理解为起源于北方的龙文化在发展过程中对南方文化的融合。

1.2 中国龙文化的发展

何星亮将中国龙文化的发展归纳为四个阶段，即图腾崇拜阶段、神灵崇拜阶段、龙神崇拜与帝王崇拜相结合的阶段、印度龙崇拜与中国龙崇拜相结合的阶段[7]。笔者基本赞同这一提法，但是认为有必要将第四阶段“印度龙崇拜与中国龙崇拜相结合的阶段”改为“与佛教、道教思想相结合的阶段”，并在第四阶段之后加上“与帝王崇拜分离的阶段”这一阶段。下面，就具体探讨一下中国龙文化在各个发展阶段的表现与特征。

1.2.1 图腾崇拜阶段

所谓图腾崇拜，是指人们认为某种动物、植物或无生物与自己的氏族有血缘关系，是本氏族的始祖和亲人，从而将其尊奉为本氏族的标志、象征和保护神。在华夏形成之前，各部落的图腾形形色色，或为蛇，或为鸟，或为牛，或为马，或为鱼。而炎帝部落和黄帝部落均与龙有着紧密联系。汉代史学家司马迁所著的《史记·天官书》中称“轩辕黄龙体”，唐代史学家司马贞所著的《补史记·三皇本纪》中称“女登感神龙而生炎帝”，也就是说，在炎帝部落和黄帝部落，龙被认为与本部落首领有着亲缘关系。但是，与蛇、鸟、牛、马、鱼等不同，龙是想象中的动物，其形象虽然是以某些动物为原型，但并非一开始就十分清晰，在炎、黄两个部落不断兼并其他部落的过程中，其形象也逐渐丰满起来，因此，也就融入了更多动物的特征。这可以说是中国龙文化进入发展阶段以后的第一次大融合。

1.2.2 神灵崇拜阶段

我们的祖先，面对神秘莫测、变化多端的大自然，往往感到震惊、恐惧、不知所措，因此，他们需要一个能够控制整个世界的神灵来主管大自然的一切。在这种情绪和愿望的驱使下，人们开始把华夏族的图腾龙奉为神灵。在狩猎采集阶段，人类与自然的关系，主要是人类与动植物的关系。因此，早期的龙图腾中，动植物的要素居多。但是农牧业形成之后，除了人类与动植物之间的关系以外，人们还需要开始观察、思考人类与自然现象以及动植物与自然现象之间的关系。因此，作为神灵的龙便被赋予了更多的形体特征，包括天上的云雾、风雨、雷电、虹霓，地上的海潮、泥石流等。至此，龙完成了它的神化，开始飞上天空兴云布雨、潜入海底兴风作浪。

众所周知，龙是司水的神，典籍中关于龙与雨水关联的记载屡见不鲜。如《楚辞·惜誓》载“神龙失水而居陆兮，为蝼蚁之所裁”；《管子·形势篇》载“蛟龙，水虫之神者也，乘于水则神立，失于水则神废”；《淮南子·坠形训》载“黄龙入藏生黄泉”、“青龙入藏生青泉”、“白龙入藏生白泉”等。可见龙在农牧业生产中举足轻重的地位[8]。将龙与自然现象特别是雨水联系起来是龙文化进入发展阶段以后的第二次大融合，正是因为有了这次融合，龙的形象与特征更加清晰、成熟，可以说，今天中国人所谓的龙至此终于诞生了。

1.2.3 与帝王崇拜相结合的阶段

在长达两千多年的封建王朝的统治之下，龙成了帝王的代名词。坐落于北京市中心的明、清两代的皇宫——故宫可谓是中国龙文化遗存的宝库。太和殿是故宫的主要建筑之一。据统计，仅太和殿的天花板上密密麻麻的彩龙就有三千余条之多[8]，可见帝王对龙的珍爱。而龙与帝王的结合，则以秦汉时期中国的大一统为背景，刘邦是第一位在龙上大做文章的帝王。《史记·高祖本纪》中记载刘邦是其母感神龙而生，这一记载有着深刻的历史背景。刘邦出身平民阶级，秦朝时曾担任泗水亭长，后起兵于沛，称沛公，秦亡后被封为汉王，后又于楚汉战争中打败西楚霸王项羽，成为汉朝（西汉）的开国皇帝。正如司马迁在《史记》中所阐明的，历代封建王朝的建立都是出于上天的旨意，都是受命而王，讲求君权神授。为了巩固王权，刘邦刻意将自己描绘成龙神的儿子，以彰显其统治的正统性。其实，在秦汉时期，不仅仅是帝王需要龙神，龙神也同样需要帝王。中国的大统一，要求有一个与之相适应的大神，以整合各地区、各民族，因此，可以说，此时龙神崇拜与帝王崇拜的结合是顺理成章、水到渠成的。龙与帝王的结合是中国龙文化进入发展阶段以后的第三次大融合。

随着龙神崇拜与帝王崇拜的日益结合，龙逐渐被帝王所垄断。以语言的使用为例，跟皇帝有关的事物名正言顺地被冠以龙字。新王朝创立谓之龙兴，皇帝未即位或在民间时（多指开国之君）谓之龙潜，皇帝即位谓之龙飞；皇帝的身体谓之龙体；皇帝的容颜谓之龙颜；皇帝的朝服谓之龙袍；皇帝的朝冠谓之龙冠；皇帝的御座谓之龙座；皇帝的御床谓之龙床；皇帝的马车谓之龙辇；皇帝驾崩谓之龙驭宾天……就这样，皇帝的一生被龙包围，龙一时成为皇宫大院中最耀眼的明星。而对于其他人来说，龙即是崇拜的对象，也成为禁忌的对象。由于禁忌，龙的形象也发生了一些微小的变化。唐宋时期的瓷器纹饰显示，元代以前的龙基本为三爪，有时前两足为三爪，后两足为四爪。而到了元代忽必烈时期，封建帝王开始严格禁止百官及民间使用龙纹，并对龙重新做了界定，即规定“龙谓五爪二角者”（《元史·舆服一》）。也就是说，龙成为皇家的专属之物，五爪的龙更成为皇帝的特权[10]。至此，皇家的龙开始从龙文化整体中分离出来，这是中国龙文化进入发展阶段以后的第一次大分离。

以龙为首的封建序列的形成，是龙文化吸收儒家思想的具体体现，因此，这一阶段也可以称为与儒家思想相结合的阶段。

1.2.4 与佛教、道教思想相结合的阶段

《西游记》等小说的流行，使得龙王的形象深入人心。其实，在中国本土的龙信仰中，原无龙王信仰。“龙王”一词在中国古籍中出现的最早时间，只能追溯至北魏时期[11]，且此时有关龙王的记载皆与佛教有关。佛教约在公元1世纪传入中国，于魏晋南北朝时期发展鼎盛，在传播过程中，为了能在中国立足，佛教大量地吸收中国文化，并在概念和术语上尽量向中国传统文化靠拢。佛典中，有一名叫那迦的神兽，多头、长身、无足，居水中，有宫殿，喜欢财宝，具有控制水、行云雨的力量，为八部众之一。正是因为无论外形还是司职那迦都与中国的龙有相似之处，所以在佛经汉译的过程中，那

伽被译为龙，其首领被译为龙王。隋唐时期，随着佛教在中国的迅速传播，龙王信仰也得到迅速流传。中国龙文化进入到一个新的发展阶段。虽然早在神灵崇拜阶段，中国的龙已被视为司水之神，但是民间龙信仰的普及，还主要是受到了佛教文化的影响。来自印度的龙王之所以被中国人所接受，是因为它是以中国先秦时期主宰雨水的龙神为原型，经过印度人的再创造而形成的[12]。印度人在对龙神进行再创造的过程中，还将龙女、龙宫、龙珠等要素融入其中，塑造出充分人格化的龙王形象。与中国原有的龙神不同，融入了印度文化的龙王并非至高无上，也没有通天遁地的本领，而是位在佛、菩萨、罗汉之下，还要忍受四苦[13]。这样的龙形象虽然不甚完美，但却更加具体，更易被广大民众所感知，职责也更加明确了。周晓薇指出，佛典中龙王的主要职责主要分为四点，即诚信护法，保卫众生；普降法雨，润泽周普；深置宝藏，大发慈悲；临危不惧，化险为夷[14]。可见佛教中的龙王不仅是自然神，更是保护神。正是因为龙王可以给人以庇护，为农耕生产带来风调雨顺，符合芸芸众生的需求，才能普遍地深入人心，得到迅速的发展。在与佛教思想相结合的过程中，源自中国北方的龙文化再次发挥了其强大的融合能力，而且此次融合是建立在与异文化交流的基础之上的。

唐宋以来，中国本土的道教文化也开始吸收龙王信仰，封建帝王们封龙神为王，如唐玄宗曾经加封过四海龙王；宋仁宗加封东海龙王为渊圣广德王；宋徽宗大观二年(1108)诏天下五龙皆封王爵等。至元明清时期，创造出了诸天龙王、四海龙王、五方龙王，并发展到凡有水之处无不有龙王的程度。神灵崇拜阶段的龙虽有神性，但并不占据地盘，而发展到这一阶段，道教的龙王均有守土之责。诸天有龙，四海有龙，五方有龙，以至凡是有水的地方，无论湖海河川，还是渊潭池沼以及井、泉之内都有龙王驻在。

可以说，这一阶段是中国龙文化进入发展阶段以后的第四次大融合。在此次融合中，不仅吸收了外来的佛教思想，并在吸收中国化了的佛教思想的基础上融入了本土的道教思想。中国的龙从此有了更加深厚的思想内涵，为其扎根于民间奠定了良好的基础。

1.2.5 与帝王崇拜分离的阶段

公元1912年以后，伴随着中国最后一个封建王朝——清的灭亡，龙这个曾经在皇家大院风光无限的明星失去了强大的载体，开始逐渐与帝王崇拜分离。虽然我们在故宫的太和殿、北海的九龙壁依然能够看到象征着王权的龙，但是它们已不再是我们所崇拜的对象，它们已经丧失了中国龙所固有的融合能力，而是作为一种历史记忆存在。可以说，这一阶段是中国龙文化进入发展阶段以后的第二次大分离。

虽然帝王之龙已经远去，但是新的社会也赋予了龙新的内涵，龙这个中国大陆各部族不同文化、宗教、风俗的统一融合体并没有停下脚步，正在与新文化的碰撞中不断充实自己，融入更多的文化、宗教、风俗，中国龙文化开始进入发展阶段以后的第五次大融合。华夏银行将龙用于自身的标识之中、利用其展现企业的经营理念就是一个很好的例子。华夏银行的标识由两部分组成，外形以新石器时代的玉龙为基本原型，内形则采用代表现代银行电子化趋向的信用卡(电脑芯片)造型，此标志的设计灵感来自前文中提及的1971年在内蒙古翁牛特旗发掘出的一个被尊为国宝的玉龙。之所以以此国宝玉龙作为标志原型，是因为龙是华夏民族创造的体现民族精神之魂的寓意性形象，搏击四海、升腾向上的龙正是华夏银行的精神象征[15]。可以说，此标识不仅将“华夏”与“银行”、“文化”与“现代”从视觉上融为一体，充分展现了华夏银行立足于中华五千年的灿烂文化，永创一流，努力成为现代化、国际化商业银行的经营理念，而且还为古老的中国龙文化注入了新时代的气息。

概括来说，在中国龙文化的发展过程中，融合是主线，分离是辅线，融合是为了求同存异，分离是为了更好地融合。此外，需要特别指出的是，以上五个发展阶段并非简单地更替，而是相互整合、累积的。我们依然可以从今天中国的龙文化中，看到图腾、神灵、帝王、佛教、道教等各方面的特征。

1.3 龙在中国文化中的象征意义

综观中国龙的起源及发展，可以将其象征意义归纳为以下六点。

1.3.1 祖先

所有的动植物图腾崇拜，其意义是基本相同的，就是取多子多福之意，即所有这些动植物都具有较强的繁殖与生存能力，以这些动植物作为图腾，表达了对本民族繁衍兴旺的期盼。中国自古就有龙生九子的说法，在中国文化中，九表示极多，可见龙承载着人们多子多福的期盼。这一点也可以从龙的早期形象中略窥一二。如前所述，在内蒙古发现的距今五千年前的玉龙身体呈C字形，C字形是龙的早期形象的一大特色，它与婴儿在母体中的姿态颇有几分相似，是人类生命的初始形态。这一形态代表着生命的创造力，因此，可以说，原始人对龙的崇拜即是对生命创造力的崇拜，而在此过程中，龙被赋予了祖先这一象征意义。

1.3.2 神圣・瑞祥

龙的第二个重要象征意义是神圣・瑞祥。《山海经》中记载，“伏羲氏时，有龙呈瑞，因而以龙纪事，创立文字”，将创立文字与龙的出现联系起来，可见古人心目中龙有多么重要。龙的神圣・瑞祥这一象征意义也可以从中国历代的帝王年号中略窥一二。中国古代帝王的年号多取神圣・瑞祥之词，据笔者统计，中国历史上共有26位帝王(包括反臣以及农民起义领袖)使用了带龙字的年号。龙字之所以受到帝王、反臣、农民起义领袖们的宠爱，是因为神龙的出现，是吉祥的象征，神龙不仅可以带来风调雨顺，更预示着国家的兴旺发达。

1.3.3 王权

早在秦汉时期，龙已经被赋予了王权这一象征意义，并且在此后的两千多年中，这一象征意义被最大限度地挖掘与利用。如前所述，唐宋以来，中国本土的道教文化开始吸收中国化了的佛教文化中的龙王信仰，封建帝王们纷纷封龙神为王，因此，在中国人的心目中，龙不仅是神，更是王。龙之所以成为封建王权的象征，是因为其象征神圣・瑞祥之意为帝王们所广泛利用。帝王们喜以龙作为年号，不仅是因为神龙可以为他们带来更多的好运，使得他们的政权能够长治久安，也是因为可以通过年号再次昭告天下，自己即为真龙天子。龙不仅仅出现在年号中，也出现在人名中，名字所有者不仅希望神龙能为自己带来好运，同时也在向世人昭示自己为真龙。

1.3.4 禁忌

沈祖春指出，早在秦代以前，龙即被赋予了禁忌之意[16]。在秦代以前，龙主要是作为图腾和神灵被人们所崇拜，人们寄希望于龙的主要有两点，一为多子多福，一为风调雨顺。对于一个农业国来说，风调雨顺尤为重要，因此，人们最怕看到的是龙颜大怒、带来旱灾或涝灾，所以自然对龙产生了禁忌之情，这是一种主动的禁忌。而伴随着龙崇拜与帝王崇拜的日益结合，又多了一种被动的禁忌。因为龙被帝王所垄断，以至于百姓逐渐变得谈龙色变。

1.3.5 江河湖海

歌曲《龙的传人》的开头两句将长江和黄河称作龙，不仅是因为长江和黄河是中华民族的母亲河，也是因为龙自古以来就被视为司水之神。而伴随着龙与佛教、道教思想的结合，产生了龙王信仰，龙不仅与中国的百姓、更与中国的江河湖海之间有了紧密的联系，离不开水的龙成为江河湖海的代名词。

1.3.6 民族・国家

19 世纪，中国的国门被打开，清政府不得不适应近代外交的需要，设计了一面“国旗”，国旗为三角形，黄色底面上绘有一条青龙，悬挂于中国的官船之上，代表中国。此时的龙，不仅象征着国家，也象征着王权。虽然清朝灭亡后，中国不再以黄龙旗为国旗了，但龙被赋予的国家・民族这一象征意义却被保留了下来。

2. 日本的龙文化

日本最早的龙形文化遗存可以追溯至弥生时代，弥生土器上绘有龙形[17]，其形虽很粗略，但可以明显看到角、爪等龙的基本特征。如前所述，中国的龙是把各种动物形象中最美好、最具有代表性的部分糅合在一起创造出的形象，其糅合的许多动物，如牛、马、鳄等并不生存于弥生时代以前的日本。因此，当时的日本不具备形成龙的要素，日本的龙是以自中国传入的龙和日本本土的信仰对象——蛇为原型形成的，是习合的产物。

2.1 日本的蛇崇拜

日本自古有八百万神的说法，这一说法最早出现在日本现存最古的史书《古事记》中，江户时代的国学者本居宣长曾在《古事记传》中做过解释，即八百万并非是指神的具体数量，而是形容神的数量之多。神祇信仰在日本古代社会相当普遍，人们认为，动物、植物、山水石等无生物、风雨雷电等自然现象，都如同人类自己一样，是有意志、有灵魂的。因此，他们赋予了这些自然物与自然现象以神格，加以崇拜，蛇便是他们崇拜的对象之一。

根据《古事记》与《日本书纪》记载，因惹怒姐姐天照大神而被放逐的素盏鸣尊离开高天原流落至出云。当他行经肥河上游时，发现有对老夫妇正在安慰一个少女。老夫妇是出云国的守护神，他们原有八个女儿，但八岐大蛇年年来犯，他们的七个女儿已经被当成贡品献给了大蛇。今日八岐大蛇即将再次到来，因此老夫妇正准备将最小的女儿奇稻田姬献给大蛇食用。得知详情后，素盏鸣尊答应为其除害，条件是须以奇稻田姬许配之，老夫妇欣然应允。于是他佯装成奇稻田姬的模样，并请老夫妇准备了八大桶酒。不久，八岐大蛇出现，并将八个头分别伸入八个酒桶中喝酒。之后八头皆醉，纷纷睡着，素盏鸣尊则趁机将各蛇头一一斩杀。斩杀八岐大蛇之后，素盏鸣尊娶奇稻田姬为妻，定居于出云国。

在记纪神话中，八岐大蛇的样貌被描绘成拥有八头八尾，眼睛如酸浆果般鲜红，背部长满了青苔和树木，身躯有如九座山峰、九条山谷般巨大。目前学术界普遍将八岐大蛇视为洪水的象征，将奇稻田姬视为稻田的象征[18]。也就是说，大蛇年年来犯代表河川每年要泛滥一次，斩杀大蛇、救下奇稻田姬则意味着治水的成功。由此可见，日本人早早就将水与蛇联系在了一起，并通过祭祀蛇来达到风调雨顺的目的，在被斩杀之前，八岐大蛇是被崇拜的对象。

2.2 中国龙文化的东传

中日两国的交流史可以追溯至绳文时代，我们可以从一些出土文物中看到中日交流的痕迹。公元前 3 世纪，日本进入弥生时代，弥生时代是日本人脱离野蛮状态、进入文明社会的转折时期，日本史学界通过长期的争论，现已公认弥生文化是渡来人（日本学界对古代外来移民的专称）带来的文化。在西晋史学家陈寿编写的《三国志》卷三十・魏书三十・乌丸鲜卑东夷传第三十中，有对弥生时代中、后期的日本比较详细的记载，即“男子无大小皆黥面文身。自古以来，其使诣中国，皆自称大夫。夏后少康之子封于会稽，断发文身以避蛟龙之害。今倭水人好沉没捕鱼蛤，文身亦以厌大鱼水禽，后稍以为饰。诸国文身各异，或左或右，或大或小，尊卑有差”[19]。从以上记载可以看出，倭人有纹身的习俗，而这一习俗与中国古越人截短头发、身刺花纹、以避水中蛟龙之害的习俗相似。关于日本历史上的移民，王勇指出，公元前 473 年，越王勾践灭吴，公元前 333 年，楚威王熊商又灭越，连年的征战使得大量吴越人民流离失所、驾船东渡，他们成为弥生时代最早的大陆移民[20]。也就是说，早在弥生时代前期，大批的吴越人民已经为倭人带去了中国先进的金属文化与农耕、稻作文化，而从弥生土器上绘有龙形这一点来看，中国的龙文化应该也是在此时传入日本的。

记纪神话中，素盏鸣尊斩杀八岐大蛇的地方是在出云。出云位于现在的岛根县东部，被誉为日本人信仰的故乡[21]。那里的出云大社是日本最古老的神社之一，供奉的神是大国主命。据《古事记》记载，大国主命是素盏鸣尊的六世孙，他在从海上乘船而来的少彦名神的协助下创建了出云国，后又奉天照大神之命将国土让与迩迩艺命，隐退至杵筑之地，成为出云大社的祭神。对于协助大国主命的少彦名神是从海上乘船而来这一点，刘伟文指出，出云国的建立得益于海上漂来一股拥有船的强大势力。从出云地区浓郁的中国越文化习俗来看，可以断言，确曾有一些中国越人有组织地在日本出云登陆，传播了当时较先进的越文化[22]。如按刘伟文所说，那么出云国的建立得到了来自中国南方越的渡来人的协助。《三国志》中记载倭人与越人有着相似的文身习俗，也从另一方面反映出越文化确对倭国有较大影响。

关于越人文身的原因，《三国志》中称由于越人多从事渔业生产，通过文身模仿蛟龙的形象可以避免在水中受到伤害。可见，文身的习俗是与沿海渔捞民族的生活息息相关的。需要特别指出的是，这里所说的蛟与龙是有一定区别的。《说文解字》中载"蛟，龙之属也"，南朝梁·任昉所著的志怪小说集《述异记》中载"水虺五百年化为蛟，蛟千年化为龙"，说明蛟是由虺向龙变化的中间形态，而虺一般被认为是一种生活在水中的毒蛇。因此，可以认为，越人文在身上的是一种介乎于龙蛇之间的纹样。《说文解字》中，有"东越，蛇种也""闽，东南越，蛇种"的记载，从这些记载可以看出，百越各族均以蛇为祖先，并自认是蛇的子孙。因此，将蛇纹文于身上不仅是在渔业生产中自我保护的一种手段，更是越人崇蛇的一种表现。而且，《三国志》中的越人文在身上的并非单一的蛇纹，而是一种介乎于龙蛇之间的纹样，这里出现了龙的形象。如前所述，在中国，龙的文化是自北而南的。北方旱地农耕民族强调人类对自然的超越以及超越之后的融合。因此，北方的龙在南下过程中吸收了许多南方文化的特质，使得龙文化更易为南方水田农耕民族接受。在这一背景下，越文化在融入中华民族大文化的过程之中逐渐接受了北方的龙，并且由于龙可以兴云布雨，被理所当然地与司水的蛇联系在了一起。龙蛇纹正是南方蛇和北方龙在融合过程中的一种体现。

外来文化的导入，一般需要两个条件，一是当地社会的发展需要，二是传播者有着易被当地接受的文化优势。越文化在倭国的传播，正好具备以上两个条件。首先，弥生时代的日本，虽然已经脱离了野蛮状态，开始使用金属器具并种植水稻，但在生产技术方面还很落后；其次，倭人与越人有着类似的生存环境与生产方式，蛇是他们共同的崇拜对象。在这一背景之下，越文化大量地传入日本，龙也是其中之一。但是，因为倭人首先接触到的是越人蛇文化中的龙，所以日本早期的龙形象还很模糊，经常发生龙蛇混淆的现象。

今天，中国的江浙一带每到端午节都会举行龙舟比赛，并将粽子投到海中给蛟龙享用，可见来自北方的龙文化已经完全融入南方的文化之中。而当弥生时代被赋予了龙的要素的蛇文化与中国先进的农、渔技术一同漂洋过海、来到日本之后，龙也就顺理成章地被融入日本的文化之中。今天，我们同样可以在日本的出云地区看到赛龙舟的活动。

3. 日本对中国龙文化象征意义的吸收

中国龙文化传入日本之后，祖先、神圣·瑞祥、王权、江河湖海这四大象征意义被日本人所继承，具体表现如下。

3.1 祖先

据《日本书纪》记载，山幸彦与海神之女丰玉姬命结婚，怀了孕的丰玉姬命随丈夫来到陆地，在海边搭建了一栋产房准备生产。产房还没有搭好，孩子就要出生了，于是丰玉姬命对丈夫说，她生产时绝对不能偷看，因为她是海神，生产时会变回原来的模样。但是山幸彦并未遵守诺言，还是偷看了妻子的生产。为此，丰玉姬命感到十分羞耻，便将所产之子鸬鹚草葺不合尊丢下返回大海。至于丰玉姬命生产时究竟变成了什么，《日本书记》称是龙，而《古事记》则称是八寻大鳄。虽然记纪在表记上存在差异，但是笔者认为，两书所要表达的意思是相同的，都是指非常人可以见识的主宰水世界的神灵。虽然日本史书中很早就引入了鳄字，但是因为当时的日本并没有鳄生息，所以鳄字也被用于未知的生物。如前所述，在河南发现的距今六千年前的用蚌壳摆塑的龙其形似鳄，说明在中国鳄是龙的融合对象之一，且鳄形的出现应该是受到了南方水田农耕民族文化的影响。因此，可以说，《古事记》的八寻大鳄和《日本书记》的龙所要表达的都是已经融入了中国的龙神要素的海神的概念，但是较之龙，八寻大鳄这一表记更多地保留了文化传播者中国南方越人的文化要素。

此外，我们还应该注意的是，丰玉姬命所产之子鸬鹚草葺不合尊即为初代神武天皇的父亲。也就是说，日本天皇不仅是日神天照大神的后裔，也是龙的子孙。可见，中国的龙文化传入日本之后，依然被赋予了祖先这一象征意义。

3.2 神圣・瑞祥

在日本，暗淤加美神被认为是祈雨、止雨、灌溉之神，是比较有代表性的水神，他在《日本书纪》中被记作暗龗神。“龗”被认为是龙的古语，在日文中读作「おかみ」。「おかみ」一词，在日文中还可以写作“御上”，表示身份地位之高，经常用来指代天皇、贵族等。而“神”在日文中也读作「かみ」，所以有学者指出，因为神是神圣的，它高高在上，所以读作「かみ」。由此可见，日本人早早就将龙拉进了神的行列。

在日本，龙的出现被视为吉兆。《日本书纪》卷二十五白雉元年(650)二月十五日条中记载，“大鷦鷯帝之时，龙马西见。是以自古迄今，祥瑞时见，以应有德，其类多矣”[23]。大鷦鷯帝指的是日本第16代仁德天皇，他参考中华思想，施行善政，曾经免除三年的租税，被誉为日本历史上的圣帝，这点从其汉风谥号“仁德”即可看出。在中国，龙马是传说中一种兼具龙和马形态的生物，被认为是吉祥的象征，明代谢肇淛所撰的《五杂俎》中称“龙性最淫，故与豕交，则生象；与马交，则生龙马”，可见在古代中国人的观念中，龙马乃龙之子。《日本书记》的记载将龙马的出现与天皇的德政联系起来，以龙马象征瑞祥。同样的用法还出现在晚于《日本书纪》77年成书的《续日本纪》中，《续日本纪》卷九养老七年(723)十月廿三日条中记载：“今年九月七日。得左京人纪朝臣家所献白龟。仍下所司。勘检图谍。奏称。孝经援神契曰。天子孝。则天龙降。地龟出。”[24]也将龙的出现视为瑞祥的象征。此外，瑞祥的龙也出现在日本人的名字中。据笔者统计，《日本书纪》中，有书首加龙、船史龙、能登臣马身龙、倭直龙麻吕等名字带龙，《续日本纪》中，有纪臣龙麻吕、手人龙麻吕、乌那龙神、丈部龙麻吕、汤坐部龙麻吕等名字带龙。在与人们息息相关的人名中，比较广泛地使用龙字，透露出至少在《日本书纪》与《续日本纪》成书的8世纪，龙已经是日本人非常熟悉、看重、崇拜的神圣・瑞祥之物。

3.3 王权

《古事记》序言中记载“潜龙体元，洊雷应期，闻梦歌而相纂业，投夜水而知承基”[25]，将尚未即位的大海人皇子(即后来的第40代天武天皇)称为潜龙，这一用法明显受到了中国文化的影响。《周易》乾卦的卦辞有“初九：潜龙勿用”一文，比喻在事物发展之初，具有龙德之人应该像潜伏在水中的龙一样，韬光养晦，静待一飞冲天的时机。据《日本书纪》记载，大海人皇子是第38代天智天皇的胞弟，在天智天皇即位后被立为皇太子，后在皇位继承问题上与天智天皇产生分歧，遂出家避难于吉野，静观时局，以图再起。天智天皇死后，大海人皇子发动壬申之乱，打败天智天皇之子大友皇子，继位于飞鸟净御原宫。由此可见，《古事记》的作者充分运用了《周易》乾卦卦辞所阐述的道理，将曾出家避难于吉野、静观时局、以图再起的天武天皇喻为潜龙。《易经》乾卦中所描绘的龙指具有龙德之人，还不指代皇帝，而随着秦汉以后龙逐渐被封建帝王所垄断，潜龙也成为尚未即位或流落于民间的帝王的代名词。由“潜龙”一词发展而来的是“龙潜”一词，作为动词使用，指帝王尚未即位或流落于民间，这一用法也传到了日本。据笔者统计，“龙潜”一词至少三次出现在《续日本纪》中。如《续日本纪》卷四十延历八年(790)十二月十五日条中有“天宗高绍天皇龙潜之日”[26]一文，天宗高绍天皇是第49代光仁天皇的和风谥号，也就是说，《续日本纪》的作者将光仁天皇未即位时称为龙潜。再看一则以龙象征王权的例子。据平安末期成书的《扶桑略记》记载，宇多天皇即位时曾有黄龙升天。在中国，黄龙是古代真龙天子的象征，五色龙中黄龙最受尊崇，汉宣帝刘询是最早以黄龙为年号的帝王，而其改元的理由也是因为有黄龙出现，视为吉祥。由于宇多天皇曾一度被排除在皇位继承人之外，当他恢复皇族身份继承皇位时，就有必要强调其作为皇位继承人的正统性，黄龙正好为其所用。

3.4 江河湖海

成书于平安时代末期的《今昔物语集》是一部取材于佛教传说的短篇小说集，其中收录了大量有关龙的传说。在这些传说中，我们可以看到融入了佛教、道教思想的龙形象，它们或栖身于水潭，或生活于海中，可以兴云布雨，执掌着水的世界，龙俨然成了江河湖海的代名词。而现代社会中，日本人依然认为龙栖息在江河湖海中，是那里的神。日本动画大师宫崎骏的作品《千与千寻》中，有一个重要人物阿白，阿白实际是琥珀川的主人，即河神，而其形象为一条白龙。可以说，受到生存环境与生产方式的影响，中国文化中龙的江河湖海这一象征意义在日本流传最广、影响最深。

4. 日本对中国龙文化象征意义的创新

中国的龙文化传入日本之后，逐渐与日本固有的民俗信仰相融合，其内容、形式以及象征意义等也发生了一些变化。其主要表现在以下三个方面。

首先，日本人将中国传入的龙文化中融入了日本人的女性观念。在中国，龙是阳刚的象征。《周易》是一部博大精深的中国古代哲学书籍，以高度抽象的六十四卦的形式表征普遍存在的双边关系中可能发生的各种各样的变化，并附以卦爻辞做简要说明。《周易》的第一卦是乾卦，其爻辞均以龙为象，描绘了龙在不同环境下的表现姿态，以龙的变化来揭示凶吉利害和人事变化。乾卦以龙为象说明龙与乾同为阳刚、男性的象征，因此，中国龙的身上总是充满阳刚之气。与此相对，进入日本之后，龙的身上多了几分阴柔之美。如前所述，《日本书纪》中将神武天皇的祖母——丰玉姬命描绘为海神之女，在生产时化作龙形，当发现丈夫违背誓言偷看生产时的自己后感到羞辱难耐，毅然抛下儿子，离开了丈夫。首先，中国虽然有女登感神龙而生炎帝、刘母感神龙而生刘邦等传说，但是将帝王的母亲或祖母描绘为龙这一现象却是十分罕见的。也就是说，中国的龙主要被用于象征男性祖先，以龙象征女性祖先可以说是日本人的创造，是日本历史上女性祖先尤其受到尊重的一种反映。其次，丰玉姬命的性格柔中带刚，当发现丈夫没有遵守誓言时毅然离开了丈夫，具有很强的自主性，与中国儒教中所倡导的三从四德的女性形象相去甚远，这种女神形象的塑造是以日本历史上女性曾经拥有较高的社会地位为背景的。在日本历史上，先后出现过8位女性天皇，不仅如此，日本曾经在很长一段时期实行被认为是原始社会遗俗的访妻婚，结婚后男女双方各居母家，婚姻生活则通过男方到女方家造访来实现。在这一婚姻形态之下，子女的生产和养育均在女方家进行，财产也由女性继承，女性保有较高的社会地位。在记纪神话中，太阳之神天照大神是女神，月亮之神月夜见尊是男神，并且太阳女神拥有至高无上的地位，这与大多数民族正好相反，也是日本历史上女性拥有较高社会地位、女性祖先尤其受到尊重的一种反映。最后，记纪神话着笔墨描写了丰玉姬命的神秘性，兼有《三国志·魏志·东夷传》中的女王卑弥呼的一些特征，这一描写也可以理解为日本人将女性视为宗教领袖观念的一种反映。

其次，日本人将中国传入的龙文化中融入了日本人的神道思想，并且，在这一过程中，龙被赋予了“国家的保护神”这一新的象征意义。据镰仓时代中后期成书的《八幡愚童训》记载，弘安四年(1281)，元军第二次大规模进攻日本。当来到鹰岛时，青龙出现，元军因为害怕退回到海上，随后遇到了暴风。也就是说，青龙的出现阻止了元军进攻日本的步伐，而随之而来的暴风又将元军赶走。为此，日本朝野上下惊喜万分，认为暴风因日本八百万神的威德而起，是神风。而先于神风出现的青龙更被认为是保护神的先驱。虽然《八幡愚童训》的文字是以宣传八幡神的灵验神德为目的的，不可尽信，但是我们至少可以看到，在保护国家的重要环节，青龙是被特殊提及的神。青龙是中国古代神话传说中的灵兽，与白虎、朱雀、玄武并称为四象。根据五行学说，东为青色，因此青龙被视为东方之神。道教兴起后，青龙与白虎、朱雀、玄武一起被纳入其神系，作为护卫之神，以壮威仪。青龙的形象很早就已经传入日本，1972年在奈良县高市郡明日香村发掘出的高松冢古坟是一座建造于7世纪末8世纪初的古坟，以石室内壁上的彩色壁画著称于世，壁画上清晰地描绘了青龙、白虎、玄武的形象，其中青龙被绘于东壁之上。《今昔物语集》卷十一本朝佛法中记载了一则“圣德太子始于本朝传播佛法”的故事，故事中称圣德太子隐身于梦殿，他的灵魂乘着青龙来到中国，取走了佛经，也有青龙形象的出现。这里需要注意的是，青龙为道教之神，却成为圣德太子弘扬佛法的工具，说明这条龙是融合了佛教、道教思想的产物。而将青龙融入日本人的八幡神信仰之中，则是日本人对自中国传入的融入了佛教、道教思想的龙的再创造。在日本，八幡神被视为日本皇室的祖神，地位仅次于天照大神，拥有镇护国家的神德。笔者认为，龙被纳入到这一信仰当中，是因为日本人将龙视为皇室的祖先。

最后，日本人还将中国传入的龙文化中融入了日本人的崇八排九的思想。在中国文化中，九是个虚数，经常被用来形容数量之多或者程度之高，所以龙有九个儿子，龙背上有九九八十一片龙鳞，建筑物大门外作为屏障的墙壁上也绘有九条龙（九龙壁）。而日本人则更多地将八与龙联系在了一起。据《平治物语》记载，清和源氏宗家有八种大铠传世，其中八龙铠上饰有八条纯金的龙（八大龙王）。后来，八龙成为铠甲的代名词，饰有龙的铠甲均被称作八龙。除了八龙铠和八大龙王，还有前文中提到的八岐大蛇，以及八咫镜和八尺琼勾玉，三种神器无一不与八有关。在接受月满则亏道理的日本人看来，八仅比数字中最大的九小一点，象征着美满而仍有发展前途，而且由于八的字形上窄下宽，意味着前途越来越广阔，因此备受推崇。崇八的日本人也是排九的，因为在日文中，九读作“ku”，与苦字同音。因此，中国龙文化中频繁出现的九是与日本的传统习俗不符的，用八代替九是日本人对中国龙文化的又一大改造。正因为接受月满则亏，日本人笔下的龙并非全才也并非至高无上，更没有被哪个阶级所垄断。换句话说，它没有被完全定型，有更多的自由发展空间，可以在需要的时候起到相应的作用。

注释

[1]许慎《说文解字》，中华书局，1981 年，p. 245。

[2]郭若虚《图画见闻志》，四川美术出版社，1986 年，p. 82。

[3]闻一多《闻一多全集》（第一卷）三联书店，1982 年。

[4]蔡易安《中国龙凤艺术研究》河南美术出版社，1996 年。

[5]日本学者安田喜宪在《龙的文明·太阳的文明》（[日]安田喜宪 PHP 新书．2001 年）一书中考证，在中国，龙的文化是自北而南的，笔者基本赞同这一提法。

[6]参见[日]安田喜宪/编《龙的文明史》八坂书房，2006 年；刘蔚华《龙文化根源的考古探索》中州学刊，2000 年 3 月第 2 期（总第 116 期）。

[7]何星亮《中国龙文化的发展阶段》云南社会科学 1999 年第 6 期。

[8]何根海《大禹治水与龙蛇神话》池州师专学报 1999 年第 1 期。

[9]毕文阳·周小儒《故宫中的龙文化》艺术与设计（理论）2009 年第 7 期。

[10]例如，大同九龙壁是明太祖朱元璋第十三子代王朱桂府前的琉璃照壁，其上所绘之龙均为四爪，比故宫、北海的九龙壁所绘之龙少了一爪，这是为了表明代王与皇帝的地位差别。

[11]据周晓薇考证，北魏杨衒之所著的《洛阳伽蓝记》中有两则记载提到龙王，《魏书》卷一〇二西域传·波知国中也有一条与《洛阳伽蓝记》所记时代大致相近的龙王传说（周晓薇《古代典籍中的龙王及其文化寓意》陕西师范大学学报（哲学社会科学版）第 34 卷第 3 期，2005 年 5 月）。

[12]何星亮《苍龙腾空》北京社会科学文献出版社，1998 年，p. 185～193。

[13]四苦指被大鹏金翅鸟所吞苦、交尾变蛇形苦、小虫咬身苦、热沙烫身苦．

[14]周晓薇《古代典籍中的龙王及其文化寓意》陕西师范大学学报（哲学社会科学版）第 34 卷第 3 期，2005 年 5 月。

[15]参照贾善耕《玉缘》（《华夏金融》2007 年 8 月）以及 http://baike.baidu.com/view/34150.htm。

[16]沈祖春《从文化学角度试析“龙”何以有“禁忌”之意》渝西学院学报（社会科学版）2005 年 11 月。

[17](日)荒川纮《龙的起源》纪伊国屋书店,2011年,p.141。
[18](日)戸部民夫《日本神話》新纪元社,2003年。
[19](晋)陈寿/撰(宋)裴松之/注《三国志》中华书局,1959年。
[20]王勇《古代日本的吴越移民王国》浙江社会科学1996年第2期。
[21](日)武光诚《真实的古代出云王国》PHP研究所,1996年。
[22]刘伟文《从日本出云的考古发现看中国越文化东播》浙江大学学报(人文社会科学版)第29卷第4期,1999年8月。
[23](日)坂本太郎·他/校注『日本书纪』(上·下)岩波书店,1967—1965年。
[24](日)青木和夫·他/校注『续日本纪』(2)岩波书店,1990年。
[25](日)仓野宪司·武田祐吉/校注『古事记·祝词』岩波书店,1958年。
[26](日)青木和夫·他/校注『续日本纪』(5)岩波书店,1998年。

参考文献

(晋)陈寿撰(宋)裴松之注《三国志》,中华书局,1959年。
闻一多《闻一多全集》(第一卷),三联书店,1982年。
郭若虚《图画见闻志》,四川美术出版社,1986年。
蔡易安《中国龙凤艺术研究》,河南美术出版社,1996年。
何星亮《苍龙腾空》,北京社会科学文献出版社,1998年。
张克复、庞进主编《首届中华龙文化兰州论坛论文集》,甘肃文化出版社,2007年。
[日]仓野宪司·武田祐吉校注《古事记·祝词》、岩波书店、1958年。
[日]坂本太郎·他校注《日本书纪》(上·下)、岩波书店、1967—1965年。
[日]青木和夫·他校注《续日本纪》(1~5)、岩波书店、1989—1998年。
[日]武光诚《真实的古代出云王国》、PHP研究所、1996年。
[日]安田喜宪《龙的文明·太阳的文明》、PHP新书、2001年。
[日]戸部民夫《日本神話》、新纪元社、2003年。
[日]笹间良彦《图说·龙的历史大事典》、遊子馆、2006年。
[日]荒川纮《龙的起源》纪伊国屋书店、2011年。
王勇“古代日本的吴越移民王国”,《浙江社会科学》1996年第2期。
刘伟文“从日本出云的考古发现看中国越文化东播”,《浙江大学学报(人文社会科学版)》第29卷第4期,1999年8月。
何根海“大禹治水与龙蛇神话”,《池州师专学报》1999年第1期。
何星亮“中国龙文化的发展阶段”,《云南社会科学》1999年第6期。
刘蔚华“龙文化根源的考古探索”,《中州学刊》2000年3月第2期(总第116期)。
周晓薇“古代典籍中的龙王及其文化寓意”,《陕西师范大学学报(哲学社会科学版)》第34卷第3期,2005年5月。
沈祖春“从文化学角度试析龙何以有‘禁忌’之意”,《渝西学院学报(社会科学版)》2005年第6期。
毕文阳、周小儒“故宫中的龙文化”,《艺术与设计(理论)》2009年第7期。

作者简介

潘蕾,现任北京日本学研究中心讲师。

日本密教与大理密教之关系
——通过密教文物之视角进行考察

王益鸣

在当今密教研究领域之中，无疑日本密教和大理密教都是值得学者关注之对象。我国对于日本密教之研究虽然仍不够充分，但是还算比较重视，知道日本密教无论是文献还是文物，其数量和种类都是非常可观的。而对于大理密教，人们则觉得陌生许多，并且尽管在文献、文物方面，其数量和种类都无法和日本密教比肩，在我国却是在陕西扶风法门寺地宫出土唐代密教遗物之外，现存密教文物最多的地区了。尤其难能可贵的是，大理密教作为宗教信仰，仍然生存于现在的云南省大理州，这对于密教研究界具有不菲之学术价值。

1. 日本密教和大理密教之地理位置问题

笔者认为，日本密教和大理密教在其生存环境方面，存在相似之处。而我们对于这些相似之处预先有所了解，有助于研究日本密教和大理密教之较为具体的学术问题。关于地理位置问题，长期以来，大家都认为大理所在云南处于中国西部边陲，即使在今天仍然是交通不便，故文化亦属落后地区；同样，古代日本位于东方荒野绝域之地，不可以与语文化。持这样观点的人，并不知道实情，不过是主观臆测而已，或者拘泥于一隅之见。因为，假如人们观察整个亚洲地图，那么大理在内之云南就不只是处于中国西部边陲，更重要的是位于亚洲的中心位置。因此，笔者认为大理在内之云南是和缅甸、印度、中亚、西亚交流之中枢要冲。这一点，已经为20世纪80年代以来学术界对于"南方丝绸之路"之研究所证实[1]；日本东大寺正仓院至今完整地保存着相当于我国盛唐以前之文物，总数达数千件之多[2]。其中也包括从唐代中国、新罗等地运来的各种精品，甚至还有从波斯而来的文物，例如由萨珊王朝波斯制造的漆胡瓶、白琉璃碗等等。所以日本学者主张正仓院是丝绸之路在东方的终点；至于就日本密教而言，其乃由台密和东密所构成，最澄、空海两人分别是日本台密[3]和东密[4]之开山祖师。最澄、空海及其弟子都从大唐请走了大量密教文物，并且大部分保存至今，为以后日本密教之兴盛、发展奠定了极为坚实之基础。

2. 从密教文物考察日本密教和大理密教之起始年代

与日本密教相比，大理密教虽然也同样存在比较完备的经典、义理、寺院、奉祀的神祇，历代的阿吒力僧人，严密的仪规及法事科仪、僧官管理制度等独具特色的宗教体系，然而在现存的寺院、塔幢、经文、画卷等等，即密教文献文物方面，仍然不及日本密教。当然，对于大理密教之整体研究水平也逊色于日本密教之研究水平，这也是不得不承认的事实。因此，对于大理密教之整体研究，存在的空间也就比较大，这是好事。

大理发现之密教文物，主要有石窟、石碑等等，异常珍贵。日本密教之起始年代，由于我们今天仍然能见到大量日本台密和东密之开山祖师最澄、空海及其弟子都从大唐请走的大量的密教文献文物，所以这个问题事实上并不存在，即日本密教之起始年代在公元9世纪初期。

大理佛教是从唐太宗贞观年间开始的，佛教在云南地区得到了长足的发展，南诏的崛起很大程度上借助了佛教的力量。细奴罗、皮罗阁在统一六诏的过程中合理应用了宗教，主要是佛教的力量，在大部分地区未曾动用过多的军事力量就征服了其他部族。但是需要说明的是，其一南诏虽然在现在的大理建都，可是在其最强大时期，其版图是现在云南省之两倍，故国力不弱；其二统一后的南诏在政、教方面是分职的，凡在政者或为王、为清官、为指挥等都不得再兼任宗教职务。但这并不妨碍从政者本人的宗教信仰。神职人员亦是如此，无论其在宗教方面的职权有多高，都不得干预政事。南诏时期佛教之隆盛，当然有利于后来密教之接受及传播。

这两点异于后来之大理国，因为大理国主要采取的治国方略是"休养生息"，不事扩张，大理国更加笃信佛教，政教合一，国王中不乏出家者，许多高僧兼任高官。

笔者以为，我们可从密教文物考察大理密教之起始年代。关于大理密教之起始年代问题，学术界还有争论。通过对现存密教文物之研覈，大理密教发轫于南诏末期之看法可能比较接近于事实。先期研究，似乎对于剑川石钟山石窟第六窟八大明王造像比较感兴趣。这当然没错，明王在日本密教之中也非常重要。然而仅仅考察八大明王造像，恐怕是不够的，特别是参照日本京都东寺讲堂里的立体曼荼罗和中国法门寺地宫的曼荼罗来考虑，即不难理解了。实际上，剑川石钟山石窟第六窟也可以认为是一种独特的立体曼荼罗。

首先，让人们将目光投向东寺讲堂里的立体曼荼罗。

几年前，曾经几次参观过日本东寺讲堂里的立体曼荼罗[5]，都是匆匆而过，没有太深的印象，更没有什么特别的想法。最近，东京国立博物馆举办"空海与密教美术展"，其中最后的部分就是日本东寺讲堂里的立体曼荼罗。由于机会难得，笔者几次前往参观。笔者对东寺讲堂里的立体曼荼罗，特别感兴趣，总觉得异常重要。依据著名学者静慈圆教授的解释，更感到有进一步探讨的价值和必要。静慈圆教授解释说，东寺讲堂里的立体曼荼罗係弘法大师空海之发明，完成于大师入定以后不久的时期，云云。

自从参观东京国立博物馆举办的"空海与密教美术展"之后，笔者一直在思考日本东寺讲堂里的立体曼荼罗和中国法门寺地宫的曼荼罗之关系问题。此二者究竟有无关系？如果有，那么根据何在？并且，具体是什么样的关系？这些问题，都值得学术界的学者注目和探讨。

考之载籍，可以得知空海于日本弘仁十三年(822)于奈良东大寺建立真言院，翌年嵯峨天皇赐予空海东寺，以支持空海的密教弘法活动。东寺乃修建平安京计划中之官寺，与西寺并列。于是，空海向朝廷提出使五十名真言宗僧侣居住于东寺，并不使他宗僧侣杂居之愿望，获得敕许[6]。为了突出密教之地位，遂于金堂之外，新建讲堂以安置密教之尊像。讲堂密教尊像之开眼在承和六年，即839年，而空海已在承和二年入定于高野山，故未能见到讲堂密教之尊像竣工。由是可知，东寺讲堂里的立体曼荼罗之建立，即使有日本的国力作为后盾，也耗时大约 16 年。

现在之讲堂，虽然是室町时代的延德三年即 1491 年重新修建的，但是由于保留了最初的规模，因此能够想见最初的模样。这是非常重要的。坛上共有二十一躯密教尊像。大日如来位于正中央，围绕大日如来自右顺时针方向，则为宝生如来、阿弥陀如来、不空成就如来、阿閦如来，其对面之右方以金刚波罗蜜菩萨为中心则有金刚宝菩萨、金刚法菩萨、金刚业菩萨、金刚萨埵菩萨，其对面之左方以不动明王为中心则有降三世明王、军荼利明王、大威德明王、金刚夜叉明王。坛之对面的右方是梵天，左方是帝释天，四方则安置持国天王、增长天王、广目天王、多闻天王。此二十一尊像，是将《金刚顶经》和《仁王经念诵仪轨》再加以空海的观点而成的。839 年讲堂密教尊像开眼，和 874 年中国法门寺地宫的最后封存相差 35 年，两者应该是同一个时代，以及考虑到空海于 839 年师事惠果大师，掌握了唐密的全部秘奥，因此对唐密的教义和仪轨都非常精通等等因素。日本东寺讲堂里的立体曼荼罗和中国法门寺地宫的曼荼罗之间应该存在关系。东寺讲堂里的立体曼荼罗里，人们穿梭于佛菩萨明王等所构成的世界里，这本身就是曼荼罗。这样的思想，既有空海的创造，也有受到唐密启发的地方。

接下来，让我们把目光转移到剑川石钟山石窟第六窟立体曼荼罗吧。

此窟中央雕有一佛及二弟子阿难、迦叶像，这当然体现出佛之至高无上，可是与前述东寺讲堂里的立体曼荼罗并不完全相同。后者是大日如来位于正中央，其他四佛环绕，强调的是金刚界曼荼罗之中的五佛思想。不过，按照密教之观点，释迦牟尼佛也是大日如来之化身，所以这同样也能解释得通。

两侧分别雕有八大明王及多闻、广目天王像。雕像右上角有墨书题记，从左至右分别是："大圣东方六足尊明王"、"大圣东南方降三世明王"、"大圣南方无能胜明王"、"大圣西方马头明王"、"大圣西北方大笑明王"、"大圣北方步掷明王"、"大圣东北方不动明王"。两侧雕有多闻天王与广目天王像。八大明王佛座之下，又雕有十八个动物浮雕。明王雕像均为三头六臂，呈忿怒状，手执剑、金刚杵等法器。第六窟立体曼荼罗与前述东寺讲堂里的立体曼荼罗比较，缺少以金刚波罗蜜菩萨为中心之金刚宝菩萨、金刚法菩萨、金刚业菩萨、金刚萨埵菩萨，以及坛之对面的梵天、帝释天，四方之持国天王、增长天王；明王方面则是八大明王，而后者则是五大明王。这些也是两者不同之处。八大明王和五大明王虽然雕刻都精美异常，但是在风格等诸多方面皆存在明显差异。而陕西扶风法门寺地宫出土的捧真身菩萨莲座上所錾刻的"八大明王"和云南剑川石窟的"八大明王"之间有何关联，值得探讨。

仔细观察第六窟，造像有大唐之风，气象雄浑，整个制作态度一丝不苟，非花费巨资、耗时多年，恐怕无法完成。可以肯定，第六窟开始开凿于 809 年大摩伽陀从中印度来到大理之后，完成于南诏末期的可能性比较大。

3. 从古代碑铭看大理密教

大理发现了大量石碑，其中墓碑居多，有些涉及密教之内容[7]。这与日本密教既有相似之处，也有不同之处。譬如，日本密教之中心高野山之奥之院，有五十万人长眠，墓碑数量之多，可想而知。墓碑上一般雕刻汉语、日本语和梵文，而大理墓碑一般雕刻汉语、白族语和梵文，这是二者相似之处；但是，大理密教墓碑往往在正面使用汉语记述死者之生平事迹，功德，在背面雕刻梵文之佛经，奥之院墓碑上一般只是雕刻使用汉语雕刻家族名称，连死者名讳也不能一一涉及，梵文只是用来书写真言，好像点缀一样，这是二者不同之处。

从大理密教墓碑往往在正面使用汉语记述死者之生平事迹、功德来看，这应该是受到中土汉族丧葬文化之影响；在背面雕刻梵文之佛经，说明印度文化同样得到尊重，甚至梵文佛经已经渗透到大理普通民众的日常生活之中了，这一点在中土未能办到。这应该和大理处于印度和中土之间的地理位置有关。

大理地区既然有古代碑刻一千通，的确可喜可贺。因为中国其他地方，恐怕没有如此多和密教相关的碑刻了。通过对于碑刻上的信息进行仔细研究，相信我们能明白许多重要问题。因此，这些碑刻无疑具有无比珍贵之价值。

《故溪氏谥曰襄行宜德履戒大师墓志并叙》记述了大理白族溪智之生平事迹云，“溪其姓，智其名，厥先出自长和之世。安国之时，撰□百药，为医疗济成业……述著《脉诀要书》[8]，布行后代。时安国遭公主之疾，命疗应愈，勤立功，大赉，褒财物之□焉。继补阇梨之职”，可见，溪氏祖先医术高明、著书立说，备受王室青睐，特别是由于治愈公主之疾，得到厚赐，擢升“阇梨”之职，是医生也是师僧，也是所谓“阿吒力”，云云。

“阿吒力”即“阿阇梨”，或记为阿舍黎、阿阇黎、阿祇利、阿遮利耶。略称阇梨。方国瑜先生认为有 20 种记法。此词自然是梵文或巴利文，分显教、密教两种用法：一、显教译为轨范师、正行、悦众、应可行、应供养、教授、智贤、传授。意即教授弟子，使之行为端正合宜，而自身又堪为弟子楷模之师，故又称导师。二、密教中之高级僧侣，诸如国师、大师等等。故非普通僧侣能使用者。日本台密和东密之开山祖师最澄、空海两人就经常自谓或者称呼他人为“阿阇梨”，以至于后来成为日本密教之显著特色。

姚安《兴宝寺德化铭并序》，该碑正面镌《大理国上公高逾城光再建弄栋华府阳派郡兴宝寺德化铭并序》(1186)，“皇都崇圣寺粉团侍郎赏米黄绣手披释儒才照僧录阇梨杨才照奉命撰”，由此可知碑文撰写者是奉敕命而为。值得注意的是，“皇都崇圣寺粉团侍郎赏米黄绣手披释儒才照僧录阇梨”这一头衔，杨才照是大理国时期之密教高僧。

《大理国彦贲赵兴明为亡母造墓幢》为段政兴元亨十一年(1195)立，末尾有“梵咒师金襕僧杨长生书”，由此可知碑文撰写者杨长生是密教高僧，因为密教特别重视梵咒，金襕就是由金丝或者金箔制成的高级华服，地位珍贵。

《归源寺镇国灵天神石雕像铭文》为大理石雕像，正中雕刻是大黑天神像，最上端是大日如来像。这些显然都是密教的内容。胡蔚《南诏野史》记载“徽宗辛卯政和元年，地大震，损十六寺”，归源寺可能就毁于此次地震，那么《归源寺镇国灵天神石雕像铭文》之下限就在公元 1111 年之前。

《大师陈公寿藏碑》明代弘治八年(1495) 杨聪撰写，此碑极其重要，虽然年代不够久远，但是由于叙述大理密教流布之历史较为翔实，如果和前述文物相互比较印证，相信能说明许多问题。碑文明确指出:“教有显密,理无东西。佛法之教,始自于汉从彼西竺之国,流于震旦中华,已经数百余载。分别显密三乘,显以济物利人,密则伏神役鬼。最奥最妙,甚幽甚玄,能返本还原,惟背尘合觉。当则大唐己丑,大摩伽陀从中印土至于苍洱之中,传此五秘密,名为教外别传。即蒙氏第七世异牟习(应为寻,原文如此)之代也,以立在家之僧,钦崇密教、瞻礼圣容,设此十四之学,立斯内外之坛。各习本尊为教主,有止禁恶风暴雨,有祛除鬼魅之妖邪、善神常来拥护、恶鬼不能侵临,教法愈隆,威风大振。至段酋之代,见鼻祖陈道护,道德深妍,功行逾众,能降龙而伏虎、可祷雨而祈晴,以为护界之僧,敬称道护之名也。”

以上这段文字,不由得使人联想到空海在《显密二教论》里关于显密二教的教相判释[9]。碑文首先强调佛教区分显密二教之主张,再言及佛教东渐中国之历史,再论显密二教之中密教最为殊胜。最有价值的是,记载了在大唐己丑(唐宪宗元和四年,即1495)由大摩伽陀从中印度将密教传来大理,我们因此可以确定大理密教之开山祖师和创立时期[10]。还有张锡禄教授归纳的几条[11],应该是大理密教之特征。

明正统六年(1441)《故颍川郡处士陈公墓志碑铭并序》有“……蒙段统御山川,分守□□□□□□□蒙习时立在家僧,崇修密教。”这里的蒙是指南诏国,段是指大理国,由此可见此碑文明确指出南诏、大理国时期已经存在大理密教。这显然不是孤证。

4. 大理密教之写经

笔者认为,最具有说服力的证据,还是大理崇圣寺三塔发现的文物。其中,年代最早的是一卷名为《护国司南抄》的写本经卷,该经卷内有“内供奉僧崇圣寺主密宗教主赐紫少门玄鉴集”的题款,并有“时安国圣治六载甲寅岁朱夏之月抄”的手记,为南诏后期隆舜时的写经。由此可知,南诏后期隆舜时期不仅有密教,还有内供奉僧。既然有内供奉僧,那么就应该存在内道场。大唐一直有内道场制度,日本密教也是因为空海向天皇上书而得以建立内道场制度。大理密教建立内道场制度,也应该效法了大唐。此外在《释道常荐举七代先亡写疏》、《诸佛菩萨金刚启请义》等经卷中还有“保安”和“保天”等明确的大理国年号纪年。

5. 大理密教之大日如来像

大理崇圣寺三塔发现而收藏于上海博物馆的大日如来金铜像和八身大日如来像,都是最直接证据。前者高 48 厘米,结枷趺坐,两膝间最宽 35 厘米。表层霖有红漆。右手作触地印,左手结定印。身着袒右式袈装,衣纹刻画简洁流畅。两耳有圆形饰物,右臂戴臂钏。佛像尺寸比真人小,右臂戴臂钏,这些都符合密教的特点,和日本密教的大日如来像类似。后者均结智拳印,日本密教的大日如来像结智拳印者居多。

大理崇圣寺三塔出土物里,金刚类造像有十尊,弘圣寺塔出土了五尊,分大黑天神、帝释天、多闻天、吉祥天、使舍那天、金刚夜叉明王、乌刍沙摩明王、大发明王等所十种[12]。

6. 日本密教之中的明王信仰

日本密教特别重视明王信仰，这主要是由于空海效法唐密所致，和大理密教之中的明王信仰似不尽同。故在此特做简要介绍。

日本密教之明王信仰，主要见于前述东寺讲堂里作为立体曼荼罗之构成部分之一的五大明王像[13]，真言宗大觉寺派总本山大觉寺本堂——五大堂之五大明王像，以及已经日本特色之不动明王和爱染明王信仰。大觉寺位于京都市嵯峨，前身乃嵯峨天皇之别业嵯峨院，这里也曾经是空海和嵯峨天皇友好交往之重要场所。大觉寺内最重要之殿堂，相当于中国寺院之“大雄宝殿”的本堂，因为安置了五大明王像，故称为五大堂。五大堂里，内阵里面整齐安放着五大明王像，从左开始是大威德明王、军荼利明王、不动明王、降三世明王与金刚夜叉明王。此五尊乃九识所变，系五佛为降伏内外魔障所变现之教令轮身。日本密教寺院之殿堂，都必须要布置内阵。

真言宗大觉寺派总本山大觉寺　不动明王像
平安时代　1176 至 1177 年

大觉寺　军荼利明王像
平安时代　1176 至 1177 年

大觉寺 大威德明王像 平安时代
1176至1177年

大觉寺 降三世明王像 平安时代
1176至1177年

大觉寺 金刚夜叉明王像 平安时代
1176至1177年

大觉寺 五大堂

东寺讲堂里的立体曼荼罗

东寺讲堂里的立体曼荼罗

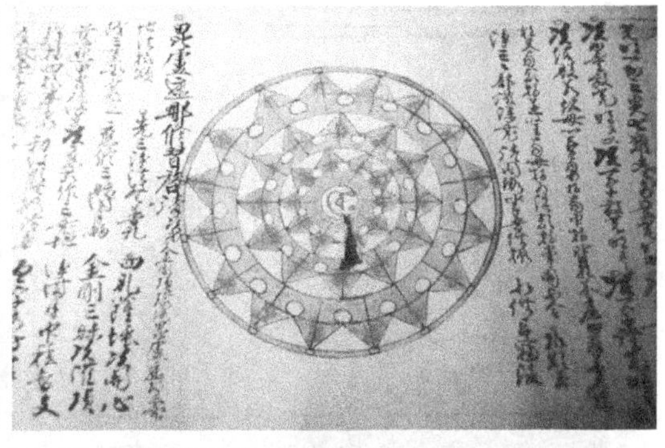

大理密宗写经大理国天开十年（1214）

金刚杵上的明王像
云南省博物馆藏

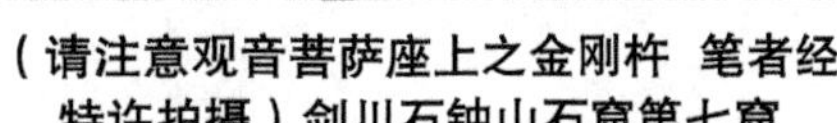

时期:大理国　尺寸:长21厘米
出土地:大理崇圣寺千寻塔

（请注意观音菩萨座上之金刚杵　笔者经特许拍摄）剑川石钟山石窟第七窟

五大明王铃 大唐
东京国立博物馆

如意轮观音坐像高
野山如意轮寺

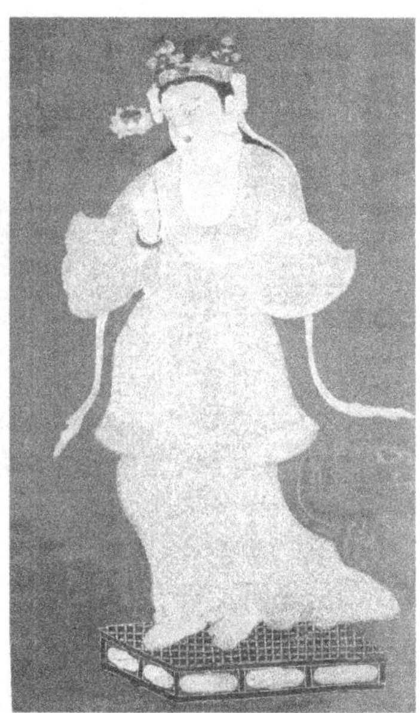

船中涌现观音像
高野山龙光院

不动明王三童子
像高野山五坊寂静院

杨柳观音像
高野山宝寿院

大日如来像
高野山金刚峰寺

注释

[1]读者可参考段渝主编《南方丝绸之路研究论集》,四川出版集团巴蜀书社2008年出版。

[2]日本天平胜宝八年(756)圣武太上天皇驾崩,光明皇太后向东大寺本尊卢舍那佛献纳天皇遗爱物品,前后共有五次。756年正当唐玄宗逃蜀之年,由此可知都是盛唐以前之文物。关于正仓院宝物之书籍很多。

[3]即日本天台宗所传之密教,以比叡山延历寺、园城寺为中心。因别于空海所传之密教,故简称台密。其主要流派有三,即根本大师流、慈觉大师流、智证大师流,各以最澄、圆仁、圆珍为代表。

[4]亦称为真言宗,共计有十八派,其中以高野山派、东寺派、大觉寺派、善通寺派、醍醐寺派等较为著名。

[5]讲堂长34米,宽15米,中央筑有长24米、宽6.6米、高0.9米之坛。关于东寺讲堂里的立体曼荼罗之论述,部分参考了王益鸣论文《密教研究中之诸问题》,收入宽旭主编《首届大兴善寺唐密文化国际学术研讨会论文集》第三编,2012年6月陕西师范大学出版总社有限公司出版。

[6]日本《类聚三代格》第2卷。

[7]依据张锡禄教授辑录《大理白族佛教密宗碑铭图录》称:"大理白族地区古代有数以万计的碑刻,经历史变迁,现余一千通。几十年来经文物工作者和相关人士辛勤劳动,逐渐在收集、拓印、整理之中。"

[8]请参考张锡禄教授辑录《大理白族佛教密宗碑铭图录》第八、九页,原文为:《脉决要书》,碑文已经模糊不清。以下关于大理地区古代碑刻之资料,主要参考了张锡禄教授辑录《大理白族佛教密宗碑铭图录》,恕不一一注明。

[9]请参考王益鸣著《空海学术体系的范畴研究》第六、七页,2005年9月广东人民出版社出版。

[10]碑文至少证明明代人不认为当时能见到的大理密教,不是起源于明代。

[11]1. 立在家之僧。可以在家修持,父传子继,代代相承。2. 钦崇密教。他们信奉的是密教。而不是显教。3. 瞻礼圣容。观看圣相,做意密之功。4. 设此十四之学,即设密教通说的十六生成佛,托于仁王经所说的十四忍,称为十四生成佛。5. 立斯内外之坛。坛,又称为曼陀罗。内坛为家坛,外坛为家外所设之坛,如在寺院设坛。6. 各习本尊为教主。白密的本尊很多。各习的本尊不同。有大日如来、观音、八大明王、天王、大黑天神等。并将所信仰的本尊的佛号夹在姓与名中间。如,李大日贤、张观音得、董金刚寿、杨天王秀、赵迦罗成等。7. 有止禁恶风暴雨,有祛除鬼魅之妖邪、善神常来庇护、恶鬼不能侵临等教法。这是白密僧人阿吒力常修的禳灾祈福的法术。以上七个方面,对大理白族密宗的部分特征是很好的概括。其余他们还有抄经传经、活人治病、绘画雕塑、建寺造塔等多种的功能,在此不详述。

[12]可参考邱宣充《南诏大理的塔藏文物》,载《南诏大理文物》,文物出版社,1992年版。

[13]因为前面已经言及,故不赘述。并请参考本论文末尾处所附关于明王的图版。

作者简介

王益鸣(一鸣),北京日本学研究中心7期生。曾任北京日本学研究中心客座教授,现任华南师范大学中文系教授。

西湖意象的海外传播

——以日本庭园中的西湖表现为中心[1]

李　伟

西湖，位于中国浙江省杭州市市区西侧，作为紧邻城市的景胜地，有着数百年人工构筑景观的历史。西湖作为名胜景观的开发可以追溯到唐代，大诗人白居易(772—846)调任杭州刺史期间(822)，将浚治西湖作为治水事业的一环，西湖景观开始初具规模。后来，北宋大诗人苏轼(苏东坡)(1036—1101)在赴任杭州期间，也对西湖进行了大规模的治理整顿。接下来的南宋时代(1127—1279)则开创了西湖景观的全盛时代。1127年，由于金军的入侵，南宋朝廷被迫迁都江南。在此后的一百五十多年间，杭州(临安)作为南宋实际的首都，发展为一座人口超过一百五十万的巨型城市，汇聚了中国传统文化中的诸多精华。西湖也连同杭州的城市发展一起出现了前所未有的繁荣景象，引发了世人的瞩目。当时访问过中国的马可·波罗在他著名的《东方见闻记》中，曾经称赞杭州为“毋庸置疑的世界第一豪华、富裕的城市”[2]。

在中国，从十二三世纪起西湖作为风景胜地开始受到瞩目。南宋画院选出“西湖十景”作为画题与诗题后，西湖景观更加为世人所熟知，也由此构成了风景观赏的固定模式。后来，全国各地都出现了“西湖式”的造型。到了明代，出现了“天下西湖三十六”的说法，各地纷纷出现了命名为“西湖”的景胜地。对于这一点，沈悦从工学角度分析了西湖景观构造的特征，并考察了西湖对于中国各地名胜景观形成的影响[3]。他认为，在西湖整体的景观构成中，最具代表性的特征是以湖水为中心，三方围之以山的“三山一湖”的构造，这种构造作为理想的景观模式，不仅被吸收到了中国各地的造园实践中，也应用到许多城市的规划中。

西湖景观的影响力并不仅仅局限于中国内部，其文化地位更体现在对于周边国家的景观构筑上的影响。作为中国美景代言人的西湖景观早在9世纪就传入日本，随后又通过相关诗文与绘画作品的舶来在日本的知识分子之间广为流传。然而西湖景观在日本庭园中的模仿与表现则是从17世纪之后才开始的。本稿将通过考察日本庭园中西湖意象的具象化案例，分析其造型特征，以及西湖景观在日本庭园中的产生、发展与普及的过程，梳理日本庭园对于西湖景观的受容。并借由西湖关联的诗词，汉文，随笔及绘画资料，透视作为异国景观的西湖在日本园林中得以具象化的历史文化渊源，进而探讨西湖文化在日本的名所景观创出的过程中所起到的深远影响。

日本庭园中的西湖景观的具象，主要是围绕“西湖堤”进行的。所谓“西湖堤”是日本的习惯称呼，指的是西湖上的白堤与苏堤的合称。白堤位于西湖的东侧，取名源自白居易，而“苏堤”(苏公堤)则位于西湖的西侧，是为了纪念苏轼而命名。苏堤长达两千米，是一座可以并排行驶两辆货车的大型人工景观。苏堤将西湖的湖面一分为二，为了方便来往船只的通行，在堤上架设了六座拱桥。长堤与拱桥合为一体，构成了“苏堤六桥”的景色。苏堤不仅是西湖的代表性景观，“苏堤春晓”更是作为西湖十景之首而为世人所熟知。本稿也将以“西湖堤”为切入口展开考察(图 1)。

图 1 现在的西湖堤 笔者摄影 2013 年

1. 日本庭园中的西湖表现

在日本的传统造园中,用“缩景”来表现各地的名胜景观是一种惯用的手法,关于“缩景”,平安时代末期的造园书《作庭记》中,就曾明确记载着“考量各国名所,取其风致之处,为己所用,模仿其大致模样,将其样式揉入我园中[4]”。可见“缩景”并非是全景的缩小,而是取其意境来表现。这种缩景技术在江户时代,表现得更为娴熟,出版于文政十二年(1829)的著名造园书《筑山庭造传》曾这样指导造园:“园林造景须深思而后行,正如模仿庐山的高峰筑造假山,或模仿西湖的广江凿建园池,抑或更应将田子浦的眺望景观也纳入园中。”[5]由此可见,模仿中国的名胜景观修造园池,在江户时代已然成为日本造园界的惯例,并借由中国景观(庐山、西湖)引申出对于日本自身景观(田子浦)的关注。同时也可以看出,西湖作为中国名胜景观的代表,渗透到了日本独特的景观构造之中。

1.1 日本庭园中“西湖”表现的成立——水户家的小石川后乐园

小石川后乐园(后文简称后乐园)始建于宽永六年(1629),是江户时代初期极具代表性的大名庭园。园中的西湖堤,与圆月桥、得仁堂、小庐山等一起,是后乐园中代表性的景观。特别是水户家二代藩主德川光国(1661—1690 年在位)受到朱舜水(1600—1682)、人见道生(卜幽轩)(1599—1670)等儒学者的影响,在后乐园中加入了许多中国的景观要素[6]。

关于后乐园中西湖堤的建造，学界至今仍有分歧。计见[7]和吉永[8]认为朱舜水直接参与了“设计”，而田村[9]则认为“光国直接或间接地参考了舜水的意见”。由于始终未发现朱舜水与西湖堤建造相关的确凿证据，关于后乐园中西湖堤的缘起，至今仍停留在推论的阶段。

朱舜水是明清交替时期从中国亡命到日本的明朝遗民，宽文五年(1655)他受德川光国的邀请移居江户。宽文九年(1669)在受邀观赏后乐园的美景后，写下了〈游后乐园赋并序〉。文中写道“余览天下之名园多矣……就吾游览之所至，斯园殆甲于天下矣”[10]，称赞后乐园为天下无双的美景。接下来又写道“於是暫休召伯之堂、容與蘇公之陂”，在此处，“蘇公之陂”初次登场。这是现存的后乐园相关文献中言及西湖堤最早的记录。然而朱舜水对于“蘇公之陂”只是一笔带过，并没有进行具体的描述，从这篇园游记中无法得知后乐园中西湖堤的更多信息。

观察现存的最早描绘后乐园景观的绘图《水户样江户御庭之图》(图 2)，可以看到“蘇公之陂”的位置上绘制了一道直线形的长堤[11]。图中长堤旁有“コケイノツツミ”(虎溪之堤的日文发音)的加注。而图中长堤附近绘制有小庐山景观，模仿的正是中国的庐山景观，因此这里的“コケイ”可以理解为庐山的“虎溪”。在这幅古绘图中并不存在“西湖堤”。

图 2　水户样江戸御屋敷御庭之图(宝永年间)

(吉永义信《名勝調査報告》第三辑　1937 年收录)

再来看朱舜水同时期的后乐园相关文献，光国时代负责大日本史编撰的林鵞峯，将宽文二年(1662)到宽文十二年(1672)长达十年的国史编撰的事迹记录在《国史馆日录》中。日录中有三段关于后乐园的游园记录[12]，但在这些记录中完全没有提及西湖堤。此外，和朱舜水同时期观赏后乐园的儒者人见传，也写下了游园记〈春游小石川邸后乐园记〉(宽文九年·1669)[13]，文中虽然有“石堤长流”的表现，但仍找不到关于西湖堤的记述。

由此可见，在朱舜水写下“苏公之陂”的宽文九年(1669)之前，后乐园中并不存在被称为“西湖堤”的景观，或者至少可以说在对后乐园进行描述时，西湖堤并不是一个重要的所在。但是，在朱舜水之后写成的有关后乐园的众多文献中，却都将西湖堤作为园中重要的名胜加以强调。由此可见，后乐园中的西湖堤并非从最初就为了模仿西湖的景观而造，而是通过中国儒者的记述被“发现”出来的(图3)。

图3　小石川后乐园的西湖堤　笔者摄影　2004年

所谓的“西湖堤”也是将中国的“苏堤”，“白堤”等名称加以改换，历经演变后才形成的习惯称呼。日本文人的文章中出现“西湖堤”始于元禄十年(1697)，在纪行文《常陆带》中将其记为“西湖の堤”[14]。元禄十五年(1702)的〈后乐园拜见之记〉中，对此堤的形态做了具体的描述，“有一条长堤，堤中央架一座半月形拱桥。确为美景。移唐之西湖景于此”[15]。从这些描述中可以看出，以西湖堤来诠释西湖景观的意图非常明显，西湖被表现为长堤与半月形拱桥的组合，这种组合正是后来日本庭园中西湖的表现方式。“西湖堤”作为一个固有名词为人熟知是在元文年间之后，源信兴在《后乐纪事》(元文元年·1736)中，将其记述为“西湖つつみ”[16]。宽正年间以后写成的文献则统一表现为“西湖堤”。在此之后，日本各地的大名庭园开始纷纷效仿后乐园中的西湖堤对西湖进行再现。以下介绍几例现存日本庭园中的西湖表现。

1.2 日本庭园中“西湖”表现的展开

1.2.1 大久保家的乐寿园

乐寿园(现旧芝离宫庭园)是幕府的老中大久保忠朝(1632—1712)的邸宅园林,建于江户湾的围海造田地区。园内架起了一道宏伟的西湖堤(图 4)。乐寿园的核心景观正是由西湖堤与中岛构成的。这座西湖堤横跨园池,形状为长堤与拱桥的组合。拱桥位于长堤的正中央,但却没有西湖六桥那种通行船只的功能。

图 4 大久保家的乐寿园 笔者摄影 2004 年

乐寿园始建于江户前期的延宝六年(1678),贞享三年(1686)的《乐寿园记》描写的正是建园初期的状况。其中有一段关于新筑长堤的记录。

> 新築一道長堤……稚松之竝植欲比蘇堤之柳百尺姿棟梁之勢有待焉略彴之横吟断橋之雪耶柳観花港之魚耶[17]

《乐寿园记》的作者菊潭,是著名的儒者木下顺庵的次子,也是一位具备丰富汉文知识的儒者。从这段记述中可以看出,长堤正是模仿西湖堤而建。园内新筑起一道长堤,在那里建造了中岛,虽是刚种上的小松树,仍然被期待长成像苏堤上的柳树那样的“百尺姿”。文中“略彴(简易桥梁)之横吟断橋之雪”的表现,反映出西湖的断桥和附近白堤的位置关系,这里的“略彴”表现的正是西湖堤。文中“断橋之雪”“花港之魚”等词语表现,显示出作者在观赏并描述乐寿园时,正是强烈意识到了“西湖十景”这种景观符号所代表的文化意义。可见,乐寿园中的西湖堤在建园初期就被描述为模仿西湖而建。相对于后乐园中西湖堤的偏居一隅,乐寿园中的长堤(西湖堤)成了园内的核心景观。

1.2.2 浅野家的缩景园

江户中期以后，西湖的景观模仿开始从江户广泛传播到各地大名庭园中。广岛缩景园中的“跨虹桥”就是地方大名庭园中极具代表性的例子。这座西湖堤占据缩景园中最显著的位置，是全园景观的灵魂，它同样也是由直堤和半圆形的拱桥构成(图 5)。“跨虹桥”的名称直接取自西湖“苏堤六桥”中第六座桥的名字，为此桥命名的是儒官赖春水(1746—1816)。在文化元年(1804)重修缩景园并选定园内景观时，春水就景观名称向藩主进言，并最终得到了采纳。从浅野家的记录可以得知，赖春水对此桥的命名参考了舶来书籍《西湖志》中的记述[18]，这时期西湖相关书籍的普及与研读，加深了日本文人们对于西湖景观的认识。

图 5 浅野家的缩景园 笔者摄影 2004 年

缩景园始建于江户初期广岛藩初代藩主时代，然而宝历八年(1758)的大火令园内建筑物烧失殆尽。跨虹桥正是建于天明三年(1783)到天明八年的大改造时期。架桥工程因为没有达到浅野重晟(第七代藩主)的要求[19]，曾一度被拆除。在 1786 年重建跨虹桥后，才最终满足了藩主的要求。从这一点看来，藩主对架桥工程非常重视，并倾注了很大的心力。在缩景园再建的过程中，造园师七郎右卫门是一位值得一提的人物。他精通茶道，后来又与中国做生丝进口贸易，并成为豪商。正是他对中国文化的精通才建造出了符合藩主要求的跨虹桥。

在缩景园的西湖堤命名和建造过程中，对中国文化的吸收以及对西湖景观的模仿起到了决定性的作用。《西湖志》等书籍的传播与阅读也加深了文人们对西湖景观的认识。

1.2.3 纪伊德川家的养翠园

养翠园是江户中后期建成的纪伊藩名园。该园位于和歌山县和歌浦，和歌浦在

《万叶集》中就曾被吟咏过，是日本自古以来的风景胜地。十代藩主德川治宝从文政二年(1819)开始着手修造养翠园，前后花费了八年时间建造而成。养翠园对西湖景观进行了全面而大规模的再现。

养翠园最大的特征是极度简化园内其他景观，用近四千坪的大池泉表现出西湖湖面，并修建横跨池泉的长堤；利用庭园外部天神山和章鱼头姿山的良好景观形成借景，使得庭园向三个方向的视野中都有山体包围，从而在很大程度上再现了类似杭州西湖的“三山一湖”的景观环境。

整个园林的主景，是修建于大池泉中央的折叠成三截的直线形长堤。长堤上架有三座小型拱桥，名为三桥，将长堤整体分为三段(图 6)。虽然“三桥”并不像“苏堤六桥”那样有通行船只的实用功能，但这种在长堤上加入多个拱桥的独特造型可以看作是苏堤六桥的缩景。

养翠园中独特的西湖堤造型并非首创，这种造型同样也出现在和歌浦上。纪伊藩初代藩主德川赖宣时代(1619—1667 年藩主在位)在和歌浦上建造的“三断桥”也具备同样的形态。三断桥是在直线形的石造护堤上架起三座小桥。《纪伊国名所图会》(1796)中称三断桥是模仿杭州西湖的六桥而建，其风景之妙蔚为壮观[20]。当然，三断桥是否从建造伊始就模仿了西湖六桥还有待考证，但在养翠园建造之前，三断桥就已经因模仿西湖而成为当地的名胜。由此推测，养翠园中的“西湖堤”表现，直接或者间接地参考了和歌浦的三断桥。

养翠园对西湖的表现不仅仅局限于西湖堤，还包含了杭州西湖周边的其他景观：为了表现白堤与孤山的位置关系，园内还配置了小丘、孤山和太鼓桥。这样，既是将苏堤六桥的缩景置于整个园林的中心，同时也表现出了西湖整体的氛围。由此可见，养翠园是藉由再现西湖的景胜，同时也融入日本古典文学圣地和歌浦的景观建造而成。

图 6　纪伊家的养翠园　笔者摄影　2005 年

1.3 日本庭园中西湖表现的普及

18世纪以后，日本各地庭园中对西湖的表现逐渐增加。上述的大名庭园以外，还有很多将西湖的要素引入园景构成中的例子。例如：高松栗林公园(1745)(图7)更多展现了西湖的自然趣味，在湖边设置"赤壁"等雄伟的大陆景观；为接待中国使节而建造的琉球识名园(1799)(图8)中，也在长堤上建造大小两座石拱桥来表现西湖；水户的千波湖(1842)(图9)则以大湖面展现出西湖整体的氛围。

随着历史的变迁，许多江户时代的名园都已不复存在，对西湖景观的模仿，成为发掘和再现大名庭园过程中重要的一环[21]。近年的名古屋尾张藩德川园(2004)的重建就是一例，园中建起了一道长堤，并在长堤上架设一座小型拱桥来模仿西湖景观(图10)。这种西湖景观的表现也延续到了近代城市公园中。福冈市的大濠公园(1929)就将西湖堤作为园林主景，使其成为横跨两平方公里湖面的雄伟景观(图11)。

图7 栗林公园的西湖 笔者摄影 2005年

图8 琉球的识名园 笔者摄影 2008年

图9 水户的千波湖 笔者摄影 2005年

图10 尾张藩德川园的西湖 笔者摄影 2005年

图 11　福冈市大濠公园的西湖　笔者摄影　2011 年

日本庭园中对西湖的表现发源于对中国美景的憧憬与模仿。观察它的形成过程，与其说最初就有计划地模仿了中国的西湖景观，不如说是由中国的知识分子或精通中国文化的日本儒者们“发现”出来，并渐渐在日本形成了固定的表现模式。这些园林的共同特征就是从西湖“三山一湖”的景观构成中，抽取出“西湖堤”在园内进行表现。“西湖堤”由长堤和拱桥组合而成。这些拱桥大多已经不再具备西湖六桥的实用功能，而是旨在强调一种意境。目睹园中的这些新兴景观，当时的江户文人们无不联想到西湖的美景。在庭园中对于西湖景观的表现过程中，西湖意象的营造起到了决定性的作用。西湖意象的构筑中，最核心的部分无疑就是与西湖相关的汉诗文和西湖图。

2. 诗文中的西湖意象

对日本庭园中西湖表现的认识，很大程度上取决于文人的描述。要理解西湖在文人心目中的传统意象，最直接的方法就是追溯描写西湖的文学艺术作品。这些文学作品中最具代表性、传播最广的当数祭祀于西湖边孤山上“三贤”的诗作。“三贤”指的是历史上有名的诗人白居易、苏轼和林逋(967—1028)。将春天西湖的明媚风光用诗化的语言生动描绘出来的白居易[22]，将晴雨的西湖隐喻为美女西施的苏轼[23]，以及临湖赏梅，追求孤山隐居和仙境化的林逋的诗作[24]，可以看作是西湖文学的代表作。这些清新的、淡雅的、世外桃源般的存在正是西湖在文人心中最初的传统意象。三贤的诗作不仅提高了西湖的知名度，也对西湖意象的继承与传播起到了决定性的作用。

关于西湖景观传入日本的经纬以及对西湖景观认识的变迁，日本学术界也有过一些研究[25]，概括说来，西湖景观自 9 世纪前后随《白氏文集》传入日本，13 世纪经由日本五山禅僧的诗文，强调了西湖景观中隐逸的意境，这种对西湖片面的认识，直到 17 世纪才开始有了转变。然而先行研究并未指出这种对于西湖认识上的转变如何反映到庭园的景观创出之中，因此本稿的一个中心课题就是，作为景观模仿对象的西湖，是通过什么样的过程被采纳进17世纪之后的日本庭园中，对这种异国景观又是如何认知的。通过前文中日本庭园的西湖景观表现可以看出，要欣赏并认识庭园中的西湖堤，要求观赏者具备足够的中国文化的素养。毋庸置疑，在这种文化素养背景的构筑中，从中国传来的汉籍以及绘画作品起到了极大的作用。

大庭修从书籍流通的角度阐述了江户时代的文化传播，通过大庭的研究可知，17世纪末期有关中国景观的汉籍传入非常兴盛，列举这个时期传入日本的、与西湖相关的书籍有《西湖佳论》《西湖佳话》《西湖撷胜》《西湖志》《西湖志纂》《西湖拾遗》《西湖书院记》《西湖游览记》《西湖揽胜记》[26]等。这些舶来的书籍在很大程度上左右了江户时代文人对于西湖的认识。以下将通过考察江户时代文人创作的有关西湖的诗文和绘画作品，来梳理西湖意象的构筑与日本名胜景观的创出过程。

2.1 “西湖十景”与名胜景观创造

南宋画院的画师们，从西湖众多的美景中抽取出“西湖十景”，这种对景观的抽取筛选，同时也是一种景观意象的构筑过程。“西湖十景”对于西湖景观在中国的成立与普及起了巨大的推动作用。这种以十景来命名景胜的做法也传播到了日本。江户时代的日本各地纷纷出现了以“□□十景”命名的名胜。

2.1.1 西湖十景的再现——偷闲亭十景

偷闲亭是江户前期的老中大和守久世广之(1609—1679)的邸宅庭园。偷闲亭的筑造年代尚不确定。参照正保年间的宽永图，久世广之的邸宅位于今日的代官町，推测为宽永(1624—1643)中期以后建成。

关于偷闲亭，江户时代初期朱子学派儒学者林罗山(1583—1657)曾写过一篇〈偷闲亭记〉(正保四年·1647)，记述了其中景观[27]。文章在赞叹了园中的竹间黄莺，松上子规，以及潭心之月的幽雅氛围后，着重描写了偷闲亭的眺望景观：武藏野的自然风光，富士山的积雪，东海的远帆和海上漂浮的小岛。“採此等佳勝以為十景可謂清新矣”，正是这些邸宅内外的美景共同营造出偷闲亭“清新”的氛围。不难看出，这种氛围与西湖的传统意象中清新的、淡雅的部分是重合的。因而偷闲亭十景中的“官道长堤”，让人们体会到了“苏公堤之柳色”；而“姑熟十詠西湖十景共和縮地於此矣”，将中国古来的美景姑熟十詠、西湖十景统统纳入偷闲亭中，一方面反映出对于偷闲亭景观的期待，即期待偷闲亭能够成为与中国的名胜相匹敌的新兴景观；另一方面，在对本国景观进行评价与欣赏的过程中，所依据的评判标准正是中国传统的名胜景观。

关于“偷闲亭十景”[28]，林罗山之子，同为江户前期著名朱子学者的林鵞峯(1618—1680)在其著作集《鵞峯先生林学士诗集》中也进行了描述。将鵞峯的记述与西湖十景相比较，可以看到朝与夕的对照，钟、莺、月、桥、峯等用词上的一致，再加上诗中表现出的氛围的酷似，可以看出偷闲亭十景是直接模仿西湖十景而命名的。在偷闲亭十景中，也可以看到诸如“武野草花”，“士峯积雪”等日本的地名。偷闲亭十景的命名及其观赏评价，一方面借助了中国的景观要素，另一方面也由此引发出日本对于本国独特的名所景观的发现。

2.1.2 西湖十景与潇湘八景的融合——江陵金地十二景

在景胜命名的过程中，除了像偷闲亭十景那样直接模仿西湖十景以外，还可以看到像江陵金地十二景将西湖十景与潇湘八景融合的例子。选出江陵金地十二景的是胜林山金地院的二代住持元良，后来经过五山的诗僧和幕府儒员们对甄选出的十二景赋诗，使此地逐渐为世人所熟知。十二景的诗作被收录在《江陵金地十二景诗轴》(宽永十九年・1642)中。

诗轴的序文中写道：江陵金地十二景的甄选标准正是西湖景观。所谓的“十二”，是一个符合天理的数字，因此具有很强的生命力；十二为周天之度，大岁之数，是依据4的倍数而定的[29]。接下来又写道：“异国西湖的美景很多，但听说是用八这个数字来统称。”这里，虽然是以八景来概括西湖景观，但从文中“残山剩水，千态万貌，朝化暮变，疏雨淡烟，不可胜尽相”等词语表现，却可以看出潇湘八景的影响。因此，序文中提到的“用八这个数字来统称”，可以认为是西湖十景与潇湘八景的融合。

潇湘八景与西湖十景几乎在同一时期传入日本。江户时代日本各地都有模仿潇湘八景命名的景胜[30]。但是，在庭园中却找不到潇湘八景的表现。其原因存在于潇湘八景与西湖十景的特征差别中。

潇湘八景指的是宋代画家宋迪描绘的八幅景观：平沙落雁、远浦归帆、山市晴岚、江天暮雪、洞庭秋月、潇湘夜雨、烟寺晚钟、渔村落照。这八幅景观都是“场所＋景物”的组合。其中的场所多是不特定的，仅有“洞庭”和“潇湘”指的是具体的场所，但也都是不特定的地域整体。由于潇湘八景在空间上的不特定性，留给画家和文人丰富的创作空间。相对而言，西湖十景虽然也采取了“场所＋景物”的组合，但名字中包括了苏堤、南北双峰、柳浪桥、花港、曲院、平湖、南屏山、三潭、雷峰塔、断桥等特定的实景，因而比潇湘八景更有具体性。

从城市构造的大范畴来看，模糊空间观念的潇湘八景比西湖十景更早一步融入了日本都市的景观创造中，对名胜景观的创造起到了一定的推动作用。与此相对，具备特定指向性的西湖十景却在很长一段时间被认为是异国的景观，因而并非是触手可及的。然而，仅就造园领域来说，西湖十景的这种具体性却反而促进了它在园林中的具象化。

2.1.3 西湖十景的变容——永代岛九景

援引潇湘八景或西湖十景来发现本国名胜景观的例子，还有“永代岛九景”。永代岛九景是在延宝九年(1681)，由僧人周光选出了永代岛的九个景色而得名。之后诗僧们纷纷以九景为题作诗[31]。自古以来，在选择景观的时候，通常都是八景或十景，但在这里选择九景也绝非偶然。

元禄二年(1689)的《大荣山永代密寺记》介绍了永代岛九景。从永代岛远望，可以看到东北方筑波山的连云、西南方富士山上的层云、以及总房连峰的层峦叠嶂，这些如同绘画般的景色，都可以被看作是庭园中的假山[32]。从这些记述中可以看出传统造园思想中的移天缩地、将宇宙纳入到庭园中的表现手法。而九景的命名也正是“想夫或添一景於瀟湘、或減一景於西湖者、豈無意哉”，也就是说，九景是在潇湘八景中添上一景，或在西湖十景中减去一景而成。正是由于这种意味深长的景观选择，使得文人墨客的题咏络绎不绝。重要的是，从这里可以读出日本文人试图将本国景观与中国的景观进行差别化的意识。因此永代岛九景的选出已经超越了对于中国景观单方面的赞美与模仿，而是日本独特的名胜景观的创造过程，也是将中国景观相对化的一个过程。

2.2 西湖景观与江户的都市景观

江户时代的日本文人在描述日本的景观时，时常将其与西湖景观进行比较。在比较的过程中，西湖的传统意象自然就成为评价风景时的基准，同时也为新兴都市江户的景观创出提供了一个实践目标。

2.2.1 西湖景观的相对化——两国桥

两国桥横跨隅田川，是江户城中具有代表性的景观，修建于江户的明历大火灾(1657)之后。这座为防灾而修建的大桥，全长162米，造型奇特，整体呈扇形，汇聚了当时最先进的架桥技术。《江户名所图会》中将两国桥描绘为隅田川上的核心景观。在江户城中的焰火大会、游山船等重要节庆活动中，两国桥上观景是市民们的首选。连同隅田川两岸繁荣的市井风光，此地成为江户城繁荣的象征。

“巨橋百尺之長虹、落雲横摂於武総之間”，这是林鵞峯在《武总长桥望富士山记》(1660)中对两国桥的描述[33]。他赞叹两国桥如同百尺长虹，横跨武藏国和下总国之间，随后，又描写了从两国桥上眺望的壮观景象：从两国桥上远望富士山，山上的积雪似乎亘古不曾消融；而山下的万里奔流汇入大海，无穷无尽。相对于富士山天造地设的自然景象，文中将人工景观的两国桥与西湖之桥进行了对比：“誰謂西湖之橋為佳境乎。争及両国之橋、擅壮観哉”。

两国桥之所以成为江户的名所，不仅仅是因为其独特的桥体造型，也因为它的眺望景观中包含着周边富士山在内的壮观景象，以及隅田川两岸的繁荣风光。而这里所谓的“西湖之桥”所营造出的“佳境”，也并不单指一座建筑物，其景观内涵中也包含类似西湖“三山一湖”的整体氛围以及杭州城内的繁荣景象。两国桥作为繁华都市的新地标受到了很高的评价。而这种评价标准中，仍然借助了众所周知的西湖“佳境”。林鵞峯将两国桥与西湖之桥进行对比，并声称其毫不逊色，事实上是对江户城景观的一种期许和夸示。

2.2.2 西湖景观的内化——江风山月楼

在发现江户新景观的过程中，如果说上述的两国桥是将“中国”的景观作为参照物，那么江风山月楼则是将景观的对比延伸到了日本内部的景观之间。

“江风山月楼”是小田原城主(美浓守)稻叶正则(1623—1696)的中屋敷(大名家的别墅)的别号。根据《江户名所图会》的描述，江风山月楼建于江户城东南方的围海造田地区，于宽文二年(1662)的春天始建，并于第二年完工[34]。关于江风山月楼的名称，林鵞峯在《江风山月楼》(1663)一文中写道[35]：楼上可以远眺的美景很多，其中不分四季，万古不变的景观是江上的清风和山间的明月。“江风山月”由此得名。

对于这处新建景观，林鵞峯特别关注了登楼远眺的景色：从楼上可以远望富士山的积雪；品川、房州的层峦叠嶂；海上万里的孤帆点点；近处可观江户城中的千门万户、渔船的往来。他认为，置身于这种眺望景观中的人，也仿佛有了到达远方“中华”和“三韩”的心情。这既是对江风山月楼的宏大眺望景观的夸示，同时也借由将江户的景观与古老的大陆景观相连通，传达出对于江户新景观的期许。

这座邸宅园的特色，在于开凿了三座池塘引入海水造景。连接池塘的长堤则是模仿西湖而建。《江风山月楼》中描述了这里的景色：当月光照入池内，就仿佛置身于西湖“三潭印月”的景观之中，比京都洛西大觉寺的广泽池和中国洞庭湖的明月更要美上几倍[36]。值得注意的是，与江风山月楼进行比较的天下的绝景，不仅有西湖和洞庭等中国景观，也加入了京都大觉寺的美景。

在江户这样一个新兴都市中，并没有太多能够与京都相匹敌的名胜古迹。在当时，那些掌握了政治权力，又有经济实力的大名，为了稳固自身的文化地位，急于创造新的都市名胜，因此，除了赞美像富士山那样“万古不变”的景观以外，也利用了自古就被世人熟知的西湖景观来反衬江户的新兴景观，以此与京都的名胜景观进行对比。在这个过程中，西湖不再仅仅是令人憧憬的异国景观和模仿的对象，江户的文人通过与日本国内的景观进行比较，将西湖景观进行了内化与吸收。

2.3 西湖景观的再评价

江户时代中期以后，日本文人开始对西湖景观进行客观分析，依据西湖景观对日本国内景观进行评价的倾向更加明显。在当时的随笔中可以看到许多相关的记录。列举两则来说明。

江户时代中期的尾张藩国学者天野信景(1663—1733)，在其长达千卷的大随笔集《盐尻》中分析了西湖的景观。天野是朱子学派的汉学家。他精读《西湖志》，并对西湖图进行研究，注意到西湖周边众多的寺院，强调这种景观与日本佛寺众多的景观并没有太大的差别[37]。中世纪的五山禅僧也曾描述过西湖周边的佛寺，但透露出的大多是其隐逸的氛围；而天野所描述的西湖，由于结合了日本自身的佛寺景观，而有了更多的具体信息，他对于西湖的评价态度也趋于客观。

另外，水户藩藩士的佐藤中陵(1762—1848)在其著作《中陵漫録》中，也言及了西湖[38]。中陵是江户时代后期的本草学者，他积累了丰富的实地经验，自学研究本草学，被称为练达的博物学家。他精读《西湖游览志》(1547)，对西湖景观进行了分析。《西湖游览志》中曾写到，西湖周边三里，深三尺，因为宋代的大旱灾而干涸，水变得和酒一样贵重，民众都要从远方打水。中陵读到这一段，认为日本的湖从古至今都没有干涸过，所以判断西湖的水深要比日本的浅。这显然是一种误解，从西湖治乱的历史来看，西湖的干涸只是一时的现象，以此就把西湖和日本的湖水进行比较有很大的主观性。当然此处应当注意到的是，中陵对于西湖景观客观认识的态度。

天野信景和佐藤中陵的共同之处在于，他们都通过阅读《西湖游览志》和《西湖志》等中国的书籍，来深化对西湖的认识，并通过与本国的景观进行比较，来发现和认识日本原有的景观。在江户时代的文人中，这两个人并非是个别的存在。考察江户中期以后有关西湖的文献，对于日本的知识分子来说，西湖不再仅作为他们憧憬的对象，而是已经成为他们客观认识并评价的对象。这种把西湖景观与本国景观相比较来深化自我认识的行为，来源于日本社会内部的要求，同时也证明了西湖的社会性普及。江户时代中期以后，这种对于西湖认识的深化，同时也促进了庭园中西湖景观的表现。

3. 绘画中的西湖意象

3.1 西湖图的输入与变容

在17世纪的日本，已经出现了一定数量的西湖图的流行。西湖的美景在当时的文人中已经有了相当的认知度。特别是前述的“西湖十景”作为画题传入日本后，也加快了西湖景观的传播。明朝正德年间(1506—1521)，日本的使者在到达中国看到西湖实景后赋诗一首，“昔年曾见此湖图，不信人间有此湖。今日打从湖上过，画工还欠著工夫”[39]，使者在赞叹西湖美景的同时，也表达了对日本的西湖图并不能与真正的西湖景观相媲美的不满。但是，西湖图这种直观的表现方式，还是对西湖景观的传播起到了不容忽视的重要作用。

在中国，从宋代开始，西湖图就多采用向导式、说明性、叙述性的景观描绘方式[40]。观察江户时代以后传入日本的西湖图，可以看出很多都是带有说明性质的。例如，江户时代的很多文献中引用过的《西湖游览志》中的西湖图，就很好地展现了这种性质(图12)。在图的下方绘制了城墙，而视线设定为从湖的上空俯瞰，完全忽略景物间的远近感，图中仅记入了名胜之间的位置关系和名称。这些插图与其说是以观赏为目的，不如说是面向到杭州来的旅行者的导游图。日本的画家很多都未见过西湖，他们借助舶来的西湖图和文献中的描述来绘制西湖。对于日本人来说，这些西湖图虽然让他们对西湖的景观空间有了一些具体的把握，但并不具备实用性价值。因此，日本人绘制的西湖图，就与从中国传来的西湖图出现了一定的差异。

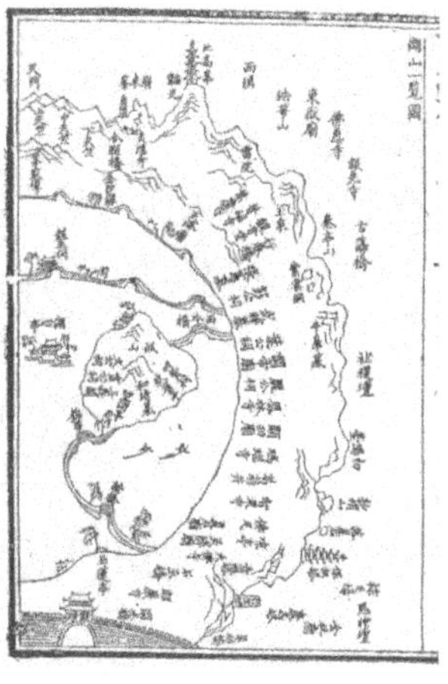

图12 田汝成《湖山一览图》康熙二十九年(1690)

(上海古籍出版社编《西湖游览志》第八卷1998年收录)

室町时代的水墨画家雪舟的弟子秋月等观在渡明后，在北京的会同馆绘制了“杭州西湖之图”(1496)(图13)。这张图被评价为日本的西湖图中，与实景极为接近的一幅[41]。这张西湖图的视点设定为从杭州市内俯瞰西边的湖景。其构图的前景是连绵的杭州城墙，为了让湖水整体嵌入画中，把湖绘制于画面中央，并在三个方向绘制山体将湖水包围。这种构图与西湖的“三山一湖”的实景极为接近。但是，仔细观察画面可以发现，本应属于中国南方的柔和的山岳棱线，被描绘成尖锐耸立的山峰，与实际的风景不符。再如，狩野派的西湖图一直被作为日本西湖图的范本，但在细节上也与实景有一定的出入，例如在本应平稳的湖面上绘制了扬起风帆的船只(图14)。这些绘画作品与其说是西湖实景的再现，不如说是继承了源自雪舟等人传统的水墨山水画法。在这些绘图中忽略中国西湖图中实用性的部分，旨在表现清新的、淡雅的、世外桃源般的西湖传统意象。

图13 (传)秋月笔西湖图挂轴水墨 弘治九年(1496)

(国华社《国华》344号，1919年1月收录)

图14 狩野元信笔《西湖图屏风》(右双)

(国华社《国华》1179号，1994年2月收录)

3.2 西湖的社会性受容——池大雅的西湖图

江户时代日本人描绘的西湖图中，最具代表性、存世数量最多的当数池大雅(1723—1776)的西湖图。现在，他所绘制的西湖图被确认的就有14幅[42]。

池大雅的西湖图按照风格可以大体分为两个阶段。第一阶段是他40岁之前描绘的西湖图，这些图继承了狩野派的传统构图。如同图15所绘，画面下方是杭州城的城门与城墙，在西湖周边绘制山脉，像是要将西湖包围起来，将苏堤与白堤平行配置在图中。这些都反映出此时的大雅并没有从传统的构图方式中解脱出来。但是，池大雅40岁以后绘制的西湖图，将苏堤与白堤交叉，也没有绘制西湖的标志性建筑雷峰塔等，可见大雅开始倾向于对于西湖景观意象的再创造。

根据出光佐千子的解释："池大雅所描绘的中国名胜图是将中国文化中的'雅'作为主题，但又不拘泥于名胜原本的位置，往往将在湖中玩耍的人物作为绘图的中心，来强调都市生活中卑俗的现实。"[43]这种几乎完全忽视绘制对象地理特征的描绘方法，是日本传统的名所绘中的惯用手法。池大雅正是用这种方法，试图对西湖图进行再创造。其中最引人注目的是，他绘制了在西湖边举办的"关帝祭"(图16)。以往的西湖图为了强调"雅"，从未描绘过人物。但在池大雅的西湖图中，通过描绘在日本喜闻乐见的祭祀风景，让日本人暂时忘却西湖作为异域景观空间的特质，产生出一种身临其境的亲切感。

虽然池大雅并未真正到过西湖，但他通过参照其他的西湖图，描绘出独特的西湖景观。在绘制西湖图的过程中，他并不是很重视如何具体而微地表现异国的景观，而是强调表现一种意境。在超越日本以往的西湖图构图的同时，也吸收了日本古来的风景画法。池大雅的西湖图之所以被大众接受，与他的这些努力是密不可分的。另外他将"关帝祭"这种现实性的叙事与西湖景观重叠起来进行描绘，使得西湖不再是以往的仅供想象的空间，而成为近在咫尺的存在。池大雅所活跃的时代，正是日本庭园中西湖表现的繁盛时期。池大雅的西湖图绘制也反映出当时的日本社会对西湖由模仿转为创造的受容形式上的变化。

图15 池大雅笔西湖胜览图屏风

(国华社《国华》1340号，2007年6月收录)

图 16　池大雅西湖关帝祭图屏风

（国华社《国华》540 号，1935 年 11 月收录）

4. 结语：东亚共通的西湖意象的形成与传播

西湖作为一种特定的风景体验，超越了地域与时代的限制。它远播到日本和东南亚各地，其样式虽然不断变容，但依然延绵不绝，流传至今。这其中除却风景本身的魅力，更取决于西湖的景观意象在当地社会的传播与继承。所谓西湖的景观意象，既包含口头传承与文学等语言媒体构筑的形象，也包含了绘画、庭园和名胜模仿等所表现出的视觉艺术形象。本文讨论的正是后者的作为视觉艺术的西湖意象。

首先，总结西湖景观在日本园林中的表现，庭园中西湖意象的具象化在宽文年间的后乐园中被中国儒者朱舜水所"发现"，并将其指定为西湖堤。因而大名庭园中的西湖，最初是以"西湖堤"的形式表现出来的。后来，"西湖堤"就作为对西湖景观的诠释，被相继沿用于大名家的庭园中。由于西湖景观在新兴大名阶层的权力夸示与江户名所创出的过程中所起到的重要作用，使得西湖景观的表现在庭园中得到了推广。到了宝历年间以后，随着都市文化的发展，西湖景观的社会性受容更加广泛。与此相应，庭园中西湖景观的表现也在地域上更为广泛，表现手法呈现出多样化的趋势。

西湖景观作为憧憬的对象传入日本，通过其意象的受容与变迁，在庭园中的具象化也逐渐增加。日本庭园中西湖的具象化是一个从模仿到创新的过程：这不仅仅是一种简单的景观输入，也是通过对于西湖景观的模仿、夸大、排斥等景观体验，创造出本国独特景观的过程。

发现西湖之美，并将这种美的体验诉诸文字和造型，使其样式定型化，进而得以继承。通过这种景观受容的过程，西湖作为东亚共通的风景意象被继承和传播开来。

注释

[1]本文是以笔者在 2011 年发表的文章「日本庭園における西湖モチーフの具現化」（白幡洋三郎・錦仁・原田信男编『都市歴史博覧　都市文化のなりたち・しくみ・たのしみ』笠间书院，2011 年收录）翻译加笔修改而成。在 2013 年 9 月浙江工商大学东亚文化研究所主办的"西湖のイメージ——東アジアの名勝の誕生・流伝・移動"国际研讨会上发表，得到了与会老师们的宝贵

意见。

[2]爱宕松男译注《东方见闻录 2》东洋文库一八三,平凡社,1971 年。

[3]沈悦《中国杭州西湖的景观形成及其影响的研究》东京大学博士(农学)学位论文,1997 年。

[4]林屋辰三郎《古代中世艺术论》日本思想大系 23,岩波书店,1973 年,224 页。

国々の名所をおもひめくらして、おもしろき所々を、わがものになして、おほすがたを、そのところになずらへて、やハらけたつべき也。

[5]离岛轩秋里《筑山庭造传》(后编中卷)文政 12 年(1829),上原敬二编,加島書店,1989 年,41 页

よく考へてうつすときハ廬山の大獄をつき山となし、西湖の広江を泉水に造る、いはんや田子の浦の眺望も庭中の裡にうつさざらんや、考工の一つ可知也。

[6]拙稿《关于初期小石川后乐园中眺望行为的研究》《ランドスケープ研究》六八卷五号,2005 年,373~376 页。

[7]计见东山《后乐园 全》东京育英社,1909 年,3 页。

[8]吉永义信《小石川后乐园(名胜调查报告第三辑)》文部省,1937 年,7 页。

[9]田村刚《后乐园史》刀江书院,1929 年,5 页。

[10]朱舜水《游后乐园赋并序》(1669 年)。《朱舜水集卷十二》中华书局,1981 年,429 页。

[11]吉永义信《小石川后乐园》(名胜调查报告第三辑),文部省,1937 年,10 页。经吉永义信考证,这幅图应当绘制于宝永年间(1704—1711)之前。

[12]山本武夫校订《史料纂集 国史馆日录》续群书类从完成会,1997 年。三段记录分别是宽文五年六月十七日,宽文八年四月八日,宽文九年五月十六日之条。

[13]人见传《春游小石川邸后乐园记》(1669)。《朱舜水集》附录三,中华书局,1981 年,770 页。

[14]安藤定为《常陆带》(1697)。《续续纪行文集》博文馆,1901 年,363 页。

[15]宝井其角《后乐园拜见之记》(1702)。《东京市史稿 游园篇第一》东京市役所,1929 年,378 页。

長き堤あり。其れつつきの中程に半月形の橋壹つあり。誠に美き景色なり。もろこし西湖のすがたを移され

[16]源信兴《后乐纪事》(1736),国立国会图书馆藏。

[17]小杉雄三《旧芝离宫庭园》乡学社,1981 年,20 页。

[18]广岛县教育委员会编《缩景园史》,1984 年,21 页。

[19]《缩景园铭细记》(1807)。重森三玲、重森完途《日本庭园史大系》第九卷,171 页收录。

[20]《纪伊国名所图会》卷之二,宽政八年(1796)。收录于高市志友(他)著《纪伊国名所图会》初・二编,临川书店,1996 年,289 页。

ここは杭州西湖の六橋のおもかげありて、風景真妙にして、壮観足らずということなし。

[21]除本文中列举的现存庭园以外,江户时代的许多已消失的庭园中也表现了西湖景观。如浴恩园(江户),三郭四园(奥州白河)等,有关这些庭园的西湖具象只能从文献记载和园林绘图中寻找线索。

[22]《白氏文集》中有关西湖的 13 首著名的诗文都写于这个时期。西湖的春景写于《钱塘湖春行》中。"乱花渐欲迷人眼,浅草才能没马蹄,最爱湖东行不足,绿杨荫里白沙堤。"

[23]近藤光男《苏东坡 汉诗大系 第 17 卷》集英社,1964 年,112 页。《湖上 初晴后雨》这首诗,熙宁六年(1073)正月二十一日,苏轼在西湖宴会时,被西湖晴雨的美景所折服,脑中浮现出历史上有名的四大美女之一的西施(西子)。"水光潋滟晴方好,山色空濛雨亦奇,欲把西湖比西子,淡妆浓抹总相宜。"

[24]在西湖的孤山结庐,过着梅妻鹤子隐居生活的林逋吟咏了《山园小梅》的名句:"疏影横斜水清浅,暗香浮动月黄昏。"

[25]杨舒淇・进士五十八《日本对于中国杭州西湖风景意向的固定》《ランドスケープ研究》六十二卷五号,1999 年,469～472 页。

[26]大庭修编著《江户时代唐传持渡书的研究》关西大学东西学术研究所,1967 年。

[27]林罗山《偷闲亭记》(1647)。《罗山先生文集》弘文社,184～185 页。

[28]林鵞峯《和州大守久世君偷闲亭十景》《鵞峯先生林学士诗集》。《东京市史稿 游园篇第一》东京市役所,1929 年,299～301 页。偷闲亭十景:玉殿朝暾 暮楼鐘聲 竹林黄鶯 喬松杜鵑 海上遠帆 楓山歸鳥 武野草花 砌池秋月 官道長堤 士峯積雪

[29]元良《江陵金地十二景诗轴》(一六四二)。《东京市史稿 游园篇第一》东京市役所,1929 年,279～284 页。

[30]堀川贵司《瀟湘八景——詩歌と絵画に見る日本化の様相》临川书店,2002 年,9 页。

[31]僧周光《永代岛九景》(1681)。《东京市史稿 游园篇第一》东京市役所,1929 年,540 页。永代岛九景:武江锦城,羽田渔村,三岛闲月,总房连山,海上远帆,华表白鹤,西嶺夏雪,筑波双峯,灵岩晚钟。

[32]谷蓬山《大荣山永代密寺记》(1689)《东京市史稿 游园篇第一》东京市役所,1929 年,561 页。

[33]林鵞峯《武总长桥望富士山记》(1660)《鵞峯先生林学士文集》第 15 卷,27 页,国文学研究资料馆藏。

[34]铃木棠三・朝仓治彦《江户名所图会》上卷,角川书店,1975 年,206 页。

[35]林鵞峯《江风山月楼》(一六六三)《鵞峯先生林学士文集》卷六,1～4 页,国文学研究资料馆藏。楼多盛状然其中四时常有而萬古不变者江上清风山间明月也以是明楼者不亦宜乎。

[36]参照注 35,一庭開三池以引海潮築长堤以界破之明月臨於此则髣髴于西湖三潭之印倍蓰于洛西廣澤之光而絶勝于洞庭之秋影。

[37]天野信景《盐尻》日本随笔大成第三期 13,吉川弘文馆,1977—1978 年,88 页。西湖志纂要、西湖の図をのせはべる。湖のまはりの山岳大かた寺院なり。我邦仏寺のいたづらに多きも等しきにや

[38]佐藤中陵《中陵漫録》日本随笔大成第三期 3,吉川弘文馆,1976 年,131 页。

[39]原瑜《过庭纪谈》日本随笔大成第一期 9,吉川弘文馆,1975 年,21 页。

[40]宫崎法子《西湖をめぐる絵画——南宋絵画史初探》《中国近世の都市と文化》京都大学人文科学研究所,1984 年。

[41]《传秋月西湖图》图版解说《国华》344 号,1919 年。

[42]小山放庵编《池大雅作品集》中央公论美术出版社,1960 年。

[43]出光佐千子《池大雅が描いた都市景観と風俗表現》《風俗絵画の文化学都市をうつすメディア》思文阁 2009 年;《池大雅筆「西湖春景・銭塘観潮図屏風」の主題考察——図様と文学的典拠を探る》东京国立博物馆研究志 (599),2005 年,4～5 页。

作者简介

李伟,2000—2003 年于北京日本学研究中心日本文化专业攻读博士学位,现任同济大学日本学研究所研究员。

创造性人生观与中日社会变动

——基于对梁漱溟与稻毛诅风的考察

刘　畅

1. 创造性人生观的兴起与社会结构变动

中日两国在20世纪上半期受到柏格森的创造进化论、罗素的社会改造原理等西方思潮的影响，开始倡导创造性的人生观，将创造视为人生意义所在。本文试图通过对中日社会现代早期的创造性人生观进行考察，理解这一新型个体认知与个体塑造的方式与东亚现代社会结构变动有何关系。

在中国传统哲学与文化中，“创造”一词并未被赋予特别的价值含义，五四新文化运动期间受西方思潮的影响，现代意义的创造思想在中国兴起[1]。很多文化精英都曾倡导创造观念，并出现一批冠以“创造”之名的社团和杂志，“创造”成为超越思想派别差异而受到广泛关注与推崇的价值。以往研究认为中国近代思想欲使个人脱离儒家传统伦理关系的束缚，而创造思想符合个性解放的需要，鼓励发挥主观能动性，唤起国人的进取意识，因而受到瞩目[2]。如李大钊根据创造进化论倡导生命冲动是意志的自由创造，强调个体生命的转化和扩展，目的是反对封建的宿命论，肯定主体的力量，呼吁青年行动起来改造社会[3]。这些研究主要从思想文化的发展脉络说明创造观念的倡导宗旨，将其视为与当时现代思潮相一致的价值主张，是对中国传统文化某些价值观的批驳和取代。

同中国社会相类似，近代以后被视为西方价值核心之一的创造精神及其相关概念，在很多非西方国家传统文化中未被赋予特殊价值，日本也是20世纪初接受西方思想以后，才开始主张创造性的价值[4]。20世纪前期日本对创造思想的接受除了哲学领域之外，主要在教育领域受到关注，即大正的新教育运动。它是以大正民主运动为背景的宣扬自由主义、创造主义的教育思潮，批判明治时期整齐划一、灌输式的臣民教育，提出尊重儿童的自由表达，重视培养个性与自发性[5]。大正教育改造运动被视为社会民主化、平等化趋势在教育领域的反映，但也有观点批判它旨在满足国家意识形态和产业发展的需要，是“从商业立场对明治专制主义教育的修正”，一方面促进对个性、主体性的尊重以及社会平等，另一方面也给个体带来了新的强制而与民主、解放的理念背道而驰，因此未能有效地推动日本近代公民的形成[6]。

昆廷·斯金纳指出，在重大历史转型时刻，思想观念的兴起或消失都不是偶然的，常常具有一定的功能并推动历史的发展，因而考察某些概念为什么在某些时候会占据重要地位、它们产生了什么样的力量，对于理解社会变迁具有重要的意义。[7]创造思想在社会变迁中具有什么样的作用？从中日创造思想本身所主张的核心内容来看，它们与艾弗里特·哈根（Everett E. Hagen）所论述的创造性人格有着相似的内涵，强调人的主体性，唤起个体自由意志的觉醒，批判被动顺从而呼吁积极进取的价值取向。哈根认为传统社会成员的人格通常是专制型的，缺乏创造性而不思改革，他们将世界看成一个专断的地方，个人无法对其进行分析和控制；而现代社会是创新性人格的产物，这一人格类型以创造性、好奇心、对经验的开放为特征，认为世界是一个能够被解释的秩序，可以对其进行控制和改变[8]。作为一种个体建构方式，有关个体"创造性"的主张即促进哈根所论述的从传统型人格向现代型人格的转化。

通过个体的变化而改变社会，是新文化运动前后中国思想领域和舆论界广泛关注的"国民性改造"的主要目标。其主张认为当时中国民众在心理、精神、观念、行为习惯等方面存在普遍的缺点，改造国民性即提高国民素质，实现"人的现代化"[9]，反映出中国现代早期文化精英欲通过个人价值观的改变而救国图强的愿望。创造观所包含的价值取向、人生哲学针对国民性中的懒散、消极，也是有关国民性改造的倡导之一。对新文化运动的批评认为它延续了儒家的思维模式，仍旧以思想文化为解决社会问题的关键。[10]本文试图理解当时文化精英以何种方式通过"人的现代化"推动中国社会的现代化，也就是说价值观与人生哲学的更新怎样对整个社会现代化发生作用？本文主要关注创造性作为一种人生观的建构，分析它作为具有现代特点的个体塑造方式的提倡与中日社会结构变动之间的联系。

基于对个体人格与社会变动的关注，本文选取了梁漱溟与稻毛诅风(1887—1946)这两位主张创造性人生观的代表人物进行考察。梁漱溟是中国社会向现代化转变时期致力于社会改良的文化精英，也是中国现代创造观念早期建构的重要人物。20世纪上半期中国社会创造思想的主要倡导者以梁启超、胡适、梁漱溟、陶行知等为代表，这里选取梁漱溟是因其思想更加集中于人生观的阐释和提倡，本文主要基于《梁漱溟全集》[11]进行考察。稻毛诅风是大正至昭和前期著名的教育家，大正八大教育主张中，他与大久保德五郎、千叶命吉的学说被视为创造教育论的代表，其中稻毛诅风明确将自己的主张表述为"创造教育论"，并且在教育领域之外也持续对创造性人生观进行了一系列详细的阐述。本文的考察主要基于他论述创造思想的五部著作。"人生观"指关于生命是什么、人生应追求何种目标、应以什么样的态度生活等方面的观点和主张，梁漱溟和稻毛诅风如何基于西方创造思想阐发这一新型个体人生观，将对理解个体建构与社会变迁之间的关系提供有益的启示。

2. 梁漱溟的创造尽性人生观

2.1 创造性人生观的主要内容

梁漱溟的创造思想受到创造进化论和罗素的社会改造学说的影响。罗素认为人类行为的动力分为两种冲动：创造冲动意味着把一件好的东西放到世界里去与人分享，会带来积极和善行；占有冲动是夺取或占据某些好的东西，往往导致争夺和罪恶，因此政治和私人生活里的最高原则都应是促进一切创造性的愿望而减少占有的冲动[12]。梁漱溟认为孔子所说的"刚"和"欲"分别与创造冲动和占有冲动相对应，"刚"与创造冲动的共同之处在于积极向前的生活态度，它们都排斥物质欲望，鼓励以内在情感需要为动力的能动性，是“要好的心、奔赴理想的精神”[13]，即努力寻求进步的生活态度。梁漱溟主张“人类生命的意义在于创造”。他论述从宇宙、生物的进化来看，只有人类具备创造的能力，担负着创造的使命，因此创造是人生意义之所在。“生命是什么？就是活的相续。活就是向上创造。”[14]他认为任何一个创造都包括成己与成物两方面的内容：成己是个体生命上的成就，成物是对社会或文化的贡献。主张“成己”高于“成物”，因为它是人生价值之所系，也是成物的基础，也就是说创造最重要的意义在于充分发挥个体才智。他主张“人生的意义在于创造”是指发挥个人“本有的伟大”、“本有的高明”，并认为这就是孟子所说的“践形尽性”[15]。梁漱溟的创造思想主要倡导积极进取的人生态度，主张“尽性”而“成己”，即充分发挥才能以实现自我价值。

梁漱溟的创造思想如先行研究所指出的那样，强调个人不满足于现状而改变环境、追求进步的能动性。同时他用“尽性”等中国传统文化的表述方式阐释创造思想，鼓励个人充分发挥个性与才能，实现生命意义，并主张这是中西共通的价值取向。这一基于创造思想而阐发的“创造尽性人生观”所倡导的内容与马斯洛论述的充分开发天资、能力、潜力的个人特点相似，力图塑造“自我实现的人”[16]。

2.2　创造尽性人生观与团体组织

梁漱溟关于创造的主张话语主要出现在鼓动团体合作以及阐述团体组织原理的文本之中。他有关创造性人生观的倡导和阐释主要集中于他进行乡村建设运动期间，而乡村建设运动试图解决的问题是探索社会结构现代化的方法。梁漱溟明确表述进行乡建运动的目的除了拯救乡村的衰败外，更重要的是为中国寻求一种新的社会组织结构。“千年相沿袭之社会组织构造既已崩溃，而新者未立”[17]，他认为这是导致社会关系混乱、社会秩序缺失的根本问题，要改变现状必须先从重建中国社会结构入手；而中国传统社会结构混乱失序的重要原因在于缺乏团体组织。[18]团体的缺失造成中国社会“短于集团生活而散漫无力”[19]，西方社会则以其集团的、积极的、斗争的、强有力的特点而占据优势。因此建立团体组织是重建中国社会结构的核心，乡村建设运动的具体目标就是推动团体组织的形成。

如何建立团体组织？乡村建设运动中通过“乡农学校”、“村学乡学”等形式，促进农民相互合作、参与团体协商，此外一个重要途径是建立新的人生观。梁漱溟认为中国缺少团体组织的根源在于“人生理想的不健全”。他认为“如果没有人生，没有精神，则组织不能合理……”[20]，同时主张需要在精神方面将中国与西方进行调和。“要从其矛盾不通之中，找着一个相通之点，而理清头绪，然后新的组织构造才有根基。”[21]他需要能够“发动人往前干的精神”，并且是东西方人生观的共通之处，作为建立中国团体组织的基础。在乡村建设运动中，创造尽性主义人生观是梁漱溟找到的促人奋进的、东西方人生理想的融合之点，是他建立团体组织的基础。他解释“创造”是要鼓励农民团体合作。首先，它是“要好的心、奔赴理想的精神”，能够“提振志气”；其次，罗素的创造冲动与孔子“刚”的态度相一致，创造尽性是东西方共有的人生价值。

梁漱溟的尽性主义主张主要出现在对团体组织伦理的阐述之中，特别与团体中个体权利与自由的问题紧密相连。他认为中国社会之所以忽略西方社会所重视的团体中的个人自由，除缺乏对个人自由的认识外，也由于从伦理本位的关系逻辑来讲，一切应从对方立场出发而考虑，个人不应主动要求自己的自由。而以“创造”为目标便可以克服这个矛盾，形成中国伦理本位与西方个人本位的调和。如他论述创造包括成物和成己，成物是对社会进步的贡献，成己代表个人的“尽性”即自我价值的实现。在创造这一共同目标之下，团体与个人的利益达成一致：团体给予个人自由促使个人发挥才能，而个人发挥才能推动团体的发展。借用创造进化论的观点，基于追求尽性的个人，将团体与个人相联结，团体给予个人自由成为合理和必然的选择。并且，团体给予个人自由的程度也取决于能否促进创造。“不但自由的给多给少可以商酌，并且必须是从为个人向上创造之意才给他自由，让他得以发展他的长处。所以许给自由是有条件的；如其不合人生向上、发挥长处的条件，那么，还是要干涉他。”[22]也就是说，个人权利和自由不是超越性的范畴，这一问题的处理方式以促进创造和尽性为依据。

进而，基于“人生价值在于创造”，梁漱溟将团体组织的原理阐述为一种团体与个人之间的伦理关系。首先，团体给予个体自由是为个人提供机会，促使其人生向上、充分发展个性和才能，因此团体并非凌驾于个人之上，而是帮助个人自我实现。其次，团体为尊重个人而给个体自由，则自由是团体给的，对于团体成员来说，这是来自于对方的给予而非主动的自我主张，这合乎为他人着想、从对方立场考虑这一中国传统伦理的要求。因此，依据创造尽性这一人生目标，梁漱溟将团体与个人阐释为互相体谅、相辅相成的关系，个人的权利与自由同传统伦理规范并行不悖，团体组织成为合理可行的关系模式。

梁漱溟将人生态度视为调整社会结构和秩序的根基，以创造尽性主义人生观为前提，团体与个人关系的阐释与权衡获得一种新的根据和原则，并使西方团体原理与中国社会伦理模式的冲突得以调和。通过创造思想阐释的生活态度和人生意义，是梁漱溟建构中国现代团体组织伦理逻辑的出发点。中西调和的人生观与他在乡村建设运动尝试建立现代团体组织的目标密切呼应，旨在建立“一个伦理情谊的组织，而以人生向上为前进的目标”[23]。梁漱溟倡导人生意义、传播价值观，此举较之学员个体内在修养的提升，更着眼于带动农民塑造新的个体精神取向，以便为团体组织的形成提供条件。团体组织得以被阐释为合理的、对于个人来说有益、对于传统社会关系模式来说并无冲突因而易于接受和实践的一种关系模式。

2.3 梁漱溟的创造性人生观与“团体格局”

梁漱溟主张的尽性主义人生观是在西方思潮的影响下，从个体角度阐发的一种人生价值取向，根据本文的考察，它与中国社会现代化的关系主要在于团体认同的形成。梁漱溟倡导的创造尽性人生观是他关于现代团体组织设计与实践的重要组成部分。他力图建设“伦理情谊”的团体组织，创造尽性人生观是这一伦理关系模式得以成立的基础和条件。对于梁漱溟而言，创造尽性人生观是一项重要的依据，用以将个人与国家、个人与团体联为一体，建构关于团体与个人关系的新伦理。梁漱溟尤其关注的是有别于政府制度的民间社会的团体组织，认为这一“新风俗”的形成是重建社会秩序的根本所在。他所针对的问题，属于费孝通所指出的中国社会以差序格局为主、缺少团体格局这一社会关系结构的特点[24]。因此,创造尽性人生观的倡导,呈现了20世纪上半期中国文化精英推动“团体格局”的一种途径:通过个人生活意义的阐释说明个体与团体之间的关系,动员社会成员接受和认同现代团体组织。

3. 稻毛诅风的创造性人生观

稻毛诅风的创造思想同样受欧美思潮影响而形成,他把创造性作为所有人普遍具有的特性而非少数精英的才能,主张人的本质与人生的目的都在于创造价值。以往研究认为其教育理论的特点是着眼于人生观的变革[25],另一方面,也批判其主张包含着国家主义思想[26]。从稻毛诅风关于创造思想的五部主要论述文本来看,他的主张内容从20世纪10年代到30年代经历了从主张个人主义人生观到宣扬国家主义思想的演变。以下分三个时期考察其主张,分析创造观念如何从个人主义转换为国家主义,探讨这一人生观与日本社会结构变动的关联。

3.1 大正前期:创造主义的生活与新道德

大正前期,稻毛诅风认为人性的本质就是创造性与进取性,提倡“创造主义的生活”。它重视个性,要体现“一个具有独特本质的自我与生活”[27]。同时创造主义的人生意味着具有进取心,实现自身的价值要“以最好的形式将自我本真具有的各种能力发挥出来”[28]。他论述人天生具有看不见的创造力,通过后天的努力将其以客观的形式显现出来,就可以获得自我的价值和生命的充实感,主张个人生活应是不断进步不断改善的,要追求更加“杰出的自我”和“杰出的业绩”。生活乃至生命的中心课题就是“自我的个性与行动”、追求“最好的自我”,实现自身的价值。稻毛诅风创造主义的人生观主张个体的尊严和价值,他自己也明确指出这一人生观代表着个人主义的价值观,称之为“极度的自我尊重的态度”[29]。

在重视个人主义的同时,创造主义的生活主张为了追求个人的充实,应该积极对社会做出贡献[30]。稻毛论述创造主义涉及的是整个自我的活动,有利于社会以及他人的活动作为整体自我的一部分,可以帮助个人成就“伟大的自我”,提升自我的价值。在创造主义人生观当中,利他性不是与利己相对立或优越于利己的事物,它被视为利己的途径从而消弭二者间的冲突。同时,在社会道德的重建当中,创造主义的人生观也仍旧强调个人主义的立场。稻毛指出当时日本社会面临旧道德崩坏,新道德尚未建立的课题,主张建立新道德要以个人需求为本位,使人热爱自我生命、将个体生命无限扩大才是道德的最高宗旨,认为只有建立在个人价值、个体主张与欲望满足基础上的道德才是真正的道德,新道德应是“以个人需要为依据的道德”[31]。

3.2 大正后期:创造主义的生活与文化

大正后期稻毛对创造主义生活论述的焦点在于创造性人格与文化的创造,主张积极进取的人生观,同时增加了对个体创造能力训练方法的论述。他阐述创造主义生活不是生而有之,需要依靠自己的努力去争取[32],同时要发展创造性,个体必须具有自身的独立性和统一性，需要认识自身、用理想约束自己，形成自我同一性，即具备现代社会所要求的理想人格[33]。关于创造主义生活的主张延续着大正前期关于个体形态的论述，稻毛自身也继续强调创造主义人生观是“最高级的个人主义”，主张这种生活永远把最大限度地发挥创造性这一人生本质作为第一要义。[34]

这一时期创造主义生活的另一目标是文化的创造，稻毛对文化的定义是“团体性创造的形式和内容”[35]。他论述个人是由个体性与普遍性构成的，创造主义生活的理想人格是从个体性自我扩大到普遍性的自我，而参与文化创造就是对团体发展做出贡献，这将促进实现个人的普遍性，也就意味着自我价值的提升。因此创造主义生活的真正意义不在于个体私人生活的完成，而在于成为一个作为社会性存在的创造者，也就是说，对团体的贡献便是实现理想人格的途径，人生的目的因此可以概括为“以人格创造为依据的文化创造”[36]。稻毛论及团体时所强调的是国家。他主张日本需要从消极的文化模仿转变为积极的文化创造，而只有通过国民生活的创造化，日本才能成为优秀的文化国家，因此“现今能救我们国家的正是这一人生观”[37]。此时的创造主义生活描述的是积极为团体做贡献、具有进取精神同时重视团结与合作的个人形象。与大正前期相比，以国家为代表的团体在个人创造主义生活中的重要性显著增加，但稻毛主张其目标是“以人格创造为依据的文化创造”，这与大正前期形成“以个人需要为依据的新道德”是同样的思路和表述方式，即仍旧坚持个人主义立场，以个人需求为本位谋求国家文化的发展。

3.3 昭和前期：创造主义的生活与国家文化创造

这一时期稻毛所论述的创造主义生活的终极目标已被“国家主义”的表述取代，但关于人生本质与人生意义是创造性的论述没有发生改变，并且仍旧强调个人本位的思想。基于大正后期“以个体人格为依据的文化创造”这一目标，稻毛提出创造性教育的终极目标是“以国民人格的培养为依据的国家文化的创造”[38]，将个人生活观与人生本质作为国家主义的前提。他还批评日本教育中的国家主义、民族主义不能尊重每个日本国民人格的创造性是重大的缺陷，主张国家文化应该重视国民的创造性人格。[39]稻毛将进入昭和时代以后自己的主张概括为“在坚实的人生哲学的基础上形成的创造性的文化国家主义”[40]。

但是，进入昭和以后，关于日本文化创造的表述显示出更为强烈的危机感，其论著内容主要围绕如何促进日本文化的创造，以及分析“日本人创造性的特质”。稻毛认为“创造独特而优秀的国家文化”是关乎国家独立与发展的第一要务[41]，创造主义思想的主旨也在于“国家主义”。不仅“国家主义”的表述占据了主要地位，与大正时期相比，关于个人价值也更加强调“社会性自我”的重要性。他论述人生的目的在于不断把自我中的个别性转换为普遍性，而实现的方法就是个人与团体融为一体，即“通过充分发挥自身所长完成自己对共同体的使命与责任”[42]。对于个体的人生来说，是自己对共同体的责任而非个性或独立性成为核心要素。而且稻毛进一步明确地指出国家是团体与社会性最为重要的代表。“人生的本质在于创造客观实在的文化，其中最典型的文化就是国家文化。”[43]也就是说，创造主义的生活仍旧在个人主义的话语框架内进行论述,继续以个人内在的成长与满足为依据,但对团体的责任与贡献以及参与国家文化创造以作为个体社会性的内容,被阐释为个人价值的根本来源。由此可见,昭和时期国家已在个体内部扩张为自我实现的主要依据,个人价值基本与国家贡献相等同,创造主义人生观这一个人主义的人生哲学已经被国家“殖民化”。

3.4 稻毛诅风的创造主义生活:从个人主义到国家主义

大正前期,稻毛的创造观念强调个性的价值,主张以个体需求为本位建立社会秩序,呼吁形成符合个人本性和欲望的道德体系;大正后期,其创造主张继续表明个人主义的立场,但其中开始论述团体与国家的进步对于个人具有重要意义,呼吁进行与个性发展需要相符合的团体文化的创造;进入昭和时期,他一面仍旧声称保持个人主义立场,一面主张国家主义,创造观念的宗旨转为进行“与国民人格相符合的国家文化的创造”。稻毛诅风创造观念的演变进程,是从以个人主义为前提形成新的社会秩序,发展为在个人主义的基础上建立国家主义。从个人主义到国家主义的过渡之所以可能,是因为其创造观念将以国家为代表的团体的范畴定义为内在于个体之中的一部分,而从大正到昭和的发展过程中,团体与国家等要素在个人价值实现中的意义比重不断扩大,最终被确立为理想人格与人生价值得以实现的根本源泉,实现了个人主义向国家主义的转化。日本社会在20世纪前期经历大正民主运动以后个人主义思潮兴起,创造思想的发展显示出逐渐脱离传统社会规范的个体被重新纳入帝国主义国家体系之中的一种机制,即通过人生观的阐释将个人主义话语与国家主义话语相结合,用“以公为私”的形式在个人主义的基础上建构和强化了国家主义。

4. 20世纪前期中日社会创造观念的比较

基于本文的考察,梁漱溟的创造性人生观与中国建构团体格局这一社会结构转型的需要紧密相连,稻毛诅风的创造主义人生观成为在个人主义基础上重建和强化现代国家的一种途径。在中日两国,创造性人生观作为推动社会现代化的方式,是一种以个人为出发点的话语策略,旨在推动形成新型的共同体认同。比较来看,中日社会的创造思想所阐述的人生观都较各自传统文化更重视个体的价值与尊严,强调充分发挥个人才能、追求自我实现,鼓励团体范围内的进取型人格。就个人与团体的关系而言,中日创造观念的共通之处在于均试图通过创造性个体的阐释,在传统的血缘、地缘之外,建构一种相互结合的新纽带,这一人生观是动员和组织社会力量的一种方式,倡导的是一种具有公共性的个体形态。

二者的差异在于中国创造观念是在传统社会纽带尚未衰弱之时,在与传统伦理秩序的协调之中,促进个人对现代国家和团体的认同及参与;而日本创造观念是在传统社会纽带衰落之后,在个体化的基础之上对社会秩序进行重塑,通过个人主义的价值观促进国家的重新整合。梁漱溟力图用中国传统文化中的概念解释创造性人生观,并将个体与团体的关系模式称之为一种“新伦理”,可以像新增的年轮一般被纳入原有的社会关系伦理体系之中。他依据创造尽性主义的人生观而阐释的团体,力图从个人的角度说明团体格局的合理性、正当性，将团体纳入到传统伦理模式之中而使之具备亲和性和可行性，团体格局在话语建构中便与差序格局相互融合。而稻毛诅风的创造主义生活主张并未显示这一现代人格与传统文化之间的紧张或冲突，相应地也没有对二者关系的顾虑与调节。大正时期日本社会反抗国家至上主义，开始宣扬个人的自由与解放，丸山真男指出原有的共同体纽带对个体的制约能力减弱[44]。因此稻毛一直都在将个人主义作为基本前提，探讨如何在个人主义的基础上重建社会道德、国家文化以及相应的高度的国家认同。

同时，从创造性人生观对于团体形成的影响来看，梁漱溟依据创造尽性人生观论述团体与个人目标一致，并以此为原则协调二者关系，处理个人权利与自由的问题。个人作为团体中的一分子，与团体之间的伦理基于共同目标与相互体谅。稻毛诅风的创造生活要实现个人价值，而个人价值包括个别性和社会性的价值，以国家为代表的团体作为实现社会性价值的主要范畴，不是与个体相冲突的外在事物，而是自我价值与尊严的重要根据，个人与团体因而相互融合相互依赖。因此，梁漱溟以创造尽性人生观为出发点而建构的团体组织外在于个体，力图体现社会本位与个人本位的调和，二者彼此相对分化和独立，立场相对平等、互利互惠，创造尽性人生观以伦理原则将其相联结；而稻毛诅风所描述的团体利益内在于个体利益，是个体价值的重要来源，团体通过在个体内部所占价值比重最大化而实现二者的一体化，其创造主义生活的主张将团体与个体以相互重合的方式相联结。

以上显示，西方创造思潮引入后，中日社会创造性人生观对个人生活的理解和阐释中均蕴含着新的群己关系的建构，这一个体现代化的尝试力图通过促进形成新的共同体纽带而推动两国的现代化。其中中日文化精英以相同的话语描述个体的人格与能力，在对个体的认知与话语建构方式上看似趋同，但由此阐发的个体与团体之间的关系模式差异显著。

（本文基于以下两篇论文改写而成：《梁漱溟的创造思想与关于乡村建设运动的新视角》，2012，《日中社会学研究》第 20 号，日中社会学会；《关于稻毛诅风创造思想的考察》，2013，《社会学杂志》第 30 号，神户大学社会学研究会）

注释

[1]刘仲林著《论创造与创造观》，《东方论坛》，2002 年第 1 期；高瑞泉著《论创造之价值》，《开放时代》，1999 年第 1 期。

[2]高瑞泉著《论创造之价值》，《开放时代》，1999 年第 1 期；武吉庆著《挣脱身心束缚，努力创造价值——20 世纪初叶知识分子的价值实现观探析》，郑师渠等编《文化视野下的近代中国》，中国传媒大学出版社，2009 年。

[3]晋荣东著《李大钊哲学研究》，华东师范大学出版社，2000 年。

[4]天野正輝「大正期における創造教育論の特質」『滋賀大学教育学部紀要』（人文科学、社会科学、教育科学）23 号、1973 年。

[5]徐征、王冬艳著《日本战前的新教育运动与新学校》，《黑龙江高教研究》144 号，2006 年，23～25 页。迫ゆかり・清水寛「大正新教育下における岡山県の『劣等児、低能児』教育の特徴」『特殊

教育学研究』27(3)、1989年、31页。

[6]佐藤学『教育方法学』、岩波書店、1996年、36页。天野正輝「大正期における創造教育論の特質」『滋賀大学教育学部紀要』(人文科学、社会科学、教育科学)23号、1973年，145～154页。

[7]转引自李宏图著《语境·概念·修辞——昆廷·斯金纳与思想史研究》,《世界历史》,2005年第4期。原著为 Skinner, Quentin: Visions of Politics Volume Ⅰ: Regarding Method. New York: Cambridge University Press. 2002.

[8]转引自史蒂文·瓦戈著《社会变迁》(第5版),王晓黎等译,北京大学出版社,2007年。原著为 Hagen, Everett E: On the Theory of Social Change: How Economic Growth Begins. Homewood IL: Dorsey Press. 1962.

[9]张锡琴著《论中国近代的“国民性”改造》,郑师渠等编《文化视野下的近代中国》,中国传媒大学出版社,2009年。

[10]林毓生著《中国传统的创造性转化》,生活·读书·新知三联书店,1988年,168～174页。

[11]梁漱溟著《梁漱溟全集》,山东人民出版社,1989年。

[12]柏特兰·罗素著《社会改造原理》,张师竹译,上海人民出版社,1959年,138～139页。

[13]梁漱溟著《梁漱溟全集》(卷一),89页。

[14]梁漱溟著《梁漱溟全集》(卷二),93页。

[15]梁漱溟著《梁漱溟全集》(卷二),266～267页。

[16]马斯洛著《自我实现的人》,许金声等译,生活·读书·新知三联书店,1987年。

[17]梁漱溟著《梁漱溟全集》(卷二),162页。

[18]梁漱溟论述从个人到天下可分为四个层级,中国人重视家庭和天下,西方人则重视个人与团体。

[19]梁漱溟著《梁漱溟全集》(卷二),197页。

[20]梁漱溟著《梁漱溟全集》(卷二),337～338页。

[21]梁漱溟著《梁漱溟全集》(卷二),240～241页。

[22]梁漱溟著《梁漱溟全集》(卷二),298页。

[23]梁漱溟著《梁漱溟全集》(卷二),308页。

[24]费孝通著《乡土中国》,北京出版社,2004年,29～50页。

[25]刘仲林著《东西方创造教育的特质与会通》,《教育与现代化》69号,2003年。

[26]天野正辉「大正期における創造教育論の特質」、148页。

[27]稲毛詛風『生の創造と道徳』、大同館書店、1915年、2页。

[28]稲毛詛風『生の創造と道徳』、109页。

[29]稲毛詛風『生の創造と道徳』、117页。

[30]稲毛詛風『生の創造と道徳』、73～79页。

[31]稲毛詛風『生の創造と道徳』、237～274页。

[32]稻毛诅风著《创造教育论》(1922年著),刘经旺译,商务印书馆,1926年,415页。

[33]稲毛詛風『創造主義の生活』、京文社、1922年、205～209页。

[34]稲毛詛風『創造主義の生活』、32页、247页。

[35]稲毛詛風『創造主義の生活』、181页。

[36]稲毛詛風『創造主義の生活』、204页。

[37]稲毛詛風『創造主義の生活』、28～29页。

[38]稲毛詛風『日本人の創造性と教育』、明治図書株式会社、1936年、326页。

[39]稲毛詛風『日本人の創造性と教育』、150页。

[40]稲毛詛風『日本文化の創造と教育』、東洋図書、1930年、2页。
[41]稲毛詛風『日本文化の創造と教育』、213页。
[42]稲毛詛風『日本文化の創造と教育』、415页。
[43]稲毛詛風『日本人の創造性と教育』、516页。
[44]丸山真男「個人析出のさまざまなパターン——近代日本をケースとして」『日本における近代化の問題』、岩波書店、1968年。

作者简介

刘畅，北京日本学研究中心硕士课程13期生(1997年9月至2000年4月在学)，日本社会专业。现任武汉大学社会学系副教授。

身体政治与卫生制度：日本明治社会疾病意义之考察

王 梅

在日本，疾病并非近代社会的产物。然而，进入明治时期以来，“富国强兵”、“殖产兴业”的近代目标导致了贫困与疾病的恶性循环。另外，以西欧病原体理论为基础而建构的近代医疗制度创造出了疾病与健康的二元对立，并赋予疾病政治性。在消除疾病的过程中，近代医疗制度编织起一个巨大的疾病网络，将人们罩在其中。作为国家制度一环的公共卫生的建立，更是将卫生、疾病变成了关乎国家命运的大事。在此过程中，身体的归属权逐渐从个人转向国家。

本文通过对明治社会中疾病、公共卫生这些文化现象的考察，试图揭示明治政府如何对人们的身体进行管理和改造。首先，对明治社会的疾病状况做一梳理。然后，就近代医疗制度的构建、原理以及公共卫生的兴起进行论述。在此基础之上，通过明治时期妓女管理的个案分析探讨个人身体归属权的问题。最后，得出结论：在明治政府的运作下，日本人被塑造成拥有卫生观念的“国民”，日本也成为优越于其他亚洲各国的清洁的“国民国家”，这为其后走上帝国主义、殖民主义之路提供了理论上的依据。

1. 明治社会的疾病状况

疾病并非是近代社会的产物。自古以来，人们便与各种疾病为伴。日本也不例外。根据《日本书纪》，最早出现瘟疫记载的是在崇神天皇 5 年。“国内多瘟疫，民众死亡达半数以上。”这场瘟疫最终通过向“天神地神”祈祷而终止[1]32。日本最著名的长篇小说《源氏物语》中光源氏的原型藤原道长（966—1027）便是糖尿病患者。并且，他的叔叔、哥哥、侄子都患有糖尿病，很明显，藤原家族是一个典型的糖尿病家族。藤原道长在达到政治顶峰之时身体开始出现口渴、无力等不适症状，53 岁双目失明，62 岁死亡。在日本古代，死于疾病的名人数不胜数，平安末期武将平清盛死于疟疾，战国时代武将武田信玄死于癌症。

近代以前的江户时期更是流行性感冒、霍乱、脚气大为流行的时期。立川昭二对霍乱在日本和世界各国的蔓延历史进行了详细的研究。立川指出，起源于印度冈底斯河流域的霍乱是 19 世纪随着近代文明的进步、特别是交通的便捷化，乘着国际交流的东风蔓延到世界各地的。因此，“霍乱的世界性流行可以说是世界近代化的现象之一”[2]191。其中，1858 年日本发生霍乱大流行，其根源便是密西西比号美国舰队。该舰队正是五年前强迫日本开港的美国东印度舰队总司令佩里率领的舰队中的一艘。之后的 1862 年夏天，霍乱再次袭来，仅江户一地便有 7 万余人丧命。可以说岛国日本是在霍乱阴影的笼罩之下迎来了明治维新。

明治政府意欲通过明治维新的一系列改革改变被动局面、进而跻身世界强国，于是提出了“殖产兴业”的近代目标。1873 至 1875 年明治政府实行“地租改革”(「地租改正」),对全国的土地进行统一测量同时制定新的地租额。“地租改革”不仅没有减轻农民的负担,而且还将农作物价格变动风险转嫁给农民,这引起了各地农民的不满和抗议[3]。明治政府通过“地租改革”获得了稳定的税收,进而大力扶植纺织业、兵器制造业、金属开发与钢铁业等国家民族产业。在这种形势下,农村的青壮年劳动力纷纷离开故土流向城市,成为近代化工厂的主力军。近代化给城市带来了电灯、火车、砖瓦房等物质文明。然而,流入城市的农民与失去地位的“士族”形成日本社会的贫困层,他们生活的区域构成隐藏在城市内部的贫民区。

如果说西方强国的殖民入侵直接导致了幕府后期的瘟疫流行,那么明治时期各种疾病的滋生和蔓延则与近代工业化带来的环境污染与贫困现象息息相关。近代化使人口过多地集中在城市,而城市的环境卫生没有任何改善,没有上下水道,饮用水里充满细菌。疾病在贫民区里以惊人的速度传播。

明治时期,霍乱被称为“贫民病”,从 1877 年到 1895 年,不到 20 年间先后 8 次大规模流行。据说明治时期死于霍乱的人数高达 37 万多,甚至超过了中日甲午战争(「日清戦争」)和日俄战争中死亡的日本士兵的总和[2]203。除了霍乱以外,痢疾、伤寒、天花等急性传染病也多次流行,致使人心惶惶。与贫困密切相关的慢性传染病中,首推麻风病。20 世纪最初的 1900 年,日本人口为 4000 万左右,麻风病患者为 3 万 3 千人左右[2]236。也就是说,每 1 万人里约有 7 个人是麻风病人。

明治时期大规模流行的疾病还有结核病。“殖产兴业”的一个重要方面是兴建纺织厂,发展纺织业。1872 年明治政府在群马县的富冈市创办“富冈制丝厂”,并由此掀开了日本产业革命的序幕。福田真人的研究表明,纺织厂恶劣的劳动环境、激烈的机器噪音、高强度的工作内容、缺乏营养的饮食使得女工们极容易患上肺病[4]32—35。这些女工多为来自农村的年轻女子,患病返乡的女工又将结核传染给自己的兄弟姐妹。虽然日本自古就存在结核病,但结核病如此大规模、跨地区的蔓延,却是明治维新以后的事情。德国研究者科赫发现结核菌是在 1882 年,俄国微生物学家瓦克斯曼发明链霉素是在 1945 年。直到发明链霉素为止,结核成为明治时期各类疾病死亡原因的第二位、大正时期第三位,昭和时期(到 1945 年为止)第一位。

在人类发展史上,近代是一个崭新的历史阶段。然而,近代工业文明给日本带来财富的同时,也带来了贫穷和疾病。人们并没有随着社会的发展而远离疾病,相反,疾病作为特定社会、时代的产物,无时无刻不在碰撞并影响着人们的生活①。

2. 近代医疗制度与疾病

上节讲到明治维新的一系列近代化改革加速了贫民阶层的出现,而贫困直接导致了各种传染病的滋生和蔓延。那么作为近代国家制度一环的近代医疗制度是如何应对疾病的呢?

众所周知,日本的近代化是全面向西方学习的过程。在这个过程中,明治政府摒弃了传统的东方医学,认可并吸收以病原体为理论基础的西方医学。其实,早在幕府末期的 1858 年霍乱大流行之时,幕府就开始怀疑中医的效果,并废除了禁止西医的命令，开始鼓励西医的传播。

从1868年开始，明治政府开始推行“灭汉兴洋”的医学制度。1868年3月，明治新政府正式发布“西洋医术许可令”。1869年1月，岩佐纯和相良知安被任命负责建立新的医疗系统。这两个官员都曾跟随荷兰海军军医彭贝(Pompe)学习西医。他们上任后的首要任务就是在东京创建一所医学院，旨在培养一批新的医学精英，并向全国传播西方医学知识。根据苏珊·伯恩斯[5]29的研究，由于两人考虑到德国的国家政体与日本相似、并且没有变现出对亚洲的殖民倾向，因此提议从德国挑选学校的教师。1871年，两个来自普鲁士的军医来到日本，开始在新的学校里教书。这所学校就是东京大学的医学系。

彭贝的另一个弟子长与专斋是构建明治国家近代医疗体系的重要人物。1871年长与专斋跟随岩仓使节团赴美国和欧洲进行考察，他的任务是调查西方医学教育体制。通过考察，长与发现西方中央集权的医疗制度将国民的身体作为政府进行管理和改善的对象。回国后的长与任职于设在教育部(「文部省」)下的刚刚成立的医务局(「医務局」)，负责仿照西方国家的模式创建公共卫生系统。

1875年，医务局从教育部转到内政部(「内務省」)，并改称为“卫生局”(今天的「厚生省」)。长与担任第一代卫生局局长。在任职期间，长与起草了一套包括创建医院、培养医师、管理制药业在内的医学新政策。这些新政策以排挤汉医、提倡西医为宗旨。如1875年2月，卫生局发布“医师考试规则”，规定对申请开业的医师实行西医六科考试。1879年2月，卫生局再次发布修订后的“医师考试规则”，规定日本公立大学和欧美大学毕业生可免试领取行医执照。有研究者指出“从规定的西医考试科目，主考人员的选择以及对西医毕业生免试等内容看，无疑是要从根本上杜绝汉医的后继来源”[6]。

综上所述，在明治政府的新一代官员眼中，传统的汉方医学已经不能适应“文明开化”这一历史潮流，只有崭新的西方新医学才是新兴日本前进的方向。“灭汉兴洋”这一指导思想直接促成了日本近代医疗制度的建立。

米歇尔·福柯通过对法国18世纪流行病的研究发现了医学中央集权的起源。福柯指出在18世纪末期形成了两种有影响的“神化”：一种是“医学职业国有化的神话”，主张医生应该“对人的身体健康行使类似于教士对人的灵魂的那种权利”。另一个“神话”认为“疾病在一种校正过的、组织严密的、时刻受到监控的环境里烟消云散”[7]35。这两个“神话”以不同的形式表达了同一种医学经验，那就是建设一个健全的社会就要消除一切疾病，在人类生存的管理上，医学采取了一种规范化的姿态。日本学者柄谷行人针对福柯这一认识进一步指出，在日本和其他各种法律制度一样，明治20年代参照西方理念而建立起来的国家医疗制度是中央集权式的、政治的，其中包含有将健康与疾病对立起来的结构[8]107。

日本民俗学家柳田国男对明治时期的回忆很好地证明了柄谷行人的观点。一方面柳田承认新医学的功绩，认为新医学将人们从疾病的痛苦中解救了出来。然而，柳田又指出“由于出现了许多前所未闻、各种各样的病名，人们突然在疾病面前不堪一击，失掉英气难以痊愈。这的确是无法统计出来的新的一种损失”。对此，柳田举例说明原来日本人不觉得鼻子能有什么病，正是由于鼻医的出现，才使日本人觉得有必要治疗[9]369-370。柳田的回忆说明近代医学与个人身体上的反应无关，人们是先知道了有什么样的疾病，然后再用自己的身体去验证。

这里包含了一个深刻的道理，即近代医疗制度虽然在表面上与疾病相克，然而以西欧病原体理论为基础形成的新医学认为发病是由于人体外的病原体进入人体，所有的病原体都应该通过医学来消灭。因此在试图消灭所有病原体的过程中，近代医疗制度编织起一个巨大的疾病网络，将人们罩在其中。“病以某种分类表、符号论式的体系存在着，这是一种脱离了每个病人的意识而存在着的社会制度”[8]103。

对于新医学的弊端，柳田一针见血地指出“越来越多的人要过一种被夹在有病和无病之间、类似神经衰弱般的生活”、“在我们一生之中，只有为生病而苦恼的时间变得越来越长”[9]374。柳田对新医学的认识与柄谷的见解不谋而合，近代医疗制度的确包含有将“有病”和“无病”、即疾病和健康对立起来的结构。

3. 公共卫生的建立

上节就近代医疗制度的构建以及包含原理做了论述，并从一个全新的角度梳理了疾病与医疗的关系。在这一节里，让我们将视线投向近代医疗制度中公共卫生这一具体层面，进一步探讨疾病与健康的对立现象以及明治政府如何对人们的身体进行管理和改造。

1875 年，由教育部转到内政部的医务局有了一个新名字“卫生局”(「衛生局」)，长与专斋担任第一任局长。作为英语“Hygiene”一词的译语，长与这样回顾“卫生”(「衛生」)一词的产生经过。“直接翻译原词可以使用健康或保健这样的词，既露骨又无情趣。我突然想起《庄子》中有卫生这个词，这个词最适合健康保护的工作。”[10]51 以此为契机，起源于中国古书的“卫生”立刻成为明治时期的流行词语，频繁出现在各种健康手册的标题之中。并且，“卫生”与福泽谕吉创造的“报纸”(「新聞」)、三濑诸渊创造的“生活”并称为明治三大翻译词语。

据苏珊・伯恩斯介绍，有研究表明长与专斋之所以选择“卫生”一词，是因为中文汉字里的“卫”有“管制”、“巡逻”的意思[5]19。1871 年随岩仓使节团对西方的考察已经使长与认识到西方中央集权的医疗制度将国民的身体作为政府进行管理和改善的对象，因此他选择了有“管制”之意的“卫生”一词作为“Hygiene”的对应语。值得关注的是，警察局也设在内政部，将卫生局从教育部转移至内政部的目的就在于协调这两个部门的工作，以便更好地执行公共卫生的法律[5]31。借助警察力量的支持，卫生局开始颁布一系列法律，通过饮用水管制、清扫厕所里的粪便等政策来改善环境卫生。

由此可见，长与推行的卫生政策带有强烈的民族国家意味。这一点在他的《卫生概论》中得到了充分的体现。在书中，他宣称“卫生之事意义非凡，小的方面关系到个人健康，大的方面关系到国家富强”[10]350。他认为公共卫生不仅是个人愉悦享受的事情，更重要的是国家实现“富国强兵”这一近代目标的重要手段。

为了向人们灌输清洁卫生的思想，明治政府推行了一系列“卫生运动”(「衛生キャンペー」)。各种指导人们养生、预防疾病的健康手册应运而生。比如1887年(明治十年)出版的《民间四季养生心得》讲述了春夏秋冬四季选择食物的注意事项以及传染病的预防方法。明治后期日本迎来了出版业的黄金时期，借此东风，“实业之日本社”于1907年(明治四十年)出版了一期名为《健康大观》的增刊。“随着生存竞争日益激烈，没有强健的身体就不能在竞争中获胜”，“奋斗的胜利属于身体强健的人，胜败最终取决于健康问题”[10]54。从这样的发刊词中我们可以感受到资本主义工业化时期急功近利的时代气氛。《健康大观》对长寿、用眼卫生、脚气病的预防等13个方面做了说明。此外，《精力增强法》《肺病痊愈谈》《最新育儿法》等都成为明治后期的畅销图书。

除了发行图书以外，明治政府还通过20世纪初兴起的“教育唱歌运动”来普及卫生思想。“唱歌”为1872年(明治五年)实行新的学校制度以来增加的一门科目，“教育唱歌运动”就是将地理、历史、算术等知识编成歌曲，通过反复诵唱来加深记忆。1900年，出现了由三岛通良作词、铃木米次郎作曲的“卫生唱歌”。“卫生唱歌”共有五段，第一段强调健康卫生是为了忠孝，第二段提出睡眠和饮食的注意事项，第三、四、五段分别就运动锻炼、服装穿着、保护视力和接种进行说明。最后以“只要强壮伟大的男子和健康娇美的女子共同努力，皇国就可以万岁万万岁”为结尾[10]340。

近代卫生思想还促成了近代体育的出现。西方的网球、台球、棒球、自行车在明治时期传到日本，明治30年代“骑着自行车去打网球”成为最时髦的行为。1874年，在英国人的指导下，日本最初的运动会在海军兵学校召开。另一方面，随着西方体育的渗透，日本传统的运动被改造成近代体育项目。柔术在嘉纳治五郎的努力下进化成柔道便是最好的例子。游泳、登山、泡温泉等都成为大众喜爱的体育运动。

总之，在明治政府的推动下，人们开始比以往任何时代都关注自己的身体和健康。人们通过阅读内容相同的健康手册、吟唱同一首“卫生唱歌”，逐渐拥有了同一种观念。明治政府正是以卫生思想为媒介逐步改造民众，直到把他们塑造成拥有相同卫生观念的“国民”。

4. 明治国家的妓女管理制度——对身体归属权的追问

在“国民”的塑造过程中，清洁的卫生习惯、合理的饮食养生很容易被人们接受。然而，针对各种传染病的隔离、清洁、阻断措施，人们却产生了抵触情绪。明治初期，用于消毒的石灰被认为是毒药，甚至有传闻说霍乱的爆发是因为政府官员向井里投放毒药，或霍乱患者的肝脏。1877年的霍乱大流行期间，千叶县发生了村民袭击医生致死的暴乱事件。医生沼野玄昌在警察的协助下准备隔离患病村民时，招致十几个村民的棍棒围攻，最后被迫跳入加茂川溺水身亡。在整个明治时期，每次霍乱爆发，当地政府官员在执行隔离政策时，都会遭到民众的暴力反抗，警察、医生和隔离医院都会被村民袭击。

流行病暴发期间的暴乱当然与民众、特别是偏僻农村的文明开化程度有关，但更重要的是医生、警察和官员成为一个共同体，并借助国家的威势对民众强行进行管制。这必然招致民众的反感和反抗。在个人与国家的对抗过程中，“身体到底是属于谁的”

这一问题逐渐浮出水面。

明治政府对妓女的管制是探讨身体归属权问题的典型事例。色情业在日本有着悠久的历史，平安时期就出现了妓女(「遊女」)，战国时期连年战争致使人民生活窘迫，大量贫苦百姓家的女子和一些战败了的武将的妻女沦落为妓女。江户时期"吉原游廓"是幕府公认的妓院，占地面积达两万坪，最盛期有数千名妓女。大阪、京都、长崎也有大规模的妓院，地方城市的小妓院更是数不胜数。幕府后期来到日本的荷兰军医彭贝惊异于日本竟没有对妓院进行医学监督的设施，当他向幕府提出加强管制的建议时，得到了否定的答复。这是因为"身体是属于个人的财产，对于它谁也无权干涉"，所以在日本"不能强迫她们注意卫生、健康生活"[1]211。

彭贝的观点无疑代表了近代西方医学的主张：妓女们被认为是梅毒的传染源，继而被看成是"对男人、家庭、社会乃至最终是对国家的威胁"[5]35。因此西方国家通过控制妓女来限制和改善梅毒的传播。1810 年法国要求所有的妓女都要到警察局登记，且必须定期接受医院检查。一旦发现感染梅毒，就要被监禁在一个监狱医院进行治疗。然而，对妓女进行管制的观念在幕府后期的日本却行不通，身体在这时还是个人的私有财产，不受任何人和团体的约束。

这种自由状态仅仅维持到明治维新之后。明治时期，梅毒泛滥，津田真到 1875 年在《明六杂志》上发表"废娼论"。津田认为国民沉溺于娼妓，必将使家产耗尽、家门败落，并感染梅毒损害身体和精神，这是关乎国家命运的大事[11]27。津田的观点与彭贝达成了一致，也代表了明治新领导的意见。此时，和西方国家一样，明治新政府也认定妓女要对梅毒的传播负主要责任，并模仿西方国家开始着手妓女管制工作。

1872 年明治政府颁布"艺娼妓解放令"，一方面宣布解放妓女、并将她们送回家，另一方面允许自愿者继续从事这一行业。通过一系列相关政令，将妓院的称呼由「遊廓」改为「貸座敷」，即女性有自愿出卖肉体的自由，妓院也有向她们提供场地的自由，妓女与妓院变成了平等的营业双方。在此基础之上，1900 年明治政府又颁布了"娼妓取缔规则"。这个规则规定 18 岁以上的女性在得到父母同意的前提下只要向警察提出申请，并在娼妓名册上登记之后，就可以从事妓女行业。作为妓女，有义务接受身体检查，并居住在规定区域以内。对此，若尾典子一针见血地指出，"娼妓取缔规则"表明"日本妓院的近代化就是借助西方医学、开始对女性生殖器官进行管理并使其制度化"[11]19。

对于明治时期广为蔓延的梅毒，明治政府和西方国家一样仅从妓女身上寻找原因，单单加强对她们的身体管理。日本的"梅毒检查"(「検梅」)最初出现在幕府后期，是在外国政府的强烈要求下开始实行的，仅以接待外国士兵的妓女为实施对象。明治新政府借鉴并继承了这一新鲜事物，以此作为身体管制的主要手段。1872 年东京府下令妓女必须接受梅毒检测，第二年规定每个月要接受两次梅毒检测。从 1878 年到 1884 年，明治政府颁布了更为严厉的法律，强制要求所有妓女接受梅毒检查，一旦发现被感染就必须被关进被称为"妓女医院"的地方[5]39—40。由此可见，明治政府将妓女的身体看作是梅毒的感染源，是威胁到"大日本帝国"的毒瘤。因此，个人的身体被纳入国家的监督体系，不断遭到检查甚至隔离、监禁。

5. 结语:“国民”与“国民国家”的形成

在明治政府眼中,疾病早已不是个人的事情,而是对公共秩序、社会风范以及国家财产和国力的威胁。在这里,发生在法国18世纪末的“神话”同样发生在日本,要建设一个健全的社会就要消除一切疾病。正如“卫生唱歌”所提倡的“只要强壮伟大的男子和健康娇美的女子共同努力,皇国就可以万岁万万岁”。就这样,明治政府通过舆论宣传、武力强制等手段对人们的身体加以管理和改造,塑造出了拥有卫生观念、习惯于近代文明生活的“国民”。许许多多个卫生的“国民”又组成一个共同体,这就是清洁的“国民国家”。

卫生的“国民”、清洁的“国民国家”一旦成立,日本立刻对周围的亚洲国家产生一种优越感,并企图割断与亚洲的联系,仿佛只有这样才能抹杀掉自己不卫生、不清洁的历史一般。1885年,福泽谕吉在《时事新报》上发表了社论“脱亚论”,明确提出了“脱亚入欧”的理论:

> 我们日本的国土在亚洲的东边,但国民的精神已经脱离了亚洲的固陋、转入西方的文明中。然而,不幸的是我们与中国和朝鲜为邻。(略)我们无暇等待邻国开化、与之共同振兴亚洲。而应该脱离亚洲、同西方文明诸国共进退。对中国、朝鲜也无需顾及邻邦之礼,采取同西方人一样的态度对待他们就好了。亲近恶友的人难脱恶名。我们应该从内心谢绝亚洲东方的恶友。[12]20

福泽将中国、朝鲜的“固陋”与日本及西方国家的“文明”对立起来,强调两者具有天壤之别的不同性质。福泽的固陋/文明的二元对立思想与肮脏/清洁的两极观念息息相关。这种文明对固陋、清洁对肮脏的优越感便催生出一种幻觉,即日本作为亚洲的盟主应该改造亚洲其他落后国家、重新建立亚洲的秩序,只有这样才能将亚洲从西方国家的威胁下挽救出来。也正是这种幻觉导致了日本在帝国主义、殖民主义的漩涡里越陷越深、不能自拔。

(“论近代日本构建清洁文明国家的策略”《日语学习与研究》第6期2011年12月)

注:

①即使是医学科技高度发达的今天,经历了无数次病毒发现与疫苗研制的人类始终有疾病相伴左右。2003年的“非典型肺炎”、2009年的“新型流感”都是很好的证明。

注释

[1]酒井シヅ『病が語る日本史』、講談社、2009年4月。
[2]立川昭二『病気の社会史—文明に探る病因』、岩波書店、2007年4月。
[3]中村哲『日本の歴史・明治維新』、集英社、1992年9月。

[4]福田真人『結核の文化史』名古屋大学出版会、1995 年 2 月。
[5]卜正民施恩德著《民族的构建亚洲精英及其民族身分认同》,吉林出版社,2008 年 4 月。
[6]潘桂娟,日本汉方医学的起源与兴衰,《中华中医药杂志》,2005 年 12 期。
[7]米歇尔·福柯著 刘北成译《临床医学的诞生》,译林出版社,2001 年 8 月。
[8]柄谷行人著 赵京华译《日本现代文学的起源》,生活·读书·新知三联书店,2003 年 1 月。
[9]柳田国男『明治大正史世相篇』、講談社、1999 年 5 月。
[10]立川昭二『明治医事往来』、新潮社、1986 年 12 月。
[11]若尾典子『闇の中の女性の身体』、学陽書房、1997 年 4 月。
[12]海野福寿『日本の歴史·日清·日露戦争』、集英社、1992 年 11 月。

作者简介

王梅,北京日本学研究中心博士课程(2003 年至 2008 年在学),日本文学专业。现任大连外国语大学日本语学院副教授。

结社与共同体:中国与日本村落的差异

李国庆

研究中国农村社会结构变革,分析和预测变迁方向与变革途径的一个重要问题是要明确中国村落的基本社会性格,即中国的村落究竟是一个内部凝聚力较强的共同体,还是一个相对松散的结社性质的社会群体?

1887 年德国社会学家滕尼斯提出的相对于"社会"的"共同体"(Gemeinschaft)概念,是指一种"持久的和真正的社会生活,而社会不过是暂时的表面的共同生活",共同体的本质特征是具有严格的组织制度、强烈的归属感和认同感。村落共同体的一般定义是,一定规模的住户比较集中地居住在有一定界限的地理区域内;居住者之间表现出牢固的内聚性相互作用;他们具有不基于血缘纽带的共同成员感和共同归属感。村落共同体以土地的私人占有为基础、以村落共有的水利设施为补充,在共同体中形成了关于耕地和耕作的规则、用水规则等共同体规则,并在此基础上确立了生活规范。在村落生活中,村民之间形成了共同的文化信仰,形成了超越个别利益、在生命意义上的相互认同感。

结社是滕尼斯"社会"(Gesellschaft)概念中的功能组织,是针对特定活动和特定功能,在特定人群、特定时间范围内结成的社团。结社的基础在于成员之间利益的互补性以及制定共同规则的必要性。与共同体不同,结社成员之间虽然有着多种合作互助关系,但社会结合的本质依然是相互分离的。

从现代化理论看,共同体性质较强的村落中,组织功能分化不发达,因而往往是一个自给自足性强的封闭世界。在共同利用的物质基础之上建立起来的村落规则对人的行动具有强烈的制约性,人的行动往往缺少自由和合理性。但是从文化论立场看,它发挥着维系村民之间认同意识的作用,强化了村落的凝聚力,对村落的可持续发展具有无法替代的作用。

1. 满铁调查概要与《中国农村惯行调查》

探讨中国农村的社会性质首先要寻找中国农村的传统和村落内部社会结合形态的原型。20 世纪 40 年代日本学者以华北 6 个村庄为对象的"中国农村惯行调查"记录了当时中国农村社会的基本结构,提供了观察中国村落社会性质的窗口。

1905 年日俄战争结束以后,日本获得了对中国东北铁路沿线地区的主权后成立了南满铁路公司。为了调查中国的国情作为制订对华政策的依据,1907 年满铁设立了专门的调查部,作为对中国国情的综合研究机构。调查首先在"满洲"地区展开,随着日本对中国的侵略向华北扩大,调查地区逐渐延伸至整个中国,调查人员最多时超过 2000 人,持续了 40 年之久。

中国农村惯行调查是满铁最具代表性的研究。这项调查是东亚研究所受兴亚院的委托，于1940年11月至1942年11月实施的。实地调查由“满铁北支经济调查所惯行班”承担，以华北的6个村落(河北省4个村落、山东省2个村落)为对象，共分7次进行。调查项目包括家庭、村落、土地所有、佃耕、水利、公租、金融交易等农村社会生活的主要规范，目的在于搞清家庭、家族、村落组织、社会团体、共同作业、民间信仰、土地的借贷与买卖等社会活动中的社会规范。调查报告从1941年夏季开始出版，由东亚研究所第6调查委员会的专家负责报告分析，专家主要是由东京大学法学部和京都大学经济学部的研究人员组成。

在正式实施中国农村惯行调查之前，第6调查委员会于1940年8月组织该调查委员会委员对中国农村的8个村落进行了一个月的实地考察，出版了“满洲北中支农村视察状况”报告(1940年12月)。报告中特别值得关注的是戒能通孝为“中国法的惯行调查第一部报告书”写的导论。就是在这篇报告中，戒能提出，中国村落并不存在强有力的共同关系，村民与村落的结合关系极为松散，从而全面否定了中国农村中的共同体关系。另一个值得注意的报告是平野义太郎的论文“作为北支村落基本要素的宗教及村庙”。在这篇文章中，平野论证了中国以村庙为中心形成的村落凝聚作用，指出村民的是非善恶等规范意识的原动力是以村庙主神为核心形成的，村落社会中存在着强有力的共同关系。平野的这篇报告出版后，重新刊登了戒能否定平野义太郎的观点、主张中国村落中不存在共同体性质的社会关系的文章，围绕中国村落共同体存在与否展开了“戒能—平野论战”。

这项调查战前以《北支惯行调查资料》为书名出版。1952—1957年，岩波书店以中国农村惯行调查刊行会编《中国农村惯行调查》为书名再版，全书共6卷。

2. 关于中国村落共同体的论战

二次世界大战之后，以这套6卷本的调查报告为依据，清水盛光、平野义太郎、戒能通孝和福武直等学者分别出版了关于中国农村社会结构性质与共同体思想的研究专著[1]。他们使用相同的调查资料，却得出了截然相反的结论。关于中国农村是否具有村落共同体的性质，是日本社会学关于中国农村研究的主要争论焦点。

2.1 平野义太郎和清水盛光：中国存在村落共同体

平野义太郎在1941年《会、会首、村长》一文中，提出中国村落具有共同体性质的观点。文章的分析材料来自河北省顺义县沙井村调查。平野注意到该村的村公会和公会组织的存在。他认为，“会首集中起来商议的公会是自然村的自治机构。这一公会自前清时代开始就已成立。自古以来，公会就不是由政府设立的组织，而是自然村落的自治组织。而且，会首们的公会背后存在着村落的自然形成的生活协同形态——“会”，会与按照县政府的命令建立的保甲、邻闾制以及国家的行政组织“行政村”不同。“会”正是村民的自然的生活合作体。“会”以庙为中心，是按照地理和历史自然发展起来的村民的自然聚落。村落的财产叫作“会里财产”，公会建筑以及其他的村有财产被统一称为庙产，意味着自然村“会”是以庙为中心自然产生的，是共同生活组织。

平野主张中国农村存在着“乡土共同体”,认为包括中国在内的亚洲村落以农村共同体为基础,以家族邻保的连带互助形式实施的水稻农业要求以乡土为生活基础,以生命的协同、整体的亲和作为乡土生活的原理;主张村落在农村生活中的农业耕作、治安防卫、祭祀信仰、节庆娱乐、婚丧嫁娶以及道德规范等方面具有共同体意义的相互依存关系。平野特别强调中国的农村社会是以寺庙祭祀为中心形成的共同生活组织。

在平野之前,已经有学者指出了中国村落具有强烈的共同体性质,代表性学者是清水盛光[2]。在《中国社会研究》一书中,清水首先阐释了分析中国村落共同体的存在意义。他指出,贯穿于各个时代的中国政治的根本特征,在于绝对的专制主义,是官僚阶级对人民阶级的专制。专制主义形成的主观基础是君主思想的合法化以及服从于统治阶级的官僚阶级的观念,实质上就是王权天命思想和家长制思想。专制主义的客观基础则存在于被统治阶层的社会构成之中,它从村落共同体自律性连带的性质中体现出来。

清水所分析的自律性连带的依据主要表现在以下几点。自律的连带不是依靠有实体的组织建立和维持的,而是基于社会意识支配的协同关系,是以自然形成的村民的亲和感情为基础产生的、伴随着义务感的行为、思维以及感受等方式。这种自律性自治村落结合的基础,是血缘村落中的血缘结合以及地缘村落中的地缘结合。

清水认为,中国村落自治的根源在于自然村。中国村落具有以里老和老人为中心实施的各种自治功能。从结果上看,中国村落的经营权完全集中于村民的手中,即使掌握村政的只有乡长和乡老等少数人,一般情况下,一个村落本身即构成一个小小王国。村落统治分为两个侧面,一是通过村庄领袖实行的村落管理,属于他律性自治,村长履行对上的职责。二是村民的自主性自治,可以称为自律性自治,建立在村落共同体性质基础上。乡长的管理事务涉及村民生活以下四个方面。

第一是对外职能,即与县府衙门相关的事务。村落首领具有政府代表的色彩。在对外事务中,最为核心的功能是地租征收。他们或者直接履行税收职责,或者为县衙门收税官吏提供信息,使之准确地把握情况。这一职责使国家的统治触角能够延伸到村落这一社会的最基层。第二,在村落的公共事务中,可以将乡长的职责分为对冒犯共同体规则的行为加以制裁功能和维持集合体的统制功能。中国村落领袖的职能特点是,他们的职责超出了民事的范围界限,承担刑事审判职能,能够行使自律性的惩治权。这种村庄整体的制约性与村庄的集团性程度成正比,血缘村庄的集团性又显然强于地缘村庄。第三,乡长需要仲裁家族纠纷,调停村民矛盾,这是村落最为基础的职能。第四,乡长需要处理与邻村之间产生的各种纠纷。

清水关于中国村落共同体的观点包含两个侧面。一是村落的共同体性质,二是强调中国的村落包含着阶层分化,是由乡绅和士绅支配的社会。这种阶层分化即使在作为村落最为基础的共同事业举办的“看青会”中也同样体现出来。如何认识村落的共同体性质与村庄的阶层分化?清水认为,由于阶层分化的进展,村落共同体性质出现了淡化趋势,而正是村落共同体的作用延缓了村落社会秩序的分化。清水主张,纯粹的共同社会是专制主义的客观基础,而向阶级社会的发展将破坏共同社会,进而破坏专制主义基础,因此,专制主义与阶级社会是相互矛盾的(旗田巍,p. 11~12)。

清水分析了影响中国村落共同体的两个因素,第一,村落共同体的集团性强弱与村落的结合性质有关。在以巩固的血缘意识为基础的同族村落中,集团性最强;在家族意识强而且异姓混住的地缘村庄,村落的集团性较弱。第二,集团性强的村落,村民的连带意识越强,村落的民主程度越高;在专制的村落中,会产生强者对弱者的强制关系。这里的势力关系应该理解为构成村落的家族或宗族之间势力的强弱之差,而不是个人之间的力量差异。自然村的集团性在某种程度上与封闭性互为表里,常常产生出村落之间的对立关系,极端情况下就会出现中国南方地区的械斗现象。

2.2 戒能通孝和福武直:中国农村不存在村落共同体

然而,大部分学者持不同见解,认为中国村落中不存在村落共同体性质的结合,至少这种性质极为淡薄,这一观点的代表学者是戒能通孝。戒能研究了中国土地所有权的法律性质,在"中国土地法惯行序说"(《法律社会学诸问题》,1942)中论证了中国农村的土地所有权性质与近代所有权的同质性,进而对比了日本村落和中国村落。他认为,虽然两国的村落有很多相似之处,例如都存在着以村庄为单位的契约、村庄的租税负担以及村庄财产等等,但是两者的内部结构之间存在着本质区别,主要表现在:第一,中国社会完全不具有封建性质。第二,不仅是村落,即使家庭也没有构成真正的共同体,而是由分散的个人构成的。第三,村庄集团的性质不是共同社会而是利益社会(旗田巍,p.14)。

戒能指出,从共同体定义出发,村落共同体是村民为了从外部环境保护自身利益而结成的内向型合作关系,村民的参与是自主的,成员之间相互具有伙伴关系意识;它不是由统治机构设置的,而是以上层村民为核心形成的纯自主性合作组织,干部代表村民利益,因而村落的权力和决策得到了成员积极的、发自内心的支持。但是中国农村惯行调查的资料分析结果显示,中国村落没有明确的地理边界,村民的土地往往是跨越村庄边界的,因而没有形成固定和稳定的村落地域集团。其次,村干部不是为村民服务而是为处理官方事务迫不得已选举出来的。以村长或会首为首的村干部是有闲的地主阶层,没有获得村民内在的情感上的支持,仅仅是支配者而已。村落甚至家庭都没有形成紧密的团体结合,而是由松散的个人联合而成的集团,由纯粹的实力关系所支配。

与戒能持相同观点的是福武直。1946 年,福武直出版了《中国农村社会结构》一书(1976 年收录于福武直著作集第 9 卷),从社会学的角度提出了农村共同体理论的研究视角。"农业经济学以农村经济生活为核心课题;社会学虽然不以经济本身为目的,但仍然需要探索农民生活中基本的经济现象以及通过这些经济活动而产生的群体与社会的关系。这一研究不限于经济,还包括政治、宗教、教育等所有生活侧面。农村的政治关系和政治组织创造了群体生活和宗教生活,形成了农民的生活圈域和宗教集团,需要加以研究。如此,农村社会学涉及了上述农村生活的全部领域,其研究对象是现实状态和整个农民生活中的共同形态以及产生这种共同形态的条件和结果。农村社会学包括下述问题:农民生活是以怎样的共同体形态为背景运转的?村落社会结构以何种形式构成?哪一种结合最为重要?他们的生活外延有多大和形成了哪些生活圈域等等”(福武直,著作集 9,p. 31～32)。

福武的论述显然是以清水盛光关于中国村落共同体的论述为前提的,但是结论完全不同。福武认为,华中无论在任何意义上讲,都不存在村落共同体。华北的村落与华中相比集团性略强,但仍然是微弱的。华北的村落也并非戒能所讲的分散个人的集合体,而是有组织的生活共同体。但这一生活共同体是消极的,成员各有各的打算,并非强有力的共同体。从整体上看,中国不存在村落共同体。

2.2.1 福武直论华中缺乏村落共同体特性

在 1946 年的《中国农村社会结构》一书中,福武首先论述了中国华南地区农村社会特征。按照一般规律,农村地区社会集团的统一性强,居民的连带意识比城市居民更强烈,具有自给自足性,甚至表现出孤立性、封闭性和排外性。但是华中考察结论是,华中的村落已经不再是一个小王国,也不是孤立的环节社会,村落已经丧失了共同体特质。

华中村落中近邻是结合程度很强的地缘集团,但村落不是一个在社会生活中能够自我满足的统一体。村落之下的村社是具有显著统一性的组织,而村落应该视为范围极广的社会生活组织。村落虽然是建立宗教组织“会”的最大地缘范围,但村落并不举办特定的集体活动。“会”的成员不是村落的全体成员,只有一部分村民参加。村落中看不到为了共同防卫而实施的打更即夜间警备行动,也极少有村落组织的看青活动和共同灌溉等活动。村落中看不到由各户出资或提供劳力修路或疏浚河道的活动,更没有由村落共同设立的私塾学校。除了一个聚落构成一个村落的事例之外,集团意义大都产生于村社即自然村。但无论是作为村社的自然村还是作为村落的自然村,都缺乏集体性行动(福武,著作集 9,p. 248)。

从村落管理看,华中农村没有像集团性较强的宗族村落制定的村规民约,对于违反农村生活规范者的制裁也很少在村内进行。领袖选举不是按照宗族势力的强弱或家庭地位的高低,最终是以能力和财力为标准的,由于他们与一般村民之间的差距很小,不具有高度的权威。村民对村落的认同意识低,自律性的自治十分消极。在华中,村落的统治是一种任其自然的状态。

福武进而从村落的封闭性和排外性分析了华中农村的社会性质。一般来讲,村落的封闭性与集团的统一性成正比,封闭性表现在对外来者的排斥、与邻村的对立与隔阂。华中农村地区的调查显示,由于缺少村有财产,宗族村落又很少,村落的内部结合程度相对微弱,对外来者的排斥并不显著。在村落外部,与邻村之间相互隔离对立甚至发生械斗的情形更加少见。相反,华中村落与邻村联合起来组成行政村,共同举办宗教活动或通婚的事例却相当普遍,村庄显示出极大的开放性。由于村庄界限本身不明确,没有发生村界纠纷以及争夺水利权纠纷的前提条件。华中的村落已经在相当高的程度上丧失了自给自足性。村落经济对城镇的高度依赖显而易见。不仅如此,村落的政治活动与日常生活需求也难以在村落中完结。例如,华中的村落自治活动并不像北方农村那样具有村内完结性,而是受到村落外部因素的影响。作为华中村民重要社交活动场所的茶馆也主要是分布在中心集镇,村内的被称为扇馆的小茶馆仅仅是对集镇茶馆的补充。福武的这一观点与施坚雅把地方共同市场视为中国农村基层社会的观点如出一辙。

福武分析了华中缺乏村落共同体性质的历史成因。第一,从华中村落的形态看,由于当地的村落属于散村形态,村与村之间又是相互连续的,村庄之间界限不清。第二,从经济形态来看,当地自古以来货币经济发达,农村完全丧失了自给自足经济,转而依靠市镇经济。从村落内部看,华中的农耕缺少产生共同作业的契机。当地以水稻作业为主,由于一家一户的水田相连,易于保护农作物,没有组织类似北方的看青会的必要。网状的河流便于灌溉,减少了兴修水利工程的共同作业需求。华中自然环境优越,没有遭受旱灾的忧患,洪水也可以通过无数的湖泊和纵横交错的河流来调节,因此难以产生村落命运共同体意识。第三,从村落社会结构看,由于村落内部很少有大姓宗族,宗族规模往往很小,村落内部结合程度微弱。村落内部的阶层分化程度较低而社会流动性又很高,因此村内的领导阶层不固定,统治基础十分脆弱。华中没有共有的村落财产,土地庙的土地属于庙产而非村落,不利于村落共同体意识产生。再看村落庙产的性质和规模,华中的庙祭祀着神灵,庙的规模很大,需要几个村庄联合修建。村民一般到规模较大的土地庙参拜祈祷,宗教仪式不局限于某个村落内部,促进了村落的开放性。总之,规定华中村落社会性质的因素是其固有的自然条件以及在得天独厚的自然条件之上达到的经济发展阶段。

2.2.2　福武直论华北农村的"生活共同体"

福武直对华北的村落社会特性也展开了分析。福武指出,华北的村落性质不是村落共同体,而仅仅是一种结社。这一特点最为明确地表现在"公会"的性质上。公会是华北村落中自发的和自律性的自治机构,起源于上供会和善会等祭祀村庙的会。这一祭祀组织后来发展成为看青会,以后又承担了对外的职能,从而转化为代表村落整体的公共组织。

福武关注的是村公会的结社性质。所谓结社,是为了完成特定功能由固定成员结成的组织。村公会最初不是全体村民的组织,它首先是一个祭祀村庙的宗教组织,它的成员仅限于村落中的土地所有者,非农户和没有土地的贫穷农户被排除在外,只是在公会发展成为村公会组织之后,其功能逐步扩大,最终承担起村落共同体的功能。

研究村公会组织起源的意义在于,正是由于其结社而非村落共同体的性格,掌管村公会事务者自然而然地由富有实力的地主和富农出任。由于村公务繁忙,对外交往甚至带有一定危险性,村中善于交际的中农或贫农上层常常被推举出来出面处理村落与外界的交往。虽然村落也举行村长的公开选举,但是参与选举的村民局限在上层村民的范围之内,一般村民对于村长或村理事的选举持漠不关心的态度,显然,选举出来的村长也无法代表全体村民,仅仅获得了一部分上层村民的支持。村长也不以自己为全体村民的代表,没有高度的对全体村民的利益负责的集体领袖意识,仅仅对推选自己的拥有土地的上层村民负责。村长与村民之间的关系仅仅限定于最低限度的事务联系(福武,著作集 9,p. 486～490)。

尽管中国华北的村落内部不存在像日本的自然村那样的村民全身心投入的共同

体关系,作为一个地缘共同体,华北的农村毕竟存在着各种各样的生活互助关系。如何认识这种村内互助关系?福武认为,首先,华北的村内合作是消极的,而且合作被限定在最小的范围之内。其次,由于村内缺乏有机的连带意识,村民之间的私人合作也是利益打算性的,带有显著的理性交换性质。

首先看村内协作的消极性。上面讲到,村落整体的协作是由村公会主导的,而村公会与村内的看青会是完全相同的组织体系。防止农作物偷盗的看护组织与村行政组织同为一个组织,足以显示村公会性格与功能的消极性。另外,村内改善村民生产生活环境、增进村民福利的建设性事务十分贫乏。根据"中国农村惯行调查"资料,虽然村庙具有村庄象征意义,但是其管理不是全体村民的共同工作,一般由村内私人的善会负责。庙产收入往往被用做村办学校教师的收入,否则学校经营将陷入困境。此外,村内道路修建、水利灌溉设施的修建与管理、水井的挖掘与护理等事务虽然完全属于村民之间的共同事务,但是在1949年以前的华北农村,却很少成为整个村落的公共事务。即使是村庙的修建,不到万不得已,很少有人问津。至于对村内贫民的救助,则完全不在村内公共活动的范围之内。缺乏村落集体活动的原因,除了村庄管理者并非民选代表因素,另一个原因是村落缺乏集体资产,村落的财政基础薄弱,无力支持村落建设活动,从而导致村落集体性脆弱。

福武指出,华北农村村民之间存在着各种合作关系,主要包括帮工即劳力的交换、搭套即家畜的交换。这些协作不是以村落或村社为单位进行的,仅仅是两三户之间的合作。而且由于家庭经济地位变化无常,合作对象时常发生变化,一般来说最多不超过五年,因此可以说中国华北普遍缺少以村落为单位的耕作协作组织,而且村民之间的协作是以合理计算为基础的。这一判断也可以推广到非经济领域,在华北农村,确实存在着婚丧嫁娶活动中的劳动交换、房屋建筑中的互助以及金钱方面的互助,也存在着宗教共同组织,但是这些活动大都以经济组织为背景,具有显著的"合理打算性"(福武,著作集9,p.492～494)。导致福武直做出上述判断的背景是日本农村中普遍存在的农耕合作组织。日本自然村落中的农耕组织以地缘组织为单位,农耕组织的相互协作增进了情感的融合。由于日本农户的空间流动性很小,村民之间的交往是长远的和连续的,并非完全是经过合理计算的。

为什么中国华北的农民缺乏村落共同性?福武指出至少有以下几个因素。首先是阶层的制约。村落中的阶层构成首先是少数的富农阶层、中农阶层、占大多数的贫农阶层以及为村落所抛弃的极少数的赤贫农民,阶层的分化导致村落凝聚力的减弱。上面讲到,村公会最初由看青会发展而来,看青和打更等共同防卫事务成为村落的重要活动内容。而看青的重要对象首先就是村内没有土地的贫农和赤贫农民。也就是说,在村庄最主要的事务中,下层村民被排斥在村落范围之外。另一个事例是村费征收。由于村费是按亩征收的,因此,赤贫阶层显然作为无产者被排斥在外,因此他们实质上是作为无能力者被村落所抛弃,因而也不可能得到村落的任何生活援助。这些为数众多的村民自身也没有村民意识,对于村中事务漠不关心,往往采取一种旁观态度。

影响村落整体性的因素除阶层之外,还包括宗族的制约力量。华北"村落不仅呈现出阶层这一立体性消极的分离因素,而且在水平面上受到族化的分离"(福武,著作集 9,p.497)。华北普通的、具有典型意义的村落是复姓共居,其中的一两个宗族人数较多。同一宗族往往集中居住,而且具有显著的宗族意识。由于人数规模的差异以及经济能力的差异,宗族实际上起到了分化村落的作用,宗族之间没有直接关联,甚至具有潜在的竞争,对于村落统一性的形成作用是消极的。

福武将中国华北农村的社会结合性质定义为“生活共同体”。其含义是,一方面,由于受到阶层和宗族等分离因素的制约,农村的集体性十分脆弱。另一方面,村落也并非仅仅是个人的集合体,而是在各种条件限定下的生活扶助单位。正因为村落的生活共同体性质,村落仍然具有对外封闭性,在以村外作为参照群体时,村民仍然具有本村人、外路人或异乡人的意识。外村人迁居到新的村落仍然需要村民的担保,要取得正式村民资格需要长时间交往。促成村落集体性形成的因素主要包括以下四点:第一,村落的集中居住制度。第二,村庙祭祀增强了村民的归属感。第三,村落的村有财产。第四,抵御来自兵匪和土匪的危险。正是这些因素促成了村民有限的集团意识的形成(福武,著作集 9,p.501~503)。

3. 中国和日本村落社会结合性质的本质差异

在中国村落共同体论战中,日本学者平野义太郎和清水盛光认为中国的村落具有强大的凝聚力,具有显著的村落共同体性质,而且这一特点是整个亚洲不同于欧美国家的特质。另一派以戒能通孝、福武直为代表的学者强调,中国农村并不存在日本农村对村民所具有的制约作用巨大的社会规范,村民的关系是扩散性的,村落本身不是共同体,而仅仅是一种结社性质,村内只是在“看青”、“打更”等安全防卫之类的基本需求层次上组织起来,不存在精神上的相互认同和相互依存性。

学者对中国村落性质做出的判断是以日本的自然村为参照标准的。日本的自然村以江户时代以前形成的村落为原型,是一种自然形成的、具有严格的共同体特质的地缘组织。与更加注重血缘关系的中国农村相比,日本农村的家族关系显得相对松散,在日常生活以及非日常生活当中,村落这一地缘集团内部关系的“和”得到了极大重视。

日本社会学家铃木荣太郎用“村落精神”来概括日本自然村的社会意识的统一性。这一概念表述的是自然村所具有的超越个人和家庭之上的集团累积体的固有特性,这种精神是一整套制约日常和非日常生活中人们的社会行动的习俗和制度规范,是维持村落社会秩序的基本原理。

在日常生活中,日本人最重视的是村内的地缘关系,其深层动机来自“家”的地缘延续性。按照日本传统家族制度,长子作为继承人继承家族的财产和祖传的产业,这一制度规定了家的高度定居性以及财产的排他性导致的长子以外子女的高度流动性,以保证家族财产不被分割,家族和家业永远延续。一般情况下,长子留在村内继承家产,而其他子女则到城市地区开拓生路。由于村内亲族关系的累积程度相对稀少,人们要保持家族的长期稳定性,在村落中满足日常生活的各种需求,就必须重视村落内部地缘关系,从而形成了日常生活的关系网络。正是家与家之间强有力的结合关系扩展和覆盖了整个村落,才形成了村落整体的共同利益和统一规范。

村有土地和共同财产作为强有力的物质基础维持和强化着村民的共同归属意识。正是这些条件的综合作用使日本村落中的地缘关系得以维系,村落得以长久地稳定发展。日本自然村的"村落精神"实质上是地缘关系优先的体现,村落社会最基本的组织原理是地缘性,村落是以地缘为基础的各种社会关系的累积体,村民重视地缘关系甚于重视血缘关系。在中国,农村居民相对缺乏共同体意识,血缘性构成了中国村落社会结合的最基本的关系,是血缘关系优先的社会。

福武直对中国的村落和日本的村落做了对比研究,从村落社会结构、村落群体以及政治结构三方面指出了中国村落的特征。首先,关于村落社会结构,从经济基础看,中国的农业技术远远落后于日本,农业经济水平在日本之下。从阶级构成看,两国的超小农经济都占有绝对优势,这是两国的共同点。但是,日本的中层农户比较稳定,而中国则是普遍的贫困化。从租佃关系看,中国的地主与佃农关系是契约关系,佃农除交纳地租之外没有其他特殊义务。日本的地主与佃农之间存在着本家与旁系这样一种亲密的血缘关系,这种亲族关系的存在为贫农阶层社会地位的上升流动提供了可能性。总之,日本的阶级关系与身份关系相互重合,上下层的经济剥削关系被家族主义温情的面纱所掩盖。相反,中国的阶层分化促进了地主富农与贫农的分离,阶级关系表现为赤裸裸的剥削与对立关系。

其次,从村落群体看,中国村落缺乏村有公共财产,而日本的村落拥有很多的公共财产,这些公共财产显然起到了强化村民的共同体意识的作用。中国的村民对村庄边界的意识淡漠,是属人主义,根据个人之间的关系亲疏确定自己的行为准则。日本的村落边界清晰,是属地主义。此外,中国的土地庙并不是宗教活动的中心,它所具有的是政治的和社会的意义;而日本的土地神与祖神二者合一,村落与家庭和同族具有同一性。

再者,从政治结构看,中国的自然村与行政村相分离,行政干部由有实力者担任,与村民之间是一种侍奉关系。相反,他们也没有为村民谋福利和保护村民的意识。日本的村干部具有全村利益代表者的意识,并努力从封建的统治下保护包括贫民在内的村落共同体利益。在村落自治方面,日本的农民表现出超越中国的合作精神(福武直《日本农村和中国农村》,见《福武直著作集》第 4 卷,p. 52)。

4. 评述与基本结论

以"中国农村惯行调查"资料为依据,日本学者就中国村落中是否存在共同体性质展开了论战。论战为我们提出了应该如何把握中国村落结合性质的重大问题,对于我们思考经历 20 世纪 50 年代集体化过程之后重新走向个体化的中国村落的社会结合性质以及未来发展趋势具有借鉴意义。

直接参加了满铁调查的学者旗田巍对这场围绕中国村落是否存在共同体的论战背景做了深入分析。旗田认为,平野义太郎之所以自始至终认定中国存在着村落共同体,与他的大亚洲主义价值观念有直接关系。即平野一直在积极寻找亚洲地区的共同价值观，从而希望以此为基础建立亚洲共同体。平野强烈主张，大亚洲主义的政治、经济和文化的发展必须建立在东洋共通的客观的社会基础之上，而东洋社会的底层结构就是乡土共同体(旗田，p. 41)。

而戒能通孝的基本研究立场则是“脱亚入欧”。他认为，仅仅有人的群集并不能构成一个共同体。村落共同体的基本条件必须具有团伙意识，这种意识是在相互作用的基础上建立起来的。集团参与必须是自主的而不是强制的。集团领袖不仅仅是支配者，而且是共同体利益的代表者，他们从村落的发展出发，积极为村民提供服务，并且赢得了村民的内在支持。戒能认为，只有同属于封建制的日本和欧洲国家才具有共同体的因素，而中国的村落不存在村落共同体。他的这一观点得到了福武直的支持，福武直援用满铁调查资料，经过分析后得出了中国农村不存在村落共同体，村落仅仅具有“生活共同体”性质的结论。

村落共同体的论战核心实质上是家优先还是村落优先的问题。让我们把目光转向今天的中国农村。目前的中国农村正在经历着从以家庭和村集体为主体的村落类型向以各种功能组织为主体的村落类型转变。所谓功能组织，其实是一种结社，是一种以谋求特定利益为目的的利益组织，而不是全体成员利益共享的共同体。这种结构转变之所以能够顺利实现，其深层的原因正在于中国村落共同体性质的薄弱。今天中国村落的特质，是具有较强的行政功能，不同于自主治理的共同体村落。1949 年以后，中国农村虽然获得了村落集体土地财产，但是各个家庭并不拥有直接所有权，依然不具备村落共同体性质。村落向以各种功能组织为核心的社会结构转变，正是顺应了中国农村结社性质的传统社会结构。

目前中国农村正在积极推进新型经济社会组织建设，为此，需要重新认识家族、宗教等传统文化的作用，培养村民对社区的认同意识，建立新型村民互助组织，这是建立村民公共事务自主治理体系的基础条件。

[本文根据《关于中国村落共同体的论战——以“戒能—平野论战”为核心》(原载《社会学研究》第 6 期，2005 年 12 月)全面改写而成。]

注释

[1]以这一报告为材料出版的著作包括福武直《中国村落的社会生活》，弘文堂，1947 年(福武直著作集第 10 卷)。清水盛光《中国乡村社会论》，岩波书店，1951 年。牧野巽《中国家庭研究》，御茶水书房，1978 年。

[2]清水盛光，1904 年生。在中国社会研究和家族研究领域取得了众多引人注目的成绩，代表作有《中国社会研究》(1939)、《中国乡村社会论》(1951)。在研究生涯的后半部分致力于组织社会学研究，著有《家族》(1953)、《集团的一般理论》(1971)等著作。

参考文献

中国农村惯行调查刊行会编《中国农村惯行调查》(共 6 卷)，岩波书店，1952 年。

旗田巍《中国村落与共同体理论》，岩波书店，1973 年。

福武直《日本农村和中国农村》，《福武直著作集》第 4 卷，东京大学出版会，1976 年。

福武直《中国农村社会结构》(著作集第 9 卷,1976),东京大学出版会,1946 年。
福武直《中国村落的社会生活》(著作集第 10 卷,1976),弘文堂,1947 年。
十时严周《现代的社会变迁》,庆应通信,1992 年。
富永健一《社会学原理》,岩波书店,1986 年。
鸟越皓之《家与村的社会学》,世界思想社,1985 年。
李国庆"福武直农村社会学理论述评",《社会研究》第 5 期,1989 年。
李国庆《日本农村的社会变迁》,中国社会科学出版社,1999 年。
黄宗智《华北的小农经济与社会变迁》,中华书局,1986 年。
杜赞奇《文化、权力与国家》,江苏人民出版社,1994 年。
施坚雅《中国农村的市场和社会结构》,中国社会科学出版社,1998 年。
清水盛光《中国社会研究》,岩波书店,1939 年。
小林弘二编《旧中国农村再考——追寻变革的起点》,亚洲经济研究所出版,1986 年。
内山雅生《中国华北农村经济研究序说》,金泽大学经济学部出版,1990 年。
三谷孝编《中国农村变革与家庭、村落、国家——华北农村调查记录》,汲古书院,1999 年。
费迪南·滕尼斯《共同体与社会》,商务印书馆,1999 年。
Popkin, Samuel l. ,1979, The Rational Peasant, University of California Press.
Scott, James C. , 1976, The Moral Economy of the Peasant, Yale University Press.

作者简介

李国庆,北京日本学研究中心硕士课程 1 期生(1985 年 9 月至 1987 年 7 月在学),日本社会专业。1996 年毕业于日本庆应义塾大学研究生院社会学系,社会学博士。现任中国社会科学院城市发展与环境研究所研究员。

近代化与家庭变迁

宋金文

柳田国男(1875—1962)是民俗学大家、日本民俗学的创始人。鲜为人知的是,他还是战前屈指可数的农政学家。在正式踏人民俗学大门之前,柳田曾以极大的热情投入到"农民为什么贫困"这个近代社会极具普遍意义的问题的研究中,并提出了很多至今仍不乏新意的农政主张。虽然其农政学说因超越时代而变成了"旷野中的呐喊"[1],但农政上的挫折不仅没有使他丧失信心,反而激发了他弃政从学,立志通过民俗研究,唤醒一般百姓作为历史主体的自觉意识,通过引导和启发民众加深对自身生活史和内心世界的理解,探索出一条不同于西方的,以"常民"(一般百姓的生活的维持和发展)为主体的内发式社会发展道路,从而实现国家长治久安、全民幸福的目标。直至今日,当人们对物化了的社会关系以及种种不协调因素进行反思时,柳田的学术观点宛如一股股清流,冲刷着陈旧落套的思维,唤起人们对生活的重新认识和行动的希望。在日本,"柳田国男研究热"汩汩不息,其学术影响不断加深。

1. 农民家庭贫困化的原因与农政的任务

20世纪初正值日本资本主义迅速发展,并向帝国主义转型的时期。明治以来历届政府推行的脱亚入欧、殖产兴业的产业化政策一方面带来了生产力的巨大发展,同时也极大地改变了日本人的文化和生活方式[2]。在农村,产业革命带来了生产和流通的巨变,同时,也扩大了农民阶层的贫富差距。大批小农小工商业者在城市资本以及地主制的双重压迫下,"难以继续经济上的苦斗奋战,大量失去了根基,流离四方"[3]。其结果"不仅妨碍了地方经济的进步,动摇了国力的根基,而且对每个家庭而言,这些颠沛流离的多数意味着家道的零落,祭祀的绝灭,还有与此相伴的道义心的消长等,若细道来,令人深感悲哀和担忧之处,不胜枚举"[4]。由于小农小工商业者无法均沾生产力和社会发展的果实,他们中间弥漫着一种对人世悲愤和哀怨的情绪。

柳田在其晚年的回忆录《故乡七十年》中坦言,儿时自己家庭的不幸以及少年时目睹过的农民贫困的境遇使自己内心萌发了"农民为什么贫困"的强烈疑问,"必须克服饥馑"的抱负是自己东京大学毕业(1901)进人商务省农政局工作的真正动机。

柳田以政府官员身份通过不断地农村走访和调研,先后撰写了《最新产业组合通解》(1903)、《农政学》(1903—1906)、《农业政策》(1904—1908)、《时代与农政》(1911)等论著,从当时农村、农民的现实问题出发,提出了很多精辟的农政改革建议,包括限制地主自耕地以外的土地扩张和兼并,实现中农经济,调低并固定地租利率,改实物地租为现金交纳,鼓励农村过剩人口外流,鼓励小农向其他产业自由流动和离农,鼓励发展地方工商业,开发农村区域性市场,组织和发展农村产业组合,摒弃不合理的单纯性的城市化消费方式,实施有利于农业发展的国家农业政策等[5],并自费将自己的观点整理成册，提交相关部门和国会议员，希望能够被当局采纳，以解决当时最大的社会问题即农民结构性贫困的问题。

柳田认为，近代农民之贫困化与过去相比，有着本质的不同。“贫民自古有之，而今日之贫困是自我觉察得到但却无法预防的痛苦的贫困。”“过去的贫困，或者是由于放荡等其他原因自己招致的，或者是偶然降临到自家头上的临时性大灾害等不幸所导致的，但在现代，除此之外又出现了一种勤奋劳动但仍有所不足的不幸。”“在自治经济时代，问‘我为什么穷困’可能是一个愚蠢的问题。除了天灾之外，只要努力劳动，一定会获得相应的报酬。但在今日，努力劳动有时也难免贫困。”[6]柳田认识到，“勤奋劳动但仍有所不足”、“自我觉察得到但却无法预防的痛苦的贫困”是商品经济时代的特点，是小农阶级低下的生产力与商品经济时代的发展不相适应所导致的必然结果。

柳田指出，当代农民的贫困首先是由其生存环境所造成的。日本农民大半“是世界上少有的细小农，除了少数例外以外，都是些若不对现有经营状况进行若干改进就难以确保永久安泰的人”[7]。农民要摆脱贫困，成为现代社会中独当一面的自立的生产者，就必须自觉地改进经营状况。上述农政学主张就是柳田为此开出的处方。

柳田的主张没有被当局采纳，第一次世界大战结束以后，厌烦了官场争斗的柳田辞官从学，以在野学者的身份开始了自己热衷的民俗学研究。柳田的民俗学研究包罗万象，但对农村和农民命运的关注可以说是一个始终不变的主题。《日本农民史》(1925)、《城市与农村》(1929)、《祖先的话语》(1946)等名著，都充分反映了柳田对农村社会发展和农民命运的关注，反映了他希望农民在对自身历史内省的基础上，通过自觉的合理性判断，解决农民近代结构性贫困问题，化解城乡之间的矛盾的心声。

下面将通过柳田农政学以及民俗学研究中有关家庭的论述，探讨其对家庭理解的真意，并分析其家庭论的当代意义。

2. 作为劳动组织的家庭——近代小家庭结构单纯化的问题

在柳田国男的民俗学视角中，农民的家庭首先被看作是一些土地与劳动力相结合的劳动组织或集团。把家庭作为土地与劳动力相结合的劳动组织或集团来把握，是柳田家庭论的基础。

当然，这些集团并不是孤立的。“综观当今村庄之生活，乍看呈现眼前的似乎是一些大小不等的农场，一些贫富不等的劳动集团即家庭偶然相邻而居形成的，但实际上其间隐藏着外人不易看到的连带，只需考虑一下其成立的原委，就不难发现，在各居民的经济生活之上，还相互叠加了一些意外的约束。”[8]

也就是说，从外部看，农民的家庭无疑就是一些与土地相结合的大小不等的劳动组织或集团，但这些劳动组织不是孤立地存在的，它们彼此之间存在着这样那样的连带关系。村落生活就是建立在这样一些劳动组织之上并由彼此之间的相互连带和约束而形成的。柳田国男在其主持编撰的《民俗学词典》中，对日本人的家庭(family)——“家”作了如下概念性描述。

“日本人除了把房屋叫作‘家’以外，还把房屋里居住的人们的集团，即夫妇、亲子、兄弟等血缘关系极近、比较少量的人们组成的共同起居和拥有共同信仰的集团称为'家'。'家'的一般形态是以夫妇为单位，通常生有子女数人，其中一人作为家的继承者留在家中，其他的或者分家单过，或者进入别人的家中。留在家中的后继者结婚生子，重复同样的过程，直系的几代人同居一起，这便是"家"的一般形状。"[9]

柳田认为，从定义上讲，"家"是夫妇、亲子、兄弟等血缘关系极近、比较少量的人们组成的共同起居和拥有共同信仰的集团，是直系几代人共同起居、新陈代谢的基础上形成的。但从本质上讲，家庭首先是一个共同生产的经营体。这个经营体需要有一个指挥者，起统帅、监督和协调作用。起这样作用的人就是"家长"或"户主"。关于家长制"家"制度的形成，柳田在《日本农民史》中指出，江户末期以后随着人口增多土地减少，生存竞争日趋剧烈，家长的权力不断增强，家长作为家庭统帅者的权力随之得到强化并固定了下来。在可开垦土地有限的情况下，为了避免绝户的危险，父母不能完全按照爱情的本能，将土地平分给每个子女，而是将属于"家"的土地全部转让给子女中的一人继承，指定单子做"家督"，负责"家"的经营，并指挥家庭成员的劳动。这样逐步形成了长子单独继承的"家"制度。在这个过程中，传统大家庭逐步解体，慢慢形成了以父系血缘为主的由父及子，由子及孙的家庭财产继承制。柳田认为，长子或其他同胞中的一人将土地等"家产"连同"家号"一起优先继承的长男单独继承制度虽然是近世以来逐渐形成的一种"略显冷酷的'家的原则'"，但从历史上看，它无疑也是农民为了防止资产均分导致一门主力弱化的智慧的结晶。

既然"家"是土地与劳动力结合的劳动组织或集团，那么，从逻辑上讲，为了满足家庭成员生存和家庭幸福的愿望，或者由于其他原因，土地与劳动力的结合方式发生变化是可能的，也是正常的。因此，家庭结合的内涵和形态也不会是一成不变的。从这个意义上讲，柳田的家庭劳动组织论本质上是一种家庭变动论。柳田认为，日本近世以后，随着可开垦土地的减少以及人口的增加，大家庭就出现了向小家庭发展的趋向，尤其是明治以后，随着外部经济组织的发达，农业生产商品化程度的提高，职业选择的自由度增加以及家庭成员对"更加幸福的生活"的追求等，土地与劳动力的结合方式产生了前所未有的改变，过去的"家"制度进一步分解成了现今更加独立的小家庭。随着家庭结合方式的改变，家庭形态和家庭意识也逐渐发生了变化。

在柳田看来，随着生产力的发展，家庭经营的独立性增强，家庭向小型化发展是必然的，也是值得欢迎的。但问题是，近来条件尚不成熟的农民小家庭分化，存在着许多弱点和弊端。"前代复杂的合同式农业劳动组织最近变成了纯粹的家庭主义模式，生产一方面向与他人没有交涉的各户生产转变，但现在却没有形成与时代感充分协调的、稳定的农业经营技术的改善。当今所谓农村疲惫苦闷的呼声之下，难道不存在着这样一些尚未被意识到的不协调的弱点吗?"[10]柳田认为，与建立在复杂共同劳动基础上的传统家庭相比，现在的家庭生产劳动逐渐向个别化发展，但由于缺乏自立的基础，出现了很多矛盾和不协调现象。尤其是水稻以及养蚕等特殊作物生产的单一化，使得家庭生活极易受外部影响。家庭的生产活动日趋孤立，父子间的合作机会也相对地减少了。随着生产的衰退和生活上困顿的逐渐增加，"家"走向分解以后，小家庭的生活风险也随之增加了。

除了小规模经营之上的农业生产单纯化等结构性弊端以外，农民的职业选择方式也不利于农民家庭的独立发展。柳田指出，与城市人所从事的专门职业不同，在农户家庭中，"'家'成员们的协作屡屡是一些与职业的统一无关的合作"[11]。"外出打工、做日工等作为家庭劳动不可分割的一部分，过去一直就比较盛行，明治以后职业种类增加，使得一部分人的生活逐渐实现了自立，但农民能够选择的职业大多数是些'零落的职业'，几乎都是与'家'没有任何交涉的职业"[12]，这也是近代农民家庭逐渐弱化的一个原因。

农民没有任何不能转入的职业和农民的职业意识还没有完全发达的现实，使农民家庭不得不品尝由此造成的诸多苦果。其中之一就是"孤立贫"。"当我们的生活方式越发趋向于按每个人的想法行事，不论衣食住行还是生产，逐渐分化成按个人的想法行事的时代到来之后，灾害中人们共同的地方就越来越少了，贫困就成为孤立的实践，于是防卫只能独立地进行的时代就到来了。"随着生活方式的个人化，孤立的小家庭由于逐渐丧失了建立于共同劳动基础上的互助的纽带，有组织的防卫就难以实现了。

柳田认为，与上述生产的单纯化和孤立化并列，过去村落、亲属等救贫的社会组织走向瓦解，人们之间的互助关系衰退，也是导致农民"孤立贫"增加的另外一个原因。柳田认为，村落过去本身就是一个相互救济的单位。"村落的救济事业，似乎存在着一种不成文的规定，极贫病苦者不被放弃，单身百姓由村内组内照顾，女户主以及幼小户主的农户，也会得到竭力辅助，诸如此类的习俗，绝非道德上的训喻。"[13]此外，柳田还认为，日本封建社会的上下等级关系中存在着一种庇护与被庇护的关系，过去时代中"对于那些服从自己的下属之家，尊家也是积极给予保护的"[14]。"主家和从属的关系中，存在着各种救贫的方法，这亦或是一种为防止不幸而不得不建立的社会组织。"[15]这些关系在过去的时代是农村地区贫困者得以救助的有效方式。

柳田注意到了在共同劳动破灭、农村阶层分化以后农民贫困家庭逐渐增加的事实。"……这样，农村中自古以来习惯性地形成了巧妙而便利的劳动组织，共同生活了过来。但近世以后，由于种种原因，这些共同走向了破灭。其中最大的原因之一，就是有势者独自发达了，其他的则被甩在了后边。"[16]近代家庭生活转变为各负其责以后，"地方分散的多数同族的小家庭过去曾拥有的某种组织的微妙功能无法得到利用，这加深了他们的颓废观"[17]。

明治近代化以后，随着人口移动、职业自由、婚姻自由、村落内部庇护关系的丧失等，小家庭的贫困和没落问题比以往更加突出。在柳田看来，过去遇到贫困问题时，主要是通过基于共同心（共同劳动、共同生活）的互助关系来解决的，到了近代，社会中贫困潦倒的家庭之所以增加，除了生产方式的问题以外，还与人们相互互助的传统逐渐消失有关。现实中人们已经深刻感受到了社会的这些变化，但却又无能为力。在《明治大正史——世俗篇》中，他反问道："在今日人们认为理所当然的事情当中，我们不妨回头审视一下，我们是否缺少了某些必要的条件？"[18]在他看来，农民本来就缺少在近代社会中自立发展的基础，但却又在条件不具备的情况下被迫接受冒险的改变。这正是柳田国男对当时农民家庭陷入"孤立贫"不能自拔的现状深感担心的重要原因。

3. 作为生活保障单位的家庭——与人们的信仰和内心世界密切相关的家庭的变化

在柳田看来，农民家庭的没落不仅意味着社会贫困者的增加，这还会导致人们的信仰和内心世界发生巨变。这实际上就涉及了柳田家庭论的另一个重要论点，即如何看待家庭的生活保障功能以及精神信仰方面的作用的问题。

柳田认为，“家”是一个共同劳动组织，同时也是一个共同生活的单位。传统上，“家”成员在“家督”者的指挥下进行劳动生产的同时，将收获的盈余作为劳动的补偿反馈给家庭，起到了保障家庭成员生老病死的作用。对家庭成员的劳动，“家”一般不需向其个人支付劳动报酬，但会对维系“家”的存在和再生产的成员给予整体的庇护和保障[19]。不仅如此，“家”对那些不住在统一屋檐下却一起共同劳动的其他成员，即非血缘关系的成员，也发挥着保障其生活的作用。

但由于“家”的基础薄弱，历史上家庭在保护其成员生活方面的作用是有限的。柳田指出，现实中“家”的盛衰荣枯变化是非常剧烈的。“现在活着的不论是有钱的还是贫困的，都是其中一方生存者的子孙，可以想象，此外绝户的家户一定还非常之多。”[20]由于缺少土地等生存手段，历史上走向破灭的家庭并不少见。

柳田认为，“家”的盛衰荣枯的现实使人们产生了视土如命、认为土地与人口的结合不是个人的事，而是家族成员世代生存下去的一贯性需求，必须超时代的延续下去的想法，并由此产生了日本人独特的“家”永续的观念以及固有的祖先信仰。在长期的历史发展过程中，逐步形成了“家”比个人更为重要的社会价值观和氛围，并强化了个人对“家”的归属意识。“家”的繁荣和永续以及祖先信仰成为家庭成员必须遵守的生活原理和精神支柱。对此，柳田在《日本农民史》中有如下描述。

> 倘若问百姓对劳作的辛苦和忍耐所期待的报酬是什么，具体而言，就是家的永续得到保障。家的永续具有两个方面，物质上提供最小限度的食物的保证，不至于饿死……。第二是精神方面记忆的保存（中略）。就祭祀祖先同时希望得到子孙祭祀的国风而言，盂兰盆节或秋分时节，如果不能确信家中有祭祀自己的人，那么一般是无法无忧无虑地老去或者死去的。这就是所谓的血脉，在东洋人的家的观念中，总存在着如此般的爱情的交换和连锁。

在柳田看来，“家”不仅具有物质上保证家庭成员生存的作用，而且在精神上，“家”还有保证死后作为“家”的祖先得到祭祀，作为家庭的一员得到人们怀念的精神安慰的作用。日本人的“家”意识和固有的祖先信仰，就是在此基础上存续和发展出来的。正因如此，农民家庭的贫困化和没落不仅意味着家庭成员物质上的幸福得不到保障，同时，还会引发家道的零落乃至人们内心伦理道义的消长等各种问题的产生。因此，在柳田的民俗研究中，农民贫困化既是一个经济问题，也是一个与家庭、社会和谐稳定以及国民信仰等内心世界息息相关的问题。

当然，柳田也承认，“家”制度本身存在着不少弊端。为了“家”的永续，往往要求家庭成员顺从，限制其自由，牺牲其婚姻，像奴仆一样生活。甚至为了家庭，断绝他们与“家”的来往，逐出家门，废黜嫡系关系等也在所不辞。“家”的矛盾不仅体现在长男以外的家庭成员必须忍耐比长兄要坏得多的生活，即使“家”制度的代表，背负子女爱情于一身的家长也难逃“家”的约束。

因此，在《祖先的话语》中，柳田感叹道：“大家庭制度崩溃以后，不管家多么小，家就是家的想法依然势强，这既有好的一面，同时也有令人担心的地方。”这反映了柳田对家庭的辩证思维。

由于柳田对“家”制度的历史作用以及局限性、非福利性有深刻的认识，对“家”能够进行复眼式的把握，这使得他对近代家庭向小型化发展，“家”制度逐渐崩溃并没有流露出太多的惋惜和留恋，在《祖先的话语》中，甚至表现出对“家”制度崩溃欢迎的态度。“新时代的变化，首先应该从以牺牲家庭成员幸福为代价的家的分解为开始”，这是他家庭观进步性的表现。

但是，这并不能掩盖柳田对现代小家庭的整体生存状况的担忧。笔者认为，柳田之所以对纯粹的家庭主义生产方式担忧，对现代小家庭陷入不稳定的“孤立贫”担忧，除了担心家庭没落以后无法维持家庭成员物质和精神生活的稳定以外，还与他对家庭的历史定位有关。

4. 家庭的未来与历史定位——理想的农村生活方式

从国家的角度而言，占国民大多数的农民的不幸，对国家来说也是不利的。

柳田在其农政学说中指出，国家的理想应该是“尽可能让多数人享受到充分的幸福，尽可能减少陷于困境中的人”，即把“国民整体繁荣”作为理想的目标。[21]既然国民整体繁荣是国家的目标，那么占国民中大部分的小农的贫困就必然成为国家政治的大事。因此，通过相应的社会政策，“让那些资力微弱难以自活的下级农民能够得以改良其地位，或不得已而维持现状，防止其坠落至比此更困难的阶级即需要国家直接救济的贫苦境地”，就成为国家的当务之急。[22]

正因为如此，柳田不仅反对当时占主流地位的所谓“工业立国”、“商业立国论”，也反对与此对立的“重农主义”，主张农民的地位应该放到国民经济总体中考虑。具体而言，他一方面认为粮食是人们生活中最重要最紧迫的必需品，必须尽量做到以自国生产为主，同时认为，农业与工商业等其他职业一样，都是国民劳动的一种形态，应该一视同仁，平等对待。“那种认为应该从农商工业等中择其一，以此繁荣发达作为一切政策的标准的观点是错误的。”如果没有农业与商工业的平衡发展，“若择其一而谋求一国整体的繁荣，则一国整体的进步决非蹩脚式的繁荣所能够达到的”[23]。

这些观点体现了柳田与众不同的国家发展观，体现了与国家至上主义不同的理念，标志着其常民思想初具端倪。

柳田认为，任何时代国家的安宁都是以部分农民的“土著定居”为前提。在国家与土著人民的关系上，柳田并不认为国家应该凌驾于人民之上。“农业政策……不仅应期待其生产政策能够带来实效，还须注意分配之归趋，有时，欲救部分处于压迫中的国民，甚至多少牺牲一些生产的进步也应在所不辞。何出此言也？因国家乃以生产增殖为其政策目标，但若为增进比此更大之目标即国民整体之幸福所用，则生产自身不论于私于国皆决非终局目的是也。”[24]柳田认为，与国家的生产目标相比，国民整体的幸福才是第一性的。也正因为如此，在消除导致农民贫困的不利因素、增进民众福祉方面，国家才具有不可推卸的责任，国家的农业政策应优先考虑农民的生活问题，这可以说是柳田民俗学“常民”思想的具体体现。

但现实并没有沿着他所设想的国民整体繁荣的理想目标发展。相反，资本主义的发展加深了城市与农村的对立，在城市资本的剥削下，农村出现了日趋衰惫的迹象。“他们将生产出的无数文化制品运输到农村，寻找无限的销路。……他们通过各种手段挤压农民羞涩的囊中。于是两者的关系就具有了与封建社会中领主与农民关系极其相似的一面。”这种城乡关系“即使没有那些争论到面红耳赤的土地兼并以及佃农争议，也足以成为农村破坏的原因”。[25]

也就是说，柳田已经清醒地认识到了在农村民众的自觉意识尚未充分发育之前，城乡不协调发展已经给他们造成了巨大破坏。柳田已经敏锐地观察到，要解决小农家庭的贫困问题，仅通过农民自身的反省是不够的，国家应该采取措施，主动化解农村的矛盾，包括地主与小作农的矛盾，农民生产的自立与资本化生产的矛盾，以及城市资本对农村的压迫等矛盾。

值得注意的是，即使在早期的农政学中，虽然柳田强调了国家农业政策对农民脱贫的重要意义，但他并没有一味地夸大国家的作用。相反，他认为国家社会政策的着眼点必须放在“通过直接或间接教育的方法，最终达到不强迫人民而达到其自身所能够达到的境界（自助），强硬的警察命令，或者露骨的奖励金制度，效率低而弊端多，除了紧急且必需的情况以外，应尽力避免之”[26]。即使后来，这种观点也没有改变。“我很怀疑……那种认为农村的衰微仅凭农民自己的力量无论如何也无能为力的观点”，[27]认为农民的自主自立才是解决问题的根本出路。

为了达到这个目标，仅靠外力是不行的，他认为日本农村有合众人之力，通过协商协作达到共同改良生活目的的传统，这是日本农村的强项，农村的很多问题，都可以通过充分发挥人们期望富裕的“共同心理”以及村落社区内部共同协商、协作的传统力量，由每个地方的家庭独立做出合理的判断来解决[28]。为此，必要的反省是不可或缺的。“当事者如果对自己目前的境况，或者对至今为止过去的事情能够有一个清楚的认识，或许早就能做出更幸福的判断和计划来了。”[29]柳田之所以对农村“共同心”等传统如此关注，是因为他认为，在克服近代贫困问题方面，农村本来就有可以依靠和利用的宝贵资源，如果充分加以利用，是可以自行解决自己的问题的。

在《农村与城市》中，柳田曾对农村理想的生活状态进行了如下的描述。“首先第一点是，想工作的人什么时候都有工作可做，当然，还应该有当事人认可的合适的报酬。……第二点则正相反，想辞退时可以辞退不干，也就是说，遇到适合自己的下一个职业时，能够自由的转换。第三是对工作的选择，必须具备所做的判断不管对自己还是对世人都是最正确的选择的智慧。”只要具备了这三个条件，农村的生活就有了希望,就有可能达到幸福的状态。

柳田认为,在生产力大大提高的工业化社会里,农业理应成长为一个优秀的产业,同时作为农业承担者的农民,也理应为社会做出自己的贡献,与社会发展共存共荣。柳田对农民家庭的关注可以说与他对现代农业、农民的定位以及未来农村理想的生活状态的理解密切相关,是其国家整体繁荣以及常民思想的自然流露和反映。

5. 结 语

以上我们从劳动组织论、生活组织论、精神信仰论三个方面分析了柳田民俗学家庭论的内涵,同时还探讨了他对现代农民家庭的历史定位。这里不妨做一个简单总结。笔者认为,把家庭看作是共同劳动的组织以及生活保障组织,符合历史唯物主义社会发展史观,这不仅赋予了柳田家庭论强大的生命力,也为我们分析当代家庭问题提供了恰当的视角。同时,把家庭放到近代化大背景下,从国民经济整体发展以及国民整体幸福的视角对农民家庭进行把握和定位,使得其家庭论具有了时代性和现实基础,同时也是结构功能主义在家庭研究中的一个很好的应用范例。而把家庭与人们的精神世界以及信仰结合起来,则是柳田民俗学的特点和研究的核心,柳田的家庭论因此获得了丰富的精神内涵和洞察力。笔者认为,柳田家庭论最吸引人的地方,是一种现实主义的结构构建主义,或者说是一种强烈的内省式自我变革的意识决定论思维。即从历史主体的角度,鼓舞民众在反思自身传统和历史的基础上自主地改变现状,构建一个和谐幸福、共同富裕的“常民”社会。这是其家庭论的精髓和灵魂之处。

柳田对近代农民家庭现状的诊断以及命运和前途的把握,对我们考察当今家庭的变迁,无疑仍具有重要的启发意义。

注释

[1]东佃精一“作为农政学者的柳田国男”,《柳田国男研究资料集成》第5卷,日本图书中心,1986年。

[2]川田稔《柳田国男描绘的日本》,未来社,1998年。

[3]柳田国男“最新产业组合通解”,定本《柳田国男集》28卷,筑摩书房,1975年。

[4]同上。

[5]柳田国男“中农培养对策”,定本《柳田国男集》31卷,筑摩书房,1975年。

[6]柳田国男“时代与农政”,定本《柳田国男集》16卷,筑摩书房,1975年。

[7]柳田国男“城市与农村”,定本《柳田国男集》16卷,筑摩书房,1975年。

[8]柳田国男《日本农民史》,定本《柳田国男集》16卷,筑摩书房,1975年。

[9]柳田国男监修,民族学研究所编《民俗学词典》,东京堂出版,1967年。

[10]柳田国男《明治大正史》,定本《柳田国男集》24卷,筑摩书房,1975年。

[11]柳田国男《明治大正史》,定本《柳田国男集》24卷,筑摩书房,1975年。

[12]柳田国男《明治大正史》,定本《柳田国男集》24卷,筑摩书房,1975年。

[13]柳田国男《日本农民史》,定本《柳田国男集》16卷,筑摩书房,1975年。

[14]柳田国男《日本农民史》,定本《柳田国男集》16卷,筑摩书房,1975年。

[15]柳田国男《日本农民史》,定本《柳田国男集》16 卷,筑摩书房,1975 年。
[16]柳田国男"农村家族制度与习惯",定本《柳田国男集》15 卷,筑摩书房,1975 年。
[17]柳田国男"农村家族制度与习惯",定本《柳田国男集》15 卷,筑摩书房,1975 年。
[18]柳田国男《明治大正史》,定本《柳田国男集》24 卷,筑摩书房,1975 年。
[19]柳田国男"社田考大要",定本《柳田国男集》11 卷,筑摩书房,1975 年。
[20]柳田国男"木棉以前的事情",定本《柳田国男集》14 卷,筑摩书房,1975 年。
[21]柳田国男"最新产业组合通解",定本《柳田国男集》28 卷,筑摩书房,1975 年。
[22]柳田国男"农政学",定本《柳田国男集》28 卷,筑摩书房,1975 年。
[23]柳田国男"农政学",定本《柳田国男集》28 卷,筑摩书房,1975 年。
[24]柳田国男"农政学",定本《柳田国男集》28 卷,筑摩书房,1975 年。
[25]柳田国男"城市文化建设序说",定本《柳田国男集》16 卷,筑摩书房,1975 年。
[26]柳田国男"农政学",定本《柳田国男集》28 卷,筑摩书房,1975 年。
[27]柳田国男"城市与农村",定本《柳田国男集》16 卷,筑摩书房,1975 年。
[28]柳田国男《日本农民史》,定本《柳田国男集》16 卷,筑摩书房,1975 年。
[29]川田稔《柳田国男描绘的日本》,未来社,1998 年。

作者简介

宋金文,1988—1991 年日研中心 4 期生。现任北京外国语大学日本学研究中心社会专业教授。

安倍“积极和平主义”本质析论

肖传国

2012年,安倍晋三再次担任日本首相后,在国际重要场合反复标榜“积极和平主义”,主张以“积极和平主义”的理念制定有关日本国家安全战略的方针及外交政策。2013年在出席联合国大会时,安倍向国际社会强调了“积极和平主义”的方针,向国际社会明确表示通过修改宪法解释行使集体自卫权的用意。“积极和平主义”已经被写入了日本《国家安全保障战略》、2014年日本新《防卫力量大纲》和《中期防卫力量整备计划》,在日本国家安全战略的理论指导及政策实践上都将产生巨大影响。

“积极和平主义”不仅是安倍政权有关日本国家外交和安全政策制定的基本理念,而且体现了当今日本以安倍晋三为代表的执政党政治家对日本国家发展方向以及国家安全战略的思考,是日本国家走向开始发生转折性改变的标志。“积极和平主义”作为日本国家安全战略的基本理念,不仅决定安倍政权的政略和战略,而且将对东亚地缘政治产生巨大影响,成为地区和平的最不稳定因素,并成为遏制我国和平崛起的最大阻碍。中日关系在亚太地区具有重要的地位,没有中日关系的和平稳定就没有亚太地区的和平稳定。因此,研究安倍内阁“积极和平主义”具有重要的意义。

1. 伪“和平主义”

1.1 “积极和平主义”的本意

“积极和平主义”的本意是指不仅没有战争,而且也消除了贫困、剥削、歧视等结构性暴力的状态。加尔通指出,积极和平不只是战争或国家间暴力的缺失,它涉及的是一种社会状况,在这种社会里,剥削被最小化或被消除,既没有明显暴力,也没有潜伏在结构暴力之下的更多难以察觉的现象。它关注的重点是社会政治与经济结构中存在的不公平、剥削与压制等问题,以及由此导致的政治权利、经济利益分配上的不公平现象。积极和平主义的支持者普遍认为,“一个压制性的社会,即使没有战争,也只能在非常狭隘的意义上说处于和平”,“一个处于和平的国家,容忍国内暴力的大范围存在,即使它与其他国家没有暴力冲突,这个国家也没有真正处于自我和平之中”。[1]

加尔通认为“结构暴力”指的是“社会压制的一种严重形式”、处于社会、文化和经济制度的结构之中。他认为“当一个社会强制性阻碍其内部成员的发展和破坏他们的福利时,即使没有子弹发射和棍棒挥舞,一种暴力也正在发生”[2]。当现实中存在遏制自我身体和精神实现的潜在影响因素时,就存在结构暴力。结构暴力通常会遏制人的重要权力,比如经济上的富裕,社会、政治和性别上的平等,自我实现和自我价值的感觉等等。加尔通认为结构暴力就是不平等,而且会引发直接暴力。结构暴力具有潜在性,体现在它一般隐藏在日常生活习惯中,不容易被人们察觉,并且具有四个基本特征:第一,暴力主体不明;第二,不伴有流血性冲突;第三,发生缓慢;第四,存在于日常生活中。因为极度的贫困、饥饿、无秩序、政治压制、无政府状态等造成的无数人的死亡和剥夺人们自我实现机会的现实情况是构造暴力的典型例子。加尔通认为，这种潜在性的暴力因素不仅会侵蚀人的价值，而且是导致冲突的深层原因。

积极和平主义体现了对和平概念广义的、动态的、发展的认识，包括经济政治的安定、基本人权的尊重、法律公正的执行、政治的民主自由和安全和谐的社会环境等要素。加尔通用一个公式表明了积极和平的完整内涵，即和平＝直接和平＋结构和平＋文化和平。和平学中倡导的“积极和平主义”，不仅是没有国家间战争和地区间纷争的状态，而且是消除了社会贫困、歧视和不平等的结构暴力的社会状态，还包括积极的生活价值、和平的社会制度的建立。

积极和平主义的目标在于创造一种终止暴力行为的条件，构建一个永久和平的环境。加尔通指出了以往以暴制暴的和平建设的弊端，对以暴制暴的打击手段提出了质疑。加尔通认为，所谓的“寻找和消灭恐怖分子”只是一味主张“以暴制暴”的军事武装方式“反对”、“打击”恐怖主义势力是没有意义的，这可能使得恐怖主义活动范围进一步扩大。他认为，要消除恐怖主义，就必须对恐怖主义产生的根源、动因等进行深层次的挖掘，用和平的方式最终消除恐怖主义。它关注的焦点是造成暴力的整体环境和问题根源，以及暴力问题背后的深层文化和深层结构因素。加尔通认为：“最主要的问题只是以西方发达国家为主体的社会精英并没有学会如何塑造、调整以及改变几个世纪以来思考方式、谈话模式和政治体制，导致规范和价值的缺失，和社会政治、经济与文化结构的崩溃。正是这些因素导致了暴力、仇恨、恐怖主义的爆发。”[3]

积极和平主义主张构建一种更加积极的安全观，提倡通过非暴力主义构筑世界秩序，即通过“和平的手段实现和平”。加尔通认为用暴力实现和平结果会导致暴力的循环，“结束冲突并不是把冲突隐藏起来，而是要用非暴力的手段解决它”[4]。他认为，只有以和平的方式实现和平，才能保证和平态势的长久和持续。加尔通将提升人的生命尊严与幸福视为积极和平主义的建设目标。只有在这种积极和平的状态下，人才具有充分的自由，才能充分发挥自己的主观能动性，人的潜能才能充分得到展现。加尔通认为，中国传统文化中基于阴阳互补的思维方式和强调“和而不同”的和谐理念，与他主张的积极和平更吻合，是实现和平的“更好的途径”。

1.2 安倍“积极和平主义”的用意

安倍“积极和平主义”与和平学中的积极和平主义具有不同的含义。“积极和平”的本意是指既没有战争等直接暴力，没有贫困、歧视、压迫等结构暴力的社会状态，英语翻译为“Positive Peace”，而安倍的积极和平主义在英语中被翻译为“Proactive Contribution to Peace”。安倍的智囊团队成员之一的伊藤宪一认为，“积极和平主义”是日美同盟的必然要求，“为维持日美同盟，必须允许行使集体自卫权”。安倍的“积极和平主义”已经脱离了和平学中积极和平的本意，是在为日本突破和平宪法、行使战争暴力创造结构性的条件。日本和平学研究学者坪井主税指出，“Proactive”在军事用语中含有“先制攻击”的含义，表明了安倍“积极和平主义”论先发制人的用意。[5]

安倍强调通过强化军备、先发制人的手段实现“积极和平主义”。安倍内阁为达到摆脱战后体制、实现日本全面大国化的目的,一方面积极推动修宪,强化自卫队建设,把自卫队升格为国防军,为日本行使武力创造内部条件;另一方面,打着"积极贡献"的旗号,通过经济、军事、外交等手段,为自卫队走向海外行使武力创造外部环境,其所标榜的建设"积极和平主义国家",其目的就是使日本成为可以行使武力、发动战争的"正常国家"。

通过对加尔通"积极和平主义"的原意与安倍"积极和平主义"用意的比较,可以看出两者的不同点。首先,两者的内涵不同。前者是指导和平实践的科学理论,后者是安倍政权国家安全战略的基本理念。其次,两者追求的目标不同。前者的目标在于建设没有结构暴力的和平社会;后者的目的在于使日本突破战后体制,走向全面大国。再次,两者实现的手段不同。前者主张用和平的手段实现和平,后者主张把自卫队改编成国防军,发挥军事力量的作用。最后,两者产生的影响不同。前者的理论有利于和平诊断,化解冲突;后者会制造地区紧张局势,破坏中日关系发展。

时殷弘认为,如果日本把精力集中到拥有大国的军事权利和军事力量上,逐步越出专守防卫框架,那么它的国家发展道路就可能出现严重问题。日本学者冈本三夫认为,"战后 60 年,根植在日本土壤中的和平文化是日本的宝藏和民族的遗产","广岛和长崎的受害体验以及宪法第九条的无军备和平主义应该是日本和平学研究的基点"。他批评打着和平的旗号发展军力的做法是虚伪的,称"依靠军事力量的安全保障论都是挂羊头卖狗肉"[6]。昆西·赖特认为"当和平设定为一种积极形式时,它就终止了和平,没有什么目的可以证明暴力作为实现和平手段的正当性"[7]。由此可见,安倍"积极和平主义"实际上是伪和平主义。

2. 修宪主义

日本宪法第九条去除了日本国家政治制度中的军国主义因素,对于防止日本复活军国主义和重走侵略战争具有特别重要的意义。修改宪法第九条一直是日本右翼政党的政治目标。日本右翼政党修改宪法的手段主要有两种,即"解释修宪"和"明文修宪"。安倍第二次担任日本首相后,表现出在其任期内完成修宪的强烈意图,并将修宪定位为需解决的重大课题,明确强调"自主制定宪法是自民党的建党理念"。安倍改变以往传统和平主义的护宪观,确立了制定自主宪法的修宪观。并单方面把护宪立场的和平主义定义为"消极和平主义"。因此,安倍"积极和平主义"本质上就是"修宪主义"。

2.1 解释修宪,不断突破和平原则

和平主义是日本宪法的基本原则之一,日本宪法第九条明确规定"放弃战争和武力威胁","放弃行使武力,不保持战力","否定国家交战权"的原则。从和平学的视角来看,日本宪法第九条倡导的非暴力主义和不保持战力的制约,不仅体现了对侵略战争的深刻反省,而且成了战后日本和平思想的主流,具有日本向国际社会承诺不再发动战争的性质,具有十分积极的意义。因此,和平主义原则也成了战后日本外交安保

领域的支柱。但是，随着世界形势的变化和日本政权的更迭，日本政府针对宪法第九条的解释也在不断地变化。所谓“解释改宪”，就是指不经过宪法改正的正规手续，通过改变宪法条文的解释，达到事实上改变规定内容的目的。日本政府解释改宪的重点始终围绕行使集体自卫权是否违反宪法这个主题。

集体自卫权的解释是修宪议论中的重大课题，日本政府各个年代在国会答辩中针对集体自卫权的解释都有不同且各具特征。在宪法制定当初，1946 年日本吉田茂内阁的解释立场是“不承认一切军备和国家交战权”。这种解释体现出日本政府在战败的冲击和对战争深刻反省的背景下，全面禁止军备，放弃包括自卫战争在内的一切战争，对行使集体自卫权持完全否定的态度。

1950 年吉田茂在施政演说中强调“放弃战争并不意味着放弃自卫权”，意味着日本政府对宪法第九条的解释开始发生变化。朝鲜战争爆发后，在麦克阿瑟的要求下，日本设立警察预备队负责维持日本国内治安。日本国宪法第九条第二项明确规定“不保持陆海空以及其他战力”。日本国会当时产生了有关警察预备队是否属于宪法第九条所禁止的讨论。吉田茂称，“设立警察预备队的目的完全是为了维持治安”，“警察预备队不是军队”。1952 年，日本内阁设置了保安厅。与此同时，警察预备队改组为保安队，军事力量进一步得到了扩充。针对保安队与宪法第九条的矛盾，吉田内阁发表了“有关战争力量的统一见解”，称“宪法所指的战力，是为完成战争目的而装备与编制起来的”，“保安队属于警察组织，实力尚不能称之为战争力量。而且用于防止侵略战争，并不违宪”[8]。

1954 年，保安队被正式改编为自卫队，鸠山内阁认为“为了自卫可以保持军队”，不禁止保持最小限度的军事力量。鸠山内阁的宪法解释称，“在本国遭受武力攻击的情况下，作为防卫国土的手段而行使武力，不违反宪法”。并且明确了“不超过自卫必要最小限度的自卫力量不属于战争力量。因此，自卫队并不违反宪法”[9]。这种解释表现了日本政府承认个别自卫权，否定集体自卫权的态度，意味日本自卫队开始可以行使个别自卫权，但是不能够行使集体自卫权。1954 年自卫队成立以来，日本一直承认根据个别自卫权行使武力的宪法解释。

2014 年 7 月 1 日，安倍内阁提出了“有限定的行使集体自卫权”的政府解释，彻底改变了以往日本政府对集体自卫权的限制姿态。安倍提出了日本行使武力的三个必要条件，首先，在发生针对日本武力攻击，以及针对与日本密切相关的他国的武力攻击的情况下；其次，在无法使用其他适当手段的条件下；第三，行使必要最小限度的武装力量。安倍内阁解释修宪，体现出日本“摆脱战后体制”的政治目标，把自卫队维持国内治安的作用扩大到派往海外发挥“积极贡献”。这意味着即使日本没有受到武力攻击，也可以参与到战争中，从根本上否定了和平主义的原则，破坏了日本专守防卫的承诺。

由此可见，日本政府解释修宪的姿态，从战败的完全否定，到重整军备，从解禁个别自卫权，到解禁集体自卫权，经历了一个从量变到质变的变化过程。这种变化产生于政治原因，而不是出于法理原因。日本政府通过解释修宪的手段，在同一宪法情况下，竟然得出了完全相反的解释结果，其中的原因不得不引起亚洲邻国和世界各国的关注和思考。安倍内阁标榜的“积极和平主义”实际上已经篡改了日本宪法中“和平主义”的基本原则。

2.2 明文改宪,充分做好修宪准备

第二次世界大战以后,产生了制止战争、维护世界和平和人权等新的国际原则,战后日本的和平宪法的制定是在“反对战争、维持和平”的历史条件产生的。和平主义一直是战后日本的国政原则,也一直是修宪争议的焦点。取消宪法对日本军事行动的限制是日本保守政治势力修宪的主要目标,自民党更是将制定自主宪法作为结党的追求。安倍“积极和平主义”自然也把目标对准了宪法第九条。安倍认为,宪法解释“矛盾重重毫无道理的说明,会对日本今后的安全保障造成巨大的障碍”[10]。这说明安倍已经不仅仅满足于修改宪法解释,体现出他彻底修改和平宪法的目标。自民党将制定自主宪法、摆脱战后体制作为建党的使命,并在旧金山和约签订 60 周年的 2012 年发表了“日本宪法修正草案”。一旦时机成熟,就有可能取代现有宪法,完成明文改宪。

以安倍晋三为首的战后新生代政治家,普遍抱有消极的宪法观。他们普遍认为,和平宪法是美国强加给日本的宪法,没有体现出日本国民的意志,是当时美国意识的强烈体现。安倍认为,宪法第九条放弃战争的条款,充分体现出当时美国对待日本的姿态。他认为宪法草案体现了“美国为了保卫本国和联合国的利益,使日本无法再次对欧美为中心的世界秩序造成挑战”的强烈意志。安倍还认为起草宪法的人抱有理想主义的热情,称宪法草案是年轻的驻日盟军总部军官,在仅仅数十日的短时间内起草的,体现出“美国在日本实现自己理想主义的意志”[11]。

安倍认为和平宪法是对日本手脚的束缚,是日本走向“正常国家”的障碍。安倍称,“联合国军最初的意图是束缚日本的手脚,防止日本再次作为列强崛起”,认为修改和平宪法是日本独立的象征,称宪法第九条的规定,缺少日本作为独立国家的必要条件,“战后日本的体制,从宪法到教育基本法,都是占领时代的作品”。他认为日本制定自主宪法是战后体制终结的标志,主张通过修改宪法把自卫队升格为国防军。[12]

“积极和平主义”不仅体现了他改变战后体制的强烈意愿,也成为安倍第二任期内实现修改和平宪法的具体手段。安倍单方面把护宪立场的和平主义规定为“消极和平主义”。按照安倍的逻辑,护宪就是消极的,改宪就是积极的;限制日本军力就是消极的,行使集体自卫权就是积极的。安倍认为,“日本宪法的制约太苛刻,完全没有政策判断的余地”[13]。2012 年 4 月 27 日,安倍晋三作为日本宪法改正推进本部的最高顾问参与推进自民党通过所谓“日本国宪法改正草案”。该草案从前言至附则进行了全面的修改,对日本现行宪法的和平主义原则做出了本质的修改,分为 11 章总计 110 条。主要修改内容有:修改了第九条的和平主义原则,明确了自卫权的行使,新设了国防军的条款,放宽了宪法改正的制约等。日本自民党的宪法修正草案有以下几个特点:第一,自民党为明文修宪做了充分的准备,对现行日本宪法进行了全面性根本性的修改,不仅修改了宪法第九条,而且修改了宪法改正条款,放宽了修宪的限制;第二,自民党草案放弃现行宪法和平主义原则,不仅直接明确集体自卫权,而且还增加了保持国防军的规定,标志着战后日本和平主义道路的彻底改变;第三,自民党草案的重点在

于以军事力量为支撑的全面大国化的日本，彻底接触和平宪法对行使武力的制约，意味着日本将走向战争国家。日本自民党修宪的重点在于突破和平主义与国防军建设的矛盾，制定自主宪法的目的就是为了改变战后体制。另外，现行日本宪法96条规定，修改宪法需要通过国会议员三分之二多数通过。为了简化修改宪法的过程，该草案针对有关修宪过程的第九章做出修改，改宪条件进一步放宽，从两院总议员的三分之二变为过半数。

现行的日本宪法是对日本发动侵略战争后作为战败国的秩序安排，目的在于让日本从此走向和平发展的道路。安倍晋三推动明文修宪，是要让日本成为“正常国家”和军事大国，推行强硬防务政策，拥有军队交战权等。修改宪法是对战后国际体制的颠覆、破坏和否定。一旦修改宪法第九条，日本和平宪法的根本性质和核心精神将发生改变。一方面，安倍“积极和平主义”的危险性越来越大。不论是明文修宪，还是解释修宪，日本突破和平宪法的举动越来越明显。日本保守智库明确表示要以“积极和平主义”取代日本现行宪法的和平主义原则。2014年5月15日，“日本安全保障法律基础再构筑恳谈会”向安倍内阁提交报告，其中对日本的和平主义做出了新的解释。报告称，“日本的和平主义不是基于本国立场，而应该站在国际的立场解释。和平主义不是自身不破坏和平的消极和平主义，而是要求为实现和平采取积极的行动。日本国家安全保障战略倡导，基于国际协调主义的积极和平主义立场，为实现日本安全以及亚太地区和平安定，确保国际社会和平安定繁荣，做出更积极的贡献。这种‘基于国际协调的积极和平主义’应该成为日本宪法和平主义的基础”[14]。按照这种逻辑任务，修宪就是“积极和平主义”，护宪就是“消极和平主义”。日本要发挥积极的贡献，必须要修改日本宪法。另一方面，日本国内护宪的呼声已经非常虚弱，保护宪法第九条的声音变得越来越重要。日本长期以来修宪不成的原因是日本有一个强有力的要求护宪的在野党（社会党、共产党等），自民党内部也不乏与护宪理念共鸣的人。20世纪70年代的安保斗争是日本护宪运动的最高潮。但是，现在日本护宪势力已经完全失去了往日的光彩，日本舆论护宪的思潮已经越来越微弱。第一大在野党的民主党也要修宪，这使修改宪法已经没有多少阻碍。由此看来，日本修宪几乎只是时间问题。

3. 大国主义

日本战后以来并没有放弃走向大国的追求，只是把军备扩张放在了经济发展的延长线上。安倍“积极和平主义”实际上体现出日本当今的政治家在实现日本经济发展与国家安全的过程中，更加重视国家安全。比起战后初期为了确保国家安全依靠日美同盟，不惜“引狼入室”，签订不平等的“日美安保条约”，如今的日本争夺的是东亚地区的主导权。安倍“积极和平主义”标榜的“积极贡献”，是日本要求改变战后体制，构筑国际新秩序，要求日本在世界拥有主导位置的体现。安倍“积极和平主义”就是在坚持日美同盟的前提下，坚持走政治大国和军事大国的道路。

3.1 标榜国际贡献，追求政治大国

海湾战争后，日本受到美国"出钱不出力"的批评，战后新生代的政治家越来越不甘心日本在国际上继续充当"二流国家"的角色，主张日本应该拥有与其经济实力相适应的国际地位。因此，把日本变为政治大国成为以安倍为首的战后新生代政治家的政治追求。

日本经过高速经济成长期的发展，已经成为经济大国。经济上的优势地位，战后新生代政治家具有更强的自信心，在处理外交关系时往往采取更加强有力的手段。安倍对"重经济轻武装"的吉田主义持消极评价，他认为，"日本战后将安全保障托付他国，采取优先发展经济的策略，虽然物质上得到极大丰富，但是精神上却存在很大缺失"[15]。安倍标榜"积极和平主义"，强调日本追求的和平不是"一国和平"，而是"世界和平"。他认为"积极和平主义"是日本在国际社会中发挥积极作用。安倍谋求建设的"积极和平国家"，实际上是摆脱战后体制，参与构建国际新秩序的、走向政治大国的宣传。

安倍所谓的和平国家实际上与小泽一郎所主张的"正常国家"有一脉相承的共同点，是利用"积极和平"的字眼，修改和平主义的内涵，使日本摆脱战后体制，成为政治大国和军事大国。

3.2 突破专守防卫，建设军事大国

安倍主张通过改宪把自卫队变成"国防军"，体现了安倍建设军事大国日本的野心，标志着日本的国防方针从坚持"专守防卫"到"先发制人"的转变。"专守防卫"是战后日本军事战略的基本原则，指日本只有在遭受武力攻击时才能行使防卫力量，防卫力的行使必须限制在自卫的必要最小限度内，且防卫力量的建设必须保持在自卫的最小限度内。在宪法第九条"不保持战力、不承认国家交战权"的和平主义原则下，构成日本自卫队建设发展的战略防御思想。"专守防卫"意味着日本在防卫问题上坚持不进行先制攻击的姿态，而且防卫力的行使也要限制在必要的最低限度内，要求自卫队不能发展攻击性武器。专守防卫表明了战后日本不做军事大国的姿态，以及不保持威胁他国军事力量的承诺。安倍"积极和平主义"强调发挥自卫队军事力量的遏制作用和先发制人的主动权，彻底突破了专守防卫的基本原则，为日本走向军事大国打开方便之门。安倍标榜的"积极和平主义"是回避将来日本军事行动遭受批判的借口，是日本成为军事大国的权宜之计。如此一来，日本"不做军事大国"的和平主义承诺就成了一句空话。

4. 结　语

安倍内阁利用"积极和平主义"的美好字眼，行使集体自卫权，否定侵略历史观，修改教育基本法等等，对日本政治、历史和思想各个方面，进行全面改造。这体现出安倍内阁希望突破和平宪法、摆脱战后体制的企图，以及使日本走向全面大国化的野心。

安倍“积极和平主义”，不仅不能消除日本社会的结构暴力，实现加尔通所倡导的积极和平的社会状态，而且会对日本和平主义和民主主义造成破坏。当日本国内舆论逐渐把“和平主义”理解成为一种“积极的”形式时，“积极和平主义”未来就有可能取代日本宪法的“和平主义”原则。这成为“积极和平主义”走向右倾、修宪的根本原因。安倍“积极和平主义”不仅不利于创造和平共处的良好条件，而且会增加地区局势不稳定的风险。因此，安倍“积极和平主义”下的安保政策也被日本学者称为“亡国的安保政策”。

日本在侵略战争和殖民地统治中对受害者负有不可推卸的战争责任。日本要实现积极和平，走向正常国家，就必须从正视历史开始，承担战争责任问题。日本应该“承认历史责任”，“通过谢罪和补偿积极寻求和解”。虽然战后出生的日本人没有参与战争，不负有政治责任和社会责任，但是历史责任和道义责任是应该负有的。一方面，如何批判性地总结日本近代以来发动的一系列侵略战争，形成“自觉的”“主体的”历史认识是战后日本人应该承担的历史责任。另一方面，如何自发地、内省地认识侵略历史，面对过去的“负面历史”，通过具体的谢罪和补偿方式，清算罪恶是战后日本人应该承担的道义责任。

日本不仅仅负有战争责任，而且还应承担战后责任。战后出生的日本人，虽然没有直接参与战争，但是，察觉危险征兆，避免重复错误的历史，通过克服战争责任，确立正确的历史认识，正是日本人的“战后责任”。日本走和平发展道路，不能仅仅停留在口头上。日本要实现积极和平主义，首先应该从正视侵略历史和反省战争责任做起。日本希望塑造的积极和平国家的形象，应该体现在有越来越多的日本人呼吁和平、支持和平、维护和平。“积极和平主义”应该是解决问题的主义，而不是激化矛盾的主义；应该是重视交流的主义，而不是军事优先的主义；应该是正视历史的“积极”，而不是篡改历史的“积极”。因此，“积极和平主义”的历史责任应该是使战后日本彻底“脱离非和平的状态”，形成呼吁和平的社会思潮，支持和平的国家体制，维护和平的社会环境。

注释

[1][美]大卫・巴拉什、查尔斯・韦伯著，刘成等译《积极和平——和平与冲突研究》，南京出版社，2007 年 9 月。

[2][美]大卫・巴拉什、查尔斯・韦伯著，刘成等译《积极和平——和平与冲突研究》，南京出版社，2007 年 9 月。

[3]刘邦春《从消极和平到积极和平——后冷战时代西方和平心理学思想管窥》，湖南师范大学，2012 年。

[4][挪]约翰・加尔通《和谐致平之道》，南京大学学报(哲学人文社科版)，2005 年第 2 期。

[5][日]纐纈厚『反「安倍式積極的平和主義」論』、凱風社、2014 年 5 月、278 頁。

[6][日]岡本三夫『平和学は訴える——平和を望むなら平和に備えよ』、法律文化社、2005 年、13 頁。

[7][美]大卫・巴拉什、查尔斯・韦伯著，刘成等译《积极和平——和平与冲突研究》，南京出版社，2007 年 9 月。

[8][日]安倍晋三『新しい日本へ』、文芸春秋、2013 年、128 頁。

[9][日]安倍晋三『新しい日本へ』、文芸春秋、2013 年、129 頁。
[10][日]安倍晋三『新しい日本へ』、文芸春秋、2013 年、128 頁。
[11][日]安倍晋三『新しい日本へ』、文芸春秋、2013 年、125～127 頁。
[12][日]安倍晋三『新しい日本へ』、文芸春秋、2013 年、250 頁。
[13][日]安倍晋三『新しい日本へ』、文芸春秋、2013 年、147 頁。
[14]「安全保障の法的基盤の再構築に関する懇談会」報告書[EB/OL] (2014－05－15)[2014－9－09]. http://www.kantei.go.jp/jp/singi/anzenhosyou2/dai7/houkoku.pdf. 2014 年 5 月 15 日.
[15][日]安倍晋三『新しい日本へ』、文芸春秋、2013 年、132 頁。

作者简介

肖传国，北京日本学研究中心硕士课程 3 期生(1987 年 8 月至 1989 年 8 月在学)，社会文化专业。现任解放军外国语学院欧亚系教授，博士生导师。

中日两国非正规就业问题比较研究

戴秋娟

1. 研究目的

日本进入90年代后经济增长陷入长期低迷状态，不断扩大的全球化竞争加剧了企业经营的不确定性，促使企业采用更为灵活经济的方式来应对。具体表现在就业形式上就是减少全日制工作和固定岗位，越来越多的就业采取临时性、合同制和自由职业、非全日制等形式，就业形势日趋多样化。另一方面，中国近年来也在深化劳动力市场改革，过去由行政部门统一分配劳动力的劳动供给制度已经解体，企业可以根据所需选择人才，甚至可以灵活使用临时工、派遣员工等外部人才。另外第三产业的发展也带来了对非正规就业的巨大需求，在城市里不能通过正规就业方式实现就业的农村外来劳动力、下岗劳动者以及刚走进社会的年轻劳动力越来越多地开始尝试通过非正规就业的方式实现就业，中国的劳动力市场也在经历一个就业形式多样化的过程。可以说非正规就业者的增加是中日两国劳动力市场的共同特点。

虽然中日两国在政治制度、宏观经济制度以及劳资关系等方面存在较大差异，但是两国现在同时在经历一个就业形式多样化的过程。本文将就中日两国非正规就业的定义、发展原因、背景，以及非正规就业增加的原因、领域等内容进行考察，分析比中国更早迎接就业方式多样化的邻国日本的经验，从而探讨如何推动非正规就业的良性发展、为促进就业发展做贡献等课题。

2. 非正规就业的定义

在进行非正规就业国际比较研究时，首先要明确非正规就业的定义。“正规—非正规”的概念受劳动力市场结构和周围环境的影响，其内容因国家地区不同、定义者的目的不同、内容也不尽相同。

2.1 日本关于非正规就业的定义

日本厚生劳动省先后于1994年、1999年、2003年、2007年、2010年实施“就业形式多样化综合调查”，该调查对日本的各种就业形式进行了定义(表1)。将正规就业定义为“全日制的签订无固定期限劳动合同的工作”，将合同工、临时工、小时工、派遣劳动者等签订有固定期限劳动合同的工作都划入非正规就业的范畴。另外对于从事个体、自营的劳动者，多从就业的观点来进行解释。

由于篇幅所限，本文将以非正规就业中的典型形式小时工、派遣劳动者为中心进行阐述。

表 1 各种就业形式定义

就业形式	定　义
正式劳动者	在雇佣劳动者中，签订无固定期限劳动合同的正式员工，其中不包括小时工及借调到其他企业的员工
合同劳动者	以从事专业性工作为目的签订有固定期限劳动合同的人
临时劳动者	临时或每天雇佣，雇佣时间一般在一个月以内的劳动者
小时工	①短时间小时工：一天约定劳动时间或一周约定劳动天数少于正式员工的的劳动者。 雇佣时间一般超过一个月或者无固定期限 ②其他小时工：一天劳动时间及一周劳动天数与正式员工基本相同劳动者 雇佣时间一般超过一个月或者无固定期限
派遣劳动者	依据「劳动派遣法」由派遣公司、机构派遣的劳动者

2.2 中国关于非正规就业的定义

在中国关于非正规就业的定义比较复杂。与国际上通用的非正规就业一词相类似，政府劳动就业管理部门在谈及劳动政策时经常使用“灵活就业”以及“弹性就业”(Flexible Employment)的概念。中国劳动和社会保障部将劳动时间、报酬、工作地点、社会保障以及劳动关系等区别于传统的正规就业的各种就业形式统称为灵活就业。这个解释包含非正规部门的就业、正规部门中的灵活就业的概念，还涉及到社会保障、劳动关系等要素，概念涉及面比较广。正如前文所提到的，非正规就业的概念根据国家地区不同，定义者目的不同其内容也不同，姚裕群指出政府有关部门关注灵活就业的主旨是希望其打破铁饭碗、固定工体制，鼓励劳动者适应市场、走向市场途径的就业。可以说中国的“灵活就业”基本上都构成非正规就业。

由于中国关于非正规就业的定义口径比较多，在此省略个别介绍，主要介绍在学界广泛使用的胡鞍钢的定义，该定义指出我国非正规就业主要指广泛存在于非正规部门和正规部门中的、有别于传统典型的就业形式。主要包括两部分内容：

(1)非正规部门里的各种就业形式。非正规部门主要指的是由个人、家庭或合伙自办的小型、微型经营实体，如个体户等雇工在 7 人以下的个人独资企业以及其他自负盈亏的独立劳动者，在这些部门的就业都属于非正规就业范畴。

(2)正规部门里的短期临时性就业、非全日制就业、劳务派遣就业、分包生产或服务项目的外部工人等。

这个定义清楚地区分了中国现阶段非正规就业的性质、分类，可以表示为图 1。本文在论述中国的非正规就业时将使用此定义。

比较以上中日两国关于非正规就业的定义，我们可以发现日本更关注劳动者的就业形式而不是他们工作单位的性质，这与在日本非正规就业主要是存在于正规部门的非正规就业有关。而中国城市就业非正规化的过程是与产业结构调整和所有制变化相关的，经济结构的调整带来了就业形式的变化，非正规就业除了涉及正规部门里的各种非正规就业形式以外，还涉及改革开放后涌现出的各种非正规部门中的就业形式。

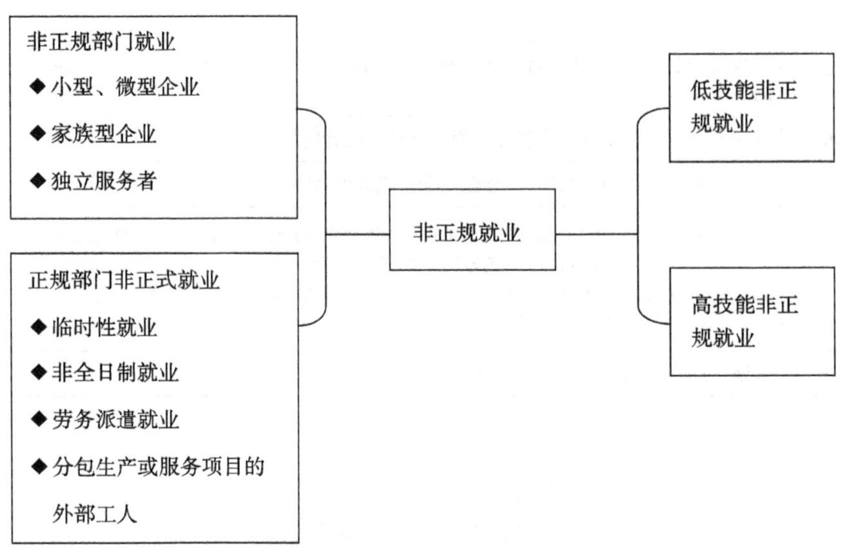

图 1　非正规就业分类

资料来源：参考胡鞍钢(2001)制作。

3. 非正规就业的动向及劳动者特征

3.1　日本就业形式多样化的内容

3.1.1　由统计看非正规就业的发展

日本企业长期以来一直以大企业为中心推行“年功序列制”的雇佣方式，其内涵是随着年龄以及工作年限的增长，薪水也逐渐上升，这种制度只适用于正式员工，随着中老年正式员工的增加，企业需要负担的工资成本也会增加。因此 90 年代以后在经济长期不景气的情况下，在维持正式员工待遇不变的前提下，日本企业开始尝试雇佣不属于正式员工范畴、工资成本负担低的非正规就业劳动者。通过表 2 我们可以看到从 1990 年到 2014 年期间的变化，正式员工减少了 246 万人，其构成比也由 79.8%下降到 62.4%，但同时非正规就业劳动者在此期间增加了 1075 万人，其所占比例也上升了 17 个百分点。由此可见，日本劳动力市场的一个整体趋势就是正规就业不断减少，非正规就业处于一个逐渐增加的过程中。

非正规就业的增加与企业削减用工成本、劳动力市场各种雇佣限制的放宽都有关系。另外，随着以信息技术为核心的技术革新的发展，原来由全日制正式员工负责的业务中一部分不需要经验及技术含量的工作得以分离出来，将这些工作交给非正规就业劳动者来完成在管理上也是可行的。

表 2　各种就业形式劳动者数量推移(男女总数万人、%)

年份	正规就业劳动者	非正规就业劳动者	小时工	派遣劳动者、合同劳动者及其他
1990	3488(79.8)	881(20.2)	710(16.3)	171(3.9)
1995	3779(79.1)	1001(20.9)	825(17.3)	176(3.7)
2000	3630(74.0)	1273(26.0)	1078(22.0)	195(4.0)
2001	3640(72.8)	1360(27.2)	1152(23.0)	208(4.2)
2002	3486(71.3)	1406(28.7)	1023(20.9)	383(7.8)
2003	3444(69.7)	1496(30.3)	1092(22.1)	404(8.2)
2004	3380(68.5)	1555(31.5)	1106(22.4)	449(9.1)
2005	3333(67.7)	1591(32.3)	1095(22.2)	496(10.1)
2006	3411(67.0)	1677(33.0)	1125(22.1)	552(10.9)
2007	3449(66.5)	1735(33.5)	1150(22.2)	585(11.3)
2008	3410(65.9)	1765(34.1)	1155(22.3)	610(11.8)
2009	3395(66.3)	1727(33.7)	1156(22.6)	571(11.1)
2010	3374(65.7)	1763(30.7)	1196(23.3)	567(11.0)
2011	3352(64.9)	1811(35.0)	1229(23.8)	582(11.3)
2012	3340(64.8)	1813(35.2)	1241(24.0)	572(11.1)
2013	3336(64.7)	1823(35.3)	1270(24.6)	553(10.7)
2014	3242(62.4)	1956(37.6)	1345(25.9.7)	611(11.8)

资料来源:根据总务省统计局『劳动力调查(详细结果)』各年版制作。

另外我们再看一下分行业非正规就业比例的变化(表 3)。服务、零售、餐饮等第三产业中非正规就业比例已经接近 50%。而在正规就业、终身雇佣处于支配地位的制造业中雇佣形式也在悄然发生变化,我们看到非正规就业所占比例从 2000 年的 18.2%上升到 2013 年的 30.0%。因此,近年来在日本出现的非正规就业者的大幅度增加,不仅体现在非正规就业比率比较高的第三产业,在各行业均表现出一种就业形式灵活发展的趋势。

表 3　分行业非正规就业比例变化(%)

年份	制造业	零售・餐饮	服务业	年份	制造业	零售・餐饮	服务业
2000	18.2	43.7	28.6	2007	27.2	52.0	47.4
2001	19.4	45.5	30.3	2008	28.5	53.1	46.5
2002	20.2	45.5	31.3	2009	28.3	53.3	45.5
2003	20.8	42.3	39.1	2010	27.3	51.0	48.4
2004	21.4	44.0	44.4	2011	29.2	54.2	48.6
2005	21.9	44.2	45.3	2012	29.5	55.1	49.5
2006	22.3	45.8	44.2	2013	30.0	55.2	47.6

资料来源:根据总务省统计局『劳动力调查(详细结果)』各年版制作。

3.1.2 非正规就业者的特点

①小时工

a)女性从业者

由表2可以看出非正规就业中也包括各种不同的就业形式，其中占比例最大的就是小时工了，尤以女性从业者所占比例为高。『平成22年就业形式多样化综合调查』对女性小时工的就业理由进行了统计，选择“以补充生活费”为目的的劳动者远远高于选择“维持生计”的劳动者。另外，对于为什么会选择小时工这种就业形式的回答中，选择“因为可以根据自己的需要安排工作并且可以减少工作时间”的人最多，这也表明了日本女性的一种追求生活与工作协调发展的愿望，体现了发达国家人们在物质生活相对有保证的情况下，对新的就业方式的一种追求。当然也存在因为没有全日制工作的机会才选择小时工形式就业的情况，但是这部分比例比较低。

b)小时工的核心劳动力化

日本小时劳动者的另外一个特点就是与全日制正式员工工作时间相同的小时工大概占到三成左右，同时还存在工作内容、责任与正式员工相同的小时工。在很多企业小时工已经开始负责一些重要的工作，比如零售、餐饮行业的小时工店长、柜台主任等不乏少数。这种小时工逐渐成为核心劳动力的现象是在小时工持续工作年限不断延长的背景下产生的。

c)小时工的就业调整功能

通过以小时工形式就业从而实现就业调整是日本的一个特点。佐藤博树对就业调整是这样定义的，家庭主妇的就业调整指的是为了达到税制及社会保险制度所设定的条件，选择可以对劳动服务进行调整的就业行动。具体说就是，在日本如果家庭主妇的年收入在103万日元以下，就可以继续享受丈夫一方的配偶者扣除税金的优待，即不需要缴纳所得税。由于主妇小时工更倾向于享受闲暇生活，因此她们倾向于选择在报酬不超过103万日元范围以内工作。这种通过缩短劳动时间从而减少收入的行为就是就业调整，就业调整在一定程度上也给小时工管理带来了困难。

②派遣劳动者

派遣劳动是由派出方、接收方、派遣劳动者三要素构成的，其关系可表示为下列图2。劳动者与派出公司签订劳动合同，听从接收方的指示命令工作。

据厚生劳动省的调查介绍，派遣劳动者男女比例为3∶4，依然是女性居多，年龄层主要就集中在20～30岁。与小时工相比相对年轻，受教育程度也高于小时工。派遣劳动者认为派遣这种就业形式的优点在于可以自由选择工作日、时间段、工作内容等，而且工作范围清楚、责任明确，另一方面其缺点是收入、身份不稳定等。

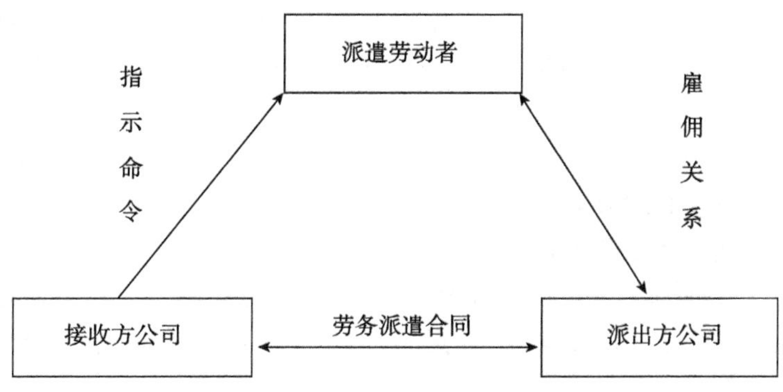

图 2　派遣劳动构成要素关系

3.1.3　非正规就业对劳动者的影响

在日本，非正规就业者与从事同样工作的全日制正规就业者相比工资低、附加工资少、工作无保障等问题受到广泛关注。小时工有工作长期化的趋势，其工作内容、责任与正式员工几乎没有区别，但是待遇却远远不及正式员工，保证小时工享受与正式工平等的待遇成为重要的课题。在零售业，针对小时工工作内容核心化趋势，一部分企业开始对小时工进行人力资本投资，对其能力进行考评并将考察结果反映到待遇上。虽然最初以节省劳务开支为目的灵活使用小时工的企业比较多，但是随着小时工承担的工作内容、责任与正式员工差距逐渐缩小，如何提高小时工待遇成为迫切需要解决的课题。

3.2　中国就业形式多样化的动向

3.2.1　非正规就业的规模

20 世纪 90 年代以后随着计划经济让位于市场经济，非正规就业正在逐渐发展成为中国重要的就业领域。非正规就业的发展为国有企业下岗职工、农村转移劳动力以及城市新增劳动力提供了大量就业机会。但是遗憾的是通过中国现有统计体系尚无法获得非正规就业的准确数据，本文将通过一系列相关数据试推测中国现有的非正规就业者人数。

国家劳动和社会保障部 2005 年发布的《关于我国灵活就业情况统计分析》认为，到 2004 年底中国应该有 5000 万左右的灵活就业劳动者，而灵活就业的数字应该小于非正规就业数，因为其中不包括失业人员和农村转移劳动力。考虑到近年来城市经济中所使用的进城务工劳动者的持续增加，劳动力流动的扩大化以及用人机制的灵活发展等要素，我们推测有些属于灵活就业范畴的就业人口并没有被统计在内。如果把规模已经达到 1 亿的进城务工劳动者全部算作非正规就业者的话，城市非正规就业者应该达到 1.5 亿人，但是农村转移劳动力可能在城市从事正规就业或者自营业（经商等），因此我们把农村进城务工人员中的 50％看作是非正规就业者，再加上未被统计在灵活就业内的各类城市本身的非正规就业者（按 1000 万人计算），那么中国的非正规就业人数至少应该达到1亿人左右，这个数字是城镇人口的26％。与发达国家的平均40％～50％，发展中国家的平均60％～70％相比，中国的非正规就业还有很大的发展空间。

3.2.2 非正规就业的各种形式

在中国非正规就业主要有以下三种形式。

第一，从劳动条件看，受雇于国有或民营、私营企业的，工资、社会保险等各方面劳动条件与正规就业者不同的小时工、派遣劳动者、季节性劳动者、承包公司内一部分工作的外部劳动者等。

第二，科学技术及新兴产业的发展影响到现代企业组织管理中的就业方式变化，兼职、推销员、在家工作、保险销售员都属于此类范畴。

第三，独立于企业组织的就业形式，以个人身份就业的自由职业者（作家、翻译等）、家庭服务提供者等。

下面主要介绍从业者比较多的小时工及派遣劳动者。

①小时工

中国劳动力市场中小时工就业领域主要可分有两部分：一部分是面向家庭提供服务，例如清扫、看护、家庭教师等，这部分从业人员大概占到小时工的一半以上。另一部分是面向各企业提供服务，部分企业考虑到用工灵活性，根据工作繁忙程度不同雇佣小时工从事一些辅助性的、临时性的工作，在日本出现的小时工工作内容核心化现象在中国几乎不存在。在企业中，小时工从事的工作基本上是辅助性的，这部分小时工所占比例不太高，而且主要以农民工为主。

李强通过对从事小时工的个体进行问卷调查指出，中国非正规就业部门劳动者没有显著的性别区分，男性小时工大概占到53.9％左右，女性小时工在46.1％左右。与日本及欧美国家大部分非正规就业者中女性所占比例高有很大区别。该文还指出中国小时工的主要工作内容以家务、育儿、看护等家庭服务为主。这与中国女性结婚后仍然继续工作有关系。虽然现在小时工的主要工作内容是家庭服务，但是今后随着第三产业的发展小时工的工作范围应该会从简单的家庭服务扩大到要求职业资格等领域。

②劳务派遣

劳务派遣主要由派出方、接收方、派遣劳动者三方构成，这点中国和世界上大多数国家相同，但是中国的劳务派遣也呈现出一些特点，下面我们具体梳理一下中国劳务派遣的特点。

a)劳务派遣开展的地区

劳务派遣在北京、上海、天津、广东、大连等对外开放程度比较高的地区发展较快，据统计2012年北京具有从事劳务派遣业务资质的公司已经达到300家以上，根据人力资源和社会保障部的介绍，业绩比较好的劳务派遣企业在2012年底已经派遣了8000人以上。

b)派出企业情况

从事劳务派遣的企业主要可以分为三种类型。一种是综合人才公司，劳务派遣只是其业务内容之一，除此之外还提供职业训练、职业介绍等服务。主要派遣应届毕业生以及专业人才，其业务内容与日本的派遣公司比较接近。第二种是国有企业为解决下岗职工就业问题，依托再就业中心成立的劳务派遣公司，作为传统单位组织的一部分为下岗职工提供再就业支援。第三种是以派遣农民工为主，主要是接受各省劳动管理部门指导的机构，农村剩余劳动力大省与需要大量劳动力的省级劳动管理部门建立联系，对本省剩余劳动力进行基本的职业训练后，有组织地进行派遣。这里所说的派遣机构一般是介于行政单位与公司之间的一种组织，更接近于一种公益性组织。

c)接收企业的特点

面向银行、饭店、餐饮、医院、家政、运输等服务业以及建筑业、制造业的派遣比较多。

特别是近年来面向制造业的团体派遣有增加的趋势。笔者于 2010 年对天津市的两家日资企业进行了访谈调查。A 公司采用与地方派遣公司合作的形式，定期招聘生产线操作员。这些生产线操作员都比较年轻，平均年龄 19 岁。在生产现场全部是立式作业，平均工资不及正式员工的一半。派遣劳动者在公司内部的管理全部由 A 公司负责，公司以外的管理如宿舍等均由派遣公司负责。B 公司与 A 公司相同，生产线使用了很多年轻的农民工。据人事部门负责人介绍，地方派遣公司在派遣劳动力前会先对他们进行简单的培训。两个公司的人事部门负责人对派遣劳动者的评价很高，认为使用派遣劳动者不仅可以灵活应对生产量的变化、节约劳动成本，而且派遣劳动者的工作热情普遍很高，他们为公司的发展做出了重要的贡献。其中 B 公司还制定了一系列针对派遣劳动者的制度，当公司正式员工缺编时优先考虑聘用优秀的派遣劳动者，另外公司在向日本派出研修生时，如果工作需要，也会考虑派出优秀的派遣劳动者。

d)派遣劳动者的情况

派遣劳动者的内涵比较广，既包括农民工、下岗劳动者等就业弱势群体，也包括新毕业的大中专毕业生及部分专业人才。

综上所述，劳务派遣作为解决下岗职工以及农村转移劳动力再就业的重要途径在中国发展迅速。在制造现场虽然以节约成本为目的使用劳务派遣的企业比较多，但是通过笔者对日资企业访谈发现，削减劳动成本已经不是使用派遣劳动者的唯一目的，一部分企业正在尝试由派遣劳动者代替正式员工，这与日本制造业的情况比较接近。

3.2.3 非正规就业的主要问题

农民工以及下岗劳动者以小时工、派遣劳动者身份就业时，双方多为分散性、个体化的雇佣关系，往往只有口头协议而没有签订正式的劳动合同，这就使得劳动者处于合法权益丧失状态，拖欠工资等情况时有发生。

另外，在现行劳动法律体系中，对非正规就业没有专门的规定，对规模巨大的非正规就业缺乏法律保护。今后随着非正规就业的发展，迫切需要制定规范非正规就业的一系列法律，只有这样才能促进非正规就业的健康发展。

中国自2008年1月1日开始实行新的劳动合同法，新劳动合同法的特点在于加强了对劳动者合法权益的保护，其中也涉及非正规就业者的保护问题，加重了用人单位不签订劳动合同的法律责任，对劳务派遣、小时工的劳动合同都做了详细规定。在新的劳动合同法实施五年以后，针对目前劳动力市场中存在的劳务派遣使用量过大、劳务派遣单位经营管理不规范、被派遣劳动者同工不同酬等现象，《劳动合同法》迎来了首次修订。2012年12月28日，十一届全国人大常委会第三十次会议，表决通过了《关于修改〈劳动合同法〉的决定》。修改后的《劳动合同法》于2013年7月1日起实施。此次共修改四条，主要目的在于使劳务派遣回归到劳动用工补充形式的位置上，把派遣用工数量控制在合理范围内，加大了对劳务派遣用工限制，以保障被派遣劳动者的合法权益。

4. 中日两国非正规就业比较分析

本节将从非正规就业增加的原因、非正规就业者的构成、非正规就业的分布行业以及非正规就业规模扩大对劳动者的影响等四方面对中日两国的情况进行比较分析。

4.1 非正规就业增加的原因

4.1.1 日本

首先从需求方来看，伴随经济全球化产生的国际竞争加剧是重要原因之一。产品需求的不确定性迫使其利用灵活经济的形式来对应，表现在就业形式方面就是需要更为灵活的就业形式来适应这种变化。大量采用非正规就业者的企业均强调要确保在人才配置、人才活用方面的数量、质量、价格的灵活性。厚生劳动省考察了处于劳动力提供一方的劳动者的需求情况，小时工中的一半人都是自发选择小时工这种就业形式的，其中70.8%的人还表示今后也准备继续采用这种就业形式工作。因此除了经济发展的影响以外，希望以非正规就业形式就业的劳动者增加也是促进非正规就业发展的重要原因。

4.1.2 中国

中国非正规就业的发展可以说是所有制非国有化的结果。在计划经济时期，国有企业以及集体企业通过全日制固定工形式吸收了大量的城市劳动力。随着市场经济体制的建立，国有企业大规模地改组、改制，实行“抓大放小”方针和“减员增效，下岗分流”的政策，大批国有企业职工以下岗和失业的方式被剥离出旧体制，推向市场，同时适应市场变化的中小型民营企业发展迅速。另一方面，20世纪80年代中国农村实行家庭联产承包责任制，使大批农民从土地上解放出来，他们中很多人选择进城寻找就业机会。灵活就业就是在这样一个市场化过程中发展起来的，新兴的私营、外资企业需要大批劳动力，它们以非正规就业的形式吸收了大量的下岗职工和农民工。

与日本相比，中国的非正规就业发展更多地受内部经济体制改革的影响，大多数人选择非正规就业是为了生存,并不是自发的,中国的经济发展水平决定,如果有正规就业的机会大多数人依然会选择正规就业。

4.2 非正规就业者的构成

日本女性非正规就业劳动者所占比例较高,而中国的非正规就业者则没有显著的性别区分,包括农村转移劳动力在内的男性非正规就业者也占有一定比例。除自由撰稿人、翻译等自由职业者,非正规就业者所受教育程度普遍较低。

4.3 非正规就业的行业分布

由表3可以看出,在日本,非正规就业者在服务业、零售业等发挥着重要的作用,近几年在制造业也出现了非正规就业者的身影。与日本相同,中国的非正规就业者主要活跃在劳动密集型的零售、餐饮业以及制造业。

但是由于市场准入限制等因素的影响,在中国对非正规就业大门紧闭的行业依然存在。其中包括:第一,电力、石油等国家垄断行业,由于民营、外资企业也被限制进入该行业,因此非正规就业比例比较低。第二,垄断性服务业,诸如金融、电信等行业非正规就业的比例很低。因此可以说非正规就业的规模受劳动力市场发展以及市场准入限制等因素的影响,中国应该参考日本等发达国家的经验,降低非正规就业的市场准入门槛,推动劳动力市场的发展,为非正规就业的发展创造更多空间。

4.4 对劳动者的影响

在中国,非正规就业机会的增加促进了劳动力市场的发展以及经济增长,但是另一方面非正规就业劳动者在工资、社会保障等方面和正规就业劳动者的差距依然存在,合法权益得不到保护的情况依然时有发生,围绕非正规就业的劳动纠纷也呈现增加趋势。为了促进非正规就业的健康发展,制定相关法律以确保其健康发展尤为重要。

在日本也存在非正规就业者与正规就业者在工资、社会保险等方面的差别问题,日本通过制定"劳动者派遣法","劳动者派遣法改正法"等一系列法律以期维护非正规就业者的权益。尽管这样,在日本国内"如何确保非正规就业者获得公平的待遇"这一课题受关注程度一直比较高。在中国,维护农民工、小时工等弱势群体的合法权益是近几年政府需要集中解决的重要课题之一。因此可以说随着就业形式多样化的发展,每个劳动者的工作形式虽然出现了变化,但是如何发挥每个劳动者的优势、个性、使之为社会经济发展做出贡献是两国需要共同面对的课题。

5. 结　语

本文围绕就业形式的多样化,对中日两国出现的非正规就业的扩大、非正规就业劳动者的特征等进行了比较分析。虽然两国在政治体制、经济发展阶段等方面存在差异,但是从今后发展趋势看,非正规就业在两国均有很大的发展空间。中国在推动非正规就业发展时一方面可以借鉴日本的经验,同时两国可以就共同面对的课题开展广泛的交流。令人遗憾的是中国尚未建立关于非正规就业的统计体系,因此本文在对中国非正规就业的论述方面难免有疏漏,准确的统计数据是开展可行性研究的基础,期待今后两国在建立非正规就业统计体系方面能有进一步的交流。本文是对非正规就业国际比较的一个尝试,今后随着统计数据的健全,将继续关注非正规就业对促进就业、劳资关系的影响等课题。

注释

[1][2]厚生劳动省是原厚生省和劳动省于2001年合并成立的,1994年、1999年调查是由原劳动省实施的,2003年以后的调查是由厚生劳动省实施的。労働省(1995)『平成六年就業形態の多様化に関する総合実態調査報告』,厚生労働省(2001)『平成11年就業形態の多様化に関する総合実態調査報告』,厚生労働省(2003)『平成15年就業形態多様化に関する総合実態調査』,厚生労働省(2008)『平成19年就業形態多様化に関する総合実態調査』,厚生労働省(2011)『平成22年就業形態多様化に関する総合実態調査』。

[3]在中国小时工多被理解为提供家庭服务的家庭小时工,在日本小时工的范围更广,多指在餐饮·零售·服务等行业工作的非正规就业劳动者。

[4]仁田道夫(1999)「日本における典型雇用と非典型雇用」(財)社会生産性本部『日欧シンポジウム·雇用形態の多様化と労働市場の変容』。

[5]中国劳动和社会保障部劳动科学研究所课题组(2005)中国灵活就业基本问题研究[J]『经济研究参考』2005年第45期。

[6]姚裕群(2005)论我国的非正规就业问题 [J]『人口学刊』2005年3月第151期。

[7]胡鞍钢(2001)就业模式转变:从正规化到非正规化——我国城镇非正规就业状况分析[J]『管理世界』2001年第2期。

[8]総務省統計局「労働力調査(詳細結果)」各年(http://www.stat.go.jp/data/roudou/)

[9]厚生労働省『平成22年就業形態多様化に関する総合実態調査』、2011年。

[10]佐藤博樹『マテリアル人事労務管理』[M]日本:有斐閣、2006年。

[11]厚生労働省『平成22年就業形態多様化に関する総合実態調査』、2011年。

[12]永瀬伸子(2002)非正社員の正社員に対する賃金格差の納得に関する分析[J]日本:『日本労働研究雑誌』No.510;大沢真知子·ハウスマン(2003)働き方の未来——非典型労働の日米欧比較[M]日本:日本労働研究機構。

[13]李强《失业下岗问题比较研究[M]》,清华大学出版社,1999年。

[14]两家公司具体情况是:A公司主要生产电子精密元件、B公司主要生产大型机械产品。

[15]厚生労働省『平成22年就業形態多様化に関する総合実態調査』、2011年。

参考文献

日文

仁田道夫「日本における典型雇用と非典型雇用」『日欧シンポジウム·雇用形態の多様化と労働市場の変容』、(財)社会生産性本部、1999年。

佐藤博樹『マテリアル人事労務管理』、有斐閣、2006年。

永瀬伸子「非正社員の正社員に対する賃金格差の納得に関する分析」(J)『日本労働研究雑誌』、2002年第510期大沢真知子・ハウスマン『働き方の未来——非典型労働の日米欧比較』、日本労働研究機構、1999年。

労働省『平成6年就業形態の多様化に関する総合実態調査報告』、労働省、1995年。

厚生労働省『平成11年就業形態の多様化に関する総合実態調査』、厚生労働省、2001年。

厚生労働省『平成15年就業形態多様化に関する総合実態調査』、厚生労働省、2003年。

厚生労働省『平成19年就業形態多様化に関する総合実態調査』、厚生労働省、2008年。

厚生労働省『平成22年就業形態多様化に関する総合実態調査』、厚生労働省、2011年。

総務省統計局「労働力調査(詳細結果)」各年(http://www.stat.go.jp/data/roudou/)

中文

中国劳动和社会保障部劳动科学研究所课题组“中国灵活就业基本问题研究”,《经济研究参考》,2005年第45期。

姚裕群“论我国的非正规就业问题”,《人口学刊》,2005年第151期。

胡鞍钢“就业模式转变:从正规化到非正规化——我国城镇非正规就业状况分析”,《管理世界》,2001年第2期。

李强《失业下岗问题比较研究》,清华大学出版社,1999年。

作者简介

戴秋娟，北京日本学研究中心硕士课程14期生(1998年9月至2001年3月在学),社会专业。现任北京外国语大学日语系副教授。

“安倍经济学”之金融政策评析

瞿晓华

作为“安倍经济学”重要一环的“大胆的宽松金融政策”的具体目标为：摆脱长期的通缩局面，实现2%的物价上涨。可是，实施这一政策的前提就很有问题。即，日本经济近年是否处于“通货紧缩”之中？要回答这个问题，首先要对通货紧缩进行定义。根据OECD的定义，通货紧缩为“一般物价水平的持续性下跌”。那么，这个“持续性”是指多长时间呢？IMF及日本内阁府的定义是“两年以上(的持续性下跌)”。根据这一定义，我们看到2009年度至2011年度的日本消费者物价涨幅分别为－1.4、－0.7、－0.3[1]，确实可以说出现了“通货紧缩”。但是，实际上上述数据是有欺骗性的。问题归纳起来有如下四点：第一，与历史上出现过的通货紧缩相比，近些年日本的物价下降幅度极其轻微，几乎可以忽略不计；第二，最近几年伴随着日元的大幅升值，物价下跌很大部分是由于进口物品价格下降引起的；第三，仔细分析具体的物价涨跌，可以发现由技术进步带来的价格下跌占有相当部分；第四，与历史上由于货币发行量大幅缩减引发的通货紧缩相比，日本这些年只是出现了物价下跌现象，“通货”并没有出现“紧缩”。

下面，我们仔细来看一下这些问题。

1. 历史上的通货紧缩现象

在历史上的金本位(或金银本位等)制时代，通货紧缩与通货膨胀一般是交替出现的。由于黄金(白银等)这一价值相对稳定的“锚”的存在，由信用扩张带来的通货膨胀，货币的价值最终必然会被通货紧缩拉回到它本来的位置。通货紧缩变得比较稀有是战后脱离金本位制后，尤其是布雷顿森林体系崩溃后的事情。由于几十年来人们习惯了物价只涨不跌的状态，对于物价的轻度下跌现在都变得不那么习惯了。让我们回顾一下历史上几次有名的通货紧缩，这样才能更准确地定位当前日本出现的通货紧缩现象。

日本历史上的两次有名的通货紧缩分别是“松方通缩”和“金解禁”，时间分别长达5年和7年(这7年包括了“金解禁”前的经济萧条)，其他的一些通货紧缩都是时间不超过两年的短期经济萧条。“松方通缩”的背景是，1881年10月松方正义就任大藏大臣后，开始回收所有的政府发行的不可兑换纸币，设立日本银行(央行)，实行银本位制。由于纸币的大量回收销毁，“通货”大幅紧缩，1882至1886年这五年间，物价下跌了28.4%，这一紧缩财政之举史称“松方通缩”。[2]“金解禁”是指在浜口雄幸首相、井上准之助财长的推动下，旨在以旧比价恢复金本位制的努力。由于经过第一次世界大战后的通货膨胀，日元已经出现了较大幅度的贬值，以旧比价恢复金本位制意味着日元被高估。人们争相用纸币去兑换黄金、美元等硬通货，导致通货紧缩。[3]但是，实际上从 20 年代后半期开始，日本经济就已经出现了通缩局面，"金解禁"不过是把这一局面推向高潮而已。1925 至 1931 年这七年间，物价下跌了 30.7%（表 1）。[4]

表 1　日本历史上的各次通缩

1	1882—1886 年	5 年	-28.4%
2	1891—1892 年	2 年	-9.2%
3	1908—1909 年	2 年	-7.7%
4	1914—1915 年	2 年	-12.3%
5	1922—1923 年	2 年	-1.95%
6	1925—1931 年	7 年	-30.7%
7	1999—2012 年	13 年	-3.8%

资料来源：笔者根据注[4]表格及最新统计数据制作。

再来看看 30 年代大萧条时期美国的通缩情况吧。1929 至 1933 年这四年期间，美国的物价下跌了 38%（月均下跌 0.88%）。大萧条因为持续的时间长、范围广才给人深刻的印象。事实上，美国之前的两次经济危机中物价的下跌之猛烈，相比大萧条时期可说是有过之而无不及。1907 至 1908 年期间，物价下跌 14.6%（月均 1.33%）；1920 至 1921 年间更是下跌了 44.1%（月均 3.4%）。[5]

那么最近十多年来日本的物价下跌了多少呢？日本经济被认为出现了通货紧缩是从 1999 年开始的。可是据统计，1999 至 2012 年这 13 年间，日本的消费物价水平仅仅下降了 3.8%。[6]通过表 1 的对比我们可以说，13 年间出现 3.8%的物价下跌根本谈不上通货紧缩，在历史上只能说是物价平稳时期。物价平稳本来是货币政策应该追求的目标，可是现在居然成了经济发展缓慢的替罪羊。至于"2%的物价上涨才对经济发展有利"这种说法，是缺乏理论依据，也没有逻辑上的说服力的。

通货紧缩被认为是通过这样两个渠道给经济带来负面影响的：第一，因为通货紧缩会增加企业的实际债务负担，从而抑制了企业的设备投资。第二，如果不是随着物价的下跌，名义利率与名义工资也相应地下跌的话，那么实际利率及实际工资就会上升。实际利率及实际工资的上升会迟滞企业收益与设备投资的恢复，进而影响到就业及收入的增长。[7]因为名义利率不能为负，当利率降到零后金融政策就基本失效，若出现严重的通货紧缩就会大大抬高实际利率水平，经济甚至有可能进入通货紧缩螺旋下降通道。

可是要带来上述程度的负面影响，必须是比较严重的通货紧缩。如果年均通货紧缩 5%，那么即便名义利率为零，实际利率也将高达 5%（加上各种费用，企业实际支付的利率要高于 5%）。历史上的通货紧缩很多时候有超过 5%的年均物价下跌，确实对经济社会造成很大伤害。可是，如果年均物价下跌 1%的话，那么在零利率条件下，实际利率只有 1%。一个企业如果连 1%的实际利率都承受不了的话，那么这个企业本来就不应该再进行设备投资等扩大再生产的活动（甚至其存在的意义都有问题)，否则只会带来更严重的产能过剩。所以，轻微的通货紧缩实际上对经济并不会造成什么伤害，反而能促进竞争，淘汰过剩产能，以及那些不具有竞争力的企业。我们从表2的数据可以看出，日本最近十多年来的通货紧缩其实是很轻微的，即便是遭遇百年一遇的金融危机后的2009年，物价也只下跌了1.4。应该说，这样的物价下跌程度根本不会对经济造成任何伤害。所以说，这一所谓的“通货紧缩”是经济不振的结果(结果的好坏另当别论)，而不是原因，根本不需要专门出台什么金融政策来扭转这一局面。

2. 日元升值的影响

下一节我们将会讲到，科技进步等因素在某种程度上带来了日本的物价下跌。但是，科技进步带来的电子产品之类的价格下跌等因素并不仅限于日本，为什么美国等其他发达国家没有出现物价持续下跌的情况呢？这里必须要考虑的一个因素便是日元升值的影响。这一影响尤其出现在2008年世界金融危机后的日元大幅升值阶段。日元从2007年6月的低点123日元(兑换1美元，下同)，持续升值至2012年的不到80日元，升值幅度超过35%。这几年(2009年度至2011年度)的物价也出现了连续三年的下跌(表2)。

如果我们把目光放大一些就会发现，日本的消费者物价与日元的涨跌有一定的关联性(图1)。随着日元的涨跌，一般滞后两年左右，物价也会出现跌涨(日元大涨则物价小跌，而日元轻微的涨跌不对物价造成明显的影响)。最近的例子是日元从2004年103日元的高点下跌至2007年的123日元，日本物价水平则从2004、2005年度的－0.1开始上升，2006、2007、2008这三个年度的物价涨幅分别为0.2、0.4、1.1。

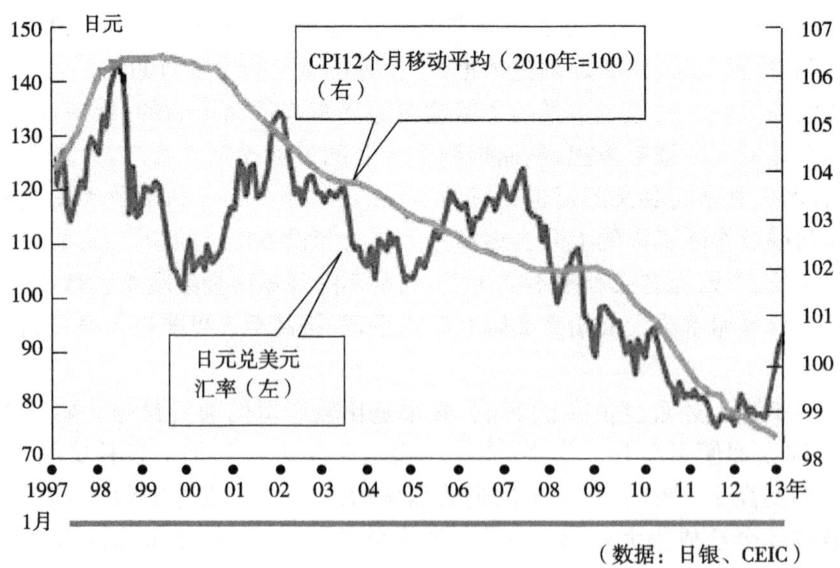

图1 日元汇率与消费者价格走势[8]

但是必须注意的是，因为日元的涨跌受世界经济（尤其是美国经济）的影响较大，所以物价的涨跌并不一定完全与汇率的变动符合。一般来说，世界经济向好则日元倾向于下跌，反之则上涨。这是因为，泡沫经济破灭后日本长期实行低利率（甚至零利率）政策。在世界经济繁荣时，其他国家与日本的利率差距扩大，吸引人们借进低利率的日元后投资于其他高利率国家的市场，以获取息差收益，这就会促使日元下跌；反过来，世界经济出现衰退时，息差就会缩小，于是投资于其他市场的日元便会回流日本，造成日元大幅升值。与此同时，世界经济（尤其是中国经济）的繁荣会带来能源等基础原材料价格的上涨，并促进日本的出口增长。这样，世界经济反过来也会影响到日本经济，就会出现世界经济繁荣带来日元下跌及日本进口的国外商品价格的上涨，日本的物价在叠加效应下，出现上升也在情理之中。反过来，当世界经济出现衰退的情况下，日元汇率会出现上升，带来日本进口商品价格的下跌；同时世界市场的能源等基础原材料价格会出现较大幅度的下跌，日本的消费者物价自然会出现下跌。这样一来，在物价涨跌过程中，汇率的影响与世界经济景气的影响的贡献率分别有多大的问题，则变得较为复杂。

除了受世界经济影响的因素外，90 年代的日本经济本身处在泡沫经济破灭后的严重后遗症中，众多银行破产，坏账缠身。同时，1997 年开始爆发的亚洲金融危机、98 年的俄罗斯金融危机，以及本世纪初发生的美国 911 恐怖袭击、互联网泡沫破灭等也对日本的进出口带来了巨大影响，这些是造成 90 年代末至 21 世纪初日本出现物价下跌的主要因素。所以，图 1 显示的日元汇率与物价走势两条曲线，虽然总体上呈一致的趋势（汇率下跌则物价上涨，反之亦然），但也有不完全合拍的地方，尤其是 90 年代末至 2005 年这段时间，汇率出现了较大幅度的波动，物价却一直处于下跌的状态。

表 2　最近 20 年来的年度物价涨跌（%）

1993 年	1994 年	1995 年	1996 年	1997 年	1998 年	1999 年	2000 年	2001 年	2002 年
1.2	0.4	-0.1	0.4	2.0	0.2	-0.5	-0.5	-1.0	-0.6
2003 年	2004 年	2005 年	2006 年	2007 年	2008 年	2009 年	2010 年	2011 年	2012 年
-0.2	-0.1	-0.1	0.2	0.4	1.1	-1.4	-0.7	-0.3	0.0

资料来源：日本总务省统计局。

诺贝尔经济学奖得主斯蒂格利茨在接受日本媒体采访时指出：“日本通货紧缩的原因中，日元汇率的影响相当大。若日元持续贬值，状况就会发生改变。”[9]

3. 物价的具体涨跌

“通货紧缩”的根源在于供给大于需求所导致的物价下跌。这里的关键是看，是否是因为需求疲弱导致的供大于求。如果需求正常，只是因为供给过量导致价格下跌，那么应该进行调整的是供给——化解过剩产能。另外，由于技术进步带来的生产成本下降（如电脑、手机等电子产品的价格持续下跌），以及货币升值等因素导致的进口原材料价格下跌等，都是对经济有正面意义的。我们不应该把因为这些因素导致的物价下跌看作是“通货紧缩”。然而，宏观经济学的一个最大的问题是眉毛胡子一把抓，把不同性质的东西糅合在一起，缺乏具体的分析。

下面，我们来具体分析一下日本近几年来的物价变化情况。表3是日本自2005年以来各类物价变动的情况。日本的综合物价水平从2009年开始出现了连续三年的负增长，这明显是受到了金融危机的影响。2009年下跌最大的是“交通·通信”、“水电煤”、“教养·娱乐”和“家具·家务用品”这几类商品与服务。其中，“教养·娱乐”自2005年以来一直处于下跌之中，这是由于包括在“教养·娱乐”中的电视机、电脑等产品的持续下跌带来的。另外，“家具·家务用品”中包括了诸如洗衣机、电冰箱等大量的家电产品，所以这些年也一直处于下跌状态。这两类物品的下跌有三个因素：第一，这些商品的生产大部分从日本转移到了中国等发展中国家，降低了生产成本；第二，日元的升值使得这类商品的进口价格出现下跌；第三，技术进步是家电类商品价格不断下跌的最根本因素。技术进步带来的价格下跌是世界性的，并不限于日本，属于好的物价下跌。另外，水电煤的下跌是因为金融危机导致能源价格大跌带来的，也是好的下跌。之后随着能源价格的反弹，2011年、2012年的价格出现了3.3%及3.9%的较大幅度的上涨。同样，“交通·通信”也受能源价格涨跌的影响较大。这两类商品与服务的下跌对经济有正面作用，上涨反而不利于经济的发展。排除了上述四类商品与服务，我们发现其他的价格下跌都非常有限，总体来说处于不涨不跌的状态。从这个意义上说，日本最近几年的物价下跌很大程度上源于技术进步及进口商品的价格下跌，并不是什么“通货紧缩”现象。相比之下，其他国家的物价上涨反倒是典型的“通货膨胀”，是不太健康的。

表3　消费者物价相对前一年的上升率(%)

	2005年	2006年	2007年	2008年	2009年	2010年	2011年	2012年
综合	-0.3	0.3	0.0	1.4	-1.4	-0.7	-0.3	0.0
食品	-0.9	0.5	0.3	2.6	0.2	-0.3	-0.4	0.1
居住	-0.1	0.0	-0.2	0.2	-0.2	-0.4	-0.2	-0.3
水电煤	0.8	3.6	0.8	6.0	-4.2	-0.2	3.3	3.9
家具·家务用品	-2.3	-2.1	-1.6	-0.3	-2.2	-4.6	-5.6	-2.9
被服·鞋类	0.7	0.8	0.6	0.5	0.9	-1.2	-0.3	0.0
医疗保健	-0.4	-0.6	0.3	-0.3	-0.1	-0.5	-0.7	-0.8
交通·通信	0.3	0.3	0.1	2.0	-4.9	1.0	1.2	0.3
教育	0.7	0.7	0.7	0.7	0.9	-9.6	-2.1	0.3
教养·娱乐	-0.9	-1.5	-1.3	-0.5	-2.5	-1.7	-4.0	-1.6
各种杂费	0.3	0.9	0.8	0.4	-0.4	1.3	3.8	-0.3

资料来源：笔者根据《日本国勢図会2010/2011年版》[10]及最新总务省统计局数据制作。

4. 日本央行的基础货币与货币供应量

历史上的各次"通货紧缩"如其字面意义，均源于"通货"的急剧减少。严格来说，没有"通货"减少的物价下跌不能称作(中文字面意义的)"通货紧缩"。

在此我们必须区分基础货币(Monetary base)与货币供应量(Money supply)这两个概念。所谓的基础货币是指，市场上流通的现金及银行存放在央行户头上的货币的总和。而货币供应量是指，除银行以外的，由公众保有的现金通货和存款通货的总和。这里的关键是排除金融机构手中的现金及存款。央行可以通过公开市场操作等方式增加基础货币的投放量，但是，这些基础货币要变成货币供应量则必须通过银行放贷等形式变成企业、私人等的现金及存款(否则依然是基础货币，并不能对实体经济产生刺激作用)。为此，必须同时满足两个条件：第一，企业等对资金有需求；第二，银行能确保安全回收贷款。可是，日本当前的现实是，有实力的企业——银行能确保回收贷款——对银行贷款需求不旺；而急需资金的企业(或个人)银行却不敢轻易放贷。这就使得基础货币的增加不能转变为货币供应量的增加。

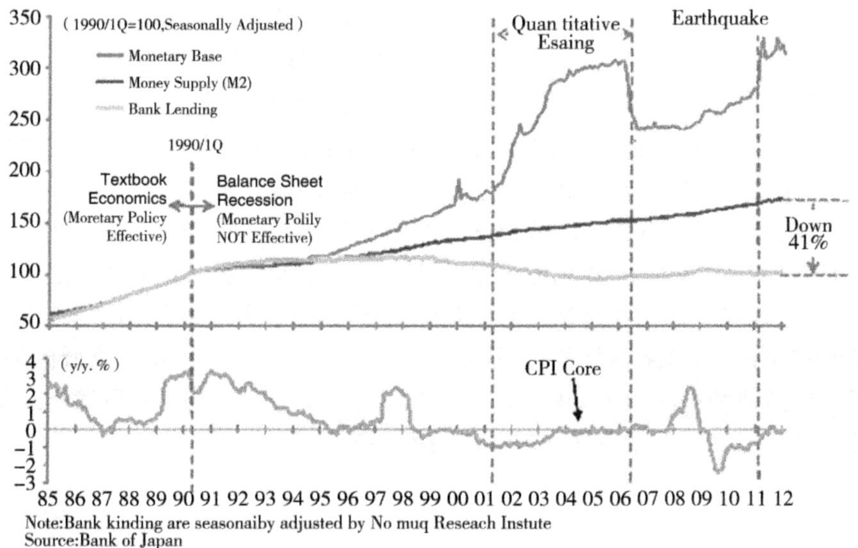

图 2　日本最近 27 年基础货币、货币供应量、银行贷款及 CPI 变动图[11]

图 2 清晰地显示了基础货币、货币供应量(M2)及银行贷款这三者在 1990 年后的变化。一代表的基础货币在 1990 年后增长了 3 倍多；一代表的货币供应量却只增长了 1.5 倍多；而一代表的银行贷款增长率更是比货币供应量低了 41%。从这三条曲线的变化中，我们看不出相互间的关联性。基础货币在日本央行于 2001 年至 2006 年实行量化宽松期间出现了大幅增长，可是同一时期的货币供应量却只出

现平稳的微弱增长。另一方面，银行贷款反而出现了较大幅度的下降。在2006年日本央行退出量化宽松后的五年间，基础货币出现了大幅下降，可是货币供应量却没有出现明显变化，依然微弱增长。银行贷款此时并没有出现进一步的下降，反而有所增长。再看黄线代表的核心物价指数，其变化与上述三条曲线看不出有任何的关联。

那么，为什么会出现这种现象呢？货币供应量增加的前提是社会对资金有需求。可是，作为量化宽松前提的零利率意味着社会对资金需求的疲弱。企业之所以愿意负债投资，利率固然是一个重要因素，其实更重要的是预计所投项目有盈利前景。如果没有盈利前景，即便无息贷款也不会有需求，因为投资失败会导致血本无归。对银行来说，通过积极放贷来获取利息收益，避免资金的闲置固然是其应有之意，但是前提是保证所贷资金的安全回收。要做到这一点有两个条件：第一，所贷项目有盈利前景；第二，借款人有足够的抵押。而事实上，任何商业项目都包含一定的风险，事先谁都没有百分百的把握，所以具体操作时银行更看重第二点，即抵押品。抵押品一般以不动产为主。在房价地价不断上涨的情况下，抵押品的价值也在不断增长，意味着信用在不断地扩张，银行能够放心大胆地放贷；反之，泡沫经济破灭后的日本，地价等资产价格不断下跌，也就是意味着信用在不断地萎缩，银行贷款自然无法增长——这不是什么日本的银行惜贷，或者因为坏账太多不敢放贷的问题。

在因资产价格不断下降而导致信用萎缩的社会里，增加货币供应量唯有依赖于不需要不动产等做抵押的贷款主体。毫无疑问，在现代社会里只有政府可以不需要抵押品就可以凭借本身的信用获得资金(严格来说政府是以将来的税收作为抵押品的)。事实上，现代政府受凯恩斯主义等的影响，早已放弃均衡财政原则。只要债务不失控，一般不会主动削减政府的债务余额。因为这样做在经济上会被认为政府在采取紧缩政策，另外在政治上加税与削减福利开支也很难行得通——除非出现严重的债务危机。所以，政府发行国债拉动经济也好、弥补财政赤字也好，基本不考虑归还，即债务余额的缩小。因此，央行的量化宽松除了通过政府发债的形式，无法大幅提高货币供应量，更与银行的对企业的贷款无缘。当银行手中有了大量的基础货币，又找不到放贷的对象时，唯一的出路便是购买国债等安全资产。这样的好处是拉低国债利率，使得政府支付国债利息的压力变轻，更有余力发行新的国债，增加国债发行余额。结果是政府的债务余额进一步膨胀，成尾大不掉之势。

5. 结　语

从上面的分析我们可以预计，单纯通过量化宽松，向银行系统注入大量流动性的做法，并不能影响近几年来的物价整体走势。由于最近一年来日元汇价的快速走低，使得进口商品，尤其是能源等原材料价格的上升，日本的消费者价格水平出现了上涨。最新发表的9月份消费者物价指数显示，CPI上涨1.1％，相比日本央行总裁黑田3月份上任前的-0.9％，半年上涨了2.0％。但是，上涨的主角是能源价格。剔除食品和能源后的综合指数为0.0％。[12]

但是,这种上涨其实对经济民生是不利的。如果这就算是摆脱了"通货紧缩",那显然逻辑不通。

这里,我们假定安倍政权实现了其物价上涨2%的目标,结果会是怎样呢?安倍政权把摆脱"通货紧缩"定义为:"摆脱物价持续下跌的状态,并不再有回复到这种状态的可能。"可是,如果真的出现了2%的持续性物价上涨,其后果将是非常严重的。

日本现在的长期利率处于不到1%的水平,2013年4月4日新发行的10年期国债的收益率只有0.425%,打破了2003年6月创下的0.430%的记录。4月5日的新发国债的收益率更是降到了0.315%的超低水平。这实际上大大减轻了日本政府的利息支付压力。日本政府公布的2013年度的国债利息费用为9.8546万亿日元(占预算总额的10.9%),以2012年度末公债余额709万亿日元计算,收益率为1.4%左右。如果通胀水平达到了2%左右,根据费雪方程式——名义利率等于实际利率加上预计通胀率,利率将比现在起码高2个百分点。[13]这样,政府支付的公债利息支出将比现在翻一番还多,消费税提高所增加的财政收入将被完全吞噬。

有论者认为实现了2%的通货膨胀意味着经济出现好转,财政收入会自然增长,增加的财政收入弥补增加的国债利息费用还有余。这一说法的前提是良性的通货膨胀,即物价上涨是因为经济繁荣带来的。但是,通过大幅增加货币的发行量,拉低日元汇价导致进口商品、能源的价格上涨推高的物价,与真正的经济繁荣是有区别的。由日元大幅贬值带来的"繁荣"将随时会因为日元大幅升值而消失殆尽。

注释

[1]http://www.mofa.go.jp/mofaj/files/000009939.pdf

[2]朝倉孝吉、『新編日本金融史』[M]、日本:日本経済評論社、1991年、24～25页。

[3]有沢広巳(監修)、『昭和経済史』[M]、日本:日本経済新聞社、1976年、40～45页。

[4]http://ajer.cocolog-nifty.com/blog/2012/06/post-5934.html

[5]平田喜彦/侘美光彦『世界大恐慌の分析』[M]、日本:有斐閣、1988年、7页。

[6]http://ecodb.net/country/JP/imf_cpi.html

[7]金森久雄、香西泰、加藤裕己『日本経済読本』[M]、日本:東洋経済新報社、2010年、231～32页。

[8]http://blogs.yahoo.co.jp/murakami_akio/8473221.html

[9]http://archive.is/85hEP

[10]米永浩『日本国勢図会2010/11年版』[R]、日本:財団法人矢野恒太記念会、2010年、368页。

[11]http://blog.goo.ne.jp/syokunin-2008/e/56d4e33999283ac4ba5e32f250740e9a

[12]http://www.jiji.com/jc/graphics?p=ve_eco_cpi

[13]http://antenna.jp/news/detail/189982

参考文献

朝倉孝吉『新編日本金融史』、日本経済評論社、1991年2月。

有沢広巳(監修)『昭和経済史』、日本経済新聞社、1976年12月。

平田喜彦/侘美光彦『世界大恐慌の分析』、有斐閣、1988年4月。

金森久雄/香西泰/加藤裕己『日本経済読本』、東洋経済新報社、2010 年 4 月。
米永浩『日本国勢図会 2010/11 年版』、財団法人矢野恒太記念会、2010 年 6 月。

作者简介

瞿晓华，北京日本学研究中心硕士课程 8 期生（1992 年 9 月至 1995 年 1 月在学），日本社会专业。现任上海外国语大学日本文化经济学院副教授。

中日两国的节能环保合作
——"中日节能环保综合论坛"

丁红卫

我国面临稳定推动经济发展与节能环保的双重任务，节能环保产业已成为"十二五"期间支撑我国社会经济发展的战略性新兴产业，为此，我国在积极推动国家间合作。

日本经历了两次石油危机后，将产业部门与民生部门的节能机制纳入能源政策体系，通过政府对企业的管理与支持形成了较完善的节能机制，为产业与民生部门的节能减排打下了良好基础。学习日本的相关经验，不仅有利于构筑我国的节能环保政策体系，更有助于进一步推动中日两国间的节能环保合作。

中日两国节能环保领域有较强的互补性，两国间的节能环保交流与合作也在不断发展，由早期的政府开发援助（ODA）这一单方向提供援助的方式转变为两国政府、地方城市、科研机构、企业等进行多层面综合性合作的方式，其中最具代表性的合作机制是始于2006年的"中日节能环保综合论坛"（以下简称"论坛"），"论坛"是目前两国节能环保合作的最大平台。

"论坛"由初期的政策性合作不断向多层面综合性合作转变，不仅增进了两国间对环保节能合作的理解互信，也为两国建立了良好的合作机制与对接渠道。论坛至今召开八届，为中日两国的节能环保搭建了产业间、地方政府间、科研机构间以及多方合作的机制，得到两国市场的高度认可。同时我们也应认识到，未来实现中日间节能环保领域可持续、高效率的合作模式，该论坛尚有诸多课题需要解决，进一步完善该论坛的综合合作机制，才能使其为推动两国节能环保领域的合作发挥更大作用。

1. 中日节能环保合作的重要性

节能环保产业是战略性新兴产业，其产业链长、吸纳就业能力强，对可持续经济增长的拉动作用明显，既是保持经济平稳较快发展新的增长点，也是走绿色低碳发展之路的基础。在应对国际金融危机时，不少发达国家提出了绿色新政，也投入了巨大的资金来支持节能环保和新能源等新兴产业，抢占未来世界经济发展的制高点。

2012年8月，我国《节能减排"十二五"规划》制定了各项减排目标，其中有至2015年我国单位国内生产总值能耗比2010年降低16%、单位国内生产总值温室气体排放比2010年降低17%、非化石能源占一次能源比重达到11.4%等约束性指标，并提出了资源产出率提高15%以及合理控制能源消费总量的政策导向。这充分表明了中国积极应对气候变化、加快推进绿色低碳发展的决心。

中国节能环保产品产业市场广阔、潜力巨大。它包括了节能产业、资源循环利用产业和环保产业。涉及节能环保技术与装备，节能产品和服务等。初步预测，到2015

年,我国节能环保产业的总产值将达到4万亿元以上,吸纳就业人口4200万人。[1]为此,我国将积极加强国家合作,引进海外技术。

日本是目前全球节能环保产业发展水平最高的国家之一,纵观战后日本的能源消费状况可以发现,除两次石油危机与经济萧条时期外,日本能源消费虽然呈不断增加的趋势,但由于节能政策与节能技术的不断发展,能源效率不断提高。现今,日本的GDP是1973年第一次石油危机时期的2.3倍左右,而各产业部门、民生部门、运输部门的能源消费量分别为1973年的0.85、2.4、1.9倍。[2]据日本经济产业省估算,1979年至今的三十多年间,日本人均GDP的能源消耗量得到大幅度改善,能源效率改善幅度达33%,这使日本的能源效率达到世界领先水平。同时,日本还有运行多年的节能环保技术出口的经验。迄今为止,日本通过政府开发援助(ODA)方式为发展中国家的节能环保做出了一定贡献。

中日两国互为近邻,温室气体减排等环境问题是两国需要共同面对的课题。两国政府也认识到双方在环保节能技术与市场的潜在巨大互补性,因此,双方政府与相关部门长期以来积极推动两国间的环保节能合作,在双方一致利益的推动下,各地方政府也积极参与。特别是风电产业、生态城市的发展等领域,两国行政部门与地方政府都发挥着重要的作用。未来,我国要实现减排目标还需要各地加大节能环保力度,地方政府如果能够积极改善当地产业结构,促进包括节能环保在内的战略性新兴产业的发展,必将为我国的节能减排做出贡献,同时也有利于地方经济的可持续发展。

2.对日本环保机制的认识与"中日节能环保综合论坛"的诞生

如上所述,节能环保合作是中日两国面临的最现实需求,对此,两国政府也已形成共识。特别是对中国的节能环保而言,借鉴日本的相关经验,特别是理解日本能源政策中的节能环保机制不仅有助于我国相关政策的制定,更有助于促进中日节能环保的合作。

2.1 日本能源政策的节能特征

众所周知,日本是发达国家中能源自给率最低的,经历了70年代的两次石油危机后,"节能"成为日本能源政策的重中之重。1979年,日本制定了《能源利用合理化的相关法律》(简称"节能法"),明确规定工厂、企业、运输、住宅建筑、机械器具等能源利用的合理化。进入20世纪90年代后,为应对全球气候变暖等问题,日本的能源政策体系中更多纳入节能方面的内容,与《京都议定书》同年,1997年日本通过了《关于促进新能源利用的特别措施法》(即"新能源法"),该法律主要目的是对石油替代能源中受经济性制约难以普及的新能源进行支持,并于2002年对该法律进行了修改,确定了对利用新能源的企业进行金融支持的基本方针。

现今日本能源政策的核心——《能源政策基本法》也是2002年指定的,该法律规定了日本能源政策的基本方针,即"保障能源的稳定供给"、"环保"、"灵活利用市场机制"的三个方针,该法律于2007年进行了第一次修改,在明确日本能源政策三个基本方针——能源安全、对应全球变暖、能源的高效供给(3E)的基础上,提出了实现以能源为轴心的经济增长与能源产业的结构改革等目标。

2011 年 3 月的东日本大地震后，日本的公众舆论主张废除核能，当时的能源、环境会议制定了“革新能源环境战略”，主张早日实现不依赖核能发电的社会、不增设新设核电站。2013 年 12 月，安倍再次当选内阁总理大臣，日本的能源政策面临对核电、未来能源组合的重大抉择。2014 年 4 月 1 日，安倍内阁通过了第四次能源基本计划，在原有“稳定供给”、“经济性”、“环保”三原则的基础上，强调能源的“安全性”、“国际性”与“促进经济增长”因素。该计划将截止到 2018—2020 年期间定义为“集中改革”时期，旨在明确日本中长期能源发展方向，但并未明确日本将摆脱核电这一方针。

关闭核电站后日本的化石燃料进口增加、电力价格上涨给经济增长带来了负面影响。日本社会对未来能源利用的共识又归结到“节能”这一能源利用的核心问题，特别是民生部门的节能问题受到重视。现在，日本将 1998 年版“节能法”中适用领跑者制度的产品由电视机、冰箱等 9 类大幅增加至 23 类，其中包括建材、住宅水循环设备等非直接耗能产品。[3]

2.2 日本能源政策中节能机制的实施贯彻

如前所述，节能一直是日本能源政策的重要组成部分。如表 1 所示，日本的节能政策体系可划分为产业部门、民生部门（商业部门与家庭部门）、运输部门，依据“节能法”，日本政府对企业进行政策管理，同时，通过预算、税收等经济手段对企业进行支持与激励。

表 1　日本能源政策中的节能机制(管理与支持)

	产业部门	民生部门		运输部门*
		商业	家庭	
行政管理（依据节能法）	耗能1500KL以上的企业需定期上报节能措施，每年有义务减排1%			一定规模以上的货主、运输公司需采取节能措施并定期上报
	300m²以上的建筑物、住宅在建造阶段须遵守节能标准并备案			
		对汽车、家电等行业实施领跑者制度加以管理		
		家电产品标识其节能性能等		
支持措施（预算与税制等）	对节能设备的引进实施补贴或利率补贴等		住宅环保积分制度	对清洁能源汽车实施购置补贴等
	在节能设备的引进、节能建筑即建造时给予特别折旧等税制优惠		住宅重建减税措施	环保车减税措施
	对节能技术研发实施补贴制度（高性能热泵、高性能保温材料等）			
	为提高国民的节能意识提供信息、推动宣传活动等			

资料来源：経済産業省資源エネルギー庁、“我が国の省エネルギー政策について”http://www.enecho.meti.go.jp/category/saving_and_new/saving/pdf/current_situation_japanese.pdf

＊注：运输部门中，一定规模指拥有运输卡车 200 辆、铁路列车 300 辆规模的运输企业；货主指每年发送 3000 万吨以上货物的货主。

日本节能法中明确规定，对于政策管理的部分通过实施“能源管理士制度”，对工厂、公司的能源管理提供支持性服务，这被称为“节能诊断”，即为工厂企业的节能对策提供指导。

“能源管理士制度”分电力与热力两种资格，旨在加强对企业及其员工进行具体指导，促进能源使用现场节能活动的开展。此外，年度使用能源总量超过 3000KL 的企业中，制造业、矿业、电力供给业、燃气供给业、供暖企业应根据其能源使用量从获得“能源管理士”资格者中选 1～4 人担任“能源管理者”。企业员工通过考试、研修等制度取得资格证书。负责企业生产设备的维持管理、燃料使用方法的改进等，不断提高其技能并能够为企业培养节能人才。

“节能诊断”主要针对技术与资金并不充足的中小企业，为其采用环保技术提供相关咨询诊断，并为企业提供环境监测系统等支持，根据监测诊断的数据结果等为企业提供技能状况报告，促进企业的节能环保活动。可申请“节能诊断”的企业为年耗能 100KL～1500KL 的工厂企业，该诊断无须企业付费，由经济产业省负担。从实施效果看，日本的整体政策措施激发了企业对节能、再循环设备设施和产品的开发投资，增加了企业发展环保产业的积极性。

2.3 “论坛”的诞生

日本能源政策节能机制为我国的节能环保政策提供了参考，也为双方的合作奠定了基础。两国政府认识到以往合作存在的问题，成为“论坛”诞生的契机。

众所周知，早期的中日环保节能合作以日方提供的政府开发援助（ODA）为资金支持、双方政府为主开展的，存在的问题便是参加项目企业的切身利益未能得到充分体现、因此丧失积极性。而中方企业接受的技术援助等也时有与自身需求存在差距的情况，反而影响双方的合作效果。中日两近邻之间形成可持续、双赢的合作模式才能更好地将双方的技术与市场进行对接，这种合作模式应当发挥国家、地方政府、研发、企业等多层面互动的综合性长效机制，尊重双方合作企业的商业利益。

随着全国范围城镇化的不断发展，“节能优先”和“科学发展”成为评价地方经济发展的重要标准，满足地方政府产业升级、环保节能等社会需求的新模式将成为中日技能环保合作的主流，如生态城市、智能环保城市等。

在这种形势下，中日两国加强节能环保领域综合合作的必要性、紧迫性得到两国政府、产业界、学术界的认同。2006 年，中日节能环保综合论坛应运而生。该论坛由中国国家发展改革委员会、商务部与日本经济产业省、日中经济协会共同主办，至今已召开了八届，两国企业、机构在这一平台下累计签署合作项目达 259 项。

3. 中日节能环保合作综合机制的形成与发展

3.1 中日节能环保合作综合机制的形成

研究至今八届论坛签署的中日节能环保合作项目（见表 2）可以发现，第一届论坛为中日之间初期合作奠定了基础，中国国家发改委与日本经济产业省之间确认了双方在节能环保领域合作的意向,这一阶段两国间的合作领域主要有煤矿安全生产、能源管理等,确认意向与政策性合作为主,民间、企业层面的合作项目数量尚少。第二届论坛所签署的合作项目主要有燃煤发电技术改造、污泥以及城市垃圾有效利用、钢铁化工行业机电技能与余热余压有效利用、循环城市(青岛市与北九州市)等,除此之外,本届论坛形成了协会间合作(中国石油化工协会与日本化学工业协会),推动节能环保的金融合作计划,这标志着中日节能环保在不断扩大合作领域的同时,行业间协调机制与金融服务体系也随之启动,开始向全面深入合作迈进。第三届论坛在第二届的成果基础上增加了水处理(中国蓝星股份与日本东丽株式会社合作成立水处理膜合资公司;哈尔滨乐普实业发展中心与日本 Pure Water 开展水处理项目信息交流)、汽车零部件产业节能诊断(中国汽车技术研究中心与日本汽车研究所)、民生建筑技能合作(中方:国家发展改革委员会、上海市发展改革委员会、上海花园饭店;日方:新能源·产业技术综合开发机构、日本设备解决方案)等项目。另外,双方签署了节能人才培养合作框架备忘录(国家发改委员会与日本经济产业省),共同成立了以中小企业为投资对象的风险投资基金(深圳市创新投资集团与日本亚洲投资集团)。[4]可见,中日环保合作不仅在产业部门不断扩大,且开始向中小企业、民生部门扩展,技能环保金融服务也开始吸引风险投资等民间资金,日本更多的综合商社(三菱商事、丸红、丰田通商等)也加入中日环保合作领域。这些现象说明中日环保合作的商务模式正不断地向多样化发展,得到了两国市场的高度认可。

至此,“论坛”形成了国家、地方政府、企业、金融等多层面的综合合作机制,合作内容涉及国家与产业的节能政策、地方政府间合作以及企业合作。

3.2 中日节能环保合作综合机制的不断发展

随着中日间节能环保合作机制的不断完善,从第四届论坛开始,合作领域、项目数量等都有大幅上升。新能源及资源循环领域、物流领域的合作也逐年增多。各领域的多方合作显著增加,例如:从污水污泥焚烧灰回收磷技术商用化的共同研究是由中方同济大学环境科学与工程学院、上海社会科学院外国投资研究中心与日方岐阜市、美得华水务、三菱东京日联银行(中国)多方合作进行的。另外,大连新绿再生资源加工有限公司(复合型回收利用工厂)项目的合作方由中方大连三众科学技术发展、伊藤忠(中国)集团、大连新绿再生资源、鞍山钢铁集团公司与日方伊藤忠商事、伊藤忠金属、三众物产、铃木商会组成。

自第六届“论坛”以来,中国各省、市与日本相关机构、地方政府、企业间的合作也在不断增加,如山东省、湖北省、天津市政府与日中经济协会的节能环保交流合作。北京市新交通信息系统技术验证项目也是由中方国家发改委、北京市发展改革委员会、北京市交通委员会与日方新能源?产业技术综合开发机构、日产汽车多方开展合作的。中国大学、科研机构与日方的实质性合作研究也在不断深入,清华大学与日本东芝公司开展火力发电厂燃烧后二氧化碳回收技术、二元地热发电用新介质技术、面向城市轨道交通的下一代高性能电源装置系统、整体煤气化燃气—蒸汽联合循环发电系统应用、智能电网等研究。北京大学也与日本大和化学工业合作开展废水“零排放—

资源化”产业技术研究。同济大学与日本电装公司之间就新交通控制系统的技术验证等项目展开合作研究。[5]

全球温室气体减排目标的达成对中日两国而言都是环境大气整治的重要目标，双方需要更为深入的政策理解与研究。因此，近几年有关领跑者制度等具体政策的研究不断深入。为实现低碳社会促进碳交易，北京环境交易所与日方北九州市、亚洲低碳化中心就促进碳交易等合作项目也开始启动。金融投资方面，至今的投资体系得到进一步加强，多方合作的日中节能环保投资基金充实了双方的投资构成，中方由中国进出口银行、杭州市产业发展投资、杭州市上城区投资控股集团，日方由国际协力银行、瑞穗实业银行、日挥、月岛机械组成，进一步完善了两国间节能环保投融资体系。

表 2　中日节能环保综合论坛

召开时间、地点	主要成果	论坛议题	论坛活动特点	合作项目数量
第一届（2006年5月29—30日，东京）	就中日两国的现状、面临的问题、节能环保合作的意义达成共识	①节能环保政策法规、标准，产品认证②节能服务企业（ESCO）与融资担保（信用担保）机制③钢铁产业④玻璃、水泥、新型建材⑤可再生能源、电力、煤气、煤炭⑥汽车、节能减排⑦长期贸易	视察东京、北海道、中部地区、关西、北九州节能环保情况	5
第二届（2007年9月27—28日，北京）	两国确认了如何通过双赢合作，共同努力促成具体项目的签署及实施的必要性	①电力②汽车③电器、变压器④钢铁⑤环境⑥节能政策⑦民生（建筑）技能⑧长期贸易	重点视察重庆市的节能环保。21个日企、相关团体参展	10
第三届（2008年11月28日，东京）	促进两国产业界环保节能的供需对接，有利于企业商业模式的确立	①化学②汽车③海水淡化、水处理与回收④节能技术（节电、节油）与节能诊断⑤发电⑥循环经济⑦长期贸易	视察日本各地方城市的节能环保情况	19
第四届（2009年11月8日，北京）	促进中日节能环保领域的互惠合作并将其延伸至各个地方城市	①领跑者制度②循环经济③海水淡化、水处理④汽车⑤发电、煤炭⑥化学⑦污泥处理	分九个团组赴重庆、唐山等地视察，33个日企参展	42
第五届（2010年10月24日，东京）	中日节能环保合作项目从量的扩大向质量提高转变	①LED照明与建筑节能②循环经济③水处理、污泥处理、焚烧垃圾发电④汽车⑤低碳（CCS－EOR）⑥煤炭、火力发电⑦中小企业节能ESCO⑧长期贸易	分九个代表团赴日本22个城市视察，32个日本企业进行宣传展示	44
第六届（2011年11月26日，北京）	进一步促进中日两国的互惠合作，节能环保合作进入新阶段	①领跑者制度②绿色建筑③水处理、污泥处理④循环经济⑤新能源汽车⑥煤炭火力发电⑦长期贸易	按照议题分九个团组9省市视察，17个日企参展	51
第七届（2012年8月6日，东京）	进一步深化中日节能环保领域的信赖关系，促进合作主体与区域的多样化、内容的具体化	①循环经济②水处理、污泥处理③能源管理体系④绿色建筑、LED⑤汽车⑥煤炭、火力发电⑦分散型能源⑧中日长期贸易协议委员会	按照议题分九个团组视察各地城市的节能环保，15个日企、机构参展	47
第八届（2014年12月28日，北京）	增进互信，进一步扩大节能环保合作领域与合作机会	①能源管理体系、LED②煤炭、火力发电（清洁煤技术）③大气污染对策④循环经济⑤下一代汽车⑥长期贸易	按照议题分五个团组视察中国各地城市的节能环保情况	41

资料来源：笔者根据相关资料整理。

3.3 成功案例

“论坛”对接成功的合作中有许多成功案例，其中第二届中日节能环保综合论坛签署的安徽海螺与日本川崎重工的合作项目成为中日节能环保合作领域双赢合作的典范。2007年由双方共同投资的安徽海螺川崎节能设备制造公司项目是中国国务院确定的“十一五”十大节能重点工程之一，在水泥余热发电方面取得了良好业绩，经济效益和社会效益显著，海螺集团因此拥有余热发电技术的多项自主知识产权，该合作成为水泥工业节能减排的成功实践，对我国水泥行业的节能减排具有很强示范作用。

双方早期的合作源于海螺集团引进日本的关键技术，双方实现了技术合作。之后，海螺集团立足中国现有技术，致力研发并不断完善设备工艺，实现了设备的国产化，并在此基础上自主设计、自主与协同创新。如今，海螺集团纯低温余热发电技术已经实现了多项突破，生产成本也大大降低。以上各项举措对合作的中日双方企业都具有重大意义，川崎重工在日本进行生产时，如果仅依靠节能收益，费用回收需要5年时间。[6]国产化的实现大大降低了设备的生产费用，费用回收时间缩短至2年。且由于日本市场趋于饱和，川崎重工的类似设备过去15年期间在日本销售量不足15套，而中等收入国家的水泥生产企业对该产品有巨大的需求。目前，该水泥废热发电设备7年间已在国内销售164套，国产化后该产品已开始出口至泰国、巴基斯坦、土耳其等国家。[7]该合作发展成为在全球范围内推广实施水泥低温余热发电等先进的节能环保新技术，为合作双方带来巨大经济效益的同时，也为亚洲地区水泥产业的节能减排做出了积极贡献，得到中日两国政府的高度评价。

任何成功的合作都基于合作各方的互信、互补、互利，以往以市场换技术的合作思路如果没有这样的合作基础，反而导致日本企业过度担心投资后的知识产权保护问题。未来，中日节能环保合作将面临共同的市场与技术研发，构筑双赢、可持续的合作模式对双方环保节能合作而言至关重要。

4. 展望未来的中日节能环保合作

中日节能环保具有巨大的潜在优势互补性，在两国政府的支持下，双方企业的合作热情高涨，“论坛”所形成的合作机制在不断完善，已有诸多成功案例。但总体看，双方的合作在数量上、质量上均有待进一步提高。为此，还存在诸多需双方政府、企业共同努力解决的问题。

首先从技术、研发相关的层面看，随着城镇化的不断发展与城市整体节能环保需求的不断变化，环保技术由单一技术向综合集聚技术转变势在必行，掌握综合集聚型技术才能在未来的环保节能领域拥有会场主导权，才能以此带动产业结构的调整与地方经济的发展。而中国研发多集中在末端应用领域，基础研发不充分。将已有技术转化为生产能力的中间研发不能满足市场需求，重大技术存在的瓶颈难题未得到充分解决。部分企业与产业容易陷入“技术引进——技术落后——再引进”的恶性循环。目前，“论坛”的对接项目中已经出现不少产学研综合合作的项目，今后这一类合作模式值得进一步推广。

日本企业的节能环保产品、技术的节能效率虽然较高，但价格过高不仅会引发日本企业担心其在中国市场投资的回收问题，更削弱了其产品的国际竞争力。另外，日本对中国的技术出口存在限制性政策，这在一定程度上阻碍了双方合作。日本应该认识到，日本的相关技术如果没有相应市场应用会逐渐失去价值，技术是实现经营目的的手段。对华技术合作有利于降低日本技术开发的成本，提升日本新技术的研发水平和应用效率。

中国的可持续发展需要节能环保技术与创新，将单纯的技术引进转变为以尊重知识产权为前提的协同研发、自主创新才能够成为我国节能环保、增强企业竞争力、促进产业升级的主力。同时，节能环保领域的技术转移不应止步于技术、知识产权的转移，技术的现场应用、操作等后续研发以及市场开拓亦应成为中日双方合作的商业模式。特别是技能环保领域，技术与节能环保运营机制的关联性强，各种机制的构筑与运营方式的转变势在必行。同时，通过碳排放交易、金融合作等手段为节能环保提供必要的服务才有利于长效机制的确立。

从企业层面看，如何保障中日双方合作企业的商业利益是产业界合作的基础，民间企业为主的、与国外先进企业之间的技术交流、对接成为有效的合作手段，这也是“论坛”取得较大成效的原因之一。中日两国民间存在的投资热情与创新精神的结合，将会形成可持续合作的商业模式。中国企业应在发挥成本竞争力的同时，应不断提高技术创新水平，扩大市场份额，形成综合优势。同时，我国企业也面临包括技术、政策、法规和制度等方面的挑战。

着眼未来，实现节能减排等目标需要社会各部门形成综合的节能机制。日本世界领先的节能环保水平来自长期技术革新、企业机制与城市结构的改善，最终形成了包括生产、民生、运输等各部门节能环保的综合效果。节能环保不仅仅在于引进先进设备或技术，更在于社会生活各方面机制的协调及其水平的不断提高，实现综合节能环保效果需要我们改变以往的生活方式，寻求综合全面的解决方案。

应该看到，中日两国间的合作模式也将在不远的将来面临转变，多方合作将更有利于两国间的合作。现今，亚洲能源消费占全世界的40%左右，今后亚洲仍将是世界能源的主要消费地。各国的节能环保政策、措施不仅对自己国家内部、对亚洲地区而言都将有重大影响。仅限于两国之间的合作存在一定的局限性，区域性合作将日趋重要。目前无论规模还是市场潜力，中国都是日本节能环保领域合作的最佳选择。对中日两国企业而言，多方合作无论在技术、市场、成本控制等各个方面都可能为自己带来更多益处。

注释

[1]摘自国家发改委副主任解振华在第四届“中日节能环保综合论坛”上的讲话。

[2]経済産業省:《エネルギー白書》,http://www.enecho.meti.go.jp/about/whitepaper/2013pdf/, 2013.

[3]日本経済産業省エネルギー庁，第四次エネルギー基本計画 http://www.enecho.meti.go.jp/category/others/basic_plan/pdf/140411.pdf.

[4]日中経済協会 http://www.jc－web.or.jp/.

[5]中日节能环保签约项目汇总 https://jcpage.jp/pj/index.php? ln＝cn.

[6]日本貿易振興機構(JETRO)北京センター:『中国の環境産業に関する調査報告書』,2009年,第76～77頁。

[7]JETRO,《2011年の対中直接投資動向》,2012,第67頁。

参考文献

経済産業省《エネルギー白書》,http://www.enecho.meti.go.jp/about/whitepaper/2014pdf/,2014年.

杉本勝則"中国の環境問題とこれからの日中環境協力",《立法と調査》No.285,2008年。

师颖新《低碳能源和区域经济发展—基于可计算一般均衡模型的分析》,光明日报出版社,2012年,第一版。

伍福佐《亚洲能源消费国间的能源竞争与合作——一种博弈的分析》,上海人民出版社,2010年,第一版。

夏义善《中国国际能源发展战略研究》,世界知识出版社,2009年,第一版。

杨解君《国际能源合作与国际能源法》,世界图书出版公司,2012年,第一版。

尹晓亮《战后日本能源政策》,社会科学文献出版社,2011年,第一版。

余胜海《能源战争》,北京,北京大学出版社,2012年,第一版。

张季风"中日两国在能源领域的竞争与合作",北京日本学研究中心编《二十一世纪东北亚日本研究论文集》,学苑出版社,2009年。

作者简介

丁红卫,北京日本学研究中心硕士课程5期生(1989年9月至1992年3月在学),日本社会文化专业。现任北京外国语大学北京日本学研究中心副教授、全国日本经济学会理事、延边大学协同创新中心客座研究员等。

在日华人商业模式研究

——以日本大手集团为例

潘若卫

1. 对日软件外包的背景

资本主义社会结构与世界劳动力市场的规模和构成正在发生巨大的变化。伴随而来的是国际领域分工的调整，发达国家需要活用发展中国家的劳动力市场。软件外包是企业为了专注核心竞争力业务和降低软件项目成本，将软件项目中全部或部分工作发包给提供外包服务的企业完成的软件需求活动。软件外包以网络和通信设施为基础，受时间和空间的限制较弱。其业务范围随着全球经济一体化进程而不断扩大。欧美、日本等发达国家的 IT 人员成本高，企业为了降低高额的软件开发成本，纷纷将软件业务外包给印度、中国等发展中国家。

从日本的现状来看，日本人口结构呈现老龄少子趋势，出现了劳务成本费的提高，IT 人才不足等问题，使得越来越多的企业有意向将非核心业务委托给其他软件企业，中国软件外包业务就是从对日外包起步。与一般的软件开发相比软件外包有许多新的特点，发包方与承包方通常位于世界的不同地方，由于时差、语言、文化因素影响使得项目发包方与承包方的沟通更加复杂。软件外包业务产生的动力主要是降低人力资源成本，但是在外包的过程中又不可避免地增加了管理和沟通成本。由于中日之间的文化背景接近和地理位置接近的优势，比较容易克服外包过程中的交易费用成本问题，近年来正在朝着规模扩大的方向发展。

在日华商在中日间软件外包业务中发挥着重要的撮合作用，本文将以在日华人企业大手集团为例探讨对日软件外包业务模式，分析其优势及现阶段存在的问题，并对未来发展方向进行展望。

2. 对日软件外包的特点

从日本 IT 产业的发展历史来看，20 世纪 80 年代日本软件外包业务起步，最初方式为日本软件企业利用国外的硬件销售渠道开展外包业务，初期业务主要面向韩国。20 世纪 80 年代末到 20 世纪 90 年代初开展了面向中国的软件外包，在 1990 年代由于日本的经济危机，日本的 IT 企业为了削减成本，强化了对国外（中国、印度）的外包业务。进入 2000 年后日本的软件相关社团通过与中国企业的交流，开始了中国企业直接面对终端客户的外包活动。中国的对日外包业务主要有如下特征。

2.1 中国对日软件外包产业分工特点

统计表明，日本约有70%的软件海外开发业务委托给了中国，而中国约33%的海外受托业务来自日本。中国的对日软件外包在地域上形成了以北京、上海、大连为中心，向内陆发展的格局。在分工体制上，形成了由日方担任需求分析和设计等上游工程，中方担任部分设计及编码、测试等下游工程，国内担当部分技术含量相对较低。日本企业对软件产品质量要求很高，开发过程有严格的流程管理。这种情况下长期从事外包业务的开发人员可以在工作中养成良好的编码习惯和严谨的工作作风，但是在业务能力和技术能力的提升上受到了一定限制。

2.2 对日软件外包的问题点

相较一般的软件开发，软件外包的过程中不可避免地增加了管理和沟通成本，主要问题点如下。

2.2.1 对于日本企业的问题点

对于日本企业来讲面对的主要问题有：中日之间商业习惯的不同；团队成员之间的技术能力参差不齐造成的沟通障碍及工作效率问题；对社员的在业务知识、品质管理等方面进行培训的成本；核心社员跳槽带来的商业机密泄漏的问题；基础设施的环境和法规的不完善问题。

2.2.2 对于中国企业的问题点

中国企业在承接外包项目过程中面对的主要问题有：日本企业对软件产品品质的要求较高，在开发过程中对测试报告、用户手册、进度报告等文档撰写的要求也较高，而中国企业对开发流程与规范文档撰写的必要性和重要性的认识不足；被要求履行日本的交易规则；为了短时间内交货，在没有签约的情况下，受委托方就先行开始开发工作；日方严格的品质要求和频繁的规格变更，而且时常会不支付随之产生的追加金额；相对美国的活用开放源代码的委托，日本型的开发是闭锁的；双方沟通交流的不足，不合理的行程表的设定。

2.3 外包业务的中间人——华侨与桥梁工程师

如何减少跨境软件开发中增加的交易成本，降低软件发包方与承包方在交易过程中因为语言、文化、法律、管理方式等方面的不同而造成的风险，是开展外包业务的企业需要重点考虑的问题。

居住在日本的新华侨在推动日本IT企业在中国的软件外包业务中发挥了积极的促进作用。新华侨是指1978年中国改革开放以后出国，长期居住在国外，拥有高学历、高收入的中国人。他们来往于中日之间，发挥资源整合能力，成功地完成了很多项目。在日本的华侨、华人，以及拥有其他签证的中国人的总数，是1972年中日邦交正常化时的8倍。特别是这20年间，差不多是10年变4倍。

在组织中还有一类被称作桥梁工程师的人参与信息传递。通过这些人，信息从组织外部传达到组织内部的各个项目成员那里。桥梁工程师是不仅要阅读文献，还要和组织外的人员接触来搜集外部信息，传达给组织内的同事，把在组织周边与组织关联的工作、要素连接在一起的人，是组织内和组织外的中间人。

华侨企业与桥梁工程师共同在外包业务中发挥协调、促进作用，有效降低了交易费用与项目开发风险。

3. 大手集团的海外外包模式

3.1 大手的商业模式

大手集团由旅日华侨于1998年在东京创立，2002年在北京创立全资子公司北京大手公司，2006年与日本NEC、海尔软件等大型IT企业共同创立青岛分公司，主要从事日本的软件离岸开发业务。大手公司的高级管理人员基本来自归国人员，在日本拥有10年以上的咨询开发经验。凭借对双方商业习惯的熟识，公司把日本的商业模式及开发规范移植到中国的企业当中，构建起适应对日软件外包开发业务的开发体制。

在对日软件外包业务当中，底层编码测试人员并不缺少，但是既懂得日语、熟悉日本文化又具有软件开发知识，能够在发包方与承包方之间起到沟通桥梁作用、促成项目成功的高端人才是比较缺乏的，这部分人也是决定项目是否成功的关键人才。大手公司把北京、青岛开发中心的人才作为开发人员调到日本本社或直接派遣到日本的协力企业里，这部分人经过中日双方开发环境的培养、训练，提升语言及技术技能，成长为能够起到沟通桥梁作用的软件工程师，提高了开发质量和效率，降低了开发成本。

与一般对日外包企业接受日方二级供应商分包项目或者由日方企业在中国建立分公司承接项目相比较，像大手这样由发包方与承包方共同出资在中国设立从事外包业务的软件企业，在委托方的日本企业和受委托方的中国企业之间配置桥梁工程师，最大化发挥桥梁工程师的作用，这样高度融合的商业模式使业务来源稳定，人才培养渠道宽，双方共同走向软件海外软件开发的成功。

3.2 大手对桥梁工程师(Bridge SE)的培养及桥梁工程师的作用

桥梁工程师是指在软件发包方和承包方之间起到沟通桥梁作用的软件开发人员，这类人员不但需要具备IT技能，还要熟知两国间语言、文化和商业习惯，能够在项目运行过程中发出让工作顺利进行的指示。在中日之间存在文化差异的背景下，大手通过在日华人对双方文化、习惯的了解，应对由于制度与文化不同而产生的问题。针对软件外包的风险和人才流动的不确定性，大手非常注重对人才的培养。大手领导级别的社员，特别是桥梁工程师，都有在日本长年的生活经验和开发经验，理解中日双方的商业习惯。大手在开展外包业务的同时进行战略性人才派遣，把在国内开发中心的人才作为开发人员调到日本本社或直接派遣到日本的协力企业里，再召回青岛、北京等地工作，这部分人逐渐成长为桥梁工程师。

由于在对日外包项目中，需求分析和基本设计一般由日方担当，因此正确理解日方的设计思想很重要。在项目开发过程中由于在理解上存在分歧和偏差，导致开发不断变更的情况并不少见。通过配置桥梁工程师加强双方交流能够减少分歧。

首先，桥梁工程师需要实地去访问日本的项目发包方企业与项目负责人开会洽谈，确认要件定义和基本设计书中叙述模糊的地方，听取未记录的设计想法，理解和掌握设计思想，掌握客户对品质和详细机能的要求，在此阶段还要了解客户的思考模式、决策过程以及项目的推广方法。通过 BSE(桥梁工程师)和海外的 SE 之间的沟通，精确到对每句话的翻译，达到彻底地理解对方需求、明确工作内容的程度。

然后，把这些信息带回中国，向接受委托的中国企业的开发人员解释说明。如果在项目开发过程中产生疑问点，桥梁工程师需要及时与日本企业方的负责人联系沟通，及时解决问题。日方想传达式样变更的时候，也可以通过桥梁工程师将内容传达给开发项目组员，通过这种方式对承包方开发团队进行指导、教育、管理，可以争取严守交货期和高品质系统开发。

最后，在完成详细设计书、文件源代码等成品后，将其带到日本企业处，进行审核。

这种体制的最大优点就是桥梁工程师专注于软件开发，全公司的营业及品质管理系统体制负责服务项目开发。大手在北京和青岛分公司的开发现场分别设有桥梁工程师的职能责任人，从而尽力克服中日之间的文化差异，建立通畅的沟通渠道。这就是大手在外包沟通协调过程中的特征。

4. 新形势下对日软件外包企业的困境与出路

4.1 市场背景的变化与影响

近年来中国综合国力不断增强，中国劳动力成本低的优势已经逐渐弱化，目前中国最大的优势是内地广大的市场。对日软件外包业务近 10 年在中国市场成长迅速，如果说中国对日软件外包业务的发展在规模、盈利、人才培养上取得了一些成绩，是因为适应了发达国家与发展中国家 IT 业发展水平与劳动力工资水平存在差距的时代特征，那么现在随着时代的发展，市场环境发生了新的变化，反映在企业运营上主要体现在以下几个方面。

第一，宏观层面看，中国国内经济转型升级，信息化、城镇化建设，释放出大量软件开发需求，带动行业工资水平提升。沿海地区人力成本升高幅度较快，员工对薪资待遇提出了更高的要求。随着日元贬值，日元兑人民币汇率下跌，压缩企业利润空间。对日外包企业员工工资增长受限。

第二，从微观层面看，对日外包一般由日方发包企业提出需求分析、概要设计等上游工作，国内承包方一般从事下游的从详细设计开始的编码、测试、文档撰写类工作，一些岗位由应届毕业生经过简单培训即可完成。员工在上游能力如提案、需求分析、设计等方面的能力培育较为欠缺。日本企业家比较保守，开发模式规范但技术革新频率低。中国企业家富有冒险精神，敢于引进新的技术。当员工对工作技能成长和发展空间提出了更高要求，在本企业如果不能满足这类要求情况下，造成一部分工作技能水平较高、上进心较强的员工离职意向较强，离职率较高。

IT 业的特点是绝大部分工作需要人工来完成，可以说技术人才的水平决定了企业软件开发水平与承接项目能力，高水平的员工是企业获得持续收益的条件。在企业人才数量短缺且流动率比较高的情况下，对企业承接项目及成功运作项目提出了更大挑战。通过上述讨论，从前的企图通过人力资源削减成本的模式已经逐渐开始崩溃，传统的外包企业如何进行调整，是跟上新时代的步伐成为新一轮经济变革中的赢家还是被时代淘汰成了摆在面前的现实问题。

4.2 转型升级——探索外包企业未来方向

目前中国信息化建设进程不断加快，原有的软件产品开发和服务模式正在改变，软件技术架构，企业组织结构和商业模式也将面临调整。移动互联、物联网、云计算、大数据、人工智能等新技术、新模式逐渐渗透到人们生活中的各个领域。互联网企业的经营情况在技术、商业模式等方面都需要转变。中国拥有广阔的市场，而日本在科技领域拥有先进的技术和经验。中日两国具有很强的互补性，中日两国间的市场、技术方面有很大合作空间。

大手在中国国内设立分公司之初就看到了国内软件开发市场的巨大潜力，随着中国经济的发展，中国 IT 市场会越来越大。如何从对日外包转入国内市场是大手长期以来的思考方向。近年来也一直在进行对日外包项目与国内软件开发项目双向并进的尝试。但是不论转入高端市场还是转入国内软件开发市场都不是一件容易的事情，这些困难来主要来源于企业本身的能力是否能够满足战略转变的需要。大手以对日外包业务为起点，在运营过程中形成了在中日两方配备桥梁工程师，和客户在一起从事上游开发以降低交易费用的开发模式，使得对日外包业务有了较快发展，进而吸引了公司主要人力、物力资源。长期以来对日外包业务盈利比较稳定、风险较低。虽然有转入国内市场的意向，但是由于国内市场环境与对日外包环境的不同，转型伴随着风险，落实到企业执行层面显得动力不足。如今，面对新的市场环境，如何突破企业原有的局限已经成了企业不得不面对的现实问题。

对日外包企业在原有外包业务的基础上，转型之路主要有以下方向：

(1)由承接日本软件开发低端业务，向合作开发高端业务转变。

(2)搭建与中国市场沟通的桥梁，将日本在信息技术方面的高端研究成果引进中国同中国企业合作，开拓国内市场。

(3)结合国内市场需求与日本开发经验，开发具有自主知识产权产品。

4.3 扬长避短——探索企业转型路径

外包企业在开发过程中严格按照客户需求流程制作，经过对日开发经验的积累，开发模式比较规范，软件工程师养成了良好的编码习惯。企业长期从事对日软件开发积累了大量日本高端客户资源，与日本大型企业构建了深度合作关系。这些是企业积累的优势资源。

由于外包开发团队一般从事下游的工作，企业以往对员工的培训一般在编程和测试等方面。进入价值链高端需要具备丰富的业务知识以及进行需求分析的能力，在这方面企业人力资源基础和培训不足，因此员工积累的经验和知识在转入高端时存在一定的不适。企业要转入价值链高端或是转入国内市场都需要耗费学习成本。作为IT企业，需要根据实际情况不断发展自己、更新自己。针对企业的优势资源和弱点，如何扬长避短，如何以较小的成本完成转型是企业思考问题的基础。

首先，高水平的开发团队是企业转型升级的必要条件。对于人才不足问题，在基础人才培养方面，企业可以从外部增强与大专院校和培训机构的合作力度，以产学研相结合的方式，由培训机构向企业定向培养人才、输送人才，再经过企业内部二次培训，弥补人才数量短缺问题。在高端人才不足方面，可以采用高薪引进具有需求分析能力、系统设计能力和掌握新技术的高端人才，在企业内部以在承接国内开发项目过程中带领团队边做边学的方式培养团队。采用企业内部培训的方式，将以往做外包业务时较为欠缺的需求分析等能力传授给具有成长潜力的项目管理人员，使企业逐步适应国内项目开发需求，也给员工更宽阔的成长空间。

其次，强化市场拓展能力，软件外包企业以往侧重技术研发，但是市场部门功能较弱，在国内市场拓展能力方面较为欠缺。在市场的拓展上，一方面，企业在长期从事外包项目开发过程中，在制造、物流、金融、政府部门、医疗、证券等领域积累了较多开发经验，结合国内相关的市场需求以及在这些领域的经验，承接国内相关软件开发项目或者基于这些经验转化为公司自主研发产品向国内市场销售，是企业重点市场方向。另一方面，发挥企业在中国国内和日本商界广泛的人脉资源优势，促进中日之间IT企业在高技术领域的交流合作，借助与技术实力较强的大企业合作，实现企业自身向高端领域发展的转变。

最后，为缓解企业转型资金压力，降低转型风险，可以争取政府扶持政策、资金支援。有效借助政府及行业协会的力量，减轻企业适应新环境的压力，规范企业管理，为企业转型升级提供第三方保障。

5. 结　语

随着经济全球化的持续深入、互联网技术的革新，商业模式也在发生着变革。大手集团作为在日华商企业中的一员，以对日软件外包业务为公司起点。在企业发展的过程中有成功的经验，也有失败的尝试。企业在发展过程中需要考虑企业的发展、客户的满意度、员工的满意度。这也对企业家能力提出了更高要求，企业家需要带领企业不断学习、更新以适应变化。中日两国互为邻国，经济互补性强，双方在商贸、科技、人力资源等领域有广阔的合作空间。如何降低跨境商贸合作的交易成本，避开市场的不确定性，是跨境企业经营者持久的思考方向。在日华商可以发挥对中日两国文化、习惯了解的优势，在其中发挥沟通桥梁作用，使跨境交易更加便捷，在获得企业收益的同时造福两国人民。

参考文献

黄春梅"浅谈对日软件外包现状与前景",《经营管理者》2014(2)。

王岩"对日软件服务外包人才流动的原因与对策",《中国经贸导刊》2014(2)。

丹泽安治等"软件开发的高效模式的成立",《日本海外商业的展开》2014(1)。

丹泽安治等"中国的海外软件开发",《中国的企业和市场的动力学》2009(3)。

潘若卫"在日新华侨企业的海外外包商业模式——差异文化下的桥梁工程师的作用",《中央大学政策文化综合研究所年报》第 11 号,2008(7)。

冈崎邦明"软件外包开发——大手株式会社的事例介绍",《国际软件开发的外包管理和现状》2008(1)。

朱慧玲"日本华侨华人的变迁——以中日邦交正常化以后为中心",《日本侨报社》2003(6)。

作者简介

潘若卫,1985—1987 年日本学研究中心日本社会与文化专业学员。现任东京大手公司董事长职务。

日本第三部门铁路经营效果影响因素分析
——利用 PEST 模型分析北近畿丹后铁道案例

王　猛

1. 研究背景

1.1　研究的现实意义

根据日本东洋经济在线的报道[1]，2014 年 5 月 8 日，第三部门铁路——北近畿丹后铁道正式决定选择运营高速公路大巴业务的 WILLER ALLIANCE GROUP 公司负责北近畿丹后铁道的运营，通过“上下分离方式”把铁路轨道等基础设施的管理与维护工作交由当地政府负责，这也标志着第三部门方式 KTR 从传统的政府与民营企业共同经营企业的模式升级为正式的公私合作伙伴关系。KTR 作为作者博士论文案例研究之一，在作者对 KTR 的访谈与调查中发现第三部门方式对 KTR 改善营收状况、维持铁路运营发挥了一定的作用，同时也为当地上学学生和通勤白领的出行提供了便利的交通工具，因此，不能说本次 KTR 的运营交由专门的民营企业经营之后，第三部门方式在 KTR 的实验是完全失败了。所以，通过 PEST 方式分析第三部门方式在 KTR 过去的表现及其原因对日本今后其他第三部门铁路的改革具有重要的现实意义。

在中国，铁路部门也正如火如荼地进行着改革。根据中国联合商报 2013 年 5 月 20 日的报道：“2013 年 5 月 6 日召开的国务院常务会议明确形成铁路投融资体制改革方案，支线铁路、城际铁路、资源开发性铁路所有权、经营权率先向社会资本开放，引导社会资本投资既有干线铁路。同时，中国工程院院士王梦恕认为，随着成本上升和铁路总公司债务压力增大，铁路筹资必须另辟新路才能完成规划的里程数。城际铁路和支线铁路的下放不仅保证了铁路网络的最终建设完成，在探索新的融资方式方面也有优势。”[2]因此，通过分析日本铁路支线改革的经验与教训能够对我国今后的支线改革提供有价值的参考。

1.2　重要概念界定

(1)第三部门。“第三部门”起源于英语的“The Third Sector”，原本是指建立在公民社会基础上的独立于政府和市场的一种组织形式，主要包括非营利组织、非政府组织等形式。但是，在日本，第三部门概念被引入后却被当作一种供给公共产品的制度安排，即在政府、市场之外的一种政府与市场合作供给公共产品的形式，例如，宫木康夫指出“所谓的第三部门是自治体与民间企业共同出资的株式会社。国家直接出资的基于特别法的株式会社、自治体与民间企业共同出资的民法法人不属于第三部门。”[3]因此，在日本，第三部门概念从内涵到外延都突破了传统意义上的第三部门概念，虽然在形式上类似于公私合作伙伴关系(PPP),但是在实际的运营过程中,政府与民营企业并不是合理分担风险的一种关系,二者的共同目标是共同为当地居民提供公共服务,所提供的公共服务一般属于政府无力单独承担,民营企业一般也不愿意单独参与的盈利能力较差的领域,而且一般情况下民营企业参与到第三部门的目标不是为了直接获得利润,而是为了建立与政府的良好关系,在当地树立企业良好的形象。从第三部门提供的产品性质和成立的目标分析,其在形态上更接近于社会企业(Social Enterprise),即运用商业手段,实现社会目的,这也是日本第三部门区别于世界其他地区第三部门的重要特点。根据日本总务省发布的有关第三部门等情况的调查结果显示,截至 2013 年 3 月 31 日,日本第三部门的数量为 3515 家,在第三部门企业经营内容方面,主要涉及城市开发、住宅与城市服务、社会福利与医疗保险、生活卫生、运输与道路等。[4]

(2)第三部门铁路。第三部门铁路是指伴随着日本国有铁路公司的改革,被认定为“特定地方交通线(陷入亏损的地方支线铁路)”以及随着新干线的开通,原有的铁路线路当中采用地方政府与民营企业共同出资经营的铁路。根据日本“第三部门铁道等协议会”的统计,加入到该协会的第三部门铁路有 35 家。第三部门铁路原本属于日本国有铁路公司,但是随着国有铁路民营化改革的推进,日本政府对地方支线铁路采取了废除或把包袱甩给铁路沿线地方政府的方式,第三部门铁路正是在这样的社会背景下诞生。

1.3 研究方法

结合作者 2011 年在日本期间对 KTR 调查所得数据以及资料,利用现有的文献资料对 KTR 的经营效果进行定性和定量分析,同时利用 PEST 模型抽象出影响 KTR 经营效果的外部因素。

下面对 PEST 模型的基本概念进行简要的说明。PEST 中的 P 代表政治(Political),E 代表经济(Economic),S 代表社会(Social),T 代表技术(Technological),具体是指分析企业、组织所在的宏观环境对企业、组织的现在或者将来事业活动有可能带来影响的一种方法,利用 PEST 分析框架能够提炼出外部影响因素,该分析框架经常应用于企业经营战略制定、事业计划制定、市场调查等。

表 1 PEST 分析模型

影响因素	内容
政治性因素	国家政策、地方政策等
经济性因素	宏观经济、产业竞争等
社会性因素	社会弱者、老龄化、少子化等
技术性因素	安全性、技术人才培养等

2. KTR 引入第三部门方式经营效果分析

KTR 经营着宫福线和宫津线两条线路，伴随着国铁改革（1969 年开始筹划，1987 年正式实施）的进程，1982 年成立的"宫福铁道株式会社"于 1988 年 8 月改名为"北近畿丹后铁道株式会社"，并在 1990 年 4 月与宫津线合并。第三部门铁路中，KTR 的线路里程达到了 114 公里，位居第二。

KTR 成立之后，尽管进行了多种改善经营的尝试，比如增加车次、完善列车时刻表、开发旅游专列、削减员工工资、在车站销售商品等，但是 KTR 的乘客人数仍然呈现下降的趋势，特别是固定乘客（包括上学学生和通勤人员）呈现出明显的下降趋势，具体数据参见图 1。

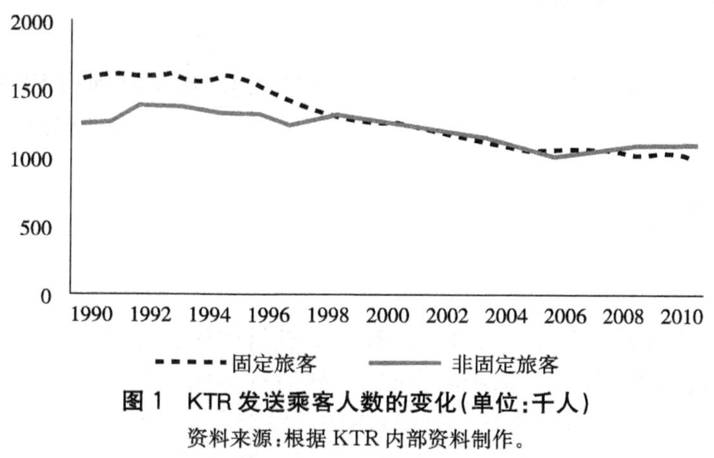

图 1 KTR 发送乘客人数的变化（单位：千人）

资料来源：根据 KTR 内部资料制作。

KTR 在旅客收入方面，非固定旅客收入占到总收入的八成以上，成为其收入的主要来源，但是近年来非固定旅客收入明显减少，而固定乘客的收入则基本维持稳定态势，具体见图 2。

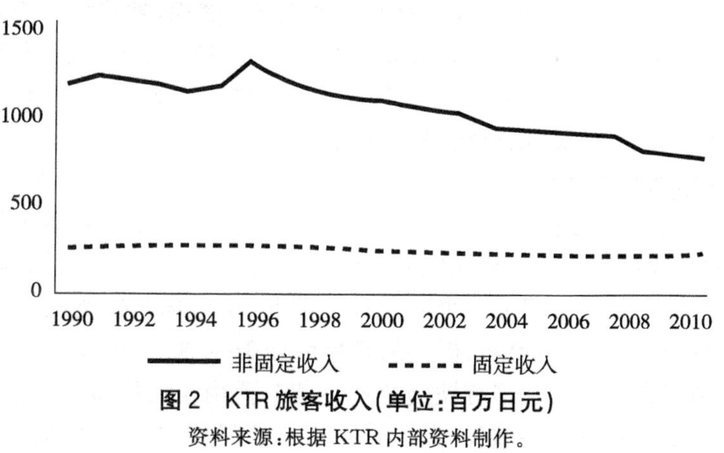

图 2 KTR 旅客收入（单位：百万日元）

资料来源：根据 KTR 内部资料制作。

KTR在1990年开业之后，企业经常性损失不断增加，开业当初地方自治体设立的基金[5]以及国铁改革转换交付金[6]在1999年已经用光，之后地方政府每年通过补贴方式应对KTR的亏损。

通过上述对KTR经营的分析，可以看出KTR无论从乘客人数还是收入方面都面临下降的局面，从1999年之后，为了弥补经营赤字，沿线政府不得不提供大量的资金补贴。但是，KTR每年的亏损仍然不断扩大，最终导致KTR的运营业务于2014年被经营高速公路大巴业务的WILLER ALLIANCE GROUP公司收购。然而，是什么原因导致了采用第三部门方式的KTR最后仍然没有扭转经营亏损，通过分析其外部影响因素能够得到答案，同时也能解释第三部门铁路方式存在的必要性，总结影响第三部门铁路经营效果的外部因素。

3. 影响第三部门方式效果的外部因素分析

为了分析影响第三部门铁路经营效果的外部因素，本文将利用PEST分析模型，从政治性因素、经济性因素、社会性因素、技术性因素四个方面进行分析。

3.1 政治性因素

3.1.1 国家政策

日本第三部门诞生于日本政府对国有铁路进行的民营化改革。第二次世界大战中，日本国有铁路遭受了严重的破坏，而且二战后日本国有铁路公司同时还要被迫接收从中国等战场返回的日本士兵，因此日本国有铁路公司初始就背负着沉重的历史包袱。从1964年到1968年，日本国有铁路公司的亏损金额逐年扩大，在这样的历史背景下，日本政府开始对其进行民营化改革。在国铁民营化改革过程中，日本政府对盈利能力较强的干线铁路采取了分割为7家JR(日本铁路公司)的形式，但是对于盈利能力较弱，或者难以依靠自身努力确保盈利的地方支线铁路来说，面临着被公共汽车取代或采用包括第三部门方式继续经营的艰难选择。然而，铁路相对于公共汽车在安全性、实效性、准时性、容量等方面具有天然的优势，因此在支线铁路改革过程中采用第三部门方式有其必要性，第三部门铁路成为确保支线铁路沿线居民出行的重要保障，也是保障宪法赋予居民"出行权"的一种制度性尝试。然而，大部分采用第三部门方式的支线铁路面临着客源稀少、沿线地区人口老龄化和少子化现象严重等问题，日本政府对待这些支线铁路的态度是废除或采用其他替代方式，这些原本从日本政府角度应当废除的支线铁路却因为沿线地方政府、企业和居民有着强烈的保存支线铁路的需求，才不得不采用第三部门方式得以保存。因此，第三部门铁路从诞生之日起虽然被沿线地方政府和居民寄予厚望，但是从开始就处于一种先天盈利能力不足的体弱多病的状态，其所经营的线路在国有铁路公司经营时代由于沿线乘客较少，需要日本政府提供补贴才能维持生存的线路。虽然采用第三部门方式可以继续保留这些支线铁路运营，确保沿线居民的出行权利，但是这也为今后第三部门铁路的经营困难埋下了伏笔。

3.1.2 地方政府间的博弈

除了日本政府之外，第三部门铁路沿线地方政府的态度也会对铁路的经营产生重要的影响。特别是，面对着部分媒体和居民对地方政府补贴持续亏损的第三部门铁路行为合理性和合法性的质疑，地方政府需要从各自的政治的角度考量自身的利益，此时就容易出现内部的博弈。

KTR 横跨京都府和兵库县，32 个车站中有 2 个车站位于兵库县内，由于 KTR 从开业之日起一直处于亏损状态，京都府和兵库县为了维持 KTR 的经营一直提供运营补贴。但是随着日本国内经济的不景气，地方政府的财政收入不断减少，有限的财政收入还需要应对养老、医疗、教育等公共服务，因此京都府和兵库县围绕 KTR 的补贴一直处于博弈状态。2012 年，随着 KTR 亏损的不断增加，京都府要求兵库县提供亏损全额的 5.5％补贴，但是兵库县拒绝了全额负担 5.5％的要求，双方的调整也出现了困难。正是在这种地方政府之间围绕政治选举和地方利益的博弈限制了 KTR 的发展，也使得 KTR 在今后确保运营资金方面面临着不可预知的风险。作为为沿线居民提供公共服务的 KTR 在找到合理的替代方式之前是保证沿线居民出行权利的重要保障，但是在政治博弈之间，KTR 容易成为政治的牺牲品。

3.2 经济性因素

3.2.1 国家宏观经济

日本经济从 1993 年泡沫开始破灭，从此进入了“失去的二十年”，而宏观经济的不景气影响了经济的各领域，包括政府税收、企业投资欲望、个人消费欲望等。伴随着经济的不景气，日本经济陷入了通货紧缩状态，企业和个人开始减少或控制投资和消费，特别是消费者消费行为的变化对 KTR 产生了重要的影响。由于 KTR 处于日本西海岸，靠近日本海，沿线有着丰富的旅游资源，从图 1 可以看出非固定旅客(大多数为游客)是 KTR 的重要客源之一，因此游客乘坐 KTR 产生的消费以及购买 KTR 销售的相关旅游产品是 KTR 收入的重要组成部分。但是，由于长期的通货紧缩，居民开始减少家庭开支，限制旅游消费次数，这是导致 KTR 经营出现亏损的一个重要原因。相比较而言，经营盈利能力较强的干线铁路的 JR 公司所在线路上学生、通勤等固定乘客所占比重较大，能够确保稳定的收益，受到国家宏观经济因素变动的影响较小；而第三部门铁路所经营的支线铁路一般位于人口稀少、经济相比较不够发达的地区，在这样的第三部门铁路中，外来游客等非固定乘客带来的收入是铁路维持经营的重要资金来源，但是旅游等产业更容易受到国际和国内整体经济气候的影响。

因此，第三部门铁路相比较 JR 公司，在国家宏观经济面前更为脆弱，其抵御外部经济风险的能力也较弱。日本国家宏观经济的走势对第三部门铁路的未来发展具有重要的影响力，与 JR 公司相比，第三部门铁路难以通过企业内部的改革抵消或减少外部经济的影响。

3.2.2 产业间竞争

产业间竞争是导致KTR经营业绩下滑的另一重要原因。KTR的竞争对手主要是汽车产业，其中私家车占主要部分。汽车产业是日本重要的经济支柱之一，其人均车辆保有率位居世界前列，随着汽车产业的发展，将会对铁路、民航等其他交通工具造成冲击。但是相比较大城市以铁路为主要出行方式不同，支线铁路的沿线铁路由于铁路运行班次少，更容易受到汽车产业发展的影响。

随着汽车产业的发展和高速公路的完善，汽车文化在日本迅速发展，根据“京阪神都市圈交通计划协议会”2010年第五次近畿圈居民出行调查(Person Trip，2010)[7]显示，丹后地区和中丹地区[8]工作日居民出行利用铁路的比例为1.2%，周末利用铁路的比例为0.5%，而在京都府内的其他地区，工作日铁路的利用率为13.9%，周末为8.6%，同时周围其他府县，工作日铁路的利用率为10.5%，周末为4.6%。通过上述统计数据可以看出，汽车对KTR具有较高的替代性。特别是随着KTR沿线的京都纵贯高速公路和舞鹤若狭高速公路于2014年开通，以及2010年6月开始试行的高速公路免费都会从KTR分流出部分乘客，特别是非固定乘客中的游客将会转移到汽车出行，这对KTR的营收将产生重要的影响。因此，第三部门铁路在面对汽车产业发展时，其自身的抵抗力较弱，更容易受到汽车普及的冲击。

3.3 社会性因素

3.3.1 社会弱者的存在是KTR存在的必要性

老龄化一直是困扰日本社会的严重问题，根据日本内阁府发布的《2014年版老龄社会白皮书》，在日本年龄在65岁以上的老年人人数为3190万人，约占全国总人口的25.1%，老龄化不仅造成了政府养老和医疗支出的增加，同时也造成了铁路乘客人数的减少。在KTR铁路沿线地区，老龄化也凸显出KTR存在的必要性。处于社会弱势地位的老年人由于子女等青壮年流向大城市，造成KTR沿线出现大量的空巢现象，老年人在外出时由于汽车驾驶技能和身体方面等原因而不得不更多地依靠公共交通，而且KTR沿线地区多处于山区，冬季多暴雪，依靠公共汽车出行受到了自然条件的限制，因此KTR对于沿线的老年人来说是非常重要的出行交通工具。

此外，KTR固定乘客中的另一主要客源是沿线的学生。目前，KTR沿线存在11所高中，这些高中学生的上学和放学需要乘坐KTR，高中学生驾驶私家车上学或者由家长接送上学由于各种原因而几乎不存在可行性，因此，KTR对于这些学生来说几乎成了唯一的出行交通工具。

虽然KTR每年需要沿线地方政府提供的财政补贴才得以维持经营，但是正是因为沿线地区存在大量的社会弱者，例如，老年人和学生，在没有寻找到可替代的有效方式之前，KTR有其存在的必要性。

3.3.2 高龄化和少子化造成乘客人数减少

除了老龄化之外，少子化也是一直困扰日本社会的重要问题，根据日本内阁府发布的《2014年少子化对策白皮书》的统计，日本育龄女性一生中平均生育婴儿数（累计出生率）在2005年达到最低的1.26，2010年到2014年基本维持在1.39，这远远低于日本厚生劳动省计算的维持正常的人口水平所需要的2.08。老龄化和少子化现象的同时出现对日本国内社会和经济各个方面产生了重要的影响，主要体现在适龄劳动人口的减少、老年人医疗和养老费用支出的增加、消费人口的减少等。KTR所处的丹后地区相比京都府其他地区在社会和经济发展水平方面相对落后，当地的老龄化和少子化现象比较严重，青壮年人口大量涌向东京、大阪和京都市等经济发达地区，进一步加剧了空巢现象和老龄化、少子化。老龄化和少子化带来的影响逐渐显现，KTR沿线车站周围的人口不断减少，KTR的使用效率不断下降。根据相关统计[9]，每个车站的乘客人数和车站周围人口（车站步行600m以内的居住、工作、上学人口）从2005年到2010年大约减少了5%，这导致铁路的使用率维持低水平，车站使用率超过10%的车站在32个车站中只有10个车站。因此，老龄化和少子化是导致KTR乘客人数减少、设施利用率下降的另一重要原因。

3.4 技术性因素

3.4.1 安全技术升级

每当铁路事故发生时，民众对铁路安全的要求进一步提高，这就要求铁路企业不断加强铁路安全技术，确保民众的出行安全。特别是2005年发生的JR西日本火车脱轨事件后，KTR也面临着被迫升级铁路安全技术，引进了更多安全设备和技术，这些支出也在一定程度上挤占了早已捉襟见肘的KTR财务状况。

3.4.2 技术人员培训

人口老龄化也对KTR技术人员培养和技术传承产生了影响。KTR技术部门的员工年龄主要集中在60岁左右，随着技术人员的退休，技术传承和技术人员培养成为重要的议题。但是，由于KTR紧张的财务状况，使得KTR技术人员的平均工资与其他大型铁路企业员工相比没有优势，在工资待遇方面无法吸引到技术能力较强的人员。此外，KTR没有自己的技术人员培养体系，需要借助JR的培养体系，为此也需要额外支付一笔费用，这进一步限制了KTR技术人员的成长。

4. 结　语

KTR在运营支出采用第三部门方式有其历史的必要性，面对被废弃的危险，支线铁路沿线的地方政府、企业和居民行动起来共同出资设立了第三部门铁路，从而确保了居民基本的出行权利，因此，就这一点而言，第三部门铁路有其存在的必要性和合理性，同时第三部门铁路的诞生是历史的产物。但是，面对着复杂的政治、经济、社会、技术环境，第三部门铁路举步艰难，日常经营仍然需要地方政府提供补贴。然而，这些问题主要是由第三部门铁路所处的外部环境造成的，而不是由第三部门制度本身所引起的。

在政治性因素中，日本政府在改革国有铁路公司时，把更多的优质资源分配到JR公司，而对亏损性的地方支线铁路采取废除或采用第三部门方式，这导致第三部门承担起了沿线地区居民出行的重要使命，但是由于日本政府对第三部门铁路支持的不到位，把更多的历史包袱抛给了地方政府，造成了第三部门铁路先天的能力不足。此外，在实际经营的过程中，地方政府为了选举等政治需求，需要配合舆论趋势，在第三部门铁路补贴方面容易出现博弈情况，使得第三部门铁路的运营缺少一个稳定的外部政治环境。因此，政治性因素决定了铁路第三部门在特定历史时期存在的必要性，同时也为将来的发展埋下了严重的隐患。

在经济性因素中，第三部门铁路乘客中的非固定乘客更容易受到宏观经济环境变化的影响，进而造成第三部门铁路更容易遭受宏观经济环境变化所带来的冲击。此外，随着汽车产业的发展和高速公路的拓展，第三部门铁路面临着直接与公路竞争的局面，同时由于汽车在方便程度、舒适性等方面更占优势，导致第三部门铁路面临着严重的客源流失危机。因此，经济性因素对于第三部门铁路而言是一把双刃剑，当社会经济发展良好时，可以为第三部门铁路带来更多的客源，相反，当经济出现不景气或其他可替代性交通工具的出现将会严重影响第三部门铁路的发展乃至生存。

在社会性因素中，由于老龄化、少子化等社会问题，以及年轻人向大城市集中而导致中小城市失去活力，造成第三部门铁路乘客人数的减少，而这种减少是一种趋势，短时间内难以改变。但是，面对不断变化的社会性因素，第三部门铁路表现出一种无力感，特别是对于沿线居民的减少所带来的乘客人数减少的直接后果，已经超出了第三部门铁路自身所能解决的问题范畴。

在技术性因素中，民众对铁路安全的需求要求第三部门铁路不断升级铁路安全技术和设备，这增加了第三部门铁路的运营成本。此外，由于在技术人员培养方面缺乏独立的培养体系，需要借助外部的培养体系，因此，在技术传承和技术人员培养方面容易出现断层。此外，铁路技术的升级换代也是第三部门铁路所要面对的现实性风险，在其他第三部门铁路，例如北越急行铁路虽然在第三部门铁路当中盈利状况是最好的，但是随着今后相同区间内的新干线高速铁路的开通，预计将会对北越急行的经营造成致命性的打击。因此，在技术性因素面前，第三部门铁路始终处于不利的局面。

最后，通过PEST对外部影响因素的分析，可以看出KTR出现的问题不是由于第三部门制度本身，而是由于其所处的外部环境。外部环境决定了第三部门铁路难以依靠自身的力量维持运营，需要沿线地方政府、企业和居民的共同合作。此外，外部环境决定了第三部门铁路是一种历史性的产物，在历史的某个时刻赋予了第三部门铁路存在的必要性，但是随着时间的推移和外部环境的变化，外部环境将会给第三部门铁路带来新的变化，而这种变化可能会导致第三部门铁路的消失。

注释

[1]高速バスの“革命児”が挑む、赤字鉄道の再生、東洋経済オンライン、2014年6月22日。

[2]中国铁路：用改革换新生，中国联合商报，2013年5月20日。

[3]宫木康夫『第三セクターとPFI役割分担と正しい評価』、ぎょうせい、2000年2月。
[4]总务省、第三セクター等の状況に関する調査結果、2013. http://www.soumu.go.jp/menu_news/s-news/01zaisei06_02000062.html,访问时间:2013年2月5日。
[5]随着特定地方交通线的废止,在向第三部门铁路转换后,对于转换后的第三部门铁路,为了维持稳定的经营,设立了经营安定基金,通过此基金提供亏损补助和车辆、设备等的更新和补充。基金的来源是转换交付金以及相关地方自治体根据基金条例的规定提供的资金。
[6]为了使特定地方交通线的废除和转换能够顺利进行,对于向其他方式的铁路转换时的费用,根据清算事业团(国铁改革前是国铁)制定的"特定地方交通线转换交付金交付纲要",向相关企业交付的一定运营资金。
[7]近畿圏パーソントリップ調査、2010. http://www.kkr.mlit.go.jp/plan/pt/research_pt/h22/index.html,访问时间:2012年10月1日。
[8]中丹地区主要指京都府丹波地区北部和丹后地区南部,在行政上主要包括舞鹤市、福知山市和绫部市;丹后地区主要指京都府北部地区,在行政划分上主要包括京丹后市、伊根町、与谢野町、宫津市和舞鹤市。
[9]京都府、北近畿タンゴ鉄道(KTR)の経緯、http://www.pref.kyoto.jp/shingikai/kotsu-03/documents/1351742464962.pdf.17,访问时间:2012年10月2日。

作者简介

王猛,北京日本学研究中心博士(2010年9月至2013年6月在学),日本社会专业。现任清华大学公共管理学院博士后。